U0538701

重修版

現代心理學

—— 現代人研究自身問題的科學

張春興

台灣師範大學名譽教授

台灣師範大學名譽教授張春興先生所著《現代心理學》（2009年第二版），除授權台灣東華書局在台灣出版繁體字版外，同時授權上海人民出版社在大陸地區發行簡體字版。本書有著作權與出版權，非經著者與出版者之同意，本書的任何部分或全部，不得以任何方式轉載、抄襲或複印。

北辰著作權事物所
律師 蕭雄淋 謹識

東華書局

國家圖書館出版品預行編目資料

現代心理學：現代人研究自身問題的科學 / 張春興
著. -- [二版]. -- 臺北市：臺灣東華，2009.07

612 面；19x26 公分

含參考書目及索引

ISBN 978-957-483-554-6（精裝）

1. 心理學

170   98010225

現代心理學（重修版）

著　　者	張春興
發 行 人	陳錦煌
出 版 者	臺灣東華書局股份有限公司
地　　址	臺北市重慶南路一段一四七號三樓
電　　話	(02) 2311-4027
傳　　眞	(02) 2311-6615
劃撥帳號	00064813
網　　址	www.tunghua.com.tw
讀者服務	service@tunghua.com.tw
直營門市	臺北市重慶南路一段一四七號一樓
電　　話	(02) 2371-9320

2027 26 25 24 23　HJ　17 16 15 14 13

ISBN　978-957-483-554-6

版權所有 · 翻印必究

謹以本書紀念我的父母

初 版 序

近年來，隨著經濟繁榮的腳步，國內的出版事業日趨發達。惟就每年出版新書的性質與數量看，屬於通俗性的讀物雖為數可觀，而有關學術方面的新書卻相當缺乏；在通俗性新書中，屬於"非文學類"而暢銷者，一直是兩類書的天下：一類是有關理財致富的通俗讀物，另一類是探討美好生活的大眾心理學。此一現象正反映出現今社會一般人的求知心向；大家都希望，只須循此知識捷徑，即可獲得所需的財富與快樂。讀過理財致富的書籍後究竟有何助益，個人不諳此道，未便置喙。惟根據讀過大眾心理學的朋友與學生們的反應，咸感讀後不能獲致預期效果。考其原因，此類書籍未本諸科學理念傳播心理學知識，為迎合讀者興趣，美化了心理學，卻也扭曲了心理學。心理學是研究人性的科學，研讀心理學雖可助人藉此了解人性，領悟人生，但却不能援此遽獲生活快樂的秘訣。有很多進了心理學系的學生表示，在正式接觸到心理學這門科學知識之後，都曾有過"見山不是山"的感覺；甚至有人失望地表示：大學開設的心理學課程，並不是他們原本所想像的心理學。由此可見，對一般人而言，心理學這門學問的形象是模糊不清的。

基於以上體認，懍於身為心理教育工作者的角色，筆者深感為心理學愛好者提供系統的正確知識與觀念，是個人應盡的責任。本書《現代心理學》，就是在此一背景之下撰寫的。筆者從事心理學教學與研究三十多年，已出版心理學專書十五本，對本書之出版不求增加一本新書，而旨在根據個人多年教學與研究心得，撰寫一本多目標與多功能而又適合於現代一般人閱讀的心理學。為期達成此一理想，本書在構想與撰寫期間，始終遵循以下三大原則：

第一，在對象上，《現代心理學》採專業化與大眾化兼顧原則。基本上，心理學是大學課程中的一個學科。做為大學心理學的教科書，在知識的深度與廣度上，必須顧到與大學專業教育水準相符合。此外，心理學是現代人研究自身問題的科學，心理學的知識也是現代人共同需要的。為期適應大眾需要，並使心理學的正確知識廣為流傳，必須顧到與一般人的生活經驗相配合。基於不同對象的考慮，本書在取材與撰寫時，除在文字上力求深入淺出之外，在舉例說明時自當儘量求取生活化。

第二，在內容上，《現代心理學》採學術性與實用性並重原則。從心理學性質的一個層面看，應屬學術性的學科。學術性的學科偏重理論探討，在心理學的理論上，不僅涉及生物學、生理學、社會學、統計學、哲學以及精神醫學等各方面的專門知識，而心理學本身更是學派眾多、理論紛陳且又專門術語涵義抽象。從心理學性質的另一個層面看，心理學所探討的問題，總離不開人的生活。研讀心理學的人口中，真正以此做為研究目的而專攻者很少，而希望由此獲致有關生活實用知識者甚多。因此，本書在內容陳述上，力求理論與實際配合，俾使讀者經由對理論問題的探討，以了解自己，認識別人，洞察世界，從而在精神上找到安身立命之所。

第三，在架構上，《現代心理學》採專門性與普通性均衡原則。就知識範圍而言，心理學的發展是一本多枝的；從本世紀初的單一學科，分化到現在的上百種不同學科。本書的對象既兼顧大眾需要與專業研究兩個層面，故而在撰寫架構上，必須考慮現代心理學的普通知識與專題探討之間的均衡，藉以指引有志從事心理學專門研究者，在普通知識之外，找到自己的興趣與方向。為期達成此一理想，在整體架構上，本書以五大理論與八大主題為經緯以統合全局；前者重在一般理論之闡釋，後者引向專門問題之探索。本書第一章內對此義有進一步之說明。

從初步構想到最後出版，對事關本書品質的點滴作業，一切都希望做到盡善盡美的地步。惟事實與願望之間總會存有距離；書成之後，自難免有諸多缺失；至祈學界先進賜教，以匡正之。此次出書經驗，深感求全求好理想追求之不易；在此一理想追求期間，內子周慧強教授的長期支持與協作，是最大助力。本書的出版，東華書局董事長卓鑫森先生的鼎力支持，總編輯徐萬善先生的統盤設計，編輯部徐憶小姐的細心校對，呂雪芬小姐的封面設計，對本書之辛勞貢獻，特此一併敬表謝意。

張春興　謹識
一九九一年二月於台灣師範大學

重 修 版 序

　　本書初版由台灣東華書局於1991年4月發行。問世後敷及半年，即榮獲嘉新文化基金會優良著作獎；繼而在同年底再獲行政院新聞局優良著作及優良圖書兩項金鼎獎，創一書連獲三獎之先例。本書初版發行後隨即授權上海人民出版社發行簡體字版，廣受心理學界歡迎，不旋踵即為兩岸三地大專院校心理學系及相關科系開設心理學課程者廣為採用教學用書；銷售盛況十多年來迄不衰退，至今僅在台灣之繁體字版即已連續增印至四十八刷。

　　鑒於心理科學之快速發展，兩年前即已興起重行修訂本書之意念，因而廣泛搜集近十多年來出版的新書，並瀏覽晚近心理科學領域內的新問題、新理論、新研究以及新方法，先行分析探討，然後針對國內因社會變遷而產生的心理學需要，著手進行重修工作；首先擬訂了以下三個方向。

　　第一，端正心理科學的研究取向　在古代，對自然界物性變化與對人世間人性變化的研究，同屬哲學範疇。到16世紀時，對自然界物性變化的研究先行脫離哲學而獨立，成為自然科學。對人性變化的研究則是在19世紀之末，追隨自然科學成功的腳步，採取自然科學中與人性較為接近的生物科學為榜樣，企圖將心理學科學化，成為自然科學的一支。生物科學所研究的生物，均係有生命的個體，在本性上，同類生物有兩點共同特徵：其一，同類生物的生活變化相類似；例如，同類候鳥隨季節變化而遷徙的方式相似。其二，生物學家根據同類生物生活變化研究所建構的理論相似；例如，屬於同類懼寒但不能隨季節變化而遷徙的動物都會採用冬眠方式過冬。在理論解釋上，一般均係採取達爾文進化論的觀點，視為歷經數萬年的演化，使其在種族遺傳上形成了適應環境的特殊能力。基於上述可知，自然科學研究的對象是物，物性即其本性，物性變化受自然法則支配，故而具有共同性與一致性。如若以此觀點看心理科學，心理科學研究的對象是人，人性非其本性，人性是本性與習性的融合，人性變化受社會文化影響大於自然法則的支配，故而缺乏共同性與一致性。因此，心理科學的理論自始就眾說紛紜，莫衷一是；一百多年來心理學定義的數度改變，沒有一次獲得心理學界全體一致的共識。現在常用的"心理學是研究行為與心理歷程的科學"定義，在義涵上仍有爭議。已有心理學家建議，將之改為"心理學是研究人性的科學"，藉收兼容並蓄之益。本書重修版之撰寫即以此理念為取向。

第二，兼顧讀者對心理學之不同需要　在性質上本書屬基礎心理學，或稱普通心理學。既屬普通，在內容上就不能偏倚。本書的假想讀者，除小部分以心理科學為專業的心理學系科學生之外，多數是相關系科的學生。此外，也有些是各系科自願選修的，甚至更有些是對心理學有興趣而自由修讀的社會人士。為了兼顧多類型讀者的需要，本書重修版動筆前，先行擬訂了以下幾項原則：(1) 內容必須包括最新現代科學心理學的基本重要知識；(2) 內容陳述必須有組織有系統，特別是在文字陳述時，必須具有易讀性與易懂性；(3) 兩岸名詞譯文不同者，將對岸同詞異譯的譯詞並列在括號內，以減少讀者的困擾；(4) 在本文內無法詳述的相關資料，另設補充討論專欄或附加腳註以資說明；(5) 對本文內新名詞解釋不足而影響讀者理解時，隨時舉例予以說明；(6) 在每章之末增列最近出版資料，用以擴大讀者的相關知識，並可做為有意進修者參考；(7) 採用套色版面，並大量增加精美插圖，用以幫助讀者對內文的理解，且增加其閱讀興趣。當然，單只一本書不可能對多類型讀者的需要寫得面面俱到。不過，如在撰寫前詳為規劃撰寫時以此為念，必將會裨益讀者。

第三，提升讀者對心理學讀後心得的境界　雖然本書讀者的讀後心得著重在心理科學知識，惟因本書既以心理學是研究人性為取向，又因本書內容除心理學知識外，也涉及有關人性的哲學理念，因此希望本書的讀者，在讀後心得上能超越書本知識，而達到從知識理解中啟發智慧，從生活實踐中領悟人生的境界。

如何從知識理解中啟發智慧？對此問題可舉著名生物學家達爾文進化論建構的過程為例以資說明。達爾文大學畢業後以博物學家身份隨英國皇家兵艦獵犬號週遊世界五年。此期間他在世界各地搜集了大量有關生物進化的資料。他分析發現有些動植物歷經數萬年代代相傳孳生繁衍永續生存；但有些動植物整個類族死亡滅絕，只能在留下的化石中發現其遺跡。達爾文對此種動植物生存與滅絕的差異現象提出質疑；究竟是什麼原因有以致之。他久思不得其解，直待回到倫敦在圖書館中閱讀大量書籍後，最後從馬爾薩斯所著《人口論》中才得到了啟發。馬爾薩斯人口論的基本要義是，糧食的生產呈數學級數增加，而人口的出生率則呈幾何級數增加；長期供不應求的結果，勢必造成為生存而激烈競爭，其後果勢必是強者生存，弱者淘汰。達爾文即從馬爾薩斯解釋人口問題的理論得到啟發，用以推論解釋大自然中動植物生存的問題，終於在 1858 年出版《物種原始》一書，提出以"物競天擇，適者生存"為理論基礎的震驚世界的名著。

至於如何從生活實踐中領悟人生的問題，可從近年來經濟衰退造成人民生活困苦的狀況，得到領悟。近來大眾媒體時常報導，人民生活痛苦指數愈見升高，影響人民精神生活痛苦而罹憂鬱症者日多，且因憂鬱症惡化而自殺者時有所聞。對此一現象，一般看法是，物質生活困難導致精神生活痛苦為主要原因。事實上如此解釋未必得宜。根據聯合國世界衛生組織出版報告，從 1950 到 1995 年四十五年間，世界各國平均自殺率，大為提升，男性自殺率提升了 49%，女性自殺率提升了 33%；而在此期間內，正值第二次大戰結束，經濟復甦，世界各國經濟都有長足發展，人民物質生活大為改善。由此可見，物質生活改善雖擺脫了貧窮之苦，但卻未必使人精神快樂。換言之，導致精神痛苦而自殺者，物質生活痛苦並非直接原因；有些人物質生活富足而精神生活貧乏，反而感到生命缺少意義。因此，如何面對物質生活痛苦時所持的人生態度才是自殺的關鍵。心理醫師即根據此一道理，對帶有自殺傾向者，耐心勸說，讓他們從生活經驗反省中重新認識人生意義，體會生命價值而活下去。希望讀者在閱讀本書後，能從本書介紹的領悟治療的原理得到啟示，並在生活中實踐，進而對心理異常獲得預防重於治療的價值。

本書之得以重修出版，首先應感謝東華書局董事長卓劉慶弟女士的大力支持。在排印期間內子周慧強教授對全書文字的修正潤飾，盡心盡力；徐憶小姐對版面設計、插圖安排及文字校對事宜貢獻最大。此外沈瓊英小姐及張娟如小姐通力合作，使本書得以按計畫如期完成。值此書成付梓之際，謹向為本書付出心力的親人與友人，一併表示謝意。

心理學內容廣泛，且思想不一，理論紛歧，本書之撰寫雖已盡全力，但仍有力不從心之感；疏漏謬誤之處仍屬難免，敬請海內外學者專家惠予指教。

張春興 謹識
二〇〇九年四月於台灣師範大學

目　　次

初版序 ··· v

重修版序 ·· vii

目　　次 ·· xi

第一章　對現代心理學的基本認識

第一節　從哲學心理學到科學心理學 ·· 3
第二節　科學心理學思想的演變 ·· 9
第三節　現代心理學研究主題及科目之分化 ··· 22
第四節　心理學的研究目的與方法 ·· 26
本章摘要 ·· 35
建議參考資料 ··· 36

第二章　行為與心理的生物學基礎

第一節　生命的開始與遺傳過程 ·· 41
第二節　神經系統與神經元 ·· 44
第三節　大腦半球的構造與功能 ·· 52
第四節　內分泌系統的構造與功能 ·· 58
本章摘要 ·· 61
建議參考資料 ··· 62

第三章　感覺與知覺

- 第一節　感覺與知覺的關係 ··· 67
- 第二節　心理物理學的感覺研究 ······································· 69
- 第三節　感覺歷程 ··· 74
- 第四節　知覺歷程 ··· 96
- 第五節　超感知覺 ··· 108
- 本章摘要 ·· 110
- 建議參考資料 ··· 111

第四章　意識與意識狀態

- 第一節　意識的性質與特徵 ··· 115
- 第二節　睡眠與作夢 ·· 119
- 第三節　改變意識狀態的催眠與靜坐 ······························· 131
- 第四節　改變意識狀態的藥物效應 ··································· 141
- 本章摘要 ·· 145
- 建議參考資料 ··· 147

第五章　學習歷程

- 第一節　學習的性質 ·· 151
- 第二節　經典條件作用 ··· 153
- 第三節　操作條件作用 ··· 160
- 第四節　認知學習 ··· 168
- 本章摘要 ·· 180
- 建議參考資料 ··· 181

第六章　記憶與遺忘

- 第一節　記憶是學習心理問題的核心 ······························· 185
- 第二節　記憶研究的訊息處理取向 ··································· 190
- 第三節　感覺記憶與短期記憶 ··· 196

第四節　長期記憶 202
　　本章摘要 217
　　建議參考資料 218

第七章　思維與問題索解

　　第一節　思維的性質及其構成要素 221
　　第二節　推理歷程 228
　　第三節　問題索解 233
　　第四節　判斷與決策 244
　　第五節　創造思維 248
　　本章摘要 254
　　建議參考資料 255

第八章　生命全程的身心發展

　　第一節　對身心發展的基本認識 259
　　第二節　心理發展的重要理論 262
　　第三節　生命開始到兒童期的身心發展 282
　　第四節　青年期到成年期的身心發展 292
　　本章摘要 303
　　建議參考資料 305

第九章　動機與情緒

　　第一節　動機的性質 309
　　第二節　生理性動機與心理性動機 312
　　第三節　動機理論 324
　　第四節　情緒的性質 328
　　第五節　情緒理論 338
　　本章摘要 341
　　建議參考資料 342

第十章　智力與智力測驗

- 第一節　智力與智力測驗的基本概念 ················ 345
- 第二節　智力測驗的發展 ······································ 352
- 第三節　智力理論 ·· 359
- 第四節　天性與教養對智力的影響 ······················ 367
- 本章摘要 ·· 375
- 建議參考資料 ·· 377

第十一章　人格與人格測驗

- 第一節　精神分析取向的人格理論 ······················ 381
- 第二節　特質取向的人格理論 ······························ 395
- 第三節　人本主義取向的人格理論 ······················ 401
- 第四節　認知-行為取向的人格理論 ···················· 406
- 第五節　人格測驗 ·· 410
- 本章摘要 ·· 415
- 建議參考資料 ·· 416

第十二章　社會心理

- 第一節　社會認知 ·· 419
- 第二節　態度的形成與改變 ·································· 426
- 第三節　社會互動 ·· 432
- 第四節　團體行為 ·· 443
- 本章摘要 ·· 451
- 建議參考資料 ·· 452

第十三章　心理異常及其成因

- 第一節　心理異常的意義與類別 ·························· 455
- 第二節　情緒異常 ·· 457
- 第三節　社會異常 ·· 470

第四節　精神異常·······480
　本章摘要·······485
　建議參考資料·······486

第十四章　心理治療

　第一節　領悟治療·······489
　第二節　行動治療·······500
　第三節　團體治療·······508
　第四節　生理醫藥治療·······513
　第五節　心理治療的評價·······515
　本章摘要·······518
　建議參考資料·······519

參考文獻·······521

索　引

　(一) 漢英對照索引·······551
　(二) 英漢對照索引·······574

第一章

對現代心理學的基本認識

本章內容細目

第一節　從哲學心理學到科學心理學
一、哲學心理學時代的心理學定義　3
二、科學心理學誕生後定義的演變　3
　(一) 心理學是研究意識的科學
　(二) 心理學是研究行為的科學
　(三) 心理學是研究行為與心理歷程的科學
　(四) 心理學是研究人性的科學
三、始自哲學心理學對人性問題的爭議　5
　(一) 心身關係問題
　(二) 天性-教養爭議
　(三) 自由意志對決定論問題
　(四) 知識來源問題
四、心理物理學開啟科學心理學之門　8

第二節　科學心理學思想的演變
一、科學心理學初期的學派對立　9
　(一) 結構主義
　(二) 功能主義
　(三) 行為主義
　(四) 完形心理學
　(五) 精神分析
二、現代心理學思想的多元並存　15
　(一) 以行為主義為基礎的心理學觀點
　(二) 以精神分析為基礎的心理學觀點
　(三) 以人本主義為基礎的心理學觀點
　(四) 以認知主義為基礎的心理學觀點
　(五) 以心理生物學為基礎的心理學觀點
　(六) 以進化論為基礎的心理學觀點
三、現代心理學尚未成為規範科學　20

第三節　現代心理學研究主題及科目之分化
一、現代心理學研究的八大主題　22
二、現代心理學領域內的科目分化　23
　(一) 理論心理學類
　(二) 應用心理學類

第四節　心理學的研究目的與方法
一、科學研究目的與方法的共同性　26
　(一) 科學研究目的的共同性
　(二) 科學研究方法的共同性
　(三) 科學研究的三項準則
二、心理學研究目的與方法的特殊性　29
　(一) 描述研究
　(二) 相關研究
　(三) 實驗研究
三、心理學研究方法的侷限　34

本章摘要
建議參考資料

從歷史發展看，人類自始即特別關心兩方面的問題：一是對周圍自然環境方面，注意地形地物的特徵與天候變化，從而獲得衣食住行的資源，以滿足物質生活之所需；二是對人類自己本身方面，重視身心健康、後代教養、人際關係及群居規範，從而獲得社會安全，以滿足精神生活之所需。人類對這兩方面問題長期關心探索累積的經驗，即形成解釋自然現象物性變化與解釋社會現象人性變化的兩大類知識。心理學的原始概念即蘊涵在解釋人性變化的知識之中。惟古代有關物性與人性變化的知識，均出自當時的智者根據相傳神話及觀察所見而作的主觀性推理思辨，在性質上統稱為哲學。以後這兩大類知識隨人類思想的進步與科學方法的精進，各自脫離哲學而獨立，分別演變成研究物性變化的自然科學與研究人性變化的心理科學。惟在脫離哲學而獨立的過程中，自然科學與心理科學的發展有兩點不同：其一是自然科學發展在前，心理科學發展在後；前者開始於文藝復興後的 16 世紀，而後者則迄至 19 世紀末因受自然科學成就的影響，方始脫離哲學範疇而獨立。其二是自然科學的發展為單向躍進式，其思想之演變有如大江東去，永不回流；1543 年波蘭天文學家哥白尼 (Nicolaus Copernicus, 1473～1543) 提出太陽中心說之後，天文學界即不再爭議地球為宇宙中心的問題。心理科學的發展則為分進迴旋式，在一百多年發展過程中，曾出現過數次革命性的維新運動，也出現過數次反革命性的復古思潮；先有互不相讓的學派對立局面，後來又演變成不同理論分立並存的情勢；直到現在依然是思想不一，理論紛歧。惟其如此，在此開宗明義第一章內，我們將以對現代心理學的基本認識為題，向讀者介紹心理學的定義、起源、發展及現況。希望讀者在研習本章時，藉由以下各點對現代心理學獲得基本認識。

1. 心理學定義的演變與現行定義的意涵。
2. 自古以來心理學家對人性特質的探討，在思想上有那些爭議與共識。
3. 現代科學心理學興起的歷史背景。
4. 現代科學心理學興起之初學派對立局面始末。
5. 現代科學心理學思想多元並存的現象及成因。
6. 現代科學心理學在人性變化研究上有那些重要主題及學科。
7. 現代科學心理學研究目的與方法的獨特性與侷限性。

第一節　從哲學心理學到科學心理學

　　心理學是一門既古老又現代的學科。如此說法是因為心理學分為哲學心理學與科學心理學兩個時代，前者始自兩千四百多年前的古希臘時代，後者自誕生迄今只不過一百三十年。在這兩段合成的心理學歷史長河中，代表心理學基本思想的心理學定義，曾有過很大的改變。本節內容即從心理學定義的演變討論起，用以提供讀者對心理學的性質先有個基本概念。

一、哲學心理學時代的心理學定義

　　現代心理學係源於西方古代希臘哲學，而**心理學** (psychology) 一詞則係由希臘文中 psyche 與 logos 兩字合成；前者意指"心靈"，後者意指"論述"；二者合之可解釋為"心理學是對心靈的研究"(La Pointe, 1970)。除宗教的涵義外，心靈一詞泛指人性中的精神作用。由此觀之，從哲學心理學時代起，心理學的研究就以人性為主題。科學心理學誕生後，心理學對人性研究的觀點雖未改變，但對人性一詞內涵的解釋，則是理論紛歧 (Shaver & Tarpy, 1993)。這是心理科學與自然科學不同之處；兩者的不同已在前頁章引言中有所說明。接下來討論的科學心理學誕生後定義的演變，以及後續討論的始自哲學心理學對人性問題的爭議，均說明了心理學理論的紛歧現象。

二、科學心理學誕生後定義的演變

　　現代心理學指的是與哲學心理學相對的科學心理學，科學心理學正式誕生在 19 世紀之末。科學心理學誕生後的一百多年間，心理學定義曾有過數次改變。

(一) 心理學是研究意識的科學

　　德國心理學家馮特 (圖 1-2) 於 1879 年在萊比錫大學設立第一座心理實驗室，公認是現代科學心理學之始。馮特創始的科學心理學，一方面採用比較易於掌握的"意識"取代哲學心理學時代抽象的"心靈"，另方面採用類似物理化學在控制實驗的情境下，觀察受試者經由內省所做的反應，從而分析意識的結構，企圖將心理學建構成一門獨立的實驗科學。因此馮特的心理學思想等於是將心理學界定為"心理學是研究意識的科學"(詳見第二節)。

(二) 心理學是研究行為的科學

馮特研究意識的心理學思想傳到美國之後,迅即引起心理學界的批評,其中抨擊最強烈的是崛起於 20 世紀 20 年代初的**行為主義**(見第二節)。行為主義者認為,以意識為主題的心理學研究,在理論與方法上均不合科學的要求。要想使心理學成為一門獨立的實驗科學,必須採純自然科學取向。自然科學的首要條件是客觀,而客觀的標準在於能夠對研究對象的特徵直接觀察與測量。意識屬於受試者的主觀經驗,自然不能用來作為科學心理學研究的主題。因此他們主張以能夠觀察與測量的外顯行為,代替無法直接觀察的內在意識。於是"心理學是研究行為的科學"就成了 20 世紀前半期的心理學定義。行為主義所強調的自然科學取向的心理學思想,對現代科學心理學的發展產生了重大影響,且一度成為心理學界的第一大勢力,成為心理學思想的主流。雖然以後心理學的定義有所改變,但行為主義思想的影子卻一直存在並繼續發生影響(見本書第五章)。

(三) 心理學是研究行為與心理歷程的科學

迨至 60 年代,只注重外顯行為而忽視內在心理活動的行為主義,受到新興認知心理學及其他心理學思想的批判。批判者認為,行為主義捨棄內在心理活動的主張,有失心理學本義;只重視外顯行為而排除內在心理活動的研究取向,不可能真正了解人的心理。因此心理學定義又改變為"心理學是研究行為與心理歷程的科學"。此定義可解釋為"心理學是研究行為與研究心理歷程的科學",也可解釋為"心理學是由外顯行為研究推理解釋內在心理歷程的科學"。此一內外兼顧的心理學定義立意雖好,但仍未獲得心理學界的普遍共識(註 1-1)。1979 年後美國心理學界舉辦的科學心理學誕生百週年紀念學術研討會上,在檢討百年來心理學的成就及其科學性時,有些學者指出,心理學以往的發展,雖以自然科學為取向,但其成就既無法與自然科學相比,而且在科學性上自身卻陷入了"科學"與"非科學"的兩難困境 (Koch, 1985; Robins, et al., 1998)。兩難困境的關鍵是"客觀"或"主觀"的標準,究竟指的是心理學研究的主題,還是心理學的研究方法。如果指的是研究方法,那是合於"科學"的。如果指的是研究主題,那就是自相矛盾。原因是如此做法只顧到心理學的科學性,而忽略了心理學的獨特性。

(四) 心理學是研究人性的科學

在"心理學是研究行為與心理歷程"的定義下所導致的"科學"與"非科學"

註 1-1:認知心理學在 20 世紀 80 年代雖已成為心理學思想的主流,但有些心理學家認為,"認知"是內在心理歷程,具有主觀性,主觀違反科學的基本原則,不能作為心理學主題。美國行為主義巨擘斯金納的反對尤其強烈。斯金納病逝於 1990 年 8 月 18 日,在他逝世的前一天,仍奮力寫成〈心理學能成為一門研究心的科學嗎?〉一文,以表示對認知心理學的抗議 (Skinner, 1990)。

的兩難困境，主要是由於心理學以往過分標榜自然科學，忽略了心理學自身的特徵及獨立性。惟其如此，已有心理學家建議：為求消弭爭議，可在保留"行為"與"心理歷程"的原義下只將定義文字稍加修改，改為"心理學是研究人性的科學"(Hergenhahn, 1986; Robins, et al. 1998; Glassman, 2000)。如此修改後既可符合心理學原本就是研究人性的傳統，擺脫"科學"與"非科學"的兩難困境，藉收兼容並蓄之益，也可與"自然科學是研究物性的科學"相對應，從而突顯心理科學的獨特性。事實上，由近幾十年來心理學本身的發展看，心理學界有些學門的研究，業已走上了人性的取向。美國心理學會素來被視為心理學的權威組織，在總會之下的近五十個專業分會中，像藝術心理學會、宗教心理學會、婦女心理學會、同性戀心理學會等，其研究的成果也被視為屬於科學心理學 (Pettijohn, 1991)。其實，此等學會所研究的主題，均非以客觀理性為基礎，而皆屬於主觀感情的人性表達。此等學會之所以被承認屬於心理科學，其關鍵不在其所研究主題，而在於其所採用的科學研究方法。由此可知，所謂心理學的"科學性"，並非指研究的主題，而是指所採的科學研究方法是否適合。如將心理學的定義改為"心理學是研究人性的科學"，有關人性的一切主題，無論是主觀的或是客觀的，只要採用適當的科學研究方法，所得結果均可成為有價值的心理學知識。

三、始自哲學心理學對人性問題的爭議

在本章之初的引言中即曾提到，心理科學與自然科學雖同樣源於哲學，但兩者的思想發展大不相同。自然科學思想的發展是單向躍進式，而心理科學的發展則是分進迴旋式。因此思想紛歧與理論爭議是心理學的特徵，也是心理學研究困難之處。

自西方古代哲學心理學開始，對人性的解釋就有很多爭議。此等人性問題爭議的焦點，最主要的是關於人性特質是怎樣形成的，以及影響人性變化者有那些因素。這現象與中國古代哲學心理學思想類似，中國古代哲學心理學家講心性，心性屬於人性。談人性時多將善惡視為人性的核心，但對人性中善惡的解釋則是各家理論不一：孟子主張"性善論"，荀子主張"性惡論"，揚雄主張"性善惡混論"，王陽明則主張"性無善無惡論"(蒙培元，1990)。西方古代哲學心理學思想中，對人性問題爭議最大也對其後心理學發展影響最久者，有下文所列的四大問題。此四大問題直到科學心理學興起後，仍然論辯不休。與以前所不同者只是研究方法有所改變，而問題的焦點則一如往昔。以下的討論即對四大爭議的簡單說明 (Hergenhahn, 1986；Shaver & Trapy, 1993)。

(一) 心身關係問題

心身關係問題 (mind-body problem) 中所謂"心"指的是精神，而"身"則指腦與

神經系統。心身關係之所以成為爭議的問題，主要是在於心與腦二者功能的性質與二者關係之分合的問題。有些哲學心理學家認為，身體就是唯一存在的實體，不承認身體之外另有精神作用之存在。從現代科學心理學觀點言，此種主張無異將心的精神作用視同腦的生理功能；腦是身體的一部分，亦屬物質實體，故而主張心即是物；此種思想稱為**唯物論** (materialism)。另有哲學心理學家認為，心或精神才是人性唯一的終極實體，身體活動所表現的一切行為，均由心之實體所創造；身體活動只是心理功能的顯現而已；此種思想稱為**唯心論** (idealism)。科學心理學興起之後，由於生理心理學研究方法的進步，業已明確了解人類大腦的分區功能，從而確定了人類的重要行為，諸如感覺、記憶、語言等心理活動，均受大腦所支配。因此，在心身關係問題上，腦的重要性似乎占了上風。但如從人類的複雜行為看，諸如情意表達、意志取向、人生理想、價值標準、善惡判斷等屬於純精神層面的高級心理活動，卻仍無法在腦與神經系統中找到有力的相關證據。惟其如此，在現代科學心理學中心身關係問題，仍然在爭議未決之中。本書第二、三兩章的內容，就是以心身關係問題為主題。

(二) 天性-教養爭議

天性-教養爭議 (nature-nurture controversy) 所爭者係指人性特質之決定，先天與後天孰為重要的問題。在古代哲學心理學時代，先天指神賦予人類的本性，科學心理學時代，天性是指人性中先天遺傳的本能，教養則指後天環境中學得的經驗；故而亦稱**遺傳-環境爭議** (heredity-environment controversy)。天性-教養之爭不是二選一問題，而是二者孰輕孰重問題。以智力為例，自古代哲學心理學起到現代科學心理學初期，多半認為智力的高低決定於遺傳。直到 20 世紀中期才開始重視智力的環境因素。天性與教養問題迄今仍然是發展心理學討論的主題之一 (見第八、十章) (Hergenhahn, 1986)。

(三) 自由意志對決定論問題

自由意志對決定論 (free will versus determinism) 所爭議者是個體行為與心理活動產生原因的問題。從自然科學的觀點言，任何事件之產生必有其原因，如將人的行為與心理活動也看成是一種事件，此行為事件的產生是何原因？自古代哲學心理學以迄現代科學心理學，對此問題始終爭議未決，因此乃形成決定論與非決定論的兩類主張之對立。

決定論 (determinism) 是指人性變化與其表現於外的一切行為，在性質上與物性的變化沒有兩樣，都是由於某種或某些原因所導致的結果。因此自古以來就有些哲學心理學家主張，以人性為研究對象的心理學，應與研究物性的自然科學採同樣取向，研究行為產生的原因與其表現的後果，從而根據因果法則預測或控制人的行為。惟在分析影響行為因素時，主張決定論的心理學家因意見不同而又有兩種理論：(1) **物質決定論** (physical determinism)，謂人的行為與動植物生長變化類似，都是受外在原因 (環境) 與內在原因 (生理與遺傳) 兩類因素所決定。強調環境因素決定個體行為的主張，稱為**環境決定論** (environmental determinism)。前文心身關係問題中的唯物論，即持物質決定論的觀點；現代科學心理學家中仍有人持此觀點 (如行為主義)。(2) **精神決定論** (psychical determinism)，謂人的行為變化除環境與生理因素外，某些心理因素也會發生決定性影響。心理因素所指者是個人的意識 (含潛意識)、風俗習慣、宗教信仰等。例如，在科學昌明的今天，仍然有很多人相信，住宅環境或祖墳地勢 (風水) 關係到子孫的興旺；生辰八字關係到一生婚姻的幸福。

非決定論 (indeterminism) 是與決定論相對的一種解釋人類行為與心理變化原因的理論。持此理論者認為，人之所以在某種情境下表現某種行為，並非由於任何物質或精神因素所支配，而是出自個人在**自由意志** (free will) 下所做的自由選擇。而且，個人在自由意志下選擇其行為表現時，具有很大的個別差異。財帛當前，有人"見財起意"，有人"路不拾遺"，同樣情境下而有截然不同的行為表現者，內在的自由意志使然，而非外在刺激所決定；這是人與動物最大不同之處。在現代科學心理學中，人本主義心理學家即秉持自由意志的思想詮釋人類的行為。

(四) 知識來源問題

知識來源 (origins of knowledge) 問題是起源於古代哲學心理學中認識論的爭議。**認識論** (epistemology) 所探討的主題，是人類如何獲得有關自身或周遭事物的相關知識問題。在認識論中對知識來源問題的探討，自古就有不同理論；到 17 世紀近代哲學心理學時期，有理性主義與經驗主義兩派哲學心理學思想之對立，這對以後科學心理學思想的發展具有重大影響 (Leahey, 2003)。**理性主義** (rationalism) 哲學心理學思想，對知識來源問題的解釋有三點要義：(1) 知識之獲得代表真理的追求，真理得自理性，人的理性是神賜予的**天賦觀念** (innate idea)；(2) 理性存在於人心之內，而使心具有主動求知的功能，知識是由心主動吸取的，故而反對經驗主義知識得自感官經驗之說；(3) 在知識吸取過程中，感官只有接受外界訊息的作用，只憑感官則不可能獲得真正的知識。**經驗主義** (empiricism) 哲學心理學思想，對知識來源問題的解釋也有三點要義：(1) 人類知識之獲得乃經驗之累積，而經驗得自感官；(2) 人類初生時，其心有如白紙，紙上原本一無所有，故而反對理性主義者所持天賦觀念之說；(3) 由感官獲得的經驗匯集於腦而成知識，故而在知識獲得過程中，心的作用是被動的。理性主義與經驗主義所持的不同的認識論思想，對現代心理學的發展，曾產生過交互更替的不同影響；先是經驗主義為先，晚近則是理性主義居上。現代科學心理學中有關學習(見本書第五章)、記憶、思維等問題的理論解釋，都會涉及這兩種思想(見本書第六、七章)。

四、心理物理學開啟科學心理學之門

心理學源於哲學，從哲學心理學演變到科學心理學，其間尚經過一段過渡期，而此過渡期則是從文藝復興運動所激起的自然科學發展開始的。在19世紀開始之前，自然科學中的物理學、化學和生理學的研究，已經有了巨大的成就。自然科學的實驗方法以及對物性研究時所採取的定性定量等分析研究，對研究人性的心理學家產生了很大的啟示；使他們認識到，傳統的哲學思辨取向無法得到真正的科學心理學知識，於是心理學乃轉向自然科學尋求可資運用的資源。當時在自然科學中生理學的研究已經有相當成就，德國生理學家赫爾姆霍茨(圖1-1)，在1850年根據電流傳導原理，精確地測量出神經傳導的速度，證明了感官接受刺激後，經神經細胞傳至脊髓，而後再經脊髓傳入大腦而產生感覺反應。此後，他又先後提出了聽覺與視覺理論(見第三章第三節)，奠定了心理學的生物科學基礎。

赫爾姆霍茨在研究中所發現的刺激引起神經傳導而後產生感覺的原理，從傳統哲學中四大爭議問題看，事實上也就是心身關係爭議。惟其如此，與赫爾姆霍茨同

圖 1-1 赫爾姆霍茨

(Hermann von Helmholtz, 1821～1894) 是19世紀德國著名物理學家與生理學家，被後人譽為繼達爾文之後最偉大的科學家。事實上，他在科學上的貢獻，並不限於物理學和生理學，他對人類色覺、聽覺以及神經生理學的研究，均為以後實驗心理學與生理心理學奠定了良好的基礎。

時代的另一德國生理學家費希納(見第三章第二節)，採用刺激引起神經傳導的原理，從事更複雜的感覺心理變化的實驗研究。費希納當時採用的科學實驗方法，稱為**心理物理學** (psychophysics)。心理物理學的研究，旨在探討刺激的變化與感覺經驗變化的關係。

心理物理學的出現，雖不能視之為科學心理學的正式誕生，但它確是促成科學心理學誕生的最大助力。如將哲學和生理學視為現代科學心理學的兩個源頭，這兩個源頭匯聚在一起從而促成科學心理學誕生

者，則是心理物理學。本書第三章討論感覺與知覺時，對心理物理學的研究與貢獻將進一步有所說明。

第二節　科學心理學思想的演變

自從心理物理學採用科學實驗方法研究感覺心理之後，迄至 19 世紀末葉，心理學家進一步嘗試採用心理物理學的方法，研究比感覺更為複雜的心理現象，因而導致了科學心理學的正式開始。惟以各家對"心理"一詞意涵解釋的不同，研究的目的不一，結果開始不久即形成**心理學派** (註 1-2) 相互對立的局面 (Leahey, 2003)。

一、科學心理學初期的學派對立

所謂科學心理學初期，是指自 19 世紀末科學心理學誕生後，到 20 世紀 40 年代的一段期間。在此期間內科學心理學思想的特徵是，因各家所採研究方法的不同與所建構理論的差異，而形成了多個學派對立的局面。其中最主要且對以後心理學發展影響最大者有以下五個學派。

(一) 結構主義

科學心理學的第一個學派是結構主義。結構主義思想是德國萊比錫大學教授馮特 (圖 1-2) 影響之下創始的。在現代心理學史上，馮特有兩大貢獻：其一是 1873～1874 年出版的《生理心理學原理》一書，被譽為生理心理學與實驗心理學的經典。其二是 1879 年在萊比錫大學設立心理實驗室，從事心理現象的實驗研究，使心理學正式脫離哲學範疇成為一門實驗科學。

馮特的心理學實驗研究，在基本上採**心理物理學**取向，在目的上企圖從研究心的內容，進而分析了解心的結構。為了使"心"的概念易於掌握，馮特將"心"界定為意識。**意識** (consciousness) 是指個人對自己心理狀態的覺知 (詳見第四章第一節)，亦

註 1-2：所謂**心理學派** (schools of psychology)，係指由某一個 (或少數幾個) 著名心理學家的思想為中心所形成的學術性團體。學派的功能，在積極方面，學派成員們大力宣導他們的主張，使其學術思想得以流傳；在消極方面，他們強烈排斥其他學派的主張，因而心理學的思想形成紛歧現象。此處所指的心理學派，是指 20 世紀初近代科學心理學發展初期對心理學研究主題、目的、方法等持對立理念的數個學術團體。在此之前的古代哲學心理學時代雖也有不少學派，在此之後的現代科學心理學中雖也有不同理論，但均不包括在此處所指五大學派之內。

圖 1-2　馮　特

(Wilhelm Wundt, 1832～1920) 是 19 世紀末德國心理學家，是結構主義的開創者，也是首創以科學實驗方法研究人類心理現象的人。

即在某種刺激情境下受試者對刺激所得到的直接經驗。根據刺激引起的直接經驗，進而分析了解意識內容是由那些元素所構成。意識內容即代表心之內容，根據對意識的分析，即可推知心之結構。

馮特的科學心理學旨在根據意識去分析心之結構。為求達到此目的，他創用了一種由受試者憑感官接受刺激時自陳其心理經驗的方法，稱為內省。**內省** (introspection) 指受試者自行觀察感官接受刺激時的直接經驗 (不作任何之解釋)。馮特認為，任何複雜的心理經驗，經內省後均可分析為三種元素，即**意象** (image)、**感覺** (sensation) 與**感情** (feeling)。顯然，馮特的思想是受了化學元素分析研究成功的影響，故而被稱為**元素論** (elementarism)。

馮特創始的實驗心理學思想，1892 年經其弟子鐵欽納 (Edward Bradford Titchener, 1867～1927) 在美國康乃爾大學宣揚推廣，並著書立說，於 1898 年發表〈結構心理學的主張〉一文，正式宣示他們所持的心理學思想為**結構主義 (或構造主義)** (structuralism)。結構主義思想是以意識分析為目的以內省為方法的主張，非但未獲當時心理學界認同，甚至產生了反結構主義思想運動，因而形成 20 世紀初期學派對立的局面。馮特首倡結構主義，對科學心理學的發展既然有創新的貢獻，又為什麼他的理論不能像哥白尼太陽中心說那樣，一經提出即獲得普遍認同？究其原因，實乃心理科學與自然科學本質不同之故。哥白尼的理論是以自然現象為基礎發現的真相，而馮特的理論則只是根據外顯行為間接對內在心理活動所做的推理解釋。真相只有一個，無須爭辯，推理解釋就難免見仁見智。這是心理學理論紛歧的根本原因，也是心理學研究困難之所在。

(二) 功能主義

結構主義在德國興起不久，除了招致美國行為主義抨擊之外，更引起美國哈佛大學教授詹姆斯 (圖 1-3) 等人的反對。在科學心理學發展初期，詹姆斯在心理學思想上的貢獻，主要在於兩方面：其一是他 1890 年出版的《心理學原理》一書，被

第二節 科學心理學思想的演變

圖 1-3 詹姆斯

(William James, 1842～1910) 是 19 世紀末美國元老心理學家和哲學家，是功能主義的創始人之一，也是 20 世紀影響美國心理學與教育學發展最大的人。

譽為是科學心理學史上的里程碑；其二是他反對結構主義的心理學思想，另創功能主義。詹姆斯認為，雖可採用意識經驗代表心之內容，但意識是隨時流動的心理歷程，絕不可採用分段切割的方式去分析意識的構成元素。此即詹姆斯所提出的**意識流** (stream of consciousness) 的理論。詹姆斯主張，心理學不應只限於在實驗室內從事"心之分析"的研究，而應擴展到實驗室以外的生活環境中去從事"心之功能"的研究，藉由了解人的心理如何影響其行為，進而了解其如何對生活環境的適應。因此，詹姆斯心理學思想，稱為**功能主義** (或**機能主義**) (functionalism)。顯然，功能主義心理學思想是受了 19 世紀英國生物學家達爾文 (圖 1-4) **進化論**的影響。"物競天擇，適者生存"是達爾文進化論的中心觀念。人為生物之一，人之所以超過其他生物者，主要是他能對刺激產生意識 (或思想)。因此，功能主義者認為，了解人如何憑意識經驗對其生活環境做出有效的適應，才是心理學應採的研究取向。

功能主義的主張，不僅強調心理學應該研究人的心理功能，而且對象與方法上也應多所改變；對象不限於實驗室內少數受試者，兒童、成人乃至動物都可以作為研究對象；方法不限於內省，觀察、測驗、

圖 1-4 達爾文

(Charles Robert Darwin, 1809～1882) 是 19 世紀英國著名生物學家，他的進化論思想引起了科學革命，改變了人與神及人與自然的關係，因而對一向以哲學觀點解釋人性的傳統心理學，也受其影響而趨向科學化。

調查等方法均可使用。因此，功能主義的主張，雖因內容涉及範圍太廣，興起後不久，其理念即為其他後起理論取代，名稱亦不復存在。惟功能主義思想對以後科學心理學的發展，卻產生了很大影響；諸如身心發展、個別差異、教育心理與輔導以及應用心理學等多方面的研究，功能主義的思想均發揮了先導作用。

(三) 行為主義

前述兩大學派雖理念不同，但基本上均未脫離研究內在心理歷程的心理學傳統。接下來介紹的 20 世紀 20 年代初興起於美國的行為主義，其立場除反對結構主義以意識為主題以內省為方法之外，在研究取向上則根本否定內在心理歷程是心理學的主題。行為主義主張，心理學研究只限於可觀察測量的外顯行為；對心理學上常用的"心"、"認知"、"意識"等術語，則一概排除在研究主題之外，故而此一學派的心理學思想稱為**行為主義** (behaviorism)。

行為主義的創始人是美國約翰霍布金斯大學教授華生 (圖 1-5)。華生在 1913 年發表〈行為主義者對心理學的看法〉一文 (Watson, 1913)，強烈地宣示了行為學派反傳統的理念。該文內容宣示了行為主義思想的四大要義 (Schultz & Schultz, 2007)：

1. 心理學研究的主題不是內在隱而不顯的人類的心理活動，而是研究可以觀察測量人類和動物的外顯行為；外顯行為是客觀的，客觀是科學的基本條件。

圖 1-5　華　生

(John Broadus Watson, 1878～1958) 是 20 世紀初美國心理學家，是行為主義創始者，是倡導心理學視同自然科學的人，因其反結構主義而掀起的行為革命，致使心理學失去了對"心"的研究長達 40 年之久。

2. 心理學研究的目的，旨在發現影響個體行為的客觀條件，從而預測並控制個體行為。

3. 心理學的研究不能靠推理的方法去解釋內在心理歷程，只需觀察測量外顯行為與環境變化的關係，即可從而得到行為變化法則，達到研究目的。

4. 人與動物在行為上沒有基本差異，故而用於研究動物行為的方法，也可用來研究人類行為。

由上述四大要義看，可知華生所主張的

心理科學研究，應該像自然科學一樣，只能以客觀的方法研究個體的外顯的行為，否定個體主觀反應在心理學上的研究價值。因為華生不承認內在心理歷程可能影響或決定外顯行為，所以除反對結構主義以內省法研究心之內容之外，也反對功能主義以心理歷程當做心理學研究的主題。因此華生1913年所宣示的心理學主張成了心理學定義之後，被視為心理學史上的**行為革命** (behavioral revolution)。

華生將**行為** (behavior) 界定為"反應的組合"，心理學家只須研究個別的**反應** (response)，而後將反應組合在一起，即可解釋個體的行為。行為既為客觀因素所決定，反應自然也是由客觀因素所決定。行為主義者認為，決定反應的客觀因素為**刺激** (stimulus)。心理學的研究，就是在控制刺激的實驗情境下觀察個體反應，然後根據發現的刺激與反應間的因果關係，進而預測或控制個體的行為。因此，行為主義的主張就稱為**刺激-反應心理學** (stimulus-response psychology)，或簡稱 **S-R 心理學** (S-R psychology)。

在五大學派中，因受當時美國崇尚自然科學的影響，行為主義勢力最大。在本書第五、九、十一、十三、十四各章內均討論到行為主義思想。在心理學是研究行為與心理歷程的科學，及心理學是研究人性的科學新定義出現後，華生之將人性物化的行為主義思想本已不合時宜，其後行為主義之所以繼續發生影響，乃因後繼者將華生思想做了修正之故 (詳見第五章)。

(四) 完形心理學

在20世紀初期美國行為學派興起之同時，德國出現了異於上述三大學派的另一個學派，是為完形學派。完形學派的思想稱為**完形心理學** (或**格式塔心理學**) (Gestalt psychology)。完形心理學係由德裔美籍心理學家韋特海默 (圖1-6) 在1912年所創立。

圖 1-6　韋特海默

(Max Wertheimer, 1880～1943) 是在德國出生的美國心理學家，是完形心理學思想的創始人，是似動現象的發現者，是現代卡通動畫與電影原理的創始人，開創造思維心理學研究的先河。

完形心理學的主張是，既反對結構主義的意識分析，也反對行為主義採取刺激-反應聯結的理念來解釋行為。在基本上，完形心理學同意功能心理學的看法，認為心之功能絕非只是被動地接受刺激然後產生孤立的感覺反應，而是在刺激引起感覺後，個體主動地將多種不同感覺加以組織處理，然後產生具有統合意義的知覺意識經驗。客觀的不同刺激雖能引起不同感覺，但在個體由感覺變為知覺去解釋刺激的性質時，卻是主觀地將不同刺激視為一個有組織有意義的整體。因此完形心理學主張**整體論** (holism)，反對結構主義和行為主義所持的**元素論**。完形心理學秉持一個基本信條："整體不等於部分之和"；觀察一座建築物時，不可能只分析其構成的磚石材料，即可了解其建築的風格 (指結構主義)；同理，也不能只憑將各種建材堆積起來就形成一座建築 (指行為主義)。因此，完形心理學雖也採意識經驗為研究主題，但研究目的則旨在探討意識的整體性與組織功能。故而此一學派思想被稱為**完形主義** (Gestaltism)。

韋特海默完形主義的心理學思想，其靈感乃是起於 1910 年乘火車的旅途中，突然想到人所知覺到的物體運動，未必全由物體本身移動所引起，很可能是一種心理作用。下車後他以**動景器** (stroboscope) 為工具，將多張相似的靜止圖片，在每隔十分之一秒到三十分之一秒之間連續出現，結果發現所看到的不是多圖接替，而是呈現一幅連續運動圖。此即韋特海默所發現**似動**的現象 (見第三章第四節)。自韋特海默開始，經過多位興趣相同的心理學家的實驗研究，終於導致心理學在知覺心理、概念形成、思維、問題解決以及心理治療等主題上，開拓了新的研究方向。這些留待以後相關章節再行討論。

(五) 精神分析

前述科學心理學初期的四大學派，有兩點相似之處：其一為均出自著名大學，其二為均沿用始自馮特的實驗室研究取向，且以正常人為研究對象。接下去要介紹的精神分析學派則大不相同。精神分析學派的心理學思想，稱為**精神分析** (psychoanalysis)。精神分析是奧地利精神病學創始人弗洛伊德 (圖 1-7)，根據他多年對精神病患診斷、治療及病理研究的長期經驗，

圖 1-7　弗洛伊德

(Sigmund Freud, 1856～1939) 是 19 世紀末 20 世紀初奧地利精神病學家，是精神分析的創始人，是精神病學的開山始祖，更是正統心理學之外對心理學思想影響最大的人。

在20世紀初提出的心理治療方法及解釋人性的系統理論。精神分析的理論與方法，迥異於其他各心理學派的思想。

弗洛伊德的精神分析，既非源於古代哲學心理學的舊傳統，也非起自科學心理學興起後反結構主義的新思潮，而是根據他多年精神病治療經驗歸納後所形成的兼顧心理、病理、治療各方面的一種理論體系。弗洛伊德的精神分析思想，起始於19世紀末對癔症患者嘗試新法治療後的心得。**癔症**(或**歇斯底里**)(hysteria)最初被認為是屬女性獨有的疾病；其特徵是雖有身體症狀，但缺乏生理病因。弗洛伊德對癔症提出了一種前所未有的新理論，認為癔症的症狀並非由生理病因所導致，而是由於其他心理因素轉化而成。根據弗洛伊德的說法，心理因素之所以會轉化為身體疾病，乃是由於患者在心理上有些本能性的衝動(主要為性慾與攻擊)，因違反社會文化禁忌不得隨意宣洩獲得滿足，只好壓抑在內心深處，結果使衝動與壓抑兩者間形成一種個人不自知的潛意識心理衝突。如衝突累積而不得化解，即可能導致精神疾病。因此，**潛意識**是精神分析的中心理念；此一理念不但是精神分析治療的基礎，而且弗洛伊德更以此建構了他的人格結構與人格發展理論。這些留待本書第十一、十三、十四各章再行討論。

綜合科學心理學誕生後20世紀初期五大學派的要義，列為表1-1，以資比較。

表1-1 科學心理學初期五大學派之比較

學派別	研究主題	研究目的	研究方法
結構主義	意識經驗	分析心之結構	內省(元素分析)
功能主義	意識經驗	探討心之功能	內省與行為測量
行為主義	外顯行為	控制行為反應	觀察與實驗
完形心理學	意識經驗	了解心之整體	內省(組織統合)
精神分析	潛意識	了解人性和治療精神疾病	個案研究

二、現代心理學思想的多元並存

科學心理學發展到20世紀40年代後，心理學的五大學派，隨各學派內意見的紛歧與各學派間思想的衝激，反而使原來學派對立的局面逐漸消失。學派對立現象的消失，並不代表心理學思想的統一。相反的，學派消失後心理學思想的發展隨研究主題的益形分化，心理學的理論取向也就愈見紛歧。惟就現代心理學理論取向的整體看，在眾多理論取向中，仍有派系趨勢走向；早期的五大學派思想，到40年代以後演變成相對應的六種心理學理論觀點。所謂**觀點**(perspective)，是指心理學家研究心理現象時在理論和方法上所持的不同論點。惟五大學派思想與六種理論觀點相比，其間有兩點不同之處：(1) 早期的學派思想係由少數魅力人物領導，同學派內思想理念相同；晚近的不同理論觀點則是雖有魅力人物，但無統一領導，而且在同一理論觀點下各家理念也未盡相同；(2) 早期的學派思想是對立的，堅持本身的立場，否定其他學派的價值，晚近的各理論觀點則是並存的，甚至是互補的，信守某一理論觀點者，並不排斥其他理論觀點。

(一) 以行為主義為基礎的心理學觀點

以行為主義為基礎的心理學觀點，是由早期行為學派演變而來的新理論觀點。**行為主義觀點** (behavioral perspective) 一詞有兩種含義：其一，在基本理念上仍遵循早期行為學派的傳統，以行為作為心理學研究的主題，仍然像早期的行為學派，企圖在控制的情況下觀察刺激-反應之間關係的變化。其二，在"行為"一詞概念上，較諸行為學派時為廣泛，也更有彈性，對刺激-反應之間如何聯結的問題，不再只限於華生所持**經典條件作用**的唯一解釋。除增加了**操作條件作用**的理論之外，也不排斥在刺激-反應之間存有內在心理歷程的看法。因此，持行為主義觀點者，不再堅持早期解釋的 S-R 觀點，而是接受了 S-O-R 的觀點。S-R 之間的 O (organism)，表示在學習情境中，反應並非機械地由刺激所引起，個體本身也是決定是否反應的因素 (如動機)。此外，行為主義思想發展到 20 世紀 60 年代，受其他心理學思想的影響，對學習心理的解釋，增加了認知心理與社會心理的因素。此一異於早期行為主義人性物化思想的新理論觀點，一般稱之為**新行為主義**。正因為晚近的新行為主義的含義擴大，故而現代心理學研究中，有很多主題諸如學習、動機、人格、心理異常以及心理治療等，行為主義觀點仍然是重要理論之一。

(二) 以精神分析為基礎的心理學觀點

精神分析觀點 (psychoanalytic perspective) 是由早期以弗洛伊德為主的精神分析學派演變而來的新理論觀點。精神分析觀點理論的基本要義是，在對人性解釋和心理治療的基本理念上，仍遵循早期精神分析所強調的潛意識和採用分析方法治療心理疾病的理念；而在另一方面，將原來弗洛伊德理論中所強調的生物性需求和性心理需求是決定人格發展重要因素的理念，加以修正，且在對人性和精神病病因解釋時，增添了社會文化因素的考量。由精神分析學派思想修正而來的精神分析觀點，自 20 世紀 30 年代以來在美國獲得快速的發展。此一新興精神分析理論觀點，稱為**新弗洛伊德主義** (見第十一章第一節)。不過，精神分析觀點只是在時間上繼承了精神分析學派的思想，而在實質上並未取代弗洛伊德思想對以後心理學發展的影響。

弗洛伊德的思想不僅繼續影響心理學的發展，而且對現代文學、藝術、史學、人類學等，均具有極大的影響。在現代心理學的八大主題中，有關身心發展、動機、人格、心理異常和心理治療等各主題中，亦仍然隨處可見弗洛伊德的思想。

(三) 以人本主義為基礎的心理學觀點

人本主義觀點 (humanistic perspective) 指人本心理學者對人性解釋時所持的心理學觀點。人本心理學興起於 20 世紀 60 年代。從歷史淵源看，人本主義取向所探討的是自古爭議未決的**自由意志對決定論**問題。由於人本主義取向承傳了 14 世紀歐洲人文主義重視人性尊嚴與自由意志的哲學心理學思想，強調人性的主觀感情和自由意志，而且主張人性本善。人本主義取向既反對行為主義根據對動物控制實驗結果推論解釋人的行為，也反對精神分析根據對病患的觀察結果推論解釋正常人的心理。人本主義取向主張以正常人生活中的需求、欲望、感情、意志、價值等為心理學研究的主題，故而稱之為**人本心理學** (humanistic psychology)。人本心理學的主要創始人是美國心理學家馬斯洛 (圖 1-8)。正因為人本主義取向的興起在精神分析與行為主義兩大學派之後，且不同於該兩學派思想的決定論觀點，故而自稱為心理學的**第三勢力** (third force)。人本心理學的研究，不僅限於從"全人"的觀點去探討人性，而且強調心理學應幫助人按

圖 1-8　馬斯洛

(Abraham Harold Maslow, 1908～1970) 是 20 世紀美國心理學家，是人本主義心理學的創始人之一，是心理學第三勢力的領導人，也是改變科學心理學傳統，將心理學領域擴大到人類生活全部的人。

其自由意志做正確選擇，進而發展其自我潛力，臻於**自我實現**的境界，故而也稱為**整體論**。從科學心理學強調的心理學研究方法科學化的傳統看，人本心理學缺少嚴密的方法和系統理論，其主張也未必符合科學心理學所強調的**客觀性**、**驗證性**及**系統性**等特徵 (見本章第四節)。惟人本主義取向認為，單憑客觀的科學方法不足以了解人性，人的主觀經驗、感情及意志等更是心理學應該研究的主題。因此人本主義取向重視人性尊嚴與自由意志，強調全人格發展，其主張以正常人為研究對象的心理學觀點，確實值得心理學界反省。在現

代心理學研究的主題中,諸如動機、人格、心理異常以及心理治療等主題,人本論取向均占有相當重要的地位。

(四) 以認知主義為基礎的心理學觀點

認知主義觀點 (cognitive perspective) 是從四大爭議中的**知識來源問題**演變而來的。所謂**認知主義** (cognitivism),指認知是心理學研究的核心問題;要想了解人的行為,必先了解人對環境事物的認識。惟從近代心理學學派對立的觀點看,認知主義觀點則是將行為主義與完形心理學的思想合而為一所形成的一種新思想。行為主義以刺激-反應的關係解釋一切行為,以 S 代表刺激、R 代表反應,S→R 即成為解釋一切行為的公式;刺激能引起行為,行為由刺激而決定。完形心理學則認為,行為反應雖與外在刺激有關,但刺激本身的特徵,卻不能決定反應的方式;在客觀刺激情境下,個體憑其主觀意識將刺激加以組織之後才表現出反應。因此,在 S→R 公式中,謂刺激與反應之間有一段心理歷程;此段歷程,完形心理學家稱之為**組織** (organization),而認知主義取向者則稱之為**認知** (cognition)。基於此義,從廣義的觀點言,20 世紀之初興起的完形心理學的思想也就是認知主義觀點。惟從狹義的觀點言,到 20 世紀 60 年代**認知心理學**興起之後,才被視為認知主義觀點。認知心理學不能算是一個思想流派:既無核心人物,也無統一主張;只能算是一股順應時代而有共識的復古思潮 (恢復了古代**理性主義**的思想)。認知一詞指感覺、注意、知覺、意識、學習、記憶、思維等內在心理歷程。近年來認知論取向在心理學界廣受重視,舉凡發展、學習、智力、人格、社會心理及心理異常與心理治療等各方面,無不涉及認知主義的觀點 (詳見第六章第二節)。

(五) 以心理生物學為基礎的心理學觀點

心理生物學觀點 (psychobiological perspective) 所探討者是四大爭議中心身關係問題。綜合前文所述現代心理學的各大理論取向,以及現代心理學定義中兼顧的"行為"與"心理歷程"的解釋,兩相對照,我們可以發現:行為主義觀點所解釋者是定義中的行為層面;精神分析觀點所解釋者是定義中心理歷程的感情層面;人本主義觀點所解釋者是定義中心理歷程的感情與意志層面;認知主義觀點所解釋者是定義中心理歷程的認知層面。四大理論的觀點雖仍然紛歧,但彼此間卻有互補關係,進而將心理學所要研究的"行為與心理歷程"做了完整的解釋。由此可見,心理學的理論已發展到了多元并存的地步。然而,在上述四大理論分別研究知 (認知)、情 (感情)、意 (意志)、行 (行為) 四大層面時,卻不能忽略行為與心理歷程的運作,均得有賴以生物為基礎的身體生理功能。此即之所以討論四大理論之外,要再加上心理生物學觀點的原因。從心理學的觀點看心理生物學,實則包括探討三方面的主題：(1) 探討**神經系統**與腦的組織與功能，從而了解行為及心理歷程與生理運作的關係；(2) 探討**內分泌系統**的組織與功能，從而了解不同腺體分別與行為與心理變化的關係；(3) 探討**遺傳學**的基本原理，從而了解個體行為和心理特徵與其遺傳因素的關係。本書第二章將概略介紹心理生物學取向的重要內容。

(六) 以進化論為基礎的心理學觀點

在前文討論美國功能主義心理學思想時，曾提到功能主義是以 19 世紀達爾文的**進化論** (或**演化論**) (evolutionism) 為理論基礎的。功能主義採取進化論中"物競天擇，適者生存"的觀點，將個體在生活環境中的適應能力視為心理學研究的主題，在 20 世紀 30 年代之初，功能主義心理學思想式微，為繼起之**行為主義**與**認知主義**所取代。直到 20 世紀之末 90 年代，達爾文的進化論思想又復受到重視，因而出現了**進化論觀點** (evolutionary perspective)。接下即討論進化心理學的基本要義。

進化心理學 (evolutionary psychology) 是指新近十多年來美國心理學家提出的一個新理論。進化心理學研究的主要目的旨在探討人類 (或動物) 在適應變動不居而且充滿挑戰性的環境時，如何有效運用其遺傳而來的認知能力，從而獲得生存發展，並使其種族得以繁衍旺盛。進化心理學是一門新興的學科，其所研究的主題向有爭議，惟就目前發展取向看，可將之簡述為以下三點要義 (Buss, 2007；Schmitt, 2002)。

1. 自然淘汰是進化的動力 進化心理學原則上採取了達爾文進化論中物競天擇適者生存的理念，並特別強調適者生存乃是自然淘汰的結果。從遠古以來個體 (人與動物) 一直生活在變動不居且充滿挑戰的自然 (或社會) 環境中；環境中有無數的因素會影響個體的生存。個體如果能禁得起環境的挑戰，他就會生存下來，否則就遭到淘汰。在適應惡劣環境的過程中與動物相比，人類本來是弱者，但在歷經數萬年的進化過程中，有些動物已遭淘汰，甚至滅種，而人類卻是反敗為勝，迄今不僅能有效地適應環境，而且進一步能夠利用環境，甚至克服了環境。根據進化心理學家的說法，人類之所以能夠戰勝環境，其主要原因是人類具有較高的認知能力，也就是人類具有較高的智慧。

2. 視適應環境為遺傳的能力 心理學家一般公認，人類智力的主要部分得自遺傳，較少部分受環境影響。遺傳的基本要素是**染色體**中的遺傳因子 (DNA) (見第二章第一節)。在以前一般認為個體遺傳因素是固定的，是不會改變的，但現在進化心理學家則認為遺傳也會因長期進化而改變。如個體在適應環境時成功挑戰不被淘汰，就顯示他有善於應付環境的能力或智慧；而此種生存智慧久而久之就成為他的遺傳因子之一，並留傳後代，使其後代益趨繁榮茂盛。

3. 個別差異是可行的研究取向 進化是數萬年甚至數十萬年才會產生的現

象,所以進化心理學進行實際研究時,無法採用本章第四節所介紹的一般心理學研究方法。進化心理學家只能根據個體間或團體間的差異的現象;根據不同個體之間的個別差異及不同種族之間的團體差異。以這兩類差異所顯示的生存競爭優勝劣敗及種族繁衍興衰的現象,作為進化心理學的理論解釋。單就人類而言,個別適應能力的差異是顯而易見的;在生活適應中有人適應順利,生活圓滿;有人適應困難,生活潦倒;甚至有些人心理異常形成心理疾病,生活適應失敗是主要原因(見本書第十三章)。再就人類種族間的團體差異看,因環境適應能力差異而形成的進步與落後現象,更屬明顯。例如,美國這塊美好的土地,原是印地安人生活的天地,自15世紀具有高度文明的白人移入後,只經過五百年的競爭,紅人種族已漸趨沒落。台灣的原住民與漢族間的關係亦大致相似。台灣的原住民最早是四、五千年前馬來及南洋諸島多種族群跨海來台後,成為台灣的主人。漢族自明宋移民來台,迄今不過四百多年。漢族移民到台後,因其文化程度遠較原住民為高,經過四百年的生活競爭,原住民退居荒涼的深山。全島絕大部分資源為漢人所占有;現今原住民的總人口數只占台灣人口總數的2.04%。像此種變化現象的原因,遺傳性的智力差異,可能是合理的解釋。

綜合現代心理學六大理論觀點的要義,列為表1-2,以資比較。

表1-2 現代心理學六大理論觀點之比較

理論取向	研究主題	研究目的	研究方法
行為主義觀點	個體行為	在控制情境下觀察行為的變化	觀察實驗
精神分析觀點	潛意識動機	了解人性並治療精神疾病	個案研究
人本主義觀點	主觀經驗	助人發展自我潛力從而充分自我實現	個案研究
認知主義觀點	認知歷程	探討知識之學習記憶和運用的心理歷程	觀察實驗
心理生物學觀點	心理的生理基礎	研究生理機制和行為變化的關係	觀察實驗
進化論觀點	環境適應的認知能力	研究環境適應能力與遺傳的關係	個體與種族差異

三、現代心理學尚未成為規範科學

綜合前文所述,自19世紀末科學心理學興起以來,歷經一百多年,心理學家們所提出的心理學觀點與其建構的心理學理論,始終是眾說紛紜,莫衷一是。雖然在科學心理學發展初期的**結構主義**與**行為主義**都曾大力主張要將心理學建構成獨立的實驗科學,使之成為自然科學的一個分支。但事實上非但沒有成功,甚且在心理學界本身論點也極不一致。根據美國科學哲學家庫恩 (Thomas Samuel Kuhn, 1922～1996) 的解釋,心理學發展歷程中之所以如此理論紛歧,主要是由於心理學自始就沒有合於規範科學的條件所致。

所謂**規範科學** (normal science),是庫恩在 1962 年出版的《科學革命之結構》一書中提出的概念 (Kuhn, 1962: Schultz & Schultz, 2007)。在該書中庫恩指出,科學的發展乃是由於週期性科學思想的演變;而科學思想演變的動力,除科學方法之進步以外,主要是由於人類世界觀的改變。科學思想發展到某種程度時,就會形成一種眾所共識的世界觀,進而對科學上研究的主題、方法等亦採取相似的取向,庫恩稱此種科學思想取向為**範式** (paradigm)。範式形成後對同領域的科學家具有規範作用;大家均遵循範式去思考問題、研究問題並建構理論。在同一範式下所建構的理論彼此雷同,甚至對名詞的界定,在同一領域的科學家之中,亦均具有共識性、普遍性與一致性 (如物理化學)。根據庫恩的說法,範式並非一成不變,而是隨時代的演進與人類世界觀的改變而生更易。公元 2 世紀托勒密首創地心說,迄至 16 世紀哥白尼提出日心說,代表人類世界觀的一次革命性改變。1684 年牛頓提出的萬有引力論,其範式效用長達兩百多年;愛因斯坦 1905 年的相對論修正了牛頓的理論,成為新範式,代表人類世界觀的再次革命性改變。庫恩稱隨時代演變而出現範式更替的科學為規範科學。心理學自 19 世紀末脫離哲學而獨立後,雖然心理學家們自稱心理學是一門科學,但如從科學範式觀點看,心理學與其他自然科學 (如物理化學等) 相比之下,即可發現,心理學的科學發展成熟程度仍然大為落後;20 世紀初學派對立的局面消失後,心理學在研究對象、研究目的、研究方法以及理論建構等各方面,仍然極為紛歧。如以庫恩的標準來檢視心理學的發展歷程,心理學顯然是不合於規範科學的。因此庫恩認為現代心理學尚不能稱為科學,只能稱為"前科學"或"前範式科學"。

心理學之所以不能形成眾所共識的範式,從而建構成規範科學,主要是因為心理學研究的對象與自然科學不同。自然科學研究的對象是物,物性即其本性,物性變化受自然法則支配,而且同類物體的變化,具有共同性與一致性 (如獅虎食肉牛羊吃草一生不變)。心理學研究的對象是人,人性非其本性,人性是本性與習性的融合,人性變化受社會文化影響,其變化具有極大的差異性 (如人的飲食習慣會因人、因時、因地而有極大的差異與變化)。因此。即使心理學研究人性時採用類似自然科學的方法,也只能持與自然科學相對應的觀念,稱心理學為心理科學。惟其如此,歷來心理學解釋人性時,才有心身關係、天性-教養、自由意志對決定論,以及知識來源等重要理論之爭議。既然存在的爭議無法趨於統一,要想使心理科學變得像自然科學一樣,畢竟是不可能的。

第三節　現代心理學研究主題及科目之分化

自從心理學19世紀末從哲學獨立出以後，一方面由於心理學性質的複雜，另方面由於人類生活的需要，使心理學在研究主題與科目名稱上，都顯示出迅速的發展與分化。主題分化顯現在心理學研究範圍的擴大，而科目之分化則顯現在心理學理論與應用兩方面的擴展。為篇幅所限，以下即從兩方面做簡要說明。

一、現代心理學研究的八大主題

如果將基礎心理學(如本書)當做現代科學心理學的縮影看，現在的一般基礎心理學，在章節數量上雖有不同，但內容上不外包括以下八大主題：

1. 行為與心理的生物學基礎　此一主題原係由四大爭議之一的心身關係問題演變而來。目前研究的重點在於探討個體生命起源與遺傳機制、神經系統與內分泌系統等，從而了解心理與行為和生理功能的關係。本書第二章即以此主題為中心。

2. 感覺、知覺與意識　此一主題係對心身關係問題的進一步探討；藉由現代化的科學方法與科學工具，研究個體如何經感官獲得感覺，繼而經大腦組織選擇形成知覺後，進而對其周圍環境有所了解與認識。本書第三、四兩章將對此主題作進一步討論。

3. 學習、記憶與思維　此一主題係由四大爭議中知識來源問題演變而來；其目的在於探討動物如何學習簡單動作，進而研究人類對外在訊息如何學習、記憶、思維，從而獲得知識，並運用知識解決問題。本書第五、六、七各章將詳細討論此一主題。

4. 生命全程的身心發展　此一主題係由四大爭議中天性-教養問題演變而來；其目的在探討自生命開始，個體在身體、行為、心理三方面隨年齡增長而變化的歷程，並研究在發展歷程中的一切身心變化與遺傳和環境因素的關係。本書第八章將詳細討論此一主題。

5. 動機與情緒　此一主題係由四大爭議中自由意志對決定論問題演變而來；其目的在研究個體行為發生的原因，並探討個體行為的自主性與選擇性，從而解答個體在決定其行為表現時，究係出於被動，抑或出於自主的問題。本書第九章將對此

6. 個別差異　此一主題亦係由四大爭議中天性-教養問題演變而來；其目的在探討個體在團體共性之外個別差異的問題。心理學研究個別差異主要集中在兩方面；一方面為能力差異，另方面為人格差異。研究個別差異的目的，除探討形成差異之原因與其理論解釋之外，且兼有便於學校因材施教與社會適材適用的目的。本書第十、十一兩章將討論此一主題。

7. 社會心理　此一主題係根據人類個別行為之外的團體性特徵，探討社會生活中個人與團體間如何彼此影響，藉以發現維護社會互動的原則與規範，從而促進人際關係的和諧，形成團體力量俾使有益於社會進步。本書於第十二章將簡要闡述此一主題。

8. 心理異常與心理治療　此一主題所探討者係由人類個別差異中演變出來的心理異常現象。本主題主要探討心理異常的症狀與原因，進而針對原因實施心理治療，藉以維護心理健康。本書最後兩章將對此一問題做簡略討論。

二、現代心理學領域內的科目分化

心理學成為獨立科學之後，一方面由於其本身知識的迅速擴增，另方面由於學校教學與社會生活的需要，心理學領域內已分化出上百種的不同學科。此等分化而成的科目，可按內容性質，將之歸納為理論心理學與應用心理學兩大類，以下是兩類中各列十個科目，用以舉例說明。

(一) 理論心理學類

1. 生理心理學　生理心理學 (physiological psychology) 屬理論心理學一個分支學科。生理心理學主要研究個體的生理因素歷程與心理及行為的關係。在研究題材上，以生理學的知識與方法，研究並解釋各種感官、神經系統與各種腺體的功能，以及其與心理及行為間的關係。

2. 學習心理學　學習心理學 (psychology of learning) 屬理論心理學的一個分支學科。學習心理學的研究目的，旨在探討人類或動物學習的基本歷程，並分析影響學習歷程的因素，從而建構學習理論，據以改進學校的教學。

3. 人格心理學　人格心理學 (psychology of personality) 屬理論心理學的一個分支學科。人格心理學研究的主要內容是：(1) 人格理論；(2) 人格的發展；(3) 人格適應；(4) 人格改變；(5) 人格的個別差異與人格測量等；藉此了解各種人格類型的特色與人格的個別差異與團體差異。

4. 發展心理學　發展心理學 (developmental psychology) 屬心理學領域內的一個分支學科。此一學科的研究，旨在探討個體一生中身心變化與年齡的關係。發展心理學的研究，在基本上包括生理的、心理的、社會的、教育的四大取向，而目的在分析了解遺傳、環境、成熟、學習四大因素對各種行為發展的影響；並根據研究結果作為對個體成長預測之用。

5. 認知心理學 認知心理學 (cognitive psychology) 屬理論心理學領域內的一個分支學科。廣義言之，認知心理學的研究包括知覺、記憶、想像、辨識、思維、推理、判斷、創造等較有組織的複雜行為。狹義言之，認知心理學一詞係指個體接受訊息、儲存訊息以及運用訊息的**訊息處理歷程**。

6. 比較心理學 比較心理學 (comparative psychology) 屬理論心理學領域中的一個分支學科。比較心理學的特徵在以比較的觀點研究各類動物之間行為上的異同，並深入探討各類動物的演化過程及其在不同生態環境中的適應方式，從而建構系統理論。

7. 社會心理學 社會心理學 (social psychology) 屬理論心理學的一個分支學科。社會心理學的特徵是，以科學的方法研究個體與團體在社會環境中的行為。社會心理學的研究目的，主要在了解社會情境對行為的影響，以及個人與個人、個人與團體、團體與團體之間的關係，從而提供服務、解決問題，並進而建立系統的理論。

8. 差異心理學 差異心理學 (differential psychology) 屬心理學領域中的一個分支學科。此一學科的內容，重在研究個體間以至團體間，在心理特質上的差異現象；其目的在探究差異的程度與差異形成的原因。差異心理學研究的範疇甚廣，除個別差異之外，也研究團體差異。而且，在個別差異研究上，除研究個別間差異之外，也研究個別內差異（個人心理特質上的差異）。就研究題材而言，差異心理學所研究者包括能力、性格、知覺、動機、情緒等各種心理特質。在對差異原因之研究上，差異心理學旨在探討種族、遺傳、文化、社會環境等因素與個體或團體行為的關係，從而建構系統理論。

9. 變態心理學 變態心理學 (abnormal psychology) 屬心理學的一個分支學科。變態心理學的研究，係以人格的發展與適應、變態行為的成因、症狀的特徵與分類，以及變態行為的診斷、預防、治療等為題材。變態心理學研究的範圍，主要包括情緒異常、社會異常、精神異常等三方面。

10. 實驗心理學 實驗心理學 (experimental psychology) 是屬於心理學研究方法學的一部分。實驗心理學的主要特徵是，在經過特別設計的實驗室內，控制有關**自變項**然後觀察**依變項**，藉以發現人或動物行為變化的因果關係，從而建構系統理論，並用以解釋、預測及控制個體的行為。

(二) 應用心理學類

1. 教育心理學 教育心理學 (educational psychology) 屬應用心理學的分支學科。

教育心理學採取了其他心理學門的理論與方法，在教育情境中，以教師與學生間交感互動的行為作研究對象，其目的旨在針對學校性質(幼稚園、小學、中學等)及學生心理需求設置合於學生身心發展的教育環境，協助學校改進行政與教學，以期達到合於學校教育理想的教育目的。

2. 諮商心理學 諮商心理學 (counseling psychology) 屬應用心理學的一個分支學科。此一學科的主要內涵是研究諮商理論與技術、諮商的實施與效果以及諮商人員的教育與訓練等；使其成為一門有效的助人科學。

3. 管理心理學 管理心理學 (managerial psychology) 屬於應用心理學領域內工業與組織心理學的一個分支學科。管理心理學研究目的主要是人員的管理；藉對員工的個別差異研究，及人際關係與團體效能的探討，進而達到促進組織發展，提升生產效率的目的。

4. 工業心理學 工業心理學 (industrial psychology) 屬應用心理學中的一個分支學科。工業心理學研究的目的，乃是運用心理學的理論與方法，研究工業從業人員的行為，從而獲得有關工作心理的原理原則(如人為何要工作？在何種情境下最努力工作？)，藉以解決問題，並進而提升生產效率。工業心理學的發展大致分兩個階段：早期偏重在個別差異的研究以及人與工作的配合問題；晚近又增加社會心理的研究，重視工作人員的態度、士氣以及組織氣氛等。

5. 行銷心理學 行銷心理學 (sales psychology) 屬應用心理學領域內的一個新興學科。行銷心理學研究的目的是，運用心理學上的原理原則，並綜合市場心理、消費者需求、廣告心理等各方面的知識，提供消費者最新訊息與產品服務，從而提升銷售業績。

6. 消費者心理學 消費者心理學 (consumer psychology) 屬應用心理學的一個分支學科。消費者心理學研究的對象是社會大眾的消費行為；目的在了解消費者的購買動機、購買行為、消費資訊來源以及影響他們對金錢分配選擇的社會因素等。

7. 工程心理學 工程心理學 (engineering psychology) 屬應用心理學的一個分支學科。工程心理學研究的對象是人與機器的關係；其目的一方面分析研究如何在使用機器時可以達到既安全又有效的地步，另方面分析研究如何使機器與人的身體功能配合，從而改善機器設計，以期達到人與機器合一的理想境界。

8. 司法心理學 司法心理學 (forensic psychology) 屬心理學中的一個專門學科。司法心理學研究的目的，重在運用心理學的理論與方法，探討有關法律歷程中的行為問題。諸如違法事實與違法行為認定的可信度，與見證人言詞的效度與信度等，均屬法律心理學研究的範圍。

9. **運動心理學** 運動心理學 (sports psychology) 屬心理學領域內的一個新興學科。運動心理學係運用心理學的理論與方法，研究各類運動、比賽、休閒活動等心理層面的問題，從而發展改進方法，藉以增進運動人員的身心效益，並同時提升觀賞運動者的歡樂氣氛。

10. **臨床心理學** 臨床心理學 (clinical psychology) 屬應用心理學中的一個分支學科。臨床心理學的主要特徵是對適應困難、情緒困擾、行為異常者進行研究、診斷、治療及預防工作。臨床心理學與精神病學不同，臨床心理學採心理學取向，臨床心理師的專業訓練一般須具有心理學的哲學博士學位 (Ph.D.)；精神病學採醫學取向，精神病科醫師的專業訓練須具有醫學博士學位 (M.D.)。

第四節　心理學的研究目的與方法

前文曾數度提到，現代心理學之所以被認為是一門科學，主要是因為現代心理學的研究，原則上採用了類似自然科學的方法。惟以心理學與自然科學在性質與目的上並不相同，故而在說明心理學研究方法之前，先從科學研究的目的與科學方法的基本概念討論起。

一、科學研究目的與方法的共同性

在一般辭典中，查不到科學一詞的確切定義，為期讀者能夠獲得明確概念，本書試對該詞給予定義為：所謂**科學** (science)，是指針對缺乏確切答案的問題情境，採用系統方法進行探索研究，從而獲得解決並且達到預期目的的學科。在此定義中，問題求解的目的與系統的方法二者是中心要義。由此可知，在一切科學研究中，研究目的與研究方法的要求具有相當程度的共同性。接下去即先從科學研究目的的共同性討論起。

(一) 科學研究目的的共同性

科學家針對問題從事實際研究時，其研究目的均含有終極與分級的兩個層次。

1. 科學研究的終極目的　任何科學研

究都是針對問題，而研究的終極目的均為根據問題的表象，探求表象背後的真相，從而建構系統理論 (理論科學) 或解決實際問題 (應用科學)。表象可能指的是具體的事實 (如身體發燒)，也可能指的是抽象概念 (如精神痛苦)；無論如何，表象並不等於真相。因此，根據表象探求真相，既可視為一切科學研究的終極目的，也可視為一切科學研究的基本歷程。惟從人類的歷史看，科學家們根據表象探求真相所經過的歷程，是相當遙遠而艱辛的。甚至直到現在，科學家們對某些問題的表象雖已了解，但對表象背後的真相卻仍有很多尚未確知 (如癌症的病因)。因此在科學研究上乃有分級目的的概念。

2. 科學研究的分級目的 分級目的是指科學家在從事科學研究時，其所追求的目的可分級達成；達成的層級愈高，即表示愈接近終極目的；愈接近終極目的，即表示該門科學發展的成熟度愈高。一般科學研究多數包括五個分級目的：(1) **描述** (description)，指對問題表象能做出翔實的說明；(2) **解釋** (explanation)，指對形成問題表象的相關因素或因果關係的假設性解釋；(3) **預測** (prediction)，指根據累積的經驗對同類問題預測其未來變化的可能性；(4) **控制** (control)，指根據處理同類問題的成功經驗，經人為運作以避免同類錯誤再發生；(5) **應用** (application)，指將研究結果或研究方法推廣應用在其他方面，或用以解決生活中的實際問題。任何一門

科學，如在研究上完全臻於描述、解釋、預測、控制、應用等五層目的，就等於達到了根據表象探求真相的終極目的。至此地步，即可根據問題的前因後果得到自然科學上所探求的**因果法則** (law of causality)。如將此五個分級目的與終極目的及因果關係連結起來，建構成有組織的語言文字，那就形成該門科學的系統理論。

(二) 科學研究方法的共同性

科學家所從事的任何一種研究，除了在目的上都是根據問題的表象去探求表象背後的真相之外，當實際進行研究時，在方法與程序上，也都是採取類似的取向。基於此義，試從以下兩點說明科學方法的一般性或共同性。

1. 針對問題性質提出合理假設 任何科學研究都是源於企圖對問題的了解或謀求問題的解決。在研究之初必須先有研究方向，做為研究進行的指引。採用科學術語來說，此一研究指引即稱為假設。**假設** (hypothesis) 是根據經驗或前人研究，對問題的可能變化所做的推估性答案。按問題的性質，有三種方式陳述假設：

(1) **條件式假設** 條件式假設是假設兩個變項之間具有條件關係；如果 A 成立，則 B 也會成立，此即"如果……發生，那麼就會有……結果"的說法。例如，如兩條路中有一條較遠，那麼走遠路就得花較長時間。根據此一假設，採同樣速度循兩路各走一趟，即可驗證假設是否正確。

(2) **差異式假設** 差異式假設是，假設 A B 兩個變項之間存有有差異或無差異的關係；可假設 A＞B，可假設 A＜B，也可假設 A＝B。前兩種假設的驗證方式簡單，只需搜集實際資料加以比較即可。若是採第三種假設，則需採取反證的方式，推翻與經驗不符的假設，而接受另一對立的假設。例如，根據一般人的經驗，成人平均身高男性高於女性。如採 A＝B 方式提出假設，A 與 B 分別代表男女平均身高。經調查分析結果，如發現女性平均身高低於男性，即表示 A＝B 假設不能成立；於是即接受另一對立假設 A＞B。因原提男女兩性身高相等是不合於經驗事實的，故而此種假設稱為**虛無假設** (null hypothesis)。

(3) **函數式假設** 函數式假設是假設兩個變項之間存有因果關係；以 X 代表因，Y 代表果，其函數式假設即為 Y＝f (X)；亦即：Y 隨 X 的變化而變化。例如，如以 100 個英文單字為學習記憶的材料，學習後記得的單字數量 (Y)，將隨學習時練習的次數 (X) 增加而增加。根據此一假設，即可一方面控制練習次數，另方面在每次練習後測量記得的單字數量，據以驗證假設。

上述三種假設方式有一共同之點，就是任何假設都是旨在探求兩個變項間的關係。所謂**變項** (或**變量**) (variable)，是指任何事項或因素在質或量上的變化都可用數值表示其變化情形以顯示其特徵者。諸如性別、年齡、智力、學業成績等，均可視為變項。所有科學研究均以探求兩個 (或多個) 變項間的關係為目的。在上述三種假設方式中，變項之間的關係有兩種類型：(1) 條件式與差異式假設中的變項，彼此間存有連帶關係或相關關係；(2) 函數式假設中的兩個變項，彼此間存有因果關係 (X 為因，Y 為果)；屬原因的變項稱為**自變項** (或**自變量**) (independent variable)，屬結果的變項稱為**依變項** (或**因變量**) (dependent variable)。在心理學研究中，自變項一般指研究者有系統地操作處理的因素 (如受試者的條件或刺激情境)；依變項則指受試者在刺激情境下的行為反應 (註 1-3)。

2. 配合研究目的選用適當方法 在科學研究上，沒有"最好的方法"，只有"最適當的方法"。至於方法是否適當，端視其能否配合問題的性質與研究目的而定。本節之初討論科學研究目的時曾指出，科學的終極目的是根據問題表象探求表象背後的真相，在終極目的之下，又分五層分級目的。基於此義，所謂"最適當的方法"，其選擇標準就是看在分級目的中企圖達成那一層級的目的而定。如果研

註 1-3：上述自變項為因依變項為果的說法，原則上適用於自然科學解釋物性變化。探實驗法研究人性的心理現象時，因人有自主性，此一說法尚欠完整。因此晚近心理學家在自變項與依變項之間加上另一變項，稱為**中介變項** (intervening variable)。中介變項所指者，可能是個體的動機情緒，也可能是認知理解。

究目的只求對問題的性質有所了解，那就配合描述目的去選擇方法。如果研究目的在於進一步探求影響問題發生的相關因素，那就配合解釋或預測目的去選擇方法。如果研究的目的在於更進一步探求問題發生的原因，或旨在了解原因後謀求解決問題的對策，那就配合控制與應用的目的去選擇方法。

(三) 科學研究的三項準則

凡是屬於科學的學科，在確定研究主題、選擇研究方法、處理研究資料以及提報研究結果等一系列的過程中，尚須符合以下三項準則：

1. 客觀性 **客觀性** (objectivity) 是指處理資料或解釋問題時，所根據者完全是客觀的事實，而不根據研究者個人主觀的好惡或成見。因此"客觀"一詞所指者是指事關研究方法的程序，而非指研究主題的性質 (見本章第一節)。

2. 驗證性 **驗證性** (verification) 是指研究結果或根據研究所建構的理論，其真實性必須禁得起考驗；後人循其研究方法與步驟重復研究時，應可得到類似結果。

3. 系統性 **系統性** (systematization) 是指科學研究必須遵循一定的程序；此程序可按時間，也可按空間。此外，研究結果為文發表時，也須符合系統性原則；全篇論文內容必須條理分明，有組織有系統。

以上所述三項準則，對研究物性變化的自然科學專題研究來說，尚屬易於達成。而心理學是研究人性變化的科學，人性變化遠較物性變化複雜，故欲達此三項準則較為困難。惟從科學的共同性來看，心理科學的研究專題雖不易達到上述準則，但在原則上仍須力求接近。以心理科學研究最常用的心理測驗為例，測量的受試者表現的心理特質雖是主觀的，但心理測驗的編製必須建立**效度**與**信度**，心理測驗的使用與記分方法，必須訂定一定的程序 (見本書第十章第一節)。心理測驗之所以應具備此等條件，其原因也就是為求合於科學研究的客觀、驗證、系統三項準則。

二、心理學研究目的與方法的特殊性

以上討論的科學研究目的與方法的基本概念，是泛指一般科學研究。本章第二節內曾特別指出，心理學的研究雖也採用自然科學慣用的方法，但心理科學研究的是人性的變化，對人性變化的研究，其目的與方法，畢竟不同於一般自然科學。基於此義，以下的討論將在合於科學研究的基本原則之下，進而說明特別適用於心理學研究的三類研究方法。

(一) 描述研究

描述研究 (descriptive research) 是在科學研究分級目的之下，旨在達到翔實描述目的的一類研究。在此類研究中，最常用的有以下兩種具體的研究法。

1. 自然觀察法 自然觀察法 (naturalistic-observation method)，或簡稱**觀察法** (observational method)，是心理學家在自然情境下，觀察受試者的活動，並做成記錄，俾能對問題性質予以翔實描述的一種方法。自然觀察法之所以特別強調"自然"，是因為觀察所見確實代表受試者的自然行為表現。根據現代心理學的定義，觀察所見者只是受試的外顯行為，觀察不到內在心理活動。觀察法可用於教室、運動場、證券市場等不同場所；除用於成人行為研究外，觀察法特別適用於對嬰幼兒和動物行為的研究。

在使用觀察法時，因觀察者與受試者之間關係的不同而有兩種方式：一種是**非參與觀察** (non-participant observation)；在不干擾受試的原則下，觀察者純以客觀的立場觀察記錄受試者的行為活動，這是一般最常用的觀察法。另一種是**參與觀察** (participant observation)，觀察者在不暴露其身分的原則下，參與受試者的活動。以觀察球場上學生團隊合作行為為例，教師如純以旁觀者身分對學生行為表現進行觀察，就是非參與觀察，教師如親身下場跟學生一起打球，隨時觀察學生的合作行為，即為參與觀察。

由觀察法所得的研究資料，最重要的條件是此等資料必須具有真實性與代表性。因此，如何避免因觀察者主觀所造成的偏差，是觀察法必須考慮的問題。基於此種考慮，一般認為使用觀察法時，宜遵守以下四項原則：

(1) 每次只觀察一種行為。例如欲觀察球員的合作行為，每次打球時所觀察者僅只限於合作行為；至於球員投球得分多少等其他行為，則不在觀察之內。

(2) 所要觀察的行為特徵，必須事先界定，並事先備妥記錄表格，以便隨時記下觀察到的具體事實。

(3) 觀察記錄時，除筆記之外，應盡量利用精密工具；如照相機、錄音機、錄影機等，以便獲得更客觀的資料。

(4) 為避免時間因素的影響，宜採**時間抽樣** (time sampling) 的方式，在一天或一週內，在不同時間點抽取數個等距的時段，做同一方式的重複觀察，而後綜合觀察所見，其所得結果將具有較大代表性。

2. 個案史法 個案史法 (case history method)，或稱**個案研究** (case study)，是指以某一個體或團體 (例如某家庭或某工廠) 為研究對象的一種方法。個案史法原為醫師用以了解病人病情及其生活史的一種方法。醫師為求診斷正確，檢查患者病歷，詢問患者以往求診經過，以及生活起居習慣等，在性質上即屬個案研究。後來個案研究使用範圍擴大，在心理學上普遍作為研究問題與解決問題之用；除臨床心理學上一直應用之外，教育心理學上對學生個案輔導，法律心理學上的個案調查，工業心理學上的個案 (如以工廠為單位) 分析，原則上也都是採用個案研究。

個案研究必須具備足夠的個案資料，否則無從著手研究，也難以解決實際問題。以法律心理學上的少年犯罪者個案為例，要想研究個案的整個犯罪行為及犯罪的心理因素，在資料收集上必須涵蓋：(1) 個人基本資料，包括姓名、性別、年齡、住址、出生日期、出生地點、教育程度、宗教信仰等；(2) 家庭背景，包括父母年齡及存歿狀況、家庭經濟狀況、家庭居住環境、父母對子女管教態度及親子感情等；(3) 學校生活，包括曾受教育年限及學校名稱、在校成績、學科興趣、課外活動興趣、師生關係、同學關係、學習有無困難、有無獎懲記錄、學校周圍環境等；(4) 社會生活，包括社區環境、鄰居關係、交友情形、親友關係、上下學路線等；(5) 身體特徵，包括體形特徵、健康狀況、生理成熟程度、有無生理缺陷、曾患何種疾病等；(6) 心理特徵，在性格特徵方面包括情緒穩定性、性格內外傾向、社會態度傾向、自我觀念與價值取向等；在能力特徵方面包括智力、性向、工作能力、社交能力等。

(二) 相關研究

相關研究 (correlational research) 是指對問題中相關變項間相關程度的了解，從而達到科學研究分級目的中解釋和預測目的的一種研究方法。在心理學上從事相關研究時，通常是將同一組人的兩種特徵作為研究的變項；經由測量將兩變項化為數值，然後按統計方法計算出**相關係數** (correlation coefficient) 用以表達兩變項的相關程度。相關係數通常以小寫英文字母 r 表示之，其值可正可負，其大小介於 ＋1～－1 之間 (如 r＝0.55)。相關係數為正值時，稱為**正相關** (positive correlation)，意謂兩變項間存有正相關關係；智力和學業成績兩個變項就是如此。相關係數為負值時，稱為**負相關** (negative correlation)；意謂兩變項間存有負相關關係，例如在設定之距離中運動 (如徑賽)，速度與時間兩變項就是如此。相關研究的目的在於解釋和預測，根據兩變項間之相關程度以解釋兩變項間變化之關連關係，且可根據變項之一以預測另一變項之變化。相關研究常用的方法有二，如下文所述。

1. 調查法 調查法 (survey method) 是以眾所了解或眾皆關心的事項為範圍，預先擬就問題，讓受調查者自由反應出他的態度或意見的一種方法。調查法可採兩種不同方式進行：一種是**問卷調查** (questionnaire survey)，也稱**問卷法** (questionnaire method)；另一種是**訪問調查** (interview survey)，也稱**訪問法** (interview method)。問卷調查可在教室或會場進行，也可經由郵寄的方式進行，同時間可以調查很多人。訪問調查只能在面對面的方式下進行。兩種調查的相同之處是，兩者都是預先擬就問題範圍；兩者相異之處是，問卷調查時，被調查者均在問卷上按題回答；訪問調查時，則是由訪問員根據受訪者對問題的反應代為填答或記錄。因此，無論是問卷或訪問，都是以預先擬就的問題為調查範圍，所以兩者都可視為問卷調查，只是訪問時問卷填答方式稍有不同而已。

從科學研究分級目的看，調查法只能達到描述和解釋的目的，在此目的之下，調查法的最大優點是可以同時調查很多人，不像觀察法與個案法那樣受時空限制。惟受財力人力影響，調查對象一般只能從理想對象群體中抽取一部分人為代表進行調查。理想對象群體為**總體** (或**母體**) (population)，抽取的部分代表稱為**樣本** (sample)。針對樣本調查結果去推估總體，才是調查法的真正目的。以議員選舉前民意調查為例，候選人可能有數位，而選舉人卻是數以萬計的。調查實施時，只能從全部選舉人中抽取部分人為樣本，作為調查對象。全體選舉人就是總體，被調查的部分人就是樣本。因此，一般調查也稱為**抽樣調查** (sampling survey)。

顯然，採用調查法時，除考慮問卷的設計之外，也應考慮由部分人構成的樣本，對總體而言是否具有代表性。因此，**抽樣** (sampling) 就成為調查法中研究的主題之一。關於如何抽樣，有很多不同理論與方法。其中最基本的原則為**隨機抽樣** (random sampling)；即按數學上的機率原理，在總體中每一個體被抽到的機會相等的原則下，抽出一部分人為樣本。以某城市三十萬小學生做總體為例，如抽取百分之一為樣本調查其罹患沙眼的情形。這三千人就不能只從一所或少數幾所小學中抽取。最理想的辦法是，將三十萬學生的學號混合在一起，按機率原則抽取百分之一做調查對象 (如做不到，從多所學校中各抽取部分學生也可以)。否則，如樣本只來自一兩所學校，其調查結果就缺乏全市學童罹患率的代表性。樣本缺乏代表性的缺點，稱為**抽樣偏差** (或**抽樣偏向**) (sampling bias)。

2. 測驗法 測驗法 (test method) 是採用心理測驗 (詳見第十章) 收集研究資料的一種方法。因使用的目的不同，心理測驗有多種不同形式；有的用來測量智力，有的用來測量學業成就，也有的用來測量性格。測驗法用於心理學研究，按問題的性質而有三種方式：(1) 用於團體中個別差異的研究，在此種情形下，只用一種測驗 (如智力測驗)，而且只需施測一次，即可獲得所需資料。(2) 用於對團體中單一心理特徵 (如智力) 的追蹤研究，在此種情形下，採同一測驗而在不同時間前後施測兩次 (或多次)，比較前後測量結果之不同，並求其相關，從而了解該心理特徵因時間改變所生的變化。(3) 用於對團體的兩種心理特徵 (如智力和性格) 的相關研究，在此種情形下，採兩種測驗，近時間內連續施測，然後求取兩者的相關。

就相關研究的性質而言，測驗法的第一種方式只有單一變項，故而不符合相關研究的原則。第二種方式合於相關研究，由於了解到前後兩次測驗結果間的相關情形，以後用於研究另一團體時，只需施測第一次，即可預測該團體該項心理特徵發展的情形。採用測驗法從事相關研究，在發展心理學上應用最多，像用同一智力測驗，對同組兒童在不同年齡連續施測，從而觀察該組兒童智力發展者即屬之。第三種方式也合於相關研究，由於了解兩種測驗結果間的相關情形，以後用於研究另一團體時，只需根據對一種心理特徵測量結果，即可預測該團體另一心理特徵；像已知高中生數學、物理兩科測驗結果及其相關後，就可根據數學成績預測物理成績者即屬之。從科學研究分級目的看，測驗法可以達到解釋和預測的目的。

(三) 實驗研究

前文多次提到，心理學之所以被認為是一門科學，乃是由於心理學採用了一般自然科學使用的研究方法。在一般自然科學研究上，最典型的研究方法是**實驗研究** (experimental research)。從科學研究的分級目的而言，實驗研究除由觀察獲得描述資料外，還可以根據實驗研究結果，解釋問題表象背後的真相，說明問題的前因後果；並可進一步控制相關因素從而預測問題的發生 (或不發生)。因此，在科學研究上，一般認為實驗研究是最理想的研究方法。討論如何從事實驗研究，從而達到描述、解釋、預測與控制多重目的的方法，就是**實驗法** (experimental method)。如何運用實驗法做好一項心理實驗工作？以下的兩點討論可用來回答此一問題。

1. 實驗設計 　實驗設計 (experimental design) 是研究者根據研究主題與研究目的，在實驗進行前擬訂的一份程序性的實驗計畫。實驗前應先有明確詳細的計畫，實驗時才能依序進行，獲致預期的實驗結果。最簡單的實驗設計，也須包括以下兩點說明：

(1) **確定實驗變項**：實驗法的基本特點是，在控制的情境下研究自變項與依變項之間的因果關係。因此在實驗之前必先確定**自變項**與**依變項**。試以藉運動減肥為主題從事一項實驗研究為例，說明如何確定實驗變項的問題。在此項實驗中，"運動"可視為自變項，可用"每天游泳一小時"來界定運動。"減肥"為依變項，可用"體重減少的磅數"來界定減肥效果。如此，實驗者即可按照計畫處理自變項，每天按時游泳，並依計畫定時 (如每月一次) 測量體重。

(2) **確定實驗形式**：確定變項後進一步必須確定實驗形式。最簡單的實驗，不外兩種形式：一種叫**單組設計** (single group design)，指只採用單一組受試者所做的實驗。按前例，在設計運動減肥實驗時，可只用一組人為受試者。在進行實驗之前，先測量每一位受試的體重，並做成記錄，供做以後比較之用。繼而按計畫進行，每天游泳一小時，並按月測量體重隨即做成記錄。然後比較實驗前後測量結果，數月後如確實發現體重下降，即表示游泳的確助人減肥；亦即證明自變項與依變項之間存有因果關係。

另外一種實驗設計稱之為**配對組設計** (matched-group design)，指採用兩組受試者所做的實驗。仍以運動減肥實驗為例，可採條件接近的兩組人為受試者。在實驗前兩組分別接受體重測量，並做成記錄。繼而選取其中一組，按計畫進行，每天游泳一小時，並按月測量體重。另一組第一次測量體重後，生活方式不做任何改變。過一段時間之後也和第一組同樣再接受體重測量，並做成記錄。如此安排等於是只對第一組加入自變項，而第二組則否。第一組稱為**實驗組** (experimental group，簡稱 EG)，第二組稱為**控制組** (control group，簡稱 CG)。最後比較兩組體重測量結果，如發現實驗組體重下降，而控制組的體重沒有改變，即表示實驗成功，游泳對減肥確實有效。

2. 實驗控制　**實驗控制** (experimental control) 是指除自變項與依變項之外，控制其他相關因素，以免影響實驗結果的一切措施。前文所指的配對組即為達到實驗控制目的的措施之一。所謂"配對"，是指兩組人數、性別、年齡、身心狀態及生活習慣等大致相等。多種條件一一配對不易做到，比較合於科學原則的做法是，實驗前將所有受試者混合，然後按機率 (如抽籤決定) 將全部受試者平均分為兩組，並再按機率決定一組為實驗組，另一組為控制組。如此按機率分派受試的做法，稱為**隨機分派** (random assignment)。

除控制兩組對等之外，更須控制其他可能影響實驗結果的因素。在上述游泳減肥實驗一例中，如有人有吸食藥物和吃零食的習慣，或游泳外另做其他運動等，自將影響實驗結果，致使研究者無法肯定體重減輕是否由於游泳使然。像此等自變項之外足以影響依變項的其他因素，如以變項概念名之，即為**外擾變項** (或**無關變項**) (extraneous variable)。控制外擾變項使實驗結果免於遭受不相干因素影響，是保證實驗成功的重要條件之一。

三、心理學研究方法的侷限

以上介紹的各種心理學研究方法，在基本上是比照自然科學根據對物性變化表象的觀察測量，從而探求表象背後真相的構想。惟在實際從事心理學研究時，由於心理學所研究的人性，遠較自然科學所研究的物性為複雜，自然科學家只須對觀察可見的物性變化表象進行分析，即有可能達到了解真相的目的 (如水有三態變化，單憑觀察分析即可確知溫度改變乃其不二真相)，心理學家卻不能只將觀察可見的外顯行為反應當做心理現象；心理現象尚包括無法觀察的內在心理歷程。因此，心理學研究方法中的描述研究或相關研究，其所得結果只能視為對問題的概約了解，絕不能斷然解釋為問題表象背後的真相。

實驗法是自然科學研究物性變化的主要而且有效的方法，但實驗法用於心理學研究人性變化時，其有效性仍然遠遜於用之於自然科學。即使實驗研究結果顯示依變項(受試者的行為反應)與自變項(實驗情境)的變化有關,仍然難以確定兩者之間存有多少因果關係。原因是心理學的實驗研究,既不能控制自變項與依變項之間的**中介變項**,也無法觀察受試者內在心理歷程的變化。如果受試者已意識到實驗的目的,他在行為反應上很可能表現出不同於研究者所期待的效果。此種現象稱為**需要特徵** (demand characteristics);謂受試者如事先已了解主試者需要他們如何反應,在態度上可能故意做出與主試者需要不同的反應(可能是正面的也可能是負面的) (Orne, 1962)。因此,在從事心理學實驗研究時,不但在實驗設計上應力求周密,對實驗研究結果解釋時,更須了解實驗法用於研究心理現象的侷限性。

本章摘要

1. 科學心理學誕生以來,其定義有過數度改變,最早是研究意識的科學,繼之改為研究行為的科學,後來再改為研究行為與心理歷程的科學,最近又有些心理學家主張,改為研究人性的科學。

2. 自古代的哲學心理學到現代的科學心理學,最主要的有四大問題迄今爭議不休:(1) **心身關係問題**;(2) **天性-教養爭議**;(3) **自由意志對決定論問題**;(4) **知識來源問題**。

3. 在19世紀中葉,**心理物理學**對身心關係問題的研究,開啟了現代科學心理學之門。

4. 在19世紀末科學心理學誕生後,因對心理學研究主題與目的的理念不同,而產生了相互對立的五大學派:(1) **結構主義**;(2) **功能主義**;(3) **行為主義**;(4) **完形心理學**;(5) **精神分析**。

5. 自20世紀中葉以來,現代心理學不再學派對立,起而代之者是理念多元觀點並存,主要有六大理論觀點:(1) 行為主義觀點;(2) 精神分析觀點;(3) 人本主義觀點;(4) 認知主義觀點;(5) 心理生物學觀點;(6) 進化論觀點。

6. 就心理學發展的歷史看,現代心理學尚未成為**規範科學**。

7. 基礎心理學所探討的行為與心理歷程,其範圍主要包括八大主題:(1) 行為與心理的生物學基礎;(2) 感覺、知覺與意識;(3) 學習、記憶與思維;(4) 生命全程的身心發展;(5) 動機與情緒;(6) 個別差異;(7) 社會心理;(8) 心理異常與心理治療。

8. 一般科學研究均考慮符合三項準則：(1) **客觀性**；(2) **驗證性**；(3) **系統性**。
9. 科學研究除根據問題表象探求真相的終極目的外，另有五層分級目的：(1) **描述**；(2) **解釋**；(3) **預測**；(4) **控制**；(5) **應用**。
10. 心理學研究上所採用的方法有三大類：(1) **描述研究**；(2) **相關研究**；(3) **實驗研究**。
11. 採用描述研究旨在達到科學研究分級目的描述的目的；採用相關研究旨在達到解釋和預測的目的；採用實驗研究旨在達到描述、解釋、預測、控制的多重目的。
12. 採用**調查法**時之所以採**隨機抽樣**，其目的在使樣本具有代表性。
13. 實驗研究的最大優點是，根據研究發現可以解釋問題發生的前因後果。惟實驗法用於研究心理現象時仍有侷限性，因為在解釋**自變項**與**依變項**之間的因果關係時，仍無法排除兩變項之間**中介變項**所發生的影響。
14. **實驗設計**是研究者在實驗前所擬訂的實驗計畫；先有周全計畫，然後按計畫進行，才能獲得預期的結果。
15. **實驗控制**的目的是，除確定自變項在實驗過程中發生作用之外，尚須控制其他一切**外擾變項**，以免對實驗結果發生不良影響。

建議參考資料

1. 周　穎 (2007)：心理實驗室：走進實驗心理學。北京市：北京大學出版社。
2. 張春興 (2002a)：心理學思想的流變——心理學名人傳 (修訂版)。台北市：東華書局 (繁體字版)。上海市：世紀出版集團教育出版社 (簡體字版)。
3. 葉浩生 (2004)：西方心理學的理論與學派。北京市：北京出版社。
4. 董　奇、申繼亮 (2003)：心理與教育研究法。台北市：東華書局 (繁體字版)。杭州市：浙江教育出版社 (簡體字版)。
5. Glassman, W. E. (2000). *Approaches to psychology* (3rd ed.). Buckingham, UK: Open University Press.
6. Haslman, S.A., & McGarty, C. (2003). *Research methods and statistics psychol-*

ogy. London: Stage.

7. Judd, C. H. (2007). *Psychology: General introduction* (2nd ed.). Boston: Girrn.

8. Myers, D. G. (2007). *Exploring psychology* (7th ed.). New York: Worth Publishers.

9. Schultz, D. P., & Schultz, S. E. (2007). *A history of modern psychology* (9th ed.). Belmont, CA: Wadsworth.

10. Westen, P. (2002). *Psychology: Brain, behavior & culture* (3rd ed.). New York: John Wiley & Sons.

第二章

行為與心理的生物學基礎

本章內容細目

第一節 生命的開始與遺傳過程
一、染色體與基因 41
二、受孕時的遺傳過程 41
三、受孕時胎兒性別的決定 42

第二節 神經系統與神經元
一、神經系統的構造與功能 45
二、中樞神經系統的構造與功能 46
　(一) 腦的構造與功能
　(二) 脊髓的構造與功能
三、周圍神經系統的構造與功能 48
　(一) 軀體神經系統的構造與功能
　(二) 自主神經系統的構造與功能
四、神經元的構造與功能 50
五、突觸的傳導功能 51

第三節 大腦半球的構造與功能
一、大腦半球的主要構造 53

二、大腦半球的分區運作功能 53
　(一) 主運動區
　(二) 主體覺區
　(三) 主視覺區
　(四) 主聽覺區
　(五) 聯合區
　(六) 語言區

第四節 內分泌系統的構造與功能
一、垂體腺 59
二、甲狀腺 59
三、副甲狀腺 60
四、腎上腺 60
五、胰　腺 60
六、性　腺 61

本章摘要

建議參考資料

心理學是研究行為與心理歷程的科學。行為與心理歷程二者都是動態的，不是靜止的；所不同者只是前者顯於外 (如說話)，後者隱於內 (如思維)，惟二者均與身體的生理功能具有密切關係。因此，身體功能與行為和心理歷程的關係，自始即為心理學研究的一個基本問題。前章所述四大爭議中，心身關係問題及天性-教養爭議二者，都是以人類身體功能為基礎去探討心理作用的。惟古時對身體與心理的解釋，多屬思辨性的概念，因而無法確切掌握天性與教養或身與心彼此之間的確切關係。由於遺傳學的進步，現代心理學家已普遍認為，先天遺傳決定個體身心特徵的基礎架構，後天環境充實並修改架構的內容。由於生理學的進步，心理學家已清楚了解，一切行為反應與心理活動，無不與生理組織中神經系統或腺體組織有密切關係。遺傳學與生理學屬於生物學的範圍，因此，根據生物學中遺傳學和生理學的知識，探討行為與心理歷程的關係，從而發現的原理原則，自然在基礎心理學上是有必要的。此即本章以行為與心理的生物學基礎為題的理由。

　　本章內容主要包括四方面的討論：(1) 身心特徵的遺傳基礎，說明人類遺傳的基本原理及其在心理學上的意義；(2) 神經系統的構造與功能，說明人類神經系統的整體結構及各分支系統之間的關係；(3) 腦的構造與功能，說明腦的複雜構造及其分區專司並聯合運作的功能；(4) 內分泌系統的構造與功能，說明人體內各種內分泌腺的構造及功能。讀者閱讀本章時，可能因內容涉及很多生理學名詞而略感枯燥，但須知本章屬心理學的基礎知識，以後將次第討論的感覺、知覺、發展、動機、情緒以及心理異常等問題，都與本章內容有密切關係。經由本章的討論，希望讀者對以下問題得到概括的認識。

1. 人類遺傳的基本原理。
2. 受精時胎兒男女性別的決定歷程。
3. 人體神經系統的構造及其功能。
4. 神經元的構造及神經傳遞功能。
5. 腦的構造及分區專司功能。
6. 自主神經系統的構造及其相對功能。
7. 內分泌系統的構造及其功能。

第一節　生命的開始與遺傳過程

遺傳學 (genetics) 是生物學的一支，其研究重點在於探討生物中前後兩代之間在身心特徵上的傳承現象，從而發現個體身心特徵中決定於遺傳因素的基本法則。基於此義，遺傳學與**遺傳** (heredity) 兩詞，在意涵上稍有不同；前者指一個專門學科，後者指該學科所研究的前後兩代間的傳承過程。心理學家又將遺傳學與心理學結合，用以解釋個體的心理與行為的傳承現象，就成了**行為遺傳學** (behavioral genetics)。本節僅就人類生命開始時的行為傳承過程做簡略說明，並闡明行為遺傳學的基本概念。

一、染色體與基因

人類的遺傳主要顯現在兩方面：其一是顯現在身體上的特徵；諸如皮膚顏色、頭髮顏色、虹膜顏色以及身高、骨架等，均係得自父母的遺傳。其二是顯現在心理上的特徵；諸如情緒穩定性、智力以及某些心理疾病等，也與父母的遺傳有關。

根據遺傳學的知識，在親子間身心特徵遺傳的過程中，職司基本生物性運作的基本單位是染色體。**染色體** (chromosome) 存在於人體細胞核內，在顯微鏡下呈棒狀並列成二十三對 (圖 2-1)。染色體的主要成分是由複雜的遺傳物質**脫氧核糖核酸** (deoxyribonucleic acid，簡稱 DNA) 及蛋白質所構成。DNA 是遺傳訊息的保存者亦是傳遞者，構成 DNA 的單位稱為基因，因此**基因** (gene) 乃是攜帶遺傳訊息的最基本單位，故而稱為遺傳因子。

根據下頁圖 2-1 所示，人體細胞核內的染色體，呈二十三對排列的形式，其中有二十二對男女相同，稱為**常染色體** (autosome)，第二十三對 (未標號碼者) 男女各異，稱為**性染色體** (sex chromosome)。性染色體是決定男女性別的遺傳物質，故其形狀與性質，男女有所不同。女性身體細胞內的兩個性染色體，體積相等、性質相同，遺傳學家稱之為 XX。男性身體細胞內的兩個性染色體，體積大小不同，性質各異，遺傳學家稱大者為 X，稱小者為 Y，合而為 XY。受孕時胎兒的性別，即係由性染色體所決定。

二、受孕時的遺傳過程

人體細胞隨個體發育而快速生長分化。在成長的過程中，體細胞行有絲分裂，每一細胞核分裂為二，各自加倍複製染色體，

圖 2-1　人體細胞內的 23 對染色體
在 23 對染色體中，有 22 對男女相同，第 23 對男女相異 (未標號者)，為性染色體。

保持新生細胞中仍為二十三對的形式。惟男性**睪丸**中與女性**卵巢**中的性細胞，在性生理成熟後的細胞分化時，卻產生減數分裂；由原來的二十三對減半而成為二十三條。圖 2-2 的中間部分，即說明此種過程。

個體的生命開始於**受孕** (或**受精**) (fertilization)。受孕過程是來自父親睪丸中的**精子** (sperm) 與來自母親卵巢中的**卵子** (ovum) 相結合，構成一個受精卵。**受精卵** (zygote) 雖然只是一個細胞，但卻是一個新生命體的開始。在精子與卵子相結合而成為一個受精卵時，精子與卵子中各自原有的二十三條染色體一并帶來，兩兩相結合之後又構成二十三對染色體。圖 2-2 所標示者即受精時的遺傳過程。

三、受孕時胎兒性別的決定

在新構成受精卵的染色體中，前二十二對是男女相同的，只有最後第二十三對隨機率而定。如果第二十三對的配合是 XX，受孕的胎兒就是女性；如果第二十三對的配合是 XY，受孕的胎兒就是男性。圖 2-3 所示者即受孕時胎兒男女性別決定的歷程。

圖 2-2 所顯示的是親子兩代間的遺傳過程。經受孕作用而形成的受精卵，雖然開始時只是一個單細胞，但此一單細胞內卻含有來自父母雙方 (各占一半) 染色體所合成的一個新生命。正因為新生命的染色體得自父母者各占一半，所以自受精卵開

男(右)女(左)兩性體細胞內各含有23對染色體。

成熟的精子和卵子，經細胞減數分裂，染色體由原23對減為23條。

卵子　　　精子
受精卵

受孕後成為受精卵，精子與卵子的染色體自行結合，又形成23對。

圖 2-2　受孕時的遺傳過程

受精卵即新生命的開始，此後得自父母各半的遺傳特質，將隨之終其一生。

始的新生命，在以後一生中即承受了父母雙方遺傳給他的身心特徵。

圖 2-3 所顯示的是受孕時胎兒性別的決定。以往民間存有一種誤解，認為夫妻不能生育男孩，是妻子的責任。事實上，受孕時胎兒是男是女的機率，百分之百是由丈夫一方決定的。表面看來生男生女的機會各占一半，惟按機率計算，每一配合所形成的新個體，在身心特徵上的遺傳各個不同。按數學組合原理，受精卵中的二十三對染色體有 8,388,608×8,388,608 種不同的組合。其結果，所產生的胎兒有 70,368,744,177,664 個不同的可能。由此天文數字來看，即可了解，除同卵孿生子

圖 2-3　受孕時胎兒性別的決定

(註 2-1) 之外，世界上沒有遺傳完全相同的兩個人。由此可見，自生命開始個體間即存在著個別差異。

以上討論只是從生物學的觀點簡單說明有關人類遺傳的基本概念。除此之外，有關遺傳與身心關係的問題，留待以後相關章節內再行討論。

第二節　神經系統與神經元

從生物學的觀點研究心理學，一般採兩個取向：其一是探求遺傳與環境的關係，從

註 2-1：**同卵孿生子** (identical twins) 指產婦一胎所生兩個嬰兒係由單一受精卵分裂發育而成的兩個個體。同卵孿生子的基因相同，性別相同，出生後在身心特徵上所顯現的差異，非來自先天遺傳，而是受後天環境因素影響所致。同卵孿生子是**孿生子** (twins) 的一類；除此之外是**異卵孿生子** (fraternal twins)，指受孕時由兩個 (或多個) 精子和兩個 (或多個) 卵子結合而成的受精卵分別發育而成的個體。異卵孿生子遺傳基因不同，性別不定，其身心特徵與一般兄弟姊妹的關係相同。在孿生子中，同卵孿生子的出現率約為四分之一。

而了解二者分別對個體身心發展的影響。其二是研究人體的神經系統與腺體組織及其功能，從而了解個體在環境中如何生存適應。遺傳與環境的問題已於前節討論，本節開始即討論神經系統的有關問題。

一、神經系統的構造與功能

神經系統 (nervous system) 是由無數神經細胞形成的神經組織與結構的總名稱。要了解神經系統的結構與功能，必須從以下兩點予以說明：其一是先從整體結構看，說明在整體神經系統中包括那些分支神經系統以及其各自的特殊功能。其二是了解神經系統的一般生理作用，並說明構成神經系統的神經元所發生的特殊功能。接下

圖 2-4　人體神經系統

去先說明神經系統的構造與功能。

在人類的神經系統中，按其部位及功能的不同，分為兩大支系，一為**中樞神經系統**，另一為**周圍神經系統**。在這兩大神經系統之內，又各自包括多個性質與功能各異的分支神經系統。圖 2-4 即人體神經系統的概略說明。在整個神經系統內，中樞神經系統中屬於前腦的大腦皮質部分，在有關心身問題的研究上，具有特殊的重要性。因此，本節之內容只限於對中樞神經系統中大腦皮質之外其他神經系統的說明。大腦皮質的構造與功能，留待第三節內再單獨詳加解釋。

二、中樞神經系統的構造與功能

中樞神經系統 (central nervous system，簡稱 CNS) 是人體神經系統的最主體部分，包括腦與脊髓；腦與脊髓的分工與合作，發揮著支配與控制全身活動的功能，以下先對腦的構造與功能略加說明。

(一) 腦的構造與功能

人類的腦是由無數個神經細胞構成的重約三磅的海綿狀神經組織。**腦** (brain) 是中樞神經系統的主要部分，在構造上，按部位的不同分為三大部分，分別具有不同的功能。

1. 後腦 (hindbrain) 按圖 2-5 所示，後腦位居腦的後下部，其中包括三部分：(1) **延腦** (medulla)，位在脊髓的上端與脊髓相連，呈細管狀，粗如手指。延腦的主要功能在控制呼吸、心跳、吞嚥及消化等；稍受傷害即危及生命。(2) **腦橋** (pons)，位於延腦之上，是由神經纖維構成的較延腦為肥大的管狀體。腦橋連接延腦與中腦，如受到傷害可能影響到睡眠失常。(3) **小腦** (cerebellum)，位於腦橋之後，形似左右兩個相連的有皺紋的半球，其功能主要在控制身體的運動與平衡；如小腦受到傷害，即喪失身體自由活動的能力。

2. 中腦 (midbrain) 按圖 2-5 所示，中腦位於腦橋之上，恰好是整個腦的中間，故名。中腦是視覺與聽覺的反射中樞，舉凡瞳孔、眼球、虹彩等之反射活動，均受中腦的控制。跨越中腦與後腦部位有一個網狀的神經組織，稱為**網狀結構** (reticular formation)。網狀結構的主要功能為控制覺醒、注意、睡眠等意識狀態。網狀結構的作用擴及腦橋、中腦與後腦。中腦與後腦的腦橋和延腦合在一起，稱**腦幹** (brain stem)。腦幹是生命中心，醫師判斷是否腦死，係以腦幹功能是否喪失為根據。

3. 前腦 (forebrain) 前腦是腦的最複雜部分，也是最重要的部分。前腦主要包括五部分：(1) **大腦皮質** (cerebral cortex)，大腦皮質是中樞神經系統中最重要的部分，其構造與功能留待第三節再詳細說明。(2) **邊緣系統** (limbic system)，邊緣系統是位於胼胝體之下包括多種神經組織的複雜神經系統。邊緣系統的構造與功能迄今尚不能十分確定，在範圍上除包括部分丘腦

圖 2-5　腦縱面圖

與下丘腦之外，另外還包括海馬與杏仁體等；**海馬** (hippocampus) 的功能與學習記憶有關，**杏仁體** (amygdala) 的功能與動機情緒有關。(3) **丘腦** (或**視丘**) (thalamus)，丘腦是一卵形神經組織，其位置在胼胝體的下方，具有轉運站的功能；從脊髓傳來的神經衝動，都先到達於丘腦，然後再由丘腦分別傳送至大腦皮質的相關區域。如丘腦受到傷害，將使感覺扭曲，無法正確了解周圍的世界。(4) **下丘腦** (或**下視丘**) (hypothalamus)，下丘腦位於丘腦之下，其體積雖較丘腦為小，而功能卻較丘腦為複雜。下丘腦是自主神經系統的主要控制中心，它直接與大腦皮質的各區相連，又與主控內分泌系統的垂體腺連接。下丘腦的主要功能是控制內分泌系統、維持新陳代謝、調節體溫,並與飢、渴、性等生理性動機以及情緒有關。如下丘腦受到傷害,將使個體的飲食習慣與排泄功能受到影響。(5) **垂體腺**,垂體腺位於下丘腦之下,其大小如豌豆,在部位上雖屬於前腦,但在功能上則屬於內分泌系統中最主要的分泌腺之一(見圖2-13)。垂體腺的構造與功能留待本章第四節再行說明。

此外,圖2-5中位於大腦皮質之下有一大片淡色纖維神經組織是為胼胝體。**胼胝體** (corpus callosum) 連接大腦兩半球,使兩半球的神經網路得以彼此溝通。

(二) 脊髓的構造與功能

脊髓 (spinal cord) 是由無數神經細胞聚集而成的柱狀組織,其位置在脊椎骨連成的脊柱管內。在神經傳導上,脊髓有兩種功能:其一是提供軀體與腦部之間神經雙向傳導的通路,其二是作為脊髓反射的反射中樞。就第一種功能言,**感受器**接受外界刺激產生神經衝動後,先傳導至脊髓,而後經脊髓傳至大腦,最後再由大腦傳回經由**效應器**表示出反應。如此,脊髓即發揮神經傳導雙向通路的功能。就脊髓的第二種功能言,神經衝動傳至脊髓後可能不繼續傳至大腦,直接回傳由效應器表現出反應。此種不經過大腦的神經傳導方式,稱為**反射** (reflex)。檢查身體時醫師用鈍器輕擊膝蓋下腱部,小腿部會出現不能自控的動作,就是反射。此種反射稱為**膝反射** (knee-jerk reflex)。醫師檢查膝反射的目的,是藉此簡單檢查了解病人神經系統的健康情形。在日常生活中常會經驗到反射現象,如不經心手指觸及電熱器時,不需經由大腦的支配,手指就會立即自動縮回以免灼傷。由此可見脊髓的反射功能對人體具有應急的保護作用。

三、周圍神經系統的構造與功能

中樞神經系統是限於腦與脊髓兩部分的神經組織,除此之外,遍布於全身的神經系統,則稱為**周圍神經系統**(或**外周神經系統**) (peripheral nervous system,簡稱 PNS)。所謂"周圍"只是與"中樞"相對的說法,事實上身體內部五臟六腑的一切活動,也都是由周圍神經系統所控制的。周圍神經系統包括軀體神經系統與自主神經系統兩部分(圖2-4)。以下是周圍神經系統各部構造與功能的簡單說明。

(一) 軀體神經系統的構造與功能

軀體神經系統 (somatic nervous system) (圖2-4中紅色部分) 是主管軀體活動的神經系統,它遍布於頭、面、軀幹及四肢的肌肉之內。由軀體神經系統控制的肌肉,均屬骨骼肌。骨骼肌均附著在骨骼之上,其最大特徵是隨個體意志而活動,故而一般稱之為隨意肌。隨意肌之所以能隨個體之意志而活動,即係因受軀體神經系統支配的緣故。

(二) 自主神經系統的構造與功能

自主神經系統 (autonomic nervous system，簡稱 ANS) (圖 2-4 中藍色部分) 分布於身體內的心肌、平滑肌、內臟各器官以及內分泌腺等各部位。由於自主神經系統所控制的活動不受個體意志所支配，故而稱之為"自主"。自主神經系統的功能甚為複雜，最主要的是控制心跳、呼吸、腺

圖 2-6　自主神經系統

體分泌、管制平滑肌器官的收縮與擴張，從而維持身體內一切生理運作的均衡。

自主神經系統雖然在本身運作上是自主的，不受個體意志的支配，但在整個神經系統上，卻仍受中樞神經系統的管制，而管制自主神經系統者就是下丘腦。自主神經系統是由兩個功能互異的神經系統所構成：一為**交感神經系統** (sympathetic nervous system)，另一為**副交感神經系統** (parasympathetic nervous system)。這兩種神經系統功能互異，兩者之間存在著彼此拮抗作用；交感神經系統通常是個體警覺時發生作用，副交感神經系統則多在個體鬆弛狀態時發生作用。圖 2-6 所示即交感與副交感兩種神經系統對體內外器官所發生的自主與拮抗作用。

四、神經元的構造與功能

前文所述是人體神經系統 (除大腦皮質外) 構造與功能的概略說明。無論是中樞神經系統，或是周圍神經系統，其之所以能夠運作，事實上不在於各種神經系統本身，而在於構成神經系統基本單位的神經細胞所發生的神經傳導作用。人體所有器官，其構成的基本單位都是細胞，惟各種器官的細胞，均各有其獨特的功能。構成神經系統的神經細胞與身體其他組織器官的細胞不同；它不但具有特殊的構造，而且在功能上更具有極度的敏感性。神經細胞的敏感性乃是它之所以能迅速傳導的主要特徵。神經細胞既然在神經系統中如此重要，故而在說明神經系統之後，必須進一步說明神經細胞的構造與功能。

神經細胞是構成神經系統的基本單位。為了表示神經細胞的獨特性，故而一般稱神經細胞為**神經元** (neuron)。神經元的主要構造包括**細胞體** (cell body)、樹狀突與軸突三部分 (圖 2-7)。**樹狀突** (dendrite) 是從細胞體周圍發出來的許多分支，多而短，呈樹枝狀。**軸突** (axon) 是從細胞體延伸出來的一根較長的分支。從細胞體發出來的這兩種分支，通常稱為**神經纖維** (nerve fiber)。細胞體與軸突兩者的功能是與其他鄰近神經元合作，發揮接受並傳導神經衝動的生理作用。**神經衝動** (nerve impulse) 是指由外界刺激引起而沿神經系統傳導的電位活動。一切訊息的傳導，均賴神經衝動的電位活動得以達成。軸突的周圍包以髓鞘。**髓鞘** (myelin sheath) 像電線的外皮，具有絕緣作用，以防止神經衝動向周圍擴散消失。軸突的末端有分支狀的小突起稱為**終紐** (terminal button)。終紐的功能是與鄰近其他神經元相接觸，將神經衝動迅速傳至另一神經元。

神經元的神經纖維長短不一，其長短視與鄰近其他神經元的距離而定。腦中的神經元密集，故其神經纖維甚短 (短至幾千分之一吋)；下肢部位的神經元稀疏，其纖維之長度可能超過一呎以上。

神經元按性質不同而分為三類：(1) **感覺神經元** (sensory neuron)，其功能是將感受器受到刺激後所引起的神經衝動，傳入中樞神經系統。**感受器** (receptor) 指各

圖 2-7　神經元構造略圖

種感覺器官(包括視覺、聽覺、溫覺、體覺等，見第三章)接受刺激的神經細胞。(2) **運動神經元** (motor neuron)，其功能是將中樞神經系統發出的神經衝動傳出至效應器；**效應器** (effector) 是運動神經細胞，其功能是激動而產生反應活動，此反應活動藉由肌肉收縮與腺體分泌而表現於外在活動。(3) **中間神經元** (interneuron)，是介於感覺神經元與運動神經元之間的神經細胞，其功能是在於傳導神經衝動。中間神經元只存在於腦與脊髓中，又稱**聯結神經元** (connect neuron)。

五、突觸的傳導功能

神經元具有兩個最主要的特性，即興奮性與傳導性。前一特性是，由感受器或另一神經元傳來神經衝動之後，立即會引起神經元的興奮；後一特性是，將神經衝動迅速傳至相鄰的另一神經元，以完成其神經傳導功能。神經元之間的傳導功能，在性質上有點像電流的傳導，惟其間所發生的傳導作用，卻與電流不同。電流靠接觸傳導，而相鄰兩神經元之間，事實上並不連接；其間有一小小的空隙(圖2-8)，叫做**突觸** (synapse)。在神經衝動的傳導上，突觸的功能是極為重要的。

神經元的細胞體與軸突，在傳導神經衝動時，只能將之傳送至終紐，而終紐與另一神經元的傳導，則是靠突觸部分所發生的極為複雜的生理化學作用。對突觸的特殊功能最簡單的解釋是：突觸是介於終紐與另一神經元細胞的樹狀突之間的一個小空隙(圖2-8中左圖為突觸的放大)。終紐內的細胞質中含有極複雜的化學物質。當神經衝動傳到終紐時，細胞質中的化學物

圖 2-8　神經元之間突觸的傳導功能

質即產生變化，導致終紐的外膜移動，最後使其表面的小泡破裂，而將神經傳導的化學物質，注入突觸空隙中，引起一種放電作用，從而激動另一神經元的興奮，立即將神經衝動傳入另一神經元。

神經元的興奮性具有一種很特殊現象，當刺激強度尚未達到某一程度時，就不會有神經衝動發生。但當刺激強度達到某種程度而能引起衝動時，該神經衝動立即達到最大強度；此後刺激的強度縱使再繼續加強或減弱，對已引起之衝動強度不再發生影響。此種現象稱為**全有全無律** (all-or-none law)。

第三節　大腦半球的構造與功能

在人體生理學上對腦的研究已有幾百年的歷史。經過幾百年的研究，目前對腦的生理構造與功能已大致了解，但對其心理功能仍然不十分清楚。本節所介紹者限於腦的生理構造與生理功能，至於腦的心理功能，則留待第三、四兩章內再行說明。

一、大腦半球的主要構造

　　大腦 (cerebrum) 是腦的最大與最主要部分。大腦由中間的一條裂溝，將整體由前到後分為左右兩個半球形狀，稱為**大腦半球** (cerebral hemisphere)。此一裂溝稱為**縱裂** (longitudinal fissure)。兩半球之間由**胼胝體**相連，使兩半球之間的神經傳導，得以互通。兩半球的外側面，又各有一條斜向的溝，稱為**側裂** (lateral fissure)。側裂上方約在大腦半球中部有一較明顯縱向的腦溝，稱為**中央裂** (central fissure) (見圖 2-9)。

　　大腦兩半球外層的縐曲部分，稱為大腦皮質 (見圖 2-5)。大腦皮質係由密集的神經細胞所構成的複雜神經組織，是中樞神經系統中最主要的部分。大腦皮質按部位不同分為四個葉 (圖 2-9)：(1) **額葉** (frontal lobe) 位於半球前部中央裂之前，是四葉中最大的部分，約占大腦半球的三分之一，其功能與學習、記憶、思維等高級心理活動有關；(2) **顳葉** (temporal lobe) 位於半球側裂之下方，其功能與聽覺、語言、情緒等心理作用有關；(3) **頂葉** (parietal lobe) 位於半球後頂部的中央裂之後，其功能與控制軀體的感覺有關；(4) **枕葉** (occipital lobe) 位於半球後下部，其功能主要為職司視覺反應。

二、大腦半球的分區運作功能

　　人類大腦的兩個半球，在功能上的運

圖 2-9　大腦左半球各葉部位略圖

圖 2-10　主運動區與主體覺區的左右交叉與上下倒置關係

作，大致是左半球管制右半身，右半球管制左半身。又每一半球的縱面，在功能上則是左右交叉上下倒置的。實際運作的過程是，左半球主體覺區接受右半身傳入的訊息，右半球主運動區則主控左半身的肌肉活動，而主控的層序是，頂層控制下肢，中層管制軀幹，下層控制頭部 (見圖 2-10)。在每一半球上又各自區分為數個神經中樞，每一中樞各有其固定的區域，分別發揮不同的功能。惟在區域的分布上，兩半球並不完全相同；兩個語言中樞都在左半球，其他分區功能，則是兩個半球完全相同。準此推論，人類大腦的左半球比右半球重要。以下是大腦左右兩半球分區運作功能的簡略說明。

(一) 主運動區

主運動區 (primary motor area) 簡稱**運動區** (motor area)，是管制身體活動的神經中樞，其部位在**額葉**後部的**中央裂**之前 (見圖 2-11)；身體全部所有隨意肌的運動，均受此一神經中樞的管制。由主體覺區發出的神經衝動，呈左右交叉上下倒置的方式進行；即上層管制下肢，中層管制軀

第三節　大腦半球的構造與功能　55

圖 2-11　大腦左半球分區功能略圖

幹，下層管制頭部 (見圖 2-10)。如果左半球運動區內某一部分受到傷害或病變，個體右半身的相關部位即喪失隨意肌運動的能力。

(二) 主體覺區

主體覺區 (primary somatosensory area) 簡稱為**體覺區** (body-sense area)，其部位在中央裂之後的頂葉，是管制身體各個部分各種感覺的神經中樞。舉凡冷覺、熱覺、觸覺、痛覺等，均受此一中樞所管制。此一中樞管制身體感覺的方式，與主運動區的功能一樣；也是左右交叉上下倒置的 (見圖 2-10)。如左半球的體覺區某一部分受到傷害或病變，該區所管制的右半身的相關部位即喪失體覺的能力。

(三) 主視覺區

主視覺區 (primary visual area) 簡稱**視覺區** (visual area)，是管制視覺的神經中樞。視覺區位於兩個半球的**枕葉**，其功能為交叉管制左右兩隻眼睛。兩視覺區與兩眼之間的管制關係，與運動區和體覺區的功能不同；不是左右交叉，而是左右兩半球的視覺區，同時負責管制左右兩隻眼睛。這是視覺系統的特點。圖 2-12 所示即**視覺系統** (visual system) 的構造與功能。圖形下部的深色部分為左右兩半球上的視覺區。兩個視覺區與兩隻眼睛之間連接的關係是：(1) 每隻眼球**視網膜**的訊息，均經

圖 2-12　視覺系統的構造及其功能
(中間縱向黑色條紋部分為胼胝體)

由**視神經**分別傳送至左右兩個視覺區 (用紅藍二色表示)；(2) 兩眼注視正前方時，兩眼球視網膜在視空間內所能收視到訊息的範圍稱為**視野** (visual field)，視野分為左視野 (藍色) 與右視野 (紅色) 兩部分；(3) 左視野的訊息經由視神經 (藍色) 傳入右視覺區，右視野的訊息經由視神經 (紅色) 傳入左視野區；(4) 在兩視野的訊息分別傳入左右兩視覺區之前，先在**視交叉** (optic chiasma) 交會，交會之後再分別經**神經通路** (neural pathway) 傳入左右視覺區。由以上關係看，可知左視覺區管制右視野，右視覺區管制左視野。因此，如左半球的視覺區受到傷害或病變，左右兩眼之左邊變為半盲；如右半球的視覺區受到傷害或病變，左右兩眼之右半邊將變為半盲；左右兩半球的視覺區同時受到傷害或病變，左右兩眼將變為全盲。另外有關眼睛的構造與功能，留待第三章第三節再行說明 (見圖 3-3)。

(四) 主聽覺區

主聽覺區 (primary auditory area) 簡稱**聽覺區** (auditory area)，是管制兩耳聽覺的神經中樞。聽覺區位於大腦兩半球外側的**顳葉**內。聽覺區的功能與視覺區相似，每一半球的聽覺區，均與兩耳的聽覺神經連接；每耳因聲波刺激所引起的**神經衝動**，同樣地傳入兩半球的聽覺區。換言之，每一半球的聽覺區，均具有管制兩耳聽覺的功能。所不同者，只是在聲波來自左或右一側時，該側的聽覺區接受到較強的聽覺訊息。因此，如其中一半球的聽覺區受到傷害或病變，對聽覺能力只會造成輕微的影響。另外有關聽覺系統的構造與功能，留待第三章第三節再行說明 (見圖 3-14)。

(五) 聯合區

聯合區 (association area) 是指多個神經中樞的總名稱。聯合區與大腦兩半球的各神經中樞 (如體覺區、運動區、視覺區等) 無直接關係。在每一半球上均有兩個聯合區：(1) **前聯合區** (frontal association area)，部位是在**額葉**的運動區之前，其功能與思維能力有關，如該區受到傷害或病變，將影響到個體解決問題時的思維能力；(2) **後聯合區** (posterior association area)，位於體覺區附近一直延伸到顳葉，其功能與視知覺有關，如該區受到傷害或病變，將影響個體對形狀辨別的能力。

(六) 語言區

顧名思義，**語言區** (speech area) 是管制語言理解與表達的神經中樞。惟語言區與其他各區不同；語言區並不分布在兩半球，只左半球上才有語言區。根據醫學與生理學家的研究發現，人類大腦左半球上有兩個語言區 (見圖 2-11)：**布羅卡區** (Broca's area)，是最早被發現的語言區。1861 年法國神經科醫師布羅卡 (Pierre Paul Broca, 1824～1880)，在其任職於巴黎近郊的一所醫院時，遇一精神失常患者，該患者的主要症狀是發音器官正常而不能言語。不久該患者死亡，經解剖後發現，在大腦左半球**額葉**靠近**側裂**上方的神經組織，業已損壞 (見圖 2-11)。經確定該區的損壞就是構成該患者生前喪失語言能力的原因。此即布羅卡區命名的由來。

布羅卡區被發現之後，生理學家一直認為，人類大腦中管制語言的中樞神經組織只有一個語言區。此種認識直到 1874 年德國醫師韋尼克 (Carl Wernicke, 1848～1905) 發現另一語言區之後才為之改變。韋尼克發現的語言區在顳葉的**聽覺區**之後 (見圖 2-11)；經確定之後即正式命名為**韋尼克區** (Wernicke's area)。大腦在左半球的兩個語言區，既在部位上不相同，而且在功能上也不一樣。布羅卡區接近**運動區**，其功能主要在語言發音活動與記憶；韋尼克區介於聽覺區與**視覺區**之間，其功能除語言聲音之外，另具有對語言中字形和字義的理解的功能。在韋尼克區後方稱為**角回** (angular gyrus) 的神經組織 (見圖 2-11)，則具有將字形與字義聯合在一起的功能。

基於兩個語言區全都在大腦左半球的事實，可知左右兩半球的功能就不會完全相同。直到目前為止，關於大腦兩半球功能差異的研究，主要集中在對以下兩個問題的解釋：(1) 除左半球語言區管制語言行為之外，兩個半球之間另有那些差異？根據生理學家研究發現 (Hellige, 1990)，除管制語言能力之外，左半球也是控制數學與邏輯思維能力的神經中樞。而有關空間知覺、音樂能力及藝術能力，則主要是受右半球的管制。此外，有關情緒的活動，也與右半球有較多的關係。(2) 大腦兩半球運動區對身體活動的管制，既然顯示左右交叉的功能，從絕大多數人都屬慣用右手操作的現象看，是否與只有左腦有語言區一事有關？另外也有少數人慣用左手操作，此等被俗稱"左撇子"的人，是否他們的語言區位在右半球？根據生理心理學家研究發現，在慣用右手者之中，有百分之九十五的人其語言區是左半球管制的。而在慣用左手者之中，仍有半數人的語言區受左半球管制；另外有百分之二十五的慣用左手者受右腦管制，其餘的慣用左手者則是受左右兩半球同時管制的 (此現象除生理因素外，可能與生活習慣有關)。因此，雖然大腦兩半球各有其獨特的功能，但在對身體的管制上並非單獨運作，而是以彼此連接協調的方式進行的；職司連接協調的就是兩半球之間的胼胝體。

第四節　內分泌系統的構造與功能

身體的一切活動是由神經系統管制的，除了神經系統之外，另外有一個分泌化學物質的生理運作系統，稱為**內分泌系統** (endocrine system)。內分泌系統是由多種內分泌腺所構成。**內分泌腺** (endocrine gland) 也稱**無管腺** (ductless gland)，不經由任何管道，即將其所分泌的化學物質，直接滲透至血液之中。內分泌腺所分泌的化學物質，稱為**激素 (俗稱荷爾蒙)** (hormone)。人體內不同的內分泌腺，分泌不同性質的激素，而各種不同激素又各自發揮不同的功能。在整個內分泌系統之內，以下六種是最重要的 (圖 2-13)。

第四節　內分泌系統的構造與功能　59

圖 2-13　內分泌系統

在各類分泌腺中，除男性睪丸與女性卵巢外，其餘兩性相同。松果腺對身心影響較少，故解釋從略。

一、垂體腺

垂體腺 (或腦下腺) (pituitary gland)，是人體內最重要的一種內分泌腺。因垂體腺具有管制其他內分泌腺的功能，故而有**主腺** (master gland) 之稱。按圖 2-13 所示，垂體腺位於下丘腦之下，其大小如豌豆。垂體腺所分泌的激素有十種以上，其中最主要者有以下五種：(1) **生長激素** (growth hormone)，其功能為促進身體發育，惟此種激素如分泌過多，可能導致**巨人症** (gigantism)，如分泌不足，則可能導致**侏儒症** (dwarfism)；(2) **性腺激素** (sex gland stimulating hormone)，其功能在男性為刺激睪丸內精子的成熟，在女性為刺激卵巢內卵細胞的成熟；(3) **泌乳激素** (lactogenic hormone)，其功能為促進女性乳房之發育及刺激乳腺分泌與母性化；(4) **促甲狀腺激素** (thyroid-stimulating hormone)，其功能為刺激甲狀腺的分泌與成長；(5) **促腎上腺激素** (adrenocorticotropic hormone)，其功能為刺激腎上腺皮質之分泌與成長。

二、甲狀腺

甲狀腺 (thyroid gland) 位於喉頭下端與

氣管的前上方，分為左右兩葉，形如肩甲，故名。甲狀腺分泌之激素稱為**甲狀腺激素** (thyroid hormone)。甲狀腺激素是一種碘化物，其功能為促進全身細胞的氧化作用，幫助調節體內脂肪及醣類的新陳代謝作用，以維持身體正常生長及骨骼發育。甲狀腺機能亢進分泌過多時，患者常感悶熱、身體虛弱、顯現突目症狀；此外尚有神經緊張、心跳加速、手足顫抖、情緒敏感等現象。反之，如甲狀腺功能不足時，在成年人會有水腫現象，患者的新陳代謝速率減低，因而導致身體能量不足、體溫下降、無氣力、怕寒冷、身體肥胖(因代謝作用不良)、反應遲緩、性慾減退等；在兒童則會因甲狀腺功能不足而導致智能不足，甚至導致發育不良而成為侏儒症。甲狀腺的功能是受垂體腺管制的，前文曾經指出，垂體腺所分泌的促甲狀腺激素，其功能即在控制甲狀腺的分泌。

三、副甲狀腺

副甲狀腺 (parathyroid gland) 位於甲狀腺之旁，分為四個；兩個在甲狀腺的上方，兩個在甲狀腺的下方。副甲狀腺分泌的激素，稱為**副甲狀腺素** (parathyroid hormone)，其功能為調節血液中鈣與磷的濃度，以維持神經系統與肌肉的正常興奮性。因此，副甲狀腺是個體維持生命的重要組織。副甲狀腺分泌過多時，將使血液中鈣量增加，磷量減少，因而易於導致骨折或變形，甚至造成腎結石的疾病。副甲狀腺分泌不足時，將會使血液中鈣量減少，磷量增多，因而易於導致神經與肌肉的興奮性增高，甚至引起痙攣；嚴重時可能因喉部肌肉痙攣而窒息死亡。

四、腎上腺

腎上腺 (adrenal gland) 有左右兩個，位於腎臟的頂端，故名。腎上腺的外層，稱為**腎上腺皮質** (adrenal cortex)，皮質分泌葡萄糖皮質素、礦物皮質素和性激素，其功能為使體內礦物質與水份保持一定標準。腎上腺的內部，稱為**腎上腺髓質** (adrenal medulla)，髓質分泌**腎上腺素** (adrenalin)，其功能為興奮交感神經系統，可增高血壓、加速心跳、使胃腸肌肉放鬆、放大瞳孔等。腎上腺與情緒變化有密切的關係。

五、胰　腺

胰腺 (pancreas) 位於胃與十二指腸之間的腸繫膜上，分泌多種激素，而其中最重要者是胰島素與升胰島素，二者對體內醣類、蛋白質及脂肪的代謝有重要作用。**胰島素** (insulin) 是合成代謝性的，它可以增加葡萄糖、脂肪酸及胺基酸的儲量。**升胰島素** (glucagon) 是分解代謝性的，可釋出儲存的葡萄糖、脂肪酸及胺基酸至血液中。因此這兩種激素在功能上是互補的；如胰島素分泌過多，將會引起血糖過低，血糖過低時可能產生昏睡、痙攣甚至休克的現象；胰島素分泌不足時，將會導致糖尿病。糖尿病主要是由於胰島素分泌不足使血液中的糖分不能吸收而隨尿液排出體外所致。

六、性　腺

性腺 (gonad) 的位置與功能因性別差異而有所不同。男性的性腺為睪丸，女性的性腺為卵巢。**睪丸** (testis) 的主要功能有二，其一是產生生殖細胞**精子**，其二是分泌雄性激素。**雄性激素** (androgen) 的功能是使個體雄性化，使個體在**青春期**開始後在身體上顯示出**主性徵**與**次性徵** (見第八章第四節)。**卵巢** (ovary) 的主要功能有二，其一是產生生殖細胞**卵子**，其二是分泌雌性激素。**雌性激素** (或**動情激素**) (estrogen) 的功能是使個體雌性化，使個體在青春期開始後在身體上顯示出主性徵與次性徵。性腺的分泌是受垂體腺控制的。男女兩性的性腺所分泌的激素並非完全不同；男性睪丸也分泌少量的雌性激素，女性卵巢也分泌少量的雄性激素。此外，兩性的性腺在功能上有一明顯差異；即女性性腺分泌具有周期性，而男性的性腺則無周期性。

本章摘要

1. 就心理學自古流傳的四大爭議看，本章內容所涉及者與其中兩大爭議有關：從腦與行為關係的研究，可以了解**心身關係問題**；從行為遺傳因素的探討，可以了解**天性-教養問題**的爭議。
2. **行為遺傳學**是一門結合遺傳學與心理學的學科。行為遺傳學旨在研究遺傳與行為和心理的關係，從而解答天性對教養何者重要的爭議。
3. **染色體**與**基因**，是決定個體遺傳特徵的基本物質。人體細胞核內存有二十三對染色體；其中有一對男女不同，稱為**性染色體**。性染色體的不同組合是構成個體性別的原因。
4. 從**受孕**開始，胎兒的男女性別即已決定；而胎兒的性別完全決定於父親一方面，與母親毫無關係。
5. 人體的整個神經系統中，按其部位及功能的不同，分為兩大系統：一為**中樞神經系統**，包含腦與脊髓兩部分；二為**周圍神經系統**，包含**軀體神經系統**與**自主神經系統**兩部分。
6. 構成神經系統的基本單位是**神經元**，神經元的基本構造包括**細胞體**、**樹狀**

突以及**軸突**三部分。
7. **神經元**按性質不同分為**感覺神經元**、**運動神經元**與**中間神經元**三類。由三類神經元分工合作，完成**神經衝動**的傳導功能。
8. 各種神經元之間存有小的空隙，稱為**突觸**。在神經衝動的傳導過程中，突觸發生極為複雜的生理化學作用。
9. 大腦是由**胼胝體**連結的兩個半球，每一半球上的大腦皮質部分按區位不同而分為四個葉，即**額葉**、**頂葉**、**枕葉**及**顳葉**。
10. 在每一半球的皮質部分，分別各自有**主運動區**、**主體覺區**、**主視覺區**、**主聽覺區**及**聯合區**不同的神經中樞。
11. 兩半球的**運動區**與**體覺區**，在對身體運動管制時，是以左右交叉上下倒置的方式運作的。
12. 大腦兩半球的**視覺區**與兩隻眼睛之間的關係是，左視覺區管制右視野傳來的訊息，右視覺區管制左視野傳來的訊息。
13. **聯合區**是多個神經中樞的總名稱，因部位與功能的不同又有**前聯合區**與**後聯合區**之分。
14. **自主神經系統**是由**交感神經系統**與**副交感神經系統**所構成；在功能上兩者之間彼此產生拮抗作用。
15. 控制語言行為的**語言區**，並非分布在兩半球，而是只出現在左半球。在左半球上有兩個語言區：一為**布羅卡區**，另一為**韋尼克區**。
16. 人體的**內分泌系統**，由自主神經系統管制。內分泌系統中包括分泌激素的多種腺體；其中主要有**垂體腺**、**甲狀腺**、**副甲狀腺**、**腎上腺**、**胰腺**、**性腺**六種。

建議參考資料

1. 林劭貞 (譯，2008)：如何做出選擇：大腦的選擇機制。台北市：台灣商務印書館。
2. 洪敏元等 (2005)：當代生理學(第四版)。台北市：華杏出版股份有限公司。
3. 張　浩 (2000)：右腦潛能開發術。成都市：四川人民出版社。
4. 賴亮全、林則彬、林富美 (譯，2004)：蓋統生理學：生理及疾病機轉 (第二版)。台北市：華杏出版股份有限公司。

5. Carlson, N. R. (2007). *Foundations of physiological psychology* (7th ed.). Boston: Allyn and Bacon.

6. Frith, C. (2007). *Making up the mind: How the brain creates our mental world.* Malden, MA: Wiley-Blackwell.

7. Kandel, E. R., Schwartz, J. H., & Jessell, T. M. (2000). *Essentials of neural science and behavior* (4th ed.). Hemel Hempstead: Prentice-Hall.

8. Plomin, R. (2004). *Nature and nurture: An introduction to human behavioral genetics.* Pacific Grove, CA: Brooks/Cole.

9. Ramachandran, V. S., Sacks, O., & Blakeslee, S. (1999). *Phantoms in the brain.* London: Fourth Estate.

10. Stam, H. J. (Ed.) (1998). *The body and psychology.* London: SAGE Publications.

第三章

感覺與知覺

本章內容細目

第一節　感覺與知覺的關係
一、感覺與知覺的定義及兩者的關係　67
二、感覺與知覺的心理學研究　68

第二節　心理物理學的感覺研究
一、感覺的敏感性與適應性　69
二、感覺閾限　70
　(一) 絕對閾限
　(二) 差別閾限
三、感覺閾限的補充研究　73

第三節　感覺歷程
一、視　覺　74
　(一) 眼的構造及其生理功能
　(二) 視覺刺激的屬性與視覺適應
　(三) 視覺現象
　(四) 色覺理論
二、聽　覺　87
　(一) 耳的構造及其生理功能
　(二) 聽覺刺激的屬性
　(三) 聽覺定向
　(四) 聽覺理論
三、其他感覺　91
　(一) 味　覺
　(二) 嗅　覺
　(三) 膚　覺
　(四) 體　覺

第四節　知覺歷程
一、知覺的心理特徵　96
　(一) 知覺相對性
　(二) 知覺選擇性
　(三) 知覺組織性
　(四) 知覺恆常性
二、深度知覺　101
　(一) 單眼線索
　(二) 雙眼線索
三、運動知覺　104
　(一) 真動知覺
　(二) 似動知覺
　(三) 誘動知覺
　(四) 相對運動知覺
四、錯　覺　106
　(一) 錯覺現象
　(二) 錯覺理論——以月亮錯覺為例

第五節　超感知覺
一、心靈學研究的主題　108
　(一) 超感知覺
　(二) 心靈致動
二、超感知覺的實驗研究　109

本章摘要
建議參考資料

在人性特質的四大爭議中，第二章所討論者只限於心身關係問題中屬於身的一面，至於心身之間的相互關係並未詳加說明。現代心理學研究心身關係時，在內容上包括從身到心具有連續性的四段歷程：(1) 先由以生理為基礎的感覺器官接受外界刺激而生感覺；(2) 繼而由腦的功能將感覺轉為知覺；(3) 根據感覺和知覺，對當時刺激情境之所感所知產生統合性的認識而形成意識；(4) 根據知覺和意識而表現出反應行為。汽車司機見路口紅燈而有煞車反應，正可用做心身關係連續變化歷程的說明。研究心身關係問題時，將上述連續性四段歷程一體考慮，才能符合現代心理學定義中所強調的行為和心理歷程兼顧的意義。科學心理學誕生初期的研究取向，並非如此。早期結構主義研究意識時，只將感覺視為意識構成的基本要素；完形心理學強調知覺的完整性，反對結構主義的意識分析取向；精神分析不重視知覺和意識，只強調潛意識是影響行為的主要因素；行為主義否定知覺和意識內在歷程的重要性，只將外顯行為當做心理學研究的主題。直到 20 世紀 60 年代認知心理學興起後，感覺、知覺、意識三者連續的心理歷程研究，才再度獲得重視。

本書分兩章討論有關感覺、知覺和意識心理的問題；本章專討論感覺與知覺，下一章再討論意識。本章內容主要包括五個主題：(1) 感覺與知覺的關係；(2) 科學心理學誕生前心理物理學的感覺心理研究；(3) 各種感覺器官的生理構造和心理功能；(4) 各種感覺和知覺的心理歷程；(5) 不憑感覺器官的超感知覺的現象。以上五個主題分配在五節內討論，希望讀者在研讀本章之後能對下列問題獲得概括的認識：

1. 從感覺到知覺的連續心理歷程。
2. 科學心理學誕生前心理物理學研究感覺的方法和貢獻。
3. 人體重要感覺器官的生理構造及其心理功能。
4. 視、聽、味、嗅等重要感覺與知覺的心理歷程。
5. 有關視覺與聽覺理論的基本要義。
6. 知覺中的錯覺心理現象。
7. 超感知覺的科學心理學研究。

第一節　感覺與知覺的關係

在心理學中，一向將感覺與知覺當做兩種心理現象來研究，但在實際生活經驗上，卻很難區別兩者間的差異。以舉頭所見藍天白雲為例，當你舉頭看天的時候，你看到的只是"藍"與"白"二種顏色，還是"藍天"與"白雲"兩種現象？如果你看到的只是藍白二色，那是你的感覺；如果你看到的是藍天和白雲，那就是感覺中融合了知覺。因為你"知道"看見的是藍色的天和白色的雲。不過，根據經驗來說明此例，感覺與知覺兩種心理現象是不易區隔的。惟其如此，心理學上在討論感覺與知覺問題之前，必先解答如下的問題：感覺與知覺究竟是一種還是兩種心理現象？如屬兩種心理現象，兩者間又存在著何種關係？接下去即從感覺與知覺的定義說明兩者間的關係。

一、感覺與知覺的定義及兩者的關係

在日常生活中，一般人很少使用知覺一詞。遇到需要個人描述其所見所聞的事物時，通常都是籠統地只用感覺一詞予以概括之。例如，形容天氣時可以說"我感覺今天很悶熱"，形容對人的印象時也可以說"我感覺他很誠實"。在心理學上則是分別將兩者給予不同定義。**感覺** (sensation) 是指個體靠身體感覺器官 (耳、目、口、鼻、皮膚等) 與環境中的刺激接觸時所收集到的訊息，進而辨別出該刺激特徵的歷程。感覺器官的運作是以生理變化為基礎的，故而感覺現象的產生，也是以生理現象為基礎的。**知覺** (perception) 是指個體根據感覺器官對環境中刺激所收集到的訊息產生感覺後，經大腦的統合作用，將感覺傳來的訊息加以選擇、組織並做出解釋的歷程。知覺的產生不僅靠感官的生理基礎，而且是一種心理作用。由上述定義看，感覺與知覺之間存在有如下的關係：(1) 感覺是形成知覺的基礎，先產生立即而簡單的感覺經驗，而後再形成較為複雜的知覺經驗；惟單從行為反應看，兩者間的差異不易區別；(2) 感覺是以單一感官 (如眼睛) 的生理作用為基礎所產生的心理作用，而知覺則是大腦統合運作後所產生的心理功能。由此可見，感覺與知覺是連續性的兩階段心理歷程。以上解釋是指平常感覺與知覺的關係，在特殊情境下有時不以感覺為基礎，也可能產生知覺經驗。此即本章第五節所要討論的**超感知覺**現象。

二、感覺與知覺的心理學研究

根據前文所舉藍天白雲刺激下引起心理反應的例子,可知感覺與知覺之間的差異是很難區別的。類似現象很多,看報紙或閱讀輕鬆讀物時,在理論上應該是先由白紙黑字產生感覺,而後再對文字識別理解而形成知覺。但在實際閱讀時,感覺和知覺是相繼甚或是同時產生的。電視螢光幕旁邊出現的活動文字說明,就是運用了感覺和知覺接連產生的原理。儘管如此,心理學的研究仍將感覺與知覺視為兩種心理現象,而且在很多情況下可以證明,感覺和知覺之間的確有相當的差別。圖 3-1 可用以說明感覺與知覺差別的情形。此圖乍看之下所得的感覺經驗是漫無組織的黑色斑點,但如注意看下去,就可能得到截然不同的知覺經驗。一旦發現圖中所繪圖像是一隻達爾馬希亞狗低頭向大樹下走去,就會覺得這張圖畫與初看時大不相同;原因是你對圖畫中的刺激在心理上做了選擇、組織和解釋,而由感覺轉換成了知覺之故 (Dallenbach, 1951)。

圖 3-1 的情境可用以說明感覺和知覺可以分為前後連續但並不相同的兩段歷程。前段歷程起自感覺器官的感受器,**感受器**將刺激引起的神經衝動傳入大腦的相關部位 (視覺區),從而產生感覺。後段歷程則

圖 3-1 從感覺到知覺

(採自 Dallenbach, 1951)

是大腦根據傳入的神經衝動，產生統合作用，對感覺訊息加以選擇、組織和解釋，從而形成知覺。心理學上所研究者，正是這兩段歷程；前段是採用生理學的知識，探討各種感覺器官的構造和功能，後段是採用實驗心理學的方法，探討由行為表現的知覺心理現象。本章內容即以心理學家在這兩方面的研究為討論範圍。惟在討論各種感覺器官的構造和功能之前，先對早期心理物理學的感覺研究略作說明；因為早期心理物理學的感覺研究方法，迄今仍被採用。

第二節　心理物理學的感覺研究

　　在心理學上，對心身關係問題所進行的研究，是由 19 世紀中葉生理學家採用物理學的方法研究感覺開始的。影響感官的刺激，主要是光與聲，而光與聲本來都是物理學上研究的主題。光與聲的物理屬性均可予以量化 (用數值表示之)，光與聲的刺激所引起的心理現象由反應表現時，也可以觀察測量而予以量化處理。研究處理上述物理與心理兩種量化資料，據以探討心理現象與物理刺激的關係，就是**心理物理學** (見第一章第一節) 所研究的主題。現代心理學對感覺的研究，仍然延用心理物理學的方法。採用心理物理學研究感覺時，主要在於探討以下兩方面的問題。

一、感覺的敏感性與適應性

　　感覺的**敏感性** (sensitivity) 是指感覺器官對刺激的敏感程度。從刺激之所以影響感官的觀點看，感覺器官是非常敏感的；極其微弱的刺激即可引起感官感受器的生理作用，從而產生感覺經驗。表 3-1 所列資料顯示，在各種極微弱的刺激情境下就能分別引起個體的感覺反應 (Galanter, 1962)。

　　表 3-1 的資料說明的是主要感覺器官的敏感性。不過，某一感官對某一刺激的敏感程度，並非一成不變。當某種刺激持續時間甚久時，感覺敏感性即逐漸減低。所謂"入芝蘭之室久而不聞其香"，正是此種現象。在感覺敏感性降低的情形之下，要想維持其敏感性，就必須提高刺激的強度。感覺敏感性的另一特徵是，當個體長時間未接觸某種刺激時，感覺敏感性即因而升高。平常不吸煙的人對"二手煙"特別敏感，正是此種道理。像此種感覺器官因接受刺激久暫而改變其敏感性的現象，

表 3-1　人類感覺的敏感性

感覺類別	引起感覺的最低刺激強度 (絕對閾限)
視　覺	晴朗暗夜中可以見到 30 英里外的燭光
聽　覺	靜室內可聽到 20 英尺外鐘錶的滴答聲
味　覺	兩加侖水中加一茶匙糖可辨出甜味
嗅　覺	一滴香水的香味可擴散到六個房間大的公寓
觸　覺	一片蜜蜂翅膀從一公分外落在面頰上可覺知其存在
溫　覺	溫度有攝氏 1～2 度之差皮膚表面即可分辨出來

(採自 Galanter, 1962)

稱為**感覺適應** (sensory adaptation)。如前所述，感覺適應現象有兩種：一是因刺激過久而敏感性減低，二是因刺激缺乏而敏感性升高。惟平常所指者多偏於前一種感覺適應現象而言。

對日常生活功能而言，感覺適應現象具有利害兩面。從利的一面看，個體對刺激敏感性減低的感覺適應，有助於減少身心負擔。有些人在充滿噪音的場所，之所以不因噪音干擾而仍能專心工作，就是他對聲音的長期刺激產生了適應 (如工廠員工對噪音的適應)。從害的一面看，對刺激敏感性降低的感覺適應，難免使人喪失警覺性而在不知不覺之間受到傷害。長期在空氣惡劣環境中工作而罹患慢性呼吸器官疾病者，即屬此種情形。感覺適應表現在所有的感覺器官；視覺、聽覺、味覺、嗅覺、溫覺等，均有感覺適應現象。

二、感覺閾限

感覺敏感性是心理物理學最早研究的課題。採用心理物理學的方法研究感覺敏感性時，其主要目的在求了解人類在感覺心理上的兩個問題：其一，引起各種感覺經驗的最低刺激強度如何測定？其二，如將不同強度的兩種刺激，先後或同時出現時，兩刺激強度差異最小到何種程度始能辨別？為求解答此二問題，於是有了感覺閾限的研究。**感覺閾限** (sensory threshold) 或簡稱**閾限** (threshold)，是指在刺激情境下感覺經驗產生與否的界限。刺激達到某種強度時恰可產生感覺經驗；該強度以下即感覺不到刺激的存在。在第二章內我們曾提到過**全有全無律**，"全有"也就是指引起感官上神經衝動的刺激強度 (見第二章第二節)。由此觀之，閾限所指者也就是感覺敏感性。心理物理學所研究的閾限分為絕對閾限與差別閾限兩種。

(一) 絕對閾限

絕對閾限 (absolute threshold) 是指引起感覺經驗的最低刺激強度。所謂"絕對"是指受試者在自陳其有無感覺經驗時，只根據刺激引起的感覺來判斷；除此之外沒有其他刺激可資比較。絕對閾限測定時，不能只根據受試者一次判斷，而是根據多次判斷中百分之五十回答正確為測定點。在實驗時先選定一種可以控制其強度變化的刺激 (如聲之強度可按分貝計)，然後從受試者感覺不到的最微弱程度逐漸上升，並要求受試者隨時報告感覺的有或無。由於受試者身心狀況時時變化，受試者每次的回答未必完全相同。因此，絕對閾限的測定是以受試者多次回答中接近百分之五十為正確者為根據的。

(二) 差別閾限

前述之絕對閾限是指某一刺激引起感覺經驗時所需要的最低強度。如某種刺激先後呈現兩種強度，或兩種強度的刺激同時出現時，可想見的是，兩種刺激強度之間的差異必須達到某種程度時，始能辨出差異。在實驗設計上，選定性質相同且強度相同的兩個刺激，使其中之一的強度保持不變，稱為**標準刺激** (standard stimulus)，另一刺激的強度則使其有系統的改變，稱為**比較刺激** (comparison stimulus)。在改變比較刺激時，隨時要求受試者回答是否感覺到與標準刺激有所差異。受試者所感覺到的兩個刺激強度的最低差別量，即稱為**差別閾限** (difference threshold)。由於差別閾限所表示者是受試者辨別兩種刺激強度時所需的最小差別量，故而也稱之為**最小可覺差** (just noticeable difference，簡稱 jnd)。最小可覺差因刺激性質的不同而有很大的個別差異，表 3-2 所列即為人類對不同刺激最小可覺差的比較。例如，只要改變聲音強度的百分之一，受試者即可分辨出來；但對氣味刺激的辨別則需加大到百分之十五 (Atkinson, et al., 2002)。

在心理物理學研究上，最小可覺差是最早被提出來研究的問題。1834 年德國生理學家韋伯 (圖 3-2) 從差別閾限實驗研究中，發現感覺變化有一定的規律。韋伯發現，標準刺激的強度愈大時，構成差別閾限所需要的刺激差別值也就愈大。以辨別

表 3-2 不同刺激最小可覺差之比較

刺激類別	最小可覺差 (jnd)
光刺激 (視覺) (明度)	8%
聲刺激 (聽覺) (音調)	5%
聲刺激 (聽覺) (音強)	1%
氣味刺激 (嗅覺)	15%
鹹刺激 (味覺)	20%
重量刺激 (壓覺)	2%

(採自 Atkinson, et al., 2002)

圖 3-2 韋 伯

(Ernst Heinrich Weber, 1795～1878) 是 19 世紀德國著名生理學家，是心理物理學的先驅，也是韋伯定律發明人。

手提重物為例，如以 100 克重物為標準刺激時，其差別閾限是 2 克，辨別 200 克重物的差別閾限，就不再是 2 克，而必須在 2 克以上才會感覺出兩者間的差異。換言之，在同類刺激之下，其差別閾限的大小是隨著標準刺激強弱而呈一定比例關係的。此種定比關係稱為**韋伯定律** (Weber's law)。韋伯定律可用以下公式表示之：

$$\frac{\Delta I}{I} = K$$

$$\Delta I = K \times I$$

ΔI：代表差別閾限 (即 jnd)
I：代表標準刺激的強度
K：代表常數

上述公式的意義是：差別閾限與標準刺激之間，永遠保持一個不變的常數；亦即兩者間維持一種固定的比例關係。此常數稱為**韋伯常數** (Weber's constant)。以辨別重量為例，重量的韋伯常數是 0.02。如辨別的是 100 克的重量，根據上列公式，即可求得 $\Delta I = 0.02 \times 100 = 2$。亦即 100 克重量的差別閾限是 2 克。如重量增加為 200 克，其差別閾限則為：$\Delta I = 0.02 \times 200 = 4$。亦即重量增加一倍後，其差別閾限也增加一倍，兩者間保持一個不變的常數。

韋伯定律發表之後不久，德國另一物理學家費希納 (Gustav Theodor Fechner, 1801～1887) (韋伯的表弟)，在 1860 年對韋伯定律做了修正，是為**費希納定律** (或**費氏定律**) (Fechner's law)。按該定律的要義是，在絕對閾限之上時，感覺到的刺激強度與實際刺激強度的改變，兩者間呈對數的關係。亦即，刺激強度如按幾何級數增加，而引起的感覺強度卻只按算術級數增加。費希納定律可用以下公式表示之：

$$S = K \log R$$

S：代表感覺到刺激的刺激強度
R：代表實際刺激強度
K：代表常數

費希納定律可用來解釋生活中很多感覺經驗。以照明的電燈泡為例，由 100 支燭光燈泡換成 200 支燭光時 (刺激強度增加了一倍)，雖能使人感覺到較前明亮些，但卻感覺不到亮度較前增加了一倍。

三、感覺閾限的補充研究

綜觀前述韋伯與費希納二人對感覺閾限的研究，可得到以下兩點結論：其一，根據受試者判斷某一刺激引起感覺經驗時所需的最低強度稱為絕對閾限；其二，根據受試者判斷，兩個強度不同的刺激引起感覺差別經驗所需的兩個刺激強度的最低差異量，稱為差別閾限。

顯然，這兩個結論同樣將感覺經驗的產生視為"非有即無"的心理歷程。後經心理學家研究發現，感覺經驗的產生並非如此簡單，除刺激強度之外，刺激的背景因素和受試者心理因素，都可能影響受試者對感覺經驗的判斷。惟其如此，心理學上乃有信號檢測的研究和信號檢測理論的提出。信號檢測研究最早起於第二次世界大戰 (1939～1945) 期間，美國空軍經由雷達偵察敵機活動的研究。偵察員用雷達檢測敵人飛機活動時，並不十分準確；有時發現雷達上有影子，但事實上並沒有敵機出現，也有時雖有敵機在天空活動，但偵察員卻未發現。根據此一現象，戰後美國心理學家格林與斯韋茨經由實驗研究後，於 1974 年提出了對感覺閾限補充解釋的新理論，稱為**信號檢測論** (signal detection theory) (Green & Swets, 1974)。信號檢測論的基本要義是，當受試者面對某一刺激情境判斷某一刺激信號有否出現時，並非決定於刺激強度單一因素，刺激強度之外，刺激的性質 (如刺激明確與否) 和受試者的心理狀態 (動機或期盼)，也是影響其判斷的重要因素。基於此等考慮，試假設以噪音為背景檢測另一聲音信號有否出現為例，信號檢測論可採以下兩維度的實驗設計以驗證之 (表 3-3)。

表 3-3 是一個兩維度的實驗設計，實驗後根據受試的判斷，可區分為四種結果：(1) 正確肯定(有信號時判斷有信號)；(2) 錯誤肯定(無信號時判斷有信號)；(3) 錯誤否定(有信號時判斷無信號)；(4) 正確否定(無信號時判斷無信號)。顯然，四種判斷中只有 (1) 與 (4) 兩種是正確的，另外兩種判斷是錯誤的，錯誤判斷之產生將隨受試者的動機與對判斷後果的期待而有所改變。如主試者和受試者事前約定，每次正確肯定時可得報酬五十元，正確否定時可得報酬十元，其他兩種錯誤判斷時則罰金十元。在此種情況下，因受試者求獎的動機遠大於避罰的動機，故而期待信號出現，結果就會導致錯誤肯定的可能性提高。反之，如主試者與受試者約定，每次

表 3-3　兩維度的實驗設計

信號＼受試者判斷	有信號	無信號
有信號	正確肯定	錯誤否定
無信號	錯誤肯定	正確否定

正確否定時報酬五十元，正確肯定時報酬十元，其他兩種錯誤判斷時則罰金十元。在此種情形下，也是因受試者求獎動機大於避罰動機，故而期待信號不出現，結果就會導致錯誤否定的可能性提高。由以上實驗結果得知，個體憑藉感官對環境中物理性刺激輸入訊息之後的判斷，其正確與否與心理因素有密切關係。因此，訊號偵測論的提出對於感覺閾限的研究具有補充價值。

第三節 感覺歷程

　　根據第二節所討論感覺與知覺的既分段又連續的關係，接下來再進一步討論前一段的感覺歷程。在感覺歷程中主要是概括說明視覺、聽覺與其他感覺器官的生理構造以及從生理到心理的運作歷程。

一、視　覺

　　第二章第三節討論視覺系統 (見圖 2-12) 時，曾提到眼睛與大腦半球視覺區的關係。**視覺** (vision) 就是眼睛與視覺區之間發生的生理與心理歷程。在此一視覺歷程中，大致分為兩個階段：(1) 憑眼睛的感光功能而產生**視感覺** (visual sensation)，亦即前文所說的物理事件 (外在刺激) 引起生理事件 (神經衝動) 而後轉化為心理事件的前一段。視感覺是一個"由感而覺"的簡單心理歷程。(2) 以視感覺為基礎進一步形成**視知覺** (visual perception)，亦即由生理事件轉化為心理事件的後一段。先有視感覺而後始有視知覺，因此平常所說的視覺，事實上是一個包括"由目而視"和"由視而見""由見而覺"的複雜歷程。接下去先討論視感覺器官眼睛的構造及其生理功能。

(一) 眼的構造及其生理功能

1. 眼的構造　　視覺系統中最重要的部分是**眼** (eye)，亦即平常所說的眼睛。人類的眼睛形如圓珠，故而通常稱眼球為眼珠。眼球之構造如圖 3-3 所示，在眼球正前方突出部分稱為**角膜** (cornea)，外界物體的反光 (縱向箭頭所示) 由此進入。角膜之後圓環的部分，是為**虹膜** (iris)，虹膜之中央有一圓孔，稱為**瞳孔** (pupil)。虹膜具有伸縮性，可使瞳孔縮小或放大，以便調節光進入眼球的量，以適應外界不同亮度的環境。虹膜之後為**水晶**

圖 3-3　眼球構造縱切面

體 (lens)，其功能恰如照相機的鏡頭，為雙凸透鏡。水晶體之前充滿水狀液，**水狀液** (aqueous humor) 具有保持一定眼壓的功能。水晶體的周圍是睫狀肌，**睫狀肌** (ciliary muscle) 具有伸縮特性，因其伸縮可隨時使水晶體的凸度改變，以調節水晶體透鏡的焦距；所視物體較遠時，水晶體變為扁平，所視物體較近時，水晶體則變為凸起。眼球中間的廣大部分，充滿玻璃狀液，**玻璃狀液** (vitreous humor) 為透明膠狀組織，其功能為維持足夠的眼壓，以防眼球凹陷，從而保持眼球功能正常。

眼球最內一層為**視網膜** (retina)。視網膜是眼睛最重要的部分。視網膜上有兩種**感光細胞** (photoreceptor cell)；一種狀似長桿，稱為**桿細胞** (rod cell)，另一種狀似圓錐，稱為**錐細胞** (cone cell)。視網膜的中央部分，有一凹陷處，稱為**中央凹** (fovea)，是視覺系統中敏感度最高的地方。桿細胞分布在中央凹四周的整個視網膜上，對光刺激極為敏感。在昏暗的光線下仍能因光的刺激而產生**神經衝動**，而後經視神經將訊息傳導至大腦的**主視覺區**(見圖 2-11)。中央凹本身只有錐細胞沒有桿細胞，故在夜晚或昏暗處看東西時，必須以側視方式，讓光線投到中央凹附近有桿細胞的地方，才會獲得較好的視覺效果。錐細胞對光線的敏感性較低，其數量也較桿細胞為少，主要集中在中央凹部位，是一種職司對顏色感應的神經細胞。視網膜上如缺少錐細胞，即將產生**色盲**現象。

視網膜中央凹附近接近視神經處，是對光線最不敏感的地方，稱為**視盤** (optic disk)。視盤上既無桿細胞，也無錐細胞，

圖 3-4　盲點測試法

將書頁置於正前方 30 公分處，左眼閉合，只用右眼注視左端下邊的 ＋，然後前後移動書頁，將會發現右端之黑圓形消失。由此即可推知，在此一距離的黑圓形，它的映象正投射在視盤的盲點上。如此時將右眼注視著上圖中的 ＋，且保持書頁不動，將會發現上圖中黑線上的缺口消失，看起來黑線是連續的。此一現象，可幫助吾人了解，何以平常不會覺得盲點存在的原因。

光線投射其上時不能產生視覺，故而稱為**盲點** (blind spot)。讀者可按圖 3-4 下說明自行測試。

2. 眼睛的生理功能　眼睛的生理功能主要表現在兩方面：其一為視網膜上各種感光細胞的感光作用，其二是神經細胞間的神經傳導作用。視網膜上大約有十層感光細胞，其中最主要者除前述之桿細胞與錐細胞之外，另有**雙極細胞** (bipolar cell) 與**神經節細胞** (ganglion cell) 兩層。

前文已經指出，桿細胞與錐細胞在視網膜上分布的部位及其感光與分辨顏色的功能。在此再對此兩種感光細胞的生理功能，稍做補充說明。桿細胞對弱光較為敏感，但不能感受顏色與物體形象的細節。錐細胞能感受強光和顏色的刺激，但在昏暗情境之下不能產生視覺作用。因此桿細胞所產生的視覺作用稱為**夜視覺** (scotopic vision)，錐細胞所產生的視覺作用則稱為**明視覺** (photopic vision)。人類視網膜上的桿細胞數量 (約一億兩千萬)，遠比錐細胞 (約六百萬) 為多，故而從視覺功能看，人類是屬於明視動物。桿細胞與錐細胞內，都含有一種化學物質，叫做**感光色素** (photopigment)，由於兩種細胞的感光色素不同，故而在不同的光刺激情形下發生不同的作用。

光刺激經瞳孔投射到網膜上時，在視網膜上所形成的映象，恰如照相機的原理，是與外界的實際物體上下顛倒的 (見圖 3-3)。光刺激通過瞳孔投射在視網膜上所引起的神經衝動及以後的視神經傳導作用，事實上是從視網膜的最內層開始向回頭方向進行的。圖 3-5 是中央凹附近視神經兩側視網膜部位的放大，光線投入的方向是由左向右，而神經傳導卻是由右向左的。按圖 3-5 所示，桿細胞與錐細胞同屬

圖 3-5　視網膜縱切面

(左邊為眼球略圖,右邊為視神經附近視網膜部位的放大)

感光細胞,感光細胞是視覺傳導的第一層。對投射在視網膜上的光刺激最先產生感應者,就是這兩種感光細胞。這兩種細胞對光刺激十分敏感,受到光刺激時立即產生神經衝動,而後經由**視神經** (visual nervous) 傳至大腦視覺區而產生視覺 (見圖 2-12)。

3. 近視與遠視　以上所說眼睛的構造與生理功能,主要是說明一般人正常的眼睛。有些人的眼睛有缺陷,不能將透過瞳孔與水晶體的物體映象投射在網膜上。那就是近視與遠視的問題。

近視 (nearsightedness) 是常見的一種輕微的視覺缺陷。近視者只能看清楚近處 (約九十公分之內) 的物體,看不清楚遠處的物體。原因是近視者的眼球直徑過長,呈橢圓形(多因持久注視近物使眼球不得放鬆而失去彈性所致),不能像正常視力者那樣,將遠處物體的映象,經過水晶體的折射投射到視網膜上,而只能投射到視網膜之前 (見圖 3-6A)。因此,矯治近視的方法,是戴凹透眼鏡,使映象經調適而投射到視網膜上 (見圖 3-6B)。

遠視 (farsightedness) 是一種輕微視覺缺陷 (主要為老年人)。遠視者只能看清楚遠處的物體,而無法看清楚近處的物體。遠視的原因是眼球不像正常視力者那樣接近正圓形,而是因眼球直徑過短呈縱向橢圓

A. 近視

B. 近視矯治

C. 遠視

D. 遠視矯治

圖 3-6　近視與遠視

形 (見圖 3-6C)，致使近處物體的視象透過水晶體之後，無法投射在視網膜上，而是落在視網膜之後。因此，矯治遠視的方法是戴凸透眼鏡，使視象焦點退回到視網膜上 (見圖 3-6D)。

(二) 視覺刺激的屬性與視覺適應

1. 視覺刺激的物理屬性　任何一種感覺，均係由刺激所引起。視覺的刺激是光，光有三個物理屬性，即波長、強度和純度。光的來源有二：其一是由發光體直接發射出來的光，諸如太陽、電燈、火炬等屬之；其二是由物體反射出來的光，諸如月亮、房屋、書本等屬之。平常之所以看到物體存在，而且能辨別該物體的顏色與形狀，主要就是因為該物體所反射出來的光刺激到眼睛而生視覺之故。在暗室中之所以看不見東西的存在，或是在昏暗中看不清物體的顏色與形狀，係因該等物體無法反光或反光不足所致。

反光體本身不能發光，它只能反光；而在其反光時將因物體性質的不同，而有不同程度的反光。有的物體將發光體對其發射的光全部反射出來，此種反射光刺激眼睛時，所得到的視覺就是白色。有的物體吸了部分的光，反射出來的只有一部分，此時物體看起來就會有不同的顏色。有的物體吸收了所有的光，不反射出來，此時的物體看起來就會呈黑色。

引起視覺的光是由電磁波形成的，惟因電磁波的波長有很多長短不同的變化，人眼可能看到的光只限於整個電磁波波譜的一個小範圍。電磁波波長的單位是毫微米，用 nm (nanometer 的縮寫) 表示，指十億分之一公尺。按圖 3-7 所示，人類眼睛所能感受到的電磁波，其波長介於 400 nm 至 700 nm 之間；亦即居於紫外線與紅外線之間。介於 400 nm 至 700nm 波長之間的光，又因波長的不同而使視覺細胞受到刺激時產生不同顏色的感覺經驗；諸如 400 nm 的光波會引起紫色感，480 nm 的光波會引起藍色感，520 nm 的光波會引起綠色感，570 nm 的光波會引起黃色感，700 nm 的光波會引起紅色感。在 400 nm 以下與 700 nm 以上的光波，人的肉眼是看不見的。因此，像紫外線、X 光射線、雷達等雖各有其電磁波存在，而均不能憑肉眼看見。在 400 nm 到 700 nm 之間按波長及其引起顏色感覺排成的光譜 (圖 3-7)，稱為**可見光譜** (visible spectrum)，可見光譜包含了各種色感，然可見光譜只是整個電磁波波譜的一小部分。

圖 3-7　可見光譜

人類的可見光譜約在 400 nm 至 700 nm 之間；400 nm 以下的短波及 700 nm 以上的長波，均非肉眼所能見及。有些動物的眼睛比人類敏感；多數昆蟲的眼睛可看到紫外線的色光，有些魚類的眼睛可看到紅外線的色光。

2. 顏色感覺的心理屬性 基於前文說明，可知各種顏色感覺之產生乃是由於光波長短所決定。不過，這只是一個基本原則，同一波長的光因其性質上的差異，也將引起不同的顏色感覺。因此心理學家研究顏色感覺時乃有顏色感覺心理維度的分析。顏色感覺是個體憑其眼睛所得的色覺經驗，經驗到某種物體是紅色或是綠色。心理學家研究此種顏色經驗時，試圖從引起顏色感覺的光刺激的物理特徵，分析光波的變化與顏色感覺的關係。經多年研究結果發現，人類的顏色感覺有三個心理屬性，稱為**顏色屬性** (color attribute)：(1) **色調** (hue)，指物體所引起的顏色感覺；對不同物體所感覺到的紅、黃、綠、藍等各種顏色，統稱為色調。色調的產生是物理因素所決定；是由於物體所反射光的波長不同所決定的。(2) **明度** (brightness)，指個體對光源或物體表面明暗的感覺。明度決定於光源或物體反射光的強度；強度愈大，感覺愈明亮。(3) **飽和度** (saturation)，指個體對色調純度的感覺。顏色飽和度決定於光的純度，而光的純度則決定於光波的成分。單一波長的光，其飽和度最高，所產生的顏色感覺較為鮮艷明亮；不同波長的光混合在一起時，其飽和度較低，所產生的顏色感覺則較暗淡。

綜上分析可知，從引起顏色感覺的光刺激而言，有三個物理屬性；從光波刺激所引起的色覺經驗而言，有三個心理屬性。將三個物理屬性和三個心理屬性合在一起，用一個三維度立體圖形來表示，即形

圖 3-8　顏色錐體

顏色錐體表示顏色的明度、飽和度及色調三個心理屬性的三維立體關係。明度適中時飽和度最大，各種色調明顯；明度極高時飽和度極低，各種色調不明顯，而產生白色感；明度極低時，飽和度也極低，一切色調消失而有黑色感。

成如圖 3-8 所示的**顏色錐體** (color solid)。顏色錐體的半徑代表飽和度；縱軸代表明度；縱軸上由黑到白的每一點，代表沒有飽和度的非彩色。中部的圓環，代表不同的色調；亦即可見光譜上的紅、橙、黃、黃綠、綠、藍綠、藍、紫等各種顏色。顏色錐體內的每一空間點，均各代表一種顏色，而每一種顏色的特徵，均係由色調、明度、飽和度三個心理屬性組合的結果。顏色錐體的全部包括了所有不同顏色感覺的組合，圖 3-8 右圖即表示此一特徵。

3. 視覺適應　**視覺適應** (visual adaptation) 是指在眼睛接受光刺激的時間較長時，其敏感性逐漸減低的現象。視覺適應發生在三種情形：其一為**暗適應** (dark adaptation)，指眼睛在光刺激較弱之暗處所產生的調適現象。由明亮的大街進入黑暗的電影院時，先是看見一片漆黑，繼而慢慢看見座位，其間的經過就是暗適應。暗適應所需要的時間與黑暗程度有關，在完全隔光的暗室中，完成暗適應需要四個小時。在不完全隔光的一般情形下像電影院中，約在十至三十分鐘之內即可完成。在暗適應歷程中，視覺神經產生三種生理作用：(1) 瞳孔放大以吸收較多的光；(2) 網膜上的**桿細胞**迅速增加其**視紫質** (rhodopsin)，以充分發揮其**夜視覺**的功能；(3) 網膜上**錐細胞**的敏感性升高，以增加其對暗處的適應功能。其二為**亮適應** (light adaptation)，指持續在明度較高環境中視覺對光刺激敏感性降低的現象。走出電影院時會覺得陽光刺目，需要幾分鐘才能恢復正常就是明適應。明適應歷程中產生兩種生理作用：(1) 瞳孔縮小以減少強光進入，在陽光下或雪地裡常眯起眼睛看東西，即屬此種情形；(2) 網膜上錐細胞的感光敏感度降低。其三為**色調適應** (chromatic adaptation)，指持續接受顏色刺激時視覺敏感性降低的現象。顏色適應現象產生的原因，是持久注視某一顏色時，該顏色的飽和度將逐漸降低，久之就會覺得看似有點灰色。

(三) 視覺現象

前文所討論的視覺問題，主要偏重對物理事件 (光刺激) 引起生理事件 (視覺器官及其功能) 的說明。至於生理事件引起心理事件的歷程，前文只提到一部分，接下去將對生理事件過後屬於心理事件的視感覺做進一步說明。

1. 顏色混合與補色　前文指出，顏色感覺決定於光波的長短。由兩種或兩種以上不同的光波同時投射在視網膜上時所引起的顏色感覺，即會產生一種混合效應。此種混合效應下所得到的色覺經驗，稱為**顏色混合** (color mixture)。顏色混合分為色光混合與顏料混合兩種，心理學上所研究者多為色光混合。

將兩種色光混合在一起時所形成的顏色混合原則是：若兩種色光所占的比例相同時，所得的顏色混合結果，看起來將介於原來兩種色調之間；顏色的明度隨其飽和度之減低而減低。此一原則可用圖 3-9 **色環** (color circle) 表示之。例如，紅與黃兩種色光混合且各占百分之五十時，所得結果即為二者之間的橙色。如以不同比例混合，則可混合成介於紅黃二色之間各種不同程度的橙色。同理，如將黃綠兩種色光混合，即可得到介於二者之間各種程度的黃綠色。

圖 3-9　色　環

色環上色序排列從正右方起逆時針方向，依序為紅、橙、黃、黃綠、綠、藍綠、藍、紫。此八種色調，只是人眼所能辨別 150 種色調的一部分。而人類所能辨別的 150 種色調，則是整個光譜中 350,000 種可能色調的一小部分。

　　圖 3-9 色環所表示者，事實上也就是前文所指顏色錐體中間的橫切面。色環圓周代表可見光譜上 400 nm 至 700 nm 不同波長光刺激及其形成色調的分配；用色環可以解釋顏色混合的色覺現象。兩種不同波長的色光同時作用於視網膜時所產生的色覺，稱為**加色混合** (additive color mixture)。圖 3-10 即表示加色混合的基本法則。加色混合的色覺特徵是，兩種色光混合後各自的色調並未完全消失，而是均各保留一部分，這是一種交互作用的結果。在色環上選擇不同位置的兩種色光混合時，若所選正是色環上居於直徑兩端相對位置者，例如，黃色光與藍色光混合時，其結果將完全喪失兩種顏色原來的色調，而產生灰色或白色的色覺。此種現象稱為**補色** (complementary color)。因此，在色環上任何一種顏色，通過圓心與對面顏色互為補色作用，如紅與綠及黃與藍等均成互補的顏色。

第三節　感覺歷程　83

圖 3-10　加色混合
當紅綠藍三種色光在暗室內同時作用時，紅綠兩種色光重疊部分會有黃色感，綠藍兩種色光重疊部分會有藍綠色感，紅藍兩種色光重疊部分會有洋紅色感，而三種色光重疊部分則有白色感。

加色混合現象只會在色光混合的情形下產生，顏料或油漆混合時則不會產生此種現象。顏料或油漆混合時，其波長彼此吸收，產生色調相減的效果，稱為**減色混合** (subtractive color mixture)，圖 3-11 即表示減色混合的基本法則。

圖 3-11　減色混合
將紅黃藍三片彩色玻璃部分重疊，黃與藍重疊部分會有綠色感，紅與藍重疊部分會有紫色感，黃與紅重疊部分會有橙色感，而三種顏色的重疊部分則有黑色感。

2. 後象　**後象** (afterimage) 指視覺刺激消失後短暫留存在網膜上的影象。電燈熄滅後的瞬間常有後象的感覺。後象有兩種不同形式：一為**正後象** (positive afterimage)，指刺激消失後所留下來的後象，在色彩及明度上與原來的刺激相似。節慶日看煙火時，煙火消失後的片刻在感覺上仍然留存著煙花原來的光與色的感覺，就是正後象。另一種後象稱為**負後象** (negative afterimage)，其特徵是後象的明度與原刺激相反，而後象的顏色則與原刺激互補。例如，用紅紙剪個圓圈，持在手中注視一分鐘後，將視線轉往白色的牆上時，將會出現一個綠色的後象 (紅與綠二色互補)(見圖 3-9 色環)。在一般情形下，視覺刺激的強度愈高與注視時間愈久時，負後象出現的可能性也就愈高；反之，負後象不易形成。圖 3-12 是由黑白二色構成的一個八卦圖形，讀者可按圖下的說明自行試驗，將可發現負後象。

圖 3-12 負後象
在亮光下定睛注視左邊太極八卦圖的中心部位，一分鐘後迅將目光移至右邊空白正中的小十字上，此時將會發現一個和原圖黑白相反的負後象。

3. 色覺缺陷與色盲 一般眼睛正常的人，都會對物體反射光波長度的不同而產生不同顏色感覺 (見圖 3-7)。在日常生活中，凡是對紅、綠、黃、藍四種顏色辨別清楚者，就是視覺正常。如對其中兩種或幾種顏色不能明確辨別，那就是**色覺缺陷** (color deficiency)。色覺缺陷一般稱為**色盲** (color blindness)。色盲分為兩類：一類為**全色盲** (achromatism)，是指對所有顏色都不能辨別；全色盲極為少見。另一類為局部色盲，**局部色盲** (parachromatopsia) 中有紅綠色盲與藍黃色盲之別。圖 3-13 為檢查紅綠色盲用的圖片 (全套 15 張)。患紅綠色盲的人，在可見光譜上只能辨認黃和藍兩種顏色，亦即將光譜上紅、橙、黃、綠部分全都看成黃色，而將光譜上藍綠、藍、紫部分，全都看成藍色。患藍黃色盲的人，把整個光譜上不同顏色都看成紅和綠兩種顏色。一般色盲者多為紅綠色盲，患藍黃色盲者極少。在整個人口性別比例上,男性患者多於女性;男性患者約占總人口的百分之八,而女性患者則只占千分之四。按遺傳學的解釋,男女兩性色盲罹患率差異懸殊現象,與**性染色體**的 X 染色體有關;男性的性染色體是 XY,而女性的性染色體為 XX(見第二章第一節)。

圖 3-13　色盲測驗

一般眼睛正常的人均可看到左圖上的 57,但紅綠色盲患者,有的只能看清 5,有的只能看清 7,也有的什麼數字也看不清楚。一般眼睛正常的人,均可看到右圖上的 15,但患紅綠色盲者則什麼數字也看不清楚。

(四) 色覺理論

眼睛之所以能夠看見物體的存在,乃是由於物體所發的光或反射的光刺激視網膜上的感光細胞所引起的生理作用。視網膜上的**桿細胞**與**錐細胞**能夠辨別光刺激的強弱與光波長短變化,轉而影響視覺器官,分別表現不同的感應,因而產生了顏色感覺。前文所述有關顏色感覺中,諸如**顏色混合**、**補色**、**後象**等,均屬心理現象。對此等顏色感覺心理現象的系統理論解釋,即下面要討論的兩種**色覺理論** (theory of color vision) 問題。

1. 揚-赫爾姆霍茨三色論　最早提出色覺理論者,是英國物理學家揚 (Thomas Young, 1773～1829)。在 1802 年揚根據顏色混合時,紅、綠、藍三色光按不同比例混合可得到不同顏色的事實,推論解釋在視覺神經系統中,有三種感受色光的感受器(即錐細胞),這三種感受器,分別職司感受紅、綠、藍三種不同波長的光波。如單一色光刺激出現時,即產生單一色光的色感;若三色中有兩種色光刺激出現時,即產生混色現象,結果就得到該二色光相混之後的另一種色感。例如,黃色的感覺,事實上是由紅與綠兩種色光混合而得

結果 (見圖 3-10)。當時揚的理論只能算是一種假說，五十多年後到 1857 年，此一假說為德國學者赫爾姆霍茨 (見圖 1-1) 驗證後並加以補充，成為著名的**揚-赫爾姆霍茨三色論** (Young-Helmholtz trichromatic theory)。在色覺的研究上，三色論的貢獻甚大，現在的彩色電視，就是根據三色論的混色原理所設計的。

三色論雖能以混色原理解釋各種色覺構成的原因，但其缺點是對**補色**與**色盲**等現象，仍未能給予合理的解釋。何以紅綠二色光混合後會有黃色感？又何以紅綠藍三種色光混合後會有白色感？單憑混色原理去解釋，顯然無法提供最完備的答案。

2. 色覺相對歷程論 上述問題一直懸疑了數十年，及至 1878 年，德國生理學家海林 (Ewald Hering, 1834〜1918) 提出新的理論，才使此一久懸的問題，得到比較合理的解釋。按海林的理論，色覺現象不能只從混色的觀點去解釋，應進一步從補色的現象去探討。因此，海林認為，視網膜上有三種不同功能的錐細胞：第一種是職司感受**明度** (從黑到白) 的；第二種是職司感受紅綠二色的；第三種是職司感受黃藍二色的。每一種視錐細胞所能感受到的二種色光刺激，在光波長度上各不相同 (如紅光為 700 nm，綠光為 520 nm)。因此當每種視錐細胞在感受色光刺激時，即產生兩種顏色的互補作用。兩種顏色的互補現象，可由以下簡單實驗加以證明：如凝視紙頁上的紅色圓環半分鐘，然後轉而凝視旁邊的空白紙頁，就會看見一個綠色圓環出現。如凝視牆上黑色鐘框與白色鐘面半分鐘，然後轉而凝視旁邊空白的牆壁，就會看見一個黑色鐘面與白色鐘框的映象出現。此現象即前文所說的**負後象**。負後象之所以產生，不能用混色原理來解釋。按海林的說法，那是由於錐細胞互補作用中所產生的相對歷程。因此，海林的色覺理論，就被稱為**色覺相對歷程論** (opponent-process theory of color vision)。又因海林的理論中，認為錐細胞能感受到紅、綠、黃、藍四種顏色，故而又稱為**四色論** (tetrachromatic theory)。

至於對色盲現象的解釋，按海林的色覺理論，色盲者乃是由於視網膜上缺少一種或兩種錐細胞的緣故。按上述三種錐細胞不同色覺功能的看法，如缺少的是第二種錐細胞，就會構成紅綠色盲；如缺少的是第三種錐細胞，就會構成黃藍色盲。

從上述多年來色覺理論發展的歷程看，晚近的四色論與早期的三色論，在基本理念上並沒有衝突；其間的差異只是新的理論能夠解釋較多的視覺現象而已。色覺理論最近十年來的發展，仍然以三色論或四色論為基礎，只是有的學者在解釋上，將色覺的整個歷程分為兩個階段：第一階段由視網膜上三種對不同光波長度敏感度的錐細胞感受各種色光的刺激，從而引起興奮。第二階段由視神經傳到**丘腦**產生相混或互補作用，從而形成顏色感覺。此種新的色覺現象解釋，稱為**二階段色覺論** (two-stage color theory)。

二、聽　覺

在人類的所有感覺中，聽覺的重要性僅次於視覺。在光亮處接受刺激時自然是視覺為先，但在黑暗中或視線受限時，則必須有賴聽覺。**聽覺** (audition) 是個體對環境中聲音刺激特性的反映。聽覺以耳為感覺器官，接受外界聲音刺激，從而產生由生理事件 (聲音傳導) 到心理事件 (聽覺) 的歷程。在心理學上對聽覺的研究，基本上與研究視覺相似，也同樣包括兩個層面：第一個層面研究聽覺器官的生理結構與功能，藉以了解聽覺器官如何將外界物理性刺激轉化為神經衝動的生理歷程。第二個層面研究聽覺器官的運作功能，從而了解聽覺器官如何將生理性的聽覺訊息傳入大腦聽覺區產生聽感覺與聽知覺的心理歷程。因此平常所說的聽覺，事實上是一個包括"由耳而聽"和"由聽而聞"的複雜歷程。接下去先討論耳的構造與功能。

(一) 耳的構造及其生理功能

耳 (ear) 的構造主要分為三大部分：(1) **外耳** (outer ear)，職司收集聲音；(2) **中**

圖 3-14　聽覺系統 (耳) 的構造及其生理功能

耳 (middle ear)，職司傳導聲音；(3) **內耳** (inner ear)，職司轉化物理性的聲音刺激為生理性的神經衝動，而經**聽神經** (auditory nerve) 傳至大腦而生聽覺。包括外耳、中耳、內耳的整個生理結構，如圖 3-14 所示，稱為**聽覺系統** (auditory system)。

外耳收集聲音後，經過**聽道** (auditory canal) 達於耳鼓膜。**耳鼓膜** (eardrum membrane) 位於外耳與中耳交界處，係由一骨質薄膜構成。由於音波壓力之交錯轉變，使得耳鼓膜前後振動；於是，原來經空氣傳導之聲波，經振動而轉變為骨塊之傳導。骨塊傳導聲波，主要由中耳負責，而中耳之構造，則包括**鎚骨** (malleus)、**砧骨** (incus) 與**鐙骨** (stapes) 三塊聽骨；三聽骨均係因形狀而得名。三塊聽骨互相連接，各具其聲音傳導功能。中耳下方的**歐氏管** (或**耳咽管**) (Eustachian tube)，與咽腔相通，平時關閉，只有在咀嚼時或吞嚥時打開，容許空氣進入中耳，以維持鼓膜內外的平衡。

內耳的構造較為複雜；其功能除傳導聲波之外，也兼司身體的**平衡感** (sense of equilibrium)，稱為**前庭器官** (vestibular apparatus)。前庭器官包括**半規管** (semicircular canal) 和**前庭囊** (vestibular sac) 兩部分，職司身體和頭部的平衡。內耳中最重要的器官為耳蝸。**耳蝸** (cochlea) 是一個骨質的蝸牛殼形狀的管道，管道內充滿液體。耳蝸之底部的膜狀構造，稱為**基底膜** (basilar membrane)。基底膜由長短不等的神經纖維所構成；在耳蝸的起始一端，其纖維較短，愈往遠端，其纖維愈長。聲波經中耳之聽骨傳入後，其波動先達於**卵圓窗** (oval window)，卵圓窗與耳蝸管相連接。因此，卵圓窗之振動傳入耳蝸後，藉著液體的波動，並沿基底膜繼續進行，從而振動膜上的柯蒂氏器內的**毛狀細胞** (hair cell)。基底膜上的**柯蒂氏器** (organ of Corti) 為主要聽覺感受器。柯蒂氏器內的毛狀細胞，與通往大腦的聽覺神經纖維相連，聲音傳至此處即能引起神經衝動，繼而傳入大腦皮質的聽覺區。

(二) 聽覺刺激的屬性

引起聽覺的刺激是聲音。聲音的物理特徵為聲波。惟聲波的傳導與光波不同；光波在空氣中與真空中均能傳遞但不能通過固體物質傳導；而聲波則必須依憑介質 (或稱聲媒) 以為傳導。聲波的介質可為氣體，可為液體，也可為固體。聲波的傳送速度遠較光波為緩慢，且因介質不同而快慢亦有所差異。

前文指出，引起視覺的光波有三種物理屬性 (波長、強度及純度)，引起聽覺刺激的聲波，也有三種物理屬性：一為**頻率** (frequency)；二為**振幅** (amplitude)；三為**複雜度** (complexity)。光波有三種心理屬性 (色調、明度與飽和度)，聲波也有三種心理屬性：一為音調；二為音強；三為音色。聲波的三種心理屬性，即分別形成音調知覺、音強知覺及音色知覺。

音調 (或**音高**) (pitch) 是指個體對聲音高低的感覺。音調的高低主要是受聲波頻率變化的影響；頻率愈高，音調也就愈高。聲波之頻率，以每秒內波幅振動的次數 (稱 CPS，為 cycles per second 之縮寫) 為計算標準，以赫 (Hz) 表示之。人類聽力所能感受到的頻率，大約介於 20 赫到 20,000 赫之間。頻率不在此界限內的聲波，一般人是聽不到的；但有些動物如狗與蝙蝠等，可以聽得到人類所聽不到的聲音。

音強 (或**響度**) (loudness) 是指個體對聲音強度的感覺。音強的高低決定於聲波振幅的大小；振幅愈大聲音就愈大。表示音強的單位稱為**分貝** (decibel，簡稱 dB)。人耳所能接受的音強，大約在 16 分貝至 160 分貝之間。平常說話的音強，大約為 60 分貝；音強高於 90 分貝時即感到刺耳。直升機的音強約為 120 分貝；人若長期處於 90～110 分貝的環境中，對聽覺將有不利影響，若長期處於 120～140 分貝的環境中，勢必對聽力造成嚴重傷害。

音色 (或**音質**) (timbre) 是指個體對在感覺上聲音特殊性的辨別。音色決定於聲波的複雜度，而複雜度則是由於基音和倍音的比例關係決定的。一個物體除全部振動而生聲音之外，其部分振動也會發生聲音；全部振動的聲音叫基音，部分振動的聲音叫倍音。一般樂器都有基音和倍音，音色就是由基音與倍音的不同比例的配合而決定的。平常所聽到的聲音，很少是純音，多數含有不同頻率與不同振幅的多種聲波混雜在一起。例如，每一音階像 do, re, mi, fa 等，即使各有其固定頻率，但在不同樂器上發出聲音時，仍有差異，其原因就是由於各種樂器都有其特殊結構，其振動方式不同，因而產生不同的音色所致。如以各種不同頻率與不同振幅的聲波組合在一起，成為有規律的振動，其所產生的聲音，即為樂音，否則即構成噪音。

(三) 聽覺定向

從個體了解聲音的變化以利其環境適應的觀點看，只了解聲音大小高低的變化是不夠的。除此之外，個體還需了解聲音的遠近與方向，否則就無法做出正確判斷以表現適當反應。此即聲源定向的問題。

所謂**聲源定向** (sound localization)，是指個體感覺聲音出現時憑知覺判斷聲音的遠近與聲源方向。換言之，聲源定向也就是**聽覺定向** (auditory localization)。辨別聲音的遠近與方向時，主要靠兩種線索：

1. 單耳線索 引起聽覺的物理刺激是聲波。按人耳的構造，單靠一個耳朵即可獨立承擔收受聲波，從而獲得聽覺深度知覺的經驗。像此種只靠單一耳朵獲得深度知覺經驗時，單一耳朵所得的聽覺線索，即稱為**單耳線索** (monoaural cue)。憑藉單耳線索，雖不能充分有效判斷聲源之方位，但卻能有效地判斷聲源的遠近。判斷聲音遠近時，係根據聲音的強弱；強則近，弱則遠。尤其對熟悉的聲音，根據其強弱而判斷其遠近時，將更為準確。

2. 雙耳線索 在接收聲音刺激時，如係根據兩耳協調合作，從而構成對聲音方位及強弱之正確判斷時,此由雙耳收到的做為深度聽覺判斷之用的線索,稱為**雙耳線索** (binaural cue)。運用雙耳線索時則靠以下三種聽覺線索:

(1) **時間差** 聲音來自側方時,兩耳接受到音波刺激的時間稍有差別;聲音如來自左方,左耳就稍早收到聲波。此一短暫時差即可構成判斷聲源方向的主要線索。如果聲音來自正前方或正後方時,對聲源方位的判斷,較之聲源來自單側者為困難。因此,為求聽空間知覺判斷更為正確,就會有"側耳傾聽"的動作。"側耳"的目的即在改換方式,調整距離以便獲得時間差的線索。

(2) **強度差** 聲音之強弱,隨傳導距離的遠近而有所改變;聲音傳導愈遠,其強度將愈低。根據此一線索,對強度較低之聲音,即可判斷其為來自遠方;此種線索之應用,對熟悉聲音之判斷,尤為正確。強度差用在兩耳合作上,是判斷聲源方位的主要線索。如聲音來自左方,左耳所接受到的聲波刺激較右耳所接受者為強;原因是時間上的延遲以及頭部的阻礙,均可使聲音變弱。當聲音來自正前方與正後方時,其兩耳間的強度差雖消失,但亦可根據聲音的特徵獲得"不是在前,就是在後"的深度聽覺線索。

(3) **波壓差** 波壓差是指聲波對**外耳**與**中耳**交界處**耳鼓膜**所形成壓力的差別;聲源近,壓力較大,聲源遠,壓力較小。如聲音來自側方,因聲波對左右耳的距離有遠近之差,故而聲波對左右耳所形成的壓力,也有區別。此一些微的聲波壓力之差,即可構成對聲源判斷的知覺線索。

(四) 聽覺理論

在音調、音強、音色三種聽覺的研究中,多年來生理心理學家特別對音調知覺現象,提出了以下兩種不同的理論解釋。

1. 部位論 部位論(或**地點說**)(place theory)是最早對音調知覺提出系統解釋的理論。部位論是由德國生理學家赫爾姆霍茨(圖 1-1)在 1863 年提出。部位論探共鳴原理來解釋音調知覺,故而又稱**共鳴論** (resonance theory),也稱**鋼琴論** (piano theory) 或**豎琴論** (harp theory)。

按部位論對聽覺歷程的解釋,職司聽覺的器官主要是由耳中**耳蝸**底部**基底膜**上長短不一的毛狀細胞構成。基底膜之一端較窄,其上之毛狀細胞的纖維較短;另端較寬,其上之毛狀細胞的纖維較長。當聲音引起**耳鼓膜**振動時,中耳的聽骨隨之內外振動,振動所生之壓力,使得基底膜上下波動,因而構成基底膜上毛狀細胞之振動。惟以不同部位的神經纖維長短不等,其所接受聲音高低的頻率,自然也不相同。基底膜上纖維短的一端,由高頻率聲音引起振動,形成高音的感覺;另端纖維長的區位,由低頻率聲音引起振動,形成低音的感覺。

2. 頻率論 頻率論 (frequency theory) 係由英國生理心理學家拉塞福 (William

Rutheford, 1839～1899) 在 1886 年提出，是解釋聽覺現象的另一種理論。按頻率論的解釋，**耳蝸**的作用和麥克風相似，而聽覺神經對聲音的傳遞，其原理則與電話相似。根據此一原理，音調的高低，係由傳往聽覺神經的**神經衝動**來決定；聲波頻率愈高，音調也就愈高。在人類的聽覺中，對音調高低的辨別範圍，大約在 20 赫至 20,000 赫之間，稱為**聽覺閾限** (auditory threshold)。音調在 4,000 赫以下時，聽覺神經只須靠聲音本身頻率的高低，即可決定聲音的高低；500 赫的聲音，即形成聽覺神經每秒五百次的反應，2,000 赫的聲音，即形成聽覺神經每秒兩千次的反應。

根據神經生理學家的研究，人類神經系統中的**感覺神經元**，在每秒鐘之內只能產生 1000 次神經衝動，然聲波頻率超過 1000 赫以上時，聽覺神經將如何傳導？對此一問題，頻率論未能提出合理解釋。直到 1949 年美國心理學家韋佛 (Ernest G. Wever, 1902～1986) 提出了**排發論** (volley theory)，才使頻率論臻於完善。排發論的要義是：不同神經元的神經纖維分成數組，各組以輪班方式發出神經衝動；不同的組分別對不同的聲波壓力產生神經衝動，各組同步齊發，就可增加單位時間內神經衝動的數量，產生對高頻聲波辨別的功能。例如，十組神經纖維，每組負責 1,000 赫的聲波，合之即可集成 10,000 次的衝動。因此一理論的解釋與電話聽筒的原理相似，故而也稱**電話論** (telephone theory)。

三、其他感覺

本節所要討論的其他感覺，是指除了視覺與聽覺之外的其他感覺。視覺與聽覺是起於眼睛與耳朵對環境中刺激的物理能的感應，接下來所要討論的四類感覺，則有的是起於感覺器官對物理能的感應，也有的是起於對化學能的感應。所舉其他感覺主要包括以下四大類：

(一) 味 覺

味覺 (taste) 是以舌面的不同部位對溶化物質予以辨別，從而獲得感覺的歷程。職司味覺的感受器是**味蕾** (taste bud)。味蕾是一種球狀感覺神經細胞；多數集中在舌尖、舌面及舌之兩側，少數分布在口腔內部。引起味覺的刺激為液體物質，如刺激物本身不屬於液體，也必須經唾液使之液化後，始能產生味覺。食物有酸、甜、苦、鹹等特徵，相對的，舌面的不同部位

圖 3-15　舌面味覺分布

分別具有辨酸、甜、苦、鹹等不同特徵的功能：甜的辨別在舌尖，鹹的辨別在舌前部兩側，酸的辨別在舌中部兩側，苦的辨別在舌根表面最後的部位 (見圖 3-15)。

(二) 嗅　覺

嗅覺 (smell) 是辨別空氣中氣味的感覺。引起嗅覺的刺激是氣化的化學物質。氣化物靠空氣擴散，個體不必直接與刺激物接觸，即可產生嗅覺。

接受嗅覺刺激的感受器是鼻腔內的線形體。線形體從腦部之**嗅球** (olfactory bulb) 處下垂，止於鼻腔頂部 (見圖 3-16，(b) 圖代表嗅球與嗅覺通路部位之放大)。在線形體的嗅覺神精之末端有毛狀皮層，是為**嗅覺皮膜** (olfactory epithelium)。皮膜內的嗅覺神經細胞，即為嗅覺感受器。毛狀皮膜呈黏膜狀，分布在氣流出入之上方，職司辨別氣體中的不同氣味。個體如何辨別空氣中的不同氣味，在生理學上有種理論，稱為**嗅覺鎖鑰論** (lock and key theory of smell)。按該理論的解釋，嗅覺神經的表面有些不同形狀的坑洞，分別具有辨別不同氣味的功能。氣體通過時，不同氣味將落在不同形狀的坑洞內，繼而引發該處嗅覺細胞產生神經衝動。嗅覺有很大的適應性，"居鮑魚之肆久而不聞其臭"，即嗅覺適應的說明。

圖 3-16　嗅覺器官縱切面

(三) 膚　覺

膚覺 (skin sense) 是靠皮膚表面為感受器接受外來刺激，從而獲得觸覺、痛覺、溫覺等感覺的歷程。因此，膚覺是以下三種感覺的總名稱。

1. 觸覺　觸覺 (sense of touch) 也稱**壓覺**

(sense of pressure)，是皮膚表面受到觸壓時所產生的一種感覺。身體不同部位的觸覺敏感度不同；在舌尖、口唇、指尖等感覺細胞密集之處，觸覺敏銳，而在背部、臀部、腳底部感覺細胞稀疏之處，則觸覺遲鈍。皮膚上產生觸覺的感受器，成爲很多小點的方式散佈著；只有在這些小點上才有觸覺。這些小點，稱爲**觸覺點** (touch spot)。在心理學上測量觸覺點時，一般採用**兩點閾限測量器** (two-point threshold aesthesiometer)。如圖 3-17 所示，將測量器置於身體之不同部位，用以測量受試者的觸覺，並由之辨別所感到的是一點還是兩點。如很短的距離即可辨出是兩點，即表示該部位的皮膚上密集著較多的觸覺點，亦即該部位觸覺較爲敏銳。

圖 3-17　兩點閾限測量器

2. 痛覺　痛覺 (pain) 是皮膚受到物理或化學刺激傷害時所產生的一種感覺。痛覺也與身體部位有關，感覺細胞密集的部位痛覺較敏銳。對個體的安全而言，痛覺具有警示作用，因疼痛的感覺而注意到避開具有傷害性的刺激。痛覺具有很大的心理作用，有時皮膚稍受傷害即感到刺痛，但有時傷害很重卻未必感到劇痛。在心理學上，解釋痛覺的理論，稱爲痛覺閘門控制論。

根據**痛覺閘門控制論** (gate control theory of pain) 的解釋，在脊髓上端接近**腦幹**處有一個類似閘門的神經組織。痛覺的神經傳導必須經過此閘門才能輸入到大腦 (Melzack, 1973)，閘門可開可閉；皮膚受到刺激而不感痛的原因，就是因爲痛覺閘

圖 3-18　中國傳統針灸的重要穴道

數字所指者全是穴道，各穴道與人體相關器官相連結。治療時將針從穴道插入後，可以轉動，可以加熱 (灸)，也可以電刺激，目的在使患者減低痛覺的情況下從而提升治療效果。

(採自 Coren, Porace, & Ward, 1984)

門暫時關閉的緣故。有時皮膚受到撞擊後按摩傷處可使痛覺減低，很可能是因為按摩使得閘門關閉所致。生理心理學家也採用痛覺閘門控制論來解釋中國古傳的針灸術，認為係扎針時對皮膚施壓再加上細針刺入穴道後的旋轉、加溫或電刺激，影響到脊髓的神經衝動的傳遞，而使脊髓與大腦之間的閘門暫時關閉所致 (見圖 3-18) (Coren, Porace, & Ward, 1984)。

3. 溫度覺 溫度覺 (temperature sense) 是皮膚表面對溫度變化時所產生的一種感覺。溫度覺包括**熱覺** (sense of heat) 與**冷覺** (sense of cold)。熱覺與冷覺只能在外界溫度高於或低於皮膚溫度時才會產生。人體表面的溫度，一般在 32°C 左右；若外在溫度高於皮膚溫度 0.4°C 時，即生熱覺；外界溫度低於皮膚溫度 0.15°C 時，即生冷覺。皮膚下接受溫度刺激者，有分別職司辨別冷熱的兩種感受器，冷熱兩種感受器分別將冷與熱的訊息傳至大腦的**體覺區**而產生冷覺或熱覺。但如皮膚同一部位同時接受冷熱兩種刺激時，就會產生只有熱覺的所謂**詭熱覺** (paradoxical heat) 現象 (圖3-19)。溫度覺有適應性，在一定限度內，在高於 (或低於) 皮膚溫度的情境中停留時間較久，熱覺 (或冷覺) 的敏感性將逐漸減低 (如初進浴池的一段時間)。因此，在一般的情形下，外界溫度高於溫度覺適應性的上限時，即產生熱覺；外界溫度低於溫度覺適應性的下限時，即產生冷覺 (Cain, 1973)。

圖 3-19　詭熱覺

上圖是絞在一起的冷熱兩條水管，如兩水管同時放水而手握水管，此時就會覺得溫水管不是溫的，而是燙手的。詭熱覺產生的原因是，皮膚上同一部位的溫度感受器，在同一時間內受到冷熱兩種刺激時，只能將較強的一種熱訊息傳入大腦。

(採自 Cain, 1973)

(四) 體　覺

體覺 (body sense) 是個體對自己身體活動的一種感覺。體覺包括動覺與平衡覺。動覺與平衡覺聯合運用可做出各種動作 (圖 3-20)。

1. 動覺 動覺 (kinesthetic sense) 是身體活動時所產生的感覺。有動覺才會覺知自

圖 3-20　體　覺
體覺中的動覺與平衡覺能支配身體做出力與美的動作。

己身體各相關部位在做何種活動；有動覺才能支配身體從事有目的的活動。動覺的感受器是肌肉、肌腱和關節。在身體活動時，因肌肉與肌腱的擴張、收縮或關節的壓迫，產生刺激，引起神經衝動，傳入大腦的運動區而產生動覺。動覺主要是由**軀體神經系統**所控制，舉凡眼睛、口腔、軀幹、四肢等一切橫紋肌部位的活動，都會因活動而有動覺。動覺與視覺配合，可從事手眼調合的工作(如打字)；動覺與聽覺配合，可從事手耳調合的工作(如彈琴)。即使在無聲的暗室中無視聽覺之助，動覺也會發揮其作用；停電時在黑暗中伸手取物，也會知道手的位置和方向。

2. 平衡覺　平衡覺 (equilibratory sense) 也稱**前庭覺** (vestibular sense)，是保持身體定向的一種感覺。職司平衡覺的**感受器**主要是**內耳**中的**半規管**和**前庭囊**（見圖 3-14）；兩者合作控制頭部與身體的平衡。半規管有三個，彼此連接，相互垂直，分別對應掌理空間的三個維度。管內充滿液體，液體內浮有叢生的毛狀細胞，其功能即在反應頭部的平衡。當頭部搖動時，管內的液體亦隨之搖動，繼而經神經纖維傳入**小腦**。小腦即為中樞神經系統中主控身體平衡的器官。

前庭囊介於**耳蝸**與半規管之間，內部充滿液體。液體內除毛狀細胞外，並有細小石粒，稱為**耳石** (otolith)。耳石為碳酸鈣顆粒，藉耳石的重力作用與慣性作用，對毛狀細胞產生壓力，從而產生神經衝動。在平常的壓力之下，有直立的感覺，若身體活動或上升下降時，壓力改變，即產生失去平衡的感覺。前庭內的毛狀細胞與神經纖維相連，可將神經衝動傳入中樞神經系統中主控身體平衡的小腦。有時身體急遽搖晃(如乘船)，前庭感覺可能來不及調適，就會引起暈眩的感覺。

第四節　知覺歷程

在本章之初曾提到感覺與知覺不易區分的問題。例如在"藍天"、"白雲"與"鳥鳴"、"蟬聲"等描述感覺的概念中，無不帶有"知"的成分。惟在心理學上仍稱此等概念為感覺。理由有二：其一是此等概念係以感覺器官的生理作用為基礎；其二是此等概念所描述者，仍未脫離所見所聞事件本身的客觀特徵。本節所討論的知覺歷程則大不相同。知覺雖與感覺同樣為外在刺激所引起的心理反應，但知覺卻是個體對外在客觀刺激加以選擇、組織並賦予主觀解釋的心理歷程(見本章第一節知覺定義)。在知覺歷程中，個體對刺激予以選擇、組織、解釋時，不但會超過原刺激的客觀特徵，甚至可能將原刺激的特徵加以扭曲，賦予特殊意義。讀者可以發現，在本節內所討論的深度知覺、運動知覺等心理現象，其知覺歷程的複雜度將會遠遠超過前節討論的感覺歷程。知覺歷程與感覺歷程最明顯的差異是知覺歷程中所顯示的知覺心理特徵。

一、知覺的心理特徵

根據心理學家多年來對知覺現象的研究，知覺歷程中最明顯的現象是，知覺經驗中顯示出多種心理特徵，以下四種是知覺心理特徵的例證：

(一) 知覺相對性

知覺是根據感覺所獲得資料而表現的心理反應，此種反應代表了個體以其已有經驗為基礎，對環境事物的主觀解釋。因此，知覺一詞也常稱之為知覺經驗。知覺經驗不是絕對的，而是相對的。我們看見一個物體存在，在一般情形下，我們不能以該物體孤立地做為引起知覺的刺激，而必須同時也看到物體周圍所存在的其他刺激。既如此，物體與其周圍其他刺激的性質以及兩者之間的關係，勢必影響我們對該物體所獲得的知覺經驗。例如，當你看到綠葉叢中一朵紅花時，在知覺上它與採下來的一朵紅花是不一樣的；同樣花色的衣服，穿在胖、瘦、美、醜不同人的身上，予人的知覺經驗也各不相同。此種心理現象說明了知覺經驗的相對性。知覺相對性的現象，隨處可見，在心理學上最常引用的例子有以下兩類：

1. 形象與背景　形象與背景 (figure and ground) 是知覺相對性最明顯的例子。形象是指視覺所見的具體刺激物，背景是指與具體刺激物相關連的其他刺激物。在一般情境下，形象與背景是主副的關係，形象是主題，背景是襯托。例如，一幅圖畫中有一座教堂，教堂周圍有樹木草坪，教堂背後有山嵐雲天，教堂被視為形象，其他景物則視為襯托的背景。

在一般情形下，如果形象是熟悉的物體如人形、動物、房舍、用具等，而且形象與背景之間的界限很清楚時，形象所給予人的知覺，自然也會明確肯定。但有時刺激的組合並未明確顯示出形象與背景的關係，在這種情況下，就可能無法肯定那是形象，那是背景。圖 3-21 所示者，正是這種情形，圖中黑白相對的兩部分，均有可能被視為形象或背景。如將白色部分視為形象，黑色就是背景；此形象可解釋為燭台，也可解釋為花瓶。如將黑色部分視為形象，白色就是背景；此形象可解釋為投射在銀幕上的兩個相向的側面臉形。無論如何看法，或如何解釋，只要你認定何者為形象，則形象與背景的相對關係，隨即使你在知覺上產生心理作用；就會覺得形象部分突出，向你接近，背景部分後退，向你遠離。此種現象，顯然是由於觀察者對刺激情境的知覺經驗，而使刺激本身有了主副題之分；惟究竟何者為主，何者為副，端視觀察者主觀意識而定。因此，知覺經驗雖是以生理為基礎的感覺資料為依據，而所得之知覺經驗內容，卻完全是心理作用。

由於知覺的相對性而形成的形象與背景不確定的現象，在美術、建築、服裝等設計上，早已廣泛應用。最常見的雕樑畫棟、壁紙及印花布等花紋的設計，採用相對的不確定的形象與背景關係，以增加其變化與美感，且使平面圖案產生立體感，這些都是明顯的例子。

2. 知覺對比 知覺對比 (perceptual contrast) 是指兩種具有相對性質的刺激同時出現或相繼出現時，由於兩者的彼此影響，致使兩刺激所引起的知覺上的差異特別明顯。例如，將黑白兩種布料並排陳列，在知覺上就會覺得黑者愈黑，白者愈白；大胖子與小瘦子倆人相伴出現，也會使人產生胖者益胖瘦者益瘦的知覺。當然，知覺對比只是一種心理現象，刺激本身的特徵，事實上並沒有改變；圖 3-22 所顯示者即屬此種情境。按圖 3-22 中居於

圖 3-21　形象與背景

中間的兩個小的圓形，其半徑完全相等，只是由於周圍環境中其他刺激的不同，因而產生對比作用，致使觀察者在心理上形成兩個小圓形大小不一的知覺經驗。

圖 3-22　知覺對比

如圖 3-22 所顯示的知覺對比現象，只是視知覺中的大小對比。除視知覺之外，其他由聽覺、嗅覺、味覺、以至膚覺等感覺器官所獲得的知覺經驗，也都會有對比的心理現象。

(二) 知覺選擇性

在第三節討論感覺歷程時曾指出，我們用感覺器官收受訊息時，並非對環境中所接觸到的一切刺激特徵，悉數接收。眼睛的功能不同於照相機，耳朵的功能也不同於錄音機，因而所得的視聽經驗中，是帶有相當選擇性的。以生理為基礎的感覺尚且如此，純屬心理作用的知覺經驗，其對知覺刺激的選擇性，自然可想而知。現以圖 3-23 為例，這是一幅著名的曖昧圖形。圖形之所以曖昧，主要是由此圖所得知覺經驗，因觀察者選擇的著眼點不同，而產生兩種截然不同的知覺。如觀察者的著眼

圖 3-23　少婦抑老嫗

點選在圖形的左上部分，就會覺得是一位少婦；如觀察者的著眼點選在圖形的是左邊中下部分，就會覺得是一位老嫗。

(三) 知覺組織性

由前文所述知覺的各種特性看來，雖然構成知覺經驗的感覺性資料，均係根據客觀的事實，但在轉化為心理性的知覺經驗歷程時，顯然是對感覺得來的資料，經過一番主觀的選擇處理。此種主觀的選擇處理歷程，是相當具有組織性的；是有系統的，是合於邏輯的，而不是紊亂的。因此，在心理學上，一向對此種由感覺轉化到知覺的選擇處理歷程，稱之為**知覺組織** (perceptual organization)。

在眾多心理學派別中，對知覺組織研究最有貢獻者，是完形心理學。為了對知覺組織的心理歷程提出系統的理論解釋，

完形心理學家們經實徵性研究之後，歸納出很多法則，稱為**組織完形法則** (Gestalt laws of organization)。以下介紹的是其中最主要的四種知覺組織法則。

1. 接近法則 接近法則 (law of proximity) 是指分散性刺激的位置彼此接近時，在心理上傾向於將之組合在一起形成有意義的知覺經驗。如圖 3-24 所示的三十個分散的黑圓點，由於其中有些彼此接近，觀察者將不自覺地將之看成是有規則的五橫行。看到分散的黑圓點是感覺經驗，看到五橫行黑圓點，則是經由接近法則組織成的知覺經驗。中國文字排版時，可排成直行，也可排成橫行。無論排成直行或橫行，必須使每行中單字之間彼此接近。否則，如書頁上各字之間間隔距離完全相等，閱讀起來勢必非常吃力。原因是不符合知覺的接近法則。

圖 3-24　接近法則

2. 相似法則 相似法則 (law of similarity) 是指各刺激的特徵彼此類似者，在心理上不自覺地傾向於將之組合在一起形成有意義的知覺經驗。如圖 3-25 所示，三十個黑圓點和圓圈，彼此間的距離關係雖與圖 3-24 相同，但看起由原來的五橫行黑圓點，變成了三直行黑圓點和三直行圓圈。看到分散的黑圓點和圓圈是感覺經驗，看到三直行黑圓點和三直行圓圈，則是經由相似法則組織成的知覺經驗。

圖 3-25　相似法則

3. 連續法則 連續法則 (law of continuity) 是指刺激與刺激之間具有空間 (或時間) 上連續關係者，在心理上傾向於不自覺地將其看成連續的關係。如圖 3-26 所示，是兩個圓弧與一條直線，一般人傾向於將之看成是一條曲線和一條直線相交，而不將之看成是兩個半圓。原因是受連續法則的影響。建築和服裝設計上常運用連續法則的知覺原理,使建築物或服裝上的一些原本間斷的線條連接在一起,使人看起來產生連續性整體的知覺。

圖 3-26　連續法則

4. 閉合法則　閉合法則 (law of closure) 是指刺激間顯示具有閉合成有形象意義者,在心理上傾向於不自覺地將之組合在一起,形成有意義的知覺經驗。圖 3-27 所示,乍看之下只是一些不規則的墨漬,但一般都會毫無困難地將之看成是乘馬的騎士。看到不規則的墨漬是感覺到刺激的客觀特徵,看見馬上的騎士則是經閉合法則形成的主觀知覺經驗。藝術家經常運用閉合法則作畫,將一些看似不規則的色彩塗抹在一起,使人產生有意義的形象知覺。

(四) 知覺恆常性

知覺恆常性 (或**知覺常性**) (perceptual constancy) 是指因環境改變致使刺激的特徵隨之改變時,縱使刺激引起網膜上的映象也隨之改變,而個體對原刺激所得到的知覺仍然保持不變的傾向。知覺恆常性多表現在視知覺方面,主要有以下幾種:

1. 大小常性　大小常性 (size constancy) 指憑知覺對物體大小作判斷時,有根據經驗而不根據物體遠近在網膜上映象大小變化的一種心理傾向。根據網膜映象的原理,物體愈遠,映象愈小;遠處一匹馬的映象雖然比近處一隻狗的映象為小,但個體所覺知到的,卻仍然是馬大於狗。

2. 形狀常性　形狀常性 (shape constancy) 指對物體形狀的知覺,不因觀察角度不同而改變原來形狀的一種心理傾向。從一扇門的正面看,它是長方形,從門開一半的斜方向看,即使網膜上的映象是梯形,但個體仍然知其為長方形。

圖 3-27　閉合法則

3. 顏色常性 顏色常性 (color constancy) 指物體所處環境改變時，不因該物體反光程度的改變而影響顏色知覺的一種心理傾向。顏色感覺係由光波長短所決定，但顏色知覺卻有所不同；一張紅色的紙無論置於白色或黃色燈光之下，個體仍然知道它是紅色。

4. 明度常性 明度常性 (brightness constancy) 指在不因物體明度的改變而影響對該物體所得知覺的一種心理傾向。一支白色粉筆，置於日光下或陰暗處，其所反射的光量雖大不相同，但個體仍然知道兩種情境下的粉筆都是白色。

二、深度知覺

深度知覺 (depth perception) 是指對物體判斷其遠近或辨識物體之為深度知覺。從眼睛的生理構造言，對深度知覺的心理現象，心理學家最感興趣的是兩個問題：(1) 眼睛的網膜是平面的，在網膜上構成的映象也是平面的，既如此，何以能使人產生立體的深度知覺？(2) 假如說，深度知覺的產生是由於兩隻眼睛的協調作用，何以只有一隻眼睛的人，仍然能對物體的遠近做出正確的判斷？對這兩個問題心理學家的解釋是：我們的深度知覺，得自單眼與雙眼兩類線索：由雙眼視物時，可以藉由兩眼的彼此協調，而獲得深度知覺線索；由單眼視物時，也可以藉由刺激物本身的特徵，顯示出深度知覺線索。

(一) 單眼線索

刺激物本身具有某些特徵，觀察者即使只用一隻眼睛去看，依然可以獲得足以判斷遠近的深度知覺。刺激物所具有的此類特徵，稱為知覺的**單眼線索** (monocular cue)。物體特徵中能夠構成單眼線索的情形有很多，以下四種是其中最主要者。

1. 直線透視 直線透視 (linear perspective) 是指平面上刺激物本身，在面積的大小、線條的長短以及線條之間距離遠近等特徵上，所顯示出的能引起深度知覺的單眼線索。如圖 3-28 所示，這是山間道路的實景。此一實景中的道路，遠處近處本是同寬的，但在網膜上反映出來的映象卻是愈遠愈窄，順鐵軌望去，直線透視現象更為明顯。在繪製平面圖時，如希望用線條表達出圖形的立體感，即可採用直線透視的原理；將平行線的近距離間隔加大，遠距離間隔縮小，即可達到目的。

圖 3-28　直線透視

2. 紋路梯度 有很多屬於同樣或類似的物體，集成一大片的平面景觀時，要想辨別其中不同部分的遠近差異，我們都會運用"近者較大，遠者較小；近者外形清晰，遠者外形模糊；近者在**視野**下緣，遠者在視野上緣"的經驗。此等經驗即可供做單眼線索之用。因爲此種單眼線索，是根據各物體本身外形紋路清晰與部位高低之差異而獲得的，故而稱爲**紋路梯度** (texture gradient)。圖 3-29 爲一引起深度知覺的實景，縱觀大片實景中的石塊台階，即可體會出紋路梯度單眼線索的經驗。

圖 3-29　紋路梯度

3. 重疊 當兩種 (或多種) 物體在同一平面上，如其中一物體之一部分被另一物體所遮蓋時，即形成**重疊** (superposition) 現象。由重疊所構成的畫面，就會使人產生深度知覺；部分被遮蓋的物體，看起來距離較遠，全部顯露出來的物體，看起來距離較近。因此，在觀察物體距離遠近時，重疊就可用來作爲深度知覺的單眼線索。圖 3-30 起伏的山巒中被遮擋的山頭看起來都在較遠之處。

圖 3-30　重　疊

4. 調適作用 以上所述三種深度知覺的單眼線索，可以說全是心理性的，是從生活經驗中長期學習而獲得的。唯獨眼睛的**調適作用** (accommodation)，則具有單眼線索的生理基礎。在第三章第二節說明眼睛的構造時，曾提到眼球中**水晶體**的功能。水晶體好像照相機的鏡頭，形如雙凸的透鏡。水晶體周圍有毛束狀的**睫狀肌**，其特性是具伸縮作用，而使水晶體的凸度改變，以調節透鏡的焦距，從而使視網膜上的映象清晰。水晶體調適的原則是，物體距離較遠時，水晶體變爲扁平；物體較近時，水晶體變爲凸出。如此，隨所視物體的遠近變化，引起睫狀肌的伸縮作用，結果因之促動視覺**感受器**的神經衝動，進而傳入**中樞神經系統**的運動區，而產生了深度知覺。

(二) 雙眼線索

視物時，由兩隻眼睛同時協調運作，從而對刺激物獲得深度知覺的線索，稱為**雙眼線索** (binocular cue)。由兩隻眼睛彼此協調獲得深度知覺線索時，在運作上有以下兩種情形：

1. 輻輳作用 當我們注視遠方物體時 (約在 50 呎以上)，兩眼的視線是近於平行的；此時兩個眼球的位置，自然也就平行對向正前方，不須左右轉動。但在注視近物時，兩眼的視線，就必須向當中聚合，以便將視線之交點投於物體之上。像此種由兩眼球轉動以聚合視線，從而獲得深度知覺的雙眼線索，稱為**輻輳作用** (convergence)。在輻輳作用發生時，兩個眼球向中間聚合的角度，自然是與所注視的物體遠近有關；距離愈遠，向中間聚合的角度就愈小，如此大腦即可根據兩眼聚合轉動角度大小而傳來的訊息 (神經衝動) 為線索，對物體距離的遠近作出判斷。

2. 雙眼視差 雙眼視差 (binocular disparity) 是指注視某一物體時，因兩眼視線的角度不完全相同，故而在兩個眼球的視網膜上所構成的兩個映象，也會彼此有差別，此差別又稱為**網膜象差** (retinal disparity)。這兩個映象差異之程度，在物體距離遠時減小，在物體距離近時增加。

圖 3-31　實體鏡

實體鏡係由美國醫師霍姆斯 (Oliver Wendell Holmes, 1809～1904) 1861 年發明。後來成為實驗心理學家用來研究深度知覺的儀器之一。

例如，在書桌上正前方距離四十公分處置一有花紋茶杯，先閉左眼只用右眼注視，且記下所見之花紋；然後再閉右眼，只用左眼注視，也記下所見之花紋。此時你會發現，兩眼所看見的花紋，並不完全相同。由此簡單實驗結果，即可推知，兩眼對同一物體注視時，因視線落點的不同，兩眼視網膜上所得的映象是有差別的。由所得映象差別的大小為線索，即可獲得物體遠近的深度知覺經驗。惟在兩眼同時注視物體時，由**雙眼視差**構成雙眼線索的神經生理過程，我們並感覺不到。因為等到兩眼的訊息傳入大腦而變成知覺意識時，原來的兩個映象，已經合而為一。因此，用兩隻眼睛同時注視面前茶杯上的花紋時，只覺得它是完整的，這種現象稱為**雙眼視象融合** (binocular fusion)。根據雙眼視差原理，在不同角度拍攝的同一物體的兩張照片，透過特別設計的**實體鏡** (stereoscope) (圖 3-31) 觀察時，兩張照片所形成的映象即將合而為一，獲得單一立體知覺。立體電影和攝影機即係根據雙眼視象融合原理製作的。

三、運動知覺

運動知覺 (motion perception) 是指個體對環境中物體位置的移動所產生的一種視知覺。運動知覺是心理現象；運動知覺心理現象的產生，並不完全以視網膜上的映象為根據。運動知覺的心理現象有三種不同情形：

(一) 真動知覺

真動知覺 (real motion perception)，是指空間中的物體移動其位置所產生的運動知覺。真動知覺看似簡單，但分析起來卻極複雜。真動知覺至少包括四種心理現象：

1. 在頭不搖眼不動的情形下，由於物體本身移動而造成視網膜上的映象移動，因而對物體產生運動知覺。這是經常發生的現象。例如，目送車子離去；眼見某人向你走來；大街上來回的汽車行馳等；都是最常經驗到的真動知覺。

2. 物體移動視線也跟著移動時，雖然視網膜上映象的位置沒有移動，但事實上也會產生對該物體的運動知覺。例如，仰頭看飛機時，即使採用"目迎目送"的方式去看，也會覺得飛機在空中飛行。此時視網膜上的映象並未移動，映象未移動何以會產生運動知覺？對此問題的合理解釋是，在此情形下，大腦據以判斷物體移動訊息的不是視網膜上的神經細胞，而是從頭部和眼睛的活動所得到的回饋所致。

3. 物體本身不動而頭部和眼睛轉動時，雖然視網膜上映象的位置也因之而移動，但對該物體所獲得運動知覺，卻仍然是靜止不動。形成此種現象的原因，與上述第二點相同。

4. 注視轉動的物體時，雖物體轉動的方向一直不變，但所得的運動知覺經驗卻會隨時變動。例如，注視轉動的電扇時，你會覺得扇葉的轉動有時順時針方向，有時逆時針方向。像此種現象稱為**運動後效** (movement aftereffect)，運動後效現象雖至為明顯，但其成因卻不易解釋。

(二) 似動知覺

所謂**似動知覺** (apparent motion perception)，是指個體的運動知覺並非因物體實際移動而產生。換言之，似動知覺是在物體靜止時所產生的一種運動知覺心理現象。似動知覺的產生，乃是由於物體本身具有**似動** (apparent motion) 的特徵。似動知覺也是在視網膜位置並不移動的情形下產生的。最典型的似動現象是，在昏暗房間內安裝兩個相隔十公分的燈泡，然後控制兩個燈泡，使之以每隔約二十分之一秒的時間相繼一明一滅，此時將會產生兩燈跳來跳去的運動知覺。像此種物體本身並未移動而只是引起知覺的刺激連續交替出現所形成的運動知覺現象，稱為 φ **現象** (phi phenomenon)，也稱**動景效果** (stroboscopic effect)。此似動現象係由完形學派創始人韋特海默 (見圖 1-6) 在 1910 年發現。後來電視的卡通與電影電視的製作，都是採用了似動知覺的原理。

(三) 誘動知覺

誘動知覺 (induced motion perception) 是指某靜止物體因受其他物體移動而使人對該靜止物體產生運動知覺的心理現象。最典型的誘動知覺現象是，在暗室內的牆壁上出現一個靜止不動的光點，而後在光點之周圍出現由光線形成的方框，並來回移動。此時所得的運動知覺將是，方框靜止而光點則向方框移動的反方向移動。日常生活中，最常見到的誘動知覺現象是天空浮雲移動時，反而覺得浮雲未動，而浮雲後的月亮卻在向浮雲移動的反方向移動。

(四) 相對運動知覺

相對運動知覺 (relative motion perception) 是我們所看到的物體其本身並未移動，只因我們自己身體在移動，相對地反而覺得物體在移動。火車進行中看窗外景物 (圖 3-32)，即可體驗到相對移動的現象。此時窗外的景物，看起來都在與火車呈反方向移動，而且，近處景物移動較快，遠處景物移動較慢。在此種相對的移動情形之下，移動知覺的線索，係來自網膜上映象的移動。因為人在車上，車雖移動而眼睛卻保持未動，窗外景物在網膜的映象，自

圖 3-32　相對移動

(箭頭所指為移動方向)

一邊移向另一邊，由之引起的神經衝動傳入大腦，終而產生移動的知覺作用。

四、錯　覺

根據以上**知覺組織**、**深度知覺**以及**運動知覺**的討論可知，個體面對眼前物體憑感官所獲得的視知覺經驗，是相當主觀的，甚至有時是相當失真的。像此種知覺經驗與引起此知覺的刺激本身所具客觀特徵不相符的現象，即稱為**錯覺** (illusion)。前文中所提到的**形象與背景** (圖 3-21) 與**知覺對比** (圖 3-22) 等，事實上均屬錯覺現象。在日常生活中不乏視錯覺的事例，筷子插入水中看起來像是折斷的，水平望月與舉頭望月時兩者面積大不相同，此等情形都是最常見的錯覺。

(一) 錯覺現象

多年來心理學家們對視錯覺的研究，已發現單是視錯覺就有四十多種。以下三種是最簡單但也最不易解釋的錯覺。如讀者有興趣研究錯覺現象，可參閱《張氏心理學辭典》(張春興，2007)。

1. 橫豎錯覺　橫豎錯覺 (horizontal-vertical illusion) 的現象是，有橫豎兩條等長直線 (見圖 3-33)，豎線垂直立於橫線中點時，看起來豎線較長 (A圖)。如果將圖形改變，使兩線段長度看起來相等 (B圖)，則橫線必須加長約百分之二十五的長度。此現象說明了一般人對橫豎兩直線之長短的判斷，其誤差多達百分之二十五。橫豎錯覺現象雖至為明顯，但原因很難解釋。

(A)　　　　　　　　(B)

圖 3-33　橫豎錯覺

2. 繆勒-萊爾錯覺　繆勒-萊爾錯覺 (Müller-Lyer illusion) 是錯覺現象之一。如圖 3-34 所示，兩條橫線等長，惟以兩端所附斜線方向不同，看起來下邊的橫線較長 (一般人肉眼估計時長出百分之二十五)。此一圖形錯覺係由德國精神病學家繆勒-

萊爾(F. C. Müller-Lyer, 1857～1916)1889年發現，故名。對此錯覺心理現象雖至為明顯，但對錯覺的原因卻不易解釋。

圖 3-34 繆勒-萊爾錯覺

3. 月亮錯覺 月亮錯覺 (moon illusion) 最明顯的特徵是，雖然平視接近地平面的圓月與仰視天空的圓月面積相等，而且在視網膜上形成的映象也大小相同，但一般人總是覺得接近地面時月亮較大 (見圖 3-35)。心理學家早就研究發現，一般人判斷接近地面的圓月，較之當空時的面積要大出百分之三十至百分之五十。

(二) 錯覺理論——以月亮錯覺為例

錯覺的現象雖至為明顯，但對於形成此錯覺的原因，卻一直缺少合理的而且眾皆共識的理論。以現代心理學上解釋月亮錯覺的理論為例，最主要的理論有下述兩種。

1. 表面差距假說 表面差距假說 (apparent distance hypothesis) 是美國心理學家考夫曼等人於 1962 年提出的月亮錯覺理論 (Kaufman & Rock, 1962)。此一假說的基本要義是，當遠近不同的兩個物體在視網膜上構成的映象大小相同時，就會根據經驗判斷遠者較大，近者較小 (遠處的牛和近處的羊看來一樣高時，仍知道牛比羊大)。月亮接近地面時，由於地面上有

圖 3-35 月亮錯覺
真實的月行軌道是半圓形，而知覺的月行軌道則覺得它是扁平的，扁平就顯得月亮較低而體積較小。

很多物體，於是在心理上就會覺得它比在當空時為遠。根據遠者較大近者較小的心理原則，自然就會判斷當空的月亮較小。

2. 相對體積假說 相對體積假說 (relative size hypothesis) 是美國心理學家羅斯特里於 1970 年提出的月亮錯覺理論 (Rostle, 1970)。此一假說的基本要義是，人所見到物體體積的大小，並不完全以視網膜上映象為根據，而是同時參照物體周圍環境中其他物體而後做出的判斷。在參照物體周圍環境時，除附近其他物體外，該物體本身所在地周圍的空間，也是重要參照標準。月亮接近地面時，其周圍空間小，周圍空間小就相對地顯得月亮特別大 (形成對比)。月亮當空時，因為周圍空間大，相對地就顯得月亮體積較小。

第五節　超感知覺

　　心理學上研究的知覺，無論是視知覺或其他知覺，都是以感覺器官所得的感覺為基礎的。即使知覺經驗中有失實的錯覺現象，錯覺也是以感覺為基礎的。以感覺為基礎研究知覺現象，是科學心理學誕生以來一向採取的研究取向。但在科學心理學誕生前和誕生後，很多人對知覺現象卻一直存有另外的想法；認為人類可能有某些特殊潛能，不需經由感覺器官去收集訊息，即可獲得知覺經驗；甚至不需身體接觸，即可憑精神力量移動環境中的物體。歷來的預言家、星象家、占卜家，無不宣稱他們具有此種特異功能。在科學心理學發展初期，一般心理學家對此種想法是持否定態度的。晚近的心理學界，逐漸改變態度對此事持包容的看法；甚至有些心理學家已開始嘗試採用科學方法研究此類問題。此即以下要介紹的心靈學研究。

一、心靈學研究的主題

　　心靈學 (或**心理玄學**) (parapsychology)，是指對人類如何單憑精神或心靈活動即可有效地支配其行為的研究。心靈學的特點是不遵循自然科學法則，不承認傳統科學心理學一向所主張心理現象是以生理歷程為基礎的看法。心靈學的研究主要是從以下兩方面去探討人類的四種**心靈現象** (psi phenomena)。

(一) 超感知覺

　　超感知覺 (extrasensory perception，簡稱 ESP)，指不以感覺器官為基礎即能獲得知覺的心理現象。超感知覺研究主要包括以下三方面：

1. 心電感應 　**心電感應**（或**傳心術**）(telepathy) 指兩人之間不經由任何溝通工具或交流管道就能夠彼此傳達訊息的過程。例如，在兩人互不見面的情況下（如兩人之間隔以布幔），其中一人在一邊用心注視一張繪有圖形的卡片，另一人在布幔的對邊靜坐；靜坐者如果能夠知道對方所注視的是何種圖形，就可據以推論，他們之間確有心電感應（見後述實驗研究）。

2. 超感視覺 　**超感視覺**（或**靈覺**）(clairvoyance)，俗稱"千里眼"，是一種不靠眼睛即可看到物體的特異功能。如對未啟封的錢袋能"看到"袋裏的錢數；未翻開的樸克牌能"看到"牌面的圖形，此即表示具有超感視覺特異功能。

3. 預知 　**預知** (precognition) 指在別人意見尚未表達之前即已預知，或事件尚未發生之前即可預卜的超人能力。例如，電話鈴響起時，未拿起聽筒之前即預知對方是何人。

(二) 心靈致動

心靈致動 (psychokinesis，簡稱 PK) 是一種不直接動用手腳，不使用任何工具，單憑心理作用或意志，即可使物體移動的特異功能。中國武俠小說中所謂運氣退敵的說法，大概就是心靈致動術的運用。在以實驗心理學的方法驗證心靈致動時，可讓表演者當場運氣以支配轉動的骰子，使之出現他指定的點數；或在相當距離外只憑手勢即可翻開電話簿中所指定的頁碼。

二、超感知覺的實驗研究

多年來心理學家對心靈學的研究，主要集中於超感知覺方面。以下簡略介紹此類研究的大概情形。

在心理學上，最早採用實驗法研究超感知覺者，為美國杜克大學教授萊茵 (Joseph Banks Rhine, 1895～1980)。萊茵採用了一副包括五組圖形不同的卡片，如圖 3-36 所示，每組卡片各五張，全套合計二十五張，稱為**吉納卡** (Zener cards)。實驗開始時，有兩位受試者對面而坐，中

圖 3-36　超感知覺實驗用卡片

間隔以布幔，彼此間不通訊息，也看不到對方的動作和表情。進行時，每人面前各放置一副卡片，先讓此方受試以隨機方式抽出其中一張，並注視之 (視為心靈發送者)，然後將卡片反面向上置於桌上，接著要求彼方受試者 (視為心靈收受者)憑其直覺指出該張卡片上的圖形。如指認正確，即表示兩受試者之間有心電感應。

按上述程序實驗時，受試者如毫無心電感應能力，純屬猜測答對的機會是五分之一，即二十五張卡片中可能猜對五張。如按機率計算，即猜中的機率是 20%。萊茵根據其本人以及其他學者的實驗研究，共收集到了數以萬計的研究結果。在 1934 年出版的《超感知覺》一書中，萊茵指出數萬受試者總平均得分是 7.1 (Rhine, 1934)。換言之，在超感知覺實驗法情境下，受試者答對的機率是 28.4%，遠比猜中的機率 20% 高出很多。也就是說，人類的超感知覺能力很可能是存在的。因此，即使超感知覺研究不能像一般知覺實驗那樣，有刺激就會有反應，以致無法根據少數受試的反應得到驗證，但從大量實驗資料的統計數字看，心理學家不否定此類研究在科學心理學上仍有研究價值。晚近曾有心理學家，收集三十項有關超感知覺研究，經過綜合分析的結果，沒有發現足夠的資料證明超感知覺的可信性 (Milton & Wiseman, 2001)。至於要問：既然可信性不足，何以會有人相信人類有此等超感知覺能力？對此一問題的解釋，可能是現代科學心理學上尚未找到合於科學法則的技術與方法 (Bem & Honorton, 1994)。

本章摘要

1. **感覺**與**知覺**不同，前者是感官接受外在刺激而產生的以生理歷程為基礎的心理歷程，後者是個體進一步對感覺到的訊息加以選擇、組織及解釋的純心理歷程。
2. 單一刺激引起感覺時所需要的最低刺激強度，稱為**絕對閾限**。
3. 辨別兩刺激間的差異時所需要的兩刺激最低差異量，稱為**差別閾限**。
4. **韋伯定律**的要義是，差別閾限之變化與**標準刺激**之間在強度上保持一定比例的關係。
5. **視網膜**是眼睛的最重要部分，視網膜上的**桿細胞**與**錐細胞**，分別產生視覺訊息的收受與傳導功能。
6. 引起視覺的刺激是光波，惟在整個光譜中，人類眼睛所能見及的光波，只限於 400 nm 至 700 nm 範圍之內。
7. 色覺刺激的三種物理屬性是**波長**、**強度**和**純度**。色覺刺激的三種心理屬性是**色調**、**明度**和**飽和度**。
8. 兩種不同頻率的光相混之後所得的色覺，稱為**顏色混合**；兩種顏色相混後成為灰色的現象，稱為**補色**。
9. 解釋色覺現象的理論有二，一為**揚-赫爾姆霍茲三色論**，一為**色覺相對歷程論**。
10. 聽覺刺激的三種物理屬性是**頻率**、**振幅**和**複雜度**，聽覺刺激的三種心理屬性是**音調**、**音強**和**音色**。
11. 解釋音調知覺的理論有二，一為**部位論**，一為**頻率論**。
12. 聲源定向的線索有二，一為**單耳線索**，一為**雙耳線索**。
13. 完形組織法則中包括**接近法則**、**相似法則**、**連續法則**、**閉合法則**等。
14. 知覺常性中包括**大小常性**、**形狀常性**、**顏色常性**、**明度常性**等。
15. 獲致深度知覺的線索有二，一為**單眼線索**，一為**雙眼線索**。
16. 運動知覺中包括**真動知覺**、**似動知覺**、**誘動知覺**。
17. **錯覺**是知覺經驗與感覺訊息不符合的心理現象。錯覺現象雖甚為明顯，但形成錯覺的原因不易解釋。
18. **超感知覺**指不以感覺器官為基礎的知覺現象。超感知覺包括：(1) **心電感應**；(2) **超感視覺**；(3) **預知**。

建議參考資料

1. 李中鐘 (譯，1988)：錯覺心理學。台北市：大將書局。
2. 李淑珺 (譯，2008)：不可思議的直覺力：超感知覺檔案。台北市：心靈工坊。
3. 奚明遠 (譯，1982)：第六感。台北市：黎明文化事業公司。
4. 瞿錦春、張芬芬 (譯，2006)：視覺心理學。台北市：五南出版社。
5. Bem, D., & Honorton, C. (1994). Does psi exist? Replicable evidence for an anomalous process of information transfer. *Psychological Bulletin*, 115, 4～18.
6. Bruce, V., Green, P. R., & Georgeson, M.

A. (2003). *Visual perception: Physiology, psychology and ecology* (4th ed.). Hove: Psychology Press.

7. Coren, S., Ward, L. M. (2007). *Sensation and perception* (7th ed.). Baltimore: John Hopkins University.

8. Hershenson, M. (1999). *Visual space perception: A primer*. Boston: MIT Press.

9. Moore, B. C. J. (2003). *An introduction to the psychology of hearing* (5th ed.). San Diago: Academic Press.

10. Styles, E. (2005). *Attention, perception and memory: An integrated introduction.* Oxford: Oxford University Press.

第四章

意識與意識狀態

本章內容細目

第一節 意識的性質與特徵
一、意識的定義及其主要心理作用 115
　(一) 意識的定義
　(二) 意識的心理作用
二、意識的不同狀態 116
　(一) 下意識
　(二) 無意識
　(三) 潛意識
　(四) 前意識
三、意識狀態變化的周期性 118
　(一) 生物時鐘的機制
　(二) 工作時間的適應

第二節 睡眠與作夢
一、睡眠的基本特徵 120
　(一) 睡眠的普遍性
　(二) 睡眠的必要性
　(三) 睡眠的身心功能
二、睡眠的生理學研究 123
　(一) 睡眠的腦電波研究
　(二) 睡眠的階段性特徵
三、睡眠障礙 124
　(一) 失　眠
　(二) 突發性睡眠症
　(三) 窒息性失眠
　(四) 夢遊與夢話
　(五) 夜驚與夢魘

四、夢與作夢的心理學研究 127
　(一) 人類作夢的共同性與差異性
　(二) 心理學家對夢的理論解釋

第三節 改變意識狀態的催眠與靜坐
一、催　眠 131
　(一) 催眠術的由來
　(二) 催眠誘導與暗示
　(三) 催眠感受性
　(四) 催眠的效應
　(五) 催眠理論
二、靜　坐 136
　(一) 靜坐的方式
　(二) 超覺靜坐
　(三) 靜坐的效應

第四節 改變意識狀態的藥物效應
一、精神藥物的共同特徵 141
　(一) 藥物成癮
　(二) 藥物依賴
二、精神藥物的主要類別 142
　(一) 鎮靜劑
　(二) 麻醉劑
　(三) 興奮劑
　(四) 致幻劑

本章摘要
建議參考資料

從19世紀末科學心理學誕生以來，在心理學思想上曾有過多次重大改變；改變的核心問題之一就是"意識"。德國心理學家馮特1879年在萊比錫大學首創心理實驗室，嘗試以科學方法分析研究意識內容的結構，是為結構主義，形成了科學心理學發展初期的第一個學派。結構主義採用意識取代了以前哲學心理學時代的靈魂或生命，旨在用意識表徵"心理"，用以顯示心理學的科學性，因而"心理學是研究意識的科學"就成了科學心理學的第一個定義。稍後，美國的功能主義興起，反對結構主義的靜態意識內容分析取向，改而主張心理學應研究動態意識歷程的功能。迨至20世紀20年代初，行為主義心理學思想崛起，認為意識是主觀的；以主觀的意識做為心理學的研究主題，嚴重違反科學的客觀原則，因而大力主張心理學的任務，只限於研究可觀察與測量的外顯行為。因此，在20至60年代期間，"心理學是研究行為的科學"成為心理學的定義後，一向被視為心理學核心主題的意識，即遭到從心理學領域內"驅逐出境"的命運。行為主義所堅持的此種純科學化的心理學研究取向，被稱為"行為革命"。

行為主義所堅持的心理學只限於研究外顯行為的取向，到了20世紀60年代認知心理學興起後，逐漸失卻影響力。認知心理學所強調的"知之歷程"研究取向中，舉凡記憶、理解、推理、思維等內在心理活動，在性質上相當於當年意識主題的內容。因此，從60年代以後，曾一度被放逐的意識，又重新返回現代心理學的領域。至此，心理學的定義也隨之改為"心理學是研究行為與心理歷程的科學"。此一定義雖非十分理想，但總算被一般心理學家所接受。

現代心理學中意識一詞涉及的範圍甚廣。單以本書內容而言，前章討論的感覺與知覺，可視為意識的基礎，後面五、六、七各章有關學習、記憶、思維等主題，可視為意識的運作。本章所討論者，只限於意識的基本概念及意識狀態的變化。希望讀者研讀本章之後能對意識問題獲得以下幾點認識：

1. 了解意識的性質及其特徵。
2. 了解意識狀態的自然變化。
3. 了解現代心理學家對睡眠的研究與理論解釋。
4. 了解睡眠障礙的心理現象。
5. 了解改變意識狀態的可行而有益的方法。
6. 了解一般精神藥物的性質及生理效應。
7. 服用精神藥物雖可得一時快樂，而後患無窮；為維護個人身心健康計，切勿輕易嘗試。

第一節　意識的性質與特徵

基於前文的說明,可知日常生活中的一切活動,都與意識有密切關係。由於本章內容並不涉及意識主題的全部,故而在本章之初先行說明意識的性質及有關的重要心理作用。接下去再進一步討論意識狀態變化的問題。

一、意識的定義及其主要心理作用

(一) 意識的定義

要說明意識的性質,最理想的作法是對意識一詞下一個定義。綜合心理學家們對意識所下的不同定義,本書對意識的界定是:**意識** (consciousness) 是一種覺醒的心理或精神狀態,在此狀態下,個體不僅對自己身體所處環境中的一切刺激,經由感覺與知覺而有所了解,而且對自己心理上所記憶、理解、思維、想像、憂慮以及計畫或進行中的行為活動,也有所覺知 (Huffman, 2005)。換言之,意識就是個體心身合一對內外世界有所了解並隨時做出適當行為反應的複雜內在歷程。

上述定義說明了意識的三點特徵:(1) 意識是經由感覺與知覺對環境中刺激的了解所引起。例如,看見街頭車禍學童受傷,會使人產生交通安全意識;聽到工廠廢水傷害農作物的消息,會使人產生環保意識。(2) 意識的主要成分是認知,個體不但知道環境中刺激所代表的意義,而且也知道自己當時在刺激情境下所想的與所做的一切。例如,考生面對試卷時,試卷上的題目是刺激,會做那一題或先做那一題的抉擇,完全決定於當時的意識。(3) 意識中除認知成分外也含有情緒與動機;前者指個體對刺激情境的喜好或憂慮,後者指個體心理上有準備採取行動的內在傾向。例如,某地區因社會動亂政府治安失控,這時當地居民難免產生帶有情緒的憂患意識。如憂患意識久久不能排除,就會引致他們遷居他處的動機。

(二) 意識的心理作用

本書之所以採用上述定義,原因是如此界定意識才符合現代心理學研究意識的新趨勢。如按一般"意識是個體對自我身心狀態的了解"的說法,只能表明意識的性質,不能表明意識的作用。根據現代認知心理學家的看法,意識對個體具有以下兩大心理作用 (Kihlstrom, 1984):

1. 意識的檢選作用 意識的檢選作用，是指在意識狀態下個體對環境中的刺激，並非是全部收受的。人的眼睛不同於照相機，人的耳朵也有異於錄音機，在刺激眾多的環境中，個體經常是先對刺激予以檢查過濾，然後選擇收受其中一部分予以處理。第三章內討論知覺的特徵時，對此點已有所說明。顯然，從眾多刺激中選擇出個人所需要的而後進一步處理的心理歷程，就是意識的重要作用。現代認知心理學中的**訊息處理論** (見第六章第二節)，對人類在環境中對刺激的處理，即視為個體在意識狀態下對刺激檢查選擇的歷程。在意識發揮檢選作用時，刺激變化引起個體注意是主要原因。例如，坐在有空調設備的房間內連續看書幾小時，很可能意識不到冷氣機運作所產生的微弱涼風。如此時電燈未熄而冷氣機的涼風忽然停止，即使只是些微溫度改變，也會使你意識到冷氣機的機件出了問題。當然，引起個體注意的原因未必全是外在刺激，身體內部的刺激也會引起個體注意從而產生意識。例如，在連續工作幾小時後如覺得口乾舌燥，就會意識到有找杯飲料來解渴的必要。

2. 意識的控制作用 意識的控制作用分為兩方面：其一是意識支配自己的思想行動，其二是藉意識控制使其意識狀態產生改變。在此先以進圖書館借書為例，對於第一方面的意識控制作用略為說明。從起意借書至借書到手的一切活動，完全是在個人的意識控制之下進行的。首先確定要借的是那一類書籍，這是在意識控制下的計畫階段。計畫確定後開始行動；從檢查電腦索引資料到進入書庫找到書本為止，這是在意識控制下的行動階段。假如此時發現書架上有多冊同類的書，除非你事先早就有所準備，否則你必須從各書中挑選一本，這是在意識控制下的抉擇階段。在一般情形之下，個體的記憶、思維、想像、選擇、判斷等，都是在他的意識控制之下進行的心理活動。在意識狀態控制作用的第二方面，古今中外流傳很多方法，嘗試藉意識控制去改變別人或自己的意識狀態。催眠、生理回饋、靜坐等方法，都是其中最常使用的。這些留待第三節內再詳細討論。

二、意識的不同狀態

前文對意識一詞所下的定義，是指個體在完全清醒時的意識狀態。事實上，因個體清醒狀態程度的不同，意識狀態也隨時會有起伏的多種變化 (Hobson, 1994)。

(一) 下意識

下意識 (或半意識) (subconscious) 是指個體對其內外環境中一切刺激情境不完全了解的一種精神狀態。在不同心理學的書籍中可以發現，下意識一詞有三種不同解釋：(1) 指個體當時對內外環境中刺激帶來的訊息未加注意，因而對其所感、所知、所記的一切，均未達到清晰了解的地步；如稍加注意，即很容易恢復到意識狀態。有些工作達到純熟地步，常在下意識狀態下操作進行（如在平坦筆直而車少的路上開車）。此種不經意識的動作，在現代認知心理學上稱為**自動處理**（或**自動化加工**）（見第六章第四節）。(2) 根據**精神分析**的解釋，下意識一詞與前意識同義，是個體所感、所知與所記的一切，在尚未達到意識層面之前的一種意識狀態。關於前意識的涵義，容後再行解釋。(3) 有些學者將下意識與潛意識視為同一意涵。

(二) 無意識

無意識（或**非意識**）(nonconscious) 是指個體對其內在與外在環境中一切刺激情境無所感、無所知、無所記的一種精神狀態。亦即個體對內在外在環境中的一切刺激訊息，既沒有被動收受，也沒有主動處理。從第三章提到的**感覺閾限**的觀點言，外在刺激的強度在未達**絕對閾限**之前，個體不會對之產生感覺與知覺。在此種情境下，自然就不會產生意識。至於內在環境，個體體內由**自主神經系統**所控制的一切器官活動，諸如心臟跳動、血壓升降、內分泌運作等，對個體言也都是屬於無意識的。

(三) 潛意識

潛意識（或**無意識**）(unconscious) 是精神分析學派的專門術語（是名詞）。按弗洛伊德的說法，人的心分為三個層次；居上層者為意識，居中層者為前意識（見後文），居下層者為潛意識（見圖 11-1）。潛意識意指潛藏在內心幽深處不為個體所覺知的意識；不為個體自己所知，並不就是"無有"或"不存在"。弗洛伊德認為，潛意識中存在著很多欲望、衝動、痛苦記憶、想像等。潛意識中的一切，之所以不為當事人所自知，主要是由於個體刻意壓抑使之無法浮至意識層次以免引起焦慮的緣故。在個人意識層次的控制力減弱時（如在夢中），潛意識中所存在的一切即可能浮現。其所以潛隱而不顯現，有些是因為社會規範的不允許可而由個體自行壓抑下去的，有些是屬原始性衝動，自始就留存其中的。潛意識雖不為個體所自知，但卻影響個體的行為。根據精神分析的解釋，精神異常的主要原因就是個體的意識與潛意識之間失卻平衡所致。本詞如譯為無意識，其含義應與前條相同，但卻不符合弗洛伊德的原意。

(四) 前意識

前意識 (preconscious) 有兩種不同的解釋：第一種解釋來自精神分析論，指前意識是介於意識與潛意識之間的一種意識狀態。潛意識層面下所壓抑的一些欲望或衝動，在浮現到意識層面之前，先經過前意識（如作夢）。前意識的另一種解釋來自**認知心理學**，指以前儲存在**長期記憶**中的訊息。此等訊息雖早已儲存在長期記憶之中，但在平常不使用時，個人對之並無意識；只有在必要情形下檢索使用時，才會有意識產生。例如，在我們長期記憶中，儲存著數以千計的文字符號訊息，在平常不使用時，我們並感覺不到此等訊息存放在那裏，只有在提取使用時，才會對之產生意識。此等以前學到而儲存在記憶中的意識，稱為前意識。又此等意識在性質上乃是屬於記憶，故而本詞也稱**前意識記憶** (preconscious memory)。

三、意識狀態變化的周期性

在世界上不同地區晝夜的時間有很大的差異；一年四季晝夜的長短也有變化；生活在現代工商業社會的人，多半在日間活動，但也有很多人是過夜生活的。無分地區或行業，在日常生活中，人的意識層次是無法一直維持清醒不變的。人的意識狀態，除在清醒時有層次起伏變化之外，與清醒期相對的就是睡眠。清醒與睡眠之間意識狀態的變化是周期性的，每隔二十四小時重復一次。在此周期中的身心變化，自然就成了心理學家有興趣研究的問題。

(一) 生物時鐘的機制

按一般常識的看法，人類一切生活活動是隨陽光行事的；日出而作，日入而息。事實上，太陽只是一種重要參考線索，除太陽之外，人體本身具有一種職司時間感的內在機制。此一內在機制提供訊息，使人知道何時進食、何時休息、何時排洩、何時睡眠。此一內在機制稱為**生物時鐘** (biological clock)，也稱**時辰節律**(或**晝夜節律**) (circadian rhythm)。生物時鐘的形成，除生活習慣之外，主要是由於二十四小時之內地球周而復始運轉所形成的氣溫變化使然。心理學家研究發現 (Foster, 1993)，在一切與時間有關的線索被控制(如時鐘、亮光以及大氣溫度變化等因素均予控制) 的情境下，人類的生物時鐘的作用大致仍能維持，只是略較實際時間稍慢而已。在此情境之下，如受試者被允許按自己的需要而飲食、閱讀、睡眠、休息，結果發現他們每天睡眠的時數與往常相似，只是每天上床的時間，比往常稍微延遲。根據研究者的解釋，此種韻律性延後現象，乃是由於人類的清醒睡眠周期是在二十四個半小時至二十五個半小時之間的緣故。在時辰節律運作的周期中，體溫、血壓、內分泌狀態等均將隨之起伏變動。

(二) 工作時間的適應

由於人體內有自動調節的生物時鐘機制，於是附帶產生了兩個心理方面的問題：一為飛行時差問題，二為全天候三班制輪班制度下身心調適的問題。

1. 飛行時差的困擾　**飛行時差** (jet lag) 是指搭乘超音速飛機時，因飛行速度與地球運轉方向間所產生時間上的差異，干擾了生物時鐘而形成的暫時性身心失調現象。飛行時差的主要現象是身心疲倦、食慾不振、睡眠暫時失常等。飛行時差的困擾程度，因飛行方向而異。如圖 4-1 所示，逆地球運轉方向飛行時，飛行時差小，較易適應，順地球運轉方向飛行時，飛行時差大，較難適應。對一般人而言，

圖 4-1　飛行時差

如圖中箭頭所示，逆地球運轉方向飛行時，飛行時差小，較易適應；順地球運轉方向飛行時，飛行時差大，較難適應。

停止飛行三五天之後，此種飛行時差的困擾就會自動消失。

2. 全天候輪班制的問題　現代化工廠機器的運轉都是二十四小時全日無休的，因此工作人員必須配合需要實施輪班制。一般所採輪班制度多為三班制，即每班八小時；上午八時至下午四時為日間班，下午四時至午夜十二時為小夜班，午夜十二時至翌日上午八時為大夜班。三班人員不能固定不變，必須輪流當值，否則長期值大夜班者往往因生物時鐘調適困難，導致睡眠不足而影響工作效率 (Maas, 1999)。因此，三班如何輪替就成了工業心理學上研究的問題。心理學家根據生物時鐘的原理，建議採用**順延輪班制** (latershift of work)。此制的設計是首輪值日間班，一週後改值小夜班，兩週後再改值大夜班。此制實施後，經研究發現，參與順延輪班制的工作人員，在身體健康、工作效率、請假時數等各方面，均較其他輪班方式為優，其原因與前述逆地球運轉方向飛行時的飛行時差較小的原理相同 (Czeisler, et al., 1982)。

第二節　睡眠與作夢

在各種不同意識狀態中，與清醒意識狀態相對者是睡眠。雖然**睡眠** (sleep) 一事表面看來極為平常，然如深入探究，就會使人感到相當神秘。例如，有時睡眠能自行控制，何時就寢，何時起床，個人均能適度處理；有時睡眠期間能對外界刺激作選擇式的反應，為母親者入睡後雖未必聽到窗外機車的噪音，但對睡在隔房嬰兒的一點哭聲，卻會使她驚醒。由此可見，睡眠只是意識的一種狀態，睡眠並非完全失去意識。睡眠時會作夢，醒後猶能記憶夢中情節，甚至有人在睡夢中作文章或思維解決問題，這些都是睡眠時仍有意識活動的明證。

一、睡眠的基本特徵

對睡眠的心理學研究，最先考慮到的有兩個基本問題：其一，睡眠是否為普遍現象？人與動物都有睡眠嗎？其二，在個體(人與動物)的生活中，睡眠也像呼吸與飲食那樣必要嗎？

(一) 睡眠的普遍性

根據生物學家與心理學家們的研究，對前述第一個基本問題的答案是：睡眠是一種普遍現象，無分人類與動物，在其每天二十四小時的生活週期中，都會睡眠。其不同者只是在睡眠的形式、時間、地點等方面有所差異而已。動物學家曾觀察研究一百七十種不同動物的睡眠時間，結果發現，所有動物或多或少都有睡眠的行為 (Lavie, 1996)。馬、牛、羊等的睡眠時間甚短，每天僅需二至四個小時；犰狳與蝙蝠的睡眠時間，每天多達十九至二十個小

動物	每日平均睡眠時數 (小時)
蝙蝠	19.9
犰狳	18.5
貓	14.5
狐	9.8
猴	9.6
兔	8.4
人	8.0
牛	3.9
綿羊	3.8
山羊	3.8
馬	2.9

圖 4-2　哺乳動物類睡眠時間之比較

(同樣每天都是 24 小時的作息活動，而蝙蝠的睡眠時間是馬的 6.9 倍。)

(根據 Kalat, 2006 資料繪製)

時 (圖 4-2)。在睡眠時間分配上，各種動物也不相同，多數動物的睡眠是在夜間，有些動物晝伏夜出；有些動物睡眠時間集中，每天只睡一次，有些動物的睡眠分段進行。家畜中貓與狗的睡眠則是隨時睡隨時醒的 (Campbell & Tobler, 1984)。

至於人類的睡眠，一般言之有以下三個特徵：(1) 睡眠多在一定地點 (在床上)，而且還要更換衣服，成為隱私行為的一部分；(2) 睡眠的個別差異較其他動物為小，一般成人睡眠，大致在每天五至九個小時之間，而以七個半小時為平均數；(3) 人在一生中都需要睡眠，惟每天睡眠時間的長短，隨年齡的增加而逐漸減少。根據心理學家的觀察研究，新生兒每天睡眠平均十六個小時；六個月後，減為十三個小時；兒童期 (二至十二歲) 的睡眠時間，約在十至十二個小時之間；青年期 (十二至十八歲) 的睡眠，約為九至十個小時；成年人的睡眠，一般在七至八個小時之間；老年人 (六十歲以上) 的睡眠，一般則減少至五至七個小時之間 (Roffwarg, et al.,1966)。

(二) 睡眠的必要性

從前文所述睡眠的普遍現象看，顯然，睡眠是必要的。但如追問：個體為什麼必須有睡眠？如果持續數日不睡，將會在身心上產生什麼後果呢？此類問題，在心理學上迄未獲得肯定的答案。

對人類的生活而言，睡眠是必要的。在 1965 年，美國聖地牙哥舉行科學博覽會期間，有一名叫葛敦納的十七歲中學生異想天開，打算創造一項連續不睡眠的世界記錄；在醫生監護下，他維持了 264 個小時。雖極度疲勞，但仍未喪失意識，為防止意外，醫生要求實驗停止。停止實驗後，他大睡了十四小時，醒後很快即恢復正常 (Dement, 1974)。

對一般人而言，睡眠是有其必要性的。睡眠之所以必要，除了生活上已養成的習慣之外，主要是受生物時鐘機制的支配。按生物時鐘在每天二十四個小時內的運作中，有兩種因素變化會影響人的清醒與睡眠：其一是環境中的溫度變低 (溫度降低熱量消耗較多) 時；其二是身體中能量消耗到某種程度時。此二因素相互作用，會使人階段性地感到疲勞。補充精力消除疲勞的方法，除定時飲食之外，就是定時睡眠。每天氣溫的變化，大致是午夜至凌晨五時左右的一段時間最低，人類的體溫也正好是在此一時段內降到最低。故而絕大多數的人，晚上十一時至翌晨六時是睡眠時間。

(三) 睡眠的身心功能

睡眠的必要性是肯定的事實，至於睡眠對身體功能的解釋，在心理學上有下列三種理論：

1. 恢復論 恢復論 (restoration theory) 是指睡眠具有消除疲勞與恢復精力的功能 (Hobson, 1995)。恢復論所指的"恢復"，包括生理的與心理的兩個層面。就生理層面講，個體在清醒時的一切活動，如果一直不停，不得充分休息，無論在神經系統的傳導，或是在肌肉腺體的運作上，既不能達到充實完美的境界，也無法適時完成新陳代謝作用。體力消耗後需要睡眠休息，有如營養消耗後需要飲食補充是一樣的道理。人的體力像一座水庫，水庫中的儲水耗用到一定地步，必須將出水口暫時關閉，或將出水量減少，俾使水庫內儲水量增加，以維持長久的供水功能。此一生理層面的恢復作用，多半在沈睡階段發生。

就心理的層面講，睡眠可以幫助個體完成清醒時尚未結束的心理活動。在學習心理學上早有實驗證明，練習過後立即睡眠者，醒來之後會有較好的記憶。原因就是練習後立即睡眠，可供未完成的訊息處理工作(見第六章第二節)，繼續在睡眠時完成。按此種心理層面的恢復作用，多半在淺睡階段發生。作夢是一種心理活動，而且夢中情境常與日間生活有關，甚至日間未能解決的問題，有可能在夢中獲得答案，此事也可做為睡眠具有恢復功能的佐證。按心理學家的研究，只有在淺睡階段才會作夢(見本章第三節)。

2. 保養論 保養論(conservation theory)是恢復論的補充。按保養論的說法，個體之所以需要睡眠，主要是為了保存精力，涵泳生機，以免疲勞過度，危害健康。換言之，對維護身心正常功能而言，睡眠具有自動調節的作用(Hobson, 1995)。近年來，有些壯年人因工作過度而導致"過勞死"者，睡眠不足為主要原因。

3. 進化論 對睡眠必要性的解釋，除上述兩種理論之外，另有一種補充性的理論，即為**進化論**(見第一章第二節)。按進化論的說法，個體除了必須睡眠之外，包括人類在內的各種動物，之所以表現出各種不同類型的睡眠方式，其原因主要是在生存過程中長期進化而來的。人類在夜間睡眠，而且有固定地點，原因是人類缺少夜行能力，為確保安全，免於受野獸侵襲，終而進化到先是巢居穴處，繼而建築房屋以為適應。野生的羊、鹿等動物，睡眠分段進行，原因是牠們終年居於曠野，無固定地點棲身，必須隨時睡眠休息，隨時覺醒，俾便遭遇侵襲時能隨時逃逸。此類動物的飲食起居，無定點，無定時，原因是牠們居於草原地帶，隨時都有草吃。此外，有些動物，諸如蛙與蛇之類，在寒冬不能出外覓食，又缺乏像候鳥那樣的遷徙能力，於是經長期適應環境，終而進化出冬眠的能力(Hobson, 1995)。

睡眠既為個體所必須，如長期缺乏睡眠或被剝奪了睡眠時間，對人的身心將會產生何種影響。以往心理學家，從事過很多實驗研究，所得到的結果頗為一致，而且是頗為令人感到意外。剝奪睡眠(到了睡眠時間不准睡或自願不睡)實驗中，時間最長的記錄是二百個小時(八天多)。結果發現：受試者除了感到極度疲勞，昏昏欲睡之外，在其身心功能方面，並無顯著異常現象發生(Webb, 1975)。甚至曾有心理學家研究發現，連續維持十一天不睡眠的受試者，在智力測驗的表現上，居然沒有受到很大的影響 (Gulevich, et al., 1966)。

二、睡眠的生理學研究

(一) 睡眠的腦電波研究

對人類睡眠的科學研究，始自 1929 年德國生理學家柏格 (Hans Berger, 1873～1941) 對**腦波** (brain wave) 的研究。柏格為研究大腦皮質各區位的電位變化，發明了一種儀器，可以記錄大腦電位變化而形成的波動，稱為**腦波儀** (electroencephalograph)，由腦波儀所記錄下來的腦電波活動曲線圖，稱為**腦波圖** (electroencephalogram，簡稱 EEG)。實際使用時，將微弱的電極固定在受試者頭皮的不同部位，頭皮下大腦皮質相關部位神經細胞的電位變化，即可形成電極上的電流活動。此種微弱電流活動，經由儀器擴大，並經特製的描針繪製在定速的紙帶上，或經電腦處理，將之呈現在螢光幕上，即成為如圖 4-3 所示的腦波圖。

腦波研究技術發明之後，到了 20 世紀 50 年代，被心理學家所採用，成為研究睡眠的主要工具。心理學家根據腦波圖分析，從清醒到入睡的整個過程，發現一夜之間的睡眠，因熟睡程度深淺的不同而出現各種腦波型態 (見圖 4-3)。

(二) 睡眠的階段性特徵

如圖 4-3 所示，腦波圖中有六條曲線，

階段 0 (清醒)

階段 1

階段 2

階段 3

階段 4

REM 階段

100 μv
2 sec

圖 4-3　腦波圖

睡眠中不同階段出現不同的腦波型態。圖下之拐角線，橫線之下數字表示兩秒鐘內曲線的距離，此段距離內的波動數代表頻率，豎線為微伏打數，代表振幅。

除第一條表示清醒狀態之外，從第二條曲線以下，代表睡眠的五個階段。階段 1 是睡眠的開始，腦波開始變化，頻率漸緩，振幅漸小，平常所指昏昏欲睡的感覺，即屬此一階段。睡眠習慣正常的人，階段 1 只維持幾分鐘時間。階段 2 開始正式

睡眠，此時腦波漸呈不規律進行，頻率與振幅忽大忽小，是爲淺睡階段。階段 3 與階段 4，進入沈睡階段，腦波型態改變很大，頻率只有每秒一至二週，振幅則大爲增加，呈現變化緩慢的曲線。睡眠進入此二階段，受試者不易被叫醒。睡眠的最後一個階段，稱爲**快速眼動睡眠** (rapid eye movement sleep，簡稱 REM sleep 或 REMs)。原因是，此一階段除腦波型態改變之外，受試者的眼球呈現快速跳動現象。此一快速眼動睡眠階段，在整個睡眠期間，間歇性出現，每次出現約持續十分鐘左右。如在 REM sleep 階段將受試者喚醒，絕大多數 (百分之八十以上) 報告說他正在作夢。因此，REM sleep 就成爲睡眠第五個階段的重要特徵。此一特徵亦即成爲心理學家研究作夢的重要根據。與 REM sleep 階段相對的前面四個階段，因爲不出現眼球快速跳動現象，故而統稱爲**非快速眼動睡眠** (nonrapid eye movement sleep，簡稱 non-REM sleep)。

就一夜睡眠七至八小時的整段時間看，屬於沈睡期的第四階段，主要出現在前半夜的一段時間 (睡後兩個半小時內)。REM sleep 主要出現在中夜及以後，大約每隔九十分鐘出現一次，一夜之間出現四至五次左右。根據心理學家的實驗觀察研究，一般大學生的睡眠期間，階段 2 約占全時間的百分之五十，階段 4 約占百分之十五，REM sleep 則約占百分之二十五。新生兒的睡眠中，REM sleep 占時間最多，約占睡眠時間的一半。據此推論，嬰兒的夢遠比成人要多。中國人早就相信，嬰兒睡眠時眼皮跳動是在作夢，此種看法已獲得科學的證明。老年人睡眠時作夢較少，一夜中出現 REM sleep 的時間，約在百分之十八左右 (Webb, 1975)。

三、睡眠障礙

睡眠障礙 (sleep disorder) 係指個人無法自主或控制自己的睡眠；想睡時偏偏無法入睡，不想睡時卻又無法維持清醒的精神狀態。因此，睡眠障礙一詞，並非單指平常所說的失眠；失眠只是睡眠障礙現象之一。到目前爲止，在心理學上所研究的睡眠障礙現象有以下各種 (Hobson, 1995)：

(一) 失　眠

最普通的睡眠障礙是**失眠** (insomnia)。失眠的主要現象有三：一是上床後很難入睡；二是時睡時醒無法進入沈睡階段，自覺不能恢復疲勞；三是入睡困難，容易驚醒，醒後甚難再行入睡。在生活緊張的現今社會中，失眠現象相當普遍，而在失眠者的成年人中，女性的比率遠比男性爲大 (Borbely, 1986)。

失眠的現象，表面看似簡單，而形成失眠的因素卻非常複雜。以下分述四種失眠，係按不同原因分類；也是一般的看法。

1. 情境性失眠 (situational insomnia) 情境性失眠是一種暫時性的失眠，其成因係由外在生活情境改變而造成暫時適應困難使然。不過，如生活情境中的困難一直存在，不能解除，暫時性失眠也可能惡化為長期失眠。形成情境性失眠的因素很多，諸如親友病故、失學、失業、破產、失戀、離婚等生活上遭遇困難，形成個人心理危機時，自然會影響夜晚的睡眠。有時情境改變並不嚴重，諸如改變睡眠環境(如初次住進學校宿舍)，也會產生暫時性失眠。像此種因情境改變而形成的失眠，一般在情境中的危機消除或逐漸適應之後，就會自行恢復正常睡眠。

2. 假性失眠 (benign insomnia) 假性失眠或可稱之為**良性失眠**，指當事人雖抱怨自己深受失眠之苦，而事實上他並沒有缺乏睡眠。換言之，此種失眠不是真實的，只是當事人在心理上有失眠感而已。形成失眠感的心理因素，主要是個人對自己究竟需要多長睡眠時間一事，缺乏自知的概念；而只是拿別人或以前的經驗，做為應該睡多少小時才合於健康的標準，來要求自己；結果形成庸人自擾性的不必要的心理困擾。前文曾經指出，睡眠所需時間，有很大的個別差異，有人每天只睡六小時即可，有人則非九小時不足。睡眠所需時間，也隨年齡改變，中年以後即不需要像青年人一樣多的睡眠。有些人因其他原因(如身體衰弱或因年老精力減退)感到不適，而歸因於自己睡眠不足，結果難免因歸因錯誤而形成失眠感的困擾。

3. 失律性失眠 (arrhythmic insomnia) 前文曾討論**生物時鐘**或**時辰節律**與睡眠的關係。如果生活程序突然改變太大，使習慣性的生物時鐘一時無法調適配合，自然影響睡眠。此種因生活秩序突然改變而形成的暫時性失眠；稱為**失律性失眠**。前文所述跨洲飛行的旅客，常會因**飛行時差**而形成睡眠困難，即屬失律性失眠。有些人因工作上的需要，有時白天工作，有時夜間上班 (如醫院中醫護人員輪值大夜班的情形)，難免就會有暫時性的失律性失眠。

4. 藥物依賴性失眠 (drug-dependent insomnia) 因工作忙碌或情緒緊張急需睡眠休息而又不得如願的人，常藉助安眠藥物來使自己入眠。此類藥物，對失眠者困擾的解除，雖可收一時之效，惟因藥物的化學效應對中樞神經具有抑制作用，結果反而不能由之獲得真正良好品質的睡眠。換言之，服用安眠藥物後的睡眠，只算是抑制性的或麻醉性的睡眠，不是真正的或自然的睡眠。只有自然的睡眠，才能使人獲得真正的休息。尤有進者，服用安眠藥物，日久難免造成**藥物成癮**，形成心理上與生理上的藥物依賴傾向，日後非服用更多藥物，不能入睡，如此惡性循環，服用藥物的後果，反而使失眠的困擾，益發嚴重。

5. 對失眠者的建議 失眠不是生理疾病，也不是心理異常，只能算是生活在緊張忙碌的現代人間或遇到的生活困擾。根據美國心理學家估計，在成年人口中，可能有半數的人有過失眠的經驗；因此除了少數失眠嚴重到需醫師治療外，多數人按下列建議即可消除失眠的問題 (Hobson,

1995)：(1) 建立自信心：相信自己的身體有自然調整的能力，健康人的身心彈性很大，前文曾提到連續 200 小時不眠，仍然維持身心功能正常，生活中偶有失眠經驗，不必過分憂慮。(2) 生活規律化：養成良好習慣，每天定時就寢，定時起床，培養自己的**生物時鐘**，使身心功能自動運作，革除假期睡懶覺的習慣。(3) 睡眠單純化：從上床開始即只想到睡眠，不在床上看書，不看電視，任何未完成的重要工作，均須置之不顧，留待明天再做。多數失眠的人都是這三點做不到所致。除以上三點建議之外，尚有多種建議 (如飲食習慣、適度運動、放鬆心情等)，惟上述三點是其中最重要者。

(二) 突發性睡眠症

突發性睡眠症 (narcolepsy) 是一種日間發生的嚴重性睡眠障礙。患突發性睡眠症者，可能在日常生活中的任何時間突發，可能發生在行路中，可能發生在談話時，也可能發生在開車時駕駛座上。因此，患此症者日常活動中難免發生危險。突發性睡眠症的原因，迄今尚無法確知，只知發病時期多在十歲至二十歲之間。據心理學家研究，在一萬人中約有二至十人可能患突發性睡眠症 (Borbely, 1986)。

(三) 窒息性失眠

窒息性失眠 (sleep apnea) 是一種因呼吸困難造成睡眠障礙的現象。呼吸困難的原因，可能是因氣管障礙，也可能因大腦主管呼吸的神經中樞功能失常所致。患窒息性失眠者，夜間經常多次因呼吸困難醒來，醒後就無法再行入睡。患窒息性失眠者，白天常感精神不振，身心俱疲。此種睡眠失常，多發生在老年人。窒息性失眠患者，切忌服用安眠藥物；服用安眠藥物後非但無效，反而因藥物對中樞神經的抑制作用，可能使窒息的情況，更加嚴重。除老人患者之外，窒息性失眠多發生在嬰兒階段，是導致嬰兒猝死症的主要原因之一 (Taylor & Sanderson, 1995)。

(四) 夢遊與夢話

夢遊 (sleepwalking) 是睡眠中自行下床行動，而後再回床繼續睡眠的怪異現象。這現象雖稱為夢遊，但事實上與作夢無關。因為，根據前文所述腦波圖的記錄，夢遊時患者的腦波，正顯示在睡眠的階段 3 與階段 4 (見圖 4-3)；顯示正值沈睡的階段。沈睡階段是不會作夢的，因此，本詞應稱"睡中行走"較為符合事實。夢遊者多為兒童，年齡多在六至十二歲之間。夢遊並非嚴重病態，也與情緒困擾無關，多數到成年後不醫而癒。夢遊者下床後的行動期間，仍在沈睡狀態，睡醒後對自己夜間的行動，一無所知。夢遊的奇怪現象是，當事人可在行動中從事很複雜的活動，會開門上街，會拿取器具，會躲避障礙物，而不致碰撞受傷。活動結束後，再自行回到床上，繼續睡眠。幾年前，台北師範大學有個住宿舍的男生，夜間夢遊，居然在雙人床上拆下天花板上的燈罩，未曾跌落床下而受傷。家中如有夢遊兒童，不必過於擔心，只要注意家中安全，夜間謹慎關鎖門戶即可。至於夢遊的原因，至今尚無法確知。惟據心理學家研究發現，夢遊者的家庭成員中，也往往還有其他人也會夢遊。因此，夢遊可能與遺傳有關。曾有一個案例，一家人假期團聚，晚上分宿各房間各自的床上，第二天早晨發現全家人都睡在客廳裡，而均無所知 (Dement, 1974)。

夢話 (sleeptalking) 也譯為**夢囈**，是指睡眠中說話的現象。根據心理學家的研究，夢話根本與作夢無關。因為，幾乎所有說夢話的現象，都是在沈睡階段發生，沈睡階段是不會作夢的。因此，本詞不宜稱為夢話，應稱為"睡話"才名副其實。夢話的原因，迄今尚不能確知。

(五) 夜驚與夢魘

夜驚 (night terror) 與**夢魘** (nightmare) 是睡眠中發生的兩種不同現象。惟因兩者均發生在兒童期，故而常被一般人誤解兩者有因果關係；認為兒童的夜驚係由夢魘的緣故。事實上，兩者並無直接關係。兩者均發生在兒童期的三至八歲的階段，在此階段的兒童約有四分之一會有夜驚或夢魘的經驗 (Hartman, 1981)。

夜驚之所以被認定與夢魘不同，是因夜驚的發生時間，正值睡眠期間內的階段 4 (見圖 4-3)。階段 4 是沈睡期，沈睡期內是不會作夢的。所以兒童的夜驚現象，並非因惡夢所致。

兒童夜驚的主要現象是：睡眠中突然驚醒，面露痛苦表情，兩眼無神向前直視，爬起坐在床上，呼吸迫促，發汗，甚至尖聲驚叫。數分鐘後，現象即自行消失，自行恢復睡眠，天亮後對夜驚的一切，均無所記憶。因為夜驚只在沈睡階段發生，所以不易將當事者喚醒。按醫學上的看法，夜驚時不宜將當事者喚醒，也不必刻意予以治療。夜驚的原因，迄今尚未確切了解。一般認為，可能與兒童發育階段神經生理功能暫時失調有關。夜驚兒童，並非如一般人所說的有情緒困擾。一俟兒童期過後，神經生理發育成熟，夜驚現象就會自然消失 (Hartman, 1981)。

夢魘即俗稱的作惡夢。夢魘與夜驚的區別，除前述夜驚總是發生在沈睡期之外，另外一點是，夜驚通常多發生在入睡後的一小時左右；而夢魘現象的出現，則通常是在黎明前發生。此一睡眠階段，正是快速眼動睡眠階段，所以夢魘現象的成因，可以確定是由於作了可怕的惡夢。夢魘現象與日間情緒有關，日夜的痛苦情緒如不能解除，夜間就有可能出現惡夢 (Hartman, 1981)。

四、夢與作夢的心理學研究

夢是一種奇怪的經驗，人人都會作夢，但誰也說不出人之所以會作夢的究竟。因此，在人類的文化中，無分古今中外，對作夢一事，始終是一個謎。在未開發的社會裡，往往把夢看成是神明的指示或魔鬼作祟，固不足為奇。即使在文明或現代化的社會中，仍然流行著對夢的諸多迷信。在中國的文化流傳中，有關夢的故事，更是不一而足。諸如：莊周夢蝶、黃粱一夢、夢筆生花、江郎才盡、南柯一夢等，都是歷來為人津津樂道的夢故事。惟中國與西方在對夢的觀念上，似乎自古以來就有所不同。古希臘哲人柏拉圖曾有"好人作夢，壞人作惡"的說法。而中國的祖先卻相信"至人無夢"。至人者，聖人也；意指聖人無妄念，所以不會作夢。以今天心理學上對夢的科學研究發現來看，古代中西對夢的看法，實在很多誤解。根據現代心理學家的研究，無分好人壞人，無分聖賢愚魯，人人都會作夢，甚至連動物也會作夢，因為動物睡眠時眼球也會快速跳動。其不同者，只是動物不能在醒來之後像人那樣"夢話連篇"而已。

然則，在心理學上又如何界定夢與作夢呢？心理學家們又如何研究夢與作夢呢？所謂**夢** (dream)，在心理學上的一般解釋是，夢是睡眠期間在接近無意識狀態的情形下所產生一種自發性的心象活動。在此心象活動中個體身心變化的整個歷程，稱為**作夢** (dreaming)。接下去我們就看看心理學家們如何研究夢與作夢的問題。

根據兩件事可以證明作夢是一種真實的心理活動：其一是人皆承認有過作夢的經驗；此點正符合科學上**眾言可證性** (intersubjective testability) 的原理 (眾言一致，不證自明)。其二是腦電波顯示在快速眼動睡眠階段正是作夢的時間。只是夢的問題在心理學上不易研究；夢不能直接觀察，憑個人內省也不完整。因此，到目前為止對夢的研究仍然是一個引人入勝但迄無結論的問題。以下介紹心理學家對人類作夢的普遍現象及對夢的現象所建構的理論兩個主題。

(一) 人類作夢的共同性與差異性

作夢是人類睡眠時心象活動的普通現象；世界上不同種族、不同文化、不同性別、不同年齡的人都會作夢。現代心理學家對人類作夢研究多集中在以下兩方面的問題：

1. 對作夢的性別差異研究 根據心理學家研究發現，男女兩性除了都會作夢的普通現象外，女性所作的夢多數集中在夢見孩子、家務、家人、家具、衣物、飲食以及家庭中的人事活動等。男性所作的夢，則多數集中在夢到陌生人、與敵人打鬥、武器、兩性關係、職業成就以及戶外活動等 (Domhoff, 2003)。

2. 對作夢的文化差異研究 根據心理學家研究發現，世界上不同文化的人所作的夢，有其共同性，也有差異性。在共同性方面，不同文化的人多數都會夢到有關人類基本需求與眾所恐懼的事，諸如飲食男女、戰爭、疾病、死亡等。在差異性方面，兒童們多數夢見與同儕兒童遊戲以及巨大而可怕的動物等。此外，心理學家也發現，各種不同文化的人所作的夢中，都是不幸的事件多於幸運的事件，而且在夢見與人打鬥時，輸的一方多屬於自己 (Domhoff, 1996; 2003)。

(二) 心理學家對夢的理論解釋

歷來心理學家對作夢最感興趣的有兩個問題，第一個問題是：人為什麼會作夢？第二個問題是：夢是怎樣形成的？解答這兩個問題，正是以下要介紹的心理學家對夢的理論解釋。

1. 夢的潛意識活動理論 在心理學上對作夢現象提出系統解釋者，首推精神分析學派創始人弗洛伊德 (見圖 1-7)。在 1900 年弗洛伊德出版的《夢的解析》，被譽為"改變歷史"的空前名著。弗洛伊德為精神病學家，他的一切理論都是根據長期臨床經驗歸納而來的。因此夢的解析既是一種解釋夢的理論，也是一種心理治療方法。有關精神分析論的治療方法，留待第十四章再行討論，在此只簡略介紹夢之解析的理論要義。弗洛伊德的夢之解析是以潛意識為基礎的，其理論中含有四點要義：

(1) 當事人所陳述的夢，只是一種象徵性的表達，在象徵背後，隱含著另外的潛意識意義。所以當事人所陳述的夢，必須加以解析，否則，連當事人自己也不能了解夢境的真正意義。弗洛伊德發現，經過夢的解析之後，不但可以揭露出精神病患症狀背後隱藏的病因，而且也可由之探究一般人潛意識的心理歷程。

(2) 對當事人所陳述的一切夢的內容，稱為**夢境** (dream content)。夢境分為兩個層面：一為**顯性夢境** (manifest content)，是指當事人醒來後所能記憶的部分。顯性夢境是夢境的表面，屬於半意識層面，是當事人能陳述的。另一為**潛性夢境** (latent content)，是夢境深處不為當事人所了解的部分。此一部分才是夢境的真面貌。屬於潛意識層面的夢，其情節是當事人無法陳述清楚的。按弗洛伊德的說法，在人的潛意識層面中，平常存在著一些被壓抑的與性有關的衝動或慾望。因此等衝動或慾望不為當事人意識所接受，只有在睡眠時，意識層面的控制放鬆之際，才會乘機外逸，並以偽裝方式形成不為當事人所能了解的潛性夢境。對夢的解析，目的即在根據當事人所陳述的顯性夢境為起點，進一步探究潛性夢境中所隱含的真正意義。

(3) 當事人醒來之後，他所能陳述的來自意識層面的顯性夢境，事實上是由潛意識的潛性夢境改頭換面以偽裝方式轉化而來的。從不為當事人所了解的潛性夢境，轉化成為當事人所了解的顯性夢境，其間轉化的過程，稱為**夢程** (dream work)。在此夢程中，弗洛伊德認為在夢的內容上，產生三種變化：① **簡縮** (condensation)，顯性夢境中的情節，要比潛性夢境中的情節少而簡單，所以只憑當事人對顯性夢境的陳述，來尋求對夢之真實意義的了解是不夠的；② **轉移** (displacement)，從潛性夢境轉化為顯性夢境時，夢中情境可能彼此轉移；當事人所述顯性夢境中的次要情節，可能就是潛性夢境中最重要的部分；③ **象徵化** (symbolization)，潛性夢境中被壓抑的衝動或慾望，改頭換面，以象徵化的表徵在顯性夢境中出現，藉以逃避意識的禁忌。當事人所陳述顯性夢境中的一支自來水筆或一個門洞，可能代表其潛性夢境中男女兩性的生殖器官。

(4) 從夢的功能看，弗洛伊德認為夢有兩方面的正面作用：其一是夢具有守護睡眠的作用；入夢後可藉由夢境中的象徵性意識活動，沖淡日間留下來的緊張情緒。其二是夢具有**願望滿足** (wish fulfillment) 作用；日間的願望受到控制無法滿足，可藉由象徵性的夢境中獲得滿足。

2. 夢的腦神經作用理論 前文所介紹的精神分析論對夢的理論解釋，其最特殊之點是謂夢生於內心深處，而非為由外在刺激所引起。此種說法無異於完全脫離了爭議已久的**心身關係問題**。撇開弗洛伊德的理論，改從心身關係的角度看，就不能不使人聯想到"夢與腦的作用有無關係？"的問題。因為一切記憶活動全是腦的功能，夢境既需靠醒後記憶來陳述，可見作夢活動的當時，腦的神經作用是參與其事的。基於此一邏輯，於是近年來產生了夢的生理心理論。根據生理心理論的說法，夢是一種內在心理事件，此一心理事件的形成與清醒時知覺的產生類似，也是經由刺激引起神經活動傳入大腦後轉化而來的。在轉化過程中，大腦試圖將由神經傳來的訊息加以選擇、組織與解釋而形成的知覺，就是夢的內容。所不同者，只是睡眠時由刺激引起的知覺較諸清醒時的知覺為模糊而已。此一理論係由美國哈佛大學醫學院教授麥卡利與赫伯森等人所提出，稱為**激活-綜合假說** (activation-synthesis hypothesis) (McCarley & Hobson, 1981; Hobson 2002)。該一假說認為，夢是大腦綜合由刺激引起神經活動而形成的模糊知覺現象。很多人常在夢中夢到自己身陷困境無法逃脫的情景，可能就是當時身體某些部位受到壓迫，大腦不能隨意支配身體活動而形成的模糊知覺現象。很多人夢到自己的身體會飛起來或是從高處落下，根據激活-綜合假說的解釋，那是由於內耳的**前庭器官** (見第三章聽覺系統及附圖) 覺察到身體暫時失卻平衡的訊息，傳至中樞後大腦做出的解釋。有些人夢見可怕的情境想逃跑但跑不動的情境。根據激活-綜合假說的解釋，那是由於大腦支配肢體活動時，肢體回饋因受阻礙 (如棉被壓迫肢體或睡眠姿勢不正的關係) 不能自由活動後所做出的解釋。

3. 夢的認知活動理論 夢的認知活動理論，指作夢並非神秘的睡眠時的精神活動，作夢只是日間生活活動的延伸，作夢既不是潛意識活動，也不是腦神經活動的知覺綜合，而只是**訊息處理**的一種形式而已。作夢時的認知作用，是協助睡眠者將日間的認知經驗重新加以篩選分類，然後輸入**長期記憶**以便儲存。因此作夢的過程，正類似訊息處理時從**感覺記憶**輸入**長**

期記憶的過程。此種理論所強調的作夢是日間生活延續的論點，在腦電波研究上得到支持；因為睡前如從事帶有壓力的學習工作，睡後腦波變化的**快速眼動睡眠**(作夢階段) 的快速眼動現象就顯著增加 (Domhoff, 2003)。

第三節　改變意識狀態的催眠與靜坐

在本章第一節討論意識的心理作用時，曾經提到意識的控制作用，個體能控制意識使其狀態產生改變。在日常生活中難免有些不愉快的意識狀態使人心神不安 (如失眠、憂鬱、焦慮等)。為求改變令人不安的意識狀態，人們從經驗中發展出多種改變意識狀態的方法。此等方法大致分為兩類；一類是對身心有益的，另一類是對身心有傷害的。本節要介紹的催眠與靜坐兩種方法屬於第一類，至於有傷害的意識改變的方法，留待第四節再行討論。

一、催　眠

前文談到，睡眠是在日常生活中受生物時鐘支配使意識狀態改變的自然現象，**催眠** (hypnosis) 則是在特殊情境之下，經由催眠師的誘導使意識狀態改變的人為現象。由催眠師所設計的特殊情境以及其所採用的誘導方法，兩者合之即稱為**催眠術** (hypnotism)。

(一) 催眠術的由來

催眠術最早由奧地利精神科醫師麥斯默 (見圖 4-4) 所首創。在 1779 年，麥斯默出版《動物磁力之發現》一書，嘗試運用人體的磁場效應，誘導病患的意識進入恍惚的精神狀態，從而消除身體上的症狀。到 18 世紀 80 年代，麥斯默的動物磁場之說被渲染誇大，以致在巴黎的上流社會也大為流行。最後驚動了法王路易十六，於 1784 年下令成立委員會調查此事；當時被聘擔任該調查委員會主席者，是美國著名政治家和科學家弗蘭克林 (Benjamin Franklin, 1706～1790)。調查結果指出動物磁力說有違科學原理，因而宣布在醫療上禁止使用。

早期麥斯默的動物磁力說雖遭到挫折，但他所提出的由人為方法改變意識狀態的構想，卻一直不曾消失。直到 1842 年，英國醫師布萊德 (James Braid, 1795～1860)，運用動物磁力說原理，誘導病人進入意識恍惚的近似睡眠狀態，然後予以治療。惟布萊德不再採用原來麥斯默使用的名稱，而採希臘神話睡神 Hypnos 之名，稱之為 "hypnosis"。

圖 4-4　麥斯默

(Anton Franz Mesmer, 1734～1815) 是 18 世紀奧地利精神科醫師，也是催眠術的發明人，因當時催眠術被認為違反科學而遭到禁止，連帶麥斯默的醫師資格也被取消。直到 19 世紀末催眠術才被承認。

到 19 世紀末葉，催眠術在法國醫學界又復流行起來。此時奧國精神病學創始人弗洛伊德 (見圖 1-7)，採用催眠術治療**歇斯底里** (見第十三章第二節)，將歇斯底里患者顯現在身體上的症狀，解釋為心理的原因。雖然弗洛伊德後來放棄催眠術改用精神分析來治療精神疾病，但催眠術卻一直流傳下來，至今不衰。

(二) 催眠誘導與暗示

在催眠過程中，並非催眠師使用什麼法術，將受試者催入意識迷離的狀態，而是由於受試者在催眠師的誘導下，接受其暗示自行改變了他的意識狀態。因此，催眠能否成功將繫於催眠誘導、暗示與催眠感受性三件事。此處先說明催眠誘導與暗示的意義。

催眠誘導與暗示是連在一起的。所謂**暗示** (suggestion)，是用語言告訴受試者他的意識已產生改變 (如：你開始要睡了；你的眼睛已闔起來，全身放鬆，快要睡著了！)。所謂**催眠誘導** (hypnotic induction)，是運用暗示並伴以其他動作，誘導受試者進入催眠狀態的過程。在實施時，催眠師除對受試者語言暗示外，並經常使用輔助動作 (如在受試者眼前搖擺一物件)。催眠誘導方式雖未必相同，但大體上不外遵循以下順序：(1) 暗示受試者眼睛疲倦，無法睜開；(2) 暗示受試者感官逐漸遲鈍，將不會感到刺痛 (在催眠狀態下將失卻痛覺，拔牙免用麻醉，即根據催眠原理)；(3) 暗示受試者忘卻一切，只記得催眠師所講的話和要他做的事；(4) 暗示受試者將經驗到負幻覺現象 (如告以桌上台燈不見了)；(5) 暗示受試者催眠過後，醒來時將忘卻催眠中的一切經驗；(6) 暗示受試者醒來後做某些活動 (如打開窗戶)。此外，催眠效果另與兩個條件有關：其一，催眠須在安靜的環境下進行；其二，受試者須對催眠師有信心、有安全感，兩人之間有良好的默契。

(三) 催眠感受性

前文所述催眠誘導與暗示，只是從催眠師的一面所做的說明。催眠時除用暗示誘導受試者之外，催眠效果還須視受試者催眠感受性的高低而定。**催眠感受性** (hypnotic susceptibility) 是指受試者在心理與行為上自願接受催眠師暗示的程度；如受試者自願按照催眠師的暗示去做，即表示他的催眠感受性高，反之即為低。根據心理學家研究發現 (Lynn & Rhue, 1988)，催眠感受性與受試者的性格有關；有三種人最容易接受催眠暗示：(1) 平常喜歡沈思幻想的人；(2) 在生活中善於心向專注而不易因外在刺激而分心的人；(3) 希望從催眠中獲得新鮮意識經驗的人。因催眠感受性的高低係根據接受暗示的程度而定，故而也稱**催眠暗示性**。研究催眠的心理學家們，試圖採用類似心理測驗上常用的量表式的工具，用以測量催眠感受性的高低。在這方面最為著名者，厥為**斯坦福催眠感受性量表** (Stanford Hypnotic Susceptibility Scale)。該量表包括十二個項目，每一項目包括一種活動，由受試者跟隨催眠師的暗示語表現出配合動作。表4-1 內所列，即為該量表的全部項目與通過標準 (Hilgard, 1965)。

斯坦福催眠感受性量表的記分方法是，每通過一個項目獲得一分，共計十二分。

表 4-1　斯坦福催眠感受性量表

暗示語	配合動作	通過標準
1. 你彎下身去	姿勢改變	不須強迫就自動彎下身去
2. 你的眼皮越來越沈重	闔起眼睛	不須強迫就自動闔上眼睛
3. 你的左手垂下去	手向下垂	在 10 秒鐘內左手垂下 6 吋
4. 你的右臂無法移動	手臂定位	在 10 秒鐘內右手舉起不超過 1 吋
5. 你的手指無法分開	手指併攏	在 10 秒鐘內手指無法張開
6. 你的左臂開始僵硬	手臂僵硬	在 10 秒鐘內手臂彎曲不超過 2 吋
7. 你的兩手相向合攏	兩手合攏	在 10 秒鐘內兩手合攏 6 吋之內
8. 你說不出自己的姓名	口語抑制	在 10 秒鐘內無法說出自己姓名
9. 你眼前有一隻蒼蠅	幻覺現象	受試者揮手試圖將眼前的蒼蠅趕走
10. 你無法支配你的眼睛	眼睛失控	在 10 秒鐘內睜不開眼睛
11. 醒後請坐另一把椅子	醒後換位	醒後表現移動的反應
12. 醒來後你將忘記一切	失憶測驗	所能記憶的催眠動作項目少於三項

(採自 Hilgard, 1965)

受試者在該量表上得分之高低，代表他如接受催眠時，可能進入催眠狀態的深度。只有得分在五至十二之間者，始有可能進入催眠狀態，得分在八至十二之間者，始有可能進入深度催眠狀態。根據量表設計者以 533 個大學生為對象研究結果，具有催眠感受性的人，約占百分之二十五；能進入深度催眠狀態者，約占百分之十；大約有百分之十的人，根本就無法施予催眠 (Hilgard, 1965)。由此可見，催眠術並非對所有人普遍有效。

(四) 催眠的效應

在催眠狀態之下，受試者遵從催眠師的暗示行事，在行動上陷入一種恍惚而不自主的狀態。除此之外，催眠後將出現三方面的行為效應：

1. 知覺行為改變 催眠狀態下知覺行為改變的現象，最主要是表現在幻覺。第三章第四節內談到錯覺時，曾指出錯覺是知覺失實現象。**幻覺** (hallucination) 則是完全脫離現實的知覺虛幻現象。幻覺分為兩種：一種是**正幻覺** (positive hallucination)，指受試者所說他看到的人形、物體，或聽到什麼聲音，事實上是根本不存在的。另一種是**負幻覺** (negative hallucination)，指受試者所說他看不見的東西或聽不到的聲音，事實上都是具體存在的。催眠狀態下的幻覺現象，最明顯的是表現在痛覺的消失。在尚未發明麻醉劑之前，19 世紀起即有醫師開始使用催眠術減低外科手術時病人的疼痛 (Wallace & Fisher, 1987)。現今外科及牙科醫師，仍然對少數易於被催眠的病人，使用催眠術代替麻醉劑 (Dobbin et al., 2004)。

催眠狀態下受試者對痛覺產生的負幻覺現象，完全是意識狀態改變後的心理現象，而不同於麻醉後神經暫時失卻傳導功能的情形。根據心理學家研究發現，強烈刺激下受試者之所以失卻痛覺，那是由於他接受催眠師暗示所致。事實上當時生理上的痛覺仍然是存在的；神經系統仍照常將痛覺訊息傳至腦部，也照常引起正常痛覺時所伴生的心跳加速及汗腺分泌等現象。所不同者，只是在催眠狀態下受試者感受不到疼痛而已 (Hilgard, 1965)。稍後討論催眠理論時會對此現象再作進一步說明。

2. 認知行為改變 催眠狀態下認知行為的改變，主要表現在記憶增強與催眠後遺忘兩種現象。所謂**記憶增強** (或**超常記憶**) (hypermnesia)，是指催眠後記憶加強，受試者能記起清醒時所不能回憶的往事。1976 年在美國加州破獲的一件劫車案，就是靠事後對司機催眠，由其記起歹徒車號而破案的 (Smith, 1983)。案情是一輛滿載二十六名兒童的旅行車在加州的公路上被歹徒劫持。旅行車司機逃出報警時，聲言雖然看到歹徒的車牌，但因一時慌張未能記下車牌上的號碼。經由催眠誘導並給予暗示 (暗示他看見歹徒車牌號碼)。結果發現司機在催眠狀態下所記憶的車牌號碼數字中，只有一個數字是錯的。警方即以此線索為根據偵破了劫車案。

催眠後遺忘 (posthypnotic amnesia) 是指催眠進行時催眠師給予受試者暗示，催眠過後醒來時，他將忘卻催眠狀態下所做的一切活動。因此，受試者在催眠過後醒來時，都不記得催眠中所說或所做的一切。

3. 催眠的後續效應 前文所指的催眠後遺忘是在催眠師暗示下所產生的遺忘現象。催眠師既然可以暗示受試者醒來後忘卻催眠中的一切，是否也可暗示受試者醒來後從事某種特殊工作？此即催眠後暗示的問題。所謂**催眠後暗示** (posthypnotic suggestion)，是指催眠師暗示受試者，當他醒來時將做些什麼事。前述之催眠後遺忘只是催眠後暗示的效應之一，除此之外，研究催眠者嘗試從催眠後暗示的觀點，從兩方面研究催眠能否產生後續效應的問題：一方面嘗試研究戒除不良習慣 (如催眠時暗示受試者醒來後將不再吸煙)，另一方面嘗試研究催眠會不會被利用來暗示受試者醒後做出傷害別人的事。前一項研究是屬於精神醫學的催眠治療問題，後一項研究涉及催眠師的專業倫理問題。到目前為止，這兩方面的研究尚未獲致肯定的結論。

(五) 催眠理論

催眠是一種特殊的意識狀態；催眠既不同於清醒狀態，也不同於睡眠狀態。催眠不同於睡眠，可由兩點事實證明 (Zangwill, 1987)：其一是肌肉並未放鬆，如將一把鑰匙塞在受試者手中，他將握住鑰匙不放；但如將鑰匙塞在熟睡者手中，他將放鬆手指任讓鑰匙滑落。其二是催眠狀態下腦波的型態不同於睡眠，而同於入睡前的意識鬆弛階段 (見圖 4-3 腦波圖)。對此種似睡非睡特殊意識狀態的形成，在心理學如何解釋？此一問題的解答，正是催眠理論的問題。到目前為止，解釋催眠現象的理論，有以下兩種：

1. 新離解論 **新離解論** (neodissociation theory) 是美國心理學家希爾加德 (Ernest Ropiequet Hilgard, 1904～2001) 於 1977 年提出的一種解釋催眠現象的理論。此一理論的要義是，經催眠後的受試者，在意識上離解為兩種不同的意識狀態：一種狀態是失去自主意識，完全受催眠師的支配；另一種狀態是未失去自主意識，仍然了解自己當時的身心狀況，未陷入精神恍惚的境界。希爾加德稱離解後的第二種狀態為**隱密觀察者** (hidden observer) (Hilgard, 1977)，為了驗證此一理論，希爾加德曾設計如下的實驗 (圖 4-5)。

按圖 4-5 所示，實驗時讓受試者將左手插入有冰塊的冷水中，並暗示冰水不會使他感到刺痛 (事實上會感到尖銳刺痛)。當受試者進入催眠狀態後，如問他有無刺痛感覺，他會按催眠師的暗示回答說"沒有"。但如讓受試者用右手書寫回答時，由於右手書寫活動不在催眠師的暗示範圍內，結果他書寫了"有"字。此一現象說

圖 4-5　隱密觀察者
在催眠狀態下仍然有一半意識未失去自主能力。
(採自 Hilgard，1977)

明了當時受試者的意識離解成了兩半；一半受催眠師的支配，另一半仍然受他自己支配；一半因暗示使認知改變，另一半隱密觀察了解實情 (Hilgard, 1979)。

2. 社會角色論　對催眠後意識狀態變化的理論解釋，晚近的心理學家們大多傾向於社會角色論的看法 (Spanos, 1991；Kinnuen, Zamansky, & Block, 1994)。**社會角色論** (social role theory) 是指催眠後受試者之所以遵照催眠師的暗示行事，完全是受試者自主自願地全心投入扮演一種催眠師要他扮演的新角色。即使新角色與他本人原來的言語行動不盡相符，他也會儘量按照催眠師所暗示者去合作配合。這像戲劇表演一樣，只要演員肯全心投入，力求演好劇情中的角色，他就會暫時改變自己言行原貌而浸沉於忘我的意識境界之中。顯然，社會角色論解釋，是以受試者與催眠師之間的良好社會關係為基礎的。催眠術之所以只能對少數人有效，只有少數人能與催眠師建立良好社會關係，是主要原因。這少數人不但相信催眠術的效果，相信催眠對自己有益，而且誠心誠意接受催眠師的暗示去扮演新的角色。如此，催眠的效果就可能在這少數人身上發生。虔誠的宗教信仰所共識的"誠則靈"信條，當可視為催眠社會角色論的補充說明。

二、靜　坐

靜坐一詞，表面上的字義是靜心安坐。惟深究其涵義，可能會發現深奧無比。自古以來，儒家、道家與佛家都講求靜坐的功夫，惟各家見解互異，故而靜坐一事所表示的涵義，也各不相同。儒家的靜坐，目的在於養氣。儒家之所謂"靜"，主要是強調身體和語言方面的靜，而不太注重思想活動方面的靜。道家的靜坐，主要是修鍊"內丹"的一種方法。丹田內之精氣得以修鍊成功之後，即可"得道飛升"(成仙)。佛教的靜坐，則特別強調思想活動的靜止，是以除妄念、脫煩惱、了生死為其主要目的。

現代心理學上所討論的"靜坐"，係指源於拉丁文 meditari 的英文 meditation 一詞。

按拉丁文的原意,是指"沈思之方法",故而有的將該英文詞譯爲"冥思"。本書之所以採"靜坐"的譯法,用意在於表明靜坐是一種改變意識狀態的方法,而冥思僅只是在靜坐時達到某種意識境界的方法之一。有的靜坐,並不注重沈思冥想;甚至強調靜坐時排除腦中一切思念,使之充分寧靜,從而臻於忘我、無我、忘物、無物的超逸境界。

(一) 靜坐的方式

現代心理學家所研究的靜坐,不是前文所指儒家的靜坐,也不屬於道家的靜坐,而是由源於印度佛教,而後傳至中國與日本的禪宗與瑜伽兩派的靜坐。而現在流行較廣的是瑜伽派的靜坐。在傳統上,瑜伽派的靜坐,主要有兩種方式:

1. 開放式靜坐 開放式靜坐 (open-up meditation) 是指靜坐時心中不預作任何期待,完全以一種純然空無的心態,去迎接任何進入心靈的新經驗。因此,開放式靜坐的基本方法是,開始靜坐時,絕不將生活中任何煩心的現實問題帶入意識中,而是先決定不做任何事,不想任何問題,不尋求任何答案,不企求任何目的;只須完全放鬆自己的肉體和心靈,不加任何控制,讓它自行運作,自由流變;使自己的意識像飛鳥掠過天空,像波浪湧起海面一樣的自然;隨遇而安,只須保持感受,不加任何控制。如此,身心各方面即可獲得靜息。

2. 專注式靜坐 專注式靜坐 (concentrative meditation) 是指靜坐時心勿旁顧,將意識活動專注於眼前一個目的物,從而排除環境中一切外在刺激的干擾,藉以達到暫時忘卻自我、忘卻一切煩惱,忘卻外在世界的超脫境界。用來做爲專注的目的物,可以用一瓶花,可以用一炷香,也可以用牆上的掛鐘。靜坐時對目的物專注,並非專心注意去仔細觀察分析目的物的特徵,而只是以專注目的物爲手段,使自己的意識不致受到周圍環境中其他刺激的干擾,從而達到靜坐的目的。因此,用做專注的目的物,在性質上不宜太複雜,也不能太新奇。專注目的物的功用,只是因其存在而使人不致分心而已。藉由對單一目的物的專注,靜坐者可以將注意力從周圍紛擾的環境中收斂回來,在無所思,無所欲,無所懼的清靜安閒心態下,使意識活動得以澄清,從而臻於完全忘我甚至無我的境界。

(二) 超覺靜坐

瑜伽派的靜坐,原則上雖有上述兩種方式,而在練習方法上,則仍然分爲很多流派,時下最流行的也是最簡單易行的一種,是爲**超覺靜坐** (transcendental meditation,簡稱 TM) (見圖 4-6)。超覺靜坐是由印度的教士馬哈瑞希 (Mahesh Yogi Maharish),在 20 世紀 60 年代所創立。超覺靜坐的性質與功能,可以參閱下段文字的說明 (Harold, et al., 1975):

超覺靜坐不是一種宗教，也不是一種哲學或生活方式；而是改善生活的一種自然而不費力的技術，是一種使人生活順遂的途徑，是一種使人個性改變與自我成長的方法，也是一種使人擺脫精神壓力與情緒焦慮，從而獲得完美、和諧以至精力充沛的生活藝術。由於疲憊、挫折、焦慮以及諸多損害神經系統正常功能的身心異常現象，得以藉超覺靜坐而消除，個體自當藉此以避免在上述情況下所引起的諸如失眠、頭痛、高血壓、氣喘，以及因吸煙、酗酒、吸食毒品等不良習慣所招致的痛苦。練習超覺靜坐，不僅可以消極地消除焦慮與精神壓力，以及避免因此而導致的各種疾病，更能進而產生促進生活情趣與提升工作效率的積極功能。長期練習超覺靜坐者，可以發揮個人的全部潛能，使其天賦性向得以充分發展，而自我的理想境界，也可得以實現。

上面引述的這段文字，對超覺靜坐效用之描述，雖未免誇張，且帶有商業宣傳氣息。但也不可否認，在現代生活緊張精神壓力日重的社會中，超覺靜坐確有其相當的效益。關於此點，留待稍後再補充說明。接下去將再簡單介紹超覺靜坐的練習步驟。

1. 超覺靜坐的要項　馬哈瑞希所創立的超覺靜坐，其學習過程雖不採宗教儀式，但仍然帶有幾分神秘。學習者必須先行拜師，經接受後，由教師秘密傳授一個**咒語** (mantra)。咒語通常只是一個不帶意義的單字。筆者認識一位美國普渡大學的教授，學習超覺靜坐，從教師處領受的咒語是 FLOG。有一天他突然發現，原來是 golf (高爾夫球) 的倒寫字。此一發現，咒語就失靈了 (原因是高爾夫球會引起很多

圖 4-6　超覺靜坐

靜坐有多種方式，超覺靜坐是其中方式之一。超覺靜坐的特點是，靜坐時口中默念教師祕傳的咒語，使意識專注，排除雜念，從而達到心境寧謐的目的。

(凱特文化提供)

聯想)。咒語的功用是供靜坐時重複默誦，目的在於使自己意識集中，不為外務分心。後來，在20世紀70年代中期，哈佛大學醫學院副教授賓遜(Havbert Benson)，將馬哈瑞希的超覺靜坐方式加以簡單化、科學化，並付之以現代醫學的量化研究，使原本帶有神秘色彩的超覺靜坐得以簡單易行。以下是賓遜所列的超覺靜坐遵守要項與練習步驟(Benson, 1975)：

(1) 靜坐的內外環境均須安靜；內環境指個人的心境，外環境則指己身所處的物理環境。

(2) 靜坐時必須有一個供做心向專注的目的物；該目的物可以是重複的一個單字或一種聲音，也可以是一個抽象的圖形。

(3) 靜坐時必須保持被動的心態；摒除一切雜念，要心如止水，無所思，無所欲，靜候心靈波動的自然起伏。

(4) 最後，也是最重要的事項是，保持身心安適；靜坐者永遠遵循的八字訣是：輕鬆、舒適、安靜、自然。

(三) 靜坐的效應

近幾十年來，由於社會變遷與都市工業化的快速改變，居住在大都市裡的人，一般都感到工作忙碌，情緒緊張。長期忙

圖 4-7　靜坐的生理效應

圖中上曲線代表氧氣消耗量的變化，下曲線代表二氧化碳排出量的變化，兩邊數字代表每分鐘兩種氣體的體積(以每分鐘立方公分計算)。

(採自 Wallace & Benson, 1972)

碌緊張的後果，難免就形成頭痛、失眠、血壓升高等身心相連的疾病。因此，原本源於東方的靜坐，就在第二次世界大戰之後傳入了西方各國，到 20 世紀 60 年代以後，在美國大為流行。很多人試圖藉練習靜坐來紓緩情緒，使緊張的身心獲得休息，從而恢復精力。雖然很多練過靜坐的人都說靜坐對身心健康有益，但單靠主觀經驗，仍然不足以證明靜坐的正面效應。以下採用科學研究的資料，用以說明靜坐對身心的效應。

1. 靜坐的生理效應 美國心理學家華萊士與賓遜，經實徵研究發現，靜坐確能臻於入靜狀態者，就會在生理上達到如下的效果 (Wallace & Benson, 1972)：(1) 腦波改變，出現入睡前頻率減緩振幅增大現象，這表示靜坐時的意識進入鬆弛的狀態；(2) 呼吸及心跳速度均降低，這表示靜坐時的情緒趨於平靜；(3) 呼吸時氧氣的消耗量降低；由平常時的每分鐘平均約 250 ccm (立方公分)，降低到每分鐘平均約 210 ccm (圖 4-7 中黑色曲線)。這表示靜坐時身體內部只需較少氧氣即可維持生理運作；也等於節省能量，能量得以節省，自然保存精力；(4) 呼氣中二氧化碳排出量減少，由平常時的每分鐘平均約 220 ccm，降低到每分鐘平均約 190 ccm (圖 4-7 中居下的咖啡色曲線)。這表示靜坐期間呼吸時消耗的氧氣和排出的二氧化碳都減少；二者減少對身體有益。

以上研究，等於使熱衷靜坐者找到了科學根據，因而靜坐在 20 世紀 70 年代更為流行。後來心理學家經研究發現，除靜坐可得以上效應外，改採身心放鬆訓練法，也可得到類似的效應 (Holmes, 1984)。

2. 靜坐的心理效應 研究靜坐心理效應者，一般集中在探討兩方面的問題：其一是驗證是否像宣傳靜坐所說那樣，除紓緩焦慮外更能促使智力發展、提升學業成績、調適心理障礙，甚至可以增進人際關係。在這方面的研究，尚未獲得一致的定論。其二是驗證靜坐是否對戒除煙酒毒品的習慣有正面效應。這方面的研究，可用美國哈佛大學醫學教授賓遜的調查研究為代表 (Benson, 1975)。該研究以參與超覺靜坐練習者 1800 人為對象，旨在調查靜坐對吸煙、吸食大麻及飲酒者的心理效應。結果發現：① 自稱靜坐前有吸煙習慣者有百分之四十八，練習靜坐一年之後，自稱仍然吸煙者減為百分之十六；② 自稱靜坐前有飲酒習慣者有百分之六十，練習靜坐二十一個月之後，自稱仍然飲酒者減為百分之四；③ 自稱靜坐前吸食大麻者有百分之七十八，練習靜坐六個月之後，自稱仍然吸食者減為百分之三十七。

由上述調查結果看，靜坐的效果可謂相當顯著。惟此種調查可能受靜坐者本身心態的影響；這些人參與靜坐練習的動機，很可能就是為了戒除不良習慣。然而無論如何，練習靜坐是有益無害的。至於說何以靜坐會使人戒煙戒酒，心理學家的解釋是身心兩方面交互影響所致；身體得到休息與心理上消除緊張，自然對煙酒的生理與心理依賴就會減低 (Delmonte, 1985)。

有關吸煙飲酒的生理依賴與心理依賴問題，下一節內將進一步討論。

第四節　改變意識狀態的藥物效應

前節所討論的運用身心兩方面彼此影響的原理，藉由自主性的心理運作以改變自己的意識狀態，從而調理心身關係，促進心身健康。惟此類方法行之不易，而且必須持之以恆、長期練習方始有效。本節所要討論的改變意識狀態的藥物效應，則是企圖藉由藥物的效應迅速達到意識狀態改變的目的。生活在變化無常競爭激烈的現社會裡的人，無論是求學就業或經商從政，在追求成就的路上，總是順心如意者少，挫折失敗者多。因此，有人稱現代人為"焦慮的現代人"。長期焦慮不安的意識狀態，是形成心理失常的主要原因。在無法從現實中克服困境解除挫折焦慮時，就難免企圖藉用藥物來解除因焦慮而產生的痛苦，此即現社會中藥物之所以猖獗被濫用的原因。惟此處所指藥物，並非指醫師為病人處方所用的一般藥物，而是指當事人經由非法途徑取得不合規定的藥物。此類藥物一般稱之為精神藥物。**精神藥物** (psychoactive drug) 是指服用後能改變精神狀態，亦即能改變意識狀態的藥物。精神藥物雖有暫時改變意識狀態紓緩焦慮的效果，但卻嚴重傷害服用者的身心；故而通常稱之為毒品，並經立法嚴格取締。

一、精神藥物的共同特徵

目前流行的精神藥物，按其效用不同大致分為鎮靜劑、麻醉劑、興奮劑、致幻劑四大類別 (Seymour & Smith, 1987)。四類精神藥物中各類的代表性藥物名稱及效用，留待稍後再分別討論，在此先簡略說明四類精神藥物的共同特徵。

(一) 藥物成癮

凡屬精神藥物，一旦服用後即不能停止，停止時將會無法忍受；此種現象稱為**藥物成癮** (drug addiction)。服用藥物一旦成癮，就會連帶出現**耐藥力** (或**抗藥性**) (drug tolerance) 現象，此時藥物服用者對藥物的敏感性減低，耐藥力增強，因而必須逐漸增加藥量始能維持藥物的效力

(Coombs, 2004)。

(二) 藥物依賴

服用精神藥物一旦達到藥物成癮的地步，隨即出現藥物依賴現象。所謂**藥物依賴** (drug dependence) 是指每逢感到身心不適時，非靠藥物無法紓解。藥物依賴有兩種：一種為**生理依賴** (physiological dependence)，指藥物成癮後一旦停止，生理方面即產生極為反常的現象，使當事人感到非常痛苦。因為所有精神藥物都會對中樞神經系統的某些部位發生作用，一旦藥物停止，該等部位即運作失常，因而在生理上表現出異常現象；諸如打哈欠、流眼淚、噁心、嘔吐、出汗、失眠、顫抖等情況均屬之。另一種是**心理依賴** (psychological dependence)，指服用者有依賴藥物紓解痛苦的經驗之後，進而養成習慣；需要時如不服用，在心理上立即會坐立不安，以致無法忍受。生理與心理兩種依賴現象，在藥物缺乏或企圖戒絕時，情況尤為嚴重。兩種現象合而稱為**戒斷症候群**(或**戒斷綜合症**) (withdrawal syndrome)。服用精神藥物者一旦達到藥物成癮與藥物依賴地步，其心理與行為即將被藥物需求所控制而失卻自主能力。社會上的犯罪行為中，很多與藥物的心理依賴有關。因此現代精神病學視依賴精神藥物為心理異常之一。有關其他心理異常的問題，留待第十三章內討論之，本節先行討論四類精神藥物的問題。

二、精神藥物的主要類別

目前社會上常被人使用的精神藥物，最主要的有鎮靜劑、麻醉劑、興奮劑、致幻劑四類；每類包括不同藥物。以下是四類精神藥物的簡單說明。

(一) 鎮靜劑

藥物中凡是對中樞神經產生抑制作用者，統稱**鎮靜劑** (或**抑制劑**) (depressant)。人之所以使用鎮靜劑，主要是在情緒緊張精神壓力過大時，企圖藉藥物效力來使自己的身心獲得休息。事實上，鎮靜劑只能對中樞神經產生麻醉，使用後會有嚴重的副作用，並無法助人達到真正身心休息的目的。鎮靜劑是這一類藥物的總名稱，現今社會中使用最多的是酒精。

酒精 (alcohol) 是所有抑制劑中使用最多的藥物。因為酒類買賣使用並不違法，所以社會上飲用者非常普遍。酒精本身並非絕對的毒品；酒精對人的身心是否有害，關鍵在於用量的問題。偶爾小酌幾杯，酒精有興奮作用，飲用過量就會使中樞神經的活動產生抑制作用。由此可見酒精對改變意識狀態具有正負兩面作用。正的方面言，酒精可使人精神振奮，靈感暢通，三杯下肚會使人有飄飄欲仙之感。負的方面言，酒精會使人成癮；一旦成癮後會發生生理依賴與心理依賴，並隨之出現耐藥力現象；嗜飲成習至於酗酒後，終而惡化為**酒精中毒症** (alcoholism)。酒精之所以使人中毒，主要是飲酒過量後對中樞神經系統產生了抑制作用。酒精中毒的主要症狀是記憶力減退、知覺敏銳度降低、意識狀態模糊、思考效率減低、身體動作失調等。如強迫其戒酒，即可能出現**震顫譫妄** (delirium tremens) 症狀。震顫譫妄是戒斷症候群之一，其主要症狀是幻覺、記憶障礙、定向障礙、全身顫抖、心跳加速以及出汗、頭痛、噁心、嘔吐等。此外，酒精中毒者如係孕婦，其所懷胎兒則有罹患**胎兒酒精症候群**(見第八章第二節) 的危險。

酒精過量不僅直接危害身心健康，而且間接構成社會不安。交通事故中因酒後駕車而肇事者，中外均占極高比率。因此，世界各國都訂有血酒濃度檢查辦法，作爲限制酒後駕車的標準。所謂**血酒濃度** (blood alcohol concentration，簡稱 BAC)，是指每公升血液中所含酒精的毫克數。對酒後駕車違規一事，世界各地標準不一，美國多數州將血酒濃度訂爲 0.10 毫克，而英國訂爲 0.08 毫克，台灣訂爲 0.15 毫克。一般人達此標準時，其手眼協調的靈活度就會降低，不宜再擔任駕駛任務。一個體重七十公斤的人，喝一千 cc 的啤酒，就會超過此標準。

(二) 麻醉劑

屬於麻醉劑的藥物以鴉片劑爲主，故而**鴉片劑** (或**鴉片制劑**) (opiate) 即成爲具麻醉作用藥物的總名稱。鴉片劑一類藥物的共同特徵是，服用後對中樞神經產生抑制作用，會使服用者意識恍惚，動作遲緩，因此一般稱之爲**麻醉劑** (narcotic)。鴉片劑係由罌粟花未成熟果實內的汁液提煉而成，其中含有多種化學物質，而主要爲**嗎啡** (morphine) 和**可待因** (codeine)。在醫師處方中，可待因可作爲止痛劑、止咳劑或鎮靜之用，少量使用尙無太大副作用。嗎啡及其衍生品海洛英，服用後則有極大副作用。由嗎啡轉製成的海洛英，是另一種麻醉藥物。**海洛英** (heroin) 一向被列爲違法的藥物，可吞服、注射，也可以混在香煙中吸食。服用後數分鐘會有飄飄然欣快之感，稍後則感到身體僵硬、意識模糊、喪失胃口也喪失性慾，終而陷入極度困倦狀態。海洛英極易成癮，即使服用時間甚短，也很快就會出現生理依賴現象。海洛英服用後的耐藥力特別強，有幾次服用經驗後，即必須增加劑量，否則無法產生預期藥效。長期服用海洛英可導致死亡，原因是海洛英的藥效能抑制神經系統中的呼吸中樞，以致發生窒息現象。由於染上服用海洛英的惡習後戒絕困難，如長期藥費來源難以爲繼，難免導致服用者犯罪。

(三) 興奮劑

興奮劑 (stimulant) 是刺激中樞神經系統，從而提升身心活動效率的藥物。目前社會上使用普遍而爲害最大的是安非他命與可卡因。

1. 安非他命 **安非他命** (或**苯丙胺**) (amphetamine) 是一種性質強烈的興奮藥物，成品爲類似冰糖的結晶粉末，服用後立即產生精神振作與精力恢復的效果；特別是在工作勞累或心情沮喪時服用，它會立即使人精神倍增充滿信心。正因為安非他命具有立即效果，故而符合現今社會因工作壓力過重而倍感勞累者的需求，以致成為禁不勝禁的毒品。學生因功課壓力而服用安非他命，長途汽車司機為保持清醒而服用安非他命，減肥者為減少睡眠而服用安非他命，情形雖有不同而靠它保持清醒，維持體力的目的則一。

安非他命的立即興奮效果，吸引很多人使用。惟藥力過後，迅即使人陷入疲勞沮喪的低潮。為了重新提振精力，自然會重復使用。數度循環之後，很快就會出現藥物依賴與耐藥力增加的現象。持續服用安非他命，一般呈現於身體及行動上的症狀有：瞳孔擴散、食慾喪失、興奮、口乾、呼吸困難等；長期服用後果終將導致高血壓、心臟麻痺、腦功能障礙。如係採用多劑量經由靜脈注射者，更難免惡化成為心理疾病。

2. 可卡因 可卡因 (或**古柯鹼**) (cocaine) 係由中美的西印度群島生產的一種植物的葉子提煉而成。在幾十年前，可卡因並非違禁藥物，美國著名可口可樂公司出產的飲料，早年的配方中即含有可卡因的成分。現在多數國家都將可卡因列為禁用藥物之一。

與安非他命相比，可卡因是一種較緩和的興奮劑，吸食後能使人產生精神振奮體力旺盛及注意力集中等主觀感受。然一旦藥力過後隨即出現嚴重副作用，服用者產生視幻覺聽幻覺、妄想等精神症狀；原因是可卡因的化學作用會傷害**感覺神經元**的傳導功能。服用可卡因之後，極易出現藥物成癮及藥物依賴現象，在身心兩方面很快出現瞳孔擴散、焦躁不安、全身抖動等現象。如孕婦服用可卡因，除其本人受害之外，更將嚴重傷害胎兒的發育，導致胎兒神經系統及生殖器官的發育失常。如採用數人共同的注射器以注射的方式使用可卡因，將有傳染**愛滋症**(見第九章第二節)的可能。

(四) 致幻劑

藥物中凡服用後使人產生幻覺現象者，通稱為**致幻劑** (hallucinogen)。服用致幻劑之後，使人感覺到內在世界與外在世界都產生奇妙的改變；平常所見的顏色與平常所聽的聲音，都突然變得大不相同，好像置身於另一奇幻世界之中。目前社會上的非法藥物中使用較多的是迷幻藥與大麻。

1. 迷幻藥 在致幻劑中，服用後使人意識狀態改變最大的是**迷幻藥** (或**麥角酸二乙醯胺**) (lysergic acid diethylamide，簡稱LSD)。迷幻藥原為治療精神病的藥物之一，最初是由瑞士製藥廠在1943年無意中發現。迷幻藥是無嗅、稍帶苦味的白色結晶體。可以做成錠劑、丸劑、膠狀物、溶劑或注射劑之用。也可吞服、鼻吸，或與香煙混合吸食。只需服用十毫克，約半小時即會發生效用，而其產生的身心影響，卻能維持十至十二小時之久。迷幻藥最奇特之處是使人意識境界擴大，使人感覺像是飄浮在空中；視覺與聽覺串聯，好像看見聲音的顏色，聽見顏色的聲音；周圍環境中人像與物像都扭曲變形，像是從哈哈鏡中看世界一樣。迷幻藥的藥效使人的意識與現實脫節，因而喪失了時間感與空間感，好像進入了神祕的幻境。惟在一陣興奮快感之後，隨即轉入另一意識境界；感到極度悲傷、恐懼、噁心、嘔吐、全身肌肉疼痛，嚴重到無法忍受時，可能會跳樓自殺。服用迷幻藥之後，和其他精神藥物一樣，很快就會出現藥物成癮、藥物依賴及耐藥力增加等現象 (Hedges & Burchfield, 2006)。

2. 大麻 大麻 (marijuana) 是由一種學名印度大麻的葉與花烘乾製成的一種致幻劑；形狀很像煙捲，可以像香煙一樣吸用，也可口嚼食之，故而通常稱為大麻煙。大麻原為中國的草藥之一，自古即作為治療頭痛與潰瘍之用。直到 20 世紀 30 年代才被世界各國列為禁藥。大麻的藥效與酒精相似，服用後產生兩階段截然不同的效應。先是使人產生飄飄然的陶醉感，繼而陷入昏睡狀態。吸用大麻之後，除產生快感之外，意識狀態也隨之改變，對周圍世界中的人與物產生幻覺；對一切刺激變得極為敏感，對聲音、顏色、氣味等，都改變了原來的感受；喪失空間感與時間感；喪失對空間距離判斷的能力，故而服用大麻後駕駛汽車會發生嚴重的交通問題。在心理學研究上早就發現，吸食大麻之後，對學習與記憶產生兩種不利影響 (Darley, et al., 1973)：(1) 影響**短期記憶** (詳見第六章第三節)，說話時上下句無法相連，喪失短期記憶中的**運作記憶**功能；(2) 影響學習效率，無法將短期記憶經由復習後轉入**長期記憶** (詳見第六章第四節)。因此，學生如想藉由大麻的刺激提振精神增加讀書效果，其後果絕對是適得其反。吸食大麻後，和其他精神藥物一樣，很快就會出現藥物成癮、藥物依賴及耐藥力增加等現象。

本章摘要

1. **意識**是一種覺醒狀態，在意識狀態時個體對其外在環境刺激及內在心理活動均有所覺知。

2. 意識有兩種重要作用：其一是對環境中刺激做出反應時具有檢選作用，其二是對內在心理活動具有支配與控制作用。

3. 心理學家們研究意識時，除覺醒狀態的意識之外，一般按其作用之不同，將意識分為**下意識**、**無意識**、**潛意識**、**前意識**等不同層次。

4. 在日常生活中，個體的意識狀態呈週期性變化，心理學家對意識週期變化的研究，多集中於探討**睡眠**與**作夢**兩個主題。

5. 對包括人類在內的哺乳類動物而言，睡眠不但具有普遍性，而且更具有必要性。

6. 目前研究睡眠的科學方法是在自然睡眠的情況下記錄**腦電波**的活動；根據腦波振幅與頻率的變化，以確定從淺睡到沈睡的不同程度。

7. 根據腦波變化研究的結果，個體的睡眠呈現五階段式的週期變化；作夢的時間主要在第五階段。五階段式週期大約每隔九十分鐘循環一次；因此一夜之間可能作到四至五個夢。

8. 對夢的解釋有三種不同理論：(1) 夢的潛意識活動理論；(2) 夢的腦神經作用理論；(3) 夢的知覺組織理論。

9. 由於意識對個體身心具有控制作用，故而自古以來就不斷有人構想，如何運用自己的意識狀態去改變自己身體中原來不能自由支配的活動。在此種構想下發展出兩類方法；一類是催眠與靜坐，另一類是服用精神藥物。

10. 在傳統上靜坐不外兩種形式：一為**專注式靜坐**；二為**開放式靜坐**。

11. 在心理學上解釋催眠現象的理論，主要有兩種：一為**新離解論**，另一為**社會角色論**。

12. **血酒濃度**是指每公升血液內所含酒精的量。台灣目前訂為 0.15 毫克；汽車司機酒後駕車時，如其血酒濃度達到 0.15 毫克或以上者，即屬違規，應予以取締。

13. **精神藥物**是指服用後能改變精神（或意識）狀態的藥物。精神藥物雖有暫時紓緩緊張焦慮的效果，但服用後會對身心造成傷害；故而一般視為毒品而禁止使用。

14. 精神藥物的共同特徵有二：一為**藥物成癮**；二為**藥物依賴**。

15. 精神藥物根據其性質，大致可分為四大類：(1) **抑制劑**，其中**酒精**是最主要的；(2) **麻醉劑**，其中**嗎啡**和**可待因**兩種是最主要的；(3) **興奮劑**，其中**安非他命**與**可卡因**兩種是最主要的；(4) **致幻劑**，其中**迷幻藥**與**大麻**兩種是最主要的。

建議參考資料

1. 李宇宙 (2007)：好眠自助寶典。台北市：天下雜誌社。
2. 李明濱 (譯，1976)：催眠研究。台北市：杏文出版社。
3. 李信謙等 (2007)：失眠。台北市：晨星出版社。
4. 湯宜朗、郭崧 (2002)：人類的枷鎖：成癮行為。北京市：人民教育出版社。
5. 程 群 (譯，1975)：超覺冥思：消除壓力，發揮潛能。台北市：芊芊出版社。
6. Baker, R. A. (1990). *They call it hypnosis*. Buffalo, NY : Prometheus Books.
7. Henry, J. (2004). *Parapsychology: Research on erceptional experiences*. London: Athlone.
8. Jordan, J. S., & McBride, D. M. (2007). *The concepts of consciousness: Integrating an emerging science*. Boston : Houghton Miffin.
9. Julien, R. M. (2001). *A primer of drug action: A concise, nontechnical guide to the actions, uses, and side effects of psychoactive drugs* (6th ed.). New York: Freeman.
10. Moorcraft, W. (1993). *Sleep, dreaming, and sleep disorders: An introduction* (2nd ed.). Landon, MD: University Press of America.

第五章

學習歷程

本章內容細目

第一節　學習的性質
一、學習的定義及其相關概念　151
　（一）學習因經驗而產生
　（二）在經驗中學到知識技能或行為改變
　（三）學習是行為較為持久改變的歷程
二、對學習歷程的不同理論解釋　152
　（一）學習歷程的聯想學習觀
　（二）學習歷程的認知學習觀

第二節　經典條件作用
一、巴甫洛夫的經典條件作用實驗　153
二、經典條件作用的行為法則　156
　（一）強化與強化物
　（二）類化與辨別
　（三）習得、消弱與自然恢復
　（四）次級條件作用與次級強化
三、經典條件作用與行為主義　157
　（一）巴甫洛夫是行為主義的先驅
　（二）行為主義揭櫫的科學心理學取向
四、經典條件作用原理的應用　158

第三節　操作條件作用
一、桑代克的效果律　160
二、斯金納的操作條件作用　161
　（一）操作條件作用的特徵與實驗設計
　（二）操作條件作用的行為法則
　（三）操作條件作用原理的應用
三、聯想學習理論的貢獻與侷限　166
　（一）聯想學習理論的貢獻
　（二）聯想學習理論的侷限

第四節　認知學習
一、聯想學習歷程中的認知作用　169
　（一）經典條件作用學習中的認知作用
　（二）操作條件作用學習中的認知作用
二、認知學習的動物實驗研究　170
　（一）柯勒的頓悟學習實驗
　（二）托爾曼的方位學習實驗
三、認知學習中的觀察學習　174
　（一）班杜拉觀察學習論要義
　（二）觀察學習的心理機制
四、認知學習理論的貢獻與侷限　179

本章摘要

建議參考資料

自古代哲學心理學的四大爭議問題中，人類知識來源問題是其中爭議最大的問題之一。又自 17 世紀以來持續了兩百多年的理性主義與經驗主義之爭，爭議焦點也是知識來源問題。此一時期的哲學心理學思想，對其後科學心理學的發展，產生了巨大影響。經驗主義解釋感官經驗形成知識時，採取了古代聯想的看法，並加以擴充，終於在 19 世紀形成了聯想主義。聯想主義 (associationism) 的基本概念是，知識來自感官經驗，而感官經驗形成知識乃是經由觀念聯想的歷程。觀念聯想 (association of ideas) 是分別代表兩個事件的兩個觀念之間所產生的聯想 (如看到閃電立刻聯想到雷聲)。

科學心理學興起後採用科學方法研究學習心理時，雖原則上採取了聯想主義的理念，但在解釋上卻改變了原來聯想主義的本意。此一改變始自俄國生理學家巴甫洛夫因研究狗的唾液分泌而建構的經典條件作用理論，繼而由美國行為主義創始人華生將其理論用於學習心理研究。按經典條件作用的解釋，學習的產生並非來自代表兩個事件觀念的聯想，而是來自影響個體的刺激與個體對該刺激表現的反應之間所建立的關係。換言之，行為主義所指的聯想，不再是兩個觀念的聯想，而是刺激與反應的聯結 (但在名稱上一般仍稱為聯想)。而且刺激與反應聯想的形成，是直接的、自動的；在刺激與反應之間不帶有內在的心理歷程。此一主張影響美國心理學界的學習心理學思想達 40 年之久。直到 20 世紀 60 年代認知心理學興起後，對行為主義所持刺激與反應間自動形成聯想的主張，提出質疑，因而影響學習心理學的理論，終致對刺激與反應聯想的解釋改變了方向，又重新恢復以前研究內在心理歷程的傳統。本章內容即在探討科學心理學多年來對學習心理所從事的實驗研究，以及根據研究結果所建構的學習理論。希望讀者在研讀本章後對下列概念獲得明確的認識。

1. 對學習心理研究取向的概括認識。
2. 聯想學習兩大類型的異同。
3. 經典條件作用的研究方法與理論要義。
4. 操作條件作用的研究方法與理論要義。
5. 聯想學習理論的貢獻與侷限。
6. 認知學習的研究方法與理論要義。
7. 認知學習中的觀察學習。

第一節　學習的性質

在第一章內討論到科學心理學誕生後心理學定義的演變時曾謂：起先認為"心理學是研究行為的科學"，後來演變為"心理學是研究行為與心理歷程的科學"。導致心理學定義改變者，學習心理學思想的演變是主要原因。因此，在討論各家學習理論之前，宜先對學習的性質略加說明，藉以幫助讀者對學習理論內容易於獲得明確概念。

一、學習的定義及其相關概念

要了解學習的性質，最直接的方法是了解學習一詞在現代心理學上的定義。**學習** (learning) 是因經驗或練習獲得知識技能或產生行為，並使其成為較為持久改變的歷程。此一定義中含有三個重要概念，尚須補充說明。

(一) 學習因經驗而產生

經驗 (experience) 一詞有兩種意義：其一是指個體在生活活動中所經歷到的一切事情；亦即指經驗是活動的結果。其二是指個體在生活中為適應環境要求所從事的一切活動 (包括練習)；亦即指經驗是活動的歷程。學習只能在經驗中產生，從來沒有經歷過的事情不會產生學習。

(二) 在經驗中學到知識技能或行為改變

個體在生活經驗中所學到的是知識技能或行為改變。知識的獲得是學到了"知"，行為的改變是學到了"行"，技能學習學到的是"知與行"。如此解釋是將行為與知識技能分開，是對行為的狹義解釋。廣義言之，學到的知識技能均由行為表現；是故可將知識與技能包含在行為之內。在經驗歷程中可能二者全都學到，也可能只學到知與行二者之一。

(三) 學習是行為較為持久改變的歷程

上述定義中，特別指出學習是行為產生較為持久改變的歷程。之所以如此說法，原因是有些暫時的行為改變，雖然也與經驗有關，但不能視之為學習。諸如因工作時間過長而疲勞，因疲勞而工作效率減低，表面上也都是因經驗而產生了行為改變，但因只是暫時性改變，原因消失後行為改變的現象即不復存在，故不成其為學習。此外，定義中特別強調學習是歷程，是行為反應或心理活動的歷程，而不是學習活動的結果。心理學家對學習心理的研究，即旨在探討學習歷程中知識技能如何獲得或行為如何改變的問題。

二、對學習歷程的不同理論解釋

在現代心理學領域內，以學習心理為研究主題的心理學家，對前述定義中強調學習是一種歷程的概念，大致已具共識。惟對"學習究竟是一個什麼樣的歷程？"的問題，不同理論取向的心理學家們之間在理論詮釋與研究方法上，仍然存有很大的爭議。大體言之，現代心理學家不外採取以下兩種取向去探討學習歷程的問題。

(一) 學習歷程的聯想學習觀

聯想學習是從哲學心理學中聯想主義演變而來的一種學習理論。前文曾經提到，古代聯想主義中的聯想，是指代表兩個觀念的聯想，而現代科學心理學上的聯想，則是指環境中影響個體的刺激與個體對該刺激所做的反應兩者之間的聯想。因此，現代心理學上所說的**聯想學習** (或**聯結學習**) (associative learning) 是指在學習情境中，經由刺激與反應構成聯想而產生學習的歷程。聯想學習是美國行為主義對學習心理所持的中心理念。第二、三兩節將分別討論聯想學習的研究方法與系統理論。

(二) 學習歷程的認知學習觀

以聯想學習為理論基礎的**經典條件作用**與**操作條件作用**的研究，雖然在實驗設計與理論建構上達到了自然科學所要求的**客觀性、驗證性、系統性**的地步，但如將行為主義以動物為研究對象所建構的聯想學習理論來推論解釋人類複雜學習行為時，顯然欠缺說服力。行為主義的聯想學習理論，只能說明刺激與反應間形成聯想的外顯事實，不能解釋刺激與反應間形成聯想的內在原因。在某種刺激情境下個體之所以向該刺激表現反應，除外在因素之外，個體本身的內在心理活動，更是影響其反應與否或如何反應的重要原因。惟其如此，在行為主義的聯想學習理論之後，持認知論取向的心理學家們即提出質疑，繼之也根據動物實驗研究建構了異於聯想學習的理論，稱為認知學習。**認知學習** (cognitive learning) 指個體在刺激情境下之所以對該刺激反應，乃是由於個體內在心理上對該刺激情境有所認知，而後在辨識、選擇、預測、判斷等心理活動之下做出反應行為。換言之，在基本上認知論者並不否定刺激與反應聯想會產生學習。但他們認為，刺激與反應之間能否構成聯想，必須考慮刺激與反應之間的認知作用。惟根據第一章所指科學研究的極終目的旨在探求表象背後真相的觀點看，聯想學習與認知學習兩種理論，並未真正說明學習產生的真相。這是心理科學異與自然科學之處。有關認知學習的實驗研究與理論解釋，將在本章第四節內詳細說明。

第二節　經典條件作用

行為主義在聯想學習理念之下，不僅從事了系統的學習心理實驗研究，而且也根據研究結果建構了系統的學習理論。行為主義的實驗研究和系統理論，按其性質分為兩方面：一方面是本節討論的經典條件作用，另一方面是第三節將討論的操作條件作用。

一、巴甫洛夫的經典條件作用實驗

在討論經典條件作用之前，容先說明條件作用一詞之含義。所謂**條件作用** (conditioning)，是指在某種條件下個體學習到刺激與反應聯結的歷程。亦即，在某種刺激原來並不引起個體某種反應的情形下，經過訓練之後，即可使之對該刺激表現出固定的反應。因此，條件作用一詞所指者亦即前文所說的聯想學習。惟在行為主義者看來，條件作用歷程中動物之所以學到向某種刺激表現固定反應，並不帶有"聯想"的意義；只是刺激與反應間的聯結而已。一般之所以稱此類學習為聯想學習，主要是由於該詞出自聯想主義傳統的緣故。接下去介紹巴甫洛夫的經典條件作用。

經典條件作用 (或**古典制約作用**) (classical conditioning)，包括兩種含義：其一是指一種實驗設計；經由此種設計即可產生刺激-反應聯結式聯想學習。其二是指一種基本學習理論；將學習視為刺激-反應聯想的歷程。由於此種實驗設計與理論體系是由俄國生理學家巴甫洛夫 (圖 5-1) 所首創，而且經久不衰，故而通常以"經

圖 5-1　巴甫洛夫

(Ivan Petrovich Pavlov, 1849～1936) 是 20 世紀初前蘇俄時代著名生理學家和心理學家，是經典條件作用學習理論的建構者，是 1904 年生理學諾貝爾獎得主，也是傳統心理學領域之外影響科學心理學發展最大的人物之一。

圖 5-2 巴甫洛夫經典條件作用實驗

典"名之。

巴甫洛夫為 20 世紀初俄國著名生理學家，由於長期研究消化系統的傑出成就，曾榮獲 1904 年諾貝爾生理學獎。巴甫洛夫在以狗為實驗對象研究其消化腺分泌的變化時，意外地發現，狗的消化腺分泌量的變化，與外在刺激的性質以及刺激出現時間等因素有密切關係。如讓飢餓的狗吃到食物，或置食物於狗的面前時，牠的唾液就會增加分泌，這是自然現象不足為奇。但巴甫洛夫在實驗中發現，有時其他本來與唾液分泌毫無關係的中性刺激 (如送食者的腳步聲) 與食物相伴或稍前出現多次，以後單獨出現時也會引起狗的唾液分泌。針對此一現象巴甫洛夫創始了他著名的經典條件作用實驗 (圖 5-2)。

顯然，本來與唾液分泌無關的中性刺激，之所以同樣引起唾液反應，乃是由於該刺激在與食物相伴或稍前出現的時間條件有以致之。後來，巴甫洛夫進一步採用食物之外的各種刺激，如鈴聲與燈光等，並嚴密控制其出現時間，仔細記錄唾液分泌量的變化，終於建構了經典條件作用理論。按巴甫洛夫的實驗，經典條件作用之形成，繫於以下四個變項之間的關係 (表 5-1)：(1) **無條件刺激** (或**非制約刺激**) (unconditioned stimulus，簡稱 UCS)，指本來就能引起個體某固定反應的刺激，亦即引起唾液分泌的食物；(2) **無條件反應**(或**非制約反應**) (unconditioned response，簡稱 UCR)，指由無條件刺激引起的固定反應，亦即由食物引起的唾液分泌；(3) **條件刺激** (或**制約刺激**) (conditioned stimulus，簡稱 CS)，指原來的中性刺激，亦即與食物相伴或稍前出現的鈴聲；(4) **條件反應** (或**制約反應**) (conditioned response，簡稱 CR) (註 5-1)，指條件作用形成後由條件刺激引起的反應，亦即鈴聲引起的唾液分泌。綜上所述，經典條件作用的基本原理可陳述為：將條件刺激與無條件刺激同時或稍前出現，經多次重復(練習) 後即可取代無條件刺激而單獨出現也引起同樣的分泌唾液反應，是為條件反應。

在巴甫洛夫的實驗設計中包括四個變項，無條件刺激與條件刺激二者均屬**自變項**；無條件反應與條件反應二者均屬**依變項** (對變項的說明見第一章第四節)。各個變項的處理按照表 5-1 的時間與程序安排進行，即可形成經典條件作用式的學習。

表 5-1　經典條件作用的實驗設計

時間與程序		刺激與反應的關係	
條件作用前（兩刺激各自單獨出現）	1	無條件刺激 (UCS)　──────→ (食物)	無條件反應 (UCR) (唾液分泌)
	2	條件刺激 (CS)　──────→ (鈴聲)	引起注意，但無唾液分泌反應
條件作用中（兩刺激同時或相繼出現）	3	條件刺激 (CS) (鈴聲) ＋ 無條件刺激 (UCS)　──────→ (食物)	無條件反應 (UCR) (唾液分泌)
條件作用後（條件刺激單獨出現）	4	條件刺激 (CS)　──────→ (鈴聲)	條件反應 (CR) (唾液分泌)

註 5-1：巴甫洛夫在其俄文著作中，原本稱狗對食物的唾液分泌為**無條件反射** (unconditioned reflex)，稱狗對鈴聲的唾液分泌為**條件反射** (conditioned reflex)。後來美國行為主義心理學家將反射改為反應。反射是生理為基礎的活動，反應的含義較反射為廣，除生理活動外也包括心理活動。

二、經典條件作用的行為法則

巴甫洛夫的實驗研究，雖原本旨在探討狗的消化腺的分泌問題，惟因其實驗結果證實了條件刺激與條件反應之間的關係，確能在適當安排下形成新的聯結。從學習心理的觀點看，某中性刺激原本引不起個體某種固定反應，但經由經典條件實驗設計程序，即可使該中性刺激與反應形成新的聯結。新的聯結由反應表現出來，是為條件反應，亦即為學習。因此，巴甫洛夫的經典條件作用自然被心理學家們視為學習的基本原理。因為巴甫洛夫開創性的實證研究證實了刺激與反應新關係的建立，影響所及，使流傳已久的以刺激與刺激間觀念聯想解釋知識來源的傳統理念，產生了改變，代之而起的就是刺激-反應聯結式的聯想學習。

正因巴甫洛夫的經典條件作用含有學習心理的意義，所以在學習心理學上就將其實驗過程中與條件反應形成的有關現象，均視為學習的基本原理。以下即經典條件作用學習原理中的重要術語。

(一) 強化與強化物

強化 (reinforcement) 一詞是指在條件作用中，影響刺激-反應聯結強度或增強條件反應出現頻率的一切程序。在上述經典條件作用中，安排與條件刺激同時或稍後呈現食物，因而增強了以後條件反應的出現頻率，即為強化。在此情況下，強化係因食物而產生，故食物即為**強化物** (reinforcer)。因強化物具有刺激的性質 (無條件刺激)，故也稱之為**強化刺激** (reinforcing stimulus) (廣義言之，凡是能夠滿足個體需要者均可視為強化物)。

(二) 類化與辨別

1. 類化 類化 (或泛化) (generalization) 是指經條件作用的實驗程序形成條件反應後，與實驗中所採用過的條件刺激相類似的其他刺激 (如鐘聲)，也會引起相似的條件反應。此一現象乃是由於類似刺激所引起，故而也稱**刺激類化** (或**刺激泛化**) (stimulus generalization)。

2. 辨別 辨別 (discrimination) 或稱**刺激辨別** (stimulus discrimination) 是指在條件作用中所顯示的與上述類化相反的現象。即個體所學到的條件反應，只對條件作用中受到強化過的條件刺激作反應，不對其他刺激作出反應 (如不對鼓聲反應)。類化是趨同，辨別是辨異，兩者交互運用，才能構成準確精密的學習。

(三) 習得、消弱與自然恢復

1. 習得 在經典條件作用中，**習得** (或**獲得**) (acquisition) 是指經由條件刺激與無條件刺激相伴出現多次後，前者逐漸取代後者的作用，最後終於單獨由條件刺激即可引起條件反應。換言之，習得一詞即指條件反應建立的歷程。

2. 消弱 消弱 (或消退) (extinction) 是指經典條件作用中條件反應形成後，如一再地單獨重復出現條件刺激，而不呈現無條件刺激，則原來形成的條件反應，將會因之而逐漸減弱，最後終於消失。此一現象稱為消弱。

3. 自然恢復 自然恢復 (spontaneous recovery) 係指消弱現象出現之後，有時不再出現無條件刺激予以強化，條件反應也會自行恢復。此現象稱為自然恢復。惟自然恢復後的條件反應較前為弱；而且如長期不再強化，則已形成的條件反應終將消失。此一原理的含義是，學習後的遺忘可能是暫時的，即使未再經練習有時也會恢復記憶。惟欲期其持久不忘，仍須再加練習，並再度實施強化。

(四) 次級條件作用與次級強化

1. 次級條件作用 次級條件作用 (或次級制約作用) (second-order conditioning) 是指經條件作用形成條件反應後，原來的條件刺激 (如鈴聲) 具備了無條件刺激的作用，進而與另一條件刺激 (如燈光)，形成另一個刺激-反應的新聯結。像此種以原有條件作用為基礎，進而形成新條件作用的現象，稱為次級條件作用。在次級條件作用中，充當無條件刺激的原條件刺激，因經學習而具有了強化物的性質，故而稱為**次級強化物** (secondary reinforcer)。

2. 次級強化 次級強化 (secondary reinforcement) 是經條件作用形成條件反應後，以原來的條件刺激當做次級強化物使用，從而形成次級條件作用的程序。準此而論，前述第一項所指的強化，按其性質則稱為**原級強化** (primary reinforcement)。

三、經典條件作用與行為主義

(一) 巴甫洛夫是行為主義的先驅

在 20 世紀 20 年代興起於美國的行為主義，在理論取向上主張採自然科學方法研究可觀察測量的外顯行為，而在實際方法上則是遵循了巴甫洛夫的經典條件作用路線。所不同者，只是行為主義創始人華生 (見圖 1-5) 用條件反應取代了巴甫洛夫本來的條件反射。因此，巴甫洛夫乃是行為主義的先驅。

巴甫洛夫的經典條件作用實驗在 20 世紀初已有極大的成就，而經典條件作用研究中，有以下三點更有助於促動行為主義的發展 (Schultz & Schultz, 2007)：

1. 經典條件作用實驗是以動物為對象，實驗研究結果證明，動物可以經由強化、類化、辨別等歷程學到新的反應。

2. 經典條件作用的實驗設計完全符合科學原則；按照一定程序控制安排無條件刺激與條件刺激，即可形成條件反應。條件反應即可視為學習，而學習就是行為改變或新行為建立的歷程。

3. 經典條件作用下所產生的行為改變是可以觀察測量的，也是可以量化的；故而完全符合當時由自然科學影響而盛行的實證主義理念。20世紀20年代興起於美國的行為主義，原本即以採用自然科學方法從事心理學研究為號召，巴甫洛夫的理論與方法傳到美國後，立即被行為主義採用來作為理論的根據。

正因為行為主義的心理學研究理念符合當時科學化的風潮，所以自20世紀20年代開始，一向重視研究人類內在心理歷程或精神作用的心理學傳統，一變而為根據動物行為的研究結果去推論解釋人類的行為。在20世紀20至60年代，行為主義將心理學視為純自然科學與只研究外顯行為的主張，不但在美國心理學界形成了所謂的"第一勢力"，甚且影響到全世界。因此，在此一時期，"心理學是研究行為的科學"就成為了心理學的定義。影響所及，"學習"的定義也變成了"學習是因練習而使行為改變的歷程"，亦即"學習是刺激-反應聯結的歷程"。

(二) 行為主義揭櫫的科學心理學取向

在科學至上的觀念與巴甫洛夫經典條件作用研究影響下，華生（圖1-5）首創的行為主義，很快地即將美國心理學帶上了自然科學的取向。心理學史學家認為，華生當時揭櫫的行為主義，具有以下四個特點 (Schultz & Schultz, 2007)：

1. 心理學要想成為一門科學，必須採用科學方法研究個體表現於外的行為；巴甫洛夫所創用的經典條件作用實驗，其方法與原理正符合當時行為主義所強調的心理學科學研究主張。

2. 行為主義者認為，經典條件作用研究所得到的原理原則，不但可用以了解動物行為，而且也可用以解釋人的行為。

3. 行為主義者認為，人類一切行為構成的基本要素是反應，複雜行為乃是多種反應的組合；而該等反應中，除少數是生而具有的反射之外，其他全都是個體在適應環境時，與其環境中各種刺激之間，經由經典條件作用的學習過程所形成的。

4. 行為主義者認為，只要能了解環境中刺激與個體反應的關係，即可設計環境，控制刺激，而後經由條件作用的方法，建立起所要建立的反應；並可進一步根據條件作用原理，改變人的既有行為。在心理治療上的行為治療（見第十四章），就是在此一理念下發展出來的。

平心而論，巴甫洛夫的經典條件作用的實驗研究及其建構的條件反射原理，是合於自然科學（生理學）根據外顯表象探求背後真相的原則。行為主義採用來解釋非屬自然科學人類的複雜心理現象，將人性物化和簡化的做法，只能因緣際會盛行一時，最後終究遭到抵制而式微。

四、經典條件作用原理的應用

巴甫洛夫經實驗研究建構了經典條件作用的原理，經由華生的行為主義採用來做為聯想學習的理論依據，並用以擴大解釋人與動物的一切行為。惟從現代心理學的理論與應用看，經典條件作用原理主要用於解釋情緒學習與心理治療兩方面，不能用於解釋複雜的知識學習。

在情緒學習方面，華生曾根據巴甫洛夫經典條件作用的實驗設計程序，以十一個月大的嬰兒為對象，從事情緒反應的學習，藉以驗證巴甫洛夫的理論改變人類行為的可行性。華生預定要嬰兒學習的情緒反應為恐懼、啼哭，用來引起嬰兒恐懼的無條件刺激為重擊鋼板發出的大聲。華生預定要嬰兒學習的條件反應，就是使原本嬰兒不對之表現恐懼的中性刺激，使嬰兒對之表現恐懼反應。華生用來做為條件刺激的是嬰兒原本喜歡的白鼠，每次看到白鼠出現在面前，即用手觸摸並表示喜悅。

該實驗的實驗程序與表 5-1 巴甫洛夫的實驗相同，使重擊鋼板的巨響和嬰兒觸摸白鼠的活動同時發生。此時的嬰兒即表現出捨棄觸摸白鼠而只表示出恐懼啼哭的反應。幾次重復之後，即使白鼠單獨出現而不伴隨重擊鋼板聲時，嬰兒也會表現出恐懼啼哭的反應。至此地步，也就是表 5-1 巴甫洛夫實驗中的第四階段；單是條件刺激 (白鼠)，即能引起條件反應。這表示嬰兒的恐懼反應是可以經由經典條件作用的歷程學得的 (Watson & Rayner, 1920)。此種學得的恐懼反應，即稱為**條件情緒反應** (conditioned emotional response，簡稱 CER)。

在心理治療方面，現在廣為採用的**行為治療**，其理論根據之一即經典條件作用。顧名思義，行為治療是以改變個體的異常行為為治療目的。根據早期行為主義者的看法，所謂**心理異常**事實上也就是行為異常，而行為異常並非什麼複雜內在心理因素所造成，而只不過是個體在生活歷程中學習到的不良習慣而已。按經典條件作用原理，個體不良習慣的養成，乃是原本不會引起固定反應的**條件刺激**，經由與本已引起固定反應的**無條件刺激**相伴出現數次後，前者即逐漸取代後者的作用，引起後者原本引起的反應。此一取代性的反應，就是**條件反應**。基於此義，所謂行為異常，事實上也就是個體在某種情境下學習到的一種不當的條件反應。行為治療的目的，就是運用經典條件作用原理消除個體學習到的不當條件反應。運用經典條件作用原理的行為治療方法有多種。其中最常用的是**系統脫敏法**和**厭惡治療法**。此二種治療方法的實際運用，詳見本書第十四章第二節。

總結以上對聯想學習主題之下經典條件作用原理的討論，大致可以獲得如下的認識：如果單從科學心理學研究方法和有限度應用的觀點看，行為主義早期所標榜的自然科學取向，是有相當貢獻的。但如從學習心理研究應著眼在人類知識學習問題探究的觀點看，行為主義只根據經典條件作用原理來解釋如何預測和如何控制人類的行為，顯然有很大的侷限，關於此點，留待聯想學習主題下操作條件作用討論過後，再行一併說明。

第三節　操作條件作用

在聯想學習主題下，前節討論的經典條件作用學習歷程中有兩個特點：其一，學習是在刺激代替的過程中產生的；先是由於條件刺激與無條件刺激相伴出現 (刺激與刺激的聯結)，然後條件刺激取代無條件刺激的作用，而引起了無條件刺激所引起的反應 (刺激與反應的聯結)。其二，個體在學習情境中是被動的，只是在刺激變換下表現出反應。如果從個體適應環境時隨時可能從活動經驗中學習到生存能力的觀點看，經典條件作用的學習原理，顯然只能解釋少數的學習現象。因此，行為主義發展到 20 世紀 30 年代時，在學習理論思想上，產生了操作條件作用學習的理念。惟在說明此一新理念的起源之前，應先追溯到與巴甫洛夫同時代的學習心理學先驅桑代克的研究。

一、桑代克的效果律

約在巴甫洛夫用狗做實驗建立經典條件作用理論的同時，美國心理學家桑代克 (圖 5-3)，用貓為對象所做的學習實驗，一般認為是操作條件作用實驗研究的先驅。桑代克將飢餓的貓置於特別設計的**迷箱** (puzzle box) (圖 5-4) 中。箱外置有食物，使貓在箱內可見可聞，只因箱門關閉，非用前爪踏到開門機關，無法逃出箱外取得食物。實驗研究的目的是，觀察動物在有目的活動 (出箱取食) 中，如何學到解決困難問題。經多次重複觀察，實驗者發現，貓初進箱時其動作是紊亂的，在紊亂活動中，偶然踏到機關，門自動開啟，獲得食物。以後重複練習時，即發現貓在箱中的紊亂動作隨重複練習次數的增

圖 5-3　桑代克

(Edward Lee Thorndike, 1874～1949) 是 20 世紀美國心理學家，是聯結主義的創始者，也是被稱為教育心理學之父的人。

圖 5-4　桑代克實驗用的迷箱
(根據 Thorndike, 1898 資料繪製)

加而逐漸減少，但踏到機關的動作則逐漸提前並增多，最後，終於學到一進箱就會踏機關開門外出取食的地步。

根據上述貓學習開啟迷箱外出得食的實驗，桑代克建構了他的刺激-反應聯結學習理論。桑代克的學習理論有以下兩大要點 (Thorndike, 1911)：

1. 學習是經由嘗試與錯誤的歷程，在問題情境中，個體表現出多種嘗試性的反應，直到其中有一個正確有效反應出現，將問題解決為止。多種嘗試性的反應中，能有效解決問題獲得滿足結果的反應，就是在該刺激情境中學習到的特定反應。在某刺激情境中學得某特定反應之後，其他嘗試而無效的反應，即逐漸消失。此種從多種反應中選擇其一並與特定刺激固定聯結的學習歷程，稱為**嘗試錯誤學習** (trial-and-error learning)。

2. 在嘗試錯誤學習歷程中，某一反應之所以能與某一刺激發生聯結，是因該反應能夠獲致滿足的效果。這是嘗試錯誤學習能否建立的基本原則，桑代克稱此原則為**效果律** (law of effect)。效果律是桑代克學習理論的中心思想。除以效果律做為聯結學習的基本原則之外，桑代克又提出兩個附屬原則，用以解釋影響刺激與反應間聯結之強弱：一為**練習律** (law of exercise)，指刺激與反應間的聯結，隨練習次數的增多而加強。另一為**準備律** (law of readiness)，指刺激與反應間的聯結，隨個體本身準備狀況 (因飢餓需求食物) 而有異；個體在準備反應的狀況下，遂其反應，則感滿足，有過滿足經驗，以後遇到同樣情境時，自會使個體繼續做出同樣的反應。

在桑代克的嘗試錯誤學習理論中，由於他將刺激與反應之間的聯結視為學習歷程，故而他的學習理論被稱為**聯結主義** (connectionism)。

二、斯金納的操作條件作用

美國的行為主義心理學發展到 20 世紀 30 年代以後，興起了一派異於早年華生行為主義思想的**新行為主義** (neo-behaviorism)。相對的，華生早年的思想就被稱為**古典行為主義** (classical behaviorism)。新行為主義有兩點特徵：其一是在基本理念上仍然信守古典行為主義所強調的客觀、控制、預測與量化等原則以研究外顯行為的傳統。其二是對於刺激-反應聯結學習歷程的解釋，學者之間出現了不同的看法。有的認為學習是刺激-反應的聯結，但聯結並非個體被動地在刺激代替的過程中產生；而是在個體主動反應中產生的。有的認為學習雖可視為刺激-反應的聯結，但兩者的聯結並不是直接的，而是在刺激與反應之間有一段內在心理活動歷程。第二種看法留待本章第四節認知學習時再行討論，接下去先說明由第一種看法發展而成的操作條件作用。

(一) 操作條件作用的特徵與實驗設計

操作條件作用學習理論，係由 20 世紀 40 年代美國心理學家斯金納 (圖 5-5) 根據動物學習實驗所建構的。**操作條件作用 (或操作制約作用)** (operant conditioning) 指個體在環境適應中主動向某刺激反應時，如反應後帶來有效的後果，個體即將學到以後對該刺激繼續反應。如此界定斯金納的操作條件作用學習，在形式上看，與桑代克的效果律極為相似，但斯金納的操作條件作用學習理論，不採用桑代克效果律中原有的"目的"或"滿足"等概念。在斯金納看來，此等概念涉及個體主觀的內在活動，不符合科學心理學所持的客觀研究取向。接下去先從斯金納的操作條件作用的特徵和實驗設計討論起。

1. 操作條件作用的特徵 與經典條件作用相比，斯金納的操作條件作用具有一項明顯特徵。經典條件作用是刺激替代性的學習歷程，在此歷程中，個體的無條件反應是被動的，是由無條件刺激引起的，而且以後經條件刺激替代而表現的反應，也是被動性的。故而斯金納稱之為**反應性條件作用** (respondent conditioning)，斯金納提出的操作條件作用歷程中，個體學到的反應並非被動地為某特定刺激所引起，而是在個體主動操作其環境時，因主動向某刺激反應並帶來有效後果，從而強化了個體以後再向該刺激做出同樣反應的傾向，故而斯金納稱之為**操作條件作用** (operant conditioning) (Skinner, 1937)。

2. 操作條件作用的實驗設計 斯金

圖 5-5 斯金納

(Burrhus Frederick Skinner, 1904～1990) 是 20 世紀美國心理學家，是操作條件作用學習理論的建構者，是極端行為主義的代表，是 20 世紀 70 年代對學校教育影響最大的心理學家，但也是行為主義由盛而衰的關鍵人物。

圖 5-6　斯金納箱

納從事動物實驗，並設計製作其操作條件作用學習理論的儀器，稱為**斯金納箱** (Skinner box) (圖 5-6)。其設計有如桑代克的迷箱，惟附有精密電動裝置，以便自動記錄動物正確反應的次數及頻率。箱內之一邊有活動壓板，飢餓的白鼠置諸其中，因飢餓不安而有不停的活動，如果偶然出現踩壓板的反應，該反應結果即帶來少量食物，白鼠得而食之。以後繼續活動，白鼠偶爾踩壓板得食的反應-刺激聯結，自然也會再度發生。幾次之後，不斷因反應而帶來食物 (強化物)，自將加強白鼠在以後同樣情境下再有同樣反應的表現。斯金納箱的設計，說明了個體一切行為改變 (學習)，雖然是決定於個體本身行為表現的後果，但仍然是受外在因素所控制的。

(二) 操作條件作用的行為法則

以斯金納箱為實驗情境，以動物 (主要為白鼠與鴿子) 在實驗情境中自發性地操作其環境以取得食物為學習主題，經多年研究得到的操作條件作用學習原理，是相當複雜的。以下所述是其中最基本的要義。

1. 後效強化　後效強化 (或相倚強化) (contingent reinforcement) 是指個體活動時，因偶然表現某一有效反應而受到強化，從而形成刺激-反應聯想學習的歷程。在操作條件作用中，個體自動表現多種反應，惟只在其表現某一正確反應之後，方始出現食物。食物是強化物，食物出現在某反應之後，因此該反應與食物之間變成了因果關係；食物因反應而出現，食物的出現自然對個體所表現的該一反應產生了強化作用。基於此義，斯金納的後效強化原則，與前述桑代克的**效果律**具有相似的意義；只是斯金納為使其實驗設計更為科學客觀而改以強化作用一詞代替之。斯金納在操作條件作用的實驗設計中將強化物及其所產生的強化作用分為兩類：一類為**正強化物** (positive reinforcer)，指當個體反應之後，在情境中出現的任何刺激 (如食物)，其出現有助於該反應頻率增加者謂之。由正強化物所形成的強化作用，稱之為**正強化** (positive reinforcement)。另一類為**負強化物** (negative reinforcer)，指當個體反應後在情境中既有刺激的消失 (如觸及開關而停止電擊)，其消失有助於該反應頻率增加者謂之。由負強化物所形成的強化作用，稱之為**負強化** (negative reinforcement)。固然負強化物是個體所厭惡的，但由負強化物所形成的負強化作用，卻不同於懲罰。懲罰是施予個體所厭惡的刺激，目的在消除學得的不良反應。負強化則是藉由刺激的消失而強化了新學習的反應。

2. 強化程式 強化程式 (或強化程序) (schedule of reinforcement)，指採用後效強化原理從事操作條件作用學習實驗時，在強化物出現的時間上做各種不同的安排，從而觀察個體正確反應的出現機率與強化物出現方式的關係。強化程式有很多種變化，其中最重要者有下列的兩類：(1) **立即強化** (immediate reinforcement) 與**延宕強化** (或**延遲強化**) (delayed reinforcement)；前者指個體表現正確反應後立即提供強化物，後者指個體表現正確反應後過一段時間才提供強化物。根據實驗觀察，前者效果優於後者。(2) **連續強化** (continuous reinforcement) 與**部分強化** (partial reinforcement)；前者指每次個體出現正確反應後均提供強化物，後者僅選擇在部分正確反應之後，提供強化物。根據實驗研究，後者效果優於前者。

3. 行為塑造 行為塑造 (shaping of behavior) 或簡稱**塑造** (shaping)，指按照操作條件作用的後效強化原理訓練動物學習包括多個刺激-反應活動的一種技術。以訓練狗用鼻子按電鈴為例，狗用鼻子按電鈴雖可視為自發性的操作性行為，但此行為不可能未經訓練即可自動在定時定點發生。行為塑造的原理是，將動物學習此一行為的過程分段實施：最初，狗表現**趨近**電鈴反應時施予強化 (給予食物)；繼而，偶然間狗表現用鼻子去聞電鈴反應時即施予強化；最後，狗表現用鼻子按觸電鈴時即施予強化。如此逐步進行使動物學到包括多個刺激-反應在內的連續性動作，即稱為行為塑造。因為行為塑造是經過多個階段連續形成的，故而也稱此種學習歷程為**漸進條件作用** (approximation conditioning)。

4. 連鎖作用 連鎖作用 (chaining) 也是根據操作條件作用原理訓練個體學習包括多個刺激-反應活動的一種技術。惟連鎖作用的學習程序與前文所說的行為塑造相反，它不是從一連串反應的前端開始，而是從一連串反應的最後一個正確反應開始，經由後效強化原理，先對最後一個正確反應施予強化，然後等倒數第二個正確反應出現時施予強化。如此繼續進行，直到學會最初一個正確反應為止。以訓練心智不足兒童穿衣服與扣扣子為例，先幫他穿上上衣只留最下端一個扣子，讓他自己扣上並予以鼓勵。等第二次穿衣時留下端兩個扣子讓他自己動手完成並予以鼓勵。如此繼續進行，直到學會扣上所有扣子為止。連鎖作用的原理可用以解釋行為中一連串反應形成聯結的歷程。從表面看，行為活動中觀察所見者只是一個反應連鎖接另一個反應。而事實上，其中每個反應都是刺激-反應的聯結；第一個反應之後引起第二個反應的刺激就是第一個反應。換言之，前一個反應完成之後，隨即變成引起第二個反應的刺激，如此繼續進行，終而形成連鎖作用。基於此義，在斯金納看來，語言中一連串音節的聯結，或技能學習中一連串的動作，都是經由連鎖作用形成的。連鎖作用又稱**連鎖反應** (chained responses)，也稱**行為連鎖** (behavioral chaining)。

除以上四點為操作條件作用的特徵之外，其他在經典條件作用中所發現的類化、辨別、消弱、自然恢復、次級條件作用等法則，也同樣存在於操作條件作用的學習歷程之中。

5. 負強化與學習　前述各點均說明在正強化的情境中產生的學習。按斯金納的操作條件作用學習原理，個體的很多行為是在負強化的情境下學得的。根據動物實驗研究，採用負強化原理可以使動物產生兩種學習：(1) **逃避學習** (escape learning)，指動物學習到從懲罰的情境中逃離，以免繼續受苦。此類實驗多半用白鼠為研究對象。將白鼠置於中間有半截隔板的箱中，隔板的高度，可容白鼠跳得過去。實驗時先置白鼠於箱之一邊，然後在箱底通電使白鼠受到電擊。如白鼠此時跳過隔板進入籠的另一半，自然就可脫離困境，免於電擊痛苦。此類實驗證明，幾次練習之後，白鼠就會從紊亂的反應中產生逃避學習。如改變設計換在箱的另一半通電，白鼠同樣也會逃避學習。(2) **迴避學習** (avoidance learning)，指逃避學習形成後學到迴避懲罰的一種更複雜學習。以上述逃避學習為例，在白鼠學會以跳過隔板逃避之後，在通電流之前先出現一個訊號(如燈光)，結果發現，在白鼠受到電擊之前，只要有訊號即引起牠逃避反應。像此種懲罰情境未出現前的迴避動作，即稱為迴避學習。上述兩種學習，雖然都可採用負強化的原理來解釋，但如進一步分析即可發現，在性質上，逃避學習屬於操作條件作用學習應無問題，但迴避學習中因增加了一個訊號，故而在性質上應屬經典條件作用的學習歷程 (King et al., 2008)。

(三) 操作條件作用原理的應用

斯金納根據動物實驗所建構的操作條件作用學習理論，在 20 世紀 30～60 年代，曾被學校教育與精神病院等各方面廣為採用，希望藉以提升教學效果或促進**心理治療**功能。有關操作條件作用原理在治療上的應用，待第十四章第二節再行討論，在此先說明此一學習原理在教學上的應用。

1. 編序教學 **編序教學**(或**程序教學**) (programmed instruction) 是 20 世紀 70 年代盛行**個別化教學** (individualized instruction) (按學生個別差異而施教的教學方式) 時，採用斯金納操作條件作用原理所研發的一種教學設計。其設計是將學校教科書改編，使之合於**後效強化原理**，使學生在自動式的學習過程中獲致較好學習效果的一種教學方法。編序教學的主要工作是**編序** (programing)，將原屬課本式的教材，按擬定的順序改變為編序教材，以便實施編序教學。從編序教材的製定到編序教學的進行所根據的原則和學習心理學原理，可歸納為以下五點：(1) 將教材所訂的整個教學單元，細分成很多小單元，並按各小單元的邏輯順序 (何者宜先，何者宜後)，依次編列，形成由易而難的很多層次或小步階。(2) 編序中的每一個小步階，代表一個概念或問題，每一問題須預先確定正確答案；第一個問題的答案是學習第二個問題的基礎，第一與第二問題的答案是學習第三個問題的基礎，層層而上，如登台階然。此一設計是根據斯金納操作條件作用學習理論中的**連續漸進條件作用**的原理。(3) 編序教材可採測驗卷形式，也可做成其他形式，以便於使用**教學機** (teaching machine)。對每一問題的回答，可採填充、是非或選擇等方式。回答之後立即出現正確答案，可讓學生從**回饋**(或**反饋**) (feedback) 中得以核對自己的答案是否正確。(4) 編序教學之實施，原則上是一種個別化教學方式；每個學生可按自己的步調完成作業。如此可免除班級中因學習速度不同而產生的情緒壓力。(5) 編序教學之構想，基本上是想讓學生在自動的情境下，每個人均能確實學到預定要他學習的知識或技能。

2. 電腦輔助教學 **電腦輔助教學**(或**計算機輔助教學**) (computer-assisted instruction，簡稱 CAI) 是 20 世紀 80 年代電腦設備普及化以後，由編序教學改進演變成的一種個別化教學設計。是使用電腦代替編序教學所用教學機的一種新設計。電腦輔助教學雖已流行多年，但在教學成效的研究上，並未獲得肯定。因此，電腦教學取代教師教學的構想並未成功 (Beeker, 2000)。

斯金納建構的操作條件作用原理，除應用在教學外，在心理治療上發展成**行為矯正**，也被廣泛應用 (見第十四章第二節)。

三、聯想學習理論的貢獻與侷限

聯想學習理論是行為主義思想的核心，因此談聯想學習理論的貢獻，也就是談行為主義的貢獻。行為主義聯想學習理論的發展，大致可分為古典行為主義 (1913～1930) 與新行為主義 (1930～1960) 兩個階段。前一階段以創始人華生所奉行的巴甫洛夫經典條件作用原理為代表，後一階段以斯金納所主張的操作條件作用原理為代表。另外亦屬新行為主義班杜拉的社會學習理論，留待稍後再行說明。以下就從華生與斯金納兩人的學習心理思想，簡略討論行為主義的貢獻。

(一) 聯想學習理論的貢獻

在 20 世紀之初心理學學派對立之際，華生所提倡的行為主義之所以異軍突起，氣勢勝於其他學派，而在美國心理學界獨領風騷達 40 年之久。一般認為乃是由於時代精神的效應所致 (Schultz & Schultz, 2007)。所謂**時代精神** (Zeitgeist)，是指劃時代的學術思想或領袖人物之所以產生，乃是由於該時代文化演變、政治趨向、經濟發展以及社會變遷等多因素所形成的綜合效應。19 世紀科學發展的空前成就，造成西方文化在 20 世紀初"科學萬能"的時代精神效應。一般認為，科學研究不僅使改變物質環境以為人類享用成為可能，而且也可採用科學方法研究人性，進而改變人性。哲學時代的心理學家，都是用抽象的概念對人性從事思辨的解釋，所有的心理學理論，也都不是經由客觀驗證的科學原則建構的。即使 19 世紀末馮特已開始科學心理學研究，但因所研究主題為**意識**，所採用方法為**內省**，兩者仍屬主觀，無法得到客觀結果。真正的科學研究必須符合主題具體性、方法精密性和結果驗證性三項科學要件。就在這樣的共識之下，華生以純科學方法研究外顯行為的思想，就掀起了心理學史上的**行為革命**。在此新思想影響下，傳統心理學所探討的感覺、知覺、意識、認知、思維以及動機、自由意志等概念所涉及的內在心理活動，在行為主義心理學的研究中全部都遭到排除。

古典行為主義所奉行的**經典條件作用**原理，到 30 年代斯金納的**操作條件作用**理論提出後，聯想學習理論的內容得以擴大，用以解釋更多的學習現象。復以斯金納在其以心理科學造福人群的雄心下，極力將操作條件作用的理念推廣到兒童養育、學校教學、精神疾病治療等方面去實際應用 (Schultz & Schultz, 2007)，終於在此後 30 年期間，使斯金納在美國心理學界得到史無前例的榮譽；1958 年獲美國心理學會傑出科學貢獻獎；1968 年獲被視為科學界最高榮譽的美國政府國家科學獎章；1971 年獲美國心理學基金會金質獎章，並成為《時代》雜誌封面人物；1990 年獲美國心理學會心理學終身貢獻獎。這些榮譽，代表美國政府和心理學界對斯金納學術成就的肯定，自然也代表對他所主張的刺激-反應聯想學習理論貢獻的肯定。

(二) 聯想學習理論的侷限

討論行為主義聯想學習理論的侷限時，一般批評行為主義的研究僅只將可觀察的外顯行為當做研究主題，只分析了解影響行為變化的環境因素，而將預測與控制行為作為研究目的。此種研究顯然窄化了心理學的原意。心理學原本以研究內在心理現象為目的，外顯行為只是內在心理現象的表象，行為主義為遷就科學方法，捨棄內在心理活動而只重視外顯行為的取向，顯然是將手段當了目的,是不適當的。在 20 世紀 60 年代以前將心理學定義為研究行為的科學的時代,此種批評不為一般人所接受,但在 60 年代心理學定義改為研究行為與心理歷程之後,此種批評就被認為是中肯的。基於此義,試從以下兩點分別說明聯想學習理論的侷限性:

1. 從知識來源問題看聯想學習理論的侷限性　現代科學心理學對學習心理的研究,原本旨在經由科學方法探究人類獲取知識的心理歷程。"知識"一詞的含義雖然廣泛,但從學習心理的觀點言,其概念不外包括個體在學習活動中學到的"知"與"行"。"知"與"行"兩者是相互依存的,有時是"在行中學到知"(如兒童學語言),有時是"從知中學到行"(如成人學外語),有時是"從知中學到知"(如根據舊知識學新知識),也有時是"從行中學到行"(如嬰兒學步)。無論如何,只從外顯反應"行"的觀點,是無法了解人類知識來源問題的。職是之故,聯想學習理論之外乃有認知學習論的興起。

2. 從科學研究目的看聯想學習理論的侷限性　在本書第一章第一節內曾經提到,科學研究的終極目的是根據事態變化的表象,探究表象背後的真相。個體在學習情境中表現的外顯行為,從表面看,固然是刺激引起的反應。但如進一步探究"某種刺激為何引起某種反應?"問題時,就不能單純根據行為主義刺激代替 (條件刺激代替了非條件刺激) (經典條件作用參見表 5-1 中程序 3) 或後效強化 (操作條件作用) 來解釋。以對弈為例,甲方落子 (構成刺激) 乙方回應 (引起反應),在此情形下,乙方的反應很難採行為主義的機械觀點來解釋。棋盤上的攻防之戰是千變萬化的,弈者面對刺激情境表現反應時,都是經過深思熟慮後才下的決定。因此在刺激到反應之間,一定有一段內在心理活動歷程,這段內在心理活動歷程才是構成刺激-反應關係的真相。行為主義的聯想學習理論忽略此點,顯然有失心理科學的原意。

正因行為主義秉持的聯學習理論有很大的侷限性,故而行為主義思想發展到斯金納晚年即由盛而衰,在斯金納無法阻擋的情勢下 (見註1-1) 終為後起的認知心理學取代,成為現今心理學思想的主流。

第四節　認知學習

認知學習是解釋學習歷程的另一種學習理論。前文曾經數度提到,在基本理念上,認知學習論雖然同意學習是刺激反應間新關係的建立，但反對聯想學習論的刺激與反應聯想的解釋。認知學習論者認為，在學習情境中個體之所以向某刺激反應，乃是由於個體對該刺激所代表的意義產生了認知。換言之，刺激與反應間新關係的建立既非決定於刺激出現時間的接近(指經典條件作用)，也非決定於反應後的強化(指操作條件作用)，而是決定於個體對兩者間關係的認知。不過，此處所指認知學習，在意涵上與後來的認知心理學(見第六章)並不完全相同。認知學習是在行為主義盛行期間(20世紀30～60年代)，少數心理學家為反對聯想學習所提出的學習理論，認知心理學則是70年代興起的另一種心理學思想。反對聯想學習論的少數心理學家，有的出身於新行為主義，有的是完形學派的代表。認知學習論者開始反對聯想學習時所提出的理論證據，也是根據動物學習的實驗研究；直到晚近認知學習論中觀察學習論提出時，才放棄動物改以人為對象從事學習實驗研究。接下去先介紹認知學習對學習歷程解釋提出的異於聯想學習的意見，然後再介紹認知學習的實驗研究和系統理論。

一、聯想學習歷程中的認知作用

行為主義主張的聯想學習，對學習歷程解釋時，是以經典條件作用與操作條件作用為根據的。兩種條件作用的共同特徵是，個體在學習情境中學到的都是機械式的反應。認知學習論者針對此點提出以下反對意見 (Mikulincer, 1994)。

(一) 經典條件作用學習中的認知作用

經典條件作用的核心觀點是，在學習情境中，如在時間上使**條件刺激**與**無條件刺激**接近出現多次，前者就會取代後者，自動引起個體原來對**無條件刺激**的反應。認知學習論者對此看法提出質疑，他們認為，動物在經典條件作用實驗情境中，未必完全是在被控制的情形下只能被動地表現出機械式反應。事實上，動物可能對實驗情境有所了解；了解到條件刺激(鈴聲)是一種訊號，此一訊號出現後，緊接著無條件刺激(食物)就會來臨。換言之，在經典條件作用中，個體所學到的未必只是被動式的反應，而很可能是學到一種認知和預期。在人類的日常生活中，有很多類似的學習情境。以下課鈴聲為例，按行為主義的解釋，鈴聲只是一種條件刺激。根據學生與教師的經驗，鈴聲所引起者並非機械式的下課反應；鈴聲代表一種訊號，該訊號將引起學生與教師在心理上有不相同的認知和預期(知道下了課做什麼)。因此採行為主義機械論看法解釋聯想學習，在理論與實際上都有困難。

(二) 操作條件作用學習中的認知作用

按斯金納操作條件作用的原理，個體之所以學到某種反應，主要是受**後效強化**原則的支配。因此，操作條件作用學習歷程中所產生的刺激-反應聯結學習，在性質上也是機械式的。持認知學習觀點的心理學家則認為，在操作條件作用中，個體學到的也可能是預測或期待，預測或期待他的反應之後，即將帶來何種後果。如後果使他滿足(快樂增加或痛苦解除)，他就會繼續反應；如後果得不到滿足，他可能就不表現反應。以下的學得無助感實驗研究，即可用以說明操作條件作用中實際上帶有認知作用。

所謂**學得無助感**(或**習得性自棄**) (learned helplessness)，是指個體經由操作條件作用學習到的一種對環境無能為力的心理狀態。學得無助感一詞起於美國心理學家塞利格曼 (Seligman, 1975) 的研究。該研究乃是根據操作條件作用原理，以狗為實驗對象，以電擊為負強化刺激，研究動物的逃避學習時所發現的一種現象。如果將實驗情境控制為使個體無法逃避，結果發現個體經過多次嘗試失敗之後，即放棄逃避反應；即使將情境改變讓個體可以輕易逃避，個體也不再做逃避嘗試。塞利格曼與其後心理學家 (Mikulincer, 1994) 將學得無助感現象解釋為一種個體對情境的認知作用；是謂個體已從經驗中了解到努力逃避是無濟於事的。學得無助感是一個重要概念，既被教育上用來解釋懲罰的不良後果，也被用來解釋為**心理異常**形成的原因之一。

二、認知學習的動物實驗研究

行為主義之所以採用經典與操作兩種條件作用為解釋學習歷程的理論依據，主要是企圖在嚴密控制的實驗情境下研究動物的學習行為，從而達到心理學科學化的目的。行為主義研究動物學習行為時，強調動物在條件作用過程中所學到的只是行為(條件反應)而非認知的看法，認知學習論者提出質疑，此點已於上述。除此之外，即使在行為主義盛行之時，認知學習論者同樣以動物為實驗研究對象，用以證明在某些情境下動物和人類一樣，是靠思維方式學習到新的知識。而且，動物在複雜的學習情境中即使學到了知識，也未必完全表現於外顯的行為。認知學習論者所從事的實驗研究，正值行為主義的強勢時期，其影響雖較少，但卻為以後認知心理學的興起奠下了根基。以下是20世紀20～30年代兩項具有代表性的動物認知學習實驗研究。

(一) 柯勒的頓悟學習實驗

在第一章內我們曾提到20世紀初學派對立時興起於德國的完形學派，在立場上完形學派是反對行為主義機械論的。當時著名的完形心理學家之一柯勒 (圖 5-7)，即採取認知學習的觀點，以黑猩猩學習如何取到食物為實驗主題。經觀察發現，黑猩猩在求食目的受阻情境中學習解決問題時所做的表現，並不像桑代克**效果律**或斯金納**後效強化**原則所說的那樣被動地受控於環境，而是主動地洞察問題的整個情境，在發現情境中各種條件之間的關係後，才採取行動。柯勒稱黑猩猩對問題情

圖 5-7　柯　勒

(Wolfgang Köhler, 1887～1967) 是 20 世紀德裔美國心理學家，是完形學派的代表之一，是認知學習論的先驅，也是將完形心理學理論系統化的功臣。

境經過觀察思考而後決定採取行動的歷程為頓悟。**頓悟** (insight) 是內在的認知心理歷程，個體洞察學習情境頓然領悟的現象。由頓悟而表現外顯行動之前，頓悟的內在歷程是看不見的；事實上，在個體表現行動之前，頓悟即已產生。此後心理學家稱此種學習方式為**頓悟學習** (insight learning)。顯然，就頓悟學習的性質看，行為主義所主張的刺激-反應學習是不完整的。因為學習未必表現於外顯行為，在一般情境下，學習多半是內在心理歷程。

柯勒研究黑猩猩的頓悟學習時，曾設計過很多不同的實驗情境，其中最著名的是黑猩猩換桿取食的實驗 (圖 5-8)。實驗時，將飢餓的猩猩關在籠中，籠外遠處放置食物。食物與籠之間橫放著兩條長短不同的木桿，兩條木桿的位置都超過猩猩

圖 5-8
猩猩頓悟到短桿換長桿解決問題

(採自 Köhler, 1925)

前爪能夠直接接觸到的距離。另外籠內也放一木桿,但其長度也不足以用來搆取食物。猩猩必須學習解決的問題是:如何設法取到三條木桿中最長的一條,用以搆取籠外的食物?實驗者觀察發現,黑猩猩面對此一複雜的問題情境時,在行動上並不是盲目的亂動,在幾次使用籠內短桿取食失敗之後,突然顯出領悟的神情,先用籠內短桿搆來籠外的木桿,然後選取其中最長的一條搆到了食物 (Köhler, 1925)。

柯勒的另一頓悟實驗研究是,將猩猩帶到一間房間內,並在天花板上吊掛一串香蕉。猩猩幾次跳躍無法搆到香蕉之後,環視房內有幾個木箱,猩猩立即取來疊放在一起,然後爬上去搆得香蕉 (圖 5-9)。

圖 5-9　猩猩頓悟到疊箱架高解決問題
(採自 Köhler, 1925)

柯勒此二實驗結果表示的意義有二:(1) 猩猩的領悟學習不像桑代克的貓和斯金納的白鼠那樣重復多次練習才能學到簡單的反應,而是幾次嘗試即可領悟到如何解決問題。(2) 猩猩學到一種行為之後,很容易遷移到另外情境中學習另一種行為;而且能運用環境條件解決問題,可見猩猩已具備了類似人類思維的能力。

(二) 托爾曼的方位學習實驗

美國心理學家托爾曼 (圖 5-10),在心理學思想上雖屬**新行為主義**,但其學習理論主張卻與同時代的斯金納大不相同。托爾曼原則上接受行為主義以行為當做心理學研究主題的主張,也同意根據反應去解釋行為。但他對學習歷程的解釋,卻提出了兩點獨到的見解:其一,在學習情境中個

圖 5-10　托爾曼

(Edward Chase Tolman, 1886～1959) 是 20 世紀美國心理學家，是新行為主義的代表之一，是認知學習論的先驅，也是潛在學習理論的建構者。

體表現於外的反應現象，不等於學習的真相；個體所學到的一切，未必全部表現於外在的反應，有時學習雖已產生，但隱而不顯，托爾曼稱此種學習為**潛在學習** (latent learning)。潛在學習可能在以後其他情況下 (如危急) 無意中表現於反應行為。其二，在某刺激情境下個體學到的反應，不是被動的機械式反應，而是主動的選擇性反應。主動選擇的原因，是個體對刺激情境有所認知。換言之，學習既非桑代克所指的**嘗試錯誤**，也非斯金納所指的**後效強化**，而是個體主動選擇後決定的。托爾曼的學習心理思想，由以下方位學習的實驗得到驗證。**方位學習** (或位置學習) (place learning) 是指個體在生疏的環境中對多條通路的辨別、認識、選擇，從而達到目的物所在的位置。

托爾曼的實驗設計是一個三路迷津 (見圖 5-11)，訓練白鼠學習選擇一條近路達到取得食物的目的。實驗分預備練習與正式練習兩階段。在預備階段，先讓白鼠有機會熟悉整個環境，環境熟悉後，訓練階段按以下三步驟進行：(1) 在白鼠飢餓時，讓牠由起點出發進入迷津，經幾次練習後，牠學習到捨棄第二、三通路，獨選第一通路，直奔食物箱，這表示白鼠在學

圖 5-11　方位學習

白鼠在迷津中尋找食物能按路況變化隨時改變路線達到目的。
(採自 Tolman & Honzik, 1930)

習情境中學習到第一通路是最近的。(2) 達到上述程度後，如在 A 處將第一通路設下路障，發現白鼠迅速退回，改選第二通路，這表示白鼠在學習情境中學習到第一、二兩通路之間的關係。(3) 達到上述程度後，如在 B 處將第一通路再設下路障，發現白鼠迅速退回，改走最遠而練習最少的第三條通路達到目的，這表示白鼠在學習情境中學習到三條通路之間的相對長短關係。

訓練階段達到上述學習程度後，再以**隨機分派**的方式設置路障 (即設置位置不定)，用以測試白鼠的方位學習。結果發現，白鼠對三條通路隨路障而改變的局勢，全部了然，有如開車多年的計程車司機，對大街小巷的路況十分熟悉；能因時制宜因地制宜，隨機應變達到目的。根據托爾曼的解釋，白鼠在迷津中，經過到處遊走之後，已學到了整個迷津的**認知圖** (cognitive map) (Tolman & Honzik, 1930)。白鼠學到了認知圖之後，就會按圖索驥循序找到目的物所在的方位。由此可見，白鼠在三路迷津中學到的是一種認知能力，不是左轉右轉的習慣性反應。托爾曼所指的認知圖是無法從個體外顯行為中觀察可見的，故而稱之為潛在學習。

在 20 世紀 30 年代行為主義當紅的期間，托爾曼的認知圖理論，提供了反對聯想學習理論的有力證據。在以後的實驗研究中，托爾曼觀察發現，白鼠在迷津中遇到近路受阻，不得已而選走遠路之前，會暫停下來並表現一些左右探索而不明顯的小反應。托爾曼稱此種不顯著的活動為**替代性嘗試錯誤** (vicarious trial-and-error，簡稱 VTE) (Tolman, 1948)。替代性嘗試錯誤在人的行為中是隨時可見的。對弈時舉棋不定的現象，就表示當事人正在採替代性嘗試錯誤方式，以內在思維活動替代外顯的反應。在行為主義強勢之下，雖然托爾曼的學習心理思想，沒有受到普遍重視，但他的認知圖主張，卻為以後認知心理學的發展，留下了很深的影響。

三、認知學習中的觀察學習

根據本章前三節的討論，讀者對以往學習心理的研究，可能獲得兩點認識：其一，在 20 世紀 60 年代以前，雖然行為主義所持的聯想學習理論是學習心理思想的主流，而認知學習理論卻能在此一主流之下異軍突起，終至形成兩大理論對峙的局勢。其二，無論是聯想學習或認知學習理論，其理論的建構全都是以動物實驗研究結果為根據的。然從研究學習的目的旨在探究人類知識來源的觀點言，何以捨人類而研究動物？對此一問題的合理解釋是，除了認為動物與人類有相似處之外，主要還是在反**結構主義**的餘波中，因反對主觀內省，強調客觀驗證的科學化思想影響所致。然而，對人類的心理與行為而言，學習的含義至廣，除對簡單的刺激學到反應與認知之外，而且也包括著人際關係與複雜的知識和技能；只根據動物研究所得行為法則去推論解釋人類的學習心理，其效度畢竟是有限的。因此，從 60 年代開始，學習心理的研究，已由動物實驗轉而改為以人為對象的研究。本節所要討論的觀察學習以及以後第七、八兩章的內容，盡皆如此。接下去就討論認知學習理論中的觀察學習。

觀察學習是美國心理學家班杜拉 (圖 5-12) 在 20 世紀 70 年代以後提出的一種學習理論。**觀察學習** (observational learning) 指在社會情境中，個體只憑觀察別人的行為及其行為後果 (行為後得到獎勵或懲罰)，不必自己表現出行為反應，即可學習到別人行為的學習歷程，此一理論稱為**觀察學習論** (observational learning theory)。因為觀察學習是在社會情境中對別人行為模仿而產生的，模仿出於認知，故而又稱**社會認知論** (social cognitive theory) (註 5-2)。

(一) 班杜拉觀察學習論要義

在心理學思想上，班杜拉雖屬**新行為主義**，而且原則上他也同意斯金納所持**後效強化**可以改變行為的觀念。但他所提出的觀察學習論，卻與斯金納的思想有三點不同：(1) 他擺脫行為主義人性物化只研究動物學習的傳統，改以人為研究對象，正符合心理學是研究人性科學的新取向；(2) 他超越學習時個體必須直接向刺激反應始能產生學習的觀念，認為單憑個體在旁觀察別人反應時，即可間接產生學習；(3) 他認為直接向刺激情境反應非屬學習所必須，而且反應後的強化作用也並非構成學習的必要條件。由此可見，班杜拉的觀察學習論不但擴大了早期聯想學習和認知學習研究的範圍，而且豐富了學習心理學的內容，使學習原理應用在教育心理學和社會心理學等方面，能解釋更多的心理現象。以下簡述觀察學習論的要義。

1. 學習並非單純決定於外在環境

在基本上，班杜拉的學習理論是反對斯金納的**環境決定論**的。班杜拉強調，單是環境因素並不能決定人的學習行為。除環境

圖 5-12　班杜拉

(Albert Bandura, 1925～) 是 20 世紀美國心理學家，是觀察學習論 (社會學習論) 的創始人，是綜合聯想學習與認知學習兩種理論，從而建構了更適合解釋人類複雜行為 (包括人格) 的心理學家。

註 5-2：班杜拉的社會學習論，除用來解釋學習歷程之外也用來解釋人格差異 (見第十一章第四節)。

因素之外，個人自己對環境中人、事、物的認識和看法，更是學習行為的重要因素。換言之，在社會環境中，環境因素、個人對環境的認知以及個人行為三者，彼此交互影響，最後構成學到的行為。人的行為表現不純是內在力量的驅使，人所學到的行為也並非純因行為表現後受到外在環境的控制。人受環境中別人的影響，人也能影響環境中的別人。正由於班杜拉的觀察學習論中包括環境、個人與行為三項因素，故而稱之為**學習三元論** (triadic theory of learning) (見第十一章第四節**交互決定論**)。

2. 學習得自對楷模的觀察與模仿

班杜拉的觀察學習論，其重點強調個體新行為的獲得，不必一定要在學習情境中直接反應，只憑個體觀察別人行為即可學到同樣的行為。班杜拉的觀察學習論主要用於解釋人類社會行為的學習，故而在教育心理學與社會心理學上，一般稱他的理論為**社會學習論** (social learning theory)。觀察學習論在解釋學習歷程時，班杜拉採用觀察與模仿兩個概念予以說明。觀察時個體只是以旁觀者的身分，觀察別人的行為表現 (自己不必實地參與活動)，從而獲得學習的歷程。此一解釋，為教育上經常舉辦的示範教學、觀摩教學以及教學演示等措施，提供了理論根據。觀察學習並不僅限於經由觀察別人行為表現的方式 (如說話的姿態) 而學到與別人同樣的行為，甚且進一步體認到別人行為的後果 (得到獎懲後的苦樂)，亦足以設身處地的獲得間接的經驗。例如，幼兒見到別的幼兒因打針疼痛而啼哭 (刺激-反應)，他只靠觀察就會學到對打針一事表現恐懼。像此種只從別人的經驗即學到新經驗的學習方式，稱之為**替代學習** (vicarious learning)。替代學習是不需要經過客觀的刺激-反應聯結的學習的，故而班杜拉稱之為"毋需練習的學習" (Bandura, 1986; 2003)。

模仿 (modeling)，是指個體在觀察學習時，對社會情境中某人或團體之行為學習的歷程。模仿的對象稱為**楷模** (或**榜樣**) (model)；家庭中的父母與學校中的教師，一向被視為兒童模仿的楷模人物。因此，在教育上重視教師的"以身作則"，正是提供楷模讓學生模仿學習之意。

3. 觀察與模仿並非機械式的反應

按斯金納學習理論中**後效強化**原則，謂個體在刺激情境中所學到者，不是自主性反應，而是機械式反應。既然個體學到的是機械式反應，自然是同樣情境下的不同個體，都會學到同樣的反應。此即斯金納主張學習理論應具備的"客觀"與"預測"的條件。班杜拉的觀察學習論，反對此種機械論的看法，他認為，即使眾人所觀察的情境相同，而其所表現的反應也未必一致；原因是每個人的反應都是經過他認知判斷之後才表現於外的。換言之，人在學習情境中觀察模仿時，由接受刺激到表現出反應之間，有一段**中介作用** (mediation)；中介作用所指的，就是內在認知歷程。

按班杜拉的解釋，學習情境中的某種刺激，對學習者而言，具有兩種不同的性質或意義 (Bandura, 1977a)；其一為**名義刺激** (nominal stimulus)，指刺激所顯示的外觀特徵，是客觀的，是可以測量的。名義刺激的特徵，對情境中每個人來說，都是一樣的。其二為**功能刺激** (functional stimulus)，指刺激引起個體對之產生的內在認知與解釋。功能刺激的特徵，對情境中每個人來說，未必相同。班杜拉曾以幼兒為受試者，從事觀察學習實驗，以驗證上述中介作用的理念。該實驗的設計是，先讓幼稚園兒童觀察影片，影片中顯示一憤怒成年人攻擊一充氣的橡皮假人。看過後，帶領幼兒到另一放置充氣橡皮假人的實驗室，讓他模仿看過的成人動作向假人攻擊。結果發現不同幼兒的攻擊方式各不相同；他們並不直接抄襲成人的動作 (如先出右拳後出左拳) 進行攻擊，而是各自表現其自己的攻擊行為 (Bandura, 1969)。班杜拉的模仿學習的中介作用的說法，在教育上深具意義；當教師設計學習情境時，必須考慮到學生的心理需求與認知能力上的差異。

4. 模仿隨情境變化而有不同方式

根據班杜拉的社會學習論，學習者經由觀察學習對楷模人物的行為進行模仿時，將因學習者當時的心理需求與所學行為的不同而有四種不同的模仿方式 (Bandura, 1986)：

(1) **直接模仿** (direct modeling)：是一種最簡單的模仿學習方式，人類生活中的基本社會技能，都是經由直接模仿學習來的。諸如幼兒學習使用筷子吃飯與學習執筆寫字等，都是經由直接模仿學習的。

(2) **綜合模仿** (synthesized modeling)：是一種複雜模仿，學習者經模仿歷程而學得的行為，未必直接得自楷模一人，而是綜合多次所見而形成自己的行為。例如，某兒童先是觀察到電工踩在高凳上修電燈，後來又看到母親踩在高凳上擦窗戶，他就可能綜合所見，學到踩在高凳上取下放置在書架頂層的故事書。

(3) **象徵模仿** (symbolic modeling)：指學習者不是模仿楷模人物的具體行為，而是他的性格或行為所代表的意義。電影、電視、兒童故事中所描述的偶像型人物，在他們行為背後隱示著勇敢、智慧、正義等性格，即旨在引起讀者象徵模仿。

(4) **抽象模仿** (abstract modeling) 是指學習者觀察學習所學到的是抽象的原則，而非具體行為。算術解題時，學生從教師對例題的講解中，學到解題原則，應用到習題的演算，即為抽象模仿。

(二) 觀察學習的心理機制

觀察學習之產生既非由於外在控制與強化作用，個體本身的心理特徵、個體與楷模間的關係以及學習情境等，自然都是影響觀察學習的重要因素。根據班杜拉的研究發現 (Bandura, 1977a)，影響觀察學習的心理因素，可以分為以下兩方面：

1. 影響觀察學習的社會因素 根據班杜拉的研究，對一般人而言，在以下三種社會事件或社會情境之下，觀察學習比較容易產生。

(1) **楷模人物的人格特徵**：由於觀察學習是個體向楷模表現學習行為，楷模人物在性別、年齡、容貌、性格、氣質、態度、服裝以及一切言行舉止上的特徵，自然都會對觀察學習者產生很大的影響。以服裝流行而言，電視廣告上的服裝表演，設計者必須針對不同的觀眾考慮上述各項條件；買洗髮精者必須以長髮美女做廣告，買奶粉者必須讓健康活潑的嬰兒上電視，才會產生正面效果的觀察學習。

(2) **個體本人的心理特徵**：個體本人性格獨立者，在行事作人方面比較自有主張，故而對他人行為縱使有所觀察，但不一定有樣學樣地直接模仿。性格獨立的人，可能多表現在象徵模仿和抽象模仿。

(3) **觀察學習的社會情境**：觀察學習多半是在社會情境不太確定的情況下產生。**社會情境** (social situation) 是指人與人之間彼此影響的情境。教室內師生教與學活動是一類社會情境；很多人在球場看球或在餐廳用餐，也都是社會情境。在社會情境中，個體經常憑觀察別人的行為而學到別人的行為；惟在此種情境下的觀察學習，多半是對所學習的知識或技能不太肯定時，才容易產生。以在西餐桌上使用刀叉為例，如果你早已習慣於用刀叉吃飯，你就不會對別人如何使用刀叉加以注意。但是如果你是初次使用刀叉，你就會注意觀察別人的動作，用心學習。

2. 觀察學習的心理歷程 觀察學習的產生，不是環境中外在因素所決定的，而是個體在社會情境中，受楷模影響而做出的主動性與選擇性的反應。因此，觀察學習在表現出外顯的模仿行為之外，主要是一個內在心理的活動歷程。根據班杜拉的解釋，觀察學習的產生，要經過以下四階段的心理歷程 (Bandura, 1977a)：

(1) **注意階段**：注意是觀察學習的第一階段，此時，個體必須注意楷模所表現的行為特徵 (名義刺激)，並了解該行為的意義 (功能刺激)。否則無從經由模仿而成為自己的行為。

(2) **保持階段**：保持階段即記憶階段，指個體觀察到楷模的行為後，必須將行為之表現轉換為表徵性的心像 (把楷模行動的樣子記憶下來)，或表徵性的語言符號 (能用語言描述楷模的行為)。如此始能將觀察所見保留在記憶中，不致隨時遺忘。

(3) **再生階段**：再生階段指個體對其所學達到了解並能夠表現出來的階段。個體對楷模的行為表現觀察過後，能靠記憶所及將所模仿的楷模行為，轉換成自己的行為表現出來。

(4) **動機階段**：動機階段指前段學得的行為表現，係出於個體主動。此時個體不僅經由觀察模仿從楷模身上學到了行為，而且也願意在適當的時機將學得的行為表現出來。幼兒喜歡在客人面前唱歌表演以搏取眾人掌聲的情形，就是如此。

四、認知學習理論的貢獻與侷限

聯想學習與認知學習兩派理論的發展，大致與整個科學心理學發展趨勢相似；先是彼此對立，而後趨於並存。在從對立到並存的過程中，認知學習理論由早期的少數弱勢轉變為後來居上的優勢。認知學習理論之所以後來居上，乃是由於以下的貢獻獲得了心理學界的肯定：

1. 認知學習理論對學習情境中刺激-反應聯結產生學習這一表象背後的真相，提出了較諸聯想學習理論更為合理的解釋。聯想學習理論認為刺激-反應學習是外在條件控制下被動聯結產生的，認知學習理論則認為，刺激-反應學習是個體對刺激性質有所認知而主動表現的選擇性反應。證諸人類或動物的學習行為，聯想學習理論只能解釋少數"行而不知"的習慣性行為，而認知學習理論則能解釋更多的複雜行為。

2. 從歷史演變中的時代精神看，行為主義以外顯行為為學習心理的主題，以客觀驗證的要求為研究方法，固然符合了"科學萬能"的時代精神，但卻因主題遷就方法的結果而使研究對象窄化，且喪失了研究學習心理乃是旨在解答人類知識來源問題的原義。就此觀點言，認知學習理論以"認知"來解釋刺激-反應的學習歷程，正好彌補了聯想學習理論不能合理解釋人類知識來源問題的缺點。惟其如此，由於認知學習理論的主張，而促成了後來70年代認知心理學的誕生。現代認知心理學正是以研究人類知識獲得歷程為目的的。由此觀之，認知學習的主張也是符合時代精神的。

3. 受認知學習理論影響的觀察學習論，將認知學習的原理擴大到對人類社會行為的研究，不但大大超越了行為主義聯想學習理論所強調的刺激反應接近或反應後的強化是學習要件的觀念，而且在心理學上對社會角色、道德行為以及學校的行為規範教育等方面，提供了理論根據。

4. 如果要檢討認知學習理論的侷限，可得而言者是指當時對"認知"的解釋仍未完全擺脫抽象的缺點。諸如"頓悟"與"認知圖"等名詞，仍未能明確說明認知究竟是經過什麼內在心理歷程產生的，就不易使人獲得明確的概念。後來興起的認知心理學，比擬電腦處理訊息的方式研究解釋刺激-反應間的認知歷程，就克服了早先認知學習理論的缺點，但仍不能像自然科學那樣確定事實的真相。此點留待下一章內再詳細討論。

本章摘要

1. **學習**是因經驗獲得知識技能或使行為產生較為持久改變的歷程。
2. 在現代心理學的理論中，解釋學習歷程者有兩大理論：(1) **聯想學習**；(2) **認知學習**。
3. 聯想學習理論中，又分**經典條件作用**學習理論與**操作條件作用**學習理論。
4. 經典條件作用是指巴甫洛夫最早首創的**條件反射**學習原理。
5. 巴甫洛夫經實驗發現，經典條件作用學習歷程中有四項重要行為法則：(1) **強化與強化物**；(2) **類化與辨別**；(3) **習得、消弱**與**自然恢復**；(4) **次級條件作用**與**次級強化**。
6. 桑代克根據動物實驗所建構的**嘗試錯誤學習**理論有三項學習律：(1) **效果律**；(2) **練習律**；(3) **準備律**。
7. 斯金納將條件作用學習分為兩大類：(1) **反應條件作用**；(2) **操作條件作用**；前者指經典條件作用，後者是他本人的主張。
8. 斯金納經實驗發現，操作條件作用學習歷程有五項重要行為法則：(1) **後效強化**；(2) **強化程式**；(3) **行為塑造**；(4) **連鎖作用**；(5) **負強化**。
9. 操作條件作用的學習原理，在教育上主要應用於三方面：(1) 在教學上的**編序教學**；(2) **電腦輔助教學**；(3) 在心理治療上的**行為矯正**。
10. 按認知學習理論的解釋，無論是經典條件作用，或是操作條件作用，其學習歷程中均含有認知作用。
11. 早期的認知學習理論，和行為主義一樣，也是採用動物為學習實驗的對象的。在這方面的重要研究有二，一為柯勒的**頓悟學習**實驗；另一為托爾曼的**方位學習**實驗。
12. 按班杜拉的**觀察學習論**，模仿可以分為四種不同方式：(1) **直接模仿**；(2) **綜合模仿**；(3) **象徵模仿**；(4) **抽象模仿**。
13. **觀察學習**的形成，有四個必要階段：(1) 注意階段；(2) 保持階段；(3) 再生階段；(4) 動機階段。
14. 影響觀察學習的社會因素有四：(1) 楷模人物的人格特徵；(2) 個體本人的心理特徵；(3) 觀察學習的社會情境；(4) 觀察學習的心理歷程。
15. 認知學習論的最大貢獻是，使行為主義只重視外顯行為的偏頗思想，得以補充糾正，讓心理學又恢復了研究心理現象的傳統。

建議參考資料

1. 張必隱 (2009)：學習心理學。台北市：東華書局 (繁體字版)。杭州市：浙江教育出版社 (簡體字版)。

2. 張厚粲 (1997)：行為主義心理學。台北市：東華書局 (繁體字版)。杭州市：浙江教育出版社 (簡體字版)。

3. 彭聃齡、張必隱 (2000)：認知心理學。台北市：東華書局 (繁體字版)。杭州市：浙江教育出版社 (簡體字版)。

4. 廖克玲 (1982)：社會學習論巨匠——班度拉。台北市：允晨文化事業有限公司。

5. Ayers, H. (2006). *An A to Z practical guide to learning difficulties.* Pacific Grove, CA: Brooks/Cole.

6. Domjan, M. (2003). *Principles of learning and behavior.* Belmont, CA: Thomson/Wadsworth.

7. Donahoe, J. W., & Palmer, D.C. (2005). *Learning and complex behavior.* Richmond, MA: Ledgetop publishing.

8. Garnham, A., & Oskhill, J. (1994). *Thinking and reasoning.* Oxford: Blackwell.

9. Reed, S. K. (2006). *Cognition: Theory and application* (7th ed.). Boston: Brooks/Cole.

10. Sternberg, R. J. (2008). *Cognitive psychology* (5th ed.). Belmont, CA: Wadsworth.

第六章 記憶與遺忘

本章內容細目

第一節　記憶是學習心理問題的核心
一、學習、記憶、遺忘之間的關係　185
　(一) 記憶是學習的表徵
　(二) 記憶的產生與保留
　(三) 記憶是評估遺忘的指標
二、記憶的測量　186
　(一) 回憶法
　(二) 再認法
　(三) 再學習法
　(四) 反應時間法

第二節　記憶研究的訊息處理取向
一、認知心理學的興起　190
　(一) 認知心理學的誕生
　(二) 認知心理學誕生的時代背景
二、記憶研究的訊息處理取向　192
　(一) 訊息處理中的記憶與遺忘
　(二) 訊息處理中的心理歷程

第三節　感覺記憶與短期記憶
一、感覺記憶　196
　(一) 感覺記憶的儲存與編碼
　(二) 形象記憶的實驗研究
二、短期記憶　199
　(一) 短期記憶的編碼
　(二) 短期記憶的儲存

　(三) 短期記憶的檢索
　(四) 短期記憶的遺忘

第四節　長期記憶
一、長期記憶的編碼　203
　(一) 保持復習與精心復習

　┌─────────────────────┐
　│ 補充討論 6-1：熟悉的事物未必容 │
　│ 　　　　　　　易記憶　　　　　│
　└─────────────────────┘

　(二) 處理層次論要義
二、長期記憶的儲存　205
　(一) 隱性記憶
　(二) 顯性記憶
　(三) 語義組織理論

　┌─────────────────────┐
　│ 補充討論 6-2：人為什麼不能記得 │
　│ 　　　　　　　三歲以前的事？　│
　└─────────────────────┘

三、長期記憶的檢索與遺忘　210
　(一) 檢索線索
　(二) 長期記憶遺忘的原因
四、如何增進記憶並減少遺忘　212
　(一) 循訊息處理論原理學習新知識
　(二) 運用合於心理原則的讀書技巧

本章摘要
建議參考資料

綜合前章所介紹聯想學習與認知學習兩派理論，可知兩派理論都是經由實驗研究獲得客觀驗證的結果，再據以發現原則而建構的系統理論。惟從學習心理學研究旨在探討人類知識來源問題的觀點看，兩派理論對學習歷程的解釋，尚有兩點不足之處：其一，兩派理論均只能解答"學習是如何產生的？"的問題，而對"學習歷程中究竟產生了如何的內在心理變化？"的問題，則未能充分解釋。聯想學習只重視外顯反應，不重視內在歷程；將學習視為刺激-反應的聯結，而刺激-反應的聯結，則決定於接近原則或強化作用。認知學習重視學習的內在心理歷程；將學習視為個體對學習刺激情境的了解，而整個刺激情境的了解則決定於個體的認知能力。由此觀之，兩派理論所指的學習，事實上都離不開刺激情境下產生的反應。惟兩派理論雖各自對刺激情境下學到反應一事提出不同解釋，但對從引起學習的刺激出現，到代表學習結果的反應表出，其間經過的內在心理歷程，則均未提出完整的說明。其二，兩派理論的建構，均以動物實驗研究結果為依據，根據動物實驗所建構的學習理論，能否用以推論解釋人類複雜的知識學習，不無問題。

學習理論的上述缺點，雖一向為以學習理論為基礎的教育心理學家所詬病，但迄至20世紀60年代，情況一直未見改善。直到60年代以後，一方面受到通訊科學訊息傳遞技術進步的影響，另方面受到電腦科學上輸入、譯碼、儲存、輸出等觀念的啟發，終於誕生了以訊息處理為主的認知心理學，形成了所謂的認知革命。本章之內容即以訊息處理的理論為主題，從而分析討論學習心理研究中學習、記憶、遺忘三個彼此關連的問題。希望讀者研讀過本章之後，能對學習心理研究的新取向，獲得以下的認識：

1. 學習、記憶、遺忘三者間的密切關係。
2. 記憶測量的各種方法。
3. 現代認知心理學興起的時代背景。
4. 訊息處理論的要義及其價值。
5. 訊息處理歷程中三類記憶的特徵及其間的連帶關係。
6. 如何運用訊息處理論原理以增進記憶。
7. 如何運用訊息處理論原理增進閱讀技巧以提升讀書效率。

第一節　記憶是學習心理問題的核心

　　無論是從日常生活的經驗看，或是從學習心理的實驗研究看，學習、記憶、遺忘三者間的密切關係是顯而易見的；而且，在此三者的密切關係中，記憶是學習心理問題的核心。惟其如此，在進入討論本章主題之前，容先舉例說明學習、記憶、遺忘三者間彼此的關係。

一、學習、記憶、遺忘之間的關係

　　學習與遺忘的產生，都是隱而不顯的內在心理歷程，要想了解學習或遺忘之有否產生，唯一的根據就是記憶。**記憶**(memory) 是指在學習情境中刺激 (形象或聲音) 消失之後，在心理上仍保持下來代表原刺激的訊息。因此，記憶也稱**保持** (retention)。以練習十遍學會五十個英文單詞為例，在練習期間一般的情形是，所能記憶的單詞數量隨練習次數增加而增加。惟在整個練習過程中，每次練習後所記得的詞數未必完全相同；而且，每次練習後所記得的單詞也未必完全相同；有的連續幾次測量都能記得，有的雖已記得，但又可能暫為其他單詞所取代。一直繼續練習下去，如第十次練習結束後測量時全部記得，就等於達到了五十個單詞百分之百記憶無誤的地步。學習達到百分之百的記憶之後，如分別在練習停止後隔一、三、五、七天連續測量所能記憶單詞的數量，就會發現，時間隔得愈久所能記得的單詞數量愈少；幾個月之後，可能在五十個單詞中，僅只記得兩三個。根據此一簡單例子，可以看出有關學習、記憶、遺忘三者之間存有如下的關係：

(一) 記憶是學習的表徵

　　學習是隱而不顯的內在心理歷程，學習因經驗而產生，上例中的練習就是經驗。練習停止後所測到單詞數量就代表記憶量。練習期間所能記憶的單詞數量隨練習次數之增加而增加的過程，就是因經驗而產生學習的歷程。由此可見，記憶與學習是一體之兩面，記憶是學習的表徵，只有根據其記憶，才能了解其學習。惟學習因練習而增加的實際情形，尚須視測量記憶的方法而定。

(二) 記憶的產生與保留

　　在練習期間，所能記憶的單詞數隨練習

次數增加而增多的現象，顯示在學習當時已產生了記憶。停止練習後在不同時段所記得單詞數隨時間延長而遞減，此現象顯示學習後仍保留著部分記憶。惟比較學習時與學習後兩時段的記憶數量，前者因練習而增加，後者隨時間延長而減少。

(三) 記憶是評估遺忘的指標

遺忘 (forgetting) 與學習是相對的內在心理歷程；學習代表知識的獲得，遺忘代表學得知識的消失。惟遺忘與學習相同，同樣是不能直接觀察與測量的內在歷程。要想了解學習之後遺忘了多少，只能根據當時測得的記憶量去推估。按前例，如練習停止五天後還記得二十個單詞，即表示原來學得的資料已遺忘了百分之六十。惟採用記憶做為遺忘的指標時，只能推估遺忘的大概情形，不能肯定學習後遺忘的確切程度。原因是遺忘的程度與測量記憶的方法有密切的關係。仍以前述學習五十個單詞為例，學習後十週不再練習而實施測量時，如果要求受試者寫出所學的單詞，可能不復記憶；但如將原來五十個單詞混在另一百個單詞中讓他指認出來，可能指認出多個學過的單詞。由此可見遺忘是不易確切了解的心理現象。關於記憶的測量，下一段將作說明。

除以上三點外，尚須補充說明的是，一般人總以為遺忘只產生在練習停止之後，事實上，遺忘也產生在練習過程之中；學習期間也會發生一邊學習一邊遺忘的現象

(見圖 6-2)。關於遺忘的原因，留待第三節再行討論。

二、記憶的測量

基於前文所述記憶是學習表徵的概念，可知記憶的測量事實上也就是學習的測量。在學習心理研究上，心理學家所設計的記憶測量方法包括兩個方面：第一個方面是為測量學習結果而設計的；亦即經過練習之後，受試者能使用口語、文字或操作以表達其學得知識或行為時所使用的。在這方面，最常採用的有三種方法：(1) 回憶法；(2) 再認法；(3) 再學習法。另一個方面是為測量學習歷程而設計的；亦即在學習歷程中，受試者對學習材料尚未學到能用語文或操作表達的地步時使用的。在這方面最常採用的方法，就是反應時間法。以下是四種方法的簡略說明。

(一) 回憶法

回憶法 (recall method) 是測量記憶時最常用的方法。回憶法所使用最簡單的程序是，先提供一種學習材料 (如五十個英漢對照的陌生單詞) 讓受試者在限定時間內閱讀之後，要他全憑記憶將所學得的單詞用口述或筆寫報告出來，然後與原資料核對，據以評定其所記得的成績。

回憶法用途最廣，不僅適用於實驗室內控制下的學習，也可用於日常生活及教育情境中的學習。單憑記憶 (不查資料) 用文字或口頭陳述人名、地名、或書本內容

的方式,均屬回憶法;學校考試時採用的論述性題目,也是回憶法。在日常生活中,無時無地不在使用回憶法去回憶記憶中的知識以處理問題,不過,在日常生活中也會出現暫時失卻回憶的奇特現象。在眾人聚會場所遇見極為熟悉的朋友,突然忘卻對方姓名的尷尬場面,就是如此。也許稍後無需任何提示,突然又平白的想起。像此種"話到唇邊記不起"的現象,在心理學上稱為**舌尖現象** (tip-of-the-tongue phenomenon) (Brown & Mcneill, 1966)。根據一般經驗,不但談話時會有舌尖現象,書寫時也會有"筆尖現象";俗語說"提筆忘字",就是如此的情形。

在實驗室研究語文學習的記憶時,為了解許多語詞中每個語詞學習後記憶的差別情形,可將這些語詞順序排列為一個語詞表,要求受試者依序記憶。學習後採回憶法測量記憶並分析比較每個語詞回憶的情形,就會發現位在表之兩端者記憶量較高,位在表之中間者記憶量較低。正如同看榜上名單時,名列前茅者與名列榜尾者均較易記得,而名居中間者則較難記憶。像此種因序位關係而影響記憶的現象,稱為**序位效應** (或**系列位置效應**) (serial position effect) (Golob & Starr, 2004)。位在語詞表前端者之所以較易記憶,乃是由於開始學習時較少受到其他單詞的干擾所致,故而稱為**初始效應** (或**首因效應**) (primary effect)。位在語詞表後端者之所以較易記憶,乃是由於較晚學習,仍在記憶之中,故而稱為**時近效應** (或**近因效應**) (recency effect)。

除上述序位效應外,影響學習後回憶的另一因素是練習方式。如果學習材料較長,需要多次練習始能達到熟練程度時,學習時間或練習次數的分配方式,對學習後的記憶是會有影響的。練習方式有兩種,一種為分散練習,另一種為集中練習。**分散練習** (distributed practice) 是指將全部用於學習活動的總時數,劃分為多個時段,各時段之間插入短暫休息。**集中練習** (massed practice) 是指在練習期間內不分時段,中間不插入休息時間。就一般的情形而言,分散練習的效果優於集中練習(對幼兒學童學習時尤然)。然此原則尚需考慮以下因素:(1) 學生的條件:高智力的學生較適於集中練習,智力較低學生則較適於分散練習。(2) 學習材料的性質:學習材料本身連貫性較少者 (如單字),較宜採分散練習;學習材料具有連貫性者(如詩歌),則較宜採集中練習。

(二) 再認法

再認法 (或**辨認法**) (recognition method) 是測量記憶最常用的另一種方法。學校中使用的一切測驗或考試中的是非題或選擇題,在性質上均旨在採再認法以測量學生學習後對教材的記憶。再認法的優點是,使用時省時簡便,既可用於練習過程中對學習進步情形的了解,也可用於學習後對學過材料記憶的考查。尤其在學習未達熟悉地步或學習後時間甚久無法用回憶法測量時,再認法最為有效。

再認法之所以測量到較高的記憶量，主要是因為對受試者提供了比回憶法為多的線索。回憶法是只憑問題為線索；而問題本身中又找不到答案的線索。設若以英、美、德、法、日五個國家的首都名稱做為測試記憶的命題，而命題方式為要求受試者寫出五個國家首都的名稱。命題中只有五國國名的線索，各國首都的名稱則全靠回憶。但如將命題方式改為：「東京、華盛頓、巴黎、倫敦、柏林五大都市，分別是英、美、法、德、日五個國家的首都，試分別說明以上國名與其首都名稱的正確關係。」在這種情形下，全部正確答案均隱含在命題之中。受試所要作答者，只是正確辨認而已。顯然，再認法所測量的記憶是舊經驗的核對，不是舊經驗的回憶。不過，如果以前學習時印象模糊，所學得的舊經驗不夠確實，使用再認法測量記憶時，也會出現錯誤。此即回答是非題試卷時仍難獲得滿分的原因。此外，在法庭審訊時，目擊者出庭做證未必可靠的原因，也是由於舊經驗不夠確實所致。

(三) 再學習法

測量記憶時，當記憶法或再認法均不便使用時，可採再學習法。**再學習法** (relearning method) 也稱**節省法** (saving method)，指重新再學習以前學過而現在已遺忘的材料，計算再學習時達到和以前同樣熟練程度所需時間或練習次數，再與以前初學習時所需時間或練習次數相比，從節省的時間或練習次數去推斷記憶的一種方法。以背誦一篇文章為例，如初學習時閱讀八遍可以背誦無誤，而半年後已不再能背誦，此時若只需閱讀四遍即可恢復初學習時的程度，這表示半年來對該篇文章在記憶中仍保存了百分之五十。

就上例看，採再學習法測量記憶，表面看來頗似合理，但實際上行之不易。因為前後兩次學習的程度與練習次數 (或時間) 的資料，不易齊備。因此在實驗室採用再學習法測量記憶時，改採**配對組設計** (見第一章第三節) 來處理。實施時採能力經驗近於相等之兩組進行，一組為**實驗組**，是以前學習過的，要該組受試者再來學習以前的材料，並計算其分數 (達到標準所需練習次數或所需時間)。另一組為**控制組**，是以前未學過的，要該組與實驗組以完全相同的方法學習同樣的材料，並計算其分數。然後，比較兩組分數，將實驗組所節省的練習次數 (或所需時間)，化為百分數，即可由此推論實驗組所保留的記憶。使用再學習法時分數的計算，按以下公式：

$$\text{節省的百分數} = \frac{\begin{pmatrix}\text{初學習}\\\text{練習次數}\end{pmatrix} - \begin{pmatrix}\text{再學習}\\\text{練習次數}\end{pmatrix}}{\text{初學習練習次數}} \times 100$$

(四) 反應時間法

前述三種測量記憶的方法，都是用於學習後過一段時間，或是在學習期間每次 (或數次) 練習之後的記憶測量。前文曾指出，記憶是學習的表徵，學習後的記憶自然代表測量記憶之前的學習，學習正在進行或學習剛剛開始時，學習的產生與否，也必須靠記憶才能推估出來。因此，在嚴密控制的實驗室中，為求了解在極短時間內產生的學習，乃有反應時間法的設計。

反應時間法 (reaction-time method) 簡稱**反應時間** (或**反應時**) (reaction time，或 response time)，是指根據從刺激出現到反應表出所經時間來推估學習的一種記憶測量方法。在第五章內曾多次提到，無論是那種學習理論，在解釋學習心理歷程時，無不以刺激情境之下引起反應做為探討的主題。各派理論之差異，端在對刺激引起反應中間所經心理歷程的解釋有所不同而已。換言之，先有學習材料而後有學習是眾所共識的，然學習者如何將學習材料經由學習活動轉化為其知識或行為，各派心理學家則有不同理論。採用反應時間做為測量記憶的方法，即旨在了解當刺激出現後極短時間內引起反應的情形下所產生的學習。反應時間所測量的記憶，多屬以分秒計算的視覺或聽覺學習經驗，故而常用於實驗室中控制情境下的簡單學習。試舉一例以說明反應時間如何用於測量記憶，從而推估學習。

以街頭十字路口紅綠燈為例，紅燈亮時止步等候，綠燈亮時立即前行，兩者都是在刺激情境下學到了適當的反應。如果將紅綠燈光分別改為紅與綠兩個大字，並改在實驗室內進行實驗：讓受試者將左右手分別放在兩個電鈕上，要他看到"紅"字燈亮時按下左手電鈕，看到"綠"字燈亮時按下右手電鈕。並分別由自動計時器記錄從刺激到反應的精確時間。實驗結果也許發現中間所需時間只有十分之一秒。然而從學習心理的觀點言，在這瞬間之內事實上已經產生了以下三種心理作用：(1) 視覺器官 (眼睛) 發現刺激字的出現；(2) 視覺作用辨別出發亮的是紅字還是綠字；(3) 經知覺判斷並支配左右手做出適當的行動。在此實驗中，紅與綠二字與紅綠兩種顏色的辨認當然不需要重新學習，受試者所要學的是在適當刺激下應表現適當的反應。

在上述例子中，受試者一般在極短時間內即可學到正確反應。假如改變實驗設計，將紅色燈光改換成"綠"字，將綠色燈光改換成"紅"字，在此種顏色與字義交錯矛盾的情況下，如仍採用左右手按電鈕的方式判斷紅綠二色燈光時，受試者在反應時間上就會大為延長。原因是，在此種情境下受試者必須使用更多的心理運作去重新認知學習，才能配合新的刺激與反應之間的關係，做出適當的反應。像此種因顏色與字義不一致而干擾認知歷程的現象，稱為**斯特魯普效應** (Stroop effect) (Stroop, 1935)。

根據上述兩個例子，可以了解到學習雖然是隱而不顯的內在歷程，但仍可根據記憶的行為表現去推估學習歷程的大概情形。在短暫學習時，反應時間愈短即表示學習愈容易；反應時間愈長，即表示學習愈困難。在日常生活中，閱讀的經驗是如此，口語對話的經驗也是如此。上課時教師所用口語能配合學生的學習能力;教師隨時解說,學生隨時理解,使學生學習時反應時間力求縮短,顯然是教學成功的基本要則。

第二節 記憶研究的訊息處理取向

在 20 世紀 60 年代以前,雖然認知學習理論為反對聯想學習理論視刺激-反應聯結即代表學習的理念,提出了刺激與反應間關係之所以建立乃是由於認知的主張,但對個體從感受到刺激至表現出反應之間如何產生認知的問題,仍未提出詳細的解釋。直到 60 年代末期認知心理學興起之後,對此一久懸未決的問題才算獲得了共識。接下去本節即對認知心理學的興起與記憶階段性的研究略作說明。

一、認知心理學的興起

(一) 認知心理學的誕生

在基本理念上,認知心理學研究的主題是人類知識係如何獲得的問題。關於人類知識的來源,自古以來就在哲學心理學上爭議不休。科學心理學興起後,在專書中最早對人類認知歷程提出系統解釋者,是美國**功能主義**創始人詹姆斯 (見圖 1-3)。詹姆斯 1890 年出版的《心理學原理》一書中,列有四章分別討論與人類認知心理有關的注意、記憶、想像、推理等問題。到了 20 世紀 20 年代,完形學派的心理學家們最早提出認知學習論的理念;完形學派重要人物柯勒根據**頓悟學習**實驗 (見圖 5-8),在 1925 年出版的《人猿心智》一書中,指出靈長類動物都會學到洞察情境運用思維解決問題。只因 20 世紀 60 年代以前,行為主義思想一直是心理學的主流,認知心理學的思想雖已萌生,但因環境所限未能得以充分發揚。

認知心理學正式誕生的時間是 1967～1968 年間。在此一期間內,有三位心理學家先後發表的兩種著作,為以後認知心理學樹立了新的里程碑。在 1967 年,尼塞 (Ulric Neisser, 1928～) 的《認知心理學》出版,在該書中作者為認知心理學所下的定義是:"認知心理學是對感官接受刺激後,如何經由轉化輸入、並經減約化及精緻化等心理運作,從而獲得知識、儲存知識以及使用知識等內在心理歷程的科學研究"(Neisser, 1967)。尼塞的認知心理學定義有兩點重要含義 (Reed,

2006)：(1) 感官接受刺激而轉化輸入說明了個體認知始自與外在環境的接觸；(2) 經由減約化及精緻化等心理運作，說明認知過程不只是被動地傳送訊息，而是主動地選擇與重組的心理歷程。

尼塞的《認知心理學》出版後的第二年，阿特金森與希夫林 (Atkinson & Shiffrin, 1968) 二人聯合發表的〈人類的記憶〉論文中，對人類如何經由不同階段的記憶處理其所獲得的訊息的問題，提出一套系統的解釋。此一系統解釋，不僅對人類記憶的內在心理歷程提出了合於經驗的假設，從而啟發了無數的驗證性研究並獲得肯定，而且更進一步將記憶與學習兩概念結合在一起，從記憶的歷程說明了學習的歷程。阿特金森與希夫林的理論，亦即下一節要介紹的**訊息處理論** (圖 6-2)，在介紹訊息處理論之前，接下去容先說明認知心理學誕生的時代背景。

(二) 認知心理學誕生的時代背景

從時代背景看，一般心理學家咸認認知心理學的誕生，有以下四項因素 (Sternberg & Ben-Zeev, 2001；Solso, 2001)：

1. 行為主義思想式微　行為主義因主張採純科學方法而興起，卻也因受科學方法所限，只注重研究外顯行為而忽略內在心理歷程，因此缺失而導致其學派思想式微。行為主義以外顯行為做為心理學研究主題時，以動物代替人類為實驗對象，將學習解釋為刺激-反應聯結的歷程。在此歷程中，刺激是外顯的，是可以觀察測量的；反應也是外顯的，也是可以觀察測量的。如此，控制刺激變化而觀察反應變化，即可獲得與自然科學中物理化學類似的行為變化法則。然而，根據動物實驗，所得到的行為法則，對人類複雜行為而言，在應用上畢竟有限。行為主義不研究認知，因為認知屬於內在心理歷程，不屬於外顯行為。但根據經驗，認知確實存在，而且以認知為基礎的思維、想像、推理、判斷等高級心理活動，也都是存在的。關心人類認知心理研究的心理學家們，在不滿於行為主義只重科學方法不顧事實需要的情形下，自然容易轉而接受並支持新的思想。

2. 通訊理論的影響　在第二次世界大戰期間 (1939〜1945)，由於通訊的需要及通訊技術的精進，結果發展出了有關通訊研究的**通訊理論** (或**溝通理論**) (communication theory)。通訊理論研究的內容，主要包括三方面：(1) 構成訊息的條件：包括訊息來源，訊息傳遞管道 (電話、電報、雷達等) 以及訊息傳遞對象等；(2) 訊息傳遞歷程：指訊息發送者與收受者間的交互關係以及訊息的轉化 (如電報譯碼等) 與理解的心理歷程；(3) 訊息的功能：指對訊息如何被發覺、注意以及轉化為意義等問題的研究。顯然，通訊理論所探討者，也正像後來訊息處理論所探討的問題。

3. 現代語言學的衝擊　自從**新行為主**

義者斯金納 (見圖 5-5) 在 20 世紀 30 年代提出了他的極端行為主義理念之後，他不僅以**操作條件作用**的原理，解釋動物如何學習到獲取食物的適當反應，而且他也以刺激-反應聯結的原理，推廣解釋人類語言的學習；認為人類的語言是刺激-反應的多重聯結形成的連鎖。

到了 60 年代，斯金納的語言心理思想，受到了現代語言學家喬姆斯基 (Noam Chomsky, 1928～) 語言理論的挑戰。喬姆斯基在 1957 年出版的《語法結構》一書中，對斯金納以操作條件作用形成連鎖作用原則解釋人類語言的看法，提出了強烈的批評 (Chomsky, 1957)。喬姆斯基認為，人類生而具有學習語言的能力，此種天賦的語言學習能力中，本就存有一種認識語言中句型語法的先天性結構。此種結構與人類的語言結構相符合，故而稱之為**語言獲得裝置** (language-acquisition device，簡稱 LAD) (Chomsky, 1964)。按此義，人類與生俱來的語言獲得裝置，與耳目口鼻等器官相似；眼睛能識別顏色，耳朵能聽辨聲音，都是與生俱來的能力。喬姆斯基的語言心理思想，正符合認知心理學家所要探求的訊息處理問題。如果將感官收受刺激開始到反應表出為止的內在心理歷程視為訊息處理，則個體如何經由心理運作去處理訊息，在基本上是不需另外學習的。顯然，由現代語言學思想的衝擊，使認知心理學的發展產生了復古傾向；又將 17 世紀解釋知識來源問題時所主張的**理性主義**思想，帶入了訊息處理論的思想之中。

因此，喬姆斯基的語言心理思想被稱為**天賦理性主義** (nativistic rationalism)。惟其如此，一般認為 20 世紀 60 年代認知心理學的發展，在理念上並非全然創新，而是"新瓶裝舊酒"的舊思想復甦。

4. 電腦科學的啟發　自從 20 世紀 50 年代電腦取代了早期的電動計算機以後，電腦不再只是一種高效率的機器，而是成了能夠控制其他機器運作的機器。尤其是發展到**人工智能** (artificial intelligence，簡稱 AI) 之後，電腦已發展成一門**電腦科學** (computer science)。由於電腦科學的研究，電腦已能模擬人腦，替人控制機器、處理資料，甚至代人思維、推理、解題和判斷。電腦的設計既然得自對人腦的模擬，電腦的運作過程自然被心理學家借用來做為解釋人類獲取知識的依據。因此，電腦中使用的**輸入**、**編碼**、**記憶**、**儲存**、**檢索**、**輸出**等術語，全被訊息處理論所採用 (圖 6-1)。接下去的討論，將對訊息處理論作進一步的說明。

二、記憶研究的訊息處理取向

在 20 世紀 60 年代以前的學習理論，無論是聯想學習，或是認知學習，在解釋學習時都將學習解釋為單一歷程；聯想學習論將之視為刺激-反應聯結的歷程，認知學習論將之視為認知或理解的歷程。學習單一歷程觀的特點是，學習一旦產生，其歷程都是一樣的。而且代表學習的記憶，

圖 6-1　電腦喻為人腦
訊息處理論將電腦的運作中編碼、儲存、檢索等概念，用以解釋人類的記憶歷程。

都是以學習後的反應為根據。阿特金森與希夫林二人在 1968 年所提的理論，則是採取多重歷程處理的觀點來解釋人類學習與記憶 (Atkinson & Shiffrin, 1968)。而且在訊息處理時，不是單一歷程的，而是多重歷程的。所謂**多重歷程處理** (multiprocess processing)，是指在訊息處理時，人類的記憶不是單一歷程運作，而是將收受的訊息分為數個階段處理，每階段的記憶方式各不相同，各自形成一段訊息處理的方式。多重歷程處理理論，就是現行認知心理學中的訊息處理理論。**訊息處理論** (information processing theory)，也稱**訊息處理模型** (information processing model)。接下去再採用圖示方式說明訊息處理歷程。

(一) 訊息處理中的記憶與遺忘

圖 6-2 代表阿特金森與希夫林二氏訊息處理論的主要內容。根據圖 6-2 的內容，在此先做簡單的綜合說明如下：

1. 人類的記憶，按其產生的時間先後分為感覺記憶、短期記憶、長期記憶三種不同類型。關於每類記憶的性質、功能以及心理學家的研究發現，留待第三、四節內再做進一步分別說明。

2. 三類記憶間的先後關係，代表訊息處理的歷程。最先是由外在刺激影響感官產生瞬間的感覺記憶。感覺記憶保留時間極短 (不到一秒)，如未加注意瞬即消失。產生感覺記憶後如加以注意，即將訊息進一步處理，從而產生短期記憶。短期記憶維持時間仍然短暫 (約 20～30 秒)，產生之後如加以復習，即可將訊息輸送進入長期記憶。

3. 三類記憶之間的關係，可由箭頭指示的方向看出，是一種雙向式的前後交互

```
                          ┌─────────────────────┐
                          │                     ↓
         ┌──────┐  注意  ┌──────────┐  復習  ┌──────────┐
         │感覺記憶│─────→│短期記憶(STM)│─────→│長期記憶(LTM)│
    ────→│ (SM) │      │ (時間)    │      │程序性記憶  │
  外  ──→│      │      │運作記憶(WM)│      │陳述性記憶  │
  在  ──→│      │      │ (功能)    │      │情節記憶    │
  刺      └──┬───┘      └─────┬────┘      │語義記憶    │
  激       ↑  │反應        ↓遺忘          └─────┬────┘
          │  │↓遺忘                             ↓遺忘
          │  反應
          │←─────────────反應────────────────────
```

圖 6-2　訊息處理中的記憶與遺忘
(根據 Atkinson & Shiffrin, 1968 資料繪製)

關係。感覺記憶經注意而形成短期記憶之後，一方面需要復習才會進入長期記憶，另方面要靠長期記憶中已有知識（反向箭頭）的幫助，處理短期記憶中的新訊息（利用舊知識吸收新知識）。

4. 三類記憶都會在產生後表現出反應。從學習與記憶一體兩面的關係看，記憶的反應即代表產生了學習。

5. 三類記憶都會在產生後又產生遺忘現象。遺忘是根據記憶推估的；記憶的消失即表示遺忘的產生。三類記憶中遺忘的原因各不相同。

(二) 訊息處理中的心理歷程

上述五點只是對圖 6-2 內所列三類記憶間關係的簡單說明。圖 6-2 只能從記憶的不同類型著眼，尚不能了解從刺激引起感覺記憶到長期記憶之後表現出反應之間，在心理上究竟產生了什麼變化。換言之，如將外在刺激視為一種新的訊息，個體接觸到此一新訊息時，究竟在心理上如何處理，才會將此種新訊息吸收後變為他的知識。前文曾經提到，電腦科學的發展是訊息處理論催生的動力之一。因此，電腦科學上的重要術語，也被認知心理學家採用來解釋訊息處理時的內在心理歷程。所不同者只是前者用來解釋電腦的運作，後者用來解釋人腦的運作而已。以下是此類術語的簡單說明：

1. 輸入與輸出　輸入 (input) 是指從接受刺激當做訊息從而產生感覺記憶開始，一直到將訊息送入長期記憶為止中間所經過的心理運作歷程。基於此義，可知輸入所指者也就是學習。**輸出** (output) 是指將輸入儲存在記憶中的訊息藉由反應表現於外的歷程；亦即學習產生後將學習結果表現於外的歷程。圖 6-2 中向右方的箭頭，即表示輸入；三類記憶之下向左方的反應箭頭，即表示輸出。

2. 譯碼、編碼、解碼 譯碼 (coding) 是指為了便於處理，將具體訊息轉化為另一種抽象形式以便記憶的心理歷程。在譯碼歷程中，由訊息的一種形式轉換成另一種形式，稱為**代碼** (code)。以幼兒學習認識蘋果為例，蘋果本身是一具體的實物，"蘋果"二字的聲音及其所代表的意義，則是經抽象化了的譯碼 (此例為聲碼與義碼)。幼兒根據蘋果的實物，學到"蘋果"一詞的概念；從實物變為概念的心理歷程，也就是譯碼。**編碼** (encoding) 是指接受刺激輸入時的譯碼歷程，亦即前例由實物學到概念的抽象化歷程。像此種將外在具體事物轉化為另一種內在抽象形式，而便於心理運作的歷程，稱之為**心理表象** (mental representation)。**解碼** (decoding) 是指與編碼呈反方向運作的心理歷程。亦即將記憶中所記的抽象概念，在需要時針對實物刺激而做出適當反應的歷程。在幼兒學習蘋果概念的例子中，如果學後過一段時間向兒童出示一個蘋果，並要他回答"這是什麼？"的問題時，他如能用口語說出"蘋果"二字，即可了解他能按實物解碼輸出他以前學到的概念。由此可見，編碼與解碼二者同屬譯碼範圍，惟前者用於訊息的輸入，後者用於訊息的輸出。

3. 儲存與檢索 儲存 (storage) 是將編碼輸入的訊息在記憶中保存的心理歷程。按圖 6-2 所示，在感覺記憶、短期記憶、長期記憶中都會有記憶儲存，所不同者只是儲存時間的久暫而已。關於此點留待以後分節討論各種記憶的研究時再加說明。**檢索** (retrieval) 是指在需要時將編碼儲存在記憶中的訊息，予以解碼輸出並經反應而表現出來的歷程。按圖 6-2 所示，三類記憶之下都會表現出反應，這表示檢索的心理活動在三類記憶中都會發生。反應來自檢索，檢索來自記憶，記憶來自編碼儲存，編碼起自外在刺激，由此一連串的心理歷程看，可知訊息處理論所分析探討的認知歷程，也正是前章聯想學習論與認知學習論所指的刺激與反應新關係建立的歷程。因此，訊息處理論所解釋的記憶歷程，事實上也就是學習歷程。

至於說人何以會對刺激具有編碼輸入及解碼輸出等能力？認知心理學家對此類問題不加解釋。如從科學研究的目的言，不加解釋等於對問題未說明真相。這一點是心理學異於自然科學的特徵。對此特徵的解釋，只能採自古相傳**知識來源問題**中**理性主義**的理念來說明。

第三節　感覺記憶與短期記憶

訊息處理論原本是比擬電腦處理資料的方式，解釋人類認知學習的心理歷程。認知學習是隱而不顯的內在心理活動，所以在 20 世紀 70 年代阿特金森與希夫林初次提出訊息處理理論時，只稱之為對記憶系統的假設性解釋。經過無數學者實驗驗證之後，咸認此一多重歷程的訊息處理論，對人類的實際記憶心理運作的過程而言，是符合的。本節與下一節即根據具有代表性的實驗研究，分別討論三類記憶的特徵。

一、感覺記憶

在心理學上，感覺心理的研究雖起始甚早，但迄至 20 世紀 70 年代訊息處理論出現之前，研究學習與記憶的心理學家們，並未將感覺視之為一種記憶；而是只將感覺視為學習情境中刺激引起反應的必要條件而已。第三章之初曾提到的從刺激到反應之間所經過的三個階段，其中由物理事件 (刺激) 引起生理事件 (第一階段)，而後再由生理事件引起心理事件 (第二階段)，心理事件所指者就是感覺。惟當時只稱此種心理歷程為感覺經驗，而不稱之為感覺記憶。對同一現象而有不同解釋的原因，主要是由於對記憶解釋的理論與研究方法的今昔不同有以致之。

(一) 感覺記憶的儲存與編碼

感覺記憶 (sensory memory，簡稱 SM) 也稱**感覺儲存** (sensory storage) 或**感覺收錄** (sensory register)，是指引起感覺之刺激消失後瞬間所留下的記憶。從刺激引起感覺的心理歷程看，在一般情形下，感覺雖因刺激而引起，但所引起的感覺，卻不隨刺激的消失而立即消失。按第一節所下的定義「記憶是刺激消失後在心理上保持下來的代表原刺激的訊息」。因此，感覺的心理歷程被訊息處理論者視為一種記憶。

感覺記憶主要分為兩種：一種是由視覺器官 (眼) 產生的**形象記憶** (iconic memory)，指外在形象刺激消逝後所留下的短暫視覺記憶 (時間不到一秒鐘)；另一種是由聽覺器官 (耳) 產生的**聲象記憶** (echoic memory)，指外在聲音刺激消逝後所留下的短暫聽覺記憶 (時間可長達兩秒鐘)。在日常生活中常見的形象記憶很多，圖 6-3 所顯示的夜晚雷雨天的閃電現象，就是最常見的感覺記憶中形象記憶的例子。

根據前文對圖 6-2 的解釋，三個階段的

圖 6-3　感覺記憶
閃電的時間雖不及一秒鐘，但卻使人留下深刻記憶。

記憶均各有其編碼、儲存、檢索、遺忘等心理歷程。由於感覺記憶是以生理事件為基礎的，故其編碼帶有將原刺激"復印"的特徵，亦即在感覺記憶中仍然保持原刺激的特徵。引起感覺的刺激如係形象，在感覺記憶中留下的代碼就是**形碼** (iconic code)；引起感覺的刺激如係聲音，在感覺記憶中留下的代碼就是**聲碼** (echoic code)。因感覺記憶時間太短，不易在其儲存時限內檢索輸出，只能從第二階段的短期記憶中去探索得知。只有在短期記憶中發現有關感覺記憶的訊息，才能確定感覺記憶的訊息沒有消失。因此，感覺記憶雖時間短暫不易掌握，但它卻是構成以後短期記憶與長期記憶的必要條件。至於感覺記憶的遺忘，其現象至為明顯。在日常生活中，隨時隨地都產生感覺記憶，但絕大多數都像走馬看花一樣，隨時記憶也隨時遺忘；只有對某種刺激特別加以注意時，才會將感覺記憶轉化為短期記憶。**注意** (attention) 是選擇性的**意識**集中，從而對刺激獲得更明確**知覺**的歷程。關於感覺記憶如何輸入短期記憶的問題，稍後再做說明。接下去要討論的是如何經由實驗過程研究感覺記憶的問題。

(二) 形象記憶的實驗研究

心理學家所從事的感覺記憶研究，主要為視覺記憶中的形象記憶。形象記憶的實驗研究，最早開始於美國哈佛大學博士班研究生斯珀林在 1960 年的研究 (Sperling, 1960)。在斯珀林的實驗研究之前，心理學家們只能憑假設性的解釋，認為視覺記憶中只能儲存極為有限的訊息。斯珀林經實驗證明，視覺記憶不但容量極為有限，而且記憶維持時間也只能在轉瞬之間。以下是斯珀林實驗研究的大概情形：

實驗材料為隨機選取十二個英文字母，按**隨機分派**原則，列為三排，每排四個字母，成為一個如圖 6-4 的方陣形式。

```
N  B  F  Q  ──────── 高聲音
Z  R  E  P  ──────── 中聲音
K  D  V  G  ──────── 低聲音
```

圖 6-4　形象記憶實驗設計
(採自 Sperling, 1960)

實驗進行時，實驗者使用**速示器** (tachistoscope) (一種可以控制刺激出現時間的儀器)，以五十毫秒的短暫時間，讓受試者看一遍之後要求他們報告出所看到的所有字母。結果發現，多個受試者所報告的平均成績約在四至五個字母之間，但他們卻自稱看到的是十二個字母(因全在**視野**內)。換言之，受試者看見的是十二個字母，而事後憑記憶所能報告出來的卻不及半數。

斯珀林對此種視覺記憶現象，提出一種假設，認為那是由於視覺記憶保持時間極短，如果要求受試者將所看到的字母全部報告出來，因受時間的限制，報告到四至五個字母時，其他字母來不及報告即已遺忘。基於此一假設，斯珀林改變實驗設計，不再採取**全部報告法** (whole-report method)，而改以部分報告方式進行。**部分報告法** (partial-report method)是指每次看過十二個字母之後，只要求受試者報告其中一排的四個字母，各排的選擇仍採隨機指定方式，而指定的信號則是在看過十二個字母之後出現高低不同的三種聲音；出現高聲音時報告第一排，出現中聲音時報告第二排，出現低聲音時報告第三排。結果發現，每一排報告的平均正確率是 3.3 個字母，三排合計則為 9.9 個字母。換言之，受試者同樣是在五十毫秒時間內看過十二個字母，分排報告後合起來計算所記憶的量就超過了總字母數的四分之三。部分報告法之所以增加記憶量，原因是受試者能在尚未遺忘的短時間內將一排四個字母報告完畢。此一實驗結果的意義是，在一瞥之下視覺**感受器**，可能將刺激帶來的訊息全部登記下來，惟因登記後保持時間太短，無法在反應中全部表現出來。由此可見，由刺激到反應的三階段歷程中，由物理事件引起的生理與心理事件，在數量上將多於由心理事件引起的行為事件。

二、短期記憶

按圖 6-2 所示，短期記憶是訊息處理論中所指的第二階段的記憶，亦即緊接在感覺記憶之後的記憶。**短期記憶** (或**短時記憶**) (short-term memory，簡稱 STM) 也稱**短期儲存** (short-term store，簡稱 STS) 是指初次接受的訊息消失後 (沒有機會重復練習) 能保持 20～30 秒的記憶。在日常生活中，經驗到短期記憶的機會極多；讀書閱報時的瀏覽，電話簿上查閱電話號碼，看電視的活動字幕或聽廣播新聞，凡是只看一遍或只聽一次的語文訊息，看聽之後所留下的短暫記憶，均屬短期記憶。以查電話簿為例，從查到所需號碼到在鍵盤上按鈕所需不到半分鐘時間，就是靠短期記憶。按鈕過後除非你有意將電話號碼抄下來，否則立即遺忘。瀏覽報紙的情形亦復如是，報上刊登新聞及廣告事項數以百計，看過一遍之後除少數較熟悉者能記得之外，多數是隨看隨忘。如果報上有則廣告符合你的興趣與需要 (如新書廣告)，此時你將從長期記憶的舊經驗中檢索出相關訊息，與之核對、解釋 (如新書作者姓名及出版社等)。在此情形之下，等於是在短期記憶階段對新訊息的處理增加了一番思維工夫，所以稱之為**運作記憶**(或**工作記憶**) (working memory，簡稱 WM)。在短期記憶階段經過一番心理運作，等於是加強了對訊息的記憶。因此，短期記憶經過運作之後，容易輸入長期記憶。

以上是短期記憶的概括陳述。以下再就短期記憶的編碼、儲存、檢索、遺忘四項特徵分別進一步說明。

(一) 短期記憶的編碼

經感覺器官接受外界刺激而形成訊息時，刺激本身多半具有形象或聲音兩種特徵。刺激原形的特徵，幫助感覺記憶將之編成了形碼或聲碼；這兩種代碼在短期記憶中發生重要作用。惟短期記憶階段形碼與聲碼的使用並不相同，先用形碼而後改用聲碼是此階段的主要心理特徵。以查電話簿為例，如查到的電話號碼是 23517864，此一號碼本來是用數字表現的形碼代表電話用戶的，可是當你查到號碼後到按鈕通話之前所保持的短期記憶，卻是不自覺地將形碼轉化為聲碼，暫時留在記憶中；甚至在按鈕時口中唸唸有詞，重述代表數字的聲音。此一經驗性事實，說明了短期記憶的編碼是以聲碼為主的。此一現象也經心理學家以實驗研究予以證實 (Conrad, 1964)。該實驗設計是，要求受試者看過一連串英文字母之後立刻回答。結果發現，字母中發音相似者錯誤較多 (如 T 與 C)，而字母中形狀相似者卻錯誤較少 (如 Q 與 O)。原因是受試者對字母的短期記憶是記字母的聲音；聲音相似者彼此易於混淆，故而產生較多錯誤。

上述短期記憶編碼以聲碼為主的原理，在教育上頗具應用價值。查閱英文辭典記憶單詞，多屬短期記憶性質。預期增進單詞記憶效率，不宜只記字形，除字形外並記憶單詞的正確讀音，才是最好的方法。

(二) 短期記憶的儲存

短期記憶的時間很短，是明顯的事實。然而在短期記憶時限內，究竟能儲存多少訊息？前文討論形象記憶時，曾經指出，在五十毫秒的視覺經驗後，只能記下四至五個項目，短期記憶既然可以使用較長的時間做一遍練習(運作)，練習之後在二十秒之內，又能記下多少項目？對此問題的答案是七加減二，亦即五至九個項目，其平均數為七。此即世界各國的電話一般不超過八位數字的主要原因。而且根據實驗研究結果，無分種族文化，一般成人的短期記憶平均數，都是七個項目左右。此一現象，為美國心理學家米勒 (Miller, 1956) 所發現。米勒的論文題目〈神秘的七，加減二〉，就變成了研究短期記憶者的基本共識。

所謂"七個項目"，究竟指的是什麼？實際上指什麼都可以，可以是七位數字，可以是七個人名，可以是七個國名，也可以是七件事。唯一的原則是七個項目之間不能具有任何邏輯關係，以免產生聯想或推理而影響了短期記憶。從事短期記憶的實驗，甚為簡單，只須控制受試者，不使其有機會重復練習即可。構成記憶的獨立項目稱之**意元** (或**組塊**) (chunk)，意思是訊息中可以處理並記憶的單元。可以想見的是，同樣的訊息，對不同經驗的人而言，意元的大小是不相同的。例如，如下的八個英文字母，UOYKNAHT，對一般人來說，這是八個項目 (字母間彼此無關)，亦即八個意元。如將這八個字母的順序倒向書寫，變為 THANKYOU，對懂得英文者而言，就成了兩個意元。同理，以下十二位數字，886223890915，對一般人而言，它是十二個意元，但對知道台北市東華書局國際電話號碼的人來說，則只有四個意元。此即一般將國際電話寫成 886-2-2389-0915 形式的原因，如此寫法之後，四個意元中的數字，都不超過七加減二的範圍。由此可見，所謂七加減二的原則，是根據受試者主觀的意元數量計算的，不是按資料本身的客觀特徵計算。晚近心理學家經實驗研究結果，證實了多年前米勒提出的神祕七加減二的理論仍是有效的 (Best, 1999)。短期記憶的儲存數量，稱為**記憶廣度** (memory span)；一般人的記憶廣度，大致接近七加減二個意元。

基於以上討論，對短期記憶可以獲得以下兩點認識：其一，對吾人日常生活而言，如對話、閱讀、聽講等吸收訊息方面，短期記憶是極為重要的。因短期記憶的能量有限，只能儲存七加減二個意元；所謂"一目十行"的說法，並不實際。其二，短期記憶儲存的能量雖然有限，但每個意元的長度，仍然可以藉經驗的幫助使之增加。經驗是來自長期記憶，因此，如何運用長期記憶中的訊息，組合小意元而成大意元，從而擴增意元長度，藉以間接增加記憶廣度，仍然是可以做到的 (如前文所舉之例)。像此種靠經驗將分離的小意元組合為大意元的心理過程，稱為**意元集組** (或**形成組塊**) (chunking)。

意元集組與生活經驗的關係，早經心理學家研究證實 (Baddeley, 1994)。例如，街頭交通警察對違規汽車的車牌號碼，電信局查號台的服務員，對數字的記憶的能力遠較一般人為強。此外，訊息的特徵也與意元集組有關。例如，下列 A 與 B 各為兩行數字，讀者只看一遍之後可能發現，第二行的數字遠比第一行容易記憶。原因是第二行數字容易形成意元集組的緣故 (Kosslyn & Rosenberg, 2007)。

A	B
725831843216	138549279062
135246357468	281639274936

(三) 短期記憶的檢索

檢索是從記憶中找出所需訊息，從而**輸出**表現於外在反應的心理歷程。在訊息處理歷程中，三種記憶的檢索方式不同，此處所指者是短期記憶的檢索。

前文所指七加減二個意元，是指短期記憶儲存的容量；也就是指只經一遍練習後所能記憶的量只有七個項目左右。短期記憶的檢索，則是企圖進一步探究，受試者究竟如何在心理活動上，把他所儲存的短期記憶表現於外。類此問題，看似簡單，實則很難研究。直覺的想法是：短期記憶既然是受試者所意識到的，而且又是立即學到的，按理，只要是在短期記憶的時限之內，所記得的七個項目，隨時都可表現於外在的反應。

事實上並非像直覺所想的那麼簡單，經心理學家實驗研究發現，短期記憶中儲存的項目，與檢索時所需要的時間，兩者之間成正相關 (Sternberg, 1986a)。該實驗的設計很簡單，先讓受試者在短時間內看一個載有不同位數數字組的數字表，如 8, 27, 316, 7051, 14682……。然後出現其中一組數字，接著再出現一個個位數字，要求受試憑短期記憶去檢索核對，並立即按電鈕 Yes 或 No 回答該數字是否包括在剛才出現的數字組之內。以原來的數字組 316 為例，出現之後再出現的 6，受試者立即按 Yes 電鈕，如出現的是 2，則立即按 No 電鈕。分數的計算按受試者按對電鈕所需時間為標準。結果發現；出示之數字組內位數愈多，核對所需時間愈長；出示之數字組是個位數字時，檢索所需時間約為 400 毫秒；若數字組增至六位數字時，檢索所需時間約為 650 毫秒。此一結果顯示的意義是，短期記憶中的數字是序列的；依序檢索需要時間，數字組越長，檢索需時也越長。

(四) 短期記憶的遺忘

綜上所述，可知短期記憶有兩個明顯特徵：其一是所記的容量有限，一般不出七個項目左右。其二是記憶保持的時間甚短，只能保持二十秒的時間。由此可見，由視覺或聽覺收到訊息後，如果不立即重復練習或採用筆錄方式登記下來，轉眼之間即行遺忘。查英漢字典時，都有隨查隨忘的經驗。要想查後不忘，只好多重復讀幾遍，或是將單字的英漢對照寫在單字簿上，使短期記憶的訊息輸入長期記憶，否則短期記憶的遺忘勢所難免。對於短期記憶遺忘的原因，心理學家有兩種理論 (Reed, 2006)：一種理論為**取代論** (displacement theory)，謂因短期記憶容量有限，新的訊息不斷輸入，有如潮水般後浪推前浪，新的訊息取代了舊的訊息，因而產生遺忘。此種經驗，在日常生活中隨時可見。如果聽到別人只講一句話，你可能聽後不忘，如果聽到的是連續很多句，你所記下來的可能只是大意，而無法一字不差地記下這許多完整的語句，原因是後句話取代了前句話的記憶。解釋短期記憶遺忘的另一種理論是**衰退論** (或**消退說**) (decay theory)，是謂刺激激起神經衝動傳導至中樞而產生記憶後，像車過留痕一樣在神經組織中留下一道痕跡，稱為**記憶痕跡** (memory trace)。時間稍久，記憶痕跡就會自行衰退，因而產生遺忘。至於說記憶痕跡衰退何以如此之快，那是因為只有一次練習所留痕跡太淺所致。

第四節　長期記憶

綜合前節感覺記憶與短期記憶的討論，當可對這兩類記憶的性質獲得三點認識：(1) 感覺記憶是短期記憶的基礎，必先有感覺記憶而後才會有短期記憶；而感覺記憶之所以能夠轉化為短期記憶，其關鍵在於注意。(2) 兩種記憶均為時短暫，感覺記憶只能保持在一秒鐘之內，而短期記憶也只能保持 20～30 秒；這說明兩種記憶產生後均極易遺忘。(3) 在訊息處理上，兩種記憶各自有不同的編碼方式。感覺記憶的編碼多半保持刺激的原形 (保持原刺激的形象與聲音)，而短期記憶的訊息處理則是以聲碼為主，形碼為輔。以語文中字形、字音、字義三特徵而言，感覺記憶在瞬間所見者是字形，而短期記憶所記憶者則是字音。

基於以上三點認識，進而討論由短期記憶轉化成的長期記憶。**長期記憶** (long-term memory，簡稱 LTM)，也稱**長期儲存** (long-term store，簡稱 LTS) 的儲存時間遠較感覺記憶和短期記憶為長；在時限上是按時、日、月、年計算的，故而又稱**永久記憶** (permanent memory)。長期記憶是日常生活中最重要的記憶，學得的知識與技能，在使用時之所以能按需要呈現出來，都是靠長期記憶。在訊息處理論興起之前的學習心理研究上，一直是以長期記憶研究為主的。此情形尤以學校中知識與技能學習為然；學生從課本上學到的知識,全是長期記憶。以下是長期記憶的編碼、儲存、檢索、遺忘四項特徵的分別說明。

一、長期記憶的編碼

短期記憶中所儲存的訊息,在時間上只能保持 20～30 秒,超過此一時限,訊息就會從記憶中消失而產生遺忘。要想使訊息免於遺忘並適時輸入長期記憶,除前文提到在短期記憶階段使用**運作記憶**之外,最常用的方法是立即復習。所謂**復習** (或**復述**) (rehearsal),是指對學習中的材料經由不停的默讀或朗讀以保持不遺忘的心理歷程。按現代訊息處理論的解釋,從短期記憶到長期記憶之間的復習有保持復習與精心復習之分 (Greene, 1987),兩種復習的編碼方式不同,分別影響此後長期記憶的品質。

(一) 保持復習與精心復習

所謂**保持復習** (或**維持性復誦**) (maintenance rehearsal),是指經由默讀或朗讀重復短期記憶中的訊息,使之保持不忘,並在熟練後輸入長期記憶以便長期儲存的一種復習方式。從編碼的觀點看,保持復習過程中仍維持短期記憶中聲碼為主形碼為輔的心理特徵。因此,只靠保持復習而輸入長期記憶中的訊息,在將來檢索使用時未必準確與精細。在日常生活中有很多事例顯示,對某一事項雖有記憶,但所記憶者未必符合該事項的確實狀貌。以自己家門的鑰匙為例,雖然每天都用它開門,但未必能描繪出鑰匙的確實齒紋。曾有心理學家研究發現,在美國一般大學生中,有多數人記不清日常使用頻繁的銅質一分硬幣正面的圖案 (Nickerson & Adams, 1979) (見補充討論6-1)。像此種雖經無數次復習而記憶仍不準確的現象,主要是由於在保持復習時只將訊息輸入長期記憶,而未予以精心復習所致。

精心復習 (elaborative rehearsal) 是指對所學習材料,一方面經由短期記憶中的運作記憶,加以思考而加深印象,另方面從長期記憶中檢索出相關舊經驗與輸入的新知識核對、比較、分析,從而獲得意義。因此,精心復習過程中的編碼過程,是將短期記憶中的聲碼或形碼轉化為義碼,使之便於以後記憶。**義碼** (或**語義碼**) (semantic code) 是指用事物的抽象意義代替事物本身形象。以語文學習為例,感覺記憶與短期記憶所記得的是字形和字音,而長期記憶中所記得的則是字義。對一個單字,如能由字形學到字音,然後再由字音學到字義,自然在以後使用時就會正確無誤。因此,語文學習時能學到字義,才算是真正的學習。以教師教學童學習"重"字為例,"重"字為破音字,有兩個讀音。如只教學童"重"字的兩種讀法,學童很難理解其真正的意義。在此種情形下,教師應舉例句說明,用於"重要"時與用於"重復"時讀音不同。如此,"重"字始

補充討論 6-1
熟悉的事物未必容易記憶

　　要想對學習的材料保留長期記憶，必須先將學習材料予以編碼輸入並儲存之。在編碼輸入過程中，要經過注意與精心復習，而後才能長期記憶。不過日常生活中對某些極為平常的事物時，因其缺少重要性，雖經過無數次練習，但對該等事物的細節卻未必產生學習。有很多事例足可用以說明，生活中極為熟悉的事物，幾乎天天在重復練習，但事實上卻未必有清楚記憶。每天上下的樓梯，你能記得有多少層級嗎？天天穿脫的衣服，你能記得有幾個鈕扣嗎？像此類在表面上來說極為熟悉的事物，一般人都不會記得清楚。按記憶的原則看，原因是空有保持復習，而未予精心復習，以致在長期儲存中未能留下明確的記憶。

　　關於熟悉的事物未必容易記憶的現象，曾有心理學家 (Nickerson & Adams, 1979) 以大學生為對象，以再認法測量其對美金一分硬幣的辨認記憶進行研究。實驗用材料如圖 6-5 所示，在十五個硬幣圖案中，只有圖 A 是正確的。以隨機排列的方式，將十五圖全部呈現，要美國大學生指認。結果發現，一般美國大學生幾乎全用猜測的方式回答，答對的人數尚不到百分之十。為什麼會有這種現象呢？原因是一般人覺得沒有必要去注意細節，雖在日常生活中有過無數次練習，但未留下深刻記憶。

圖 6-5　美國一般大學生不能辨識美金一分硬幣圖案

(採自 Nickerson & Adams, 1979)

能經由語義編碼成為長期記憶中的知識。除單字學習之外，學習閱讀的情形更是如此。閱讀時不能單靠認識書頁上的單字和由單字組合成的一連串聲音，而更重要的是理解整句甚至整段文字所代表的意義。只有將書頁上的文字由形碼和聲碼轉化為義碼，才能成為個人的長期語文記憶。關於此點，稍後討論長期記憶儲存時再補充說明。

(二) 處理層次論要義

顯然，前文所說的精心復習，在性質上並非只是重複練習，而是在重複練習中多加了心理運作，使訊息處理的編碼歷程改變，由本屬形碼與聲碼的訊息，經過精心復習後改編為義碼，得以便於輸入長期記憶中做永久儲存。基於此一原理，認知心理學家提出了處理層次論，用以解釋精心復習效果之所以優於保持復習效果的原因。**處理層次論** (或**加工水平說**) (levels of processing theory)，是對阿特金森和希夫林早期訊息處理論的一種補充解釋 (Craik & Lockhart, 1972)。按早期訊息處理論的說法，在三階段的訊息處理歷程中，感官記憶的訊息經注意後輸入短期記憶；短期記憶的訊息經復習後輸入長期記憶。此一說法，只能就量的觀點說明，從感覺記憶開始到長期記憶結束時共處理了多少訊息，或是只能說明有多少訊息經處理之後儲存在長期記憶之中。但卻無法從質的觀點說明，在訊息處理歷程中是否採用了最佳的編碼方式，以及以最佳的儲存方式儲存在長期記憶之中。

按處理層次論的解釋，三階段記憶中訊息處理品質的高低，決定於在心理上對訊息處理的層次；訊息處理的層次愈深，代表編碼愈完整，輸入長期記憶後，也就會有愈深刻愈完整的記憶。如果對某種訊息的處理只達到感覺或知覺的淺層地步，或是將外界刺激輸入的訊息，只在感覺記憶與短期記憶階段編為形碼或聲碼，然後只經保持復習即輸入長期記憶，此種處理方式就是淺層處理。前文討論短期記憶的意元集組時，曾舉出 886223890915 一組數字的例子，如果只採用保持復習方式去記憶這組數字，只能機械式的強記十二個阿拉伯數字的字形或字音。但如改採精心復習的方式予以深層處理，將這組數字分為 886-2-2389-0915 四個**意元**，每個意元，與長期記憶中既有知識做有意義的聯想，就會形成高品質的長期記憶。學習一首歌曲時也是如此，如只是隨調子哼唱，對歌詞訊息的處理就是淺層的。如果除調子之外，也能體會到歌詞的抒情和表意，那就是歌詞訊息的深層處理。

二、長期記憶的儲存

在長期記憶中儲存的訊息，在原則上是分類處理的。惟對各類訊息，究竟如何分類處理，分類後又如何儲存，在心理學上，迄今尚未十分了解。按目前認知心理學家們的解釋 (Blaxton, 1989; Huffman, 2005)，人類的長期記憶中，儲存著兩類不同的記憶：

(一) 隱性記憶

隱性記憶 (implicit memory) 指長期記憶中儲存的記憶在檢索使用時，個人並不自知；只是將學得的活動依序表現出來，達到使用的目的。因此，隱性記憶通常稱為**程序性記憶** (procedural memory)。程序性記憶中主要包括動作與技能，它是經由觀察學習與實地操作練習而學得的動作性記憶。個體自幼學習的動作技能，例如拿筷子、騎單車、寫字、操作工具等，都是他將學到的"如何按程序操作"活動，長期儲存在記憶裡，以後遇有需要，隨時檢索出來應用，不必重新練習。程序性記憶儲存後，經久不忘，六歲學會騎單車，以後二十年不騎仍然不會忘記。樂器演奏及打字等，都是如此，因為此等技能都是按程序學習的。

程序性記憶是按一定程序經過無數練習學習來的。練習到了純熟階段，程序性記憶檢索引起的回憶就會自動出現，不須刻意留心自己的反應 (如樂器演奏不須注意手指活動)。程序性記憶到此地步即為**自動處理** (或**自動化加工**) (automatic processing)。程序性記憶的資料表現於外時，即成了個人的**程序性知識** (procedural knowledge)。程序性知識是學校技能教學的主要內容。

(二) 顯性記憶

顯性記憶 (explicit memory) 指長期記憶中儲存的記憶，在檢索使用時是個人自己知道的，也是個人可以用語文表達出來的。因此，顯性記憶通常稱為**陳述性記憶** (declarative memory)。陳述性記憶是指對事實性資料的記憶，舉凡對人名、地名、名詞解釋以及定理、定律等的記憶，均屬陳述性記憶。陳述性記憶的特徵是，在需要時可將記得的事實陳述出來。根據陳述性記憶所陳述者，即代表個人在該方面的知識，故而又稱為**陳述性知識** (declarative knowledge)；陳述性知識是學校知識教學的主體。陳述性記憶內，按所記訊息性質之不同，又分為以下兩類記憶：

1. 情節記憶 情節記憶 (episodic memory) 係指有關個人生活經驗中一切事項的記憶。情節記憶的特徵是，個人對以往生活中與個人有關的諸多事項，將時間、地點、人物、情境以及當時個人所知所感的一切，結合在一起，編碼記錄下來，永遠儲存在長期記憶之中。個人所寫的自傳式文章，其內容主要就是以陳述的方式表達其經歷的情節記憶。因此，情節記憶又稱為**自傳式記憶** (autobiographical memory)。

2. 語義記憶 語義記憶 (semantic memory) 係指個體對周圍世界中一切事物意義的記憶，特別是對代表事物之抽象符號意義了解的記憶。在語義記憶中，語文意義的儲存是其主體。語文或符號均代表某種意義，個體經訊息處理而學到語文符號與意義的關係之後，再遇到同樣的語文符號時，不需重新學習即可知其意義。語義記憶是人類一切知識的基礎；舉凡語言、文字、概念、原則等知識與應用，無不有賴語義記憶。語義記憶與情節記憶之區別，主要在於語義記憶屬知識意涵的記憶，情節記憶屬事項情節的記憶。

陳述性記憶與程序性記憶兩者，在學習時的訊息處理上有所不同；前者偏重認知，後者須靠操作活動。因此，大體說，前者屬"知"的記憶，後者屬於"行"的記憶。一般認為，陳述性記憶與程序性記憶分別儲存於大腦的不同部位。腦部不同部位的病變或傷害者，有的只喪失其中一種記憶的功能(如只記得會說，不記得會做)，即可說明大腦在記憶儲存功能上是分區專司的。

在長期記憶的儲存上，雖有程序性與陳述性之分，但在憑記憶表達於外顯的知識時，兩種記憶卻是分工合作的。以學習物理、化學等科目為例，其學理部分雖屬陳述性知識，但操作實驗部分則屬程序性知識；要真正學到物理或化學的知識，必須要靠兩種知識的相互配合。教育上一向強調"手腦並用"與"知行合一"，其用意即在於此。

基於以上討論，對長期記憶可以獲得兩點概念：其一，長期記憶以義碼為主；其二，長期記憶中語義與語文二者是構成長期儲存的主要原因。這兩概念的提出，對多年來一直存在的"何以三歲以前的記憶不能長期儲存？"的問題，得到了較為合理的解釋。關於此點在補充討論 6-2 中有所說明。

(三) 語義組織理論

長期記憶有三個特徵：(1) 在時間上具有永久性；(2) 在容量上具有無限性；(3) 在形式上是語義為主。根據這三個特徵可以想像的是，如果輸入長期記憶中的無數訊息毫無組織地堆積在一起，勢必像未經分類編目的圖書館一樣，難以查到想要的資料。前文提到，長期記憶中儲存的訊息是以義碼為主的，而且是以分類的方式儲存的。事實上，分別屬於程序性與陳述性的兩類知識範圍十分廣泛，沒有人能夠記憶全部知識的內容。人類所能記憶的可能是一種具有系統的組織；使用長期記憶中的知識，按組織系統即可檢索到所需要的訊息。這像圖書館對所有入館資料加以組織系統化之後，使用者不需到數以萬計的書庫中去尋找，只需按書名或作者姓名查到電腦編號，即可以書號為線索找到所需資料。

長期記憶中語義訊息是如何組織儲存的？對此問題，心理學家們曾提出多種不同理論。以下介紹兩種語義組織理論。

1. 階層組織論　階層組織論 (hierarchical organization theory) 是指長期記憶中儲存著為數甚多的語意概念，按性質之不同而自行分類組合，各自形成階層性的系統組織。圖 6-6 所示，就是以礦物一詞為例在這個主要概念之下所形成的階層概念組織 (Bower, 1970)。

補充討論 6-2

人為什麼不能記得三歲以前的事？

從年齡與學習效率和記憶保存兩者之關係看，多年來心理學家們即注意到了一個奇怪且矛盾的現象。三歲以前的幼兒，對事物最感好奇，事事好問求知，是一生中學習效率最高與學習事物最多的一段時期。然而，到了成年之後，很少有人能清楚記得三歲以前的事。因此，在心理學上就提出了所謂**幼年經驗失憶症** (或**嬰兒期遺忘**) (infantile amnesia) 這個問題。幼年經驗失憶症，也稱**童年經驗失憶症** (childhood amnesia)。

幼年經驗失憶，是不是事實？如果是事實，應如何解釋？即使幼年經驗失憶是事實，應否視之為"失憶症"？這三個問題是本文所要討論的。然對這三個問題的討論次序，我們稍做一點調整；首先看看以往學者怎樣解釋，然後看看新近研究發現的事實，最後再看看新近的解釋。

最早使用幼年經驗失憶症這個名詞的學者，是精神分析論的創始人弗洛伊德。弗洛伊德發現，當病人回憶生活經驗時，都無法說出三歲 (甚至五歲) 以前的舊事。按弗洛依德的解釋，這段時間正是**戀母情結**或**戀父情結**形成的階段，兒童因心理衝突而生的**壓抑** (見本書第十一章)，結果導致了對記憶的壓抑。此一解釋相當勉強，戀親情結所引起的壓抑，只限於"性衝動"一方面，有關性衝動之外的經驗之失憶，又如何解釋呢？除精神分析論的解釋之外，一般常識的看法是，時間太久沖淡了記憶。此種說法也不完全合理。原因是，十八歲的人不能記得三歲以前的事，如果說是因為時隔了十五年；但何以再過四十多年之後，六十歲的人卻能清楚記得十八歲的事呢？

新近的研究，確認了人類三歲以前的經驗於成年後不能記憶的事實。即使有些人聲稱他能記憶，那也是三歲以後別人告訴他的。該研究以大學生中有弟妹者為對象，以一份包括 20 個題目的問卷為工具，問卷內的題目全是關於他們弟弟或妹妹出生前後的事。諸如：你弟弟 (妹妹) 出生前，你母親怎樣去的醫院？你曾否到醫院去看過你母親？你新生弟弟 (或妹妹) 是怎樣回到家的？經調查他們的弟妹出生時間，是在這群大學生的一至十七歲之間。結果發現：大學生中其弟妹出生時間在他們三歲以下者，二十題中沒有一題是答對的。這表示，人在三歲以前確實留不下長期記憶。過了三歲，分數就直線上升，在九歲左右弟妹出生者，平均答對十五個題目 (Sheingold & Tenney, 1982)。

按現代認知心理學中訊息處理論的解釋，人在三歲以前並非沒有長期記憶，只是因為幼兒在當時對訊息處理時，尚不能使用語文作為心理表象的工具，致使其未能在長期記憶中儲存在語言訊息之中，因而不能用語文去檢索記憶以回答問題。此外，生理心理學家認為，三歲前大腦未臻成熟也是重要因素 (Uebara, 2002)。

就長期記憶中儲存的語意概念而言，圖 6-6 顯示三點意義：(1) 圖中所列二十六個概念，在類別上隸屬四個階層；(2) 階層愈高者概念範圍愈大；最高層"礦物"的語義涵蓋了所有以下的次級概念；(3) 這二十六個語義概念形成一個組織，保存在長期記憶之中，以後檢索使用時，即可按階層系統，很快地找到所需的概念 (如提到黃金，只須從第三層稀有金屬類中去檢索即可)。圖 6-6 只是一個例子，可以想像的是，在成年人的長期生活經驗中，必然儲存著無數類似的階層組織 (如食物、家具、化妝品等概念之下均各有其階層組織)。

圖 6-6　階層組織論圖示

(採自 Bower, 1970)

2. 激活擴散論　**激活擴散論** (spreading activation theory) 是對前述階層組織論的補充。原則上，激活擴散論也認為長期記憶中儲存的語義概念是有組織的，惟對語義組織的形式，則認為未必一定是階層性的。激活擴散論提出一種**語義網絡** (semantic network) 的說法，認為每一語義概念，均可視為網絡上的一個結節；很多結節就聯結形成一個大的網絡。結節之間聯線的長短，代表概念之間關係的遠近；連線愈短即表示關係愈密切 (Collins & Loftus, 1975)。

激活擴散論所強調者是語義的激活擴散作用。激活擴散的意思，可以拿投石子入水池的例子來說明。水池平靜時，可以比做心理平靜未從事任何記憶活動。如將一塊石子投向水面，就會立即激起漣漪，而且向外擴散，激動周圍水面的波動。長期記憶的活動也是如此，一旦針對需要而檢索某一語義概念時，其他周圍的相關概念，也會相應激起活動。圖 6-7 所示即為"紅色"概念所引起的激活擴散的例子。"紅色"概念一旦出現時，周圍的相關概念即被激活，並向四面八方去擴散。由圖

图 6-7 激活擴散論示意圖
(採自 Collins & Loftus, 1975)

中圓圈與直線所示，概念的激活與擴散包括原來語義概念的多種特徵；由"紅色"所激活的"火光"、"蘋果"、"救火車"、"櫻桃"等概念，都是基於類似顏色概念的特徵。由"紅色"所激活相關的"綠色"、"黃色"與"橙色"等概念，則非由於紅色所引起的聯想，而是基於不同顏色類別語義的聯想。同理，在網絡周圍的"街道"是由"救護車"輾轉激活的；"梨"則是由紅色"櫻桃"聯想到的水果類而激活的。總之，激活擴散論企圖說明的是，長期記憶中儲存的訊息不是個別孤立的，而是成為網絡形態而有組織的。網絡形態的構成與運作，則是每個結節上語義概念所發生的激活擴散作用。

三、長期記憶的檢索與遺忘

長期記憶中儲存的訊息，既然是永久性的，需要時隨時檢索出來使用，應該沒有困難才是。但事實並非如此,我們在第一節內提到的**舌尖現象**,就是說明長期記憶有時檢索也有困難的例子。如此看來,長期記憶中儲存的訊息或知識,到需要檢索出來使用時,也會產生檢索失敗的遺忘現象。接下去即討論長期記憶的檢索與遺忘問題。

(一) 檢索線索

基於以上說明,可知長期記憶檢索成敗的關鍵在於檢索線索。所謂**檢索線索** (retrieval cue),是指做為檢索用的刺激或指引,根據該刺激去追蹤檢查,即可在長期記憶中找到所需要的訊息。進圖書館借書的情形就是如此。要想借到所需要的書,必須先行查看所需書籍的書號、書名、著者、出版年代等,這些都是所需書籍的線索。惟其中最重要的是書號,因為每一本書都只有一個書號,書號即具有準確的線索作用。

長期記憶檢索時需要檢索線索,檢索線索本已儲存在長期記憶的訊息之中,由檢索線索之助而引起對相關訊息的記憶。因此檢索線索也可用前文擴散激活的概念來解釋。提示"紅色"做為刺激字要求受試者做聯想反應時,這"紅色"二字就是檢索線索。受試者在反應時有的可能聯想到"火光"、"救護車"與"櫻桃",也有的可能聯想到"玫瑰"、"橙色"、"綠色"與"黃色";其間差異可能與個人由經驗所儲存的記憶不同有關。基於此義,心理學家從檢索的觀點將記憶分為兩類:

1. 情境依賴記憶　情境依賴記憶(或**場合依賴記憶**)(context-dependent memory),指在什麼情境下所從事的學習,將來在同樣或類似情境之下比較容易記憶。此種說法與習慣性反應概念相似。

2. 狀態依賴記憶　狀態依賴記憶(state-dependent memory),指檢索時與身體狀態有關;如檢索時的身心狀態與學習時身體狀況相似,長期記憶的檢索就比較容易。準此推論,如學習時飲用咖啡或服用藥物使身體形成一種特殊狀況,以後檢索時仍須飲用咖啡或服用藥物,才會產生較好的檢索或回憶。同理,在心情愉快時學習,以後在心情愉快時產生較好的回憶(Bower, 1981)。

綜合以上情境依賴記憶與狀態依賴記憶兩種概念,顯示了學習時知識的獲得,並不是單純的刺激與反應之關係的建立。換言之,在感官接受某種刺激當做訊息處理時,在編碼處理的過程中,並非只限於該刺激本身的特徵,而是連產生刺激的情境特徵與當時個體身體狀況,也一起包括在編碼之內。如有一次在花園裡看到綠葉叢中一朵紅花的經驗(學習),以後再回到該花園的情境時,紅花連綠葉的舊經驗,就很容易檢索出來。像此種學習時關聯的條件成為以後檢索線索的情形,心理學家稱之為**編碼特定原則**(encoding specificity principle) (Tulving & Thomson, 1973)。

(二) 長期記憶遺忘的原因

長期記憶為永久性記憶，訊息一旦進入長期記憶之後，按理說不會再產生遺忘。惟根據經驗，長期記憶的遺忘確是明顯的事實。單以學習到的文字為例，從小學到大學的十數年間，所學過的單詞數以千計。如果要你將學到的單詞用回憶法默寫出來，結果默寫的數量很可能只有學過的十分之一；如果要你用**再認法**從眾多單詞中挑出你學過的單詞，結果挑出的數量也許只有十分之五或十分之六；不能默寫也不能挑出的那些單詞，即可推知可能是遺忘了。針對長期記憶遺忘現象，心理學家們除了採用前文解釋短期記憶遺忘的**取代論**與**衰退論**兩種理論之外，另外尚有三種理論解釋：

1. 干擾論 干擾論 (interference theory) 的基本理念是，長期記憶中的記憶並未消失，只是在檢索時因與其他記憶彼此干擾所產生的抑制作用所致 (Wixted, 2005)。其他記憶所產生的抑制作用分為兩種：
(1) **順攝抑制**（或**前攝抑制**）(proactive inhibition)，是指以前學到的記憶抑制了新學得的記憶。例如，新換電話號碼初期，舊號碼的記憶常會干擾對新號碼的記憶。
(2) **倒攝抑制** (retroactive inhibition) 是指新學得的記憶抑制了舊學得的記憶。例如，讀英文書時如只查一個單詞，查後較易記憶；如事後又查了幾個單詞，原先查到的單詞就很容易忘記。

2. 動機性遺忘 動機性遺忘 (motivated forgetting)，是指當事人心理上不願記憶而形成的遺忘。在日常生活中所經驗到的事，有的是愉快的，有的是痛苦的；愉快的經驗樂於記憶，而痛苦的經驗則不自覺的予以壓抑，因而易於遺忘。此一理論為精神分析論創始人弗洛伊德所主張。有關**壓抑**一詞的進一步解釋，留待第十一章討論弗洛伊德的人格理論時，再作補充說明。

3. 線索依賴論 線索依賴論 (cue-dependence theory)，是指長期記憶的遺忘，並非儲存訊息的消失，而是由於檢索記憶的線索不當有以致之。回憶時線索不當的情形有兩種：一種是線索不足，在缺乏線索的情形下，無從記憶。例如，當偶遇老友記不起對方姓名而產生**舌尖現象**的尷尬局面時，如對方提供一點線索（如：我們是小學的同班同學），可能立即想起對方的姓名。另一種情形是線索錯誤，錯誤線索無法在語義組織中找到所儲存的記憶。例如，到圖書館查書時抄錯了書號，將代表教育心理學的書號錯抄成了教學心理學。即使書庫中確有此書，查了半天仍然無法找到。

四、如何增進記憶並減少遺忘

除少數事例外（例如暫時查用一電話號碼），學習知識的目的是在於獲得長期記憶。此一原則尤以學校教育中知識與技能學習為然。因此，如何增進長期記憶，有效使用學得的知識與技能，自然是學習心理學家們所關心的問題 (Atkinson, et al., 2002)。以下討論是本書對此問題所做的建議。

(一) 循訊息處理論原理學習新知識

訊息處理論的最大價值，端在此一理論對人類獲取知識的心理歷程提出了合理的解釋，而且得到了相當程度的驗證。因此，如何遵循訊息處理論的原理從事學校中學科知識的學習，自然是討論過訊息處理論之後應該思考的問題。回答此一問題，本書提出以下四點建議：

1. 三階段與三類型記憶原理的應用

訊息處理論的最基本要義是，將學習歷程中的記憶分為前後連續的三個階段，分別稱為三種記憶：(1) **感覺記憶**，(2) **短期記憶**，(3) **長期記憶**。這三類記憶之間的關係是：感覺記憶是感官接受外界刺激時留下瞬間記憶，只有在個體對引起感覺記憶的刺激加以注意時，才會將之當做訊息而輸入短期記憶。短期記憶儲存時間仍短，經過心理運作與復習後才會輸入長期記憶。上述原理對讀書求知者的啟示是：想要增進長期記憶，勢必先從感覺記憶開始；先對引起感覺記憶的刺激加以注意，而後才會產生短期記憶，有了短期記憶而後才會產生長期記憶。

2. 多重編碼原理的應用 針對外界刺激的特徵予以編碼而後進入記憶中儲存，是訊息處理論第二個重要概念。惟所編的代碼不只一種；就人類所學習的語文知識而言，就有**形碼**、**聲碼**與**義碼**三種。根據一物或一字兼具多重編碼的原理，讀者從而獲得的啟示是：要想對所學知識記憶深刻，最好在學習期間對各種編碼同時並重。以學習英文單詞為例，首先注意字形 (那幾個字母拼成的)，繼之記下正確讀音，最後記下字義。經過三種編碼，等於是對同一單詞做了三次復習；多次復習是加強記憶的必要條件。

3. 認識短期記憶的重要性 短期記憶是 20～30 秒的短暫記憶。在學校教學上一向注重長期記憶，忽視短期記憶；事實上短期記憶與長期記憶同樣重要，甚至可以說短期記憶比長期更為重要。從訊息處理的整個歷程看，真正的"學習"是在短期記憶階段產生的。長期記憶只不過是將短期記憶學習的結果予以長期儲存而已。因此，直接善用短期記憶，等於可間接增進長期記憶；在做法上建議遵守兩項原則：(1) 發揮**運作記憶**的功能；(2) 發揮**意元集組**的作用。

4. 兼顧陳述性與程序性兩種記憶
陳述性記憶是指對事實性資料組成知識的記憶，**程序性記憶**是指按程序動手操作的技能性知識的記憶。基於此義，可知陳述性記憶所代表的知識偏重於"知"，而程序性記憶所代表的知識是"行"。傳統學校教學偏重背誦 (重陳述性記憶) 的做法是不適當的。只有陳述性與程序性兩種記憶並重的"手腦並用"學習，才能達到最佳的求知目的。

(二) 運用合於心理原則的讀書技巧

有人說："讀書無技巧，讀書的不二法門就是一讀再讀。"從認知心理學的觀點言，這話並非絕對眞理。心理學家們確曾研究過讀書技巧的問題，而且也已發展出幾種有效的原則；其中最具代表性的是美國愛荷華大學創用的 SQ3R 原則與康奈爾大學創用的 OK4R 原則。其實，這兩種原則大同小異。SQ3R 代表的意義是：瀏覽（S＝survey）、質疑（Q＝question）、閱讀（R＝read）、回憶（R＝recite）、復習（R＝review）。至於OK4R代表的意義則是：瀏覽（O＝overview）、要點（K＝key ideas）、閱讀（R＝read）、回憶（R＝recall）、反詰（R＝reflect）、復習（R＝review）。以下試以SQ3R 五步驟讀書法為一模式，參以著者個人讀書經驗，逐步討論並希望能對讀者有所助益。

1. 瀏覽 在正式開始逐字逐句精讀一本書之前，宜先用約十分鐘對全書作一番瀏覽工作。瀏覽工作分爲兩個層次，一爲瀏覽全書，一爲瀏覽章節。通常一本學術性的書籍，都包括序言、目次、正文、註解、參考資料、索引等六部分。瀏覽全書時就是大約翻閱一遍這些部分，根據這些部分，讀者即可大致對該書的性質及主要內容獲得一個粗略概念。瀏覽一本書的主要作用，是經過瀏覽才能確定該書是否符合你的閱讀目的，才能確定該書是否具有閱讀價值。設有一適婚年齡者意欲尋找對象結婚，有一天在書店看到一本《如何尋找理想對象》的新書，就想立刻買下。本書著者建議他按以下三點花十分鐘瀏覽一遍，再買不遲：(1) 先看看該書作者對"理想的對象"如何詮釋，因爲結婚對象的理想條件是相對的，有的隨時代改變 (如三從四德)，有的經久不移 (如攜手追求理想的伴侶)。新書作者對此類觀念有否做出適切的詮釋。(2) 在婚禮上，所有親友無不齊聲祝賀新郎新娘婚姻幸福。然而從社會現實看，結婚者之中，有相當比例並不幸福 (近年來離婚率已達三分之一)，甚至結婚者中有很多造成悲劇。這現象顯示的意義是幸福婚姻難求。惟其如此，很多條件優異的適婚男女出現懼婚趨勢。新書作者對此種現象有無提出合理的解釋。(3) 婚姻是理想的追求，理想當然指對象的條件，對象的條件分外在 (包括相貌、年齡、學歷、專長、財富、門第、社會地位等) 與內在 (包括才學、品行、道德、人生觀、價值觀、宗教觀、家庭觀等)。顯然，外在條件重現實，內在條件重理想。與人合作創業可以現實爲基礎，找對象結婚則必須重視理想。合作創業可以法理爲基礎，而婚姻則是以情意爲主軸。作者在新書中有沒有討論到此等觀點。如果新書作者對上述重點均未提及，建議讀者另找一本新書。

2. 質疑 瀏覽時及瀏覽後，讀者一方面對全書獲得粗略的概念，另方面也自然會因概略的印象而引起很多問題。讀者如能隨時掌握掠過意念中的問題，稍事思考並以自己的經驗給予一個假設性的答案，然後在閱讀時再隨時注意自己的假設是否成立。如此，則無異是以一手抓住問題，一手尋找答案的方式去讀書。這樣，在心理上是有準備的、是主動的、是批判性的、是時時注意的。假如閱讀後發現自己的假設與著者論點不謀而合，就會因"英雄所見略同"而深感得意；假如自己的假設為著者所否定，也會因著者"出乎意外"的高明而倍增讚佩。果如此，你閱讀後是一定會有心得的。

3. 閱讀 古人讀書，講求眼到、口到、心到、手到。四到之說論述已多，本書不再贅述。現在我們要討論的是四到之外的一些實用技巧。

(1) **專門術語** 讀學術性的書籍時，有時對書中文字雖都認識，但不了解其中含義。這是因為讀者對文字組成專門術語所表達之特殊意義不能了解所致（心理學的書籍尤其如此）。因此，從閱讀一本專門書籍之始，即須注意了解每一專門術語的確切意義；並用筆記或畫線方式將之特別標出，藉以加強記憶。如此做法，雖在閱讀之初速度較慢，但為長久之計，所花費時間是有代價的。所謂"讀書不求甚解"的態度，在大學裏讀專門性書籍是不適用的。任何一個專門學科，其專門術語總是有限的。如果能在讀入門的專門書籍時即

對其中專門術語有所了解，繼續閱讀同類書籍時，將會發現同科目內新的專門術語會隨閱讀經驗的增加而逐漸減少。

(2) **內容要點** 常聽說讀書要"把握要點"。然則，要點何在？如何把握？都是很難回答的問題。不過，書讀多了有經驗了，自然會領悟到要點之所在，而且也自然會了解把握之道。任何著者在寫一本書時，他對章、節、段中材料的處理，大體上都先有一個邏輯的組織。一般言之，書之一章討論一個大問題，每節討論一個較小的主題，每段討論小主題的一個層面。在習慣上，著者多是在章之初先把問題提出，在章之末再對問題做一結論。因此，每章首末兩段內容常是最重要的，宜於精讀。同理，每節每段文字，凡是敘述的一件事成為一個思想的單元時，開頭的一兩句話與最末的一兩句話也總是最重要的。閱讀快的人，語文能力強與理解力高固然是主要原因，但如能領會到著者寫書時的心理歷程而迅速抓到要點，將更能提高讀書的效率。

(3) **生字註解** 大學生開始讀外文專門書籍時，查生字與在書頁上註解中文的習慣是不能避免的。生字加註中文的目的在加強對該生字的記憶，是不得已的辦法；最後必須克服困難，需要時查生字，但盡可能不加註中文。如非加註中文不可，著者建議採用如下的方式：在書頁邊緣空白處用鉛筆註解中文並編列號碼與文中的生字相呼應。即先在生字之旁編一小號碼，然後在邊緣空白處寫同一號碼並註中文；

號碼編列可限於一頁為原則。此法優點有二：其一、可保持書頁整潔；其二、可避免再讀時注意分散或依賴心理。閱讀時如不能記憶生字的意義，按號查照立即可得。採用此法持久不變，過些時日如發現書頁上生字數量減少，此時的成就感對自己是很大的鼓勵。

(4) **圈點畫線**　閱讀時，為了標明要點與加強記憶，常在書頁上圈點畫線。閱讀時畫線，目的有二：其一，在閱讀時把要點標出藉以加強記憶；其二，在復習時可據以為線索喚起對整個概念的回憶，以節省復習的時間。要想達到這兩個目的，畫線的技巧就必須考慮。以下三點是著者的建議：① 對內容有了概念之後再畫線。每段文字最好能讀兩遍，第一遍略讀，發現要點預定為畫線之處；第二遍精讀，邊讀邊畫，如此所畫者才是真正的要點。② 畫線在精不在多，畫多了看起來一片紅反而失去線索價值。一段文字的內容要點，常常落在其中一句話或幾個關鍵性的詞語之上，如能把握住此等關鍵，不啻掌握全段內容所表達的概念。如能適當畫線標示出此等關鍵，將來即可由之喚起記憶中的整段概念。③ 線用手畫不用直尺。畫線時，應是筆隨目轉，心從線移，每遇要點，邊讀邊畫，畫時雖速度緩慢，但因注意集中，可使印象加深。如用直尺，則注意力分散，全句一筆畫過，反而使關鍵部分無從顯示。

4. 回憶　讀書時最重要的一點是邊讀邊回憶。回憶的目的有二：其一是加深理解；其二是避免遺忘。根據前文介紹的**訊息處理論**，遺忘最易發生的時間是在**感覺記憶**與**短期記憶**兩個階段。只有將這兩個階段的記憶保留下來，才能將學習的知識輸入**長期記憶**。感覺記憶為時極短，在時間上來不及回憶。保留感覺記憶的方法是注意，讀書時如能集中注意，對書頁上的文字加深印象，在心理上自然就會將訊息輸入短期記憶。短期記憶只能保持 20～30 秒，在此短暫時間內必須經由心理運作對訊息加以編碼處理，始能輸入長期記憶。此一心理運作處理過程，就是回憶。因此，讀書時要想讀後長期不忘，除一開始就集中注意之外，短期記憶階段的回憶是特別重要的。

5. 復習　此處所說的復習與前文訊息處理論中所指的復習稍有不同。訊息處理論中所指復習是在短期記憶與長期記憶之間的復習；此處所指的復習則是長期記憶階段的復習。學校考試所考的知識，不屬短期記憶，而屬長期記憶。就大學生在校所學知識而言，長期記憶的復習可分為兩種：一種是課後復習；即課堂上學到知識之後近期內的復習。另一種是考前復習；即為準備期中或期末考試所做的復習。從學習原理的觀點言，課後復習較考前復習重要。理由是剛學過的知識最易遺忘；課後復習可加深長期記憶。省略課後復習只做考前復習時，其復習效果將是事倍功半的。可是很多大學生忽略了這一點，很多人只是在考前臨時抱佛腳式的復習功課應付考試，這樣對學習無大裨益。

就修習學科的性質而言，主修理工類科的學生，因課後多半附有作業，課後作業就具有課後復習的價值。主修文史社會類科的學生，因少有課後作業的規定，故而多數傾向於只做考前復習。此即文史社會類科大學生程度參差不齊的主要原因。因此，筆者對有志研究文史社會類科且希望學有所成的大學生們建議，最理想的讀書方法是：(1) 課前預習，從瀏覽到質疑以形成讀書的心理準備；(2) 上課時注意，邊學習邊思維以加深短期記憶；(3) 課後復習，在課後記憶猶新時即刻復習包括整理隨堂筆記，藉以鞏固新輸入的長期記憶；(4) 考前復習，統合整理新舊知識，以為考試取勝的準備。

本章摘要

1. **記憶**是學習心理研究的核心問題；不僅要根據測到的記憶去研判學習，而且也只能根據記憶去推估遺忘。
2. **記憶**是學習的表徵，測量記憶即等於測量學習。用來測量記憶者有四種方法：(1) **回憶法**；(2) **再認法**；(3) **再學習法**；(4) **反應時間法**。
3. 自從 20 世紀 60 年代**認知心理學**興起以後，學習心理學上對記憶的研究，就採取了**訊息處理**的取向。
4. 認知心理學是對感官接受刺激訊息後，如何經由轉化、減約化及精緻化等心理運作，從而獲得知識、儲存知識以及使用知識等內在歷程的科學研究。
5. 以**訊息處理論**為中心的認知心理學，其誕生的原因乃是由於四項時代背景：(1) **行為主義**思想式微；(2) **通訊理論**的影響；(3) 現代語言學的衝擊；(4) **電腦科學**的啟發。
6. **按訊息處理論**，將人類的記憶分為**感覺記憶**、**短期記憶**、**長期記憶**三類；三類記憶前後連成一氣，分工合作處理由外界刺激輸入的一切訊息。
7. 訊息處理是一種複雜的心理歷程，在此歷程中所處理的訊息，要經過**輸入、編碼、儲存、檢索、解碼、輸出**等多項程序。
8. 不同階段的記憶，編碼方式也不相同；感覺記憶以**形碼**與**聲碼**為主，而短期記憶與長期記憶則分別以**聲碼**與**義碼**為優先。
9. 短期記憶的容量有限，一般人只能一次記憶七加減二 (五至九) 個不同項目。但如善用**意元集組**原理，則可擴大記憶廣度。

10. 由短期記憶輸入長期記憶的必要條件是**復習**。復習分為兩種，一種為**保持復習**，另一為**精心復習**。

11. 按**處理層次論**的解釋，訊息處理品質的高低，決定於訊息處理的層次；訊息處理層次愈深，編碼愈為完整，輸入長期記憶後也愈能完整記憶。

12. 在長期記憶中儲存的訊息，有**隱性記憶**與**顯性記憶**之分。顯性記憶中又分**情節記憶**與**語義記憶**。

13. 語義記憶中所記憶的語義訊息，不是零亂的，而是有組織有系統的。解釋語義組織的理論有多種，本書介紹了**階層組織論**與**激活擴散論**。

14. 長期記憶雖名為**永久記憶**，但在檢索時需靠**檢索線索**始能記憶。就檢索線索而言，長期記憶有**情境依賴記憶**與**狀態依賴記憶**之分。

15. 對長期記憶遺忘的解釋，有四種理論：(1) **衰退論**；(2) **干擾論**；(3) **動機性遺忘**；(4) **線索依賴論**。

建議參考資料

1. 張春興 (1982)：怎樣突破讀書的困境。台北市：東華書局 (繁體字版)。北京市：世界圖書公司 (簡體字版)。

2. 梁寧建 (2004)：當代認知心理學。北京市：科學出版社。

3. 彭聃齡、張必隱 (2000)：認知心理學。台北市：東華書局 (繁體字版)。杭州市：浙江教育出版社 (簡體字版)。

4. 鄭昭明 (2006)：認知心理學——理論與實踐 (修訂版)。台北市：桂冠圖書出版公司。

5. Baddeley, A. D. (1999). *Essentials of human memory.* Hove : Psychology Press.

6. Bruning, R. H, Schray, G. J, Norby, M., & Ronning, R. R. (2003). *Cognitive psychology and instruction.* (4th ed.). Englewood Cliffs, NJ: Prentice-Hall.

7. Higbee, K. L. (2001). *Your memory : How it works and how to improve it.* New York: Harlowe.

8. Kandel, E. R. (2006). *In search of memory: The emergence of a new science of mind.* New York: Norton.

9. Medin, D. L., Ross, B. H., & Markman, A. B. (2004). *Cognitive psychology.* (4th ed.). New York: Harcourt Brace.

10. Pickering, S. J., & Phye, G. D. (2006). *Working memory and education.* Hove, UK: Psychology Press.

第七章 思維與問題索解

本章內容細目

第一節　思維的性質及其構成要素
一、概　念　221
　(一) 屬性與法則
　(二) 概念的形成
二、意　象　226
　(一) 意象的形成
　(二) 意象的作用

第二節　推理歷程
一、演繹推理　228
　(一) 三段論法演繹推理
　(二) 假設演繹推理
　(三) 影響演繹推理的心理因素
二、歸納推理　232

第三節　問題索解
一、領悟問題的關鍵　234
　(一) 了解問題結構
　(二) 分析問題空間
　(三) 變通問題表述
二、問題索解的主要方法　236
　(一) 定程法
　(二) 直觀推斷法
三、影響問題索解的心理因素　239
　(一) 心向作用
　(二) 功能固著
四、問題索解的合理思維　242

第四節　判斷與決策
一、判斷正確的可能性　244
　(一) 經驗直觀推斷法
　(二) 常例直觀推斷法
二、判斷決策與預期價值　246
　(一) 客觀預期價值
　(二) 主觀預期價值
三、判斷決策的題型效應　247

第五節　創造思維
一、創造與創造思維　249
　(一) 創造與創造思維的定義
　(二) 創造思維與問題索解思維的異同
二、創造思維的心理學研究　250
　(一) 創造思維的心理歷程
　(二) 創造思維能力的測量
　(三) 創造力高者的人格特徵

本章摘要

建議參考資料

第五章內介紹的聯想學習與認知學習理論，分別以不同的觀點解釋了知識來源問題的三種學習理論；第六章介紹的訊息處理論，更進一步說明了知識之獲得乃是經由內在三個階段不同記憶類型交互作用的心理運作歷程。如果只從多年來知識來源老問題的觀點言，上述三種學習理論的發展，至此已大致完整。但如進一步觀察人類在應付千變萬化的環境中發生的問題時，就會發現，單靠學得後儲存在長期記憶中的知識是不夠的。長期記憶中儲存的很多知識，猶如圖書館典藏著數以萬計的圖書，如館內的藏書不供人借閱或不供人研讀，再多的藏書也無異於一堆廢紙。人類的求知也是如此，求知的真正目的不在於增加記憶中知識的儲存量，而是在於將學得的知識靈活運用，將死的資料性知識轉化為有生命的智慧，從而解決超越既有知識的範圍。否則，即使記憶中儲存著很多知識，滿腹經綸而無智慧表現，也只能算是個兩腳書櫥。因此，自從20世紀60年代認知心理學興起以來，心理學家們已經擺脫以前行為主義主張按機械法則學習知識的思想，開始主張學校教學乃是讓學生從書本知識中學到智慧，而不是只教授學生呆板地記誦書本內容。從知識轉化為智慧的心理歷程中，思維是必經的橋樑。孔子的名言"學而不思則罔"(論語·為政)，正說明求知時思維的重要性。思維的心理活動主要是在面對問題情境時產生的，所以心理學家研究思維時都是將思維與問題索解連在一起；此即本章採用思維與問題索解作為主題的原因。希望讀者研讀本章之後，除對主題所述獲得以下七點概念外，更能在增進個人思維能力方面有所啟發。

1. 思維的性質及其構成要素。
2. 概念辨別的法則及概念形成的心理歷程。
3. 意象在思維活動中所發生的作用。
4. 在思維歷程中演繹與歸納兩種推理方法在功效上的異同。
5. 在問題索解時定程法與直觀推斷法的特徵與不同功能。
6. 除方法對錯之外，影響問題索解效果的心理因素。
7. 從本章知識性問題的探討，能啟發個人對問題思維判斷的智慧。

第一節　思維的性質及其構成要素

　　歷來心理學家對思維一詞的解釋，頗不一致。本書採現代認知心理學的觀點，對本詞給予如下的定義：**思維** (thinking) 是內在的心理認知歷程，在此歷程中，個體將心理上所認知的事件，經過操作過程予以抽象化，以便在心理上運作處理，對事件的性質予以推理判斷從而獲得新的知識 (Colman, 2007)。此一定義包括以下三個要點：(1) 思維只是內在心理活動，而非外顯的行為表現；(2) 思維係由認知事件所引起，引起思維的認知事件很多，可能是對目前的困難問題情境，可能是對往事的檢討，可能是對未來的計畫，也可能是對世事的憂慮；(3) 思維是心理運作的歷程，而在心理上所運作者，不是認知事件的本身，而是經操作過程予以抽象化的心理活動。然思維時究以何種抽象化作為心理運作處理的基礎？此即接下去首先要討論的思維構成要素的問題。

　　思維的構成要素，係指思維活動時在心理上運作處理的要素。根據一般心理學家的看法，在思維的構成要素中，概念與意象二者是最重要的 (Huffman, 2005)。

一、概　念

　　概念是構成思維的第一要素，如果思維時沒有概念，就等於算術題中沒有數字；沒有概念做基礎，有系統的思維活動就無從產生。概念一詞頗為抽象，為便於討論起見，先對概念一詞給予如下的定義：**概念** (concept) 是指對具有共同屬性的一類事物的概括認識 (Smith, 1995)。以此定義為基礎，接下去進一步討論有關概念研究的兩個基本問題。

(一) 屬性與法則

　　根據前文所述概念的定義，可以看出兩點要義：其一，概念中所包含的事物是指某一類事物，而非為不成類屬的單一事物。像"車輛""家具"等，都是概念，而此等概念中均各包括一類事物；車輛一類中又有火車、汽車、機車、腳踏車之別；家具一類中又有桌、椅、床、櫃之分。若指稱太陽，或指月亮、地球等就不是概念，因為所指者都是唯一的物體，但若概括地稱星球則又成為概念。其二，概念是對一類事物的概括認識，而將這很多事物歸屬於同一類的根據，則是屬性。**屬性** (attribute) 是指可以對事物辨認的各種基本而共同的性質或特徵，舉凡事物所具有的形狀、大小、顏色、質料以及個體的身心特徵等，均稱為屬性。人在認識他周圍的事物時，就是根據事物本身的屬性加以分類處理的。對很多事物分類處理之後，不但易於儲存，而且也易於**檢索**使用。惟屬性有很多變化，有的屬性是固定不變的，如以性別來區分人類，則只有男與女兩種屬性；有的屬性是不固定的，是連續變化的，如顏色的深淺、物體的輕重、時間的久暫等，都是連續性的屬性。

基於以上討論，可知屬性是構成概念的基本要素。茲舉一項簡單實驗為例，用以說明兒童對形狀、體積、顏色的三種概念的認識。實驗時可在兒童面前放置三種形狀 (圓、方、三角)、三種體積 (大、中、小) 與三種顏色 (紅、白、藍) 的二十七塊積木。要他按照自己的意思將積木分為幾堆。在此情境下，幼兒可能表現三種不同的反應：(1) 他可能按照積木的顏色將之分為紅、白、藍三堆；果如是，可知他在思維時是以顏色的概念為基礎的，而顏色中的紅色、白色與藍色，就是他據以分類的屬性。(2) 他可能按照積木的體積將之分為大、中、小三堆；果如是，可知他在思維時是以體積的概念為基礎的，而體積的大、中、小的差別，就是他據以分類的屬性。(3) 他可能按照積木的形狀將之分為圓、方、三角三堆；果如是，可知他在思維時是以形狀的概念為基礎的，而積木的圓、方、三角不同形狀，就是他據以分類的屬性。除上述三種可能的反應之外，也有可能出現第四種反應；那就是幼兒不能理解問題的意涵，毫無章法地將積木分為幾堆。果如是，可知幼兒在思維能力上尚未形成做為思維要素的概念。

基於以上討論，可知概念與屬性之間具有密切關係；必須根據屬性，才能了解概念。惟屬性與概念之間的關係不是紊亂的，而是有法則可循的。以"狗有四條腿"與"鳥有兩個翅膀"二語為例，其中"四條腿"與"兩個翅膀"雖都是屬性，但前者只能用於狗類的概念，後者只能用於鳥類的概念。如此看來，用屬性描述概念時，必須考慮屬性的適切性，否則就無從獲得確切的概念。根據屬性的適切性以確定概念的心理過程，稱為**概念識別** (concept identification)；而在概念識別時，分析面對事物的屬性是否合於某概念的標準，則須根據以下四項法則 (Haygood & Bourne, 1965)：

1. 肯定法則　肯定法則 (affirmative rule) 是指某些屬性用於界定某概念時，是適切的，採用該屬性來界定該概念時，概念的意涵是肯定的。

2. 否定法則　否定法則 (negative rule) 是指某些屬性是不包括在某概念範圍之內的，採用此等屬性來界定該概念時，是不適切的。因此，在陳述某一概念時，此等屬性是排除在外的。

3. 連言法則　連言法則 (conjunctive rule) 是指用於界定某概念所採用的數項屬性，是同時或連續出現的；亦即數個屬性同時出現使用，才能肯定該概念的確切意涵。根據連言法則所形成的概念，稱為**連言概念** (或**合取概念**) (conjunctive concept)。

4. 選言法則 選言法則 (disjunctive rule) 是指用於界定某概念所採用的兩個屬性間帶有二者選一或二者兼備的情形。根據選言法則所形成的概念，稱為**選言概念** (或**析取概念**) (disjunctive concept)。

以上介紹的四項法則，可能因說明不夠詳盡，無法使讀者完全理解。接下去採用心理學家用於概念研究的圖示方法 (Bourne, 1970) (註 7-1)，分別對上述四項法則做補充說明。

此一實驗是選用三種圖形 (圓、方、三角) 和三種顏色 (紅、白、黑) 組合成的九張卡片。卡片的形狀和顏色都是用來界定概念的屬性。實驗時分兩步驟進行。

第一步：主試者先從九張卡片中取出一張紅色方形卡片 (圖 7-1 最左邊用虛線框起者)，然後問受試者他之所以取此張卡片是基於什麼樣的概念。如受試者回答說"紅色與方形"，他的回答即合於連言法則。理由是主試者在決定取出此張卡片時，是將"紅色"與"方形"兩個屬性連在一起考慮的。在此實驗的例子中，用"紅色與方形"來界定概念是適切的、肯定的，故而合於肯定法則。然而對旁邊未被

圖 7-1　屬性界定概念示意圖

(採自 Bourne, 1970)

註 7-1：在內文所介紹的原研究中，除連言法則與選言法則外，尚包括**條件法則** (conditional rule) 與**雙條件法則** (biconditional rule)，因意涵複雜故而在此省略。

取用的八張卡片而言，它們的所有屬性，都不適於此一概念，故而被排除在此一概念範圍之外。像此種以屬性不合而排除於概念範圍之外的原則，就是否定法則。

第二步：主試者從九張卡片中取出五張(圖 7-1 中右用虛線框起者)，然後問受試者，他之所以取出這五張卡片是基於什麼樣的概念。如受試者回答"紅色或方形"或"紅色和方形"，他的回答即採用了選言法則。表面上看來，五張卡片包括了圓、方、三角、紅、白、黑六種屬性，事實上它只是"紅色"與"方形"兩種屬性的不同組合而已。如採取"紅色或方形"為屬性，是在橫排三張 (紅卡片) 與直排三張 (方卡片) 兩組中二者選一使用。如採取"紅色和方形"為屬性時，則包括了全部五張卡片。無論如何組合，都符合根據選言法則所形成的選言概念，因為都包括了所有紅色及所有方形的卡片。在日常生活中，使用選言法則表達選言概念的例子很多。棒球裁判對所謂"好球"的認定，就是採用"二者選一或二者兼備"的選言法則。在前例中，採用紅或方及紅和方兩種屬性來界定概念是適切肯定的，故而合於肯定法則。對未被取用的四張卡片，因不具有紅色與方形二種屬性，是採用否定法則，將之排除在概念範圍之外。

以上分析討論，大致說明了概念與屬性的關係；根據屬性界定概念時，必須所有屬性齊備，才能確定概念的意涵。然而就日常生活中所表達的概念看，事實上並非如此簡單。有很多事例顯示，使用文字表達概念時，文字所指屬性有時不夠明確，不盡周延。以"鳥"的概念為例，"有羽毛"、"有翅膀"、"會飛"、"築巢而居"等是鳥的重要屬性。惟以此屬性來界定所有鳥類時，就會發現有不少困難。例如，麻雀是鳥，因為麻雀具備上述所有屬性。但如拿上述所有屬性來界定鴕鳥時，就不無困難；因為鴕鳥並不會像麻雀那樣飛翔自如。正因如此，在心理學上乃有概念形成的研究。

(二) 概念的形成

對具有共同屬性的一類事物產生概括認識而得概念的事實，在日常生活經驗中甚為明顯。人類究竟如何根據事物屬性歸類以形成概念？為求解答此一問題，在心理學上乃有概念形成的研究。所謂**概念形成** (concept formation)，是指根據學得經驗，辨識事物所具之屬性，予以歸類處理 (類化)，抽取其共同之點 (抽象化)，綜合歸納從而獲得概括認識 (概念) 的心理歷程。在概念形成這個主題之下，我們從以下兩個子題進行分析。

1. 邏輯概念與自然概念 前文討論屬性與法則時，曾經提到概念有連言概念與選言概念之分。從概念形成的觀點言，連言與選言兩種概念，都是根據邏輯法則形成的。肯定法則 (那些屬性可採用) 與否定法則 (那些屬性被排除)，就是形成概念的邏輯法則。像此種根據邏輯法則形成的概念，稱為**邏輯概念** (logical concept)。

在數學與科學上所採用的定義，全是邏輯概念。以三角形與正方形兩概念為例，由三條直線相接而構成的封閉圖形，即為三角形；由四條等長直線相接而構成的四邊形中各角均為 90°的封閉圖形，即為正方形。根據邏輯法則形成的邏輯概念，其邊緣是明確的，其意涵是肯定的。因為邏輯概念所根據的邏輯法則是人為的，故而邏輯概念也稱**人工概念** (artificial concept)。邏輯概念的形成，係以邏輯法則為根據。人為的邏輯法則有時候未必與日常生活經驗相符合。以蕃茄為例，它是屬於蔬菜類還是水果類？一般菜場將蕃茄與白菜、蘿蔔等其他蔬菜放在一起；可見一般人將它看成蔬菜。但植物學家卻將蕃茄歸屬水果類。理由是蕃茄與其他水果 (如蘋果、橘子等) 具有共同屬性 (有皮有種子)。顯然，植物學家之所以將蕃茄歸屬水果類，主要是根據事先確定的邏輯法則。

根據日常生活處理事物的經驗，單靠邏輯法則去形成概念，顯然是不夠的。因為有些事物的屬性並不明確，很難在眾多事物中找出屬性做為歸類形成概念的依據。雖然如此，人類仍然會根據經驗對環境中的事物分類處理，形成概念。像此種只根據經驗而不根據邏輯法則所形成的概念，稱為**自然概念** (natural concept)。自然概念的事例很多，以"家具"一詞的概念為例，一般人雖在日常語言中經常使用，但很難使用屬性來界定什麼是家具。單以家具類中的"桌子"一詞為例，很難用屬性來界定什麼是桌子。如果將桌子界定為"木製的四條腿的家具"，顯然不足以表示所有桌子的共同屬性。理由是，木製的桌子之外，尚有鋁製、玻璃製甚至塑鋼的桌子。桌子固然以四條腿的居多，但也有三條腿甚至一條腿的桌子。

2. 概念形成的理論　日常生活中的很多事物，雖然無法根據其明確屬性予以分類，但人類在心理上處理此類事物時，卻能根據他自己的判斷形成自然概念；無論桌子的質料形狀如何變化，他自然就會知道那是桌子。對此種不按屬性界定就能形成自然概念的心理現象，心理學家們提出了原型的理念予以解釋 (Rosch, 1975；Rosch & Mervis, 1975)。所謂**原型** (prototype)，是指同類事物中最具有代表性或典型性的事物。例如，椅子是最具典型的家具，故而椅子就是家具概念的原型；雞是最具典型的家禽，故而雞就是家禽概念的原型。心理學家經實驗研究發現，受試者在面對大同小異的多種事物時，他會以最具代表性的事物 (原型) 為標準，將多種事物按與原型相似的程度，排成等級，等級愈高者，愈接近原型，表示受試者由之所得概念愈清楚。實驗者提供受試者二十種屬於家具類的物品，要求受試者以家具概念為基礎，將之排成等級 (Rosch, 1975)。結果發現，排在最高三級者分別是椅子、沙發和桌子，排在最後三級者分別是衣櫥、花瓶和電話。由此結果看，椅子是家具概念的原型。

在形成自然概念時，受試者如何決定某

一事物較另一事物更具有概念的代表性？換言之，受試者在根據家具概念排列二十種物品時，何以將椅子看成遠較電話具有家具概念的代表性？按心理學家的解釋，受試者之所以如此處理是根據事物之間的族群相似性。所謂**族群相似性** (family resemblance)，是指在同類事物中，某一事物的屬性與其他事物屬性相似性愈大者，就愈被視為同類事物形成概念之代表。準此而論，椅子之所以被視為家具的代表，是因在家具概念之下，椅子較其他物品具有較多的相似屬性 (Rosch, 1975)。

二、意　象

意象也是一項構成思維的要素。**意象** (image) 也稱**心象** (mental image)，是感覺經驗的心理表象，是指將外在世界中事物編碼轉化後儲存在長期記憶中的意識圖象。從意象與思維的關係看，心理學家在基本上集中探討有關意象的兩個問題：

(一) 意象的形成

按前述之定義，意象既是感覺經驗的心理表象，可見意象是學來的，而意象的學得，則是經由**訊息處理**的歷程。感覺經驗得自**感覺記憶**，感覺記憶中的訊息，經過注意、編碼、復習之後，即由短期記憶輸入**長期記憶**。因此，感覺記憶雖然為時極短，但經過繼續處理之後，也和語義記憶一樣，永遠不會消失。大家都有過遇到大雷雨的經驗，在雷雨交加之時，閃電的時間也許不到一秒鐘，可是在事後作文描述時，你會憑記憶將當時情境寫得繪聲繪影，使人讀來有身臨其境的感覺。由此例可知，在雷雨交加的當時，個人經由感官將當時的刺激情境記錄下來，形成以意象為主的感覺記憶，而後再經短期記憶輸入長期記憶。以後作文時因題目的需要，再從長期記憶中**檢索**、**解碼**、**輸出**，做出了繪聲繪影的描述。

在日常生活中，作為思維之基本成分的意象是多方面的。憑藉各種感覺器官都會形成感覺記憶，感覺記憶是長期記憶的基礎，故而在長期記憶中，自應儲存多種屬於意象的記憶。從事建築設計與造形藝術的人，必須靠立體意象作為思維的元素，音樂家必須靠聲音的意象才能作曲，畫家必須靠顏色的意象才能繪畫。對於能夠提筆一揮即畫出一幅竹林美景的人，一向譽其為"胸有成竹"，此"成竹"所指者就是意象。

(二) 意象的作用

若問在思維過程中意象發生些什麼作用？在日常生活中可以找到很多事例，用以回答此一問題。如果要你憑想像分別說出蘋果、香蕉、鳳梨三者的特徵，思維時不但須要從長期記憶中分別檢索出三種水果形狀的意象，而且同時也聯想到這三種水果色、香、味的意象。由此可見意象是思維運作的重要元素。心理學家如何研究意象在思維中的心理作用？以下試舉兩例作為說明。

曾有心理學家 (Intons-Peterson & Roskos-Ewoldsen, 1989) 以假設的情境，要求受試者憑藉自己的意象，回答以下的問題：設有兩組士兵，分別攜帶不同物品行走同樣長的一段路程。其中一組士兵每人手中只拿一個氣球，另組士兵則每人肩上扛一個炮彈；試想最先到達終點的是那一組？結果發現，受試者一致回答先到終點者是手中拿氣球的士兵。根據研究者的解釋，受試者在思維此一問題時，都將記憶中氣球與炮彈兩種物體的意象，加入了思維運作之中。炮彈的重量遠大於氣球，攜重物者走路較慢，故而延緩了行程。

另有心理學家研究發現 (Shepard & Metzler, 1971)，在思維過程中，意象不但能使記憶中的情境重現而有助於思維，而且能夠更進一步在心理上直接運作處理意象，從而達到思維的目的。該實驗的設計如圖 7-2 所示。有 A，B，C 三組立體圖形，其中 AB 兩組中兩個圖形的結構完全相同，所不同者只是兩立體圖形放置角度不同，使人形成兩種不同意象而已。另外在第三組 C 中的兩個圖形，則彼此各不相同。實驗研究的目的旨在觀察受試者如何判斷那一組中兩個圖是結構相同而方向不同的。研究者發現，受試者採用心理旋轉的方法處理此一問題。所謂**心理旋轉** (mental rotation)，是指受試者在比對三組中之兩圖形的異同時，憑心理運作固定其中一圖的角度，然後根據意象在心理上旋轉另一圖形，並隨時比對，以決定其是否相同。研究者發現，當受試者從事心理旋轉時，在比對上所花的時間，與兩圖在角度上差異的大小有密切關係。如兩個立體圖放置的角度完全相同，受試者可以立即判斷兩者相同；如兩立體圖放置的角度相差甚大，受試者就得使用較長的時間才能做成判斷。準此推理，在兩圖放置角度不同的情形之下，兩圖的意象不同，需以其中之一為準而旋轉另一意象與之比對，難度自將增加而延長了思維的時間。又根據研究發現，如果兩圖放置角度完全相同，

圖 7-2　心理旋轉實驗示意圖

(採自 Shepard & Metzler, 1971)

受試者判斷所需時間平均不到兩秒鐘；如將其中一圖旋轉 100 度，判斷所需時間則平均超過三秒鐘；如將其中一圖旋轉 180 度，判斷時間則需五秒鐘。

第二節　推理歷程

　　討論過構成思維元素中的概念與意象之後，接下來即以概念與意象為基礎，進而討論有關思維運作時推理與判斷的問題。**推理** (reasoning) 是指在思維時遵循某種邏輯法則，以已知事實或假設條件為基礎，推演出有效結論，從而對事理間之關係獲得理解的歷程 (Colman, 2007)。此一定義中含有三點要義尚須稍加解釋：(1) 推理是遵循邏輯法則進行的思維歷程，故而推理一詞有時也稱**邏輯推理** (logical reasoning)，邏輯推理方式有多種，本節將介紹其中最重要的的演繹推理與歸納推理兩種；(2) 推理是以已知事實或假設條件為基礎，沒有已知事實或假設條件做根據，推理將無從進行；(3) 推理的目的旨在從事理的關係中獲得結論，做為對事理的是非對錯作進一步判斷之根據。有關判斷問題留待第三節討論，在此先分別說明演繹與歸納兩種基本邏輯推理。

一、演繹推理

　　演繹推理 (deductive reasoning) 簡稱**演繹** (deduction)，係根據已知事實或假設條件推演出結論的推理方式。基於此義，演繹推理分為三段論法演繹推理與假設演繹推理兩種方式。兩者之區別在於推理之依據；前者依據的是公認事實，後者依據的是假設條件。

(一) 三段論法演繹推理

　　三段論法演繹推理 (syllogistic-deductive reasoning) 是典型的演繹推理。所謂**三段論法** (syllogism)，係根據一個普遍原則 (或公認的事實) 為前提，推演到某一特殊事例，從而得到一個肯定結論的推理方式。此種推理方式之所以稱為"三段"，是因為推理過程中包括三個階段：(1) 確定普遍原則；(2) 舉出特殊事例；(3) 做出肯定結論。茲舉例說明三段論法之應用，並附帶說明有關的幾個名詞。

　　凡金屬皆為原質；
　　鐵是金屬；
　　故鐵為原質。

　　上例推理中包括三個語句，三個語句均屬平述句，分別表述一項事理，在邏輯上，這三個語句稱為三個命題。所謂**命題** (proposition)，是指含有主詞與賓詞的一句完整語句。這三個命題因為在推理中出現的順序不同而有不同的名稱。表述普遍原則的第一個命題，稱為**大前提** (major premise)；表述特殊事例的第二個命題，稱為**小前提** (minor premise)；表述結論的第三個命題，稱為**結論** (conclusion)。三個命題連在一起所形成的推理陳述，稱為**論證** (argument)。按照此等邏輯術語，前例即可寫為：

大前提：凡金屬皆為原質；
小前提：鐵是金屬；
結　論：故鐵為原質。

基於以上舉例說明，可知此種演繹推理思維方式，有兩個基本要件：

1. 三段論法推理之結論，必須根據兩個前提推演而來；而且小前提之主詞在概念上不超出大前提主詞概念的範圍之外。

2. 只有大小兩前提所述事實為真時，推理所得結論才會為真。像此種前提為真而結論亦為真的推理方式，稱為**有效論證** (valid argument)。

(二) 假設演繹推理

前述三段論法的主要特點是，只要兩個前提為真，所得結論就一定是肯定的，有效的。在日常生活中，有很多事例無法循三段論法的方式去推理獲得肯定結論，甚至有很多情況下找不到普遍原則做為推理的依據。因此，在三段論法之外，乃有假設演繹推理的研究。

假設演繹推理 (hypothetico-deductive reasoning) 是指根據一個假設性前提推演出一個結論，藉以做為判斷依據的思維歷程。先看以下的例子：

如果天下雨，我就帶傘；
現在天下雨；
所以我就帶傘。

就邏輯形式看，此例也是採用了三段論法中根據大小前提推演出結論的方式。惟其中的大前提不同，它不是一個普遍原則的陳述，而是採用了假設的語氣，由前後兩個命題，說明了"如果……就……"的條件關係。

在"如果……就……"的條件關係中，由"如果"二字起始的命題稱為**前項** (antecedent)；包括"就"字在內的命題則稱為**後項** (consequent)。前項可視為原因，後項可視為結果；是根據假設的因果關係進行推理，從而獲得結論。因此，假設演繹推理也稱**條件推理** (conditional reasoning)。

回到前例來分析**假設演繹推理**的過程。"如果天下雨"是前項，"我就帶傘"是後項，在小前提內"現在天下雨"的事實陳述，確定了大前提的前項；也就是說大前提中"如果天下雨"的情形確已發生。因此，最後得到的結論便是有效論證。

以上所述，是根據小前提所述事實肯定前項得到結論的例子。採假設演繹推理時，也可根據小前提所述事實否定後項，從而獲得有效的論證。試看以下的例子：

如果買到機票，我就坐飛機去；
現在沒有買到機票；
所以我就不坐飛機去。

(三) 影響演繹推理的心理因素

演繹推理是一種合理的或合邏輯的思維方式。了解演繹推理的法則，可以使人思維周密，從而做出正確的判斷。惟在運用演繹推理時，有時難免因誤用邏輯法則而做出錯誤的推理與判斷。此即影響演繹推理心理因素問題。影響演繹推理的心理因素很多，在此簡單介紹以下兩種。

1. 形式謬誤的影響　演繹推理時，形式上的謬誤多發生在三段論法的推理；在表面上雖合於三段論法的形式，但前提與結論之間則缺乏必然的關係。試看以下的例子：

大前提：所有的狗都是動物，
小前提：有些動物是水生動物；
結　論：所以有些狗是水生動物。

表面看來上例合於三段論法形式，但推理的結論卻形成**謬誤** (fallacy)；以上推理之所以謬誤，原因是陳述不合於三段論法的基本法則，小前提的主詞在概念上並非出於大前提的主詞。圖 7-3 可以說明此一推理謬誤的原因。大圓可用以代表所有的動物，中圓代表水生動物，小圓代表狗類。中圓與小圓之間毫無關係，所以不能肯定"有些狗是水生動物"結論是對的。

圖 7-3　三段論法推理謬誤圖示

2. 命題曖昧的影響　因命題曖昧而導致的演繹推理謬誤，主要有兩種情形：其一是因對後項的不當肯定所形成的謬誤；其二是因對前項不當否定所形成的謬誤。先看以下對後項不當肯定所形成的例子：

如果天下雨，地上就會有水。
現在地上有水；
所以天下了雨。

這是一個對後項不當肯定所形成推理謬誤的例子。此例錯在根據"地上有水"就判定"天下了雨"，不能使結論成為有效論證。理由是天下雨不是地上有水的唯一原因。再看以下對前項不當否定所形成推理謬誤的例子：

如有大颱風，學校就不上課。
現在沒有大颱風；
所以就知道學校要上課。

顯然，此一推理所得結論也非有效論證。理由是學校上課與否並非只根據有無大颱風來決定；遇到週末假日，學校也是不上課的。沒有大颱風就上課的概念，顯然是對前項"有大颱風"的不當否定。

條件推理之所以容易發生謬誤，主要由於條件推理的命題曖昧，不像三段論法那樣條理分明。多年來，心理學家們以條件推理為主題做過很多驗證研究，目的即在探討命題曖昧程度對推理的影響。茲舉二例如下以為說明。

第一個例子是根據卡片正面特徵推理該卡片反面特徵的實驗 (Johnson-Laird & Wason, 1977)。實驗如圖 7-4 所示四張卡片，每張卡片的正反兩面分別寫著 E，K，4，7，並告訴受試者：寫有字母者，背面一定是數字；寫有數字者，背面一定是字母。實驗時要求受試者憑思維推理，然後決定從四張卡片中翻閱那幾張，就可驗證以下條件式的陳述是否為真，陳述如下：

　　如果卡片的正面字母是元音，該張卡片的背面就一定是偶數。

此一問題的正確答案是正面 E 和 7，然而一般大學生卻絕大多數想不到同時翻閱這兩張卡片。實驗結果發現有百分之四十六的受試者翻閱 E 和 4；有百分之三十三的受試者只翻閱 E；有百分之十七的受試者翻閱其他與正確答案無關的卡片；只有百分之四的受試者翻閱 E 和 7。換言之，有百分之九十六的受試者答錯。

從假設演繹推理的邏輯法則看，前文的條件式陳述中提供的原則是"如果卡片的正面字母是元音，該張卡片的背面就一定是偶數"，正符合"如果……就……"的條件關係。在此陳述中，一張卡片的"正面字母是元音"是前項，該張卡片的背面"就一定是偶數"是後項。E 和 7 兩張卡片之所以為正確答案，其理由是由於：(1) 翻閱 E 來驗證，是採用"肯定前項"以驗證條件式陳述是否為真的策略。E 是元音，如果陳述為真，E 的背面就一定是偶數 (即 4)。翻閱結果如果發現不是偶數，即可判定陳述不真。(2) 翻閱 7 來驗證，是採用"否定後項"以驗證陳述是否為真的策略。7 是奇數，如果陳述為真，

| E | K | 4 | 7 |

圖 7-4　命題抽象的條件推理示意圖
(採自 Johnson-Laird & Wason, 1977)

7 的背面就一定不是元音。除了翻閱 E、7 兩張卡片的正確答案之外，其他翻閱方式均不足以用來驗證陳述是否為真的問題。由上述理由看，從事演繹推理時，很多人只從正面推理，而忽略從反面推理也可得到答案的思維心理傾向。此種心理傾向，稱為**確認偏見** (confirmation bias) (Sternberg & Ben-Zeev, 2001)。

由以上實驗研究的結果看，用做此類推理的命題是相當困難的。受試者之所以感到困難的原因，主要是命題抽象，意涵不夠清楚。命題中提到元音，元音可使受試者想到從 E 著手去從事正面驗證。此一推理思維比較容易，所以有百分之三十三的表現正確反應。命題中只提到偶數，未提到奇數，受試者很難想到從 7 著手去做反面驗證。基於曖昧命題影響思維推理的心理現象，曾有心理學家 (Cheng & Holyoak, 1985) 按前述實驗中條件推理的形式，也採用四張卡片 (如圖 7-5)，所改變者只是使命題內容與日常生活的用語較為接近。受試者同樣被要求按推理翻閱幾張卡片，從而驗證主試者的陳述是否為真。例如：

如果看見一個人在喝啤酒，
就可斷定他超過十九歲。

| 喝啤酒 | 喝可樂 | 19 歲 | 22 歲 |

圖 7-5　命題明確的條件推理示意圖
(參與此一實驗的受試者均來自美國的佛羅里達州，按當時該州法律規定，未滿 19 歲不得喝啤酒。)
(採自 Cheng & Holyoak, 1985)

實驗結果發現，在受試者之中有百分之七十四的人正確地翻閱了寫有"喝啤酒"與"十九歲"的兩張卡片。按實驗者的解釋，此一條件式推理情境之所以較為容易，主要是命題內容與日常生活有關，易於使受試者形成清楚概念。

二、歸納推理

歸納推理 (inductive reasoning) 簡稱**歸納** (induction)，乃是以觀察所見多個事例所得經驗為基礎，歸結出一個概括性的結論，藉以做為解釋或預測類似事件可能發生之根據的思維歷程。準此定義，可知歸納推理所得結論與前述之演繹推理不同；**演繹推理**所得結論是肯定的，是必然的，歸納推理所得結論未必是肯定的，是或然的。例如，有個六歲兒童觀察到各種鳥類在天空飛翔時，他發現到，麻雀有翅膀會飛，燕子有翅膀會飛，鴿子有翅膀會飛。老鷹有翅膀也會飛，他可能就將所有的發現歸納為：所有的鳥都有翅膀，都會飛。

如果有一天在動物園看到了鴕鳥，鴕鳥雖有翅膀但不會飛。此一發現就可能使他以前歸納的結論予以否定。由此例子看，歸納推理的結論，只能用機率來表示，不能用"凡是……就……"的語氣來陳述。一位有經驗的醫師開藥給病人，只能說"此藥服用後對多數人有效。"但不能說"此藥對所有患有同樣病者一定有效。"因此，歸納推理得的結論只能稱**類推論證** (argument by analogy)；不能像演繹推理的結論那樣稱為**有效論證**。不過，在人類以經驗為基礎的求知過程中，歸納推理還是有價值的。凡科學發明無不先經過歸納推理階段。歸納推理所得結論，即使達不到百分之百的肯定，如達到百分之七十或百分之八十以上，即可認定是有效的。一般以抽樣為基礎所做的民意調查，如某候選人得到百分之五十五的支持度，即可推理肯定他會當選，原因是其他候選人不可能得到比他更多的選票。

綜上討論可知，演繹推理是根據普遍原則推理解釋特殊事例的思維歷程，而歸納推理則是根據特殊事例推理形成概括原則的思維歷程。如此將演繹與歸納兩種推理相對的說法，只是為了易於了解，事實上，在人類經由思維運作獲取知識的整個歷程中，演繹推理與歸納推理二者是交互使用的；有時演繹在前，歸納在後；有時歸納在前，演繹在後。一般的情形是，凡是根據已有知識從事求取新知識時，就用演繹推理，學校中課本上的問題，多係如此。凡是遇到新的情況嘗試尋求答案時，多採用歸納推理。科學家的創新發明都是歸納推理開始；都是經過對個別事例很多次重複觀察驗證所得到的結論，才能形成定理定律。形成定理定律之後，即做為普遍原則用於對個別事例進行演繹推理，從而獲得肯定性的結論。

第三節　問題索解

前兩節討論的是思維活動中的概念與推理等問題，接下來本節所要討論的是如何運用概念與推理以從事問題索解的問題。**問題索解** (或**問題解決**) (problem solving) 是指在不能僅憑既有經驗直接處理當前困境以達目的的情境下，經由思維運作得以了解問題性質並尋得解決途徑，從而達到目的的心理歷程 (Holyoak, 1990)。準此定義，可知問題索解乃是起於有目的而缺乏手段或方法的問題情境。如果沒有目的，問題情境自然不會發生，惟問題情境千變萬化，因而在問題索解時未必有普遍有效的唯一方法。不過，談到問題索解時，有一點是可以肯定的；那就是解決問題必須靠有效的思維，而且要靠智慧性思維。基於此義，接下去就先從以下三點分別討論在遇到問題不能解決時如何領悟問題的性質。

一、領悟問題的關鍵

經過多年來心理學家的研究，一般認為要想對遇到的問題獲得解決，必須對問題的性質先行認識，並確切領悟到問題不易解決的關鍵所在。心理學家們建議，要想達到領悟問題性質的目的，必須先行了解三件事 (Newell & Simon, 1972)：

(一) 了解問題結構

按問題所顯示的結構特徵，有結構良好問題與結構不良問題兩類：

1. 結構良好問題 結構良好問題 (well-structured problem) 的特徵是，問題的解決有一定的程序，只要按程序進行，最後總會求得答案。惟結構良好問題並不表示問題容易，學校教科書上採用的問題 (如數學)，均屬此類。但對學生來說仍然相當困難。

2. 結構不良問題 結構不良問題 (ill-structured problem) 的特徵是，問題的意義不夠明確，而且缺少解決問題的方法和程序。因此，結構不良問題較諸一般問題困難；求解時必須具有突破的思維能力，才有可能得到答案。例如，圖 7-6 九點連線問題即屬於此類。**九點連線問題** (nine-

圖 7-6　九點連線問題

dot problem) 的情境是，只准用四條相連的直線貫串九個點。此題看似簡單，但做起來相當困難。困難的原因是，它會使人想到從九點之間去連，但不會想到只有突破九點範圍將直線延伸到九點範圍之外才能獲得解決。

圖 7-7　九點連線問題答案
(數字表示畫線方向)

(二) 分析問題空間

問題空間 (problem space) 是指面對問題情境尋求答案時,有如迷路者尋求出路一樣,個體當時自身所在的空間內可能有多條通路,他所要解決的問題是從多條通路中選取其中之一,從而達到目的。思考的問題是,先設定一條可能的出路,研判該通路起點的特徵,分析研判可資運用的條件,稱為**起始狀態** (initial state)。例如,起始點是一個山坡,空手攀登尚稱容易,背負重物就有困難。選定起點並了解起始狀態之後,繼而研判從起點到終點所經過的路程,並預測終點的情況,稱為**目的狀態** (goal state)。例如,終點是河的對岸,如撐船渡河能否直達岸邊。問題索解的目的就是針對問題的起始狀態和目的狀態的特徵,然後將兩者連接起來求得答案。

(三) 變通問題表述

表述問題 (representation of problem) 指運用最合理的方式表述問題的特徵,並以之做為推理根據,從而求得問題的答案。有些結構不良問題,從表面看是條件不足的,是無法解決的,但如換一個角度重新表述問題的性質,可能就會發現新而合理的解決方法。多年前有心理學家設計一則和尚登山問題,就是很好的例子 (Duncker, 1945)。**和尚登山問題** (monk-on-the-mountain problem) 的情境是:設有和尚一人登山修道,山路崎嶇,從山腳到山頂寺廟要花一整天時間,和尚早晨八時出

圖 7-8　和尚登山問題
(採自 Kosslyn & Rosenberg, 2007)

發下午四時到達。一週之後他循原路下山,下山的起迄時間與上山時完全相同。求解的問題是,憑想像畫一山路圖 (如圖 7-8),說明什麼地點恰好是和尚上山和下山途中同一時間抵達之處。由於路程與時速均屬未知,故而此題無法按數理原則求得答案。但如變通表述方式,改為兩位和尚,在同一時間從兩地出發,並用同一速度進行,兩人交會之處自然就是上山和下山途中同一時間抵達之處。像此種將一位和尚獨行改為兩位和尚對行的表述方式,稱為**同題異述** (problem isomorph)。

二、問題索解的主要方法

在人類的知識中，要學習解決的問題是千變萬化的。在千變萬化的問題中，大致可按問題情境分為兩大類：一類是有固定答案的問題，只要用對了方法，就可得到答案；另一類是沒有固定答案的問題，對此類問題索解的目的，不是尋求唯一正確答案，而是在多個可能答案中選擇最佳答案。接下去即分別討論問題索解時常用的兩類方法。

(一) 定程法

定程法 (或**算則法**) (algorithm) 是指在問題索解時按一定程序，逐步進行，最後即可得到正確解答的一類方法。定程法是學習書本知識的主要方法。在學校的教學科目中，諸如數學中的演算、物理學與化學中的按定理定律進行的實驗，全部都是按定程法進行的；甚至極複雜的電腦操作，在性質上也屬於定程法。定程法的優點是原理明確，方法固定，只要了解原理，學會解題方法，循序進行，最後一定得到正確答案。惟從思維與問題索解的心理歷程看，定程法所解決的問題未必簡單，也未必容易。

問題索解單一定程的例子很多，相傳三國諸葛亮發明的九連環是其中最複雜的例子。**九連環** (nine-connected circles) 是相連的九個金屬圓環 (圖 7-9)，由一金屬劍柄貫穿，求解目的是逐環卸下，最後使九環全部與劍柄分離。解答時一手執劍柄，一手操作；解答雖有定程，但極為繁瑣，要 341 步才達到目的，其步驟為：

1. 卸下第一環；
2. 劍柄左推卸下第三環；
3. 套上第一環；
4. 卸下第一、二兩環；
5. 劍柄左推卸下第五環；
6. 套上第一、二兩環；
7. 卸下第一環套上第三環；
8. 按照 3、4 兩步驟卸下第四環；
9. 按照 6，1，2 三步驟卸下第三環；

圖 7-9 九連環

10. 按照 3，4 兩步驟卸下第七環；
11. 運用上述要領繼續穿梭，先卸下第九環，然後再繼續反復穿梭將八、七、六……環全部卸下，至此即告成功。

欲將九連環恢復原來狀貌，可運用 6，7……等步驟反復穿梭，直到將九個圓環全部套上劍柄為止。

(二) 直觀推斷法

直觀推斷法 (或**探索法**) (heuristic) 是指面對問題情境無法按既有程序解決，只能憑個人經驗逕而進行直觀 (或直覺) 推斷以求取答案的一種方法。準此定義，可知直觀推斷法具有以下兩個特徵：(1) 此種方法多半是在沒有定程法可用的問題情境之下採用；(2) 採用此種方法解決問題時既無一定程序可循，故而使用的結果不能保證得到正確答案。答案既不能保證，何以要用此種方法？針對此一問題可做以下的解釋：在日常生活中有些問題不僅沒有定程法可用，而且也沒有肯定答案。以下棋為例，下棋雖有輸贏的標準，但對如何下法才會贏棋的問題，卻沒有一定的方法。除此之外，在極為複雜的問題情境中，即使有定程法可用，但因時限緊迫不容許按部就班使用定程法時，直觀推斷法就不失為應急的解題方法。直觀推斷法一詞所指者並非只限於一種方法，以下介紹其中兩種較常用的方法。

1. 手段-目的分析 (means-end analy-

sis)　是指在問題情境中，針對求解目的與問題**起始狀態** (已知條件與限制) 之間的差距，進行分析研判，找出可供縮小差距的手段，從而達到最終目的的一種方法。準此定義，可知採用手段-目的分析所解決的問題，都是較為複雜而無法按簡單程序進行解決的問題。採用手段-目的分析，一般都是在問題的起始狀態與**目的狀態**之間設定幾個可以達成的次目標；達成第一個次目標之後，接著進行第二個次目標。如此逐步進行，等到所有次目標次第達成時，問題索解的最後目的即告達成。在手段-目的分析過程中，設定的次目標可視為有助於達成最後目的的手段；此一手段即稱為**次目標分析** (subgoal analysis)。茲舉著名的**河內塔問題** (Tower of Hanoi problem) 為例，用以說明如何採用次目標為手段，分析解決複雜的問題。

如圖 7-10 所示，有 A，B，C 三支立柱，在 A 柱上套有一疊按大小直徑排放的三個圓環 (上圖)。求解的問題是將 A 柱上的三個圓環全部移至 C 柱上 (下圖)。移動時可以藉用 B 柱之助，但必須遵守兩點限制；其一是每次只能移動一個圓環；其二是任何兩個圓環接觸時，必須保持小者在上大者在下的順序。

河內塔問題之所以困難，主要是目的雖明確但不易直接達到目的；必須分析問題情境中如何利用中間立柱做為達到目的的手段。以下是當有三層圓環時解題的七個步驟 (如圓環增為五層就需要移動十五步，讀者不妨一試)：

1. 將 1 環移到 C 柱；
2. 將 2 環移到 B 柱；
3. 將 1 環移到 B 柱；
4. 將 3 環移到 C 柱；
5. 將 1 環移到 A 柱；
6. 將 2 環移到 C 柱；
7. 將 1 環移到 C 柱。

圖 7-10　河內塔問題
本圖所示為三層圓環，是河內塔問題的最簡單形式。相傳河內塔問題係由越南首都河內附近某佛寺內一位老和尚所發明。本來的河內塔共有六十四層，老和尚預言，一旦有人解得此題，就是世界末日。所幸解題高手迄未出現。法國數學家盧卡斯 (E. Lucas, 1842～1891)，在 1883 年根據數學原理推演出一個公式 2^n-1，n 代表圓環數。$n=64$ 時移動的步數將多達 180 億，是無法做到的。

2. 類推法 (或類比法) (analogy)　是將以往經歷過類似問題的經驗用於解決目前問題的一種方法。類推法之有效必須符合兩個要件：其一是新問題與舊經驗具有類似之處；其二是以往的經驗是成功的。在性質上，類推法屬直觀推斷法之一，都是在只有目的而缺少方法的問題情境下使用的。以下先介紹多年前美國心理學教授鄧克 (Duncker, 1945) 以大學生為受試從事問題索解實驗研究的例子，然後介紹晚近心理學家的補充實驗研究，用以說明類推法的使用。鄧克在實驗研究時，要求受試者思維解決如下的問題：

某胃癌患者，經醫師診斷確定，不能開刀切除；惟一可行的治療方法，是用放射線破壞癌體組織。然在採用放射治療之前，遇到的困難是：若放射線強度不夠，不足以破壞癌體組織；如強度足夠，則在破壞癌體組織之前，必先傷害到光線所經過部位的健康組織。在此兩難情況下，如何在不傷害健康組織的原則下達到治療的目的？

就上述問題的兩難情境看，要想達到既能治病又能不傷害健康組織的雙重目的，是極為困難的。解決此一兩難問題的唯一可行方法，是從多個不同的方向投射多條較弱的放射線，使其焦點集中在癌體組織上以破壞之。根據鄧克研究發現，大學生中能想出此辦法者只有百分之五 (圖 7-11)。

圖 7-11　多條放射線集中治胃癌
(採自 Duncker, 1945)

晚近心理學家 (Holyoak, 1984) 改用類推法重做鄧克的實驗。實驗時分控制組與實驗組；控制組與鄧克的實驗相同，實驗組則是在提供問題之前，先讓受試閱讀一段如下的故事：

某軍官受命攻擊一個敵人的軍事要塞。該要塞周圍有多條呈放射狀的小路均可到達，而各小路兩側均散居眾多鄉民。軍官考慮的問題是：如集中火力從某一面單向攻擊，其附近鄉民將受嚴重傷害。於是決定分散兵力，從各小路同時進攻，並約定時間，一俟接近要塞時，火力齊發，合力攻擊。結果此計奏效，攻擊成功。

實驗者如此設計的目的是，讓實驗組的受試在解決問題之前先學到與問題性質類似的經驗。實驗結果發現，實驗組的受試者有百分之七十五能從"分進合擊"故事的經驗類推想出用放射線治療的方法，而控制組的受試者則不到百分之十。

三、影響問題索解的心理因素

凡是構成問題的情境都是陌生的。問題既是陌生的，在求解時自然感到困難。問題索解失敗的原因很多，除問題本身難度的客觀條件之外，求解者個人的主觀心理因素，也是影響問題索解成敗的重要關鍵。多年來心理學家對影響問題索解因素的研究很多，以下列舉兩方面的研究例子以為說明。

(一) 心向作用

心向 (mental set) 是指個人在經由思維解決問題時的一種不自覺的習慣性心理傾向。心向的形成與個人以往處理事物時的成功經驗有關，成功的經驗會使他習慣性心向加強，以後遇到類似的問題情境時，他將重復採用以前經驗過的方法去解決問題。因為問題的情境是千變萬化的，如面對問題不能隨機應變，只是墨守成規依賴舊經驗，其結果自將難免因此心理因素影響而導致問題索解效果。心理學家盧欽斯(Luchins, 1942)多年前所做的一項著名實驗，可以用來說明心向作用對問題索解的影響。

該項實驗的設計是：以設想用水桶量水的方式，要受試者憑意象計算出所要求的水量。表 7-1 中，A, B, C 各欄，代表三種不同容量的水桶，D 欄代表所要求的取水量。七題中，每題所用水桶大小不等，都是要受試者自行設法，如何運用其擁有的水桶量出 D 欄所求的水量(水量按品脫計)。

表 7-1 心向作用實驗用題

題號	水桶容量			所求水量
	A	B	C	D
1	21	127	3	100
2	14	163	25	99
3	18	43	10	5
4	9	42	6	21
5	20	59	4	31
6	23	49	3	20
7	28	76	3	25

(採自 Luchins, 1942)

此類問題並不困難，小學中年級學童都會計算。以第一題為例，先裝滿 B 桶(127)，再減去一 A 桶(127－21＝106)，然後再用 C 桶盛出兩桶 (106－3×2＝100)，即取得所需要的水量。第 2，3，4，5 各題，都可採用同樣的方法。如此即可寫成公式：D＝B－A－2C。

該實驗的目的是觀察受試者如何解答第六題與第七題。顯然第六題可採用兩種方法達到目的：一是援用 D＝B－A－2C 的公式，另一是改採 D＝A－C 即可。至於第七題，前舉第一公式不能使用，只能採 D＝A－C 方式。實驗結果發現：有百分之八十的受試者仍採 D＝B－A－2C 的公式求解第六題；而對第七題，竟有三分之二的受試者，因無法套用公式而放棄。此一結果所顯示的意義是：因前五題用同一方法解題成功所形成的習慣性心向，影響到後來面對新的問題情境時，因思維方式僵化而不能擺脫舊有公式的框架，結果導致失敗。

(二) 功能固著

功能固著是影響問題索解的另一心理因素。所謂**功能固著** (functional fixedness)，指在問題情境中，因受問題現場條件既有功能的限制不能變通運用，以致無法達到問題索解目的的心理現象。問題索解時最為困難的是條件不足；現有的工具或材料未必能派上用場，急切需要的工具和材料，一概闕如。因此，問題解決的關鍵，端在能否將現場中既有工具變通使用，從而達到目的。但這點不易做到，因為在習慣上一般人總是把各種工具分別賦予其固定功能。例如，鑰匙是開鎖的，刀子是切割的；但在問題情境中，現場可資運用的材料，絕不可能像一把鑰匙開一把鎖那麼容易。有了鑰匙開鎖的問題就不存在了；丟了鑰匙不能開鎖才構成待解的問題。鑰匙不在手中，卻一直想到鑰匙，是一種功能固著心理；不嘗試運用現場材料以代替鑰匙，是另一種功能固著心理。刀子是切割用的，但必要時也可以變通，用來撬開罐頭或轉緊螺絲；老虎鉗是拔釘與剪斷鐵絲用的，必要時也可變通一下，代替釘錘的功用。善於解決難題的人，其最大特徵就是能突破功能固著的心鎖，針對需要，善擇手段以達到目的 (小偷開鎖多不用鑰匙)。以下介紹兩項實驗研究，用以說明功能固著對問題索解的影響。

首先介紹第一種實驗是德國心理學家鄧克所設計的牆壁上點蠟燭的實驗 (Duncker, 1945)。不用蠟燭台在牆壁上點蠟燭本屬不可能之事，由不可能變為可能才是真正的憑思維解決問題。該實驗所設計的問題情境是 (圖 7-12)，桌上放置一盒圖釘，一盒火柴，兩支蠟燭和一把剪刀，受試者的

圖 7-12　牆壁上點蠟燭問題情境
(根據 Duncker, 1945 資料繪製)

任務是自行設法將點燃的蠟燭固定在牆上，使它繼續燃燒。

此一實驗設計的目的是驗證功能固著心理因素對思維的影響，因此將受試者分為兩組；一組將圖釘與火柴原封不動，都留在盒內 (目的是使其保持原有功能)，另一組則將圖釘盒蓋打開，讓圖釘與盒子內部都顯露在受試者面前 (目的在削弱其原有功能)。實驗結果發現，兩組受試者最後都能將問題解決；都能利用圖釘盒為燭台，用圖釘將之釘在牆壁上，達到牆壁上點蠟燭的目的 (見圖 7-13)。所不同者是第一組在解決問題時花費較長的時間。根據實驗者解釋，那是因為受試者在面對問題時受"圖釘盒是盛圖釘用的"功能固著影

圖 7-13　牆壁上點蠟燭問題答案
(根據 Duncker, 1945 資料繪製)

響所致。

另一種實驗是美國心理學家梅爾在多年前設計的一項擺盪結繩的實驗，用以驗證功能固著現象 (Maier, 1931)。該實驗設計的問題情境是在一個空房間內，由天花板上垂下兩條繩，要求受試者設法將之連結在一起。實驗室的一邊放置一張椅子及一把鉗子和其他東西 (圖 7-14)。問題是兩條垂繩間距離太遠，受試者無法同時用兩手將之連結。實驗設計的目的旨在觀察受試者能否突破功能固著，利用現場所陳列的材料，藉以達到問題索解的目的。此一問題的理想答案是將鉗子拴在一條垂繩上，並推動鉗子使垂繩擺動，擺動期間有時兩繩間的距離縮短，然後用兩手同時抓住兩條垂繩，即可結在一起。實驗結果發現，一般大學生只有 39.3% 的受試者，想到採用上述方法以達到問題索解的目的。顯然，多數受試者未能想到鉗子可以用做擺錘，可能他們認為，鉗子的功能是拔釘或剪斷鐵絲用的工具。

在日常生活中遇到問題需要解決時，經常會陷入功能固著的心理困境。以上兩項功能固著實驗研究結果，希望能對本書讀者有所啟發。在日常生活遇到的問題中，有很多是因為不能突破舊思維的框架，一直鑽牛角尖而貽誤良機。古語說："窮則變，變則通"，變通是有效思維的心理基礎。幾年前台北有一家六層樓的旅館第四層失火，住在五、六層的客人中有六人因循樓梯向下逃生被濃煙嗆死。只有一位日本旅客，運用急智將被單撕成數片連接在一起從窗口滑下而得以逃生，這個例子說明了急難時變通思維的重要性。

四、問題索解的合理思維

經由前文的分析討論可知，針對問題情境進行合理思維才是解決問題的重要關鍵。怎樣思維才是合理思維？心理學家們提出以下四點建議 (Seifert, et al , 1986)。

1. 釐清問題性質　面對問題情境時，合理思維的第一步是，耐下心來針對當前情境弄清楚面對的是什麼樣的問題。要釐清問題性質，宜從三方面考慮：(1) 要想達到的目的是什麼；(2) 當前情境中有何

圖 7-14　擺盪結繩問題

(根據 Maier, 1931 資料繪製)

可資利用的條件；(3) 如何運用現有條件想出方法以達到目的。三方面考慮的結果，第一、二兩方面可能有所釐清，第三方面尚須進一步思維。

2. 擬定解決方案　釐清問題情境時所考慮的第三方面，不易立即得到答案。如考慮的結果沒有現成的定程法可用，不妨採直觀推斷法冒險一試。前文介紹的河內塔問題，在手段-目的分析時起始狀態與目的狀態代表前條中第一、二兩方面的考慮；如何利用中間立柱達到目的，即屬第三方面方法思維問題。

3. 執行既定方案　根據三方面考慮擬定方案後隨即執行，並從而驗證方案的可行性。如方案可行，問題即告解決，如方案不可行，即需回頭配合前兩方面考慮，重新研擬可行方案。

4. 檢討解決結果　問題索解得到答案，雖然目的達成，但需進一步檢討所得答案是否為最好答案。因為有時候"一題數解"，數解中最省時、省事、省力者才是最好答案。如前文所舉水桶問題中第6、7兩題，採簡略方法的答案就是最好答案。

第四節　判斷與決策

　　第三節內所討論的問題索解，無論是採**定程法**，或是採**直觀推斷法**，其最終目的不外求取正確的答案。有正確答案的問題情境，雖可用來做為學校中教學生學習的知識，但學生學過之後卻很少能用之於解決日常生活中實際問題。因為在日常生活中遇到的問題多半是沒有固定答案的；諸如選學校、購房屋、投資、選擇配偶等重要問題，均無法肯定怎樣做法才是絕對正確。面對此等缺乏正確答案的問題情境時，當事人只能就問題情境中已具備的條件加以分析判斷後形成決策，以期達成最佳選擇的目的。

　　在面對缺乏正確答案的問題情境時，如何判斷與決策，自然就成了心理學家關心研究的問題。**判斷** (judgement) 是指根據問題情境所具備的條件，加以分析研判從而獲得結論的心理歷程。準此定義，可知第二節所討論的推理歷程，在性質上也是判斷的一種形式；只是該節所指的推理是根據邏輯法則進行的，而本節所指判斷則只是根據問題的條件。**決策** (decision making) 是指在不確定情境中進行問題索解時，根據已知條件分析判斷，從而達成最佳選擇的心理歷程。由此定義看，判斷與決策二者是相連的，決策是以判斷為基礎的；先有正確的判斷，才不致有錯誤的決策。

　　在缺乏正確答案的問題情境中，判斷決策之前有兩點必須考慮：其一是此判斷與決策獲致預期效果的可能性；其二是此判斷與決策獲致預期效果的價值性。在可能性與價值性兩者兼備的情況下，決策容易做成；在二者缺一的情況下，決策時就會感到困難。以買彩券為例，中獎的可能性很低，但中獎後帶來的後果卻具有極高的價值性。惟其如此，應不應該購買彩券？這問題因個人主觀判斷不同，所以獎券市場總不會形成搶購現象。

　　基於以上對判斷與決策二者的認識，接下去就分別從決策後帶來預期效果的可能性與預期效果的價值性兩方面進行討論。

一、判斷正確的可能性

　　基於前文討論可知，在作判斷與決策前所考慮的獲致預期效果的可能性與價值性二者，都是最後決策的根據。如何運用二者達到決策正確的目的，顯然是不易回答的難題。不過，惟一肯定的是，不能採用第三節所介紹的定程法去尋求肯定答案，只能採用直觀推斷法去判斷得到正確答案的可能。根據心理學家研究發現 (Kahneman & Tversky, 1972；1982)，一般人在不確定情境下從事判斷決策時，傾向於採取以下兩種策略去判斷是否能獲得正確的後果。

(一) 經驗直觀推斷法

經驗直觀推斷法 (availability heuristic) 是指根據個人經驗中最熟知而且容易聯想到的事例為基礎，用以判斷決策後帶來正確後果之可能性的一種思維取向。如果在缺乏事實性統計資料的情形下，要你說出目前都市人的離婚率有多高，你只能根據你所熟知的離婚事例做直觀推斷。直觀推斷的離婚率與事實上的離婚率愈接近時，就代表此推斷結果的正確性愈高。惟就此例可知，經驗直觀推斷法是相當主觀的；靠主觀的推斷法做成判斷與決策的後果，自然難免會發生誤差。

曾有心理學家以美國大學生為實驗對象，要他們根據自己的主觀經驗去推斷，判斷在一般英文單詞中以 R 起頭的單詞 (如 read) 多，還是以 R 作為第三字母的單詞 (如 cartoon) 多。結果發現，有百分之六十九的受試者認為以 R 起頭的單詞較多。但事實上，兩者相較 R 居於第三字母的單詞反而較多 (Tversky & Kahneman, 1974)。為什麼美國大學生的判斷會發生如此大的誤差？原因是 R 在起頭的位置易為人所覺知，R在單詞中居其他位置，則不易引人注意。

由以上實驗研究結果看，靠經驗直觀推斷所做成的判斷與決策，可能有很大的誤差。形成判斷誤差的原因，除受個人經驗因素影響之外，事件本身的特徵，也是重要原因。根據統計資料，在每年意外死亡人口中，死於車禍者的人數可能超過死於空難者多至數百倍，但一般人總是高估了空難者所占的死亡率。原因是每有空難事件發生時，大眾媒體廣加報導，無形中強化了大眾的記憶。

(二) 常例直觀推斷法

常例直觀推斷法 (或代表性推斷)(representativeness heuristic)是指根據已知某類事件中最具代表性的特徵為基礎，用以推斷同類事項中某一事件發生可能性的一種思維取向。在問題情境不能確定時，此種方法經常使用，但推斷結果未必正確。曾有心理學家以大學生為受試，要他們對下述的情況做出判斷 (Kahneman & Tversky, 1972)：

> 某城市調查了全市內有 6 個子女且男女各半的家庭。經分析後發現，這些家庭中子女性別排序多半屬於三種類型：(1) 男、女、男、女、男、女；(2) 男、男、男、女、女、女；(3) 女、男、男、女、女、男。你認為這三種類型中那種類型為數最多？

研究結果發現多數受試回答第一種類型。事實上三種類型 (此外尚有其他類型) 的機率相等。一般人之所以選第一類型，原因是一般人覺得第一種類型合於常例,最具代表性。事實上,三種類型出現的機率是一樣的。

依常例直觀推斷時,如果遇到看似不合常例的情境,就難免做出錯誤的判斷。以投擲一顆骰子為例,按機率計算,骰子每個面向上的可能性,都是六分之一。如果一顆骰子連擲四次都是六點面向上,賭徒們對下一次投擲結果的判斷,多數認為不可能再出現六點。原因是他們認為連續出現四次六點面向上已不合常例,不可能第五次再出現六點。像此種不合科學的心理現象,稱為**賭徒謬誤** (gambler's fallacy)。判斷錯誤的理由是,每次投擲出的結果都是獨立事件,前後兩次之間沒有任何因果關係;任何一次出現六點的機率同樣是六分之一。

二、判斷決策與預期價值

前文所述,旨在說明決策後帶來正面後果之可能性的兩種推斷方法。接下來再進一步說明根據推斷做成決策後帶來預期價值問題。**預期價值** (expected value) 是指在判斷決策過程中,個人對決策後帶來正面後果所具價值的預先推估。在理論上講,預期價值是按數學上的機率計算的。按機率計算的預期價值是客觀的。然而,一般人在判斷決策時因受主觀心理因素影響,對預期價值的看法,卻未必客觀。因此,對同一事件判斷決策時,就會有以下兩種預期價值:

(一) 客觀預期價值

正如前文所言,**客觀預期價值** (objective expected value) 是按數學的機率計算的。茲舉擲骰子定輸贏為例,用以說明客觀預期價值的計算方式。在投擲骰子之前,如果雙方同意的遊戲規則是:(1) 如果你投擲的結果是六點向上,你贏五十元;其他各點向上時,均不計算;(2) 每投擲一次,你付服務費十元。如按照機率來計算,贏錢的機率是六分之一,贏得的錢數是四十元,輸錢機率是六分之五,輸的錢數是 十元。在此情形之下,可用以下方法計算出客觀預期價值:

$$\text{客觀預期價值} = \text{贏錢機率} \times \text{贏的錢數} + \text{輸錢機率} \times \text{輸的錢數}$$

$$= \frac{1}{6} \times (50-10) + \frac{5}{6} \times (-10)$$

$$= -\frac{10}{6} = -1.7 \text{ 元}$$

以上計算結果顯示的意義是,如按遊戲規則長期參與骰子賭博,平均每次大約要賠 1.7 元。中國有句俗語"久賭無贏家",就客觀預期價值計算結果是負值來看,這句話是合乎科學原理的。照理說一般人不會參與此種輸多贏少的遊戲才是。然事實不然,很多人照樣樂此不疲。惟其如此,賭場才會永遠生意興隆。為什麼會有如此現象?此即下面要討論的主觀預期價值問題。

(二) 主觀預期價值

由人類的賭博行為看，客觀預期價值的理念未必能預測人的決策行為。因此，對此等心理現象必須採主觀預期價值來解釋。個人的**主觀預期價值** (subjective expected value)，決定於個人在判斷決策時對事件後果在心理上的主觀看法，而非決定於事件後果在物質上的得失。如果一個人喜歡賭博過程中那種挑戰性氣氛，他就不會在意一點金錢的損失。如果一個人把贏錢的興奮感看得比輸錢的失意感重要，他也就不會牢記輸錢的痛苦。準此推理，上述等式即可改變內容而得正值。改變內容的可能是，個人不將贏後實際得錢數視為四十元，而是將之視為六十元。代入等式後的結果是：

$$主觀預期價值 = \frac{1}{6} \times 60 + \frac{1}{6} \times (-10)$$
$$= \frac{50}{6} = 8.6 元$$

基於以上討論，可知反對賭博的人，自然會秉持客觀預期價值的觀點不參與賭博。但愛好而且經常賭博者，也並非不了解客觀預期價值原則下"久賭無贏家"的道理。他們是"明知故犯"，因受主觀預期價值的支配，即使政府禁賭，也仍然我行我素。反賭與好賭都是人性，以人性為研究對象的心理科學，不能單從客觀理性觀點了解人性，而應同時考慮人的主觀感

情因素。

三、判斷決策的題型效應

在一般情形下，需要個人做出判斷決策的時機，都是由於不確定的問題情境。問題情境的特徵多半是由語文表述的。由語文表述問題情境時，其表述的方式自然會影響到個人的判斷與決策，此種現象稱為**題型效應** (framing effect)。假如有一天你去看電影，電影票價是每張五十元，你買好票準備進場時，忽然發現電影票丟了，此時你是否願意再花五十元另外再買一張票？在此情境下你的判斷決策很可能是不再買另一張票；理由是你覺得花雙倍錢看一場電影是件不值得的事。

如果上述情境改變為，你準備買票的五十元在路上丟了，你是否願意再另拿五十元買張電影票？對此問題多數人的答案是肯定的；理由是路上丟錢與購買電影票並無關係。

以上兩種情境都是需要做出決策。如果單是從經濟的觀點言，兩者都是願否多花五十元的問題。可見兩者決策之所以不同，並不是錢數多少的問題，而是對問題情境之表述或認知上的差異。換言之，因兩者的題型不同而影響了決策行為。第一種情境下你決定不買另張電影票，是因為你將之解釋為"不值得"。第二種情境下你決定再花五十元買票，是因為你將之解釋為丟錢與看電影根本是兩回事。曾有心理學家卡曼尼與特夫茨基以如下的問題情

境要求受試者 150 個大學生做出模擬性決策 (Kahneman & Tversky, 1982)：

> 在某地區突然流行一種稀有的嚴重疾病，如惡化蔓延可能導致 600 人死亡。當地政府為應付危急，研議後提出了 A、B 兩個方案。如果實施方案 A，將有 200 人保住性命；如果實施方案 B，600 人中可能有三分之一的人保住性命，但可能有三分之二的人會死亡。如果要你做決策，你採那一方案？

研究者發現，有百分之七十二的受試者選擇方案 A。他們選 A 案的理由是，避免 B 案實施後三分之二的多數人可能死亡。事實上，A、B 兩案實施後預期的後果完全相同，只因題型表述不同而使決策者的心理受到影響。後來原研究者仍以同一問題為基礎，惟改變為如下的表述方式：

> 為防止流行病惡化，當地政府擬訂 C 與 D 兩個方案。如果實施方案 C，400 人可能死亡。如果實施方案 D，600 人中可能有三分之一的人獲救，另三分之二的人則可能死亡。如果要你做決策，你採那一方案？

研究者發現，同樣問題而改變表述方式時，多數人選擇方案 D，只有百分之二十二的人選擇 C 方案。他們選 D 案的理由是，避免 C 案實施後 400 人可能死亡。事實上，C、D 兩案實施後所預期者完全相同，只因題型表述不同而導致決策者的心理受到影響。

卡曼尼為美國普林斯頓大學心理學教授，他在 20 世紀 80 到 90 年代對人類在不確定情況下價值判斷研究所發現的心理現象，對經濟學理論提供了新的思維方向。傳統經濟學家一向認為，投資者總是在機率邏輯原則下惟利是尚的，卡曼尼的研究結果則顯示，一般人對利害得失判斷時並非完全根據機率邏輯客觀推理，而是基於對情境認知的主觀判斷。如當事人認知到投資後獲利機會較大時，他傾向做出避免風險的判斷；如當事人認知到投資後損失機會較大時，他傾向做出接受風險的判斷。卡曼尼的認知心理學理論，經由美國喬治梅遜大學經濟學教授史密斯，在金融市場驗證後提出的經濟學理論，使他二人共同成為 2002 年經濟學諾貝爾獎得主。

第五節　創造思維

雖然一般人都認為創造是人類最高智慧的表現，而且在人類文化傳承中對前人在文學、藝術、科學乃至政治制度等方面創造之成果，無不珍而貴之。然而，不但在學校教育上一向忽視對學生創造能力的培養，就是專門研究人性的心理科學，多年來對創造心理也甚少研究。本書鑒於創造的重要性，特根據心理學上有限資料，專題探討創造思維的問題。

一、創造與創造思維

在進入討論創造思維的心理學研究之前，容先說明創造與創造思維的定義以及創造思維與問題索解思維的異同。

(一) 創造與創造思維的定義

創造一詞有不同的詮釋，本書所採用的定義是：**創造** (creativity) 是一種解決問題的超常、創新而有價值的認知能力；此種認知能力表現於科學發明、文學藝術創作、舊知識之新觀念、老問題之新方法以及生產工具之新發明等諸多方面 (Colman, 2007; Bodon, 2000)。此一定義中，"超常"指超乎平常；"創新"指不墨守成規；而"有價值"則指創造的方法或創造的結果具有實用價值、學術價值、道德價值或審美價值而言。如創造只是超常與創新而缺少價值，創造的方法或結果就不能對日常生活和社會文化有所貢獻 (如創造殺人武器)。美國著名發明家愛迪生 (圖7-15)，雖然在科學史上不如牛頓與愛因斯坦有學術地位，但他的一千多項發明使人類生活科學化、現代化及便利化等重大貢獻，卻較之牛頓的萬有引力論和愛因斯坦的相對論，具有更大的實用價值。

圖 7-15　愛迪生
(Thomas Alva Edison, 1847～1931) 是 19 世紀美國發明家，他一生發明的 1300 件重要項目，對人類實際生活的科學化、現代化及便利化做出了無人能比的貢獻。

創造思維 (creative thinking) 是指面對問題情境時，個人在思維上能擺脫傳統窠臼、超越成規限制以及突破習慣約束的認知心理歷程。基於此義，可知創造思維與前述創造一詞之含義相似；同樣強調超常與創新兩種認知心理特徵。兩者不同之處端在前者指認知心理能力的表現，後者指認知心理活動的歷程。

(二) 創造思維與問題索解思維的異同

在第三節開始討論問題索解的概念時，曾經指出問題索解是面對問題情境時所產生的思維運作心理歷程。如果單從這一點看，創造思維與問題索解思維兩者是相同的。惟從兩者所面對的問題性質及求解目的看,創造思維顯然與問題索解思維有很大的差異。

第三節內所討論的問題索解思維與所舉的多種例題,其中有一個共同特徵;那就是問題的情境與求解的目的都是明確的,面對問題情境時之所以感到困難,端在條件限制之下一時想不出解決的方法。事實上,方法未必沒有,只是隱藏在有限的條件之後等人去發現而已。以**河內塔問題**為例,問題的**起始狀態**與**目的狀態**兩者均屬明確,其困難在於條件限制下一時想不出合於條件的方法。最後想出的方法終究還是達到了目的。由此可知,經問題索解思維所求解的問題,總是有答案的。問題索解常用的定程法與直觀推斷法的差別,只是後者缺少解題的固定程序而已。

創造思維與問題索解思維最大的差異是,問題索解是在有限制的條件下尋求達到預訂目的的方法,而創造思維則是除了條件限制之外,既不能確知目的狀態,也缺少有效的方法。即使根據問題情境確定定程法或直觀推斷法可用,對具有高創造能力的人而言,他們也不會墨守成規去採用;他們旨在運用思維的更高境界,希望得到"前無古人"的結果。歷來科學家、藝術家、思想家之所以能有"空前"的貢獻,全都是超越問題索解思維而經由創造思維得到的結果。在心理學上,精神分析理論創始人弗洛伊德在 1900 年出版的《夢的解析》一書之所以被後人譽為改變歷史的書之一,乃是由於他超越前人對夢的一切解釋 (如日有所思夜有所夢等),提出了**潛意識**活動的空前看法。在生物學上,美國的華生 (James Watson, 1928～) 與英國的柯利克 (Francis Crick, 1916～2004) 兩人在 1953 年之發現 DNA (見第二章第一節),也是在其他科學家採用各種方法探索多年之後而創用新的方法才發現的。DNA 是一切生物生命的本源,由於 DNA 的發現,使得生物遺傳理論得到突破性的發展。因此,這兩位科學家共同獲得了 1962 年諾貝爾醫學獎的榮譽。著者從事教學時,常鼓勵學生讀書時宜從三個等級評定書品的高低:(1) 平凡的著作是見人所見,言人所言;(2) 超水準的著作是見人所見,言人所未言;(3) 劃時代的著作是見人所未見,言人所未言。後兩級著作都是具有高度創造性見解的著作。

二、創造思維的心理學研究

創造思維是一種高級心理活動歷程,在創造思維歷程中個體心理上究竟產生一些什麼樣的活動?此一問題在心理學上的研究較少;原因是創造不是短時間完成的,科學家或文學藝術家的偉大創作,多半是經過積年累月努力之後才完成的。惟其如此,在實驗室內很難研究創造思維的心理歷程。綜合以往心理學對創造思維研究的概況,簡略歸納為以下三點說明:

(一) 創造思維的心理歷程

最早從事創造思維心理歷程研究而提出

系統理論者，首推英國心理學家華萊士 (Graham Wallas, 1885～1932)。華萊士在 1926 年出版的《思維的藝術》一書中，對整個創造思維的心理活動歷程提出如下四個階段的解釋 (Wallas, 1926)：

1. 準備期 準備期 (preparation) 是指創造思維形成之前，對問題相關知識的理解與累積。有了求解問題的先備知識，然後才有可能從已知條件中發現新關係，從已有方法中發現新方法。一般認為創造靠天才，事實上長期努力和專注研究才是構成創造的主要因素。大科學家愛因斯坦 (Albert, Einstein, 1879～1955) 的相對論，開始構想是在他 16 歲的中學生時期，以後花了七年時間搜集相關資料，並深入分析研究，才將問題的關鍵弄清楚。到最後撰寫成震撼物理學界的相對論時，只花了五個星期的時間。有些人相信創造要靠天才，事實上只有天才而不經長期努力，也不會憑空創造出超人的成就。詩聖杜甫有言「讀書破萬卷，下筆如有神」，由此可知創造前準備的重要性。

2. 醞釀期 醞釀期 (或**孕育期**) (incubation) 是指思維創造準備期得不到結果而將問題暫時擱置，在此期間所產生的內在心理變化階段。對問題努力鑽研難獲結果而感到身心俱疲時，如將問題暫時擱置，改而從事其他較輕鬆的活動 (如聽音樂、釣魚、散步或睡眠等)，亦即是將問題引起的心理困惑暫時排除於意識之外。在這種情形下，問題引起的創造思維表面看似乎停止，但事實上它仍潛伏在意識之下繼續醞釀進行。相傳法國哲學家笛卡爾 (René Descartes, 1596～1650) 發明的解析幾何，其基本觀念即是得自兩次睡夢中。

3. 豁朗期 豁朗期 (或**明朗期**) (illumination) 是指經過潛伏性醞釀期之後，具有創造性的新觀念可能突然出現在意識之中。此一現象也就是平常所說的靈感。靈感的來臨，可能是戲劇性突如其來的；它可能產生在半睡半醒中，可能產生在沐浴時，也可能產生在旅行途中。總之，靈感多半是在與創造無直接關係的活動中產生。靈感可遇而不可求，它是創造思維導向創造結果的關鍵。法國數學家潘卡銳 (Jules Henri Poincaré, 1854～1912)。在研究數學中同構函數問題時，因長期思維得不到結果，決定暫時擱置而與朋友到外埠旅行。在旅行期間已將數學難題完全置諸腦後。熟料路經一個小鎮搭乘公車時，在舉步上車的一剎那，求解的答案突然在腦際出現。上車後繼續思維寫下草稿，回家後詳細整理，發現這正是他久思不得其解的答案。

4. 驗證期 驗證期 (verification) 是指在豁朗期得到解題靈感之後，將靈感形諸具體意見與實際解題程序進行驗證。直到反覆驗證無誤，創造思維的歷程才算結束。例如，文學藝術家的靈感必須實際表現於創作成品，科學家的靈感必須經由實驗驗證，其成就才能獲得肯定。

(二) 創造思維能力的測量

創造思維既可視為一種認知能力，研究創造思維的心理學家們，自然嘗試採用心理測驗的方法測量創造思維能力。自 20 世紀 60 年代以後，心理學家已編製了多種型式的創造思維能力測驗，惟在基本理論上均不出吉爾福德**智力結構論**中**發散思維** (詳見第十章第三節) 的理念。以下簡單介紹具有代表性的兩種測驗。

1. 托蘭斯創造思維測驗　美國心理學家托蘭斯 (Ellis Paul Torrance, 1915～2003) 根據吉爾福德智力結構論中發散思維的理念，在 1974 年編製的**托蘭斯創造思維測驗** (Torrance Test of Creative Thinking，簡稱 TTCT)，是應用最廣的創造能力測驗 (Torrance, 1974)。該測驗包括語文與圖形兩類題目。語文部分由七種不同作業組成：(1) 發問；(2) 猜測原因；(3) 猜測結果；(4) 產品改造；(5) 不尋常用途；(6) 不尋常疑問；(7) 試作假想。測驗結果的評分標準乃是以吉爾福德研究創造思維時發現的四項特徵為根據：(1) **流暢性** (fluency)，心智靈活順暢，能在短時間內表達多個不同的觀念，能使用較多的文字，能形成較多的聯想；(2) **變通性** (flexibility)，思考方式變化多端，能舉一反三，觸類旁通，能隨機應變，不墨守成規；(3) **獨創性** (originality)，思想表現超越，對事物處理能提出創新辦法，對疑難問題能提出獨特見解；(4) **精密性** (elaboration)，慣於深思熟慮，遇事精密分析，力求臻於完美周延的地步。此一測驗後來再經修訂已成為應用最廣的創造思維測驗 (Torrance, 1984)。

2. 遠距聯想測驗　美國心理學家梅德尼克 (Mednick, 1962)，根據吉爾福德智力結構論發散思維的流暢性和變通性兩個特徵，編製了語文式思維創造能力測驗，稱之為**遠距聯想測驗** (Remote Associate Test，簡稱 RAT)。遠距聯想測驗的基本構想是，創造思維能力高的人，由某一事件引起的聯想遠較一般人廣闊；看見"筆"未必只聯想到"紙"；看見"紅花"未必只聯想到"綠葉"；他可能對一個語詞，很快就聯想到很多很遠很奇怪的概念。例如，梅德尼克的遠距聯想測驗中有這樣一個題目：試就已知三個語詞去自由聯想，然後想出一個和三者都有關聯的語詞填在後面；如：(1) Roman, (2) arithmetic, (3) one, (4) ____。此題適當的答案是 numeral，原因是三者都與數字有關。同理，如：(1) 鞋子，(2) 松樹，(3) 高樓，(4) ____。"地面"一詞可能就是適當的答案。原因是三者都離不開地面。

(三) 創造力高者的人格特徵

多年來，心理學家雖也企圖採類似智力測驗的方式測量創造力，但公認在性質上創造力不同於智力。智力通常指個人的綜合能力，而創造力則指個人某方面的特殊能力；傑出成就的音樂家，未必懂得高深數學。因此，研究創造力高者的心理特徵時，只能從他們所表現的異於一般人的心理特徵，推論解釋他們之所以展現超人創造力的原因。

1. 善於創造者人格特質的研究 美國心理學家加德納 (見圖 10-10) 曾調查分析 20 世紀創造文化的重要人物，其中包括弗洛伊德 (心理學家)、愛因斯坦 (物理學家)、畢卡索 (畫家)、葛蘭姆 (舞蹈家)、艾略特 (詩人)、甘地 (思想家) 等，在他們的生命歷史中，加德納發現有以下七點相似的人格特質 (Gardner, 1993)：

(1) 有反傳統傾向，對眾所信守的傳統規範持存疑態度，因而在個人作為上不墨守成規，時思有所改進而臻於更新更好的境界。

(2) 對一般人視為平常的事物有興趣，時時存有好奇心，從不疑處找疑問去探索研究。

(3) 對自己的工作具有強烈的動機，對追求的目標鍥而不捨，絕不半途而廢。

(4) 對新奇的事物敢於探索嘗試，具有不畏失敗的冒險精神。

(5) 對自己關心的問題肯深入鑽研，在展現出超人的傑出成就之前，對相關問題研究所付出的心力，至少連續了十年甚至二十年。

(6) 在年輕時多半受到前人思想的啟發或師長的指導與鼓勵，因而立志上進，歷經無數挫折失敗，而終告成功。

(7) 在個人生活上屬於感情層面活動較少，多半時間用於潛心研究，犧牲奉獻，甚少享受安適的家庭生活。

2. 對善於創造者人格特質的理論解釋 美國心理學家斯騰伯格與魯巴特曾在 1996 年提出一種理論，稱為**創造投資論** (investment theory of creativity) (Sternberg & Lubart, 1996)。創造投資論的基本要義是，善於創造投資的人具有一種共同的"賤買而貴賣"的人格特質。賤買貴賣的意思是，一般視為毫無價值的東西，在善於創造投資者的眼中可能是寶貝。換言之，他們具有偏好"廢物利用"的人格特質，具有此種人格特質的人，與一般人有六點不同：(1) 有高度的智力 (但不一定是最高)，使他能發現新問題；(2) 有豐富的知識，使他知道如何去搜集資料研究問題；(3) 有獨特的思維方式，使他能發現平凡的東西中隱藏的價值；(4) 有堅強的性格，使他敢於嘗試或冒險犯難；(5) 有強烈的**內在動機**，使他鍥而不捨，努力追求；(5) 有良好的環境，使他易於獲得相關資料或得到別人的協助。

本章摘要

1. **思維**是內在的心理認知歷程，在此歷程中個體將心理上所認知的事件，經操作過程予以抽象化，以便在心理上運作處理，從而對該事件的性質予以推理判斷進而獲得新知識。
2. **概念**是指對具有相關共同屬性的一類事物的概括認識。
3. **概念識別**時分析面對事物的屬性是否合於某概念的標準，一般根據四項法則：(1) **肯定法則**；(2) **否定法則**；(3) **連言法則**；(4) **選言法則**。
4. **意象**是感覺經驗的心理表象，是將外在世界中事物編碼轉化後儲存在長期記憶中的意識圖象。
5. **推理**是指在思維時遵循某種邏輯法則，以已知事實或假設條件為基礎，推演出有效結論，從而對事理間之關係有所理解並獲得結論的歷程。
6. 邏輯推理有多種，其中最主要者有**演繹推理**與**歸納推理**兩種；而演繹推理又有**三段論法演繹推理**與**假設演繹推理**之分。
7. **問題索解**是指在不能僅憑既有經驗直接處理當前事物以達到目的的情境之下，經由思維運作得以了解問題的性質，並找到解決之途徑，從而獲得答案的心理歷程。
8. 問題索解的主要方法有二：一為**定程法**，二為**直觀推斷法**；而在使用直觀推斷法解決問題時，又有**手段-目的分析**與**類推法**。
9. 影響問題索解的主要心理因素有二：一為**心向作用**，二為**功能固著**。
10. 決策正確可能性的推斷方法有二：一為**經驗直觀推斷法**，二為**常例直觀推斷法**。
11. **預期價值**有兩種：一為**客觀預期價值**，二為**主觀預期價值**。
12. **創造**是一種解決問題的超常、創新而有價值的認知能力。
13. **創造思維**是指面對問題情境時，個人在思維上能擺脫傳統、超越成規、突破習慣的認知思維歷程。
14. 在心理學上對創造思維有兩種看法：一為創造思維歷程階段觀，一為思維運作特殊能力觀。
15. 創造能力測驗一般都是測量受試者四種心理特徵：(1) **流暢性**；(2) **變通性**；(3) **獨創性**；(4) **精密性**。

建議參考資料

1. 朱智賢、林崇德 (1986)：思維發展心理學。北京市：北京師範大學出版社。

2. 陸祖昆 (1988)：創造心理學。台北市：五洲出版社。

3. 廖元輝 (譯，1988)：思維心理學。台北市：五洲出版社。

4. 趙鄉敏 (2002)：創造能力的形成與培養。北京市：人民出版社。

5. Beach, L. R. (2005). *The psychology of decision making*. (2nd ed.). London: SAGE Publications.

6. Davidson, J. E., & Sternberg. R. J. (2003). *The psychology of problem solving*. New York : Cambridge University Press.

7. Jonathan, E. (Ed) (2008). *Studies of human inference and its foundations*. New York: Cambridge University Press.

8. Mcliroy, D. (2003). *Studying at University: How to be a successful student*. Hove, UK Psychological Press.

9. Palya, G. (2004). *How to solve it : A new aspect of mathematical method*. Princeton: NJ: Princeton University Press.

10. Simonton, D. (1994). *Creativeness: Who makes history and why*. New York: Guilford.

第八章

生命全程的身心發展

本章內容細目

第一節 對身心發展的基本認識
一、身心發展的基本特徵 259
　(一) 連續歷程中有階段現象
　(二) 遺傳與環境的交互作用
　(三) 發展模式下有個別差異
　(四) 身心發展及於生命全程
二、發展心理學的研究方法 261
　(一) 適用於發展研究的一般方法
　(二) 適用於發展研究的特定方法

第二節 心理發展的重要理論
一、皮亞杰的認知發展理論 262
　(一) 皮亞杰認知發展階段論要義
　(二) 感覺運動期的認知發展
　(三) 前運思期的認知發展
　(四) 具體運思期的認知發展
　(五) 形式運思期的認知發展
　(六) 皮亞杰理論的評價與新皮亞杰主義
二、維果茨基的認知發展理論 270
　(一) 認知發展的社會文化歷史觀
　(二) 確認語言的認知發展功能
　(三) 提出最近發展區與鷹架理論
三、認知發展的訊息處理理論 272
　(一) 注意力隨年齡增加而改變
　(二) 記憶力隨年齡增加而加強
四、艾里克森的心理社會期發展理論 271
　(一) 艾里克森心理社會期發展論要義
　(二) 艾里克森發展理論的人生八段觀
五、柯爾伯格的道德發展階段論 277
　(一) 柯爾伯格的道德兩難問題
　(二) 柯爾伯格道德理論的三期六段觀
　(三) 柯爾伯格道德理論的貢獻與侷限

第三節 生命開始到兒童期的身心發展
一、胎兒期的發展 282
　(一) 胎兒期的身體發展
　(二) 產前環境對胎兒發展的影響
二、嬰兒期的身心發展 285
　(一) 嬰兒期的身體與動作發展
　(二) 嬰兒期的感覺與知覺發展
　(三) 嬰兒期的認知發展
　(四) 嬰兒期的社會發展
三、兒童期的身心發展 290
　(一) 兒童期的身體發展
　(二) 兒童期的心理發展

第四節 青年期到成年期的身心發展
一、青年期的身心發展 293
　(一) 青年期年限的界定
　(二) 青年期的身體發展
　(三) 青年期的認知發展
　(四) 青年期的社會發展
　(五) 青年期的道德發展
二、成年期的身心發展 297
　(一) 成年期的身體發展
　(二) 成年期的認知發展
　(三) 成年期的社會發展
　(四) 中年危機與空巢症候群

本章摘要
建議參考資料

研究個體的身心發展，是現代心理學的八大主題之一。發展心理學是理論心理學的一個分支學科，其研究目的旨在從個體身心發展的過程中，分析探討其行為與心理發展隨年齡增加而變化的原理原則，從而建立系統的發展心理學理論，作為解釋、預測或改變生長環境以利個體發展的依據。在此說明中，隨年齡增加而變化一語，在發展心理學上，具有兩點含義：其一，往昔心理學中對身心發展研究，其對象只限於兒童與青年，而現代心理學中的身心發展研究，則是擴展及於個體的一生，從產前受孕開始，一直到個體生命結束為止。因此，本章之主題定為生命全程的身心發展。其二，往昔心理學上的身心發展研究，一般對兒童身心狀態所持的假設是：兒童是具體而微的成人，從兒童到成年的歲月中，其身心變化只是從簡單到複雜量的變化與由少到多量的增加，而現代心理學中的身心發展研究，已證明早期的假設是錯誤的，經更改並確認，個體在成長的歲月中，其身心兩方面的特質，均隨年齡的增加而產生質與量雙方面的改變。換言之，人生全程中的各個階段，其身心特質各異，兒童並非具體而微的成人，不能以簡化的成人行為作根據去推論解釋兒童行為；必須先研究兒童，而後始能了解兒童。介於成人與兒童之間的青年人，其身心特徵則是，既異於成人，又異於兒童；故必先研究青年心理，而後始能解決青年問題。至於青年後的成年與老年的身心發展，因社會環境改變，老年人壽命延長，老年人身心問題增多，故而也成發展心理學研究的重要問題。

本章內容所討論者，不是發展心理學的全部，只是發展心理學中的部分主題。本章的內容主要討論以下七方面的重要問題：

1. 生命全程中身心發展的基本特徵。
2. 研究身心發展的主要方法。
3. 解釋心理發展的重要理論。
4. 產前胎兒期發展概況與孕婦保健常識。
5. 嬰幼兒期的身心發展特徵與育兒觀念。
6. 青年期的身心發展特徵及青年輔導。
7. 成年期以後的身心發展特徵及生活適應問題。

第一節　對身心發展的基本認識

根據前文所述，可知心理學上所說的發展，是指在生命全程中個體身心特徵隨年齡增長而改變的歷程。在進入討論生命全程中各年齡階段的身心發展之前，容先就人類身心發展的基本特徵與有關心理發展的基本研究方法，分別略加說明，用做以後各年齡階段身心發展討論的參照架構。

一、身心發展的基本特徵

發展心理學在研究身心發展時雖然以個體為對象，但其研究目的卻旨在從身心發展與年齡改變的關係中，探求原理原則，從而做為解釋或預測一般人身心發展現象之依據。以下四點即多年來發展心理學研究發現的最基本的特徵 (Huffman, 2005)。

(一) 連續歷程中有階段現象

個體的身心發展，在基本上是一個連續不斷的歷程，在此連續歷程中，個體在生理或心理上的一切變化，都是隨年齡增長而改變的。然而，研究身心發展的心理學家卻多半採分期分段的方式進行研究；而且所有解釋心理發展的系統理論，也都是採用分期分段的取向 (見後文)。心理學家們之所以採分期分段解釋身心發展歷程的原因，並非單純是為了研究方便，而是根據多年來研究發現有兩點階段性現象：其一，在身體發展方面，個體身體成長與年齡之間並非呈現平滑曲線的形式，而是有些器官發展較早，有些器官發展較晚；有的生理變化只在某一年齡才會出現 (如青春期性生理變化)。有的行為表現按一定順序呈階段性變化，如嬰兒的動作發展，都是遵循先會坐而後爬，先會走步而後跑跳的順序進行。其二，在心理發展方面，無論是認知發展或是社會發展，其發展過程中雖顯示個體心理隨年齡增長而益趨成熟，但從幼稚到成熟的心理發展並非只是量的增多，而更重要的是質的改變，所以不同年齡兒童在心理需求與思維方式上各不相同。正因為個體身心發展歷程中具階段性現象，所以在世界各國的教育制度中，對成年之前的教育階段，都有入學年齡與入學後按年齡編排年級的制度。

(二) 遺傳與環境的交互作用

在個體身心發展的歷程中，就個體在身心各方面顯現的特徵而言，究竟是決定於先天遺傳，抑或是決定於後天環境，此即始自哲學心理學一直爭議不休的**天性-教養爭議**(見第一章第一節)。經過多年來發展心理學家的研究，一般不再堅持上述兩極端看法，而多數主張遺傳與環境並重；認爲在發展歷程中任何時期的身心特徵，都是由遺傳與環境交互作用所形成的。

(三) 發展模式下有個別差異

在發展歷程中兼具連續性與階段性的原則下，無論是發展心理學家從事理論性研究，或是教育家將發展心理研究發現的原理原則用於學校教學，對身心發展的看法多半是採取階段性的觀點。惟發展心理學上所指的階段性，是指個體身心發展，大體上是按階段的順序進行的，而非指某同一年齡的個體必將出現同一種身心特徵。原因是個體身心發展的階段性，只可視爲發展的模式，在發展模式之下，實際上有很大的個別差異。

(四) 身心發展及於生命全程

在 20 世紀 50 年代以前的發展心理學家，一般將身心發展的研究界定在自出生後的嬰兒期開始，到二十歲以前的青年期爲止。當時如此界定發展期，主要是基於兩個原因：其一是研究資料不足，對人類身心發展眞實情況尙不能完全了解。晚近因研究資料增多，對身心發展觀點改變(詳見本章第四節)。其二是社會文化變遷，人類壽命延長，生命歷程中身心變化增多，有待研究的問題亦加多。往昔社會少有變遷，人類生活單純而壽命較短，其身心特徵容易定型。近幾十年來，一般發展中國家，平均壽命已顯著增加。以臺灣

表 8-1　生命全程發展的分期

期 次	期　　名	發　展　重　點	期　限
1	產前期 (prenatal stage)	生理發展	從受孕到出生
2	嬰兒期 (infancy)	動作、語言、社會依附	從出生到兩歲
3	兒童期 (childhood)	動作技能、語文能力、思維推理、同儕關係	3～12 歲
4	青年期 (adolescence)	認知發展、人格發展、兩性關係	13～20 歲
5	成年期 (adulthood)	職業與家庭、父母角色、社會角色	21～65 歲
6	老年期 (old age)	退休享受家居生活，自主休閒與工作	65 歲以上

地區為例，在 20 世紀初的平均壽命不到五十歲；目前已增長到七十五歲以上。在以上兩大因素影響下，**生命全程發展** (life-span development) 已成為現代發展心理學研究的共識 (Rice, 2001)。表 8-1 即一般發展心理學對全程發展的期段劃分。

二、發展心理學的研究方法

發展心理學是現代心理學領域內的一個分支學科，此一分支的特徵是專門研究個體的身心變化與其年齡的關係。在此原則之下發展心理學家在進行研究時，主要從兩方面去考慮採用研究方法。

(一) 適用於發展研究的一般方法

如果單從研究某年齡階段個體身心的特徵著眼，在選擇研究方法上，發展心理學與其他心理學科並無太大差異。只要合於研究目的，心理學上的一般研究方法，均可採用。其惟一不同之點是，研究個體身心發展時必須考慮到研究對象的年齡。以研究探求中學生社會適應與其家庭中親子關係之間的相關為例，可以採用**測驗法**，也可以採用**調查法**。但研究的對象如果改為幼稚園兒童，則只能採用描述研究中的**觀察法**。

(二) 適用於發展研究的特定方法

發展心理學的研究，其最大特點不在於搜集資料的方法，而在於以年齡變項做為主要考慮的研究設計。在發展心理學的研究中，有以下三種設計：

1. 縱貫研究 縱貫研究 (或縱向研究) (longitudinal study) 是以單一個體或同一組個體 (如同年級兒童) 為研究對象，就某方面的行為，自幼小到長大的歲月中，持續觀察測量，從而探究其年齡增長 (自變項) 與身心變化 (依變項) 兩者之間的關係。從研究目的而言，縱貫法是最適當的研究方法。因為從同一 (或同組) 個體的身心發展中，觀察其前後變化，分析其成長歷程，始能發現其前因後果的關係。因此，在理論上縱貫法是最適合於發展研究的方法。

縱貫研究有其理論上的優點與價值，但實際使用時仍有以下的缺點與限制：(1) 時間太長，研究對象難免流失；(2) 測量工具的標準難確定，用於測量兒童的工具，如以後重複用來測量成人，所得結果就很難比較；(3) 因為社會變遷，使影響個體身心發展的環境因素改變，根據一項長程縱貫研究結果，不宜作為模式去推論解釋當時社會的一般現象。

2. 橫斷研究 橫斷研究 (或橫向研究) (cross-sectional study) 是以不同年齡之個體或團體為研究對象，就某方面行為發展為主題，使用類似觀察測量工具，在同一時間內，即可獲得不同年齡組的同類資料。比較分析不同年齡組的身心發展特徵，即可據以了解，身心發展隨年齡增長而改變的大概情形。

從發展研究的目的而言，橫斷研究只具

有使用方便的優點,並不具備從研究結果可以建立發展模式的學術價值。因為,根據橫斷研究所得資料,只能分析比較不同年齡組之間的差異,而不能根據該差異遽而論斷乃是由於發展因素所致。換言之,橫斷研究所得結果不能用做因果關係推論的依據。

3. 同儕-連續研究 同儕-連續研究 (cohort-sequential study) 是一種將縱貫與橫斷兩種設計合而為一,使之兼具兩者優點而避免兩者缺點的一種研究方法。同儕-連續研究的特徵是,在研究對象選擇上,同時做兩方面的考慮:(1) 選定一段期限較短程的年齡組距,如九至十二歲四個年齡組的小學兒童,先採橫斷法同時取得各年齡組身心發展某方面 (如身高或智力) 的資料;(2)繼而對各年齡組兒童分別進行縱貫研究,連續以同樣方法,獲得此後三年內同方面的身心發展資料。最後再將由兩種方法獲得的資料合在一起分析比較,即可對九至十二歲的兒童在此三年期間身心發展的情形有所了解。由於此連續設計中包括了縱貫與橫斷兩種設計的精神,故而又稱為**橫斷-縱貫法** (cross-sectional longitudinal method)。

第二節　心理發展的重要理論

　　發展心理學的研究範圍雖廣及人類生命全程的身心發展,但在發展心理學上解釋心理發展的理論,則主要包括兩方面:一方面是解釋認知心理發展的理論,另方面是解釋社會心理發展的理論。這兩方面的發展理論,有的偏重在解釋嬰兒期與兒童期的認知發展,有的則擴大解釋生命全程的心理發展,接下去先從皮亞杰的認知發展理論討論起。

一、皮亞杰的認知發展理論

　　在認知發展這個子題之下,我們將先介紹皮亞杰的認知發展理論,然後再介紹維果茲基的認知發展理論,最後再補充晚近採認知心理學中訊息處理論觀點對認知發展的解釋。

(一) 皮亞杰認知發展階段論要義

　　認知發展 (cognitive development) 是指個體自出生後在適應環境的活動中,對事物的認識及面對問題情境時的思維方式隨年齡增長而逐漸改變的歷程。對認知發展的系統理論解釋,以瑞士心理學家皮亞

杰 (圖 8-1) 的**認知發展階段論** (stage theory of cognitive development) 最為著名。惟皮亞杰本人經常自稱其理論為**發生認識論** (genetic epistemology)；意謂他所研究的認知發展，乃是旨在為歷來爭議的**知識來源問題** (見第一章第一節) 尋求答案。皮亞杰的認知發展階段論有以下兩點要義：

1. 組織與適應 **組織** (organization) 是指個體在認識周圍事物時，能統合運用其身體與心智的能力，從而達到認知目的的一切心理歷程。例如三個月嬰兒看見一個玩具 (視覺認知)，然後用手抓取來放在口中吸吮 (身體動作)，正代表他將認識與動作組織起來獲得認知的身心活動歷程。按皮亞杰認知發展理論的解釋，個體之所以有組織能力，乃是因為他具有一種天賦的**認知結構** (cognitive structure) (如嬰兒的顏色知覺不需學習)；皮亞杰稱之為**基模** (或**圖式**) (schema)。基模是個體用以認識周圍世界的基本能力。隨個體年齡的增加，基模也益形複雜化。

適應 (adaptation) 是指個體的基模因環境的限制而自動改變的心理歷程 (注意此義與感覺適應或生活適應不同)。個體在經由適應獲取知識時，將因應環境的需要而產生兩種彼此互補的心理歷程：(1) **同化** (assimilation) 是指個體只須運用其既有基模，即可將所遇見的事物納入其認知結構中，使新知識與舊知識相融合；(2) **調適** (或**順應**) (accommodation) 是指既有基模不能直接同化新知識時，個體為了因應環境的要求，自動調整其基模，因而得以吸收新知識的心理歷程。例如，三歲幼兒可用單手拿一個小杯子喝水，如杯子太大單手不能握持時，他會自動改用雙手，這就是調適。經過同化與調適兩者的互補作用，使個體在適應環境時因環境限制適應困難導致的心理失衡，重新又恢復到平衡。

2. 各時期發展不同 對認知能力隨年齡增長而發展的現象，皮亞杰提出了超越前人的階段性看法。嬰兒期到青年期的十餘年間分為四個階段，其認知發展不但顯示出階段性特徵，而且在自幼而長的歷程中，個體的認知發展是質的改變，而非只

圖 8-1 皮亞杰

(Jean Piaget, 1896～1980) 是 20 世紀瑞士心理學家，是發生認識論的創始人，是認知發展階段論的建構者，也是 20 世紀影響全世界教育的著名心理學家之一。

是量的增加。換言之，不同年齡階段的認知發展，個體的基模功能各不相同。表 8-2 即皮亞杰認知發展分期及基模功能的簡單說明。

表 8-2　皮亞杰的認知發展分期

期　　別	年　　齡	基 模 功 能 特 徵
感覺運動期	0～2歲	1. 憑感覺與動作以發揮其基模功能 2. 由本能性的反射動作到目的性的活動 3. 對物體認識具有物體恆存性概念
前運思期	2～7歲	1. 能使用語言表達概念，但有自我中心傾向 2. 能使用符號代表實物 3. 能思維但不合邏輯，不能見及問題的全面
具體運思期	7～11歲	1. 能根據具體經驗思維以解決問題 2. 能理解可逆性的道理 3. 能理解守恆的道理
形式運思期	11歲以上	1. 能做抽象思維 2. 能按假設驗證的科學法則解決問題 3. 能按形式邏輯的法則思維並解決問題

(採自 Piaget & Inhelder, 1967)

(二) 感覺運動期的認知發展

感覺運動期 (或**感知運動階段**) (sensori-motor stage) 是指自出生到兩歲嬰兒的認知發展階段。在感覺運動期，嬰兒賴以吸收外界知識的基模，主要是視覺、聽覺、觸覺等感覺與手的動作。此等感覺與動作，最初只是簡單的反射，而後逐漸從學習中變得複雜，由身體的動作發展到心理的活動。到六個月以後，嬰兒能夠起坐與爬行，並隨之出現目的性的活動。例如，在尚不能移動身體的嬰兒身旁，鋪放一條毛巾，毛巾上放置一個玩具，他會伸手去抓取玩具。如因距離較遠抓取不到，幾次嘗試之後，他就會放棄。但對較大的嬰兒來說，他就會用手拉動毛巾，從而取到玩具，這顯示嬰兒開始運用思維方式去解決問題。

根據皮亞杰觀察所見，嬰兒到八個月之後，在認知發展上將會表現物體永存的心理特徵。**物體永存** (object permanence) 是一種概念，此種概念的特徵是，即使將眼前的物體遮蓋起來，嬰兒仍然知道它是存在的。在嬰兒早期，如用布幕將其面前的玩具遮擋住，他就放棄不再尋找，及至一歲左右的嬰兒，對滾入床下而看不見的皮球，他會繼續尋找。這表示皮球之實體雖在眼前消失，而留在他記憶中的心象，卻仍然存在 (Piaget, 1950)。

繼皮亞杰之後美國心理學家曾經重復皮亞杰的實驗，從而觀察嬰兒期物體永存概念形成的年齡 (Bower, 1972)。研究結果發現 (見圖 8-2)，在五個月之後的嬰兒即開始有了物體永存概念，但不完整；直到週歲之後才會有完整的物體永存概念。該實驗設計分六段進行：(1) 主試者在嬰兒面前出示手中的物體；(2) 主試者將物體握在手中，使嬰兒知覺到物體已消失不見；(3) 主試者將物體置於毛巾之下；(4) 主試者將手抽出並反覆讓嬰兒觀看；(5) 嬰兒用兩手檢查主試者的手，這表示嬰兒具備了物體永存概念；(6) 嬰兒檢查過後不見物體存在顯得失望，這表示他雖具備了物體永存概念，但尚不知到毛巾之下去尋找物體，這表示週歲嬰兒的物體永存概念尚欠完整 (Bower, 1972)。

(三) 前運思期的認知發展

前運思期 (或**前運算階段**) (preoperational stage) 是指二至七歲的一段時期。此一時

圖 8-2　感覺運動期的物體永存實驗

(根據 Carlson & Buskist, 2006 資料繪製)

期兒童在認識環境時雖然能將自己和別人或物體分開，但對事物判斷時並不按邏輯；只憑知覺，不憑事實，故而被稱為前運思期 (指合理思維之前的時期)。根據皮亞杰實地觀察發現 (Piaget, 1950；1970)，在二至七歲的前運思期，兒童的認知發展主要表現以下三點特徵：

1. 自我中心 　**自我中心** (egocentrism) 是指學前兒童在面對別人在場的社會情境時，只從自己的觀點看問題，不考慮別人的意見，認為別人的想法跟他是一樣的。皮亞杰用"自我中心"一詞表達前運思期兒童的思維特徵。此所謂自我中心並不帶有"自私"的意思，只是用以說明此一時期的兒童，在面對問題情境予以解釋時，只會從自己的觀點著眼，不會考慮別人的不同看法 (Piaget & Inhelder, 1967)。圖 8-3 的情境是皮亞杰用來觀察前運思期兒童自我中心心理傾向的實驗設計之一。該實驗的設計是，在桌子上放置三座小山的模型，在高低、大小、位置上，三座小山之間有明顯的差異。實驗時，先讓一個三歲的幼兒坐在一邊 (如左圖 A 邊)，然後將一個布偶娃娃放置在對面 (左圖 C 邊)。此時實驗者要幼童回答兩個問題，第一個問題是："你看到的三座山是什麼樣子？"第二個問題是："你想娃娃看見的三座山是什麼樣子？"結果發現，該幼兒採同樣的方式回答兩個問題；只會從自身所處的角度看三座山的關係 (如兩座小山在大山的背後)，不會設身處地從對面娃娃的立場 (即右圖 C 邊) 來看問題。皮亞杰採用七歲以下各年齡階段兒童為對象進行實驗，結果發現七歲以下兒童的思維方式，都脫不掉自我中心傾向。皮亞杰所設計的此項研究，稱為**三山實驗** (three-mountain experiment)。

圖 8-3　皮亞杰設計的三山實驗情境
(根據 Piaget & Inhelder, 1967 的實驗原意繪製)

2. 守恆

守恆 (conservation) 是一種概念，此種概念所代表的意義是，某物體某方面特徵，不會因其另方面特徵改變而有所改變。圖 8-4 所示情境即皮亞杰用來觀察兒童是否具有守恆概念的實驗 (Piaget & Inhelder, 1967)。先用 A 與 B 兩個大小完全相同的玻璃杯，在杯中盛入等量的果汁，並經兒童確認兩杯中果汁量完全相等。然後當著兒童的面將 B 杯果汁倒入廣口的 C 杯中。結果形成 A 杯與 C 杯的狀態。

此時前運思期的兒童都會相信 A 杯中盛著較多的果汁，原因是他只集中注意於果汁在容器中深度的改變，而忽略了容器廣度的改變，致使無法形成果汁體積守恆不變的概念。皮亞杰變化各種情境從事觀察實驗。例如，同樣數目的兩堆積木，一堆堆積在一起，另一堆分散排成一長排，前運思期兒童會相信分散排列的積木數目較多，就是未具守恆概念所致。

圖 8-4　前運思期守恆概念實驗情境

(根據 Piaget & Inhelder, 1967 的實驗原意繪製)

3. 不可逆性

不可逆性 (irreversibility) 是指前運思期的兒童，在思維時常犯的一種錯誤現象，不可逆性思維錯誤形成的原因，是他們尚不能了解有些事物的處理，是可以用正反的(可逆的)兩種方式運作的。例如，他們尚不能了解兩小杯水倒入一大杯 (或一大杯水倒入兩小杯) 之後，水的容積並未改變對此種可用相反方向處理同一問題的概念，可稱為**可逆性** (reversibility)。可逆性是合於邏輯的思維過程，是最常用到在數學運算以及所有屬於因果關係的問題。處理可逆性問題時，可以從正面去想，也可以從反面去想；可以從原因去看結果，也可以從結果去分析原因。

(四) 具體運思期的認知發展

具體運思期 (或**具體運算階段**) (concrete operational stage) 是七歲至十一歲兒童認知

發展階段。此一時期兒童思維的主要特徵是，他能在面對問題時，循邏輯法則推理思維，但此種推理思維能力只限於眼前所見的具體情境或熟悉的經驗。根據皮亞杰的研究發現，具體運思期的兒童顯示以下兩點心理特徵：

1. 分類 **分類**(或**分組**)(classification)是一種概念，意指對事物認知時，能按事物的**屬性**予以類別處理的心理歷程。具體運思期兒童具備了分類的能力，惟只能按事物的具體屬性分類(如按大小、顏色、形狀等)，尚不能做抽象分類(如按動植物特徵分類)。分類時有主類次類之別；(如家具是主類而沙發、茶几、餐桌等是次類)；主類中包含次類，但次類不能包含主類。此種心理運作稱為**類包含**(class inclusion)。如以五朵白花與三朵紅花擺在兒童面前並問他："紅花多還是白花多？"對學前兒童來說，都能正確地回答。但如接著再問他："白花多還是花多？"學前兒童多半不能正確回答。原因是前運思期的兒童尚缺乏分類概念中類包含的能力。

2. 序列化 **序列化**(seriation)是一種概念，意指按事物某種屬性(如長短、大小、輕重等)予以序列安排的認知能力。兒童的認知發展達到序列概念的水準時，不但能按事物的屬性做序列安排，也會處理序列中個別事物之間前後的關係；只要他知道張三比李四高，李四又比王五高，他就會推理知道張三比王五高。皮亞杰稱此種簡單推理思維方式為**轉換推理**(transductive reasoning)。

(五) 形式運思期的認知發展

形式運思期(或**形式運算階段**)(formal operational stage)是指十一歲以上青少年認知發展的階段。根據皮亞杰的認知發展理論，認知發展達到形式運思期的水準，就代表個體的思維能力已發展到了成熟階段；以後再增加者只是他從生活經驗中增多知識，而不會再提升他的思維方式。認知發展臻於形式運思期的青少年，在思維方式上已具有了假設演繹推理的能力。

假設演繹推理(hypothetico-deductive reasoning)是邏輯思維的基本形式之一(見第七章第二節)。此種推理思維的特點是，面對問題情境先提出一系列的假設，然後根據假設進行演繹推理，通過驗證，從而得到正確答案。瑞士心理學家皮亞杰曾經以擺動吊錘做為實驗，要求受試者解答在吊繩長短、吊錘重量、推動力量三種主要條件變化中，找出何者是決定錘擺速度的因素(見圖 8-5)。實驗結果發現，只有認知發展達到形式運思期水準的學生，才會按照類似以下假設演繹推理方式尋求答案：先假設決定擺速的因素為錘重，然後保持另二因素不變而只變化錘的重量以驗證之；也可先假設繩長為決定因素，然後保持另二因素不變只變化繩長以驗證之(正確答案)。如此系統進行，終可得到正確答案(Inhelder & Piaget, 1958)。

圖 8-5　吊錘擺速實驗

在吊繩長短、吊錘重量與推動力量三因素中，只有吊繩長短才是決定擺速的因素。

(採自 Inhelder & Piaget, 1958)

(六) 皮亞杰理論的評價與新皮亞杰主義

在 20 世紀 90 年代以前，皮亞杰所提出認知發展階段論，對認知發展的理論與方法，具有重大的貢獻；尤其他所採取兒童心智發展是質的改變而非量的增加的觀點，更是對素來心理科學研究重量不重質的傳統，做了一項深具影響的改變。惟皮亞杰的認知發展理論到 90 年代以後，有些美國認知心理學家以皮亞杰認知發展階段論為基礎，經重新驗證後，又復提出修正的認知發展心理學的新主張，是為**新皮亞杰主義** (Neo-Piagetian)。新皮亞杰主義並非單一理論體系，而且各家意見也不盡相同，其唯一相似之處是他們採較嚴謹的方法，選取較具代表性的**樣本**，重新驗證皮亞杰的研究。總括他們的意見，大致可歸納為以下三點：(1) 他們在基本態度上並不否定皮亞杰理論中所提倡的**基模、適應、調適、同化**等心理運作吸收新知識的概念，也不反對皮亞杰將認知發展分為四階段的做法；他們所提出者是經研究發現而對皮亞杰理論的修正。(2) 他們認為皮亞杰的認知發展理論，低估了兒童的思維能力。皮亞杰認知發展階段論中指出，感覺運動期的嬰兒到八個月後才會有物體永存概念，但他們研究發現五個月的嬰兒即具有此種能力 (Colombo & Richman, 2002)。例如，另有心理學家以五個月嬰兒為受試,讓他在燈光下用手觸摸一個電動玩具。等他喜歡該玩具並一再觸摸時即將電燈關掉,並將嬰兒的手與玩具一併移開。此時觀察嬰兒手的動作發現,嬰兒嘗試伸手到原來的地方去探索玩具。這表示嬰兒記得消失的玩具,保存著對物體的記憶,也就是已具備了物體永存概念 (Hood & Wilats, 1986)。(3) 他們認為皮亞杰高估了青少年期認知思維能力;因為有些十一歲以上青少年甚至成年人,在思維能力上猶未達到形式運思期的程度。因此,他們認為從生命全程發展的觀點看,皮亞杰的四階段理論,不能涵蓋人類認知發展的全部歷程;他們研究發現,成年人在日常生活中遇到缺乏固定答案的問題時 (如求職、擇婚、投資等),其思維過程並非經過形式邏輯的歷程去尋求唯一的正確答案,而是改採**辯證思維** (dialectical thinking) 的歷程,從問題的正反兩面去分析研判,權衡利害得失之後,選出較好的答案。因此他們主張,在形式運思期之後增加第五個階段,並以**後形式思維** (postformal thinking) 作為第五階段成年人思維的特徵 (Case, 1992)。

二、維果茨基的認知發展理論

與瑞士心理學家皮亞杰同時,但理論觀點不相同的是前蘇聯心理學家維果茨基 (圖 8-6),在 20 世紀 30 年代提出的**認知發展社會文化論** (sociocultural theory of cognitive development)。維果茨基在認知

圖 8-6 維果茨基

(Lev Semenovich Vygotsky, 1896~1934) 是 20 世紀初前蘇聯心理學家和教育家,也是社會文化歷史學派的創始人。

發展心理學上的貢獻主要在於以下三方面 (Vygotsky, 1978)。

(一) 認知發展的社會文化歷史觀

在心理學思想上,維果茨基的思想與西方心理學家不同之處,主要在於他 1930~1931 年出版之《心智與社會:高級心理功能的發展》一書中,是採取了社會文化的觀點解釋人類的認知發展。他將人類的心理功能分為**基本心理功能** (elementary mental function) 和**高級心理功能** (higher mental function) 兩類,前者為人類與動物所共有,主要包括感覺、知覺、辨別、記憶、求偶、求食、逃生、禦敵等;後者為人類所獨有,主要包括語言、思維、邏輯

推理、解決問題以及工具製作與使用等。個體基本心理功能之獲得,是生物進化的結果,而人類高級心理功能的形成則是社會文化歷史發展的結果。因此他認為,認知發展就是從基本心理功能轉化到高級心理功能的過程。研究兒童認知發展問題時,不能忽略兩點認識:其一是人類社會文化隨歷史發展而演變,在不同時代成長的兒童,其認知發展將不盡相同。其二是人類的社會文化有很大的個別差異,在同時代而不同文化型態下成長的兒童,其認知發展歷程亦將有所差異。

(二) 確認語言的認知發展功能

維果茨基死後不久出版的遺著《思想與語言》一書中指出,語言對認知發展具有兩大功能:其一是在文化承傳中,成人將生活經驗和解決問題的思維方法,經由語言傳遞給兒童;其二是兒童以學得的語言為工具,用於適應環境和解決問題,從而促進以後的認知發展。基於此義,維果茨基認為,語言與思維的關係是前者為因,後者為果;即語言具有促進兒童認知發展的功能。對兒童語言的發展,維果茨基不同意皮亞杰解釋前運思期時所採**自我中心言語** (egocentric speech) 觀點。根據皮亞杰的說法,學前兒童的自我中心言語只是代表兒童對事物認知思維的一種表達方式,與其認知發展並無必然關係;等他發展到**具體運思期**之後,自我中心言語即自行消失。維果茨基則認為,學前兒童的自我中心言語,是調和其思想與行動從而促進其

認知發展的重要因素。他曾設計一項實驗,情境是故意使兒童在繪畫時遭遇困難 (如缺少足夠的紙筆材料),藉以觀察兒童的反應。他發現兒童在有目的的活動中遭遇困難時,其自言自語式的反應就會增加 (Vygotsky, 1962)。這現象顯示的意義是,兒童藉其自我中心言語幫助自己思維,以謀解決困難。因此,維果茨基認為兒童的自我中心言語,事實上並非完全是"自我中心",而是具有"自己對自己溝通"的意義。

(三) 提出最近發展區與鷹架理論

在教育心理學方面,維果茨基思想影響最大的是他在 1930～31 年出版的《心智與社會》一書中提出的最近發展區觀念。所謂**最近發展區** (zone of proximal development),是指從兒童實際認知發展水準 (實際能力) 到他可能認知發展水準 (潛在能力) 之間的差距。某一兒童的實際發展水準,可由他獨自思維操作解決問題時所表現的成就來評定 (如已學會個位數相加不進位)。某一兒童的可能認知發展水準,並非指他此時此地所表現的實際能力,而是指在教師或其他兒童適當協助之下他可能達到的成就 (如幫助他學習個位數相加進位變成十位數)。是故,實際發展區的上限代表兒童認知發展的實力,最近發展區的上限代表兒童認知發展的最大潛力。維果茨基認為,無論是從事兒童認知發展研究,或是教兒童學習知識,均不宜只重視兒童的實際發展區,而應特別重

視他的最近發展區。由於他相信文化與教育具有促進認知發展的功能,因此他主張學校應將教師協助學生在學得實際能力之外,更以發展他的潛在能力視為教學的目的 (Vygotsky, 1978)。維果茨基將教師的協助解釋為**鷹架** (scaffolding),意謂適時協助學生學習,正如工人搭鷹架爬高做工一樣,具有提升學生學習能力的作用。維果茨基提出的由成人搭鷹架、學生自行爬鷹架求知,從而提升其學習能力的論點,其基本精神較諸皮亞杰所提倡的認知發展生物科學觀,更具有較積極的教育價值。

三、認知發展的訊息處理理論

自從 20 世紀 70 年代認知心理學的**訊息處理論**興起之後,發展心理學家即開始採用訊息處理論的觀點解釋認知發展。根據第六章內容的討論,訊息處理論可概括陳述為兩點要義:(1) 訊息處理是採用記憶來解釋學習的,而對記憶過程則分為**感覺記憶**、**短期記憶**、**長期記憶**三個階段;(2) 對不同記憶階段間的連接關係,則採用電腦科學中**編碼**、**輸入**、**儲存**、**提取**、**解碼**、**輸出**等概念來解釋。前文已討論過皮亞杰與維果茨基的認知發展理論,接下來即簡單說明訊息理論對認知發展的理論解釋。訊息處理論對認知發展解釋時,改變了以往只限於對成年人如何吸收知識的傳統,企圖對個體自嬰兒到成年的一生認知發展。現代心理學中的**認知發展處理論** (information-processing theory of cognitive development),最主要的是探討以下兩個主題:

(一) 注意力隨年齡增加而改變

注意 (attention) 是指個體面對多個刺激時予以選擇性覺知的心理歷程。出生後不久的嬰兒,只要感官正常,就會對周圍環境中的刺激開始注意,只是注意的時間短暫,而且容易分心。心理學家觀察發現,出生後六個月的嬰兒,即能以擺頭的動作注意側面來的聲音 (Bundy, 1980);甚至出生不久的嬰兒,如在吃奶時聽到母親的聲音,其吸吮的動作就會加重 (Decasper & Fifer, 1980)。兩歲的幼兒看電視時,多不能集中注意,如果當時手中握有洋娃娃,可能他與洋娃娃對話的時間,反比注意電視畫面的時間為長 (Huffman, 2005)。

(二) 記憶力隨年齡增加而加強

前已述及注意力只能將接受到的刺激納入訊息處理歷程之中,但未必就能記憶不忘。因此,注意之後的訊息,必須繼續予以處理才會進入短期記憶和長期記憶。討論皮亞杰的認知發展理論時,曾提到嬰兒出生後八個月才開始具有**物體永存**概念,此物體永存的心理現象,說明了幼兒的長期記憶能力,到八個月左右才能夠發展成熟。曾有心理學家研究發現,兩歲兒童只能立即隨口復誦兩位數字,至十歲左右,一般兒童就能立即隨口復誦六位數字,因此,要小學中年級兒童立即記下一個八位數字的電話號碼是有困難的。在三階段記憶歷程中,短期記憶是最主要階段,因為要經過短期的**運作記憶**與**意元集組**兩種心理能力。根據心理學家研究發現,到兒童期過後的青年期,才會真正具有這兩種能力 (Hoyne, et al., 2000)。

四、艾里克森的心理社會期發展理論

從心理發展的觀點探討社會行為隨年齡增長而改變的理論中,最有系統而且影響最大者,首推美國**新弗洛伊德主義**心理學家艾里克森(圖 8-7)在 20 世紀 60 年代提出的**心理社會期發展論** (psychosocial stage theory of development)。以下兩點即艾里克森心理社會期的簡要說明。

(一) 艾里克森心理社會期發展論要義

艾里克森的心理社會期發展論在立論基礎上是以**自我**為中心思想的。個體出生後與社會環境接觸互動而成長,在個體與社會環境的互動中,一方面由於他自我成長的需求,希望從環境中(特別是在人際關係上)獲得滿足,另方面又不得不受到社會的要求(要求他必須遵守社會規範)與限制(限制他不可率性而為),使他在社會適應上產生一種心理上的困擾,艾里克森稱此種心理困擾為**發展危機** (developmental crisis)。惟發展危機一詞並不表示只有負面的意義;相反地,對個體自我成長而言,發展危機也具有正面促動作用。因為個體受到危機感的壓力,他必須學習如何調適自我,以期符合社會對他的要求;自

圖 8-7 艾里克森

(Erik Homburger Erikson, 1902~1994) 是 20 世紀在德國出生的美國心理學家,是新弗洛伊德主義代表之一,是心理社會期發展論的創始人,是弗洛伊德之後對人格理論貢獻最大的人,也是 20 世紀最具權威的青年心理學家。

我調適之後,使危機得以化解,就等於個體的自我獲得了進一步的成長,也表示個體的人格獲得了進一步的發展。因此,對成長中的個體而言,此一發展危機是正常現象,故而又稱**常性危機** (normative crisis) (Erikson, 1950)。

(二) 艾里克森發展理論的人生八段觀

按艾里克森的心理社會期發展論,謂個體的自我發展,並非在一生中經過同樣的心理歷程,而是在不同的年齡階段產生不同性質的心理危機。亦即在不同年齡階段會遇到不同性質的社會適應問題,有賴個

體自行學習，在經驗中調適自我，從而化解因困難問題而形成的危機。前一階段的危機得以化解之後，始能順利發展至第二階段。艾里克森將人生全程按危機性質的不同，分為八個時期（見表 8-3）。他對社會發展八個時期的看法，說明了個體自幼稚到成熟的自我成長歷程，也說明了健康的人格是經由什麼樣的歷程形成的。在社會發展歷程中，個體在不同時期學習適應不同的困難，化解不同的危機，而後逐期上升，終而完成他整體性的自我。

從表 8-3 的內容看，艾里克森將各時期的自我發展，都採用兩極對立的觀念來表示不同時期的發展危機。惟兩個相對觀念所顯示者，只是個體在社會要求下所處的一種兩難困境；困境的化解與否，正是他以後能否順利發展的關鍵。因此，發展危機也就是發展轉機；沒有發展轉機，個體的自我就無從獲得充分的發展。只是在從發展危機轉變為發展轉機時，將因個體能

表 8-3　艾里克森理論的心理社會期

期別	年齡	發展危機	發展順利者的心理特徵	發展障礙者的心理特徵
1	0～1 歲	信任對不信任	對人信任，有安全感	面對新環境時會焦慮不安
2	1～3 歲	自主獨立對羞怯懷疑	能按社會要求表現目的性行為	缺乏信心，行動畏首畏尾
3	3～6 歲	主動對愧疚	主動好奇，行動有方向，開始有責任感	畏懼退縮，缺少自我價值感
4	6～青春期	勤奮對自卑	具有求學、做事、待人、接物的基本能力	缺乏生活基本能力，充滿失敗感
5	20～30 歲 青年期	統合對角色混亂	有了明確的自我觀念與自我追尋的方向	生活無目的無方向，時而感到徬徨迷失
6	30～45 歲 成年期	親密對孤獨	與人相處有親密感	與社會疏離，時感寂寞孤獨
7	45～65 歲 中年期	愛心關懷對頹廢遲滯	熱愛家庭關懷社會，有責任心有義務感	不關心別人與社會，生活缺少意義
8	65 歲以上 老年期	完美無瑕對悲觀沮喪	隨心所欲，安享餘年	悔恨舊事，孤獨淒涼

(採自 Erikson, 1963)

力經驗條件之不同而異；有的可能將危機化解趨向正極方向發展，有的可能因危機不能化解而趨向負極方向發展。不過，無論後果如何，對一般人而言，兩極的取向並不是"非此即彼"的。多數人在每一時期因對危機化解程度的不同，其自我發展狀態將處於兩極之間；較接近正向一端者，即可視為發展順利，較接近負向一端者，即可視為發展障礙。表 8-3 所列，只是艾里克森心理社會期理論中各時期的簡單表述，接下去再進一步對各時期的心理特徵詳細說明 (Erikson, 1963)。

1. 信任對不信任 (trust versus mistrust)

個體出生後所面臨的第一個危機，是起於週歲前對人的信任或是不信任的選擇。在週歲前的嬰兒階段，個體完全處於無助狀態，其生活上的一切需求，完全依賴成人照顧，始能獲得需求的滿足。從需求與滿足的過程中，嬰兒與成人之間開始了人際關係。如果嬰兒在飲食、安全、關愛等各方面的需求都得到滿足，他就自然會對使他需求滿足的人感到信任。反之，如果成人對嬰兒的需求不能使之滿足，或對嬰兒的保育方法不適當，嬰兒就會把他的週圍視為恐怖的世界，對人自然也就不會信任。嬰兒對人信任或不信任的態度，將由對父母而擴展到對其他人。因此，個體自嬰兒期起與父母之間所建立的以信任為基礎的社會關係，將是他以後與其他人建立良好社會關係的人格基礎。

2. 自主獨立對羞怯懷疑 (autonomy versus shame and doubt) 指一歲至三歲之間，個體所處的危機關鍵是自主獨立對羞怯懷疑。艾里克森認為，在此一關鍵時期，個體面臨的挑戰是能否適時學到最低限度的照顧自己的能力。諸如吃飯、穿衣、大小便等基本生活能力，都是在一歲至三歲階段養成的。在此一階段的幼兒，不但對周圍的事物好奇，感到興趣，而且對自己的活動也都喜歡自己動手，不要求成人給予幫助。如果為父母者在安全無慮的情況下，讓幼兒自主獨立地完成他照顧自己生活的事 (如自己吃飯、喝水、穿衣、大小便等)，如完成的過程中遇有困難，則適時給予協助，並於完成後給予鼓勵，幼兒自將由此學到獨立自主，遇事不依賴別人。反之，如父母過份限制孩子活動，或是出於溺愛，或是出於苛求，為父母者不是替孩子的生活包辦一切，不給予獨立自主學習的機會，就是動輒得咎，稍有差錯 (如打翻了杯子或夜裡尿床) 即施以懲罰，使孩子學得見人感到羞怯，遇事喪失信心，對自己的能力充滿懷疑。在幼兒期，這兩種相對的人格傾向，很有可能是在此一階段因父母管教的差異而養成的。無論幼兒在此時期所養成的人格傾向如何，均將影響他以後人格發展的是否順利。

3. 主動對愧疚 (initiative versus guilt) 三歲至六歲的學前階段，是艾里克森理論中所指的第三個關鍵期。此一時期的危機是在於自動自發與退縮愧疚兩極間的衝突。學前階段的兒童，語言發展已相當成熟，與人溝通時喜歡說也喜歡問。對自己、對別人以及對周圍環境中的事物，在在都表示好奇，而且喜歡表現，喜歡在別人面前顯示自己。此時的兒童有了性別的意識，也認識到成人社會中男女兩性角色的不同。因此在自我觀念上已開始向他所喜歡的人去模仿認同。在行為表現上常常是有目的的討好父母，希望藉此得到對方的支持。此時期的兒童喜歡身心各方面的活動，尤其是愛好團體遊戲。艾里克森稱此一時期為**遊戲年齡** (play age)。兒童在團體遊戲中可以學到團體規範，也可以學到各種角色所負的責任。在教育上，此一時期的兒童，有的進托兒所，有的進幼稚園，接受類似正規的教育訓練。惟從艾里克森心理社會期發展理論的觀點言，幼稚教育在實施上應以遊戲為主。從遊戲中發展兒童的感官，激發兒童的心智，培養兒童的社會能力。若能在較自然的情境中，給予兒童自動自發的活動機會，他將會養成自動自發的性格。反之，如在家庭教育或幼稚教育上刻意設計教學活動，提前教導兒童學習知識(如讀、寫、算)或才藝(如繪畫、彈琴)，將兒童提前置於不成功便失敗的壓力下，其後果極可能不僅是"揠苗助長"無濟反傷，甚至在人格發展上，養成他以後遇事退縮與事後愧疚的個性。

4. 勤奮對自卑 (industry versus inferiority)　六歲至青春期是艾里克森理論中所指的第四個關鍵期。此一時期的危機在於勤奮進取與自貶自卑兩極間衝突的化解。此一時期正值小學教育階段六年，也正是正規教育的第一階段。兒童們接受學校教育，在生活上受到團體規範的約束，在知識學習上受到及格標準的限制，在精神上受到成就感與失敗感的壓力，此類壓力是無法完全避免的。同時，學校教育實施班級教學，在團體中個體之間勝負之爭也是免不了的。按艾里克森的解釋，如果小學兒童在求學過程中，所經驗到的是成功多於失敗，他將因而養成勤奮進取的性格，敢於面對困難情境的挑戰，以後繼續追求成功。反之，如果求學過程中所經驗到的是失敗多於成功，甚至於只有失敗沒有成功，則將難免養成自卑的性格，不敢面對生活中現實的困難。在小學階段如果在自我發展上偏向於負極的一端，就等於此一階段的危機未得化解。未能化解的危機勢將產生不良影響，甚至阻礙他以後的人格發展。

5. 統合對角色混亂 (identity versus role confusion)　艾里克森理論中的第五個時期，正是青年期接受中等教育或選擇就業的一個年齡階段。艾里克森認為，此一時期是人生全程八階段中最為重要的時期，可以說是人格發展歷程中多個關鍵中的關鍵。因此，青年期所面對的危機情境也較其他時期為嚴重。青年期的危機主要產生在自我統合與角色混亂兩極之間。所謂**自我統合** (self identity) 是指個體嘗試把與自己有關的多個層面統合起來，形成一個自己覺得協調一致的自我整體。此一心理過程，稱為**統合形成** (identity formation)。按艾里克森的解釋，對青年期的自我成長而言，統合形成是一種挑戰，無論對求學或就業的青年來說，都是很困難的。正因為自我統合不易，所以很多青年人不能化解此一時期的發展危機。是故，此一時期的發展危機，艾里克森特別名之為**統合危機** (identity crisis) (Erikson, 1968)。如果此一時期的統合危機得不到化解，當事者將難免傾向**角色混亂** (role confusion) 的一端，以致阻礙其以後的發展。

6. 親密對孤獨 (intimacy versus isolation) 是艾里克森理論中的第六個時期，親密對孤獨代表二十至三十歲階段的自我發展危機。如此時期與人建立良好的友情和愛情關係，甚至成家立業，在自我發展上自會感到滿足；如不能與人建立親密關係，就難免感到孤獨無依。此時期的發展危機不能適時化解，勢必不利於以後的發展。

7. 愛心關懷對頹廢遲滯 (generativity versus stagnation) 是艾里克森理論中第七個時期，也是中年人的發展危機。中年期的自我發展危機在於家庭與事業的成敗，如家庭美滿事業成功，就會表現愛心與關懷，但如家庭事業二者均無成就，即難免頹廢遲滯，感到生命缺少意義。如此時期的危機不能適時化解，勢必對以後的發展極為不利。

8. 完美無瑕對悲觀沮喪 (integrity versus despair) 是艾里克森理論的第八個時期，也是老年人的發展危機。老年期的自我發展危機在於一生經驗的累積。如回首前塵，自以為心安理得，即可隨心所欲，安享餘年，如若悔恨舊事，徒呼負負，則難免使其孤寂無趣，晚景淒涼。

艾里克森的心理社會期發展論是發展心理學領域內最完整而且也最受重視的理論。20世紀60年代提出後的40多年來，一般心理學家對此項理論的批判是肯定多於否定，少數心理學家對此項理論的批評是指其缺少普遍性，只能用來推論解釋西方歐美文化下成長的個體，而不能用來推論解釋其他地區不同文化下成長的個體。例如，一向重視家庭人際關係的中國人和日本人，代與代之間的成長過程可能就不是如此 (Matsumoto, 2000)。

五、柯爾伯格的道德發展階段論

道德 (morality) 一詞在心理學上的涵義是，個體用以判斷行為之是非善惡並作為反省個人修養的標準。在心理學上以兒童為對象從事道德發展研究者，始自20世紀40年代的皮亞傑。皮亞傑採用說故事的方式與兒童討論故事中兒童行為對錯的問題 (如甲童打破二個杯子，乙童打破三個杯子，誰的過失較大？)。結果發現，在五歲以前的兒童，對行為的表現尚不能做對錯的判斷。五歲以上兒童道德的發展，大致分為兩個階段 (Piaget,

1932)：(1) 五至十歲兒童對是非判斷所採的標準是**道德現實主義**(或**道德實在論**) (moral realism)，指此一年齡階段的兒童作是非判斷時，是以成年人所定規範為標準的，故而也稱**他律道德期** (heteronomous morality stage)；(2) 十歲以上兒童對是非判斷所採的標準是**道德相對主義** (moral relativism)，指此一年齡階段的兒童對是非判斷的標準，除了考慮社會規範之外，也考慮到規範未必是絕對的，規範的訂定必須合理。此時期兒童的道德判斷有了自主性，故而也稱**自律道德期**(或**自主道德階段**) (autonomous morality stage)。

圖 8-8 柯爾伯格

(Lawrence Kohlberg, 1927～1987) 是 20 世紀美國心理學家，是道德發展心理學系統理論的建構者，他的理論與方法對以後道德心理學的研究產生了先導性的影響。

美國心理學家柯爾伯格 (圖 8-8) 的道德發展理論，原則上採取了皮亞杰理論的精神，在 1963 年提出**道德發展階段論** (stage theory of moral development)，將道德發展解釋為三個時期，而每一時期又各自包括兩個階段 (Kohlberg, 1969)。柯爾伯格也採用說故事的方式，與兒童討論故事中人物在行為表現上之對錯的問題。在評定兒童道德發展水準時，柯爾伯格採取了**習俗** (conventionality) 的觀念；習俗是社會上眾所公認的行為標準，合於習俗的行為，就是符合道德的基本條件。表 8-4 即柯爾伯格道德理論中三期六段的簡單表示。

在進一步解釋表 8-4 的內容之前，我們先看看柯爾伯格如何實地觀察研究，以搜集道德判斷資料並予以按年齡分期，從而確定各階段道德發展的程度。

(一) 柯爾伯格的道德兩難問題

柯爾伯格理論中對道德發展程度的分期分段，是根據他所設計的**道德兩難** (moral dilemma) 問題，用以測驗不同年齡受試所得結果。以下的虛構故事，就是柯爾伯格當年所設計的道德兩難問題情境的例子。

在歐洲某地方，有一個婦人海太太，患了一種特別癌症，病情嚴重，生命危在旦夕。經醫師診斷，只有一種藥物可治，而該藥只能在鎮上某家藥房買到。因為是獨家生意，藥房老闆就把原價四百美元的藥物，提高十倍，索價四千。海先生因太太久病，已用盡所有積蓄，四處求親告友，也只能湊到半數。海先生懇求老闆仁慈為懷，讓他先付半數取藥，餘款留下字據，俟後補足。老闆不為所動，堅持一次付現。海先生絕望離去，就在當天夜裏，他破窗潛入藥房，偷走了藥物，及時挽救妻子一命。你認為海先生這種做法對不對？(Kohlberg, 1963)

顯然，以上這個故事所引出的問題，是沒有單一正確答案的；從不同的觀點將有不同的答案。柯爾伯格之所以採用此種兩難問題，其本意並不在於測驗受試回答得對或不對，而是在於了解受試者回答時所採取的不同觀點。由受試者回答的方式及其對自己所作回答的解釋，從而認定受試者道德發展的程度。對海先生偷藥救妻的故事，可以從三個不同的觀點來判斷海先生偷藥行為的對與錯。如果單純從"偷人家的東西"或"破壞人家的窗戶"的觀點看，海先生是錯的。如果單純從"救人性命重於一切"的觀點看，海先生的做法是對的。如果單純從"藥商沒有同情心"的觀點看，海先生的作法也可能被視為是對的。柯爾伯格就是根據受試者對類似道德兩難問題的回答與解釋，轉化為分數，然後按分數由低而高以年齡為準，劃分為如表 8-4 所示的三期六階段，用以表示人類道德的發展。

表 8-4　柯爾伯格道德發展理論中的三期與六階段

期　別		發展階段		心理特徵
一	前習俗道德期 (10 歲以下)	1	避罰服從取向	只從表面看行為後果的好壞；盲目服從權威，旨在逃避懲罰。
		2	相對功利取向	只按行為後果是否帶來需求的滿足，以判斷行為的好壞。
二	習俗道德期 (10～20 歲)	3	尋求認可取向	尋求別人認可，凡是成人讚賞的，自己就認為是對的。
		4	遵守法規取向	遵守社會規範，認定規範中所定的事項是不能改變的。
三	後習俗道德期 (20 歲以上)	5	社會法制取向	了解行為規範是為了維持社會秩序經大眾同意所建立的，若經大眾共識社會規範亦可加以改變。
		6	普遍倫理取向	道德判斷係以個人的倫理觀念為基礎；個人的倫理觀念用於判斷是非時，具有一致性與普遍性。

(採自 Kohlberg, 1969)

(二) 柯爾伯格道德理論的三期六段觀

柯爾伯格道德發展三個時期的劃分，是以**習俗** (convention) 為標準的。習俗指社會習俗，而社會上所有的習俗，都是經由社會大眾認可共識而後形成的；習俗所代表者是社會規範，合於社會規範的行為就是道德行為。接下去即對柯爾伯格的三期六階段理論進一步說明。

1. 前習俗道德期 (或前習俗道德水平) (preconventional level of morality) 九歲以下的兒童，當他面對道德兩難情境從事道德推理判斷時，尚帶有自我中心傾向，缺乏是非善惡觀念；凡事必先考慮行為的後果是否能滿足自己的需求，不能兼顧行為後果是否符合社會習俗或社會規範的問題。此一時期之內，又按道德發展程度的高低分為兩個階段：

第一階段：**避罰服從取向** (punishment-obedience orientation)：避罰服從取向是人類道德發展的最低程度。屬於此階段者，對某種行為表現是對或錯的判斷，不從行為本身著眼，而從行為帶來的後果著眼。因此，兒童之所以服從，並不表示他確實知道他應該遵守的社會規範，而只表示他惟恐受到懲罰才服從。所以在前述丈夫偷藥救妻的故事中，屬於此一階段的受試者，一般兒童認為海先生偷藥的行為是不對的；因為他偷了人家的東西就應該受到懲罰。

第二階段：**相對功利取向** (instrumental-relative orientation)：相對功利取向是一種利益交換的心態，服從的目的是在得到回報。道德發展達到此一階段程度的受試者，對丈夫偷藥救妻一事的看法，會認為海先生應該是對的，因為偷藥才能救他妻子一命，才會使自己不再痛苦。

2. 習俗道德期 (或習俗道德水平) (conventional level of morality) 九歲以上一直到成人，面對道德兩難的情境時，一般都是遵從世俗或社會規範，從事道德推理判斷。在家庭符合父母期望，在學校遵守校規，在社會遵守法紀的人，他們的道德發展都是達到習俗道德發展程度。此一時期之內，又按道德程度的高低分為兩個階段，分別代表受試者的兩種心理取向。

第三階段：**尋求認可取向** (或乖孩子取向 (good boy/nice girl orientation)：尋求認可取向是一種**社會從眾** (social conformity) 的心態，社會大眾認可的就是對的，社會大眾反對的就是錯的。此取向是從在家順從父母管教養成的，以後擴大到社會的人際關係。一般認為幫助別人使別人快樂的行為，就是良好行為。道德發展達到此一階段的受試者，對丈夫偷藥救妻的看法，就會認為海先生的做法是對的。因為做一個好丈夫就應該盡力保護他的妻子。如果他不這樣做，既無錢買藥，又不敢冒險去偷，結果妻子死了，別人都會罵他見死不救，沒有良心。

第四階段：**遵守法規取向** (law and order orientation)：遵守法規取向是一種信守法

律權威重視社會秩序的心理取向。道德發展達到此一程度的人，在心理上認同自己的角色，在行為上有責任心，有義務感。道德發展達到此一程度的受試者，對丈夫偷藥救妻一事的看法，就會認為海先生的做法是錯的。因為偷竊行為是違法的，無論海先生的理由如何，法律必須遵守，否則社會秩序就會紊亂。

3. 後習俗道德期 (或**後習俗道德水平**) (postconventional level of morality) 後習俗道德期，是指當個人面對攸關道德的情境時，可本諸自己的良心及個人的價值觀從事是非善惡的判斷，而未必完全受傳統習俗或社會規範所限制。此一時期之內，又按道德發展程度分為兩個階段。

第五階段：**社會法制取向** (social contract legalistic orientation)：社會法制取向的道德觀，是以合於社會大眾權益所訂定法規為基礎做為道德判斷的標準。道德發展達到此一階段的受試者，對丈夫偷藥救妻一事的看法，就會認為海先生的做法是對的。因為社會一向強調生命重要，垂死者要求得到醫藥的權利，重於藥商謀利的權利。兩者權衡比較，海先生在無路可走的情形下，其偷竊行為縱然違法，也是符合道德意義的。

第六階段：**普遍倫理取向** (universal-ethical-principle orientation)：普遍倫理取向的道德觀，是個人根據他的人生觀與價值觀，建立了他對道德事件判斷時的一致性與普遍性的信念。此種信念是抽象性的，是哲學性的。個人信念的形成乃出於良心，信念的基礎是眾所共識的人性尊嚴、真理、正義與人權。道德發展達到此一程度的人，對丈夫偷藥一事的看法，就會認為海先生的做法是對的。因為維護別人生命的行為，其價值超乎所有其他道德之上。生命權是天賦的，是人人平等的，海太太的生命權不容許任何人剝奪。因此，藥商不但不應該違背良心牟取暴利，反而應該同情海先生，對海先生偷藥和破壞窗戶的事，不予追究。

(三) 柯爾伯格道德理論的貢獻與侷限

由於柯爾伯格的道德發展理論是經過長時間實地調查研究所建構的，故而普遍受到心理學界的重視；並且在他的理論提出之後，引起了眾多心理學家重複他的研究，企圖評估其理論的驗證性與普遍性。綜合多年來各家研究的結果，大致可以歸納為以下兩方面：一方面是有些研究結果，原則上支持柯爾伯格的觀點，只是在普遍性的推論上，該理論的應用受到限制。例如，美國心理學家斯納瑞搜集了四十五項相關研究，綜合分析得到的結果是，在基本上多數支持柯爾伯格的論點；只是在推論解釋美國文化之外的受試者的反應時，受到相當限制 (Snarey, 1985)。另一方面是有些研究結果，不支持柯爾伯格的理論；因而對該項理論提出批評。綜合各家批評及後續研究結果，可歸納為以下兩點：其一，柯爾伯格研究選取的樣本太小，缺乏道德判斷的代表性，柯爾伯格只選取美國白人中產階級的十三至十六歲青少年七十二人為樣本,所得結果自然很難推論解釋其他不同文化或其他年齡階段人的道德行為。其二,柯爾伯格選取樣本中只有男性,沒有女性,男女兩性在道德判斷態度上未必相同。美國心理學家季麗淦,也是柯爾伯格的弟子,對柯爾伯格只憑男性道德心理所建構的理論,提出了批評,在其 1982 年出版的《另一種聲音》一書中,指出男女兩性在道德判斷上,觀點本不相同 (Gilligan, 1982)。男性重是非,講法制,多數從"理"的觀點看問題。女性重善惡,講人道,多數從"情"的觀點看問題。此種差異是文化教養的後果,是屬於不同方向的品質類別差異,此種差異是不適於採同一標準來的分數表示高低的。季麗淦曾以十一歲男女兒童為受試者,用柯爾伯格的偷藥救妻的故事,重複驗證柯爾伯格的研究後發現,男生的道德發展達到第四階段。而女生的道德發展則只達到第三階段。按季麗淦的解釋,第三階段所重者是人際和諧,是感情,第四階段所重者是法制權威,是理性。兩者雖有方向之別,而不能有高低之分。

第三節　生命開始到兒童期的身心發展

在第二章第一節內曾提到,個體的生命開始於受孕,而受孕則是精細胞與卵細胞結合而形成受精卵的過程。受精卵形成後約五至六天,經輸卵管進入**子宮** (uterus),並隨即附著在子宮壁上,即成為**胚胎** (embryo)。胚胎開始後的八週內,稱為**胚胎期** (embryonic period)。人類在胚胎期的形狀與其他脊椎動物類似,直到第八週才粗具人形 (圖 8-9)。從受孕後第九週開始一直到出生期間,稱為**胎兒期** (fetal period),而其個體稱為**胎兒** (fetus)。出生後的新個體稱為**新生兒** (neonate);在發展心理學上,一般將出生到兩週歲的一段時間,稱為**嬰兒期** (infancy)。以下簡略說明胎兒期與嬰兒期的主要身心發展。

一、胎兒期的發展

發展心理學家通常從兩個角度說明胎兒在母體內九個月期間的發展情形:其一是採每三個月一期的分期方式說明胎兒的身體發展;其二是分析胎兒出生前的環境因素對胎兒發展的影響。

(一) 胎兒期的身體發展

1. 胎兒初期的身體發展　胎兒初期

第三節　生命開始到兒童期的身心發展　**283**

第三週	第四週	第五週

第六週	第七週	第八週

圖 8-9　人類胚胎期的身體發展

圖形下週數代表胎兒的平均月數
(根據 Rice, 1995 資料繪製)

包括受孕後第一階段的三個月，此一時期包括受孕、胚胎、胎兒三個階段。在胚胎形成之前，約在受孕後二十五天左右，心臟已具雛形，到滿兩個月時已略具人形，身體各器官開始形成，進入胎兒期。胎兒在子宮中充滿羊水的羊膜內，羊膜是囊狀封閉物，胎兒靠**臍帶** (umbilical cord) 與**胎盤** (placenta) 連結。胎盤具有兩種重要功能：其一是將母體血液中的營養輸送給胎兒，以維持生命；其二是將胎兒的排泄物輸送至母體由母體排出體外。母親的血管並不直接與胎兒連接，母親與胎兒之間的生命關係的維持，完全靠胎盤。胎盤與胎兒之間的連結則是靠臍帶。臍帶有三條血管；一條負責將母親血液中的氧氣與營養經胎盤輸送給胎兒，另兩條負責將胎兒的血液與排泄物經胎盤輸送回母體。臍帶上沒有神經細胞，因此出生時切斷臍帶時嬰兒不會感到疼痛。

2. 胎兒中期的身體發展　三個月以後的胎兒，在子宮內迅速成長，第四個月時身長可達十英寸,此時孕婦會感到胎兒活動。此後五至六個月之間,胎兒每月身長增加兩英寸。到中期結束滿六個月時,胎兒的呼吸器已經成熟。此時若脫離母體,已有存活的可能。

3. 胎兒後期的身體發展 胎兒期的最後三個月,身體發育已漸趨成熟,七個月會有反射動作,如此時出生即具有呼吸與吸吮的能力。絕大多數的胎兒,到八個月後出生均能存活。因此,早產兒生存困難者,並非單純是時間問題,而多半是懷孕期間母親營養不良導致胎兒健康不佳體重不足所致。現在醫學界多以出生時體重低於二千五百公克(指西方人)者為早產兒。由此可見,八個月的新生兒如體重在六磅左右者,雖時間上被視為早產,但生存能力上可能相當正常。圖 8-10 所示,即胎兒後期出生前在子宮中的位置。

(二) 產前環境對胎兒發展的影響

產前環境是指胎兒出生前在子宮中的生存環境。前文曾提到胎兒的生命靠母體的血液維持,母親血液中的養分、氧氣、激素、化學物質等,自然會直接影響胎兒的發展。一般相信,懷孕期間如母親營養不良,將會影響到胎兒腦細胞的成長。據生理學家估計 (Winick, 1976),孕婦嚴重營養不良,其所懷胎兒的腦細胞數量,可能低於正常者百分之二十。營養不良不只是食物不足的問題,更重要的是食物品質(營養)的問題。如食物中嚴重缺乏各種維生素,即使孕婦每餐吃飽,而對胎兒身體發展仍然不利。除了飲食之外,懷孕期間孕婦吸煙與飲酒的習慣,對胎兒的發展也會構成不利影響。

孕婦吸煙之所以會危害胎兒發育,是因為尼古丁可使孕婦血管收縮,形成血液流量減少,對胎兒的養分供應量亦隨之減低。再加上一氧化碳與血紅素結合而降低了帶氧量,使胎兒一直處於缺氧的狀態之中;結果輕則導致胎兒發育不良,重則惡化到胎死腹中或產後死亡。在懷孕期間,如孕婦經常飲酒,其所懷胎兒就會有可能罹患**胎兒酒精症候群**(或**胎兒酒精綜合症**) (fetal alcohol syndrome,簡稱 FAS)。胎兒酒精症候群的主要徵狀是:(1) 頭小、大腦體積小、心智能力不足;(2) 兩眼距離近、上唇薄、鼻樑低;(3) 動作遲緩,缺乏機警反應等 (Lee, Mattson, & Riley, 2004)。

圖 8-10 胎兒出生前在子宮中的位置

(根據 Turner & Helms, 1991 資料繪製)

二、嬰兒期的身心發展

在發展心理學上，嬰兒期一般指自出生至兩歲，嬰兒期的第一個月稱為**新生兒** (neonate)。以下討論的嬰兒期身心發展，主要是對個體自出生到兩歲的身心發展。其中包括嬰兒期的動作，感覺與知覺以及社會等各方面的發展。

(一) 嬰兒期的身體與動作發展

嬰兒期的身體與動作發展，主要是受身體的成熟程度所支配，而非靠學習或練習的結果。嬰兒期的身體與動作發展隨神經系統發展順序而有先後之分。神經系統的發展是先頭部而後軀幹，由軀幹而後四肢；動作的發展亦復如此。從以下兩方面現象，可看出嬰兒期身體與動作發展的大致情形：

1. 身體各部位隨成長而改變 個體自出生前胚胎期雛具人形開始，直到出生後至成年為止，其身體各部位的比例產生了很大的改變。如圖 8-11 所示，在胎兒兩個月時，頭部占整個身長的二分之一，到五個月時改變為三分之一，出生時改變為四分之一，兩歲時改變為五分之一，六歲時變為六分之一，十二歲時變為七分之一，到二十五歲成年時變成了八分之一。

2. 嬰幼兒體重身高的發展 聯合國世界衛生組織 (WHO) 在 2003 年公布嬰幼兒體重身高標準 (見表 8-5)。但有些嬰幼兒的父母往往將奶水沖泡得過濃，經醫師研究分析，過濃的奶水將使嬰幼兒吸收過多的營養，導致其身體超重，成年後罹患糖尿病和心臟病的機率升高。

圖 8-11 頭部與身體比例隨年齡改變

圖形下月數代表一般個體的平均年齡
(根據 McGraw, 1987 資料繪製)

表 8-5　聯合國世界衛生組織嬰幼兒體重身高標準

嬰幼兒年齡	女童體重 (公斤)	女童身高 (公分)	男童體重 (公斤)	男童身高 (公分)
初生	3.2	49.0	3.4	50.0
1 歲	9.0	74.0	9.6	76.0
2 歲	11.5	86.0	12.1	87.0
3 歲	13.9	95.0	14.3	96.0
4 歲	16.0	103.0	16.3	103.0
5 歲	18.2	109.0	18.3	110.0

(採自衛生署國民健康局，見 2008 年 11 月 1 日中國時報)

3. 動作發展隨成長而益趨複雜　嬰兒期的**動作發展** (motor development)，大致遵循三個法則：(1) 由頭部到下肢的發展；(2) 由軀幹到四肢的發展；(3) 由整體到特殊的發展 (大肌肉發展在前，小肌肉發展在後)。發展心理學家研究嬰兒動作發展時，常用抓握動作與全身動作做為評定發展水準的指標。圖 8-12 與圖 8-13 即分別表示嬰兒期抓握動作與全身動作發展的一般情形。

圖 8-12　嬰兒期抓握動作的發展

嬰兒期週歲前抓握動作發展順序：四個月試探抓握；五個月手掌抓握；六至七個月全手握起；八至九個月五指抓握；一週歲三指抓握；一歲以上三指尖抓握 (各階段月數為一般嬰兒平均年齡)。

(根據 Liebert, et al., 1974 資料繪製)

第三節　生命開始到兒童期的身心發展　287

2 個月
能舉起頭來

2.5 個月
能自動翻身

3 個月
能支持坐起

6 個月
能獨自起坐

6.5 個月
能支撐站立

9 個月
能扶持移步

10 個月
開始嘗試站立

11 個月
能獨立站立

12 個月
能獨自行走

14 個月
能倒退行走

17 個月
能上台階

20 個月
能用腳踢球

圖 8-13　嬰兒期全身動作發展順序
各圖之下的月數代表嬰兒的平均年齡
(根據 Rice, 1995 年資料繪製)

(二) 嬰兒期的感覺與知覺發展

一般發展心理學家對嬰兒心理發展的研究，多集中在兩方面：一是嬰兒期的感覺與知覺發展，二是嬰兒期的認知發展。在感覺方面，嬰兒出生不久，視覺、聽覺、味覺、嗅覺等基本感覺均已發展良好。

1. 嬰兒的視覺發展 嬰兒自出生開始，即有視覺反應，只是視覺的敏銳度較遜於成人。根據心理學家觀察發現，甫出生而尚未離開產房的嬰兒，即能對光線表現出注視的反應。惟新生嬰兒對光線之反應有兩點顯著特徵：其一是初生嬰兒的**視敏度** (visual acuity) (對物體細部辨別的能力) 不若成人。引起初生嬰兒注視的光線，其強度必須大於成人，否則引不起嬰兒的注視。其二是初生嬰兒的**明視距離** (visual distance) (即明晰視物的距離) 小於成人。如以看清楚同一物體的最遠距離為標準，新生嬰兒與成年人的比是二十比二百；意謂成人在二百英尺所能看清楚的物體，必須移近到二十英尺之內，初生嬰兒才看得清楚 (Banks, 1983)。人類視覺的發展，直到兩三歲以後才能達到成人視覺的程度。嬰兒的顏色感覺，一般在三個月以後。

2. 嬰兒的聽覺發展 嬰兒的聽覺是與生俱來的。初生嬰兒遇見突然大聲時所表現的兩手抖動及呼吸迫促反射動作，即表示初生嬰兒已有聽覺。此種反射現象稱為**莫洛反射** (Moro reflex)。初生嬰兒的聽覺已相當完備，其**聽敏度** (auditory acuity) 已接近成人。這現象主要表現在兩方面：其一是對聲音來源的注意；初生嬰兒即能用頭與眼睛的移動表示對聲音來自左右方向的反應。出生後第六週，嬰兒能隨母親在其左右不同方向說話而擺動其頭部 (Bundy, 1980)。其二是對聲音特徵的辨別；初生不久的嬰兒即能辨別其母親的聲音。根據心理學家觀察發現，嬰兒在吃奶時如聽到母親的聲音，他吸吮的動作就會加倍用力。如此時改換其他女性的聲音，嬰兒則不會表現類似反應 (Decasper & Fifer, 1980)。

3. 嬰兒的味覺與嗅覺發展 初生嬰兒即有味覺，尤其對甜味的反應更為明顯。根據心理學家觀察研究發現，如將三個奶瓶分別裝盛清水、糖水和鹽水，嬰兒對糖水瓶奶嘴的吸吮動作最快也最用力，同時心跳速率增加；對鹽水和清水的反應則顯不出像糖水那樣激動的情形 (Crook, 1978)。另外心理學家觀察發現，如將酸、甜、苦三種不同液體滴在他的舌頭上，嬰兒的面部就會出現不同的表情；而且配合不同動作，表現出對酸與苦的不悅表情 (Steiner, 1979)。

嬰兒出生後不久即有嗅覺，且能區分引人愉快或令人厭惡的氣味。曾有心理學家觀察發現，一點阿摩尼亞 (氨) 的氣味，即可使出生後僅滿一週的嬰兒擺頭逃避。如將嬰兒厭惡的氣味變換方向，嬰兒就會隨氣味方向的改變而轉動他的頭部。由此當可肯定出生不久嬰兒的嗅覺發展已很完

備 (Steiner, 1979)。

4. 嬰兒的知覺發展　根據本書第三章第一節對感覺與知覺的解釋，感覺是經由感官獲取外界刺激訊息的歷程，而知覺則是將感覺訊息加以選擇、組織、解釋的歷程。因此，感覺是以生理為基礎的心理現象，而知覺則是純屬心理作用。歷來心理學家對人類知覺現象中嬰兒視知覺的**深度知覺**感到興趣，原因是眼睛**視網膜**為平面，平面視網膜的訊息產生立體感的深度知覺，就成了不易解答的問題。早期的心理學家對此問題未獲共識；有的認為深度知覺得自後天學習，有的認為來自先天本能。晚近心理學家已實驗證明，嬰兒的深度知覺能力是與生俱來的。

最早從事嬰兒深度知覺實驗研究者，是美國心理學家吉布森與沃克多年前所做的一項視崖實驗 (Gibson & Walk, 1960)。**視崖** (visual cliff) 是一種用來觀察嬰兒深度知覺的實驗裝置。此裝置是架設一塊厚玻璃板，四周圍了邊框，作為爬行平台。玻璃板下面自左側起襯以黑白相間的方格布料，緊緊貼合延至中央，然後使布料轉而下垂；也就是玻璃平台自中央起至右側，下面完全透空，使之看起來是懸空的 (圖 8-14)。這時將六個月剛會爬行的嬰兒置於平台左側任其爬行，並讓嬰兒母親，站在左側邊框處向他召喚，嬰兒必定欣然爬至母親面前；然後再請母親轉至平台右端，平台下面懸空之處，再行召喚。此時嬰兒爬至平台中央即行停止，不再前進。

圖 8-14　視崖實驗情境

嬰兒爬到人工設計的懸崖邊，即使母親向他招手，也仍然停止不前。

(採自 Gibson & Walk, 1960)

這顯示六個月嬰兒已有深度知覺判斷。由此可以推論，人類的深度知覺是與生俱來的，不是後天學習的。

(三) 嬰兒期的認知發展

嬰兒期的認知發展，是指在兩歲以前嬰兒經由感覺與動作處理周圍環境事物，從而吸收知識的心理歷程。在發展心理學領域內對個體認知發展研究最深入也最有成就者，當推瑞士心理學家皮亞杰。皮亞杰**認知發展階段論**中所說的**感覺運動期**，就是指嬰兒的認知發展 (見本章第二節)。

(四) 嬰兒期的社會發展

嬰兒的社會發展開始於他對人的依附行

為。**依附**(或**依戀**)(attachment) 指嬰兒喜歡與人接近，並在與人接近時表示強烈的情緒反應。嬰兒依附時表現的行為特徵是，母親(或撫養他的人)出現並與他接近時，就顯得愉快；母親離開時，就顯得焦急或啼哭。顯然，嬰兒的依附行為代表人類社會行為中親密關係的開始 (Rice, 1995)。嬰兒對母親的依附行為的養成，母親的撫養關愛使嬰兒身心需求獲得滿足，自然是主要原因。本章第二節艾里克森理論中所指的嬰兒對母親的信任感，也正是嬰兒依附行為的心理基礎；嬰兒信任母親，與母親同處時感到安全，所以他依附於母親。嬰兒依附行為的滿足，有助於他以後社會行為的發展。此外，艾里克森的**心理社會期發展論**中的第一階段，也說明了嬰兒期的社會發展；並特別指出家庭教育的重要性。

三、兒童期的身心發展

在發展心理學上指**兒童期** (childhood) 是為嬰兒期過後到青年期之前的一段時期。在年齡上則是指二至十二歲左右(因青春期開始時間有很大個別差異，見本章第四節)的一段時期。以下的討論是對一般兒童這十年期間的身體發展做概略的說明。

(一) 兒童期的身體發展

在這長達十年之久的兒童期，個體的身體發展迅速，從兩歲的幼稚狀態，發展到青年期之前，接近成熟的階段。按前節圖 8-11 所示，兒童期身體各部分的比例，產生了三方面的改變：(1) 頭部與身長的比例變小；(2) 軀幹部分占身長比例減小；(3) 下肢與身長比例變大。以上三方面的改變，顯示由嬰兒期胖圓型的身體，改變為接近青年期的修長型的身體。以上資料只說明了兒童期身體外型特徵的發展概況，以下再從個體內部的生理發展及外顯動作技能方面，分別說明兒童期的發展特徵。

1. 兒童期生理器官組織的發展 由前節圖 8-11 所顯示的現象，可以看出從胎兒到成年身體外形的發展是不一致的；身體上各部位有的發展較早較快，有的發展較晚較慢。此一成長期間個體內在生理器官與各重要組織的發展，也同樣顯示不一致的現象。圖 8-15 中各條曲線的形式，正可用做發展不一致現象的說明。

圖 8-15 中的四條曲線，分別代表體內各器官組織隨年齡增長而發展的幾點特徵：(1) 頭與腦的發展最早，兒童期已發展接近成年人的水準；(2) 生殖系統發展最晚，直到兒童期過後才開始發展。這現象與**青春期**的開始有密切關係；(3) 體內其他器官(如呼吸系統、循環系統等)的一般發展，大致在兒童期呈先快後慢趨勢，兒童期之後則快速上升；(4) 淋巴組織的發展特殊，在兒童期快速發展，到兒童後期到達頂峰，其體積幾近於成年人的兩倍。此一現象與呼吸器官的免疫功能有密切關係 (Jackson, 1928)。

2. 兒童期的動作技能發展 兒童期

圖 8-15　生理器官組織的發展

人體內各器官組織發展程度，以發展成熟時百分之百為標準；呈現快慢不一現象。

(採自 Jackson, 1928)

的動作技能發展是隨其肌肉的發展而發展的。兒童早期偏重在大肌肉的發展，故而在動作技能上也只能做粗枝大葉的表現。兒童後期小肌肉發展良好，故而在動作技能上能有精密技巧的表現。表 8-6 的內容，即係對兒童期各年齡階段動作技

表 8-6　兒童期動作技能的發展

年齡別	動作技能發展的水準
2歲	獨立步行後開始學跑；能以每步一級的方式走上樓梯；會做踢球動作；能跳遠 12 英寸。
3歲	能單腳站立；能兩腳交換上樓梯；能從樓梯最低層台階跳下。
4歲	能騎幼兒三輪車；會用手丟球；跑步動作熟練；能單腳跳躍。
5歲	能循一直線行走；能兩腳交換下樓梯；能接住別人緩慢丟來的球。
6歲	能做跳躍動作；能做攀登動作。
7歲	能騎二輪腳踏車。
8歲	在急速活動時能控制身體平衡。
9歲	能遵守規則參加團體性運動。
10歲	能做金雞獨立動作 15 秒鐘；能接住別人快速投給他的球。
12歲	出現動作拙笨現象 (因青春期前，骨骼肌肉生長速度失衡所致)。

(採自 Sahler & McAnamey, 1981)

能發展的簡要說明 (Sahler & McAnamey, 1981)。

(二) 兒童期的心理發展

在發展心理學家對兒童期的心理發展研究，主要是集中在認知發展、社會發展與道德發展三方面：

1. 兒童期的認知發展 對兒童期認知發展研究最重要的理論，當推瑞士心理學家皮亞杰的**認知發展階段論**。根據皮亞杰的理論，兒童期認知發展分為兩個階段：(1) 前運思期 (二至七歲) 的認知發展，在此階段兒童的認知發展主要表現在**自我中心**與能使用語言表達事物的特徵；(2) **具體運思期** (七至十一歲) 的認知發展，在此階段兒童的認知發展具**守恆、分類、序列、可逆性**等概念 (詳見本章第二節)。

2. 兒童期的社會發展 對兒童社會發展研究最重要的理論，當推美國心理學家艾里克森的**心理社會期發展論**。根據艾里克森的理論，兒童期的社會發展包括三個階段：(1) **自主獨立對羞怯懷疑** (一至三歲)，發展順利者能按社會要求表現目的性行為，發展障礙者則缺乏信心，行動畏首畏尾；(2) **主動對愧疚** (三至六歲)，發展順利者主動好奇，行動有方向，開始有了責任感，發展障礙者則畏懼退縮，缺乏自我價值感；(3) **勤奮對自卑** (六歲至青春期)，發展順利者具有了求知、做事、待人接物的基本能力；發展障礙者則缺乏生活基本能力 (詳見本章第二節)。

3. 兒童期的道德發展 對兒童期道德行為發展研究最主要的理論，當推美國心理學家柯爾伯格以皮亞杰的道德理論為基礎所建構的**道德發展階段論**最受重視。根據柯爾伯格的理論，兒童期的道德發展屬於**前習俗道德期** (十歲以下)。此時期兒童的道德行為特徵是**避罰服從取向**與相對功利取向 (詳見本章第二節)。

第四節　青年期到成年期的身心發展

根據表 8-1 所列生命全程發展分期看，青年期到成年期是一生最長的階段。這兩個階段最大的不同是，青年期是兒童期到成年期的過渡，在此過渡期，個體身心兩方面都產生了極大的改變。青年期後的四十多年，身心變化較少，但一生中事業與家庭的成敗卻都在此期間。接下去先從青年期身心發展討論起。

一、青年期的身心發展

在發展心理學上,青年期是個體發展從不成熟邁向成熟的過度階段,是一個最特殊的階段。青年期的特殊主要顯現在兩方面:其一是青年期的界限不以年齡為劃分標準;其二是青年期是個體身心變化最大的階段。基於此一認識,以下將進一步討論青年期身心發展要義。

(一) 青年期年限的界定

在討論青年期身心發展之前,有必要先對青年期一詞之意涵稍做說明。**青年期** (adolescence) 是由青春期開始到身心漸臻於成熟的發展階段,此一階段並非純以年齡為標準界定的;對青年期年齡界限的一般看法是,界於兒童期與成年期之間約十年期間稱為青年期。至於青年期跨越的年齡,目前一般發展心理學家咸認為,自青春期開始至心智發展接近成熟為止的一段期間為青年期。如果從年齡去考慮,只能大致地說十二歲至二十一歲之間的十年期間為青年期 (Rice, 1995)。

(二) 青年期的身體發展

青年期既然以代表性成熟的青春期做為年齡起點,所以青春期自然也成為個體發展的重要階段。所謂**青春期** (puberty),是指個體性器官發育成熟而在功能上能生育新個體的階段。經過此一階段,由一個原本是為孩子的個體,改變而成為能夠生育孩子的個體。故而,在生命全程發展歷程中,青春期是一個特別重要的階段。青春期開始的主要特徵有二:其一是**主性徵** (或**第一性徵**) (primary sex characteristics) 的顯現,即生理成熟,開始發揮生殖功能;男性的睪丸可生產精子且能射精,女性的卵巢開始排卵而有月經且能懷孕。其二是**次性徵** (或**第二性徵**) (secondary sex characteristics) 的顯現,次性徵的顯現係受主性徵的影響;男性開始長鬍鬚、腋毛及肩部長寬,喉結突起、音調低沉、肌肉骨骼變堅實、身高增加快速等;女性開始乳房隆起、臀部長寬、皮下脂肪增加、身高增加快速、女性體態出現等。青春期開始的年齡不但有性別的差異,而且隨社會文化的變遷也有所改變。現代社會中成長的新世代,女性青春期開始的平均年齡是十二至十三歲,男性青春期開始的平均年齡是十三至十四歲。青春期個體性器官發育成熟與次性徵的顯現,主要是內分泌系統中**垂體腺**所分泌的性腺激素刺激有以致之 (見第二章第四節)。

根據心理學家的研究發現,近一百多年來人類青春期的開始時間已有很大的改變;現代女性青春期的開始年齡較之一百二十年前平均提早了將近四年 (見圖 8-16) (Tanner, 1973)。中國現代女性青春期開始的年齡與西方相似;根據學者的抽樣調查發現,台灣女性平均開始年齡是 12.82 歲 (江千代等,1988),大陸女性的平均年齡是 13.04 歲 (劉達臨,2000)。現代女性青春期提前的原因,與食物營養、醫學衛生、文化刺激等因素有密切關係。

圖 8-16　1860～1970 年西方七國女性初經年齡有提前趨勢

*圖中的小圖是特別對晚近 1950～1970 年之間的補充說明
(採自 Tanner, 1973)

在青春期開始之前，個體的身高會出現快速增加的現象，稱為**青春期生長陡增**(或**青春期的快速生長**) (puberty growth spurt)。青春期生長陡增開始與結束年齡有性別差異。女性約在十歲左右開始，十二至十七歲之間達到高峰，此後增長速度變緩，到十七歲左右的身高，即達到其成年身高的地步。男性的生長陡增一般開始在十三歲左右，此後增長速度變緩，十四至十五歲之間達到高峰，到二十一歲左右的身高，即達到其成年身高的地步 (Tanner et al., 1966) (圖 8-17)。正因女性的青春期陡增開始年齡較早，故而在十至十二歲之間會出現女性身材較男性稍高的

圖 8-17　青春期生長陡增現象
(採自 Tanner, et al., 1966)

現象。

(三) 青年期的認知發展

對青年期認知發展研究最重要的理論，當推瑞士心理學家皮亞杰的**認知發展階段論**。根據皮亞杰的理論，青年期的認知發展屬**形式運思期**，形式運思期是個體認知發展的成熟階段。認知發展臻於形式運思期的青年期，在認知行為上能表現出三個特徵：(1) 能做抽象思維；(2) 能按假設驗證的科學法則解決問題；(3) 能按形式邏輯的法則思維推理。惟晚近美國發展心理學家經重新驗證後，對皮亞杰提出修正建議；他們認為多數青年人，甚至青年期之後的成年人，其認知發展尚達不到形式運思階段。他們的建議被稱爲**新皮亞杰主義**(見本章第二節)。

(四) 青年期的社會發展

對青年期社會發展研究最重要的理論，當推美國心理學家艾里克森的**心理社會期發展論**。根據艾里克森的理論，青年期的社會發展屬於**統合對角色混亂**階段，在此階段發展順利者有了明確的自我觀念與自我追尋的方向；發展障礙者則是生活無目的無方向，時而感到徬徨迷失。艾里克森的理論提出後廣受重視，並有無數學者從事後續研究，其中尤以美國心理學家馬西亞的研究最受重視。馬西亞以大學部學生爲對象，經由晤談的方式，詢問大學生有關職業選擇、宗教信仰、政治理念、性別角色等四方面的問題，要他們說出自己的看法，藉以了解青年期**自我統合**與**統合危機**的問題 (Marcia, 1980)。經分析後馬西亞按其自我統合的不同程度，將大學生分爲四類，表示大學生在統合形成過程中，在自我發展上達到的心理狀態，稱爲**統合狀態** (identity statuses)。四類統合狀態分別是：(1) **迷失型統合** (identity diffusion)，指個人在自我追尋的心路歷程上，對職業選擇與宗教信仰等各方面的問題，尚未認眞地去思考過，因而對未來的一切尚未找到自己的方向。此類學生雖名之爲迷失型統合，但在心理上，卻未見得一定有危機感。因爲他既不考慮未來，也不太關心現在。屬於此一類型的學生，多爲年齡較輕或智能較低者，也有少數是自我追尋失敗的人。(2) **未定型統合** (identity moratorium)，指在自我追尋中尚未確定方向的人。他們是正在尋求方向中，這類型代表典型的大學生；他們了解自身所處的現實環境，但不覺滿意，有心改變，卻方向難定；很多大學生對修讀的學科，對異性的交往，持暫時性態度者即屬此一類型。歸屬於未定型統合一類的青年人，心理上仍然未脫離統合危機。(3) **定向型統合** (identity achievement)，指在自我追尋中臻於自主定向地步的人。此一類型代表社會發展成熟的學生。他們自認選對了主修學科，也確定了自己將來從事的職業。甚至在宗教信仰及兩性關係上，也都有了定著。屬於此一類型的學生，其自我統合危機可謂已獲得化解，除非以後另有其他變化影響其生活，大致可以預測他以後的發展會順利進行。(4) **早閉型統合** (identity foreclosure)，指在自我追尋中既未經歷過統合危機的經驗，對現實及未來的一切，也未做認眞的考慮。這類學生多半是將自己的一切交由父母或長輩去處理，不必關心現在，也不必考慮未來。此類學生在自我發展上雖沒有統合危機的問題，但因其缺乏自我導向，將來的發展也未必順利。

(五) 青年期的道德發展

對青年期道德發展的研究，當推柯爾伯格的**道德發展三期六段論**。青年期的道德發展適值該項理論的第四與第五兩個階段，第四階段的特徵是**遵守法規取向**，在心理上認同自己的角色，在行為上有了責任心與義務感。第五階段的特徵是**社會法制取向**。在心理上會採取合於社會大眾權益所訂的法規為基礎做道德判斷的標準。

柯爾伯格的道德理論是在 20 世紀 70 年代建構的，當時的社會較為保守，傳統的道德觀念對青年人的影響較大，故而採用習俗的觀念看青年人的道德心理是較為適當的。在四十多年後的今天，青年人對是非對錯的價值判斷與其前輩已大不相同。因此，對身體成熟早而心理成熟晚的現代青年人來說，採用柯爾伯格的道德發展理論來推論解釋他們的道德心理，難免受到侷限。

二、成年期的身心發展

成年期 (adulthood) 一詞的涵義十分籠統。在發展心理學專書中，通常有兩種劃分方式來界定成年期。其一是將青年期以後的人生歲月概括分為兩段；二十一歲至六十五歲之間為成年期，六十五歲以上為老年期。其二是將青年期以後的人生分為三段，二十一至四十五歲為**壯年期** (young adulthood)，四十五至六十五歲為**中年期** (middle adulthood)，六十五歲以上為**老年期** (later adulthood)。在普通心理學上討論成年期身心發展時，多因篇幅限制而將青年期以後直到晚年的漫長歲月，籠統地視為成年期，只在文字中說明成年期各年齡階段身心的發展。本書採此種取向簡略討論有關成年期身心發展的四個問題。

(一) 成年期的身體發展

人類身體的發展，從身體功能表現看，一般在青年期後的十年達到高峰，三十歲以後即出現下降趨勢。因此，運動場上的劇烈運動諸如籃球、足球、棒球、游泳、徑賽等，參賽的運動員多數在三十歲以後即考慮退休。三十歲以後體能的改變，最主要是顯示在肢體反應的力量、敏度和速度的降低。除了運動場上體能表現改變之外，成年人一般在四十歲以後，即將發現身體很多方面開始改變；諸如皮膚彈性減低，體重逐漸增加，頭髮日漸稀疏，視覺敏度漸失，聽力漸不如前。因此，四十五歲以上的中年人，閱讀小字書籍時多半需靠老花眼鏡；六十歲的中年人，有些要靠助聽器才聽得清楚。成年期體能的改變，與生理功能的改變有密切關係：成年人身體中鈣質流失因而骨質疏鬆，心臟與肺的活動力下降因而減少血液中氧氣的供應量 (Whitbourne, 2004)。

以上所述只是成年期身體發展隨年齡增長而改變的一般趨勢。至於從壯年到老年的過程中，身體機能究竟產生何種程度的改變？圖 8-18 所顯示的二十至八十歲各種生理機能改變趨勢，即可用做對此一問題的解釋。

圖 8-18 所顯示的意義是，**老化** (aging) 並非始自老年期；事實上，青年期過後老化即已開始。有史以來人類雖想盡方法尋求長生不老，但老化現象是無法阻止的，人之所能為者只有設法調理生活與預防疾

298 第八章 生命全程的身心發展

圖 8-18 成年期生理機能的發展
成年後主要生理機能均呈隨年齡增長而下降的趨勢；其中
視力與聽力及性生理機能下降最多，大腦功能下降最少。
(採自 Lindzey, et al., 1988)

病，藉以減緩老化的速度。從生理學的觀點看，人體老化的基本原因是中年後神經細胞的逐漸流失。腦細胞流失到達某種程度，自將導致感官敏銳度降低。腦細胞流失又與血液與氧氣供應量減少有關，因此改進生活方式以強化心與肺的功能，才是健身防老的可行途徑。曾有生理心理學家提出注意改進日常生活的"三不四要"七點建議：(1) 不吸煙，(2) 不酗酒，(3) 不吃零食，(4) 要吃早餐，(5) 要經常運動，(6) 要睡眠正常，(7) 要保持體重 (Belloc & Breslow, 1972)。像此類簡單易行的建議，關心身體健康的中老年人，不妨一試。

以上是成年期身體變化的一般情形。女性到四十五至五十五歲之間月經將自行停止，稱為**停經期** (或**絕經期**) (menopause)。停經期的出現代表女性生殖能力的終止，本屬自然現象，惟過去有些錯誤觀念，認為停經後會使女性情緒變得反常。事實上那只是少數的個別案例，而非為普遍現象

(Neugarten, 1976)。

(二) 成年期的認知發展

在一般人的印象中，總以為人從中年開始智力即趨下降；而且，早期的心理學家採用**橫斷研究**對不同年齡實施智力測驗結果，也證實了這一點。然而，晚近心理學家改採**縱貫研究**結果 (見本章第一節)，則推翻了人到中年智力衰退的觀念。圖 8-19 即表示橫斷與縱貫兩種不同設計下實施智力測驗結果的比較。

圖 8-19 中兩條曲線代表兩種設計下實施智力測驗的結果。橫斷研究的資料 (黑色曲線) 係在 1960 年以後以同樣語文智力測驗對二十五歲以上不同年齡組同時施測結果。曲線的形式顯示成年後語文能力的發展，在三十五歲左右即達到頂峰，四十歲以後急劇下降。縱貫研究的資料 (紅色曲線) 係得自對同一群人 1930 年最早受測者的追蹤研究；在他們二十五歲以後的不同年齡階段連續施測所得的結果。由曲線的走勢看，在二十五至六十五歲由壯年到中老年的四十年之間，語文智力非但未顯衰退，反而呈現出隨年齡而遞增的趨勢 (Schaie & Strother, 1968)。

圖 8-19 中兩條曲線所顯示如此大的差異，對中老年人智力是否衰退的問題而言，究竟何者最接近事實？從研究方法的觀點言，在縱貫研究方式獲得的資料，較為接近事實。理由是縱貫研究下施測對象是同一群人，在不同年齡階段所測得的結果，確能代表這群人的智力隨年齡增加而改變的情形。1960 年以後同時對不同年齡組施測結果之所以顯示中老年智力下

圖 8-19　語文智力隨年齡而改變的趨勢

成年後智力發展的研究，因實施方法的不同而有不同的結果。本圖所顯的意義是，縱貫法研究的結果 (紅色曲線) 比較接近事實。

(根據 Schaie & Strother, 1968 資料繪製)

降，原因是當時的中老年人與當時四十歲以上的人，在教育程度上不能相比。當時的中老年人年輕時受教育較少。教育程度低者自青年期開始即較少接受以語文為主的文化刺激，致使語文能力不能隨年齡增長而繼續發展，故而到中老年時不能在語文智力測驗上表現出成績。

由以上研究資料看，對中老年人智力是否衰退的問題仍無肯定答案。心理學家們對此問題一般看法是，中老年人智力是否衰退與智力測驗的性質有關。美國心理學家卡特爾 (見圖 11-8) 曾提出流動智力與固定智力的理論。**流動智力 (或流體智力)** (fluid intelligence) 指針對問題思維敏銳快速反應的能力；**固定智力 (或晶體智力)** (crystallized intelligence) 指運用既有知識經驗深入思考的能力 (Cattell, 1963)。在生命全程中，這兩種智力的發展大不相同。如圖 8-20 所示，流動智力的發展，到三十五歲以後即開始衰退，而固定智力的發展則一直維持到六十歲以上。平常智力測驗所測量者屬流動智力。顯然不適用於解釋中老年人智力的發展。

卡特爾 1963 年提出的流動智力與固定智力理論，時隔三十多年之後，另有心理學家以數千受試為對象，以包括歸納推理、空間定向、智覺速度、數字運算、語文表達、語文記憶六種能力的智力測驗

圖 8-20 流動智力與固定智力

根據卡特爾的智力發展理論，人到三十五歲以後，其思維敏捷能力，即開始下滑，而思維運作能力卻仍然維持不衰。

(根據 Cattell, 1963 資料繪製)

第四節　青年期到成年期的身心發展　301

圖 8-21　成年後的認知發展

本圖代表作者對卡特爾理論的驗證；成年後不同的認知能力,隨年齡增長變化各不相同。
(採自 Schaie, 1996)
(T 分數見補充討論 10-1)

為工具，實施測驗的結果採用**標準分數**的 **T 分數**表示 (見本書第十章補充討論)。圖 8-21 即施測結果六種能力隨年齡 (二十五至八十八歲) 增長而變化的情形 (Schaie, 1996；2000)。

從圖 8-21 六種能力與年齡的關係看，大致可以看出從壯年到老年智力發展的兩點趨勢：(1) 歸納推理與空間定向兩種能力，都是下降最早的認知能力，到八十歲以後的晚年，成為六種能力中最低的。

(2) 知覺速度、數字運算、語文表達以及語文記憶四種能力的成年後發展趨勢大致相似，都是五十歲左右達到高峰，此後即緩慢下降，直到八十歲的老年，仍維持相當的認知能力。這兩點智力發展的走勢，顯示了兩點含義：其一，歸納推理與空間定向，兩者都是需要立即反應的能力，在性質上屬於前述卡特爾理論中的**流動智力**。其二，後四種能力在性質上都與長期記憶中的**陳述性記憶**有關 (見第六章第四節)，在性質上屬於卡特爾理論中的**固定智力**，由此可見卡特爾的智力理論是合理的解釋。

(三) 成年期的社會發展

在成年期的社會發展方面，因受篇幅限制，以下僅就艾里克森心理社會期的理論觀點，說明成年期社會發展的特徵。

按艾里克森**心理社會期發展論**，成年期正包括艾里克森所指的人生全程中第六、七、八三個時期。第六期的發展危機是**親密對孤獨**，意指家庭生活與家庭以外的人際關係，是壯年期社會發展的關鍵性問題。家庭中夫妻間的愛情關係與親子間的親情關係，都是由壯年人主導而建立的。家庭以外壯年人參加的職業性、社會性或娛樂性的團體活動，在在都需要與人相處的親和能力。如果壯年期婚姻美滿家庭和樂、工作順利，則其壯年生活自將幸福美滿。反之，如婚姻失敗、親子不和、工作環境人際關係惡劣，則勢將難免陷入孤獨疏離的困境；非但壯年生活適應困難，甚且影響以後中年期的發展。

艾里克森理論中第七期的發展危機是**愛心關懷對頹廢遲滯**，意指是否熱愛家庭關心社會且事業心旺盛，是中年人社會發展的關鍵。如果中年人家庭美滿、事業有成，有能力貢獻社會，而且提拔後進受人尊敬，其中年生活自將滿意順遂。反之，如家庭事業均無所成，勢將難免陷入頹廢遲滯的困境。中年期社會發展趨於負向極端的情形，與中年危機的現象有關。接下來即對中年危機的問題略做說明。

艾里克森理論中第八期的發展危機是**完美無瑕對悲觀沮喪**，意指老年人有的能隨心所欲，安享餘年，有的卻悔恨以往，孤獨淒涼。老年人的心理狀態之所以兩極化者，其關鍵並非是老之既至無可奈何的現實使然，而由於個人回憶一生時是否對自己所作所為無愧無悔，是否對自己過去所經歷的以及現在所擁有的一切，感到饒有意義所致。基於此義可知，要想擁有快樂的老年生活，打從青年與壯年起就應提早準備。中國俗語"少壯不努力，老大徒傷悲"的說法，驗諸艾里克森的社會發展理論，確是至理名言。

(四) 中年危機與空巢症候群

在發展心理學上，有兩個與成年期身心發展有關的名詞，常常引起人們誤解；認為兩者都是中老年人經歷的必然現象。這兩個名詞即中年危機與空巢症候群。

所謂**中年危機** (midlife crisis) 是指人到中年 (四十五至六十五歲) 時在心理上產生的危機感。中年危機一詞始自美國學者瑟費 1976 年出版的一本暢銷書《人生過客》。在書中瑟費指出，人到中年時多數人在檢討自己的人生價值與生活目標時，都會產生中年危機之感。經過心理學家實地調查研究結果發現，對少數人而言，中年危機現象確實存在，但對多數人而言，中年期未必產生危機感。兩者間差別之形成，可能與以下三個因素有關：(1) 中年期以前各期的社會發展順利者，到中年期將不致產生危機感；(2) 更年期心理適應良好者，到中年期不致產生危機感 (Lachman, 2004)。**更年期** (climacteric) 與前文討論成年期身體發展時提到的停經期，在含義上大同小異；惟停經期只可用來表示女性的更年期，更年期則是指男女兩性而言。惟男性的更年期出現較晚 (約在五十五至六十五歲之間)，而且不如女性明顯。對女性而言，更年期因不再有生育能力，難免會有"青春不再"的失落感。對男性而言也可能因性能力減低而產生無力感。(3) 空巢症候群因應良好者，到中年期不致產生危機感。所謂**空巢症候群** (或**空巢綜合症**) (empty nest syndrome)，是指子女成年後紛紛離家而形成父母的孤獨感與寂寞感。惟此種現象並非必然。其存在與否端視親子感情關係與子女是否成材而定。親子關係良好者，不因親子分離而疏遠彼此感情關係；子女成材者會帶給父母希望，因而亦將不致產生空虛感 (Whyte, 1992)。

在人生旅程中，到中年期已走過大半。回首前塵，青少年時期的多少雄心壯志與憧憬理想，如未能實現，總難免有時不我予之感。中年人在事業上已有成就者，很難再創高峰；而事業失敗者，更難旗鼓重振。當面對未來不確定的退休後生活如何規劃的問題時，若無法確定個人及其家庭未來生活的保障，則中年期的危機感將在所難免。準此而論，要想避免中年危機，很難從已陷入中年危機者去考慮。避免中年危機的策略宜從個人教育與社會制度兩方面著手。前者自青年起接受生涯輔導，以培養生涯規劃的能力。後者建立社會福利制度，使中年期以後的人均可得以老有所終。

本章摘要

1. 在心理學上所謂**發展**，是指在個體**生命全程發展**中身心特徵隨年齡增長而改變的歷程。
2. 心理學家研究個體的發展，特別重視身心變化的四點特徵：(1) 連續歷程中有階段現象；(2) 遺傳與環境的交互作用；(3) 發展模式下有個別差異；(4) 身心變化及於生命全程。
3. 在發展心理學上有三種不同的研究設計：(1) **縱貫研究**；(2) **橫斷研究**；(3) **同儕-連續研究**。
4. 在皮亞傑的認知發展理論中，**組織**與**適應**是兩個重要概念；前者說明個體運用**基模**吸收知識，後者說明個體交互使用**同化**與**調適**以提升認知能力。

5. 皮亞傑將人類認知發展分為四個時期：(1) **感覺動作期** (零至二歲)；(2) **前運思期** (二至七歲)；(3) **具體運思期** (七至十一歲)；(4) **形式運思期** (十一歲以上)。

6. **新皮亞傑主義**是晚近發展心理學家根據實驗研究結果對皮亞傑**認知發展階段論**提出的批評、修正與建議；其重點是改進皮亞傑低估兒童認知能力與高估青年期認知能力兩項缺點。

7. **維果茨基社會文化認知發展論**的基本要義是：(1) 強調認知發展的社會文化觀；(2) 確認語言的認知發展功能；(3) 提出**最近發展區**與**鷹架理論**。

8. 艾里克森**心理社會期發展論**的基本要義是：(1) 個體在自我發展歷程中要經過多重的**發展危機**；(2) 個體自出生到老年，要經過八個階段，每一階段各有不同性質的心理危機。

9. 柯爾伯格的**道德發展階段論**的基本要義是：(1) 道德發展分為三個時期，每一時期又各自分為兩個階段；(2) 在道德發展的三期六段歷程中，以習俗的概念做為判斷道德的標準。

10. 現代青年期的身心發展，與往昔前輩人相比，其最大的差異是；往昔青年人身體成熟晚而心理成熟早，而現代青年則是身體成熟早而心理成熟晚。

11. 成年後的認知發展，已不再像從前認為二十歲以前即行停止，經心理學家研究後確認，除需要迅速反應的能力在三十歲以後開始下降外，其餘像推理、思維、判斷等能力，一直維持到中老年時期。

12. 中老年後的身體發展與六十年前已大不相同，六十年前"人生七十古來稀"的觀念已不合時宜；現在先進國家的平均壽命已達到七十五至八十歲。

14. 所謂**中年危機**並非現社會的普遍現象，如個人生活調適得宜，就不會產生中年危機。

15. 所謂**空巢症候群**，也只是少數家庭的個別現象，家庭和睦親子關係良好者多半不會產生。

建議參考資料

1. 林崇德 (2000)：發展心理學。台北市：東華書局 (繁體字版)。杭州市：浙江教育出版社 (簡體字版)。

2. 張日升 (1993)：青年心理學。北京市：北京師範大學出版社。

3. 許淑蓮等 (1987)：老年心理學。北京市：科學出版社。

4. 郭享傑 (2000)：童年發展心理學。杭州市：浙江教育出版社。

5. Berk, L. E. (2005). *Infant, childern, and adolescents* (5th ed.). Boston : Allyn and Bacon.

6. Kohlberg, L. (1984). *Psychology of moral development: The nature and validity of moral stages*. New York: Harper & Row.

7. Lemme, B. H. (2005). *Development in adulthood* (4th ed.). Boston : Allyn and Bacon.

8. Phillips, J. L. JR. (1981). *Piaget's theory: A primer*. San Francisco: Freeman.

9. Santrock, J. (2008). *Life-span development* (12th ed.). New York: McGraw-Hill.

10. Siegler, R.S. (1998). *Children's thinking* (3rd ed.). Upper Saddle River, NJ: Prentice-Hall.

第九章

動機與情緒

本章內容細目

第一節　動機的性質
一、動機的定義　309
二、動機的相關概念　310
　(一) 本　能
　(二) 需求與驅力
　(三) 誘　因
　(四) 意　志

第二節　生理性動機與心理性動機
一、生理性動機　312
　(一) 飢餓動機

補充討論 9-1：理想體型的心理學研究

　(二) 性動機
二、心理性動機　321
　(一) 親和動機
　(二) 成就動機
　(三) 權力動機

第三節　動機理論
一、驅力減降論　324

二、激發論　325
三、期望論　326
四、需求層次論　327

第四節　情緒的性質
一、情緒的定義　329
二、情緒歷程中的身心反應　330
　(一) 情緒的生理反應
　(二) 情緒的心理反應
　(三) 情緒的行為反應
　(四) 情緒智力
　(五) 情緒與健康

第五節　情緒理論
一、詹姆斯-郎格情緒論　338
二、坎農-巴德情緒論　339
三、沙克特-辛格情緒論　340

本章摘要
建議參考資料

心理學是研究行為與心理歷程的科學；心理學家研究個體的外顯行為或內在心理歷程時，其目的與自然科學類似，同樣是根據外顯表象，探求表象背後的真相。表象與真相間的關係，最簡單的看法是，真相是原因，表象是結果。水之汽化與結冰，溫度使然，這是自然科學研究物性變化所持因果法則的簡單看法。心理學家研究人性變化時，對外顯行為活動背後的原因如何解釋呢？此即本章要討論的動機問題。第一章討論四大爭議時，曾提及自由意志對決定論問題是爭議之一。自由意志與決定論所爭議者，即在於人類行為的原因。持自由意志論者認為，人的行為決定於個體的自由意志與自由選擇，這是認為人性異於物性的看法；而持決定論者認為，人的行為決定於外在環境，這是將人性同於物性的看法。現代心理學家對行為原因的解釋，不再持兩極對立的觀點，而多採折衷的看法。像飢渴(原因)與飲食(行為)的關係，雖然可用決定論來解釋，但如求學、就業、擇偶等複雜行為的原因，就不能不考慮自由意志的問題。惟其如此，本章內將分別介紹各種不同行為的動機和各種動機理論。

與動機有連帶關係的是情緒，情緒是喜、怒、哀、樂的總稱。情緒的產生與動機有關，動機滿足時的情緒多屬於歡喜與快樂；動機挫折時的情緒多屬於煩惱與痛苦。惟情緒與動機二者之間有兩點不同：其一，動機的起源主要由於內在的需求，其次由於外在的誘因；而情緒則是只緣於刺激。其二，動機產生後如未獲滿足，其所促動之行為將持續活動下去；甚至，如生理性動機長時間得不到滿足，將影響個體生存。情緒則不然，強烈情緒即使不能獲發洩機會，久之也可能自行淡化或消失。本章對動機與情緒的性質及理論解釋分別說明，希望讀者們讀過本章之後對以下概念有所認識：

1. 從動機的定義到與動機有關概念的認識。
2. 從人類行為的複雜性了解各類動機的功能。
3. 各種動機理論對行為原因的不同解釋。
4. 從情緒的定義到與情緒有關概念的認識。
5. 情緒狀態時的身心反應及情緒與健康的關係。
6. 心理學家對表情研究的概況。
7. 不同觀點的情緒理論。

第一節　動機的性質

在心理學研究中，動機是一個性質特殊的主題。從前面各章討論過的內容看，諸如感覺、知覺、意識、學習、記憶、思維、發展等主題，不是討論個體的外顯行為，就是分析外顯行為所代表的內在心理活動；而動機這個主題所代表的意義，既不是外顯行為，也不是內在心理活動，而是外顯行為或內在心理活動之所以發生的原因。單是研究外顯行為以及外顯行為所代表的內在心理活動，已屬不易，要想進一步探究行為表現的原因，自然更為困難。因此，在心理學上一向視動機研究為高難度的主題之一。基於此一認識，接下去先行說明動機一詞的定義及其相關概念。

一、動機的定義

動機 (motivation) 是因某種內在狀態，該狀態促使個體產生某種外顯行為活動，並維持已產生之活動朝向某一目標進行的內在歷程 (Colman, 2007)。此一定義中含有幾點意義，尚須稍加解釋。

1. 動機是內在狀態　動機是為內在狀態，不是外顯行為。內在狀態是個體的身心狀態。在什麼樣身心狀態之下會促發個體的外顯行為活動？回答此一問題，有些心理學家藉用生理學上均衡作用的概念來解釋。**平衡狀態** (或穩態) (homeostasis)，是指身體內部維持平衡狀態的一種自動調整作用。像天熱出汗或天冷血管收縮以維持體溫不變，都是維持平衡狀態的例子。若身體內部因缺乏某種物質，就會失去平衡狀態；失衡的結果，就會促使個體產生某種活動；如因缺水而渴，因渴而有尋求水源的活動；因缺營養而飢餓，因飢餓而有尋找食物的活動。生理狀態之外，心理的內在狀態亦復如此；因缺乏安全感而尋求保護；因不甘居於人下而力爭上游，都是因維持心理平衡狀態而發生的動機作用。

2. 動機是隱而不顯的　動機雖然是促發外顯行為活動的原因，但動機本身卻是無法直接觀察的內隱歷程。心理學家們研究動機時，一般都是根據個體所表現的外顯行為去推理解釋其內在動機。見人狼吞虎嚥地進食，就會據以推理他有很強烈的飢餓動機。見人拚命從事參選議員的競選活動，就會據以推理謂他有強烈的權力動機。雖然單就因果的關係看，一切行為均有其原因，此行為的原因就是動機，然而對動機與行為的因果關係解釋時，卻很難肯定某種行為的產生確是出於何種動機。根據某人的飲食行為，雖可推理解釋為因飢餓動機使然，但根據青年人吸食藥物行為，就很難推理解釋究竟出於何種動機。

3. 動機對行為具有促發、維持及導向作用 動機不僅是促發行為的原因，而且在行為促發之後，更具有維持該行為朝向某一目標持續進行的內在動力作用。以動物覓食行為活動為例，動物之所以覓食，原因起於飢餓動機。飢餓動機一旦促發了動物的覓食行為，動物就一直表現出朝向食物目標進行的活動。在食物獲得之前，該行為一直維持，直到飽食之後目標達成，該覓食行為活動始告終止。人類的行為更是如此；學生求學、商人營利以及官員求名，無一不是在動機促使之下從事長程目標的追求。

二、動機的相關概念

在心理學的書籍中，有很多名詞在概念上，其意涵與動機有關。以下幾個概念是最常見的。

(一) 本 能

本能 (instinct) 一詞意涵複雜，在心理學上至少有四種解釋：(1) 本能是指同一屬種所有個體所共同表現的不學而能的行為反應，像蠶吐絲、蜂釀蜜、蜘蛛結網、青蛙兩棲等行為，都稱為本能。(2) 本能是指某一屬種生而具有的行為潛勢或傾向；由於行為潛勢或傾向所形成的內在作用，即促發同屬種個體表現出不學而能的同樣行為模式。(3) 本能是指某一屬種的個體在其生命中某階段所表現的某種特殊行為模式；像毛蟲變為蛹，蛹再變為蝶的階段性行為模式，即為該屬種動物的特殊本能。(4) 本能是指促發人類某種行為但不為當事人所知的內在力量，這是精神分析創始人弗洛伊德的獨特看法。弗洛伊德在解釋潛意識動機時，將人類的性衝動與攻擊性行為視為人類的兩種本能，而促動性衝動與攻擊兩種行為者，則是**生之本能**與**死之本能**兩種動機(見第十一章第一節)。

由以上說明可知，將本能解釋為不學而能的行為時，在動物界容易得到驗證。但從人類所表現的複雜行為看，則較難採用"同一屬種所有個體所共同表現的不學而能的行為反應"來加以概括說明。惟從人類出生後以迄幼稚期的某些行為(如感覺動作與語言學習等)看，人類行為仍然具有相當成分的本能性因素。

(二) 需求與驅力

需求與驅力是兩個概念，但彼此之間有連帶關係。**需求** (或**需要**) (need) 是指因缺乏某種東西而產生的內在緊張狀態。需求狀態包括生理與心理兩方面；因營養缺乏而需求食物，屬於生理需求，個人在孤立無援時需求安全，屬於心理需求。**驅力** (或**內驅力**) (drive) 是指因某種內在緊張狀態促發個體活動，並藉活動結果使緊張狀態得以消失的歷程。準此定義，驅力有兩種意涵：其一指驅力因需求而產生；因缺乏而生需求，因需求而生驅力。因身體內部缺乏營養而有食物需求，因食物需求而有飢餓驅力，因飢餓驅力而有求食的活動，因求食得食而使飢餓驅力消失。其二指驅力就是促發個體活動的內在動力；渴驅力而驅使個體飲水，飢餓驅力而驅使個體進食，都是明顯的事實，但驅力的產生卻未必一定由於生理需求。例如罹患肥胖症的人時時感到有飢餓驅力，但在他的身體上並沒有因缺乏營養而形成生理需求。由此可見驅力也包括生理與心理兩方面，在一般心理學的書籍中，驅力一詞常冠以修飾詞用以區分兩方面的動機：其一為**原始驅力** (或**基本驅力**) (primary drive)，指因生理需求而產生的驅力 (如飢餓)。其二為**學得驅力** (或**習得驅力**) (acquired drive)，指因經驗而學得的驅力 (如藥物成癮)。

(三) 誘　因

前述之需求與驅力，從廣義的觀點言，皆可視之為促發個體活動的內在動機 (見後文)。惟個體的活動未必完全是由內在因素促發的，也可能是由外在因素誘發而產生。接下來要說明的誘因，就是如此。所謂**誘因** (incentive)，是指誘發個體行為反應的外在原因。而外在原因所指者，可能是事物，也可能是刺激情境。外在事物或情境之所以成為誘發個體行為的原因，主要是因為個體在經驗中曾學習到該等事物或情境能夠滿足過他的需求。基於此義，可知水是渴者的誘因，食物是飢者的誘因，財富是貪者的誘因，社會地位是好名者的誘因，高分數、獎狀、獎金是追求成就學生的誘因。

就誘因所誘發的行為看，誘因有兩種：凡是引起個體趨近或接納行為並由之獲得滿足者，稱為**正誘因** (positive incentive)；凡是引起個體躲避或逃離行為並因而獲得滿足者，稱為**負誘因** (negative incentive)。金錢、財富、權力、地位等之所以成為很多人追求的對象，是因為這些東西都是使人滿足的正誘因；而這些東西之所以能使人滿足，是因為一般人在心理上覺得這些東西有價值。負誘因一般指使個體視為畏途的刺激情境，凡是高危險區的標誌，使人望而卻步者，都是負誘因。

(四) 意　志

前文所提到一些有關動機的概念，都是兼可用來解釋人與動物行為的原因。只有意志是人類獨有的一種複雜動機，所謂**意志** (will)，是指促使個體自願選定目標並自願努力達成預訂目標的內在心理動力。因此也稱意志為**自由意志** (free will)。在此定義中，有兩個重要概念尚須進一步略作說明：其一，意志雖也是促動個體行為的內在力量，但意志所促動的某種活動，特別具有自願與選擇兩種特徵。凡意志堅強的人，其所表現的不屈不撓行為，均出於自願與選擇。其二，意志雖也是促動個體朝向某一目標行動的內在力量，但在意志動力下所追求的目標，較之一般動機下所追求的目標，具有較高的理想性。在意志促動下所追求的目標，是個人認為在所有選擇中具有最高價值的。因為他自認最有價值,所以他甘願接受挑戰,雖然受盡挫折,仍全力以赴,克服困難,以期達成他所設定的理想目的。

第二節 生理性動機與心理性動機

人類的行為極為複雜,要想了解人類行為背後的動機,在研究上自然也難找到單一的取向與方法。因此,心理學家們在研究人類的動機問題時,都是將動機分為不同類別來解釋。一般心理學家多傾向將人類的動機分為兩大類;惟劃分的準則不盡相同。有些學者將之分為**原始性動機** (primary motives) 與**衍生性動機** (secondary motives) 兩大類;有的學者將之分為**生物性動機** (biological motives) 與**社會性動機** (social motives) 兩大類;也有些學者將之分為**生理性動機** (physiological motives) 與**心理性動機** (psychological motives) 兩大類。本書對各種動機的分類討論,將採最後一種分類方式。因為,將動機大致分為生理與心理兩大類來看,與心理學上一向兼顧身心兩方面問題的取向比較一致。

一、生理性動機

顧名思義,生理性動機是指以生理變化為基礎的動機。研究生理性動機的目的,旨在了解生理上如何變化以形成內在狀態,進而促發外顯行為。以生理變化為基礎的動機有很多種,諸如痛、渴、飢餓、性、母性等,均屬生理性動機。因篇幅所限,在此只就心理學上研究最多的飢餓與性兩種動機,分別討論於後。

(一) 飢餓動機

"民以食為天",這話說明了吃飯對人的重要性。人為什麼需要吃飯?這問題的最簡單答案,人盡皆知是因為飢餓。因此,**飢餓動機** (hunger motive) 或**飢餓驅力** (hunger drive),自然就成了吃飯行為之原因的解釋。不過,從學理的觀點看,我們對"吃飯是因為飢餓"一事,可以說是行易知難;雖然大家對"餓了就吃"與"吃了就不餓"的原則人盡皆知,但對以下看似簡單的三個問題,在心理學中卻迄未找到肯定的答案:(1) 究竟是什麼原因使個體產生飢餓感?(2) 如果說,吃飯是由於生理上的需求,為什麼有人會超過生理需求而猛吃不停以致造成肥胖症?(3) 如果說進食是維持身體健康所必需,為什麼又有人因懼食而患厭食症?接下去就依次討

第二節　生理性動機與心理性動機　　313

論這三個問題。

1. 飢餓的生理心理學解釋　　生理心理學家研究飢餓動機，旨在尋求兩個問題的答案：(1) 飢餓動機產生時會有飢餓感，飢餓感是如何產生的？(2) 飢餓則需進食，進食到某種程度時即因飽足的感覺而停止進食，"飽足感"的生理變化，究竟受身體內何種器官管制？

生理心理學家對第一個問題的研究分為兩個階段。第一個階段是 20 世紀 50 年代以前流行的血糖水準的說法。此種說法認為，在**下丘腦**部位 (見圖 2-5) 有一個職司調節體內血液中葡萄糖 (俗稱血糖) 水準的神經組織。血糖降低到某一水準時即產生"飢餓感"而需要進食；血糖水準升高時，即產生"飽足感"而停止進食。1955 年生理學家梅耶提出一種新的理論 (Mayer, 1955)，指出血糖水準降低並非構成飢餓感的惟一原因；缺乏內分泌系統胰腺分泌的**胰島素** (見第二章第四節)，才是主要原因。胰島素的功能是幫助體細胞吸收葡萄糖並轉化為身體所需的熱能。胰島素分泌不足時血液中的葡萄糖就不能被吸收利用，而隨尿液排出體外，這是糖尿病的主要症狀。糖尿病患者時常感覺飢餓，血糖水準高反而感到飢餓，可見單是血糖水準降低並非飢餓的主因。由此可見，"飢餓感"的產生是葡萄糖與胰島素二者交互作用的結果；每當胰島素的化學作用將葡萄糖轉化為熱能以促進新陳代謝時，葡萄糖被利用而需要補充，因而形成飢餓感。

至於對第二個問題的研究，生理心理學家們多年來一直認為在下丘腦部位有兩個神經組織，分別控制進食與停止進食的反應。第一個神經組織在下丘腦的外側，主控個體的進食反應，稱為**進食中樞** (或**攝食中樞**) (feeding center)。第二個神經組織在下丘腦的腹內側，主控個體停食反應，稱為**飽食中樞** (或**飽中樞**) (satiety center)。在 20 世紀 50 年代時即已有生理心理學家 (Hetherington & Ranson, 1940) 以白鼠為實驗研究發現，如破壞下丘腦外側的進食中樞神經組織，白鼠即停止進食；如破壞下丘腦腹內側的飽食中樞神經組織，白鼠即貪食不饜，結果會使身體重量遽增三倍之多 (圖 9-1)。

圖 9-1　破壞飽食中樞後白鼠體重遽增三倍

(採自 Hetherington & Ranson, 1940)

2. 肥胖症及其成因 肥胖症 (obesity) 指體重超過標準而形成的身材過度肥胖的疾病 (見圖 9-2)，在從前窮困社會中，肥胖代表富態、福相，但在現代富裕社會中，肥胖卻成了很多人揮之不去的夢魘。肥胖不僅帶給個人行動不便，影響個人自尊、自信，而更嚴重的是，肥胖是健康的敵人；它是導致糖尿病、高血壓、心臟病等的主要原因。在醫學檢查上，評量體重的標準，一般是按身體質量指數來計算的。**身體質量指數** (body mass index，簡稱 BMI) 指採用個人身高和體重的比值代表身體發育正常的指標數字。身體質量指數的計算公式是：

$$BMI = \frac{體重 (公斤)}{身高 (公尺)^2}$$

如某人身高一百七十公分 (即 1.7 公尺)，體重為六十五公斤，他的 BMI＝65/(1.7)²＝65/2.89＝22.5。這表示他的身體發育是正常的。根據醫學研究，一般正常人的 BMI 界於 20～24.9 之間；如 BMI 在 25～29.9 之間，就算過重，如 BMI 在 30～39.9 之間，就算肥胖；超過 40 以上，就是肥胖症。如某人身高 160 公分，體重 100 公斤，按上述公式計算，他的 BMI 是 40.23，就算是肥胖症。近幾十年因經濟繁榮帶來的生活富裕，身體肥胖的人數較前大為增加。根據美國疾病防治中心 2004 年的調查，美國患肥胖症者占全人口的百分之三十一 (Centers for Disease Control and Prevention, 2004)。目前台灣成年人也愈來愈胖。根據衛生署 2008 年對六千成年人的調查發現，成年男性體重過重達肥胖程度者占百分之五十一。女性則為百分之三十六 (見 2009 年 2 月 18 日聯合報)。

心理學界對肥胖症問題的研究，一般都是從生理與心理兩方面尋求解答。對肥胖症的生理學解釋，目前公認有兩種理論，一種理論是將人體內脂肪細胞的數量與大小視為形成身體肥胖的原因。持此理論者認為，每個人身體內的脂肪細胞數量是與生俱來的 (遺傳的)。脂肪細胞數量的多

圖 9-2 肥胖症
肥胖症並非嚴重的身心疾病，只因患者過分愛吃高脂肪及含糖量多的食物，而又缺少運動所致。

寡，將決定個人進食行為；脂肪細胞多者食量大，脂肪細胞少者食量小。惟脂肪細胞數量多只可視為形成身體肥胖的主要因素，而非惟一決定性因素。因為脂肪細胞體積的大小也是形成肥胖的另一原因；而脂肪細胞體積的大小則與自幼飲食習慣有關。體內脂肪細胞數量較多，而自出生即營養豐富的嬰幼兒，大概在兩週歲以前已使其體內脂肪細胞迅速肥大，奠定其一生肥胖的基礎。準此而論，成年後所採取的一切節食減肥措施，其效果只能使體內脂肪細胞體積縮小，並不能使脂肪細胞數量減少。由於體內具有保持均衡狀態的自律功能，縮小體積之後的脂肪細胞，隨時有恢復原狀的傾向；只要遇到有攝取含脂肪食物的機會，就會迅速吸收以恢復原來的體積。這就是很多減肥者效果不易維持的原因。要想減肥有效，必須節食與運動雙管齊下，並持之以恆；使脂肪細胞的體積得不到復原的機會。

解釋肥胖症的另一生理心理學理論是定點論。**定點論** (set-point theory) 是指個體的肥胖表現在體重超常，而每個人的體重決定於初生及幼年體內脂肪細胞的定值數量 (Keesey, 1980)。在個體一生中，脂肪細胞的數量只增不減。脂肪細胞的體積隨時變化；過時不食，脂肪細胞縮小，即感肌餓，多食則使脂肪細胞漲大，而生飽感。如吃進過多食物，脂肪細胞將過度肥大，肥大後即不再回縮，因而長期貪食者的定點值將隨脂肪細胞的擴大而提升，提升後即不再下降。根據脂肪細胞的定點論

直接推論，希望藉節食達到減肥的目的，是很困難的；原因是身體內部為維持平衡狀態而具自動恢復定點的趨勢。即使勉強節食使體重短時間下降，長期下去一旦恢復正常飲食，體重立即急劇增加再回到原來的定點。

除上述生理因素外，個人的生活習慣 (如缺少運動) 及美食的誘惑也是現代人肥胖的重要心理因素。節食減肥對少數人有效，少數人所指者即是內在心理因素構成肥胖的人。

3. 厭食症與貪食症 以上所述肥胖症雖然使人感到煩惱，但從身體功能需要食物營養的觀點言，總還不能視之為進食異常。所謂**進食異常** (eating disorder)，是在沒有身體疾病的情形之下，個人進食習慣完全異於常人的心理異常現象。目前心理學上研究的進食異常有兩種，一為神經性厭食症，另一為神經性貪食症。

神經性厭食症 (anorexia nervosa) 是一種節食不當所引起的嚴重體重失常。如無其他生理上的原因，單是由於患者厭惡進食而導致正常體重驟然下降百分之二十五者，即被視為神經性厭食症。神經性厭食症情況嚴重者，有可能因拒食而導致正常體重下降百分之五十以上，至此地步即有喪失生命的危險 (Szmukler & Russell, 1986; Gordon, 2000)。

厭食症的主要症狀，除體重急遽下降之外，患者對食物極度厭惡，先是忍著飢餓不吃食物，後來變成食物當前，也不感飢

圖 9-3　神經性厭食症
圖中左邊全身像為神經性厭食症患者，右邊半身像為治療後復原的體型。
(採自 Sternberg, 2001)

餓，甚至被人勸導吃進食物之後，他也會以自行引導的方式，將吃下的食物嘔吐出來。至此地步患者已由厭惡食物演變為恐懼食物。因為神經性厭食症純屬心理異常現象，故而可在病情尚未十分嚴重時經心理治療獲得復原 (見圖 9-3)。

神經性厭食症是美國近年來青年問題之一，據調查統計，有高達百分之三十的患者最後因嚴重缺乏營養而死亡 (Gilbert & Deblassie, 1984)。因此，青年人因愛美而厭食的作為，無異是自殺行為。

神經性厭食症患者多為十五至三十歲的青年女性；她們之所以厭食拒食，主要是因過分重視自己的**身體意象** (body image) (個人在心理上對自己身體所持的主觀形象，個人的身體意象包括別人的看法和自己的期望)，認同"瘦就是美"的時代風尚而流行的一種價值觀念。這與古時 (無分中外) "肥胖是美" 的觀念相似，都是社會文化變遷的結果。

與上述神經性厭食症相反的另一種進食異常現象，是為神經性貪食症。**神經性貪食症** (bulimia nervosa) 是指進食時極為貪吃 (每餐吃下食物可產生二千卡路里熱量)，但飯後又極端恐懼會因貪吃而肥胖，而以嘔吐方式將吃進去的食物嘔吐出來。顯然，神經性貪食症患者有嚴重的心理衝突；一方面極端貪吃，藉進食活動獲得心理上的滿足；另方面又極端恐懼自己身體肥胖。根據心理學家調查研究發現，在美國的大學生中患此症者約占百分之十三，較諸前述神經性厭食症者多出三倍以上(厭食症的罹患率是百分之四)，其中女生占多數，約百分之八十七。患者雖然仍能保持正常體重，不因貪吃而肥胖，但因不正當的方法養成飯後嘔吐習慣，所以多數患有腸胃疾病 (Dunn & Ondercin, 1981)。

對神經性厭食症與貪食症兩種進食異常的原因及治療問題，目前尚無肯定答案。上述神經性厭食症與神經性貪食症，患者之所以忍飢挨餓甘願受苦，其動機都是身體意象的心理壓力下追求理想的體型。有關理想體型的心理學研究，可參閱補充討論 9-1。

(二) 性動機

性動機 (sexual motive) 通常稱為**性驅力** (sexual drive)，是人與動物**性行為** (sexual behavior) 的內在促動力。從生物學的觀點看，性動機是原始性或生理性的動機之一，但如只就人類的性行為而言，其動機的成分中，除生理基礎之外，尚含有相當大成分的社會文化因素。人類的性行為含廣狹二義：狹義言之，只限於個體性器官成熟後兩性間的性交行為；廣義言之，個體自幼所表現的與其性別角色及兩性交往有關的一切行為，統稱性行為。因篇幅所限，本文只限於探討人類性動機的生理基礎及兩性間相互吸引的心理方面的問題。

1. 人類性動機的生理基礎 人類的性動機雖然在性質上和飢餓動機相似，都是具有生理基礎的，但除此之外，性動機與飢餓動機尚有以下四點差異：(1) 飢餓動機是終生存在的，只要個體活著，他就必須飲食，但性動機卻只在某段時間內發生；(2) 飢餓動機如長期不獲滿足，終將危及生命，但性動機若使不獲滿足，也可能會自行消失；(3) 飢餓動機的滿足方式，主要是個體單獨的，而性動機的滿足則須有對象；(4) 飢餓驅力之產生，原於身體組織中匱乏後的需求；而性驅力之產生則源於內分泌中**性腺激素**的刺激。

個體到青春期性器官發育成熟後，其**主性徵**與**次性徵**相繼出現。此時男性**睪丸**內分泌一種**雄性激素**，女性卵巢內則分泌一種**雌性激素**。兩性各具有的性腺激素，是刺激兩性之間彼此吸引並發生性行為的主要內在動力。

性激素雖然是促動男女兩性之間彼此吸引以發生性關係的內在驅力，但對人類性行為而言，性激素的作用卻與動物不同，它並不能完全決定人類的性行為。至於動物，如將雄性動物的睪丸切除，使之不能分泌雄性激素，該動物對異性的性追逐行為，將自行消失。對人類雖不能從事類似動物的實驗，但有些特殊情形，如因病或傷害致使雄性激素不再分泌者，雖有的減低了性的興趣，但有的照常與異性發生關係。再看雌性動物，如將雌猴的卵巢切除，使之不能分泌動情激素，雌猴的性活動亦將自行消失。而人類的女性則並非如此。女性過了**更年期**，其卵巢即停止分泌動情激素，但其對性的興趣，未必減低；

318　第九章　動機與情緒

補充討論 9-1
理想體型的心理學研究

所謂**理想體型** (或**理想身材**) (ideal body shape)，是指個人在自己的**身體意象**影響下，在心理上對自己的體型所持的主觀性與理想性的形象。在心理學上研究理想體型者，不外採取兩種取向：其一是研究理想體型隨時代風尚演變的趨勢，其二是實際調查男女兩性別對理想體型的看法。惟兩種取向有一共同之點，就是所得結果都是相對的；前一取向是不同時代的人對理想體型不同的相對看法，後一取向是男女兩性對理想體型有不同的相對看法。

一、理想體型隨時代而改變

由圖 9-4 可以看出，在 15 世紀文藝復興時代，畫家所繪女性身材多以肥為美 (左圖)；20 世紀中期，好萊塢明星瑪麗蓮夢露的豐腴身材成為一時偶像 (中圖)；21 世紀初清瘦的服裝模特兒，又成了年輕女性的榜樣 (右圖)。

圖 9-4　理想體型隨時代演變
(採自 Kosslyn & Rosenberg, 2007)

二、理想體型男女兩性的不同看法

曾有心理學家 (Fallon & Rozin, 1980)，用預訂的量表 (自左至右代表瘦胖程度) 要求兩性受試者按量表數字刻度，用箭頭表示出他們心目中最吸引人的理想體型。圖 9-5 中上下兩圖量表下的說明就是該調查的結果。

第二節　生理性動機與心理性動機　319

圖 9-5　男女兩性對同性與異性理想體型的看法

　　從前述心理學家所做的調查研究看，男女兩性對同性與對異性的看法，皆顯示不一致的現象。女性認為男性最欣賞的女性身材，事實上與男性所欣賞者並不符合；男性心目中最吸引人的女性體型要豐腴些 (上圖)。同樣現象也顯示在對男性體型的看法 (下圖)；男性認為女性最欣賞的男性身材，事實上與女性最欣賞者並不符合，女性心目中最吸引人的男性體型要健壯些。一般認為個人節食瘦身，主要目的是希望吸引異性。此項研究結果顯然與此目的不相符合。

　　近年來瘦身之風在台灣大為流行。很多中學生在重塑自己身體意象的心理驅使下，群起追趕時髦。新近台灣多家醫院接獲很多瘦身減肥不當的病例。林口長庚醫院一天之內接獲三名初中三年級的女生，身高都有一百六十公分，體重卻只有三十公斤，都是因為嚴重營養不良而送進醫院。台北榮民醫院遇到三名高中三年級的女生，一名身高一百六十公分，體重只有二十公斤，一名身高一百六十二公分，體重只有三十八公斤。最特殊的是一名身高一百七十公分的女生，為了想當服裝模特兒，不惜忍飢挨餓將體重減到三十六公斤。醫師診斷白血球過低，抵抗力太弱惟恐感染，強迫送入了加護病房 (見 2006 年 12 月 20 日中國時報)。如果採取上述心理學家研究結果來評論這些女學生的瘦身作為，其瘦身結果除了有傷身體健康之外，也達不到她們所希望的"吸引異性"的目的。

甚至由於更年期後不須考慮避孕的煩惱，其對性的興趣反倒會有增強的可能。

總之，人類性行為背後的性驅力，其原動力並不全是受性激素的控制。換言之，人類的性行為，並不像動物那樣是完全以生理的變化為基礎的。這現象顯示出人類性行為的複雜性；在人類性行為的複雜性之中，可能包括著個人的心理因素和社會文化因素。接下去要討論的兩性間相吸相斥的問題，將對人類性行為的複雜性做進一步說明。

2. 人類兩性間的相吸與相斥 從自然界一切動物的生活看，一切動物的性行為，都是發生在雌雄兩性之間。人與動物有相似之處，因此自古就有 "飲食男女，人之大欲存焉" 的觀念。然而就人類所表現的性行為來看，並不完全符合 "異性相吸" 自然法則。在兩性關係上違反異性相吸自然法則者有兩種變異，一為變性症，另一為同性戀。

變性症是指個體的生理性別與其心理性別不相符合，而一心想改變自己性別的異常現象(見第十三章第三節)。亦即生為男兒身者一心想做女性，生為女兒身者，一心想做男性；而變性症以男性占多數。變性症的成因迄今未能完全了解；可能與遺傳、性激素分泌失衡、幼年性別心理發展階段的性別認同有關(見第八章第三節)。如兩歲以後的兒童不能正確認識並承認自己的性別，就可能會因心理衝突而陷入**性別認同障礙**。變性症者雖然可經由醫學手術改變他的性器官，幫助他變為他所希望的性別(見圖 13-1)，但如從變性後兩性生活的適應看，變性者既不能生育，也不能和正常人一樣在性生活上得到滿足。

同性戀 (homosexuality) 是指性動機促動的性行為不以異性為對象，而是同性別之間彼此吸引的現象。同性戀者之間的性行為，多以擁抱、口淫、雞姦、彼此撫摩、彼此手淫等方式為之，從而獲得性的興奮與滿足。在人類歷史上，同性戀古已有之，所謂 "斷袖之癖" 即係指漢哀帝與其寵臣董賢之間同性戀的故事。

在西方基督教文化傳統中，一向認為同性戀違反上帝旨意而加以禁止；在精神病學上也一向將同性戀視為變態行為來處理。直到 20 世紀 70 年代，一方面由於性觀念開放，另方面由於全世界同性戀者發起人權運動，結果使一向視同性戀為病態的**美國精神病學會**，從 1973 年起即在《心理異常診斷統計手冊》(第三版) 中，將同性戀從心理疾病名單中刪除。自此之後，即使同性戀者行為方式未必為一般人視為正常現象，但至少不再視為變態行為。惟自 1981 年發現了愛滋症與同性戀行為有密切關係之後，社會上一般人才對同性戀的行為轉而持否定的態度。**愛滋症**是**後天免疫缺乏症候群** (acquired immune deficiency syndrome，簡稱 AIDS) 的簡稱。該症為傳染病，其傳染途徑主要為同性戀、多異性對象、使用共同注射器等。愛滋症是一種絕症，傳染後不致立即發作，其潛伏期可能長達十年以上，一旦發作平均在一年左右死亡。

二、心理性動機

前述生理性動機說明了由生理因素所形成的行為內在動力。接下來要討論的心理性動機，則旨在說明由心理因素所形成的行為內在動力。心理性動機與學習經驗有密切關係，其複雜性遠超過生理性動機。心理學家在研究人類心理性動機時，通常多將親和動機、成就動機、權力動機三者分別列為研究主題。

(一) 親和動機

所謂**親和動機** (affiliative motive)，是指個體與別人接近的內在動力。此種內在動力出自個體心理上對人的需求，能與他需求的人在一起時，他的親和動機就會獲得滿足。人世間的親情、友情、愛情等所有人際關係維繫的原動力，就是親和動機。

在日常生活中寂寞與孤獨是難以避免的；人在孤獨寂寞時就會產生較強的親和動機，按心理學家的解釋，孤獨時之所以使親和動機增強，乃是由於孤獨情境使人**焦慮**，焦慮使人感到恐懼不安。如在此時有人相伴，即可使焦慮減低 (Schachter, 1959)。

(二) 成就動機

成就動機 (achievement motive) 是指個人在設定的目標之下追求學業或事業成就的內在動力。進一步分析，成就動機含有三點意義：(1) 指個人追求進步以期達成希望目標的心理傾向；(2) 指從事目標追求時，個人自我投入精益求精的心理傾向；(3) 指個人在不順利的情境中，衝破障礙克服困難奮力達成目標的心理傾向。成就動機是人類所獨有，正因為人類有成就動機，所以人類才會不斷地改善生活，創造文明。在心理學的研究上，成就動機是重要主題之一，自 20 世紀 30 年代起，有關成就動機研究的成果已相當豐富。本文因篇幅所限，以下只討論有關成就動機的兩個重要概念。

1. 成就需求與失敗恐懼 在心理學研究中最早對成就動機從事系統研究的學者，是 20 世紀 70 年代美國心理學家麥可利蘭等人曾對成就動機連續研究了三十多年 (McClelland, 1960；McClelland & Franz, 1992)。他們都將成就動機視為一種持久性的人格特質，並稱之為**成就需求** (need for achievement)。在人格上顯示成就需求較高的人，當面對難易不同的工作或任務時，喜歡選擇較難者去接受挑戰；而且在選定之後即全力以赴，從而達成理想的目標。此種人格特質與學習有關，兒童階段的家庭教育是養成此種人格特質的主要原因。美國心理學家阿特金森，對成就需求提出了相對心理傾向的解釋。認為追求成就行為的背後，並非只是成就需求的內在動力，而是另外存在著一種**恐懼失敗** (fear of failure) 的反方向內在動力。這兩種內在動力相對抵銷的結果，形成了個人的成

就動機 (Atkinson, 1964)。準此而論，在憑觀察發現某人在外顯行為上是否努力工作以推理解釋其成就動機強弱時，必須考慮到他內在心理上相對方向的兩種動力。換言之，在追求成就行為的背後，同時存在著方向相反的兩種動機：一為追求成功的動機，二為逃避失敗的動機；只有在前者的力量大於後者時，個人才會表現出追求目標的外顯行為。從日常生活的經驗看，將成就動機解釋為"求成與避敗"的看法，顯然是符合事實的。以參加論文比賽為例。在參加前一定會同時考慮到比賽成功與失敗後果的問題。如果最後個人決定參加，其行為的內在動力乃是由於求成心理大於避敗心理所致。然從決定不參加比賽者來講，在心理上未必完全沒有成就動機；只是他們在考慮參加與否時，其避敗心理大於求成心理而已。

2．外在動機與內在動機 根據前節所述成就動機的定義，成就動機是個人在其所設定目標之下，追求學業或事業成就的內在動力。在此定義中，端看目標所指為何，如目標所指者是高分數、獎狀或獎金，此類目標即可視為引起個體成就動機的外在誘因。由外在誘因引起行為的動機，稱為**外在動機** (extrinsic motivation)。反之，如果目標所指者只是個人自願的一種活動，除了從活動過程中獲得滿足之外，不另有其他目的；只因活動本身帶來滿足，即可促動個體繼續活動。像此種不帶有其他目的的動機，稱為**內在動機** (intrinsic motivation)。從成就動機所促動行為的持久性來看，內在動機促動個體追求成就的行為，其持久力遠大於外在動機所引發的行為。成年人的事業成就是如此，兒童們的遊戲作業是如此，甚至連動物的活動 (如猴子攀樹遊戲) 也是如此。

曾有心理學家以幼稚園的幼兒為對象，進行實驗研究，從而觀察比較不同動機情境對幼兒自動繪畫活動的影響 (Lepper, et al., 1973)。該實驗以**隨機分派**的方式將幼兒分為 ABC 三組，讓他們從事兩階段的繪畫活動。第一階段為實驗階段，此階段對三組幼兒做如下之不同處理：對 A 組只提供繪畫材料，不做其他要求；對 B 組 (控制組) 除提供同樣繪畫材料外，並在繪畫結束之後給予每人一份事先並未告知的獎品；對 C 組則是在繪畫開始前先說明畫完後會有獎品。如此設計的目的是基於以下的假設：A 組幼兒的繪畫活動沒有外在誘因；他們要是喜歡繪畫，那是由於內在動機的關係。C 組幼兒繪畫活動的外在誘因明顯，在此情形下，他要是喜歡繪畫，很可能是受了外在動機的影響。第一階段結束後，每天提供三組與實驗等長的自由活動時間，兒童們在自由時間內可以自由選擇繪畫，也可以自由選擇其他遊戲活動。實驗者只是從旁觀察記錄三組兒童自行選擇繪畫活動時占用的時間。如此連續觀察兩週之後，結果發現，C 組兒童 (事前說明給獎) 自動繪畫時間最短，只占用全部自由活動時間的 8.6%；B 組兒童 (給獎但事先不知) 自動繪畫時間最長，占用全部自由活動時間的 18.1%；A 組兒童(沒有給獎) 自動繪畫時間次長，占用全部自由活動時間的 16.7%。此一實驗結果的教育涵義是，在設計的教育情境中要兒童從事某種學習活動時，內在動機的效應遠大於外在動機。

(三) 權力動機

權力動機 (power motive) 是指個體在行為上的所作所為，其背後隱藏著一種內在力量；而此種內在力量，乃是由於個人所懷的一種強烈地影響別人或支配別人的慾望所促動。此說法似乎頗像一般人所謂"權力慾"，但在心理學上的意涵，兩者並不完全相同。

根據心理學家研究發現，凡是對社會事務有濃厚興趣，而且極願以自己的作為影響大眾的人，其行為背後均存有強烈的權力動機。惟從個人的外顯行為去推測，可將權力動機分為兩種：一種是**個人化權力動機** (personalized power motive)，另外一種則是**社會化權力動機** (socialized power motive) (Lynn & Oldenquist, 1986)；前者是為了自己，後者是為了別人。

個人化權力動機強的人，在行為表現上多顯示三種特徵：(1) 喜歡參與社會活動，儘量利用機會去表現自己；在團體中如有才能相當或勝於自己的人，就會拿他當假想敵人，若不將之擊敗，絕不干休。表面看來，此種人熱心社會事務，事實上他是利用社會形象，達到滿足私慾的目的。(2) 熱衷追求權位，惟在追求權位過程中，以手段當做了目的；甚至不惜以卑劣手段達成目的。(3) 視物質條件為最高價值，不僅盡情享受物質生活，而且也竭盡所能去聚積物資；並企圖藉優於別人的財富條件，炫耀自己的社會地位，進而達到影響別人甚至控制社會的目的。

社會化權力動機強的人，在行為表現上也顯示三種特徵：(1) 關心社會但不實際爭取掌權的職位，僅只在個人專長與專業範圍內，以傳播知識理念的方式，希望影響別人、助益社會。這種人在社會上多數從事醫師、教師、牧師、作家、畫家、音樂家等工作；他們的正義感與對社會的關懷，多靠他們言行的示範或作品的流傳以影響社會。(2) 關心社會也走入社會，他們以自己的專長實際地服務人群；或是解除別人的痛苦，或是維護社會安全，從而達到影響別人與助益社會的目的。(3) 擔任以服務為目的的團體領袖，他們愛人類、愛社會，對社會公益事項與人民福祉，懷有很深的使命感，企圖以其才能領導大眾，從事改革，期冀達到影響別人與助益社會的目的。像此種公而無私的領袖人物，不僅政府機關需要，其他任何公私團體也都需要。雖然居於團體領袖地位者是擁有權力的人，惟從社會化權力動機的概念言，他們不重視行使權力的當時得到的個人滿足，而重視在行使權力之後所產生的利民效果，藉此而實現自己的理想。

第三節　動機理論

動機理論 (theory of motivation) 是指心理學家對動機產生的原因與其對行為發生的作用所做的理論性解釋。科學心理學誕生後的一百多年來，心理學家們提出過多種觀點不同的動機理論，本章第一節內提到過的本能的解釋，就是 20 世紀之初流行一時的動機理論。由於本能論在解釋人的行為時只涉及與生俱來的簡單行為，不足以解釋人類日常生活中很多複雜行為。因此，本節所介紹的動機理論，乃是在本能論之外的心理學三大學派的四種動機理論；即行為論者提出的驅力減降論，生理心理學家提出的激發論，認知論者提出的期望論，以及人本論者提出的需求層次論 (註 9-1) 等。

一、驅力減降論

驅力減降論是美國行為主義心理學家赫爾 (Clark Leonard Hull, 1884～1952) 在 20 世紀 50 年代所提出的動機理論。**驅力減降論** (或**內驅力降低說**) (drive-reduction theory) 的基本要義是，動機是促發個體行為活動的內在動力，而內在動力的產生，則是由於個體內在生理上各種需求得不到滿足時所形成的內驅力。當內驅力存在時個體內在的生理運作即失卻均衡，失卻均衡便使個體感到緊張不安，為了消除緊張不安，個體乃有尋求滿足需求的外顯行為活動。體內缺乏養分時，個體內在便產生食物的需求，也因此而產生飢餓驅力；由於飢餓驅力的促發，個體乃有尋求食物與進食的外顯行為活動。

赫爾提出的驅力減降論，主要是用來解釋個體 (尤其是動物) 的學習行為。赫爾認為 (Hull, 1952)，個體在學習情境中之所以產生學習，是因為學習結果能使其內在需求獲得滿足，而使其驅力減低乃是主要原因。基於此義，即可按以下步驟訓練狗用前腳與主人握手的動作：(1) 先使狗缺食一段時間，讓牠形成飢餓驅力；(2) 手持狗喜歡的食物，並保持狗直立起來才能吃到的高度；(3) 每次狗直立取食時，主人即握住牠的前腳，並隨即給予食物；(4) 在每次取食時，主人一邊喚狗的名字，並口說"握握手"；幾次練習之後，

註 9-1：本章所介紹的動機理論，只是偏重於解釋一般行為的動機，除本章所列幾種動機理論之外，有關社會行為的動機理論，請參閱本書第十二章第一節的歸因論。

"握握手"的訊號(刺激)與狗直立起來用前腳與主人握手的動作(反應)即產生聯結。在此刺激-反應聯結過程中,食物是影響聯結的主要因素。按赫爾的驅力減降原理來解釋狗學得跟主人握手的行為,那就是:因食物需求而產生飢餓驅力,因飢餓驅力而產生求食與進食行為,因獲得食物而使需求滿足,因需求滿足而使飢餓驅力減降,飢餓驅力減降的後果,就會使"握握手"的語言和"直立起來用前腳與主人握手"的行為獲得**強化**。在以後遇到同樣情境時(飢餓驅力再度發生時),就會出現同樣的行為。

顯然,赫爾的驅力減降論,與第六章斯金納的**後效強化**原理具有同樣意義。都是以個體本身條件(生理需求)與外在環境(食物)做為決定個體行為的必要因素。在本章之初曾經指出,動機問題的探討,源於古代哲學心理學時代四大爭議中**自由意志對決定論**問題的爭議。赫爾的驅力減降論,在性質上屬於決定論。從決定論的觀點解釋動物行為的動機雖無不可,但很難用來概括解釋人類的複雜行為。因此,在20世紀60年代以後,驅力減降論隨行為主義勢力的式微而失卻了影響力;代之而起的是其他不同論點的動機理論。

二、激發論

激發論(arousal theory)是心理學家從生理心理學的觀點探討個體生理的激發狀態與其行為表現之間的關係。**激發狀態**(arousal state)指的是因外在刺激引起的內在生理變化;包括心跳、呼吸加速、腺體分泌、肌肉緊張等多方面的改變,而生理改變的原因則是由於中樞神經使然。如此解釋激發論,讀者可能尚未理解其確實意涵。茲舉三個學生應付考試的不同態度以說明之。設有甲乙丙三個大學生的智力相近,而且三人在校成績也大致相同,只是在參加一項相當困難的獎學金考試時,在態度上各不相同:甲生對考試持無所謂的態度,只是參加,不在乎成敗;乙生對考試認真,但並不過分緊張,只將考試視為檢驗自己的實力;丙生對考試看得極為重要,因為他極需這份獎學金做為購買電腦之用,因此對他來講考試是只許成功不許失敗的。從激發論的觀點言,這三個學生的生理激發狀態各不相同;甲生的激發狀態最低,乙生的激發狀態中度,丙生的激發狀態最強。考試後三人的成績有可能因激發狀態的不同而產生不同的影響(乙生成績可能最好),原因是激發狀態升高等於動機增強,甲生的動機過低,丙生的動機過強,過強的動機會使人心情緊張。多年前美國心理學家耶基斯(R. M. Yerkes, 1876～1956)與杜德森(J. D. Dodson, 1879～1955)二人曾採用類似上述三大學生面對考試的情境並增加了一項工作難度從事實驗研究,結果在1908年提出一項法則,稱為**耶基斯-杜德森法則**(Yerkes-Dodson law)(Yerkes & Dodson, 1908)。圖9-6的A、B、C三條曲線分別表示激發狀態(動機強度)、工作難度、工作成績三者

圖 9-6　耶基斯-杜德森法則

從事難易不同工作時激發狀態與作業成績的關係

(採自 Yerkes & Dodson, 1908)

間的關係。

圖 9-6 顯示的意義是：(1) 從事簡易工作時激發狀態強 (動機較強) 會有較佳的成績；(2) 從事難易適中工作時激發狀態較弱 (動機適中) 會有最佳的成績；(3) 從事繁雜工作時激發狀態較低 (動機較弱) 會有較佳成績。

三、期望論

前述驅力減降論與激發論是以行為主義與生理心理學的觀點出發解釋行為動機的，接下來所介紹的期望論，則是從認知心理學的觀點解釋行為的動機。**期望論** (expectancy theory) 是指人的所作所為都是有目的的；在追求目的的行為活動中，總是期望達到自己預設的目的 (Rose, 1975)。以大學生選修心理學為例，其選修的理由雖因人而異，但每個選修者都各有其自己的目的；有的人選修心理學是期望獲得心理科學方面的知識，有的人選修心理學是期望藉此了解別人和了解自己，也有的人選修心理學是期望藉此增加其幫助別人的能力。總之，人的一切行為決定於他的期望，期望自己的行為活動能夠達成某種預期的目的。

期望論是以認知論的觀點解釋行為動機的，在某種情境下個體之所以表現某種行為，是因為個體對情境的特徵有所認知；認知到他所尋求的目的物在那裡；要買書籍時就去書店，要買衣物時就去百貨公司。在認知活動中，個體所尋求的目的物，對他來說都是有價值的東西。此種有價值的東西也就是本章之初所提到的**誘因**。諸如獎狀、獎金、榮譽、財富、地位、權力等都是誘因，也都是眾所期望尋求的目的物。

在工業心理學與組織心理學上，多引用期望論的觀點來解釋工作動機。所謂**工作動機** (work motivation)，是指從事職業性工作者行為背後的內在動力。人為什麼要工作？在什麼條件之下工作人員才會更加努力？這些都是屬於工作動機的問題。根據期望論的解釋，人之所以工作是因為他期望從工作中達到他所尋求的目的；諸如金錢報酬、生活保障、社會地位等均屬之。至於人何以努力工作的問題，可以解釋為他期望藉工作活動達到比別人更高的目標；諸如獎金、加薪、升遷等均屬之。

四、需求層次論

前面介紹的三種不同的動機理論，是分別代表不同心理學派對動機的解釋。接下來再介紹代表人本主義心理學思想的動機理論，即馬斯洛 (見圖 1-8) 的**需求層次論** (need hierarchy theory)。馬斯洛將人類的動機視為由多種需求形成的層次性的系統；系統中各層次需求分別具有促動與該層次所指行為活動的內在動力，而由低而高各層次形成的整個系統，則代表個體人格成長發展的內在動力。因此，在現代心理學上，馬斯洛以需求層次來解釋人類動機的理論，也被視為是解釋人格發展的重要理論。馬斯洛在 1970 年第二版的《動機與人格》一書中將人類的需求分為七個層次 (Maslow, 1970) (圖 9-7)：
(1) **生理需求** (physiological need)，指維持生存及延續種族的基本需求；(2) **安全需求** (safety need)，指受到保護與免於遭受威脅從而獲得安全的需求；(3) **隸屬與愛的需求** (belongingness and love need)，指被人接納、愛護、關注、鼓勵及支持等需求；(4) **自尊需求** (self-esteem need)，指獲取並維護個人自尊心的一切需求；(5) **知的需求** (need to know)，指對己對人及對事物變化有所理解的需求；(6) **美的需求** (aesthetic need)，指對美好事物欣賞並希望周遭事物有秩序、有結構、順自然、循真理等心理需求；(7) **自我實現需求** (self-actualization need)，指在精神上臻於真善美合一人生境界的需求，亦即達到個人所有需求或理想全部實現的境界。

根據馬斯洛的解釋，各種需求層次之間存在有以下的關係：(1) 各層需求之間不但有高低之分，而且有前後順序之別；只有低一層需求獲得滿足之後，高一層的需求才會產生；(2) 七層需求分為兩類；較低的前四層稱之為**基本需求** (basic needs)，較高的後三層稱之為**成長需求** (growth

```
        自我
       實現需求
       ─────
        美的需求          成
       ─────────         長
        知的需求          需
      ─────────────      求
        自尊需求
    ─────────────────
     隸屬與愛的需求       基
   ─────────────────    本
        安全需求          需
  ─────────────────────  求
        生理需求
```

圖 9-7　需求層次論圖示

(採自 Maslow, 1970)

needs)。基本需求有一共同性質,即均係由於生理上或心理上有某些欠缺而產生,故而又稱**匱乏性需求**(或**缺失性需要**) (deficiency needs)。

馬斯洛提出的需求層次論,在心理學界的反應是譽多於毀;如用來解釋短暫的動機(如參加一場考試),馬斯洛的理論固然有其侷限性,但用以解釋長程動機而且與人格成長動力連在一起時,馬斯洛的需求層次論,則有其獨到的價值 (Frick, 2000)。因此,馬斯洛的需求層次論不但是解釋動機的重要理論,而且也是解釋人格的重要理論。關於此點,留待第十一章第三節內再行說明。

第四節　情緒的性質

在本章之初曾經提到動機與情緒有密切的關係;兩者之間有相似之處,也有相異之處。由於動機性質複雜,有生理性動機與心理性動機之分,故而在心理學上一直將動機視為最重要但也是最難研究的主題之一。如將情緒與動機相較,情緒的複雜度與困難度較諸動機尤有過之。每提到情緒,就會想到喜、怒、哀、懼、愛、惡、欲七情的說法。可以想見的是,要想了解七情中每種情緒產生的原因及產生後的心理變化與外顯行為,無疑是極為困難之事。雖然心理學家們咸認情緒的研究和動機的研究同樣重要,但兩者之中,情緒研究的成就顯然落在動機研究之後。本節與下節的內容,即簡略介紹心理學家對情緒研究的大概情形。

一、情緒的定義

情緒 (emotion) 是指由某種刺激事件引起個體的身心激發狀態;當此狀態存在時,個體不僅會有主觀感受和外露表情,而且會有某種行為伴隨產生。在此情緒定義中,有四個要點尚須進一步說明。

1. 情緒係由某種事件所引起　情緒係由某種事件所引起,引起情緒的事件,多半屬外在刺激。在日常生活中,個人的情緒常隨環境中所面對刺激情境的變化而改變。笑聲、哭聲、風聲、雨聲、歌聲、讀書聲,會令人產生不同的情緒;鳥語花香的山林美景和喧嘩擁擠的市場情況,也會使人產生不同的情緒。引起情緒的事件,也可能是內在的,單憑回憶與想像,就會產生多種不同情緒。所謂"往事不堪回首"者,即指回憶時會令人產生悲痛的情緒。當然也有人從"甜蜜回憶"中,喚回愉快的情緒。此外,想像時也會產生不同的情緒,有人憑想像編織自己未來的美夢時,所產生的情緒就會是喜悅的;也有人想像著子女不成才時,就可能產生憂慮情緒。

2. 情緒狀態下伴隨產生生理反應
情緒是由某事件引起的生理激發狀態,生理激發狀態顯示在身體生理方面產生多種反應。以恐懼情緒為例,心跳加速、血壓升高、呼吸急促、內分泌改變以及瞳孔放大等,都是明顯的生理反應。第三章之初曾提到個體接受刺激至表現出反應之間,要經過一個三階段的身心變化歷程。由某事件引起生理激發狀態,就是由刺激事件引起生理事件的第一階段。在情緒的生理反應階段,中樞神經系統中的腦與神經系統中的**自主神經系統**,聯合發生重要作用。此點稍後再進一步說明。

3. 情緒狀態下產生心理反應　情緒狀態時,當事人不但自我覺察得到情緒的變化,而且也能辨別自己當時感受到的是何種情緒。喜、怒、哀、懼等不同情緒,就是個人在引起情緒的情境之下所得到的感受。惟在心理反應上所感受到的情緒經驗,純然是主觀的。因此,數人面對同一事件時,未必產生同樣的情緒。以觀賞甲乙兩隊球賽為例,任何一隊贏了,觀眾席上都會有人歡呼,有人嘆息;原因是觀眾們均各持有自己的立場。不同立場自然就會對同一事件有不同解釋，因而有不同情緒的心理反應。這就是第三章之初曾經提的從刺激到反應三階段中的第二階段；亦即由生理事件轉化為心理事件的階段。關於情緒狀態下產生心理反應從而獲得情緒經驗的問題，留待稍後再做進一步說明。

4. 情緒兼具行為與動機兩種特徵

情緒狀態形成時，不僅產生內在生理與心理兩方面的反應，而且同時產生情緒性行為反應。情緒行為反應稱為**情緒表達** (或**情緒表現**) (emotional expression)；在情緒狀態下的面部表情、語言表意以及身體動作等，都是情緒性行為反應。惟從促發行為的原因看，情緒性行為背後的原因，並非前文所說的動機，而是情緒。因此，情緒本身兼具行為與動機兩種性質。以恐懼情緒為例，如個體因恐懼而逃避，此逃避即屬**情緒性行為** (emotional behavior)。與情緒性行為相對而由動機引起的行為，則稱為**動機性行為** (motivated behavior)。

二、情緒歷程中的身心反應

前述情緒的定義下所列四點說明中的後三點，正是心理學家研究情緒時所探討的主題。這三方面主題包括了情緒歷程中的身心反應。

(一) 情緒的生理反應

根據前文情緒定義，情緒的第一個特徵是由某種事件引起的生理激發狀態。此處生理激發狀態所指者，是某種事件 (或刺激) 引起**神經衝動** (見第二章第二節) 後所產生的一連串生理反應。情緒狀態下的一切生理反應，都是由神經系統中的**自主神經系統**與腦兩個部位的神經組織所主控。

情緒狀態時，當事人雖能自我覺知，但不能自我控制情緒的發生。個人不能控制的原因，是因為主控情緒的自主神經系統是不受個人意志支配的。自主神經系統包括**交感神經系統**與**副交感神經系統**。兩者功能相反，前者是在情緒狀態時發生作用，後者是在情緒平靜時發生作用。諸如心跳加速、血壓升高、呼吸加速、瞳孔放大、腎上腺增加分泌等生理反應，都是由交感神經系統發生作用時所引起的生理反應。而這些反應又都是在情緒狀態之下產生的。

現在**司法心理學** (forensic psychology) 中所用**測謊器** (lie detector) 的設計，就是根據情緒狀態下個人不能控制其生理變化的原理。測謊器的裝置，主要測量呼吸、汗腺及心跳等個體不能自行控制的反應。各種反應記錄，均經震動式描針記錄在定速移動的紙帶上 (圖 9-8)。研究者即可根據受測者在回答問話時的各條曲線的變化，作為推測其是否說謊的依據。自動記錄多條曲線的儀器，稱為**多項記錄器** (polygraph)。

在實際進行時，研究者可以向受測者不定時地詢問兩類問題。一類是與案情無關的平常問題，一類是涉及案情的相關問題。如此設計旨在引起受測者不同程度的

圖 9-8　測謊記錄的放大圖

圖為多項記錄器上顯示的呼吸、汗腺及心跳記錄曲線隨問題性質變化的情形。

(採自 Raskin, 1982)

情緒反應，從而記錄其生理反應。圖 9-8 中的三條曲線即表示兩類問題下受測者在呼吸頻率、汗腺分泌及心跳速度三方面反應隨問題性質而變化的情形。由記錄圖中可以看出，受測者對兩類問題的反應有明顯的不同。研究者即可根據此種測謊器記錄，分析研判受測者撒謊的可能。測謊器雖在法警界廣為採用，但效果仍有侷限。根據心理學家的分析研究結果顯示，測謊器的準確度因案情而異；使用於對有罪者的準確度為百分之八十，使用於無罪者的準確度為百分之六十三，原因是無辜者受測時難免對測謊器產生反感而影響情緒 (Ben-Shakhar & Furedy, 1990)。由此可見，對無辜的人來說測謊器是不可靠的。由於情緒反應有很大的個別差異，對情緒敏感者或心智缺陷者較難使用。

(二) 情緒的心理反應

情緒的心理反應，是指當事人在情緒狀態時的主觀感受；感受到的是快樂還是痛苦。情緒的主觀感受，稱為**情緒經驗** (或**情緒體驗**) (emotional experience)；情緒經驗既是主觀的，自然就很難找到客觀標準以確定何種刺激情境之下產生何種情緒反應，且不同的人對同一情境未必產生相同的情緒。因此，心理學家在研究情緒的心理反應時，一向是採取**自陳法** (self-report method)，讓受試者憑自己的感受描述在某種情境下會產生什麼樣的情緒經驗。採自陳法研究的結果,多半發現受試者在某種情境下所自陳的情緒經驗不只一種,而是多種情緒的混合。曾有心理學家 (Schwartz & Weinberger, 1980),以大學生為對象,要他們針對假設的四種情境,描述自己可能產生的情緒。研究者列出每種情境下可能產生的五種不同的情緒,每種情緒的強度又分為五個等級,分別用 1,2,3,4,5 表示之 (5 表示最強,1 表示最弱)。研究結果列為表 9-1。

就表 9-1 的內容看,可以發現三點意義:(1) 按四種情境的性質,都應該引起正面的 (愉快的) 情緒才是,可是正面的情緒之外,也附帶產生了負面情緒;(2) 任何生活情境都不會產生單一情緒,而是同時正負兩面的多種情緒,其不同者,只是各種情緒間有強弱之分而已;(3) 在四種情境中,居然有三種情境會產生相當的焦慮情緒。此種現象正符合中國人常說的一句話 "一則以喜,一則以憂"。以大學畢業為例,喜的是完成專業教育,憂的是畢業後理想職業難求。

表 9-1 不同情境下的情緒經驗

引起情緒的假設情境	快樂	哀傷	恐懼	焦慮	憂鬱
你考取了理想中的大學	4.18	1.14	1.96	3.04	1.09
你從一所理想大學畢業了	4.09	2.74	2.57	3.40	2.36
你受到別人的關愛	4.78	1.28	1.19	1.57	1.19
你正與異性熱戀中	4.58	1.20	2.00	3.06	1.33

(採用 Schwartz & Weinberger, 1980)

(三) 情緒的行為反應

情緒經驗雖然是內在的主觀感受,但個人的內在情緒感受通常是在 "情不自禁" 的情形下由行為表露出來;此即心理學家所研究的**情緒表現** (emotional expression)。情緒表現 (或簡稱表情) 的外顯行為有很多變化,諸如,攻擊、逃逸、表述、笑聲、哭泣、面部表情、眼神表情、肢體動作等都屬之。多年來心理學家對情緒表達所做的研究,多集中在後三種非語言行為的研究。**非語言行為** (nonverbal behavior) 是指人際交往時不以語言為中介即可達到彼此間情意溝通目的的行為方式。以下是心理學家對三種非語言行為情緒表現研究的大概情形。

1. 面部表情 情緒狀況之最容易被人看出來的,是**面部表情** (facial expression)。通常個人的喜、怒、哀、懼等各種情緒變化,都是由面部表情顯示出來的。所謂 "愁眉苦臉"、"眉開眼笑" 等成語,都是描述由面部表情所表達個人的內在情緒感受。從圖 9-9 的六張照片中,不難辨別喜悅、憤怒、哀傷、恐懼、驚訝、厭惡六種情緒。古代羅馬哲學家西賽羅 (Marcus Tullius Cicero, 106～43 B.C.) 曾有一句名言說："臉是靈魂的影子。"古人所說的"靈魂"，就是現代心理學家所指的"心理"。如將西賽羅的說法，翻譯為心理學的語言，那就是："面部表情是心理感受的表徵"。

在所有的非語言行為的情緒表達方式中，面部表情是最重要的。惟其如此，兒童自幼即學到察言觀色看成人臉色行事。辨認別人的情緒雖然要經過學習，但他自己所表達的喜、怒、哀、懼等基本情緒，根據心理學家研究發現，卻不是學習的；而且這些基本情緒在面部表露時，顯露在面部的特徵，全世界的人類都是一樣的 (Ekman & Friesen, 1971；Izard, 1994)，而且嬰兒的表情與成人表情同樣的明顯與豐富 (圖 9-9)。

根據心理學家觀察發現，出生不久的嬰兒，不但面部表情即已相當豐富，而且也能辨認甚至會模仿別人的表情。為什麼嬰兒不須學習即有展現表情的能力？此一問題在心理學上很難解釋。現在一般心理學家的看法是，人類情緒表達能力是與生俱來的 (Izard, 1977；1994)。人類之所以生

(1) 喜悅　　(2) 憤怒　　(3) 哀傷

(4) 恐懼　　(5) 驚訝　　(6) 厭惡

圖 9-9　嬰兒面部表情

(採自 Izard, 1977)

而具有表情的能力,是與人類的生存需求有關。嬰兒微笑會討人歡喜,從而獲得成人關愛;嬰兒有恐懼、厭惡的表情,足以引起成人之注意,從而保護他免於遭到危險。成年人的面部情緒的表達,基本上與嬰兒相同。讀者試比較圖 9-9 與圖 9-10,即可發現成人與嬰兒的表情,在基本上是極為相似的。

根據一般經驗,有人面部表情比較豐富,有人面部表情比較刻板,於是就產生了"喜怒不形於色"的人是否善於情緒自我控制的問題。根據心理學家研究發現 (Best & Queen, 1989),人臉兩邊的表情是不一樣的;左半臉要比右半臉的表情來得明顯而多變化。原因是大腦兩半球交互控制所致。右半臉表情之所以較為刻板,

(1) 喜悅　　(2) 憤怒　　(3) 哀傷

(4) 恐懼　　(5) 驚訝　　(6) 厭惡

圖 9-10　成人面部表情

是因為受到大腦左半球神經系統所控制。人體兩半邊的一切活動，都是受大腦兩半球交叉管制的；而且對一般人而言，左半球的控制力較右半球為大，故而一般人都是右半身受到較大的控制 (見第二章第三節)。整個身體是如此，面部表情自然也是如此。基於此義，左半臉的表情較為自然，故而面對面談話時，要想根據對方面部表情推測他內在的情緒，不妨多注意對方的左臉，藉以了解他說話時真正心情。

2. 眼神表情　如果與人面對面談話時發現對方戴著深色眼鏡，除了仔細聽對方說話的語調外，很難看出他的面部表情。因此，眼睛所表露的神采才是面部表情的焦點。俗語說"眼睛是靈魂之窗"，這句話，顯示了兩點意涵：其一是個人藉眼神的變化把內心的情緒變化表露出來；其二是別人從他的眼神變化中了解到他內心的情緒感受。當然眼神再伴隨著面部表情時，將更明確地表露出情緒。以面對面的談話情境為例，如果對方目光向你正視並面帶微笑時，就表示他對你態度友善，且欣賞你談話的內容。如對方只是目光正視而對你的談話毫無反應時，就有可能表示他對你不太歡迎 (Kleinke, 1986)。當然在雙方目光相對的情形之外，也會有"側目而視"的表情。側目而視的表情可能有三種意涵：一是表示敬畏；二是表示嫉視；三是表示怒視。

3. 動作表情　動作表情是指藉身體的動作表露內心情緒感受的一種行為反應。中國文化中有很多成語用來描敘人的動作表情。諸如："手舞足蹈"是用來形容極度快樂的樣子；"比手畫腳"是用來形容得意忘形的樣子；"抓耳撓腮"是用來形容焦急不安的樣子；"拂袖而去"是用來形容極為憤怒的樣子；"攤手聳肩"用來形容無奈的樣子，"搖頭晃腦"用來形容得意輕狂的樣子。由於個人藉由身體的不同動作可以表露不同情緒，而別人也可根據他身體的不同動作了解他所表露的內心感受。由此可見，動作表情在人際交往時就產生了類似語言的功能。因此心理學上就稱動作表情為**肢體語言 (或體態語言)** (body language)。曾有心理學家做過這樣一個實驗，讓大學生在暗室看一個舞蹈的錄影帶。此一錄影帶的特點是，舞者所穿的衣服上掛滿了小燈泡，起舞時在全暗的舞台上表演，台下人看不到舞者的面部表情，只看到燈光活動所代表的身體動作。舞蹈本來就是藉由身體動作表達內心的感情。實驗者如此設計，旨在將面部表情和舞者體態狀貌等影響因素消除，藉以觀察受試者是否仍能辨別舞者身體動作所要表達的感情。結果發現，在此種情境下，大學生們仍然能夠根據舞者轉動身體表演各種的姿勢動作正確辨別其所表達的情緒 (Walk & Homan, 1984)。

(四) 情緒智力

情緒智力 (emotional intelligence，簡稱 EI) 指個體能夠適當控制自己情緒及了解別人所表達情緒意義的能力。

在心理學上情緒智力是一個新名詞,情緒智力一詞始自 1995 年美國心理學家戈爾曼 (Dancel Goleman, 1946〜) 出版的《情緒智力》一書。戈爾曼認為情緒智力包括五方面的能力:(1) 覺知自己情緒狀態的能力;(2) 控制自己情緒的能力;(3) 情緒低潮時能自我激勵的能力;(4) 理解別人情緒的能力;(5) 與別人建立並維持深厚感情的能力。基於此義,比照**智力商數 (IQ)** 代表個體智力高低的觀念,**情緒商數 (emotional quotient,簡稱 EQ)** 即代表個體情緒智力的高低。如將 IQ 視為獲取知識與適應環境的能力,EQ 則是待人接物與人和睦相處的能力 (Goleman, 1995)。

(五) 情緒與健康

就一般人的生活經驗來說,在喜、怒、哀、懼各種情緒變化中,總是負面的情緒較多,正面的情緒較少。原因是日常生活中不順心的事總是比順心的事要多,所謂"順心如意",那只是理想,很難成為事實。惟其如此,情緒與健康的關係,自然就成了心理學家研究的主題之一。因篇幅所限,僅就以下三點略加說明。

1. 一般適應症候群 **一般適應症候群** (或**一般適應綜合症**) (general adaptation syndrome,簡稱 GAS),指在長期承受壓力 (生理的或心理的) 的情況下,個體在生理方面所產生的階段性的病情變化。奧地利出生的美國心理學家賽爾耶 (Hans Selye, 1907〜1982),經過實地觀察研究人在長期壓力下,身體上會產生階段性的變化的實際情形,並於 1976 年提出了一般適應症候群的理論 (Selye, 1976)。此一理論的基本要義是,在個體陷入危機而形成壓力進而導致緊張狀態時,其全身在生理上就會產生三個階段性的症狀 (圖 9-11):

圖 9-11 持續壓力下一般適應症候群

(採自 Selye, 1976)

(1) **警覺階段** (alarm stage)：此一階段開始時，由於情緒驚震導致體溫與血壓下降，肌肉鬆弛，稱為**震撼期** (shock phase)；繼而動員生理上的最大能量準備應付壓力，包括**腎上腺**釋放**腎上腺素**、垂體前葉釋放**促腎上腺激素**以增加葡萄糖含量，以及呼吸和心跳加快等。(2) **抗拒階段** (resistance stage)：指壓力和危機持續存在時的身體狀態，此時期身體漸趨穩定，但腎上腺皮質素與血液內的葡萄糖含量仍高。此時期最易感染疾病。(3) **衰竭階段** (exhaustion stage)：如壓力不能排除，緊張持續存在，個體的身體即逐漸趨於衰竭以至於崩潰；身體素來較弱者，此時可能產生心臟疲勞甚至死亡。賽爾耶的一般適應症候群理論能否推論解釋所有的人，此一問題尚無定論。原因是賽爾耶只重視了生理因素而未考慮心理因素的個別差異 (Lazarus & Folkman, 1984)。

2. 挫折與衝突　**挫折** (frustration) 在心理學上有兩種涵義：其一，指對個體**動機性行為**造成障礙或干擾的外在刺激情境。在此情境中，對個體行為發生阻障作用者，可能是人，可能是物，可能是社會環境或自然環境。其二，指個體在挫折情境下所產生的煩惱、困惑、焦慮、憤怒等各種負面情緒所交織而成的心理感受。此種複雜的心理感受，可改以挫折感表示之。兩種涵義合在一起看，前者是刺激，後者是反應。心理學家們所要研究者，也就是在挫折情境之下，分析個體因情境對其行為阻障作用而產生的挫折感。

根據以上所述的挫折概念，我們可以想像，在日常生活中，隨時隨地都可能遇到挫折情境，因而產生挫折感。諸如子女的婚事遭到父母的反對，這是因人而生的挫折；經商投資結果不賺反賠，這是因事而生的挫折；颱風過境財產損失嚴重，這是自然災害帶來的挫折；因年齡、戶籍或學歷限制不得參與某種活動 (如選舉)，這是社會制度帶給人的挫折。因挫折情境的阻障，使人的生活目標無法達成，在諸多挫折感的交織之下，自將形成心理壓力。

衝突 (conflict) 一詞，乃**心理衝突** (mental conflict) 的簡稱。衝突是一種心理困境，而此種困境的形成，乃是因個人同時懷有兩個動機而無法兼而獲得滿足所致。心理衝突的情況有多種，以下的三種情形是最常遇到的：(1) **雙趨衝突** (approach-approach conflict) 指魚 (第一個動機) 與熊掌 (另一個動機) 難以取捨的心理困境。兩個動機促使個體在行為上追求兩個目標，兩個目標無法同時兼得 (購房子就不能買汽車) 時，二者取其一而又不願割捨其他的心態，即屬雙趨衝突。(2) **雙避衝突** (avoidance-avoidance conflict) 是一種左右兩難的心理困境。當個體發現兩個目標可能同時具有威脅性，即可興起二者都要逃避的動機 (患病既不願吃藥，又不願開刀)。惟迫於形勢，兩難之中必須接受其一時，即將形成雙避衝突。(3) **趨避衝突** (approach-avoidance conflict) 是一種進退兩難的心理困境。當個體遇到單一目標同時懷有兩個動機時，一方面好而趨之，另方面又惡而避之 (吸煙者又怕患肺癌)；使個人的情感與理性矛盾而形成的精神痛苦，即起於趨避的心理衝突。

總此，日常生活中心理衝突的困擾在所難免，因此不愉快的情緒也可能隨時產生。

3. 性格特徵 除上述兩點是影響健康的因素之外，美國心臟病學家弗雷曼與羅遜曼 1974 年研究發現，有些人因性格關係容易罹患心臟病；並稱此種人的性格為 **A 型性格** (Type A personality) (Friedman & Rosenman, 1974)。美國心臟醫學會，在 1981 年將 A 型性格列為罹患心臟病的危險因素之一。A 型性格的特徵是，情緒緊張、個性急躁、求成心切、向上進取、爭強好勝的一種性格。此種性格的養成，顯然與現代都市工業化的社會有關。都市工業化社會的特徵是：大家生活忙碌，行止匆匆，處處有機會，事事要競爭，不及時努力掌握機會，就會落伍失敗。在這樣的生活壓力環境之下，很多能力較強的人，自幼就在家庭與學校的教育歷程中，養成力爭上游的個性。A 型性格之所以成為心理學上研究的問題，乃是由於 A 型性格與罹患心臟病的原因有關。惟後續研究者發現，單是 A 型性格並非構成心臟病的主要原因，而是 A 型性格者常對人表現的懷疑與憤世嫉俗的待人態度有以致之 (Smith & Ruiz, 2002)。

第五節　情緒理論

情緒理論 (theory of emotion) 是指心理學家對情緒產生的原因及情緒狀態時的身心變化等所做的系統性理論解釋。根據前文的討論，情緒歷程中包括生理、心理、行為三方面的反應，雖為大家所共識，但如進一步追問三種反應中究竟存在著何種因果關係時，歷來心理學家卻有極不相同的解釋。接下去簡單介紹三種論點互異的情緒理論。

一、詹姆斯-郎格情緒論

心理學學者中最早對情緒問題提出系統理論解釋者，當推 19 世紀末美國功能主義創始人詹姆斯 (見圖 1-3) 在 1884 年對情緒歷程的系統解釋。稍後，丹麥生理學家郎格 (Carl Georg Lange, 1834～1900)，在 1885 年又提出與詹姆斯類似的情緒理論。因此，後人將兩人的理論合一，稱為**詹姆斯-郎格情緒論** (或**詹郎二氏情緒說**) (James-Lange theory of emotion)。

詹姆斯-郎格情緒論的最大特點是，其論點與一般人對情緒的常識看法大不相同。一般人對情緒的常識性看法，總是認為先有刺激情境 (如路遇強盜)，引起情緒經驗 (如恐懼)，然後再產生生理變化 (如心跳)。然而，詹姆斯-郎格情緒論卻不按此常識看法解釋情緒。詹郎二氏之理論認為：刺激情境先引起生理變化，由生理變化再引起情緒經驗。換言之，路遇強盜時，先引起心跳，因自己覺知其心跳，而後才產生恐懼反應 (見圖 9-12)。

二、坎農-巴德情緒論

詹姆斯-郎格情緒論提出之後的許多年間，引起很多心理學家的重視，並嘗試以實驗的方式從事驗證性研究，以期建立更合理的情緒理論。其中，美國心理學家坎農 (Walter Bradford Cannon, 1871～1945) 與其弟子巴德 (Philip Bard, 1898～1977) 在 1927 年提出的情緒理論，是為**坎農-巴德情緒論** (或**坎巴二氏情緒說**) (Cannon-Bard theory of emotion) (Cannon, 1927)。

按坎農-巴德情緒論的看法，認為詹姆斯-郎格情緒論所持情緒經驗起於身體生理變化的論點，是錯誤的。他們根據實

A. 詹姆斯-郎格情緒論

激發情緒的刺激事件 → 刺激事件引起生理反應 → 對生理反應覺知而產生情緒體驗 → 情緒表現

B. 坎農-巴德情緒論

激發情緒的刺激事件 → 刺激事件引起生理反應 / 覺知刺激事件性質而生情緒體驗 → 情緒表現

C. 沙克特-辛格情緒論

激發情緒的刺激事件 → 刺激事件引起生理反應 → 對生理反應的認知解釋而產生情緒體驗 → 情緒表現

圖 9-12　三種情緒理論之比較

(採自 Darley et al., 1991)

驗研究的結果，提出了二點理由 (Cannon, 1927)：(1) 情緒狀態時身體上會產生生理變化，雖然是肯定的事實，但個體並不能單靠對生理變化的覺知，就可以辨別自己產生什麼樣的情緒。因為在很多情緒激動或興奮情況下，個體的生理變化是一樣的。以心跳為例，恐懼時固然會心跳，然而憤怒時也會心跳，甚至在興奮至極時也會心跳。個體又怎能單憑心跳的覺知，即確定自己是在恐懼抑或憤怒呢？(2) 個體覺知生理變化而產生情緒經驗的說法，不合乎生理學原理。因為，就人類而言，吾人平常對自己內部的生理變化，並不全然覺知。恐懼或憤怒時心跳氣促的變化雖能知悉，但情緒狀態時可能引起的內臟收縮及各種內分泌的變化 (如腎上腺等)，個體本身並不覺知。動物經由手術將體內某些組織或器官功能阻隔，結果並不影響情緒經驗如何產生的問題。坎農-巴德情緒論的論點是，前腦的**丘腦** (見圖 2-5) 發揮重要作用。當外在刺激影響感官引起**神經衝動**後，經**脊髓**神經傳至丘腦部位的神經組織，而後由丘腦將傳進的神經衝動，分為兩路，一路上傳至**大腦皮質**，從而產生主觀的情緒經驗；一路經由**自主神經系統**下傳至內臟各器官、腺體以及肌肉各部，從而激發生理反應。因此，坎農-巴德情緒論是將情緒的心理反應與生理反應視為同時發生；而不將兩者視為前後的因果關係 (見圖 9-12)。顯然，對詹姆斯-郎格情緒論主張的生理變化是形成情緒經驗前因的論點，坎農-巴德情緒論是持反對立場的。

固然，坎農-巴德情緒論的論點受到心理學界的支持，惟以後的研究更發現，除丘腦部位被確認為主控情緒的主要神經組織之外，其他下丘腦與邊緣系統，也同樣與情緒變化有密切關係 (Lindzey, et al., 1988)。

三、沙克特-辛格情緒論

前述詹姆斯-郎格情緒論與坎農-巴德情緒論，雖然二者對情緒產生的原因論點相反，但有一點卻是相同的，那就是兩種理論都強調生理因素的重要性。接下來介紹的另一種情緒理論，則是改採認知取向來對情緒產生的原因提出的理論解釋。此一理論係由美國心理學家沙克特 (Stanley Schachter) 與 辛格 (Jerome Singer) 在 1962 年提出，稱為**沙克特-辛格情緒論** (Schachter-Singer theory of emotion)。根據此一情緒理論的解釋，個人在情緒狀態時，雖然自己會對情緒的原因有所解釋 (他恐懼是因為什麼)，但在解釋時並不完全將情緒的產生歸因於生理變化 (不一定認為是因心悸而恐懼)。他們認為個人解釋自己的情緒經驗時，主要是參考引起情緒反應的外在情境事件的性質。因此，在看到某人表現某種情緒反應時，除非你了解他當時置身的情境，否則就不會真正了解他情緒中所含的意義 (Schachter & Singer, 1962)。基於此義，在喪禮中哭泣的人，固然可以推測他是由於心中哀傷；但在女兒出嫁時看見母親哭泣，就只能猜想她可能是"喜極而泣"。由於沙克特-

辛格情緒論將情緒的產生歸於生理變化與個人認知兩方面的因素，故而該一情緒理論又稱**情緒二因論** (two-factor theory of emotion) (見圖 9-12)。

以上介紹的三種情緒理論，詹姆斯-郎格情緒論與坎農-巴德情緒論二者都強調生理作用是產生情緒的主要原因。因此這兩種情緒理論，在性質上都被視為**情緒生理論** (physiological theory of emotion)。沙克特-辛格情緒論對情緒產生原因的解釋，則是歸因於個人的認知。因此，在性質上此種理論被視為**情緒認知論** (cognitive theory of emotion)。圖 9-12 即三種情緒理論的比較說明。

本章摘要

1. **動機**是因某種內在狀態，促使個體產生某種外在活動，並維持已產生之活動朝向目標繼續進行的內在歷程。
2. 討論動機問題時，**本能**、**需求**、**驅力**、**誘因**及**意志**等，在意涵上都是與動機有關的重要概念。
3. 飢餓是最主要的生理性動機。飢餓感如何而生一直是多年來科學家研究的問題。最新研究發現，胰島素分泌的變化是產生飢餓感的主要原因。
4. 肥胖是現代人的煩惱之一。按身高體重配合比例計算，體重超過百分之三十者，謂之體重超常；超過百分之四十者，稱為**肥胖症**。
5. **性動機**是人與動物**性行為**的內在驅力。性動機雖是生理性動機之一，但它與飢餓動機不同；性動機的產生除了階段性的特徵之外，對人類言，也有社會文化因素。
6. **成就動機**是指存在於個人目的性行為之後，奮力達成目的、力求表現以及克服困難等的內在動力。
7. **親和動機**是指個體對與別人親近的一種心理需求。每當個體處於孤立、無助、焦慮情境時，親和動機即隨之增強。
8. **權力動機**是指個人在團體情境中，在心理上所懷有的一種強烈地影響別人或支配別人的內在動力。權力動機按性質分為兩種，一種是**個人化權力動機**，另一種是**社會化權力動機**。
9. 不同學派的心理學家，持有不同的動機理論：**行為主義**者提出了**驅力減降論**，生理學家提出了**激發論**，人本心理學家提出了**需求層次論**，認知論者提出了**期望論**。

10. 根據**耶基斯-杜德森法則**的解釋，動機強度與工作成績的關係是：(1) 從事簡易工作時動機強會有較佳的成績；(2) 從事難易適中工作時動機強度中等會有最佳的成績；(3) 從事繁雜工作時動機強較弱會有較佳的成績。
11. **情緒智力**是指個體能夠適當控制自己情緒，並且能夠了解別人所表達情緒意義的能力。
12. 罹患**一般適應症候群**者，在長期的情緒壓力下其身心狀態會出現三個階段的變化：(1) **警覺階段**；(2) **抗拒階段**；(3) **衰竭階段**。
13. 按**詹姆斯-郎格情緒論**的解釋，情緒乃是由於個人在刺激情境下覺知身體變化而後產生的。
14. 按**坎農-巴德情緒論**的解釋，情緒經驗與刺激情境引起的生理變化是同時產生的。
15. 按**沙克特-辛格情緒論**的解釋，情緒乃是由個人對刺激情境與身體變化兩方面認知而產生的。

建議參考資料

1. 江漢聲、晏涵文 (主編) (2000)：性教育。台北市：杏林文化。
2. 林奇榮 (譯，1990)：從吃改變人生。台北市：健康世界雜誌社。
3. 孟昭蘭 (2005)：情緒心理學。上海市：上海教育出版社。
4. 應平書 (1987)：現身說法減肥成功。台北市：文經出版社。
5. Capaldi, E. D. (Ed.) (1996). *Why we eat and what we eat*. Washington, DC: American Psychological Association.
6. Ekman, P. (2007). *Emotions revealed: Recognizing faces and feeling to improve communication emotional life* (2nd ed.). New York: Henry Holt.
7. Franken, R. E. (2006). *Human motivation* (6th ed.). Belmont, CA: Wadsworth.
8. Logue, A. W. (2005). *The psychology of eating and drinking* (3rd ed.). New York: Freeman.
9. Reeve, J. (2008). *Understanding motivation and emotion* (5th ed.). New York: Wiley.
10. Spence, J. T. (1983). *Achievement and achievement motivatives*. New York: Freeman.

第十章

智力與智力測驗

本章內容細目

第一節　智力與智力測驗的基本概念
一、智力的定義　345
二、智力與智力測驗的相關概念　346
　(一) 能力、成就、性向、智力
　(二) 心理測驗、能力測驗、智力測驗
三、心理測驗應具備的條件　348
　(一) 標準化與常模
　(二) 信　度
　(三) 效　度
　(四) 實施程序與記分方法

　補充討論 10-1：統計學上的幾個重要概念

第二節　智力測驗的發展
一、智力個別差異研究的開端　352
二、智力測驗的早期發展　353
　(一) 心理年齡階段
　(二) 比率智商階段
　(三) 離差智商階段
三、智力測驗的晚近發展　356
　(一) 個別智力測驗的改進
　(二) 團體智力測驗的興起
　(三) 性向測驗與成就測驗的興起

第三節　智力理論
一、心理測量取向的智力理論　360
　(一) 智力二因論
　(二) 智力群因論
　(三) 智力結構論
二、多元取向的智力理論　363
　(一) 智力三元論
　(二) 智力多元論

第四節　天性與教養對智力的影響
一、遺傳影響智力的證據　367
　(一) 孿生子研究的證據
　(二) 腦功能研究的證據
二、智力遺傳現象的誤解　369
　(一) 智力的種族差異現象
　(二) 智力種族差異現象的誤解
三、影響智力發展的環境因素　372
　(一) 養子女研究的證據
　(二) 教育與文化差異研究的證據
四、免文化影響測驗的構想　374

本章摘要
建議參考資料

個別差異是現代心理學研究的八大主題之一（見第一章第二節）。個別差異 (individual difference) 係指個體在成長過程中，因受遺傳與環境的交互影響，使不同個體之間在身心特徵上所顯示的彼此各不相同的現象。個別差異的了解與鑑別，一向在教育上與社會上均甚受重視。蓋以教學上的因材施教與社會上的適才適用，向來就被視為選人與用人的理想原則。個別差異現象表現在很多方面，倘若從個體身心兩方面所表現的特徵來看，舉凡身高、體重、容貌、體能、性格、能力、興趣、態度、觀念等等，個體之間都會有明顯的差異。惟一般心理學上研究的個別差異，並不包括個體身心兩方面的所有特徵，而是主要限於兩方面：其一為有關智力方面個別差異的研究，這是本章所要討論的；其二為智力之外有關人格方面個別差異的研究，這是下一章將要討論的。心理學家對人類智力高低的研究，基本上是探討兩方面的問題：其一為探討智力如何測量的問題；其二為對智力的理論解釋問題。本章前三節將分別對此兩方面問題做概要說明。

從心理學上歷來就有的四大爭議看，人類智力的個別差異涉及天性-教養的爭議。從天性-教養爭議的問題看，個人智力的高低究竟決定於先天遺傳，還是決定於後天環境？本章第四節將對此問題詳細討論。

多年來，心理學家為了確切了解人類智力個別差異的現象與真相，一方面設計了各種測量智力的科學工具，稱為智力測驗。另方面建構了智力的不同理論，用以解釋智力的性質及其構成因素。希望讀者在研讀本章之後，對以下重要概念均能有所認識。

1. 智力的定義及其相關概念。
2. 心理測驗應具備的條件。
3. 智力測驗發展簡史及有關概念的演變。
4. 現在通用且具代表性的智力測驗的形式和特徵。
5. 以傳統心理測驗為基礎所建構的智力理論有何缺點。
6. 採多元取向所建構的智力理論的特徵。
7. 影響智力發展的先天遺傳因素及後天環境因素的探討。

第一節　智力與智力測驗的基本概念

智力與智力測驗是本章的主題，在討論本主題之初，容先簡略介紹智力一詞的意涵以及智力和智力測驗的相關概念。

一、智力的定義

智力一詞雖是日常生活中熟知的概念，但很難說出智力一詞所指者究竟是人類何種心理特質。此種現象不僅對一般人說是如此，就是對心理學家而言，也是如此。被譽為教育心理學之父的美國心理學家桑代克 (見圖 5-3)，曾在 1921 年的一次學術研討會上，以智力定義的問題徵詢十四位在座的心理學者與教育學者的意見。結果發現在十四個定義中居然沒有兩個是完全相同的 (Thorndike, 1921)。惟在諸多不同定義中，有三項概念較為受到此後討論智力定義者的重視：(1) 智力是抽象思維的能力；(2) 智力是學習的能力；(3) 智力是適應環境的能力。在此之前，心理測驗創始人法國心理學家比奈 (詳見本章第二節)，曾提出謂智力是理解、判斷、推理的能力 (Binet & Simon, 1915)。在此之後，美國著名心理測驗學家韋克斯勒 (詳見本章第二節)，綜合各家不同主張，將智力界定為有目的的活動、合理思維及有效適應環境的綜合性能力 (Wechsler, 1958)。晚近美國心理學家斯騰伯格則將智力解釋為包括分析智力、實踐智力、創造智力三者的複合體 (Sternberg, 1988) (見本章第三節)。

為了便於讀者對智力問題獲得較為明確的概念起見，本書對智力一詞提出如下的解釋：**智力** (intelligence) 是一種綜合性的能力，此種綜合性能力是在個體對生活環境適應時，由其運用經驗、學習與支配知識，以及因應困境從事抽象思維以解決問題的行為活動中表現之。此一解釋將智力視為包括四個方面的綜合性能力；四種能力分別是：(1) 活用經驗的能力；(2) 學習知識與支配知識的能力；(3) 因應環境的能力；(4) 解決問題時抽象思維 (包括創造) 的能力。除此之外並特別說明這四種能力均係由外顯行為活動表現之；理由是四種能力均屬內在心理歷程，只有在心理歷程經行為活動顯現於外時，才可據以評定智力的高低。本書對智力一詞的解釋，只求使讀者容易獲得明確的概念，並不代表現代心理學對智力的確切定義。原因是直到目前為止，心理學界並沒有眾所公認的智力定義。關於此點留待第三節討論智力理論時再行說明。

二、智力與智力測驗的相關概念

談到智力與智力測驗時,有幾個與智力及智力測驗相關的重要概念,必須先行加以說明。

(一) 能力、成就、性向、智力

根據前文所述,智力是包括四種能力的綜合性能力。此種說法只能表明智力的性質,但卻不能將智力概括地解釋為何種能力。心理學中所指的能力,其範圍遠較智力為廣,而智力只是整個能力範圍中的一類能力。在心理學中,**能力** (ability) 一詞義同**心理能力** (mental ability),是指根據能力測驗所測到的能力。在此原則之下,心理能力含有兩種意義;其一是指個人現在"所能為者";其二是指個人將來"可能為者"。個人現在"所能為者"是指到目前為止個人在實際作業上所表現出來的能力。諸如中學生中有的數理科成績優異,有的語文科成績甲等,都說明該等學生具有較高的學習能力。像此種由實際行為表現出來的具體能力,係屬學習或訓練之後學習或訓練效果之顯現,在心理學中稱為**成就** (achievement)。至於個人將來"可能為者",則是指個人在尚未參與某種學習或尚未接受某種訓練之前,在相關行為上所展現的一種潛能。所謂**潛能** (potentiality),是指到目前為止尚未能在行為上表現出來的潛在能力;如果將來有機會學習或接受訓練,他將會表現出這方面的能力。平常所謂的"天分"或"可造之材",都是指某人在某方面所具有的潛在能力而言的。像此類屬於個人的潛在能力,在心理學上則稱之為**性向** (aptitude)。性向又分兩類:一類為**普通性向** (general aptitude),指一般性的潛在能力;另一類為**特殊性向** (specific aptitude),指在某方面的特殊潛在能力 (如音樂繪畫等)。具有普通性向的人將來有機會學習歷練後,可能成為一位通才。具有某方面特殊性向的人,有機會學習歷練後,則可能成為該方面的專才。顯然,從社會上選用人才與教育上培育人才的觀點而言,了解一個人在實際能力上所表現的成就與他的潛在能力上所具有的性向,是同樣重要的。

綜合以上討論,可見能力、成就、性向三詞所指者都是人的能力;所不同者只是範圍大小不同而已。性向中的普通性向,也稱**普通能力** (或**一般能力**) (general ability);普通能力也就是一般所指的智力。

(二) 心理測驗、能力測驗、智力測驗

本章所要討論的主題之一是智力測驗。前文業經指出,智力是能力中的一類能力,因此,智力測驗在性質上自應屬於能力測驗。如將範圍再放大一層,能力測驗在性質上又屬於心理測驗中的一種測驗。基於此義,在此補充說明心理測驗、能力測驗以及智力測驗三者間的關係。

心理測驗 (mental test,或 psychological test) 是各種心理測量工具的總名稱。凡是

經過心理測驗編製程序完成標準化 (見後文) 用以測量心理特質的一切工具，均稱為心理測驗。因此，心理測驗有很多不同的類型。最簡單的分類方式是，將心理測驗概括分為兩大類：一類為包括智力測驗在內的能力測驗，另一類為測量人格特質的人格測驗。關於人格測驗的問題，留待第十一章內再行討論。此處只就能力測驗與智力測驗的關係略做說明。

能力測驗 (ability test) 是指心理學家研究能力上的個別差異時，特別設計來鑑別個體能力高低的一類科學工具。能力既如前文所指分為成就 (實際能力) 與性向 (潛在能力)，能力測驗自然也就對等的分為兩類，一類為**成就測驗** (achievement test)，另一類為**性向測驗** (aptitude test)。成就測驗因使用目的不同，而又有**學業成就測驗** (academic achievement test) 與**職業成就測驗** (vocational achievement test) 之分；前者用於學生在校學業成績的鑑定，後者用於從業人員工作績效的評量。性向測驗通常也分兩類，一類是**學術性向測驗** (scholastic aptitude test)，另一類是**職業性向測驗** (vocational aptitude test)；前者用於測量學生的學術潛力，以觀其是否適合將來從事某方面的學術研究工作，後者用於測量從事某種職業之前所應具備的潛力，以觀其是否適合於該類職業。以上分類只是一種最簡單最概括的分類法。成就測驗類內又有**普通成就測驗** (general achievement test) 與**分科成就測驗** (specific achievement test) 之分；性向測驗類內也有**普通性向測驗** (general aptitude test) 與**特殊性向測驗** (special aptitude test) 之別；前者測量一般性潛在能力，後者測量某方面的潛在能力 (如語文、音樂、藝術、機械等特殊才能)。本章所討論的**智力測驗** (intelligence test)，在性質上即屬於能力測驗中的普通性向測驗。

討論過成就測驗與性向測驗的概念之後，讀者可能會提出如下的問題：成就測驗所測者是受試者現在 "所能為者" 的實際能力，此種能力可按以往學過的學科內容 (學業成就) 或工作性質 (職業成就) 為根據，從而編製測驗，然後施測，自然可以獲得鑑定成就的結果。性向測驗所測者既是受試者將來 "可能為者"，受試者對將來的工作目前尚缺經驗，採用何種資料為根據施測以評定其性向之高低呢？

對於上述問題，心理測驗學家處理的方法是，無論是成就測驗或性向測驗，在測驗題目上都採用受試者學過的知識或經驗。其不同之點只是在於使用測驗的目的而已；如測驗使用之目的純在評定過去學習結果，那就是成就測驗；如測驗之目的在從多數人中甄選少數人預備施以某種特殊訓練，以測驗結果作為選擇並預估標準者，在性質上該測驗即屬性向測驗。例如，根據高中學生三年的數理科成績，即可預估他將來是否具有上大學修讀理工科的能力。

三、心理測驗應具備的條件

基於以上討論可知，心理測驗、能力測驗、智力測驗三者均屬測量心理特質，從而評定個別差異的科學工具。稱得上科學工具者，必須具備精確、可靠以及便於使用等重要條件。準此而論，任何良好的心理測驗 (包括人格測驗在內)，均須具備以下四個條件：

(一) 標準化與常模

一個良好的心理測驗，在編製時必須經過標準化的過程。所謂**標準化** (standardization)，是指測驗編製時必須經過下列三個標準化的步驟：

1. 選定測驗中所需要的測驗題 測驗題的選擇必須符合兩個原則：其一，必須與計畫編製的測驗在性質上相符合；測量數學能力者，選擇具有代表性的數學題；測量語文能力者，選擇具有代表性的語文題。其二，必須與設定對象的年齡、程度相符合；用於小學中年級的能力測驗，在題目的難度上就不能包括中學生所學習的知識。選定題目之後，按順序編成測驗本的形式。

2. 選定試測對象 將來普遍施測的對象稱為**總體** (或**母體**) (population)，選定試測的少數對象是**樣本** (sample)；樣本必須具有代表性，足以作為總體的代表。根據樣本試測的結果編製的測驗，始可推展到總體去使用。因此，這個從總體中抽出來作為試測對象的樣本，就稱為**標準化樣本** (standardization sample)。

3. 從試測結果中建立常模 根據對標準化樣本試測結果，對所有受試者的分數，經統計分析，整理出一個系統性分數分配表，按高低排列，所得平均數，即可視之為**常模** (norm) (Colman, 2007)。因此簡單言之，在編製測驗標準化時，標準化樣本的平均數，即可視為該測驗的常模 (此為最簡單的解釋)。常模的功用是對以後其他受試者單獨施測時，可以作為比較的標準。以編製適用於小學中年級算術成就測驗為例，從各小學抽取具有代表性的三、四年級小學生 1,000 人作為樣本，予以試測。試測後 1,000 個學生所得分數的平均數，即可視為該測驗的常模。有了常模，以後再以該測驗去測量其他小學中年級學生時，所得的分數即可與常模比較，從而評定其算術能力的高低。

(二) 信　度

信度 (reliability) 是測驗可信賴的程度。一個能力測驗必須有高的信度，而後能使人相信並採用來評定某種能力的個別差異。一個測驗的信度代表它具有一致性，而一致性有兩種意義：其一是重復施測結果所得分數相當一致時，即表示該測驗具有高的信度。此種檢定測驗信度高低的方法，稱為**重測法** (或**再測法**) (test-retest method)。由重測法建立的測驗信度，稱為**重測信度** (或**再測信度**) (test-retest reliability)。其二是各測驗題目在功用上應具有相當的一致性，故使用測驗題目中之一半 (單數或雙數) 分別試測而分數相當一致時，即表示該測驗具有高的信度。此種檢定信度高低的方法，稱為**折半法** (split-half method)。由折半法建立的信度，稱為**折半信度** (split-half reliability)。用以表示信度高低者，稱為**信度係數** (reliability coefficient)。信度係數的大小，由統計上的**相關計算法** (見補充討論 10-1) 來決定。重測信度的信度係數，由前後兩次施測結果求其相關而決定。折半信度係數可按題目的兩半各得分數求其相關而決定。一般的能力測驗，如信度係數高於 0.80，大致即被認為是可以信賴的。

(三) 效　度

效度 (validity) 一詞，係指一個測驗所測得分數的正確性。一個測驗的效度愈高，即表示測驗結果愈能代表它所想要測量的心理特質。以小學中年級語文成就測驗為例，施測後每個三、四年級學童所得的分數，如果真能代表他學得的語文能力，即表示該測驗具有效度。因此對測驗使用者來講，在選擇測驗時，首先考慮的就是效度問題；因為缺乏效度的測驗，施測之後無法達到預期的目的。與前文所述的信度比較，效度比信度更為重要，原因是只有信度的測驗，可能沒有效度，沒有效度就達不到施測目的。

能力測驗必須有效度，能力測驗效度建立的方法，將視其性質而定。在教育上所編製的各種學科成就測驗，因為測驗題目的選擇，必須根據教科書的內容，而在題目的數量、範圍及難度，均須具有代表性，否則，施測後的分數即不足以有效的表示學生學得的成就。像此種以教材內容的代表性為標準所建立的測驗效度，稱為**內容效度** (content validity)。

有些能力測驗，在編製時並無可資選題之用的具體內容或範圍，而且所編測驗是為職場選人才或為個人選職業之用，並不在於評定受試者以往學習的成就。以打算編製一套用來甄選高中畢業生參加電子器材裝配訓練的測驗為例，因為訓練尚未實施，既不能按電子器材裝配的實際作業為標準來命題，也不能按高中各科內容為標準來命題。在此種情形之下，測驗編製者可根據以下四個原則去選擇題目並建立效度：(1) 先按照現在電子器材裝配員在實際作業時所需要的重要能力，實施**工作分析** (job analysis)，從而選定裝配員在作業時所需的基本能力與基本知識。諸如視聽力敏銳度、手指靈巧度、手眼協調度以及對空間方位與時間長短之判斷等，可能就是這方面的基本能力。再如高中程度的理化、數學、語文等，也可視為這方面的基本知識。(2) 根據工作分析結果，選擇題目，編成測驗，對應徵的高中畢業生施測，獲得訓練前的一組分數，然後即參加訓練。(3) 訓練結束後從事實際作業時，再按個人在工作表現記錄其成績，從而獲得訓練後的另一組分數。(4) 最後將訓練

補充討論 10-1

統計學上的幾個重要概念

以下所介紹的幾個名詞，只限於本書內所涉及的幾個統計學上的重要概念。惟此處的解釋只及於描述統計的層次，讀者要想進一步探討，可參閱有關推論統計的書籍。

1. 平均數 (mean, M) 係**算術平均數** (arithmetic mean, AM) 的簡稱。將 n 個量數之和以 n 數除之，所得之商即為算術平均數。

2. 相關 (correlation) 指兩個 (或兩個以上) **變項**之間的共變關係；其中一變項變動時，另一變項也因之發生變化。構成相關變項之關係，只知變項間有共變關係，不能肯定其間的因果關係。設 X 與 Y 為兩變項，如 X 值由小變大而 Y 值也隨之由小變大時，稱為**正相關** (positive correlation)；如 X 值與 Y 值的變化完全一致時，稱為**全相關** (perfect correlation)；如 X 值的變化與 Y 值的變化各不相干，稱為**零相關** (zero correlation)。如 X 值由小變大而 Y 值因之由大變小時，稱為**負相關** (negative correlation)。用來表示相關程度高低的數值，稱為**相關係數** (correlation coefficient)。所有相關係數都介於 +1 與 -1 之間，因此一般相關係數都是小數。

3. 標準差 (standard deviation, SD) 指以平均數為標準，拿全部量數中每個分數與平均數相比較，將所得之差平方之後，求其總和，而後以全部量數 N 除之，最後求其平方根，即為標準差。其計算公式為：

$$SD = \sqrt{\frac{\Sigma(X-\bar{X})^2}{N}}$$

SD：標準差　　X：個別分數
$\bar{X}$：平均數　　N：全部量數

標準差所表示者，是**常態分布**基線上的一段距離。按統計原理，常態分布基線上平均分為八個標準差；平均數上下各占四個 (見圖 10-4)。標準差的數值愈大，表示常態分布中各分數之間的差異愈大。

4. 標準分數 (standard score) 指將個人在測驗上的**原始分數** (raw score)，用標準差做為單位來表示，藉以觀察該分數在團體平均數之上或之下有幾個標準差，從而確定個人在團體中的相對位置。因此，標準分數是一種換算後的分數。換算後的標準分數通常用 z 表示，稱為 z 分數。其計算公式為：

$$z = \frac{X-M}{SD}$$

z：標準分數　　X：個別原始分數
M：平均數　　　SD：標準差

由於 z 分數會產生負值，故而有時再經換算，以平均數為 50，標準差為 10，換算成另一種標準分數，那就是 T 分數。T 分數的換算公式為：

$$T = 10z + 50 = \frac{10(X-M)}{SD} + 50$$

前後的兩組分數並列，再按統計分析算出**相關係數** (見補充討論 10-1)。此一相關係數的大小，即代表所編測驗的效度；故而也稱為**效度係數** (validity coefficient)。

在上述情形下建立測驗的效度，訓練後的一組分數，在性質上是供做檢定以前所計畫編製測驗的標準，故而稱為**效度標準** (validity criterion)，或簡稱**效標**。像此種能力測驗，因為它的效度是根據以後的行為表現為標準而建立的，而其使用目的乃是用來預測未來能力高低的，所以此種能力測驗的效度就稱為**預測效度** (predictive validity)。

由上例可見，預測效度的建立需要很長時間。因此，有的測驗編製者改採其他方法去建立效度，從而達到相同目的。例如，選擇一種已被公認具有相當效度的既有測驗，由新編測驗與既有測驗同時 (時間前後接近) 對受試者施測，得到兩組分數，然後求其相關係數以定其效度。此種方法所定的效度，因為新編測驗分數與作為效標的既有測驗分數是同時得到的，故而稱為**同時效度** (concurrent validity)。

上述預測效度與同時效度，都是根據新編測驗與另一效標之間的相關而建立的，故而又稱此類效度為**效標關聯效度** (criterion-related validity)。

除上述內容效度與效標關聯效度兩類之外，另有一種稱為構念效度。**構念效度** (construct validity)是指該測驗之編製，係以心理學上某種理論的構念為基礎。例如，有的智力測驗，在內容上只包括數字、語文、空間知覺三類題目。只包括此三類題目的原因，乃是編製者在理論上認為，人的智力基本上就是包括數字、語文與空間知覺三種因素，故以該三類題目來測量人的智力。

(四) 實施程序與記分方法

上述**標準化**、**常模**、**信度**、**效度**各點，對**能力測驗**以及任何**心理測驗**而言，均屬不可或缺的條件。而且，此等必備條件均須在測驗編製時即予以建立，否則無從提供資料，讓使用者據以選用以達目的。除了此等基本條件之外，任何能力測驗，必須在編好的測驗實施手冊內，詳細載明測驗實施的程序與記分方法。

先就實施程序言，測驗編製者必須在手冊內詳細而明確地訂出指導語；規定施測者必須對受試者說些什麼話 (如時間限制、作答方式等)，在測驗時他必須做些什麼事 (如怎樣發卷、如何收卷、如何回答受試者提出之問題以及如何控制時間等)。就前文所述標準化的廣義觀點言，實施程序的明確規定，也可視為標準化的條件之一。

至於測驗的記分，是屬施測之後的結果整理工作。一個測驗的記分方式必須在手冊內詳細說明：如何計算**原始分數** (按答對題數為準的分數)，原始分數又如何轉換為其他種分數 (如將原始分數轉換為**智力商數**等)，均須在手冊內有所說明。無論採用何種記分方法，在使用時均須遵守以下四項原則：

1. 客觀 測驗的評分標準，必須有明確的規定；受試者所得分數的高低，絕不因閱卷者的主觀因素而有任何影響。

2. 正確 無論對單一題目的記分，或是對全部分數的統計，必須按一定的方法與步驟，務須使可能產生的錯誤，減少到最低限度。

3. 經濟 閱卷與記分過程，務須做到符合省時、省力、省錢的經濟原則；使施測之後在最短期間內即得到最正確的結果。為求合於經濟原則，故而一般測驗均採試卷與答案紙分離的辦法。要求受試者按題目代號，在答案紙上作答。如此既可節省試卷，留供以後重復使用，又可便於統計整理。

4. 實用 測驗的目的本在用以做為解決問題的工具。因此，對測驗分數的解釋與應用，必須顧到使用者的條件；不需要太多專深的知識，即可獲得測驗結果並藉以解決問題。

第二節 智力測驗的發展

前文提到，多年來心理學家對人類智力的研究，一向集中在探討智力理論與智力測驗兩方面的問題。從歷史發展的觀點看，智力測驗發展在智力理論之前；早期的智力理論，幾乎全都是根據智力測驗結果發展出來的。因此在討論智力理論之前，先行討論多年來智力測驗的發展。在過去一百多年的智力測驗發展過程中，心理學家自始即企圖建立一種兼具客觀與量化(化質為量用數字表示)的測量工具，用以評定智力的高低。回顧以往智力測驗發展的經過，大致可以分為三個階段；(1) 智力測驗誕生前智力個別差異的研究；(2) 智力測驗誕生後的早期發展；(3) 智力測驗的晚近發展與現況。

一、智力個別差異研究的開端

在心理學史上，最早採用客觀與量化取向研究人類智力高低從而解釋個別差異現象者，首推 19 世紀中葉英國心理學家高爾頓 (Francis Galton, 1822～1911)。在 1869 年，高爾頓出版《遺傳的天才》一書，在書中他根據當時英國社會菁英多自成家系優秀人才代代相傳的現象，肯定人類智能高低的個別差異係來自遺傳 (Galton, 1869)。固然高爾頓的解釋中忽略了後天環境的影響是其缺點，但他所採用的客觀與量化方法以及他解釋所做的驗證工作，被後人肯定是智力個別差異研究的開端。高爾頓是著名生物學家達爾文的表弟；他採取了達爾文**進化論**中"物競天擇，適者生存"的理念，相信人類智力的高低，可以從其感覺器官的敏銳度來鑑定。感官的功能得自遺傳，動物中感官敏銳者較易生存的事實，可用做感官敏銳就是智力較高的說明。因此，1884年高爾頓在倫敦設立了一座研究室，以感官敏銳度為指標，以線條長短 (視覺) 和聲音強弱 (聽覺) 的判斷為試題，從而測量推估智力的高低。像此種以生理上感官為基礎測量智力的方法稱為**生理統計取向** (biometric approach)。雖然高爾頓的驗證研究結果未臻理想，受測試人數雖多達萬人以上卻未能證明感官敏銳度與智力有關，但他所採用的客觀與量化研究取向，確實為以後從事智力研究者開啟了先導之路 (Brody, 2000)。

二、智力測驗的早期發展

由於高爾頓的生理統計取向未臻理想，故而以後的心理學家改採**心理計量取向** (psychological approach) 嘗試編製評定智力高低的工具。歷史上正式的智力測驗誕生於20世紀之初。智力測驗誕生後的前四十年，可視為智力測驗的早期發展。從智力測驗的形式、內容以及測驗結果的解釋而言，此一時期又分為三個階段。

(一) 心理年齡階段

放棄高爾頓的生理統計取向，改採心理計量取向編製智力測驗者，始自20世紀之初法國心理學家比奈 (圖10-1)。比奈的智力測驗是從實用目的開始的；1904年法國教育部為了要設計一種鑑別學童能力的工具，用以在一般學童中區別出學習能力薄弱者，編入特殊班級予以因材施教，使之獲得較為適切的教學效益。比奈與另一學者西蒙 (Théodore Simon, 1873～1961) 受政府之聘，於1904年編製成第一個智力測驗，是為著名的**比奈-西蒙智力量表** (Binet-Simon Intelligence Scale) 簡稱**比西量**

圖 10-1　比　奈

(Alfred Binet, 1857～1911) 是20世紀初法國心理學家，是智力測驗的創始者，也是運用智力測驗幫助解決學校教育問題最早也最有貢獻的心理學家。

表 (Binet-Simon Scale)。最初的比西量表中計有三十個題目，按難度由淺而深排列，以通過題目的多寡為鑑別智力高低的標準。後來1908年修訂，增加為五十個題目，並按年齡分組，適用於三至十三歲的兒童。

比奈-西蒙智力量表有三個特點：(1) 放棄高爾頓的生理計量取向，改採**作業法** (performance method)，讓受試者根據語文、算術、常識等題目實際作業，從作業結果所獲的分數多寡，判定其智力的高低。(2) 創用**心理年齡** (或**智力年齡**) (mental age，簡稱 MA) 代表智力的高低。就題目的難度按年齡分組，三歲兒童均能通過的題目歸在一起，是為適合於三歲組的題目；五歲兒童均能通過的題目歸在一起，是為適合於五歲組的題目。依此類推，直到十三歲。如此設計，是將各年齡兒童在量表上通過的題數，代表他的心理年齡。換言之，這是一種採用心理年齡與**實足年齡** (chronological age，簡稱 CA) 對比的方式表示智力高低的觀念；心理年齡高於其實足年齡者，智力較高；心理年齡低於其實足年齡者，智力較低。比奈所創用的心理年齡觀念，在智力測驗編製原理上，一直沿用到現在。(3) 不採用高爾頓所持智力高低完全決定於遺傳的理念，改而在學校教育理念下鑑別兒童智力的高低，從而達到因材施教並促進兒童智力發展的目的。由此一觀點看，比奈不但是智力測驗的創始者，而且也是現代特殊教育的先驅。

(二) 比率智商階段

比奈-西蒙智力量表問世後，迅即傳至世界各國，其後又經美國斯坦福大學教授推孟 (圖 10-2) 在 1916 年加以修訂，是為著名的**斯坦福-比奈智力量表** (Stanford-Binet Intelligence Scale)，簡稱**斯比量表** (Stanford-Binet Scale)，也是應用最廣最具權威的個別智力測驗。斯比量表的最大特徵是採取了德國心理學家斯特恩 (William Stern, 1860～1955) 的觀念，改變原來的心理年齡，而以**智力商數** (簡稱**智商**) (intelligence quotient，簡稱 IQ) 來表示智

圖 10-2 推 孟

(Lewis Madison Terman, 1877～1956) 是 20 世紀美國心理學家，是斯坦福-比奈智力量表的編製者，是對現代智力測驗發展貢獻最大的人物之一，也是最早採縱貫法研究天才兒童最成功的人。

力。智商代表心理年齡與實足年齡間的比值，故而亦稱**比率智商** (ratio IQ)，其計算公式為：

$$IQ = \frac{MA}{CA} \times 100$$

IQ：代表智商 (intelligence quotient)
MA：代表心理年齡 (mental age) (根據通過的測驗題數決定)
CA：代表實足年齡 (chronological age) (根據生日計算)
(公式內乘以 100 的目的在於消去小數)

(三) 離差智商階段

自從斯比量表採用比率智商後，按智商數字的大小判定智力高低的理念已廣為接受。然而，採用 $IQ = MA \div CA \times 100$ 的公式來解釋不同年齡的智力高低問題時，在使用上難免會有限制。因為對接受測驗的人來說，MA 與 CA 之間不可能一直保持固定的比值；成年後 MA 將停止增加，而 CA 卻繼續成長，勢必出現兒童期智力高，到成年後智力變低的不合理現象。設有某十五歲學生的心理年齡為二十歲，他的智商就是 $IQ = 20 \div 15 \times 100 = 133$；這表示在同年齡智力分布上他屬於最高百分之三的資優學生。等他到四十歲時如仍維持其心理年齡不變，他的智商就變成 $IQ = 20 \div 40 \times 100 = 50$。智商 50 屬於智力分布中的最低百分之三智能不足的層次，顯然是不合理的。為了解決此一問題，美國心理測驗學家韋克斯勒 (圖 10-3)，

採用了另一位心理測驗學家瑟斯頓 (見後文) 的意見，創用了離差智商。**離差智商** (deviation IQ) 的基本原理是，按每一年齡階段內全體人智力的**常態分布** (或**正態分布**) (normal distribution) 為根據，將個人的分數在其同年齡組分布中離開平均數的距離，用**標準差**來表示。換言之，以個人在同年齡組分布中所在的位置為基礎，先換算成**標準分數** (見補充討論 10-1) 再看他的位置離開平均數的距離有幾個標準差，從而判定他智力的高低。此即離差智商一詞的由來(雖名為智商，但無商數意義)。

圖 10-3 韋克斯勒

(David Wechsler, 1896～1981) 是 20 世紀美國心理學家，是成人智力測驗編製者，是最早採用離差智商表示智商高低的人，是 20 世紀心理測驗學界代表人物，也是比奈之後對智力測驗發展貢獻最大的人。

圖 10-4 用標準差表示的離差智商常態分布

圖 10-4 就是採用標準分數表示的離差智商常態分布。在此常態分布之下，智商的平均數為 100，標準差為 15。平均數上下 (正負) 一個標準差之間，包括了全部受試者的 68.26%；平均數上下兩個標準差之間，包括了全部受試者的 95.44%；平均數上下三個標準差之間，包括了全部受試者的 99.72%。如此，等於是全部受試者之中任何一個人，只要將他在智力測驗上得到的原始分數，換算成標準分數之後，就可以按照平均數上下標準差找到他的智商居於總體中的什麼位置。設有某兒童經智力測驗及得到的離差智商是 115，按圖 10-4 所示，115 正好是平均數以上一個標準差的位置。由此即可推知，該兒童的智力在同年齡組中高於其他 84.13% 的人。由於離差智商在使用上優於比率智商，因此，斯坦福-比奈智力量表自 1960 年第三次修訂時起，即一直改採離差智商，以迄於今。

三、智力測驗的晚近發展

(一) 個別智力測驗的改進

綜上所述，在智力測驗發展早期的四十年期間 (1905～1945)，根據測驗結果以表示智力高低的方法，大致可以分為三個階段：最早比奈編製比西量表時，創用**心理年齡**法；此後推孟將比西量表修訂為斯比量表時，改用**比率智商**；再後韋克斯勒又加改進，創用**離差智商**。直到現在，以智商高低代表智力的觀念雖然未變，但智商的計算已不再採用原來的方式。

此外再從智力測驗本身的發展看，自從 20 世紀 40 年代以來，智力測驗在性質及功能上，也產生了如下的改變：(1) 由於智力理論的影響，改變以往視智力為單一普通能力的看法，而認為智力為包括多因素的綜合能力；(2) 由以文字為主的**文字智力測驗** (verbal intelligence test)，增編了**非文字智力測驗** (nonverbal intelligence test)；(3) 由早期只以兒童為對象的智力測驗，增編了也適用於成年人的智力測驗。

斯比量表自 1916 年以後因時代需要已經做過多次修訂。每次修訂後，國內測驗學者均將之修訂為中文版在國內使用。最近修訂版的特點是將智力視為包括多種特殊能力的複合體。因此，在量表中包括四個分量表，分別測量四方面的特殊能力：(1) 語文推理能力；(2) 數學推理能力；(3) 抽象視覺推理能力；(4) 短期記憶能力。將四種特殊能力合併計算出**標準分數**後，再與**標準化樣本**中的**年齡常模**相比而得智商分數。惟斯比量表的智商名稱不再稱離差智商，而改稱**標準年齡分數** (standard age score，簡稱 SAS)。新編斯比量表的適用年齡是二至二十三歲。

近五十年來在心理學研究與學校教育應用上影響最大的智力測驗，除了上述斯比量表之外，當推韋克斯勒編製的三個智力測驗：(1) 1939 年出版的**韋氏成人智力量表** (Wechsler Adult Intelligence Scale，簡稱 WAIS) (1981 與 1997 做過兩次修訂)。韋克斯勒之所以編製成人智力量表，乃是鑑於斯比量表的兩點不足之處：其一是當時的斯比量表只適用於兒童，不適用於成人；其二是斯比量表偏重於語文能力的測量，不適用於未接受良好語文教育的人。基於此二原因，韋克斯勒又編製了適用於成人的智力量表。復經 1981 年與 1997 年兩次修訂後使用至今。該量表包括語文與作業 (非語文) 兩個分量表，適用年齡為十六至七十四歲。(2) 1949 年初編 1974 年與 1991 年及 2003 年三次修訂的**韋氏兒童智力量表** (Wechsler Intelligence Scale for Children，簡稱 WISC)，內容也包括語文與作業兩個分量表，適用於六歲半至十六歲。(3) 1967 年出版的**韋氏學前智力量表** (Wechsler Preschool and Primary Scale of Intelligence，簡稱 WPPSI)，內容包括語文量表與作業量表兩部分，適用年齡為四至六歲。

以上所介紹的斯比量表與韋克斯勒智力量表，雖全係由美國心理學家發展編製而成，惟就智力測驗的基本原理而言，此等智力量表所代表的理論與方法，具有世界通用性。惟其如此，無論是斯比量表，或是韋氏智力量表，自初版開始到其後多次修訂，在國內均有中文修訂版本通行 (圖 10-5)。

(二) 團體智力測驗的興起

前文介紹的兩種智力測驗，因施測對象只限於一個人，故而稱為**個別智力測驗** (individual intelligence test)。因為個別智力測驗是在主試者與受試者面對面的情境下進行的，所以主試者可以根據對受試者隨時觀察所見做出診斷。惟在短時間內需要了解團體中智力的個別差異時，就無法使用個別智力測驗。因此，在斯比量表問世後不久，隨之誕生了可以同時測量多數人的**團體智力測驗** (group intelligence test)。

圖 10-5　韋 (魏) 氏兒童智力量表中文修訂版
(採自 台灣師範大學特教中心，1979)

團體智力測驗可同時施測多數人是其優點，但在施測時不能顧到個別的情況 (如不了解施測目的或缺乏受測意願等)，則是其缺點。因此，在學校教育上採用智力測驗以了解學生智力高低時，宜於採取兩種措施；先採用團體智力測驗以了解團體智力分配的大概情形，然後再採用個別智力測驗以了解某些學生特殊情況。

團體智力測驗始自 1917 年。時值第一次世界大戰 (1914～1918) 末期，為了美軍當局甄選不同兵種人員 (如機械、通訊、駕駛等) 的需要，心理學家們繼續在 1916 年的斯比量表之後，配合軍中需要發展了數種團體智力測驗。大戰結束後，此等團體智力測驗經過改編修訂，使用於政府機關與工商團體甄選人員。從此之後，個別智力測驗與團體智力測驗同樣隨社會與學校教育的需要而迅速發展；心理學家們除了上述用於個人的斯比量表與韋克斯勒智力量表之外，自然也編製了很多不同的團體智力測驗。

(三) 性向測驗與成就測驗的興起

團體智力測驗興起之後，心理學家開始編製形式類似智力測驗，但實質屬於學術性向測驗，用於大學入學甄選學生。美國的大學入學，沒有形式上的入學考試。除根據高中在校成績做為核定入學標準之外，就是實施大規模的團體學術性向測驗。目前美國全國性的大學入學團體學術性向測驗有兩種:一種是東西兩海岸各州通用的**學術性向測驗** (或**學業能力傾向測驗**) (Scholastic Aptitude Test,簡稱 SAT),另一種是通用於中西部及東北部各州的**美國大學入學測驗** (American College Test,簡稱 ACT)。學術性向測驗包括語文能力測驗與數學能力測驗兩部分,其基本假設是認為這兩方面能力較高的學生,入學後接受大學的各專科教育均不會有太大的困難。美國大學入學測驗包括英文、數學、社會科學、自然科學四個分測驗。計算分數時,除按四科總分數評定學生智力的高低之外,並兼顧學生各科專長,從而研判學生入學後適於向那一專科發展。

除上述甄選大學生的智力測驗外,另有一種特別用於甄選研究生的性向測驗,稱為**研究生入學測驗** (Graduate Record Examination,簡稱 GRE)。研究生入學測驗包括普通性向與專科性向兩個分測驗;前者旨在測量學生的一般智力,後者旨在測量學生對某一學科的潛在能力。研究生入學測驗結果按總分換算成**標準分數**計算;標準分數的平均數為 500,標準差為 100。GRE 的測驗除了美國大學生申請入研究所者必須參加外,也是全世界其他國家的大學畢業生赴美留學的必要條件。

第三節　智力理論

　　前文所介紹的各種智力測驗,其目的均在以之為工具,用以測量人的智力高低。然而智力測驗的結果是否真正能代表人類的智力?以最著名的斯比量表為例,施測結果經換算得到的總分,稱為 IQ。試問:一個人在智力測驗上所顯示的 IQ,是否就真正表示了他的智力?IQ 高的人是不是在其讀書、求學、處事、為人等各方面都會高人一等?為了解答此等問題,乃有智力理論的研究。

　　智力理論 (theory of intelligence) 是指心理學家對智力的性質所做的理論解釋。由於各家對智力的定義不同,所以歷來各家所提出的智力理論也甚為紛歧 (Brody, 2000)。本節的討論將從歷史發展的觀點,介紹具有代表性的幾家理論的要義,藉供讀者了解智力理論演變的大概情形。

一、心理測量取向的智力理論

從智力理論發展的歷史看，自 20 世紀之初到 20 世紀之末，智力理論的建構大致分為兩個階段。在 20 世紀前半段，心理學家們多半採用歸納方式建構其智力理論；即根據對智力測驗結果經**因素分析**(見註 10-1) 技術分析歸納之後，從而確定人類智力的性質。在 20 世紀後半段，心理學家們多半改採演繹方式建構其智力理論；即對人類智力的性質先提出一個理論架構，而後再分析驗證人類智力內涵所包含的心理特質。此一新的取向與當時新興的認知心理學思想有密切關係。因為認知心理學以訊息處理與生活適應的概念來解釋人類求知思維的心理歷程，心理測驗學家即以此概念為根據，認為智力理論的建構必須以人類心智活動歷程為基礎。因此，晚近的智力理論是以**訊息處理論**與生活適應為取向的。接下去先介紹心理測量取向的三種智力理論，然後再介紹訊息處理與生活適應取向的兩種理論。

(一) 智力二因論

智力二因論 (two-factor theory of intelligence)，簡稱**二因論** (two-factor theory)，係由英國心理學家斯皮爾曼 (Charles Edward Spearman, 1863～1945) 1904 年所倡議。此後斯皮爾曼採用因素分析法分析數個不同的智力測驗，結果發現在智力測驗上所表現的智力，包含兩種因素 (Spearman, 1927)：其一為**一般因素** (general factor)，簡稱 **G 因素** (G-factor)。智力的一般因素，其心理功能是表現在一般性的活動上。其二為**特殊因素** (specific factor)，簡稱 **S 因素** (S-factor)。智力的特殊因素，其心理功能只表現在某項特殊性的活動上 (如長於語言能力)。按斯皮爾曼的解釋，人類智力的個別差異，既表現在一般因素上，也表現在特殊因素上。惟兩種因素之間的關係，並不是一定的。有的人在一般因素方面的智力較高，而特殊因素方面的智力也較高；像有的學生語文科成就高而數理科成就也高的情形，就是如此。也有的人在一般因素方面的智力不高，但在特殊因素方面的智力卻很高；像

註 10-1：**因素分析** (factor analysis) 是一種頗為複雜的統計技術。在心理學上，因素分析主要用於智力測驗或人格測驗理論的建構，其目的是根據多種測驗結果彼此之間相關程度的高低，化約抽離出較少而仍具代表性的因素，從而推論解釋多種測驗所測的心理特質。例如，將二十種測驗對 300 名受試施測結果所得二十組分數，將二十組分數中每一分數與其他十九種分數求相關，即可得到 190 個相關。，可能會發現相關數字有集叢**趨勢**；即幾種測驗之間相關高 (或低) 者有共同趨勢。此一現象代表這幾種測驗所測者屬共同心理特質。在此情形下，即可用一個概括性的名詞來表示此種心理特質。以單字聯想、詞義辨別、語句重組、文義理解四種測驗為例，如施測結果發現四者之間存有高度的相關，即可用"語文能力"一詞，概括表示四種測驗所測的能力。經過因素分析大致可將多種測驗化約抽離為五或六個因素，根據因素分析化約抽離出的少數因素，即可用以推論解釋，從而建構智力理論或人格理論。

有的學生一般學科成就平平而數學成績特優的情形，就是如此。不過，斯皮爾曼認為，一般因素是人類智力的基礎，先有一般因素，而後才有特殊因素。一般因素方面智力太低的人，不會有太高的特殊智力。又因為一般因素的智力表現在生活活動的多方面，故而一般智力測驗所測量者，多屬一般因素方面的智力。由此觀之，斯皮爾曼的智力二因論實際上是將智力視為單一能力。

(二) 智力群因論

美國心理測量學家瑟斯頓 (Louis Leon Thurstone, 1887～1955) 反對斯皮爾曼以普通智力為主的二因論解釋，根據他實地測量的結果，認為智力內涵中並無所謂一般智力與特殊智力之分，而是由多種各自獨立的**基本心理能力** (primary mental ability) 組合而成。因此，瑟斯頓的智力理論被稱為**群因論** (或**群體因素論**) (group-factor theory)。瑟斯頓的智力群因論是 1938 年提出的，其基本要義是謂人類的智力是由七種基本心理能力組合而成的 (Thurstone, 1938)：(1) 語文理解 (verbal comprehension，簡稱 V)，屬理解語文涵義的能力；(2) 語詞流暢 (word fluency，簡稱 W)，屬語言迅速反應的能力；(3) 數字運算 (number，簡稱 N)，屬迅速正確計算的能力；(4) 空間關係 (space，簡稱 S)，屬方位辨別及空間關係判斷的能力；(5) 聯想記憶 (associative memory，簡稱 M)；屬將兩事件相聯結的機械式記憶能力；(6) 知覺速度 (perceptual speed，簡稱 P)，屬憑知覺迅速辨別事物異同的能力；(7) 一般推理 (general reasoning，簡稱 R)，屬根據經驗做出**歸納推理**的能力。瑟斯頓 1941 年根據他發現的七種基本能力所編製的智力測驗，稱為**基本心能測驗** (Primary Mental Abilities Test，簡稱 PMAT)。

(三) 智力結構論

智力結構論 (structure-of-intellect theory，簡稱 SOI)，亦稱**吉爾福德立方體** (Guilford's cube) 係由美國心理學家吉爾福德 (圖10-6) 1977 年提出的一種智力理論。按智力結構論的解釋，人類的智力乃是複

圖 10-6　吉爾福德

(Joy Paul Guilford, 1897～1987) 是 20 世紀美國心理學家，是智力結構論的創始人，也是最早在智力結構中確定創造力性質的心理學家。

雜思維的表現。在思維的整體心理活動中，包括三大要素 (見圖 10-7)：(1) 引起思維的材料所決定的思維內容；(2) 思維活動時所產生的思維運作；(3) 經由思維運作所獲致的思維產物。思維活動中的三大要素，可視為立體結構的三個維度。下圖所示即代表吉爾福德的智力結構理論。構成智力理論的三大要素之內；每大要素又各自包括多種次級要素。如此在整個立體智力結構中，在理論上就可按三大要素的乘積，得150種不同的能力；即5(不同內容)×5 (不同運作方式)×6(各種思維產物)＝150 (註 10-2)。在思維內容維度上，引起思維的材料或訊息 (即刺激)，包括五類：(1)視覺 (訊息)，指經視覺器官(眼睛)直接觀察可見的具體形象；(2) 聽覺 (訊息)，指經由聽覺器官 (耳朵)直接聽到的聲音；(3) 符號 (訊息)，指帶有含義的文字、數

圖 10-7　吉爾福德智力結構論圖示

(根據 Guilford, 1982 資料繪製)

註 10-2：1959 年吉爾福德首度提出智力結構理論時，他是採用 4 (內容)×5 (運作)×6 (產物)＝120 種能力說法。當時他將思維內容分為形狀、符號、語義、行為四類，將思維運作分為評價、輻合思維、發散思維、記憶、認知五類，將思維產物分為單元、類別、關係、系統、轉換、含義六類 (Guilford, 1959)。1982 年吉爾福德修正了他自己的理論，將原來思維內容中的形狀一類，改為視覺訊息與聽覺訊息兩類，結果使智力結構變為 5 (內容)×5 (運作)×6 (產物)＝150 種不同能力 (Guilford, 1982)。

字、圖案等符號；(4) 語義 (訊息)，指由語文傳達的觀念；(5) 行為 (訊息)，指對別人外顯行為的主觀解釋 (屬社會性智力)。在思維運作的維度上，包括五類不同思維運作方式：(1) **認知**(cognition)，指對引起思維訊息的認識與理解；(2) **記憶** (memory)，指對需要思維的訊息立即予以收錄並儲存；(3) **發散思維** (divergent thinking)，指思路廣闊，從不同角度思考並進一步提出創意的超常思維方式；(4) **輻合思維** (convergent thinking)，指根據已有經驗循邏輯途徑尋求固定答案的思考方式；(5) **評價** (evaluation)，指在對各種訊息處理時，對訊息的性質及其適切度之選擇與取決過程。在思維產物的維度上，包括六類不同思維結果：(1) 單元，指思維結果是可以採用單位計算的(如多少單詞)；(2) 類別，指經思維後按事物特徵類化，得到類別的認知 (即概念)；(3) 關係，指經思維之後了解到事物之間的關係 (如一定體積的水比同體積的冰重)；(4) 系統，指經思維後了解到複雜事物的系統結構 (如自來水從何處來)；(5) 轉換，指經思維後能將某種事物轉換成另一種形式(如水遇熱轉化為蒸汽)；(6) 含義，指經思維後能從現實事物的表象得到啓示，並用做對同類事物的解釋與預測的依據。

吉爾福德的智力結構論有三點重要意義：(1) 智力並非單一能力，而是由多種能力交互作用形成的複雜結構；(2) 智力不是靜態的知識運用能力，而是適應環境的動態思維歷程；(3) 智力不只是知的能力，而是包括了知識之上的創造能力。

二、多元取向的智力理論

前文所介紹的各家智力理論，雖然在解釋人類智力的性質時論點互有差異，不盡相同，但在基本取向上卻大致雷同；同樣是根據受試者在智力測驗上所表現的分數，去分析、推論、解釋形成智力的因素或智力的整體結構。像此種以心理測驗為取向所建構的智力理論，等於是確認了智力測驗所測到的能力就代表智力。換言之，採心理測驗取向所建構的智力理論，無異於將 IQ 與智力兩個概念視為同一意義。迨至 20 世紀 60 年代以後，有些心理學家開始對此種 IQ 等於智力的看法提出質疑。質疑的最基本問題是，傳統智力測驗的內容多半都是包括語文與數學兩類試題，一個人在此兩類試題上所表現的分數，是否真正代表他的智力？換言之，人類的智力是否只限於傳統智力測驗所測量到的語文與數學方面能力？適值在此期間以訊息處理為取向的認知心理學興起，受其影響而產生了以訊息處理為取向的新智力理論。以下介紹的兩種智力理論，就是擺脫傳統心理測驗取向而建構的新智力理論。

(一) 智力三元論

美國耶魯大學教授斯騰伯格 (圖 10-8)，在 1985 年出版的《IQ 不等於智力》一書中，首先提出了智力三元論的初步主張 (Sternberg, 1985)。其後又在 1988 年出版

圖 10-8　斯騰伯格

(Robert J. Sternberg, 1949～) 是 20 世紀美國心理學家，是認知心理學家，是首創智力三元論的心理學家，也是根據類似觀點提倡愛情三元論的人。

的《一體三面的心》一書中修改補充 (Sternberg, 1988)，是為目前最具代表性的一種新智力理論。

斯騰伯格**智力三元論** (triarchic theory of intelligence) 的基本要義是，謂人類的智力結構中並非只有單一的一種智力，而是由三種智力彼此交互作用而構成的一個整體（見圖 10-9）：(1) **分析智力** (analytical intelligence) 是指個體運用學得的知識經驗對有關問題經由分析、比較、推理、思維、判斷，從而獲得答案的能力；(2) **實踐智力** (practical intelligence) 是指個體在實際生活環境中遇到困難問題時，針對問題情境及條件限制，能活用既有知識經驗解決實際問題的能力；(3) **創造智力** (creative intelligence) 是指個體在遇到新奇情境而既有知識經驗不敷應用時，能夠獨出心裁創新發明的能力。

圖 10-9　智力三元論

(採用 Sternberg, 1985)

斯騰伯格的智力三元論有兩點超越前人智力理論的價值：其一是智力整體結構中的三種智力不是分別孤立的，而是彼此交互關聯的。其二是智力結構中的三種智力並非平均分配，而是三種智力的高低因人而異。第二點價值可用以解釋以往一直存在的問題，那就是有人的 IQ 甚高，但事業未必有成，智力三元論提供了此一問題的合理解釋。謂 IQ 高者未必具有實踐智力與創造智力，斯騰伯格曾舉耶魯大學的三個研究生為例，用以說明三個研究生分別長於三種智力，其所顯示在行為上的差異 (Sternberg, 1988)。第一個研究生大學成績優異，輕易獲得入學許可後，第一年修讀各種學科時，表現出優異的推理、分析、思辨的能力。惟進入第二年需要自己研擬設計獨立研究時，該生顯示出缺乏突破舊觀念的創新能力。第二個研究生大學成績中上，未能獲得入學許可。惟因該生具有創造能力而獲得其大學部教授極力推薦，結果得以進入研究所擔任研究助理。後經斯騰伯格賞識，認為他是難得的獨立研究人才。第三個研究生獲准入學後，在學業表現上雖不突出，但各科成績平均；與其他兩研究生相比，他的特點是隨機應變，能夠將自己分內的所有工作做到盡善盡美的地步。顯然，第一個研究生長於分析智力，而第二與第三兩個研究生則分別長於創造智力與實踐智力。由此可見一向用 IQ 來代表智力的傳統智力測驗，所測量到的能力只能視為分析智力，而不能測量出其他兩種智力。惟其如此，斯騰伯格批評傳統智力測驗的最大缺點是窄化了智力；IQ 不等於智力，IQ 只能視為人類智力結構中的一種智力 (Sternberg, 1985)。

(二) 智力多元論

基於上述討論可知，斯騰伯格的智力三元論在理念上已超越傳統智力測驗的狹隘解釋，且進而拓寬了智力一詞的概念。約在同時，美國心理學家加德納 (圖 10-10)，在 1983 年出版《心之結構》(Gardner, 1983)，繼而於 1993 年出版《多元的智力》(Gardner, 1993)。在這兩本專書中，加德納採取生活中多方面心智活動始能代表智力的觀點，提出**智力多元論** (theory of multiple intelligences)。加德納採取與斯

圖 10-10　加德納
(Howard Earl Gardner, 1943～) 是 20 世紀 70 年代美國心理學家，是認知心理學家，是神經心理學家，也是首創智力多元論的心理學家。

騰伯格類似觀點，放棄從傳統智力測驗結果 (如 IQ) 去分析智力的性質，改而從人類的腦神經組織、兒童發展以及實際生活中各種行業傑出人才的表現中，去思考人類智力之中究竟應該包括那些能力。像傑出的文學家、美術家、音樂家、運動家、社會領袖等，無可否認這些人均各具有超乎常人的能力，但如只從傳統智力測驗的觀點言，這些人很可能在智力測驗上獲得的分數，未必是高人一等。果真如此，那不是這些人的智力不高，而是窄化了的智力測驗測不出這些人所具有的智力。職是之故，加德納提出了全能取向的智力多元理論。

所謂 "多元" 是指包括人類生活中有效適應環境時所需要的一切能力。加德納在他的智力多元論中指出，人類的智力是在遺傳與環境兩種因素交互作用之下逐漸發展而成的。智力發展達到成熟階段時，在人類智力的整個領域內，將發展出八種不同的智力 (Gardner, 1983；1993)：(1) **語文智力** (linguistic intelligence)，指學習語文與使用語文的能力；(2) **數理智力** (logical-mathematical intelligence)，指數學運算與邏輯推理的抽象思維能力；(3) **空間智力** (spatial intelligence)，指辨識方位判斷距離遠近的能力；(4) **音樂智力** (musical intelligence)，指音律欣賞及表達的能力；(5) **體能智力** (bodily-kinesthetic intelligence)，指支配肢體以完成精密作業的能力；(6) **社交智力** (interpersonal intelligence)，指了解他人並與他人建立合作及親密關係的能力；(7) **自知智力** (intrapersonal intelligence)，指了解自己的優缺點及動機、興趣、欲望等，據以選擇合於自己的目標並努力追求實現的能力；(8) **自然智力** (naturalist intelligence)，指理解大自然現象並適應自然環境的能力。

除以上八種智力之外，加德納 1999 年又在其理論中增加一項，稱為**存在智力** (existential intelligence)，意指個人自知其生存意義的能力 (人生哲學) (Gardner, 1999)。

根據加德納的解釋，以上九種智力合成的整體，才能代表人類的智力。傳統智力測驗所測到的 IQ，只能算是人類九種智力中的前三種智力；IQ 之中不包括其後所述的六種智力；因此，IQ 不等於智力。當然，人未必能九種智力樣樣具備，多數人是在九種智力上長短不齊。有的人長於語文與數理，但短於音樂與社交；有的人長於音樂與社交，但短於數理與體能。基於此義，在根據學生智力的個別差異預測其未來的成就時，就必須從九種智力所構成的整體智力去考慮。既然傳統智力測驗測得的結果，只代表了人類智力中的三種智力，自然不能有效預測學生未來在社會上的成就。由於傳統智力測驗的編製自始即偏重採用語文與數學的題目，故而在學校中採用智力測驗結果預測學生的學業成就，是相當有效的。至於學生畢業後參與社會競爭時，其生活適應的成敗，就得看他是否具備傳統智力測驗之外另外的多項智力。這也就是學生時代智力與學業表現傑出的所謂 "高才生"，走出校門後在生活事業上未必有超常人成就的原因。

從智力理論觀點言，斯騰伯格的智力三元論與加德納的智力多元論均具有創新的價值。惟從智力測驗編製的實際看，測驗多元智力的測驗在編製上目前尚有困難。

第四節　天性與教養對智力的影響

根據圖 10-4 智力常態分布的現象看，人類智力有高低不同的個別差異現象，是明顯的事實。惟對形成智力高低個別差異原因的解釋，自古以來向無定論。在哲學心理學時代，有天性與教養孰重的爭議，現代的科學心理學時代，則有遺傳與環境何者影響較大的問題。本節的討論將以多年來心理學家研究發現為根據，以持平的觀點，分析討論遺傳與環境兩大因素分別對智力個別差異的影響。

一、遺傳影響智力的證據

在第二章第一節討論遺傳的過程時，即曾提到打從受精卵開始，胎兒的男女性別即已決定。由此可知男女性別完全是由遺傳所決定。除性別之外，屬於身體的特徵，諸如膚色、髮色、眼睛虹膜等種族特徵，也是由遺傳決定的。遺傳既然決定人類的性別與身體特徵，然則與身體具有密切關係的心理特徵，是否也由遺傳的因素所決定？為了解答此一問題，多年來心理學家們不斷試圖從以下兩方面探討遺傳影響智力的證據。

(一) 孿生子研究的證據

孿生子研究 (twin study) 是指採用**孿生子**為對象，從孿生子的不同類型，先確定他們之間遺傳的近似程度，繼而觀察孿生子出生後的生活環境，用以了解可能影響其身心發展的後天因素。最後以智力測驗的結果作為依據，並分析比較孿生子之間智力的相似或相異的程度。

孿生子是在受孕時，精子與卵子結合過程中形成的。因精子與卵子結合的情形不一，而使一對孿生子之間在遺傳關係上因相似程度不同而有兩種可能情形：一種為**同卵孿生子** (identical twins)，是由單一精子與單一卵子受精後分裂發育而成的。一種為**異卵孿生子** (fraternal twins)，是由兩個 (或數個) 精子分別與兩個 (或數個) 卵子受精後分別分裂發育而成的。就遺傳的關係而言，同卵孿生子的**染色體**相同，染色體內部的**基因**相同，所以他們之間的遺傳基礎是完全相同的。異卵孿生子之間的遺傳關係，與其他兄弟姊妹的關係相似，其不同於一般兄弟姊妹者只是在胎兒期間一起發育而已。因此，研究同卵孿生子智力的**相關** (見補充討論 10-1)，並與其他不同程度血緣關係者比較，即可據以推論遺傳對智力所產生影響的程度。表 10-1 所

表 10-1　孿生子與各種不同血緣關係者智力相關比較

血緣關係	生活環境	相關係數
同卵孿生子	出生後共同生活者	0.86
	出生後分離生活者	0.72
異卵孿生子	出生後共同生活者	0.60
同胞關係	出生後共同生活者	0.47
	出生後分離生活者	0.24
親子關係	出生後隨父母共同生活者	0.40
領養親子關係	出生後隨養父母共同生活者	0.31
堂(表)兄弟姊妹	出生後非共同生活者	0.15

(採自 Bouchard, 1996)

示，即心理學家多年來分析 111 項孿生子研究的結果 (Bouchard, 1996)。

根據表 10-1 的內容，從遺傳問題的孿生子研究中，可以對遺傳與環境孰為重要的問題，得到以下五點認識。

1. 從遺傳相同的同卵孿生子 (無分共同生活與否) 間的智力相關高於其他所有各種關係者之間的相關看，遺傳顯然是決定智力相關度的最重要因素。

2. 除同卵孿生子之外，從屬於血緣最近的異卵孿生子、同胞關係、親子關係三種關係的相關多半高於其他另兩種關係的現象看，也顯示遺傳是決定智力高低的重要因素。

3. 從同卵孿生子出生後分離生活者智力相關低於出生後共同生活者智力相關的現象看，環境顯然是遺傳之外影響智力的另一因素。

4. 從同胞兄弟姊妹出生後共同生活與否而在智力相關上有顯著差異的現象看，除了遺傳不同是原因之外，環境也是影響智力的因素之一。

5. 從毫無血緣關係的領養親子間智力的相關高於有血緣關係的堂兄弟姊妹間智力相關的現象看，環境顯然是影響智力的重要因素。

綜合以上五點，對智力決定於遺傳或環境的爭議，大致可獲如下結論：遺傳是決定智力高低的第一因素，而環境則是影響智力發展的第二因素。

(二) 腦功能研究的證據

無論是從常識的觀點或是從生理科學的觀點看，人類智力的高低與腦的生理功能之間，必然是存在著密切的關係。平常說某人 "腦筋靈活"，意思就是指某人智力較高。其中"腦筋"二字所指者,就是我們第二章內所說的腦神經。人類的一切生理器官是遺傳的,腦神經系統的構造,也是遺傳的。準此推理,由腦神經在傳導訊息時所發揮的功能,自然也是遺傳的。

基於以上推理,生理心理學家近年來已開始研究神經傳導速度與智力的關係。該項研究的實驗設計是:(1) 從視覺刺激出現引起視覺神經衝動開始,直到大腦兩半球管制視覺的神經中樞視覺區做出反應為止,其間所經過的時間做為腦神經功能的指標;時間愈短者,表示神經傳導愈快,亦即表示腦神經的功能愈強。此一構想與平常以"頭腦敏捷"代表聰明和"反應遲鈍"代表愚笨的說法,頗為符合。(2) 以**瑞文漸進推理測驗**(見圖 10-13) 測到的 IQ 分數做為智力高低評定的根據。(3) 以 147 個成年人為受試;以瑞文漸進推理測驗中的圖形試題做為引起神經衝動的視覺刺激。根據以上設計,即可測量到所有受試者的神經傳導速度與 IQ 兩組分數。統計兩組分數間的相關程度,即可推知腦神經功能與智力的關係。此一研究所得結果與事先的假設及平常的說法完全符合;即腦神經功能與智力測驗結果呈現**正相關**的關係。亦即腦功能愈強者,其 IQ 愈高 (Reed & Jensen, 1992)。

二、智力遺傳現象的誤解

經過心理學家們的多年研究,對智力高低究竟決定於先天遺傳抑或後天環境的爭議,大致上已獲得如下的共識:遺傳是決定智力高低的第一因素;在遺傳法則下,決定了個體智力的最高和最低限度。環境是決定智力的第二因素;在個體被賦予的遺傳限度之內,在心理特質上所展現的實際智力,其高低變化將因個體生長環境的影響而有所差異。

雖然心理學界對影響智力的遺傳與環境兩因素的爭議已有上述共識,但對遺傳影響智力的看法,多年來的爭議卻未平息。此一爭議的關鍵問題是:因遺傳因素所形成的智力高低差異現象,究竟是只可視為同一種族內個體之間的**個別差異**,或是也可視為不同種族之間的**團體差異**?由於不同種族間在由遺傳決定的身體特徵上存有明顯的團體差異,因此在自 20 世紀之初智力測驗在美國流行之始,即被美國政府與部分心理學家用來做為解釋種族間智力差異的根據;甚至演變成了以後種族歧視的藉口。這就是接下去要討論的智力遺傳現象被錯誤解釋的問題。

(一) 智力的種族差異現象

不同種族之間因不同遺傳所形成的身體特徵,在外形上的確存在著明顯的差異。此種差異不需藉任何測量工具即可直接觀察辨認。屬於心理特徵的智力,固然主要由遺傳因素所決定,但智力的高低無法直接觀察辨別,只能靠智力測驗的結果間接推理評定。根據多年來心理學家採用智力測驗對不同種族施測的結果,不同種族之間在智力上確實存在著差異現象。

早在 1912 年，由於歐洲移民大量湧入美國，當時的美國聯邦政府移民局，特別邀請心理學家戈達德 (Henry Herbert Goddard, 1866～1957) 對移居紐約市的歐洲各地移民實施智力測驗。施測結果被列為低能者 (註 10-3)，在猶太人中占百分之八十三，在匈牙利人中占百分之八十，在意大利人中占百分之七十九，在俄國人中占百分之八十七。在後來以《心理測驗與移民》為題的報告中，戈達德向美國政府建議嚴格限制這些國家的移民 (Goddard, 1917)。約在同時，因修訂比西智力量表為斯比量表而著名的推孟 (見圖 10-2)，在其 1916 年出版的《智力測驗》一書中，也認為："黑人與墨西哥人兒童，其 IQ 較白人兒童為低；而此種因種族遺傳因素所形成的智力差異，是永遠無法靠教育方法補救的"(Terman, 1916)。

在第一次世界大戰 (1914～1918) 期間，團體智力測驗首度被用來做為甄選軍中人員之用。當時美國軍人中包括早期歐洲不同種族的後裔，經實施團體智力測驗後發現，其中英格蘭、蘇格蘭、加拿大及北歐各地移民後裔的 IQ 最高，而來自意大利、波蘭、猶太等族群後裔的智力最低 (Yerkes, 1921)。此一軍中團體智力測驗結果，成為後來美國國會辯論移民政策的根據；辯論的結果終於通過了 1924 年限制各國配額的移民法案。

以上所述是 20 世紀 30 年代以前智力種族差異現象研究的大概情形。對此一問題的晚近研究，一般都集中在對美國境內黑白兩個種族間智力差異的問題。根據智力測驗結果，比較美國黑白兩種族智力的差異，多年來已公認黑人的 IQ 平均數比白人要低 10～15 個分點 (Loehlin & Nichols, 1976)。這是一項事實，此一事實可由圖 10-11 顯示出來 (Anastasi, 1958)。

(二) 智力種族差異現象的誤解

圖 10-11 兩條曲線所顯示的意義是，白人與黑人兩個族群中智力的常態分布是不相同的；這表示白人族群的智力顯然高於黑人。對形成黑人智力平均低於白人現象的解釋，早期的美國心理學家傾向歸因於種族遺傳。心理學界持此論點者，主要是美國加州大學心理學教授金森 (Arthur R. Jensen, 1923～) 的主張。金森對 1965 年美國國會為改善黑人教育環境通過實施的**啟智計畫** (註 10-4) 提出強烈批評；認為黑人智力較低是種族遺傳使然，國家花費大量資源去謀求補救，是徒勞無功的 (Jenson, 1969)。金森的主張雖然引起其他心理學家的批評，但他的理論卻也提供了當時一

註 10-3：**低能** (feeble-mindedness) 一詞，是心理學上早期的用語，現在已棄置不用，而改稱**心智不足** (mental retardation)。被列為心智不足者，其**離差智商**均在七十以下，約占全人口的 2.5%（見圖 10-4）。

註 10-4：**啟智計畫** (Head Start Project)，是美國第三十六屆總統詹森 (Lyndon B. Johnson, 1908～1973) 在"向貧窮宣戰"的號召下，在 1965 年推行的改善黑人教育計畫。計畫的主旨在加強學前教育，使家庭環境不良的黑人兒童得到智力的良好發展。

些人作為種族歧視的藉口。

不同種族間或許有智力高低之不同,但若將此種種族間智力差異現象的原因,單純解釋為遺傳,在理論上顯然有兩點可議之處:(1) 評定不同種族智力所用的工具是根據同樣的智力測驗。在美國通用的智力測驗全屬語文版本,同一語文智力測驗,用於不同文化背景的各個種族時,即使經過翻譯,其試題意涵上也不無出入。(2) 智力的種族差異,在統計學上稱之為**團體差異** (group difference)。惟統計學上分析團體差異時,必須同時考慮**團體間差異** (between-group difference) 和**團體內差異** (within-group difference);前者指兩個團體在某種特質上所顯現的質量差異(如白人的 IQ 平均高於黑人),而後者則指每個團體內各個成員間在同一特質上所顯現的質量差異 (如白人或黑人每個團體中各個體間的 IQ 並不相同)。分析研判白黑兩團體智力的差異時,只有在團體間差異明顯大於團體內差異的情況之下,才能肯定白人的智力普遍較黑人為高。基於此義,回頭分析比較圖 10-11 中白黑兩團體智力高低的分布,可清楚看出團體間差異 (平均值) 較小於團體內差異 (白黑兩團體中均各顯示極大的個別差異)。而且在黑人智力分布中,智力高達白人平均智力以上者,也佔有相當成分 (黃色部分)。

再從遺傳影響智力的觀點來看同一問題。遺傳是決定智力高低的主要因素,這原則絕不只適用於解釋智力的種族間差異,而同樣可適用於解釋同一種族內的個別差異。圖 10-11 中白人與黑人智力分布的兩條曲線,分別代表每個種族成員間的智力高低,二者都有很大的個別差異,而此種明顯個別差異的形成,環境當然也是一個重要因素。因此,以往將種族遺傳視為智力差異唯一因素的觀點,顯然是一種

圖 10-11 智力的種族差異

(採自 Anastasi, 1958)

錯誤的解釋。

三、影響智力發展的環境因素

不同種族間智力有高低的差異。此一事實理當不能籠統含糊地歸因於遺傳，那麼，應如何給予合理的解釋呢？此即接下去要討論的環境因素對智力發展影響的問題。

(一) 養子女研究的證據

除親子間的遺傳是決定子女智力高低的主要因素之外，家庭環境中父母對子女的教養方式，自然是影響子女智力發展的另一重要因素。一個人智力的高低是根據智力測驗結果評定的，而個人在智力測驗上所表現出來的能力(多為語文數學能力)，則是他出生後在生活環境中逐漸學習發展出來的。因此，兒童自幼在家庭中的成長，正如一棵樹在山林中成長一樣，除了遺傳是先決條件之外，必須有適於成長的環境，才能使先天遺傳的優良特質得以顯現。自然環境中有良好土壤，充足的水分與陽光，才會使一粒種子長成一棵大樹；同理，家庭環境中有良好的教養，才會使兒童的天賦潛能獲得充分發展。

以上所述家庭環境因素影響兒童智力發展的理念，從表 10-1 內領養親子關係間存在相當高的相關現象看，即可得以證明。領養親子之間本來毫無遺傳關係，他們之間智力的相關程度應該接近**零相關**才是。事實上兩者間相關係數高達 0.31。此

圖 10-12　影響人類智力發展的環境因素

(根據 Lewontin, 1976 資料繪製)

一現象的形成，除養父母教養的影響之外，沒有其他的原因。惟表 10-1 中所列資料，只說明養父母對養子女的智力發展具有影響作用，未說明影響的程度究竟有多少。此一問題可由另一項養子女的研究得到答案 (Scarr & Weinberg, 1976)。該項研究的對象是被白人家庭領養的九十九個黑人兒童。開始領養的時間，有些是在出生之後一週歲之前，有些是在一週歲以後不同的年齡。等數年後實施智力測驗的結果發現：(1) 就全部九十九個領養兒童的智力發展看，其平均 IQ 為 105，此一數值遠較一般黑人兒童的平均 IQ 為高 (黑人兒童平均 IQ 在 90 左右)；(2) 單就週歲以前即被領養兒童的智力發展看，其平均 IQ 為 110，此一數值恰如與美國中產階級兒童的平均 IQ 相當。由此可見，美國黑人智力一般低於白人的現象，絕非只是由於不同遺傳，而是由於自幼生長的不良環境使然。

(二) 教育與文化差異研究的證據

前述家庭環境影響兒童智力發展的事實，是屬於個別性的。除家庭環境對個別兒童智力發展產生影響之外，社會文化的差異也是影響同社會同文化下兒童智力發展的重要因素。在這一方面的研究資料很多，以下僅舉兩項研究發現，用以說明不同學校環境及不同社會文化對兒童智力發展的影響。

一項研究是以以色列的兒童為對象的；以色列是集合世界各地猶太人而成立的一個新國家，世界各地猶太人的生活背景並不相同，因而人口素質自然也參差不齊。以色列政府的教育當局調查發現，來自歐洲猶太人的智力，一般較來自阿拉伯國家的猶太人為高；其間在 IQ 上的差異程度，相當於美國境內白人和黑人之間的差別 (相差 10～15 個分點)。以色列政府為了齊一人口素質，於是設立一種類似公社的特殊學前教育機構；兒童出生後不由父母養育，而集中在公社的幼稚園中，由受過專業訓練的保姆負責統一教養。在此種教育環境中，兒童的生活方式及智力發展，自然是受親生父母影響者較小，受學校教育影響者較大。經研究發現，此等兒童的父母因來自不同地區而呈現的團體智力差異，已不復存在；只是仍然保有個人智力上的個別差異 (Lewontin, 1976)。

另一項研究是以日本的兒童為對象的。第二次世界大戰 (1939～1945) 以後的五十年間，日本不僅迅速發展為經濟大國，而且在人口素質上也大幅提升。心理學家研究發現 (Lynn, 1982)，日本兒童的平均智商是全世界最高的。以六至十六歲中小學學生智力測驗結果做為比較的標準，歐美各國學童的平均 IQ 均以 100 為標準，而日本同年齡學童的平均 IQ 則為 110。換言之，日本兒童的平均 IQ，與其他國家兒童平均 IQ 相比較，要高出 10 個分點。除了一般兒童的智力較其他國家為高之外，在整個兒童人口中屬於**資優兒童** (gifted child) 者，也較其他國家為多。根據智力測驗結果，IQ 在 130 以上被視為資優兒童。在其他國家的資優兒童所占比例,一般都是百分之二至百分之四,而在日本則是百分之十。像日本這樣人口素質的大幅提高,絕不能歸因於種族遺傳,只能解釋為教育與文化環境的因素 (Lynn, 1982)。

綜合以上討論,可採圖 10-12 所示,同類種子在不同土壤的生長情形,用以說明影響人類智力發展的環境因素 (Lewontin, 1976)。

四、免文化影響測驗的構想

基於以上討論,對於多年來心理學家們試圖用智力測驗為工具,以鑑別個體間或團體間智力差異的努力,看來仍然未獲肯定的結論。誠然,無論是個體之間,或是團體之間,智力有高低之分,是不爭的事實。然而,智力高低的真相,是否單靠用文字與數字為題目所編的測驗即可鑑定的問題,卻一直存疑。文字與數字所陳述者,都偏於學得的知識,這對同文化而不同社會階層的人來說是不公平的。如果測驗的編製是以某一文化環境下的人為根據,而用於測定另一文化環境下的人,並比較兩者之高低,這對後者來說更不公平。惟其如此,有些心理學家,嘗試編製**免文化影響測驗** (或**超文化測驗**) (culture-free test),用以解決上述的問題。免文化影響測驗的構想是,採用圖形做為智力測驗的題目,藉以排除學得知識的影響。

圖 10-13 文化公平測驗題目示例

受試者按上圖缺口的特徵,從下列六或八個小塊中選出適合者作答 (本題係英國學者瑞文 (J. C. Raven) 1938 年所編瑞文漸進推理測驗 (Raven's Progressive Matrices) 題目之一。)

(採自 Anastasi, 1967)

第四節 天性與教養對智力的影響 375

事實上，個體智力的高低乃是遺傳與環境交互作用的結果，文化就是環境因素，完全排除文化有關的題目，很可能智力的高低就無從測量。以圓圈為例，它是一個簡單圖形，對此一圖形的認識是否有文化的影響？曾有心理學家發現，不同文化下的兒童，對圓圈有不同的聯想；有的想到太陽，有的想到風車，有的想到洞口，有的想到錢幣。不同的聯想反應，顯然是受不同文化的影響。因此，晚近的學者不再用"免文化影響"的字樣，改以**文化公平測驗** (culture-fair test) 的名稱來代替。圖 10-13 即此類測驗的題目之一。

捨免文化影響而求文化公平的嘗試，在智力測驗編製取向上，也許是正確的。然而，為遷就所謂公平，只能在選題上遵守"大家都有機會學到的"與"大家都未學過的"兩個原則。惟在此等原則之下，可能因求取公平而忽略本質。因為，符合公平原則的題目，其所測量者是否足以代表智力，仍是問題。此即前節各家智力理論之所以爭議未決的原因。

本章摘要

1. **智力**是綜合性的能力，此種綜合性能力是在個體對其生活環境適應時，由其運用經驗、學習與支配知識以及因應困境時從事抽象思維以解決問題的行為活動中表現之。

2. **心理能力**是指根據能力測驗所測到的能力。心理能力分為兩類：一為實際能力；二為潛在能力，前者稱為**成就**，後者稱為**性向**。性向又有**普通性向**與**特殊性向**之分。

3. 能力測驗分為**成就測驗**與**性向測驗**兩大類；前者又分為**學業成就測驗**與**職業成就測驗**兩類，後者也分為**學術性向測驗**與**職業性向測驗**兩類。

4. 任何能力測驗，均須具備四個條件：(1) **標準化**與**常模**；(2) **信度**；(3) **效度**；(4) 實施程序與記分方法。

5. 在測驗編製時，根據標準化樣本施測結果，對所有受試者的分數，經統計分析，整理出一個系統性分數分配表，按高低排列，所得平均數，即可視為該測驗的常模。

6. **信度**代表測驗一致性，可靠性。建立信度的方法有**重測法**與**折半法**；根據前法建立者稱**重測信度**，根據後法建立者稱**折半信度**。

7. **效度**指一個測驗所測得結果的正確度；亦即所測得結果與要想測量的目的之符合程度。
8. 測驗的效度，因編製時所採效度建立方法的不同而分為四種：(1) **內容效度**；(2) **預測效度**；(3) **同時效度**；(4) **構念效度**。
9. 用以測量智力的測驗，稱為**智力測驗**。智力測驗的編製始自法國的比西量表，但智力測驗的觀念卻源於英國。從智力測驗發展的歷史看，其理論與方法經過數度改變；從**生理計量取向**到**心理年齡**，而後再從**比率智商**到**離差智商**。
10. 比奈與推孟之後，在**個別智力測驗**研究編製上貢獻最大者，當推韋克斯勒及其編製的三個智力測驗：(1) **韋氏成人智力量表**；(2) **韋氏兒童智力量表**；(3) **韋氏學前智力量表**。
11. **智力理論**指心理學家對智力的性質所作的理論性與系統性的解釋。歷來提出智力理論者，在立論上不外兩大取向：其一為心理測量取向，在此取向下又分**智力二因論**、**智力群因論**及**智力結構論**；其二為**訊息處理**取向，在此取向下代表性的理論有**智力三元論**與**智力多元論**。
12. 智力三元論是針對傳統智力測驗缺點提出改進的一種理論。智力三元論強調，人類智力的整體結構中包括三類智力：(1) **分析智力**(認知能力)；(2) **實踐智力**(解決問題能力)；(3) **創造智力**(隨機應變的創新能力)。傳統智力測驗所測量者，只可視為第一類智力。
13. 智力多元論主張，人類的智力包括生活適應中的九種能力：(1) **語文智力**；(2) **數理智力**；(3) **空間智力**；(4) **音樂智力**；(5) **體能智力**；(6) **社交智力**；(7) **自知智力**；(8) **自然智力**；(9) **存在智力**。
14. **天性與教養問題**由來已久，用於解釋智力差異時，是為遺傳與環境的爭議，迄今仍無定論。目前一般的看法是，影響個體智力高低者，遺傳是第一因素，環境是第二因素，兩者交互影響，決定智力的高低。
15. **文化公平測驗**，也稱**免文化影響測驗**，是為求排除學習經驗或文化因素影響，不以語文或數理知識為題目，改以圖形為題材所編的測驗。

建議參考資料

1. 金 瑜 (2005)：心理測量。上海市：華東師範大學出版社。
2. 吳裕益 (1997)：心理與教育統計學。台北市：雙葉書廊。
3. 張厚粲、龔耀先 (2009)：心理測量學。台北市：東華書局 (繁體字版)。杭州市：浙江教育出版社 (簡體字版)。
4. 鄭日昌 (2003)：心理測量學。北京市：人民教育出版社。
5. Aiken, L. R., & Groth-Marnat, G. (2005). *Psychological testing and assessment* (12th ed.). Boston : Allyn and Bacon.
6. Clark, R. M. (2006). *Intelligence : A target-centric approach.* Washington, DC: CQ Press.
7. Gardner, H. (2000). *Intelligence reframed : Multiple intelligence for the 21st century.* New York: Basic Books.
8. Kaplan, R. M., & Saccluzzed, D. P. (2008). *Psychological testing : Principles, application, and issues* (7th ed.). Pacific Grove, CA: Brook/Cole.
9. Sternberg, R. J. (1985). *Beyond IQ: A triarchic theory of human intelligence.* New York: Cambridge University Press.
10. Sternberg, R. J. (2007). *Wisdom, intelligence, and creativity synthesized.* New York : Cambridge University Press.

第十一章

人格與人格測驗

本章內容細目

第一節 精神分析取向的人格理論
一、弗洛伊德的正統精神分析 381
　(一) 三個基本理念
　(二) 人格結構
　(三) 人格發展
　(四) 自我防衛
二、維也納學派解體後的精神分析 387
　(一) 阿德勒的個體心理學
　(二) 榮格的分析心理學
三、新弗洛伊德主義 392
　(一) 霍妮的基本焦慮論
　(二) 沙利文的人際關係論

第二節 特質取向的人格理論
一、奧爾伯特的特質論 395
　(一) 構成人格的兩類特質
　(二) 個人特質的三個層次
二、卡特爾的因素論 397
三、艾森克的人格類型論 398
四、五大人格特質論 400

第三節 人本主義取向的人格理論
一、馬斯洛的需求層次論 401
　(一) 自我實現是人格成長的基本動力
　(二) 自我實現者的人格特質
二、羅杰斯的自我論 403
　(一) 自我是人格的核心
　(二) 自我實現有賴無條件積極關注

第四節 認知-行為取向的人格理論
一、班杜拉的社會學習論 407
　(一) 交互決定論
　(二) 行為自律
　(三) 自我效能
二、羅特的制控信念理論 408
　(一) 影響行為的兩大因素
　(二) 制控信念的個別差異

第五節 人格測驗
一、自陳量表式人格測驗 411
二、投射技術式人格測驗 412
　(一) 主題統覺測驗
　(二) 羅夏墨漬測驗

本章摘要
建議參考資料

前章討論的是個別差異中智力差異的問題，本章將討論的是人格差異的問題。智力與人格兩方面的個別差異有所不同：一般對智力測驗的概念較具共識，多半同意根據智力測驗即可評定個人智力的高低。心理學家雖也設計了人格測驗，但根據人格測驗所測得的人格特質，只能用以鑑別人格差異的傾向，而不能用以評定人格的高低。然而，從學校育才與社會選才的觀點言，了解人格差異與了解能力高低是同樣重要的。

人格一詞在心理學上一向缺乏共識，人格雖是心理學上研究的重要主題之一，但對此主題迄無統一定義。曾有心理學家發現，在諸多心理學家著作中竟有多達 50 個不同的定義 (Allport, 1937)。雖然如此，為使讀者獲有較為明確概念起見，本書乃綜合各家理念予以如下概括性的解釋：人格 (或個性) (personality) 是指個體在生活歷程中對人、對事、對己及對整個環境適應時所顯示的異於他人的獨特個性，而此一獨特個性，係由表現於動機、興趣、能力、態度、自我觀念等身心多面的特質所組成；由多種特質所形成的人格，具有相當的統整性與持久性 (Colman, 2007)。

上述人格解釋所顯示的意涵是，人格研究是個既複雜又困難的問題。惟其如此，多年來心理學家們對人格形成與人格發展的解釋，理論極為紛歧。本章內容主要包括人格理論與人格測驗兩大部分：人格理論部分，分別介紹精神分析、特質、人本主義以及認知-行為等不同取向的理論；人格測驗部分，分別介紹自陳量表式與投射技術式兩類人格測驗。希望讀者研讀本章之後，能對以下各點有所認識：

1. 人格一詞的解釋及其所含概念。
2. 精神分析取向的人格理論要義。
3. 人格特質取向的人格理論要義。
4. 人本主義取向的人格理論要義。
5. 認知-行為取向的人格理論要義。
6. 人格理論眾說紛紜現象，正如成語"知人知面不知心"所言，足見心理學對人性研究之困難。
7. 自陳量表與投射技術兩種截然不同的人格測驗，均有何優點與限制。

第一節　精神分析取向的人格理論

在心理學的眾多人格理論中，理論提出最早、內容最完整而且影響最大者，當推由精神分析學派創始人弗洛伊德 (見圖 1-7) 在 20 世紀初提出的**精神分析**理論，後經繼承者修正補充，演變成與弗洛伊德本人思想不盡相同的多家人格理論。因此，本節除狹義地介紹弗洛伊德本人的人格理論之外，更從廣義的觀點分三個階段分別介紹精神分析取向的各家人格理論 (Allen, 2005)。

一、弗洛伊德的正統精神分析

正統精神分析 (orthodox psychoanalysis) 是指由弗洛伊德在 20 世紀初創始的精神分析理論。從心理學理論的發展與演變看，雖然晚近的精神分析思想已與當年弗洛伊德領導精神分析學派時的理念有所改變，但弗洛伊德對人性解釋所提出的革命性思想，直到現今在心理學的理論中，仍然具有無與倫比的影響 (註 11-1)。事實上，晚近興起的精神分析理念，在基本上仍是導源於弗洛伊德的思想。因此，接下去先介紹弗洛伊德本人人格理論的基本理念，然後再說明在他之後精神分析取向人格理論的演變。

(一) 三個基本理念

弗洛伊德的精神分析有三個基本理念。這三個基本理念，一直被後人視為弗洛伊德對人性解釋的中心思想 (Phares, 1984)：

1. 精神決定論　在本書第一章討論自古以來對人性本質探討的四大爭議問題時，曾經指出**自由意志對決定論**問題是爭議問題之一。而決定論又有**物質決定論**與**精神決定論**之分。弗洛伊德的精神分析思想屬精神決定論。他認為人不能按個人的自由意志支配自己的行為。從因果關係看，一個人的過去所作所為的一切是因，現在所作所為的一切是果；**潛意識**與幼年的生活經驗是因，成年後的生活經驗是

註 11-1：曾有心理學家以美國各大學心理學教授及研究生為調查對象，要他們列出 "誰是對當代心理學思想影響最大的心理學家？" 結果發現名列第一者正是弗洛伊德；科學心理學創始人馮特 (見圖 1-2) 與功能學派創始人詹姆斯 (見圖 1-3)，則分別居於第二、三位 (Davis, et al., 1982)。

果；前因決定後果，對自己的命運，個人無法支配與改變。

2. 潛意識動機　在第九章內曾提到動機是促發行為朝向目標活動的內在動力。此種說法，基本上是指意識動機 (個人自知他想什麼) 而言。弗洛伊德所說的**潛意識動機** (unconscious motivation)，是指個人自己並不全然了解其所作所為。潛意識動機並不同於意識狀態的意識層次，而是出自意識層面之下的潛意識層次 (見第四章第一節)。潛意識既不為個人所自知，由潛意識所促動行為背後的動機 (包括慾望、需求、恐懼等)，自然也不為個人所自知。準此而論，個人的行為表現只可視之為表象，表象背後所隱藏的真相，連當事人自己也不清楚。

3. 本能觀　在第九章討論動機時曾提到**本能**一詞。惟當時對本能的解釋，是一般心理學家的看法。弗洛伊德對人類的本能，另有一種獨特的見解，他將本能視之為與生俱來的**精神能量** (psychic energy)，此種精神能量是促動行為的最原始內在動力。弗洛伊德將人的本能分為兩種：(1) **生之本能** (life instinct)，指促動個體追求生存行為的基本內在力量，弗洛伊德稱此種求生的內在基本力量為**慾力** (或**力比多**) (libido)。由慾力所促動的行為，其目的除尋求生理需求 (如飲食) 的滿足外，更重要的是尋求性衝動的滿足。因此弗洛伊德以希臘神話中愛神的名字艾露絲 (Eros) 代表生之本能。(2) **死之本能** (death instinct)，指促動個體攻擊與破壞行為的基本內在力量；而攻擊的對象除外在的人與物之外，也包括他自己 (如自殺)。因此，弗洛伊德以希臘神話中死神的名字散那拓斯 (Thanatos) 代表死之本能。

(二) 人格結構

按弗洛伊德的理論，人格是一個包括三個層次的整體結構。人格結構中的三個層次，分別代表三個不同的"我"；三個我之間的一切交互衝突、協調，就形成個體的一切行為 (Freud, 1923)。

1. 本我　**本我** (id) 是人格結構中與生俱來的最原始部分。人格結構中的本我有兩個特徵：(1) 本我的一切活動受本能所支配，在生之本能促動下，個體尋求生理需求 (如飢思食，渴思飲) 與性衝動的立即滿足。故而本我的活動是受**快樂原則** (pleasure principle) 支配的；(2) 本我的一切活動受潛意識所支配，個體自己並不了解活動的原因與目的。

2. 自我　**自我** (ego) 是人格結構中的中間部分，自我是兒童期受社會文化影響發展而成的。人格結構的自我有三個特徵：(1) 自我是從本我中發展出來的，其層次較本我為高；當本我的生理需求與性衝動無法獲致立即滿足時，自我將遷就現實之限制，改變自己去適應環境，從而獲致需求的滿足。因此，自我的活動是受**現實原則** (reality principle) 支配的。(2) 自我的大部分活動受意識支配，小部分受潛意識支配，因此個體大致能夠了解自己活動的原因與目的。(3) 自我介於本我與超我之間，在整個人格結構中發揮調和作用；對下層本我的衝動有約束作用，對上層超我的控制有緩衝作用。

3. 超我 超我 (superego) 是人格結構中最高層部分，是兒童期以後由個體在接受社會文化中道德規範的教養逐漸形成的。超我中有兩個重要部分：一為**自我理想** (ego-ideal)，是要求自己行為符合自己理想的標準；二為**良心** (conscience)，是要求自己行為免於犯錯的限制。個體所作所為，合於他的自我理想時，就會感到驕傲；反之，如所作所為違反了自己的良心，就會感到愧疚。因此，超我是人格結構中的道德部分；從支配人性的原則看，支配超我的是**完美原則** (或**至善原則**) (perfection principle)。

弗洛伊德將人格結構中本我、自我、超我三者與**潛意識**、**前意識**、**意識** (見本書第四章第一節) 三者之間的關係，喻為是一座冰山 (見圖 11-1)。本我位於海面下冰山底部的潛意識層，是個體不能覺知的原始部分；自我位於本我之上，其底層部分

圖 11-1　人格結構如冰山

弗洛伊德將人格結構中三個我的關係喻為一座冰山，本我居於海面下冰山的底部，受潛意識支配，其活動非個體所自知。

屬於潛意識，中層部分屬於前意識，上層露出海面的部分屬於意識，意識的活動是個體所覺知的，前意識部分個體平常不知，只有在必要時才會覺知；超我位於自我之旁，是由潛意識中本我發展而成，其功能具有管制本我與自我的作用 (Freud, 1923)。根據弗洛伊德的解釋，本我、自我、超我三者，如能彼此交互調節，和諧運作，就會形成一個發展正常適應良好的個體。如果三者失卻平衡，或彼此長期衝突，就難免導致個體生活適應困難，甚至導致心理異常。關於此點留待第十三章再行討論。

(三) 人格發展

在第八章第一節內曾介紹過艾里克森的**心理社會期發展論**，並指出艾里克森的理論係以弗洛伊德人格理論中所指的**自我**為基礎的。弗洛伊德理論中所指的人格發展，除了包括人格結構中本我、自我、超我三個層面之外，特別將本我中本能的性衝動，視為人格發展的基本潛在動力。因此，弗洛伊德的人格發展理論有兩大特徵：其一是成年後的人格係由其幼年生活經驗所決定 (即前述之精神決定論)。其二是將人格發展分為五個時期，每個時期皆以**性感區** (erogenous zone) (身體上性敏感的區域) 名之。故而弗洛伊德的人格發展理論被稱為**性心理期發展論** (psychosexual stage theory of development)。以下是其人格發展五個時期的簡略說明：

1. 口唇期 口唇期 (或口慾期) (oral stage, 出生至一歲) 是人格發展的第一個時期。從出生到一歲之間之所以稱為口唇期，是因為此一時期嬰兒本能性的需求主要是靠口唇的活動得到滿足的。嬰兒除吃奶時的口唇活動之外，也靠口唇活動以探索周圍的世界 (如抓到東西就放進口裡)，從而得到樂趣。按弗洛伊德的說法，此時期口唇活動如受到限制，可能會留下後遺性的不良影響。成人中有所謂的**口唇性格** (oral character) 者，可能就是口唇期發展不順利所致。在行為上表現貪吃、酗酒、吸煙、咬指甲等，甚至在性格上悲觀、依賴、猜忌、潔癖者，都被認為是口唇性格的特徵。

2. 肛門期 肛門期 (anal stage, 一至三歲) 是人格發展的第二個時期。此一時期的發展特徵是，幼兒從大小便排泄時所產生的快感得到滿足。為了養成良好生活習慣，父母們在此時期多半對幼兒實施衛生教育，教導孩子學習控制自己，不隨時隨地便溺。惟按弗洛伊德的說法，如果此時父母管教過嚴，難免留下後遺性不良影響，形成所謂的**肛門性格** (anal character)。成年人在行為上表現冷酷、頑固、剛愎、吝嗇等性格者，可能與其幼年時肛門期未能良好發展有關。

3. 性器期 性器期 (phallic stage, 三至六歲) 是人格發展的第三個時期。此一時期發展的特徵是，兒童的興趣集中在他的性器官；從玩弄自己的性器部位獲得原始性衝動的滿足。按弗洛伊德的說法，幼兒自三歲開始就會有性的幻想；將父母中之異性者當做自己性愛的對象。於是出現了男童以父親為競爭對手而愛戀母親的**戀母情結** (Oedipus complex)。同理，女童出現以母親為競爭對手而愛戀父親的**戀父情結** (Electra complex) (註 11-2)。按弗洛伊德的說法，當此時期兒童發現自己的性器官與異性不同時，就可能在潛意中產生一種恐懼的幻想。女童幻想自己原本有陰莖，因愛戀父親遭到母親懲罰而被閹割；男童則幻想自己的陰莖可能會因愛戀母親遭到父親懲罰而被閹割。弗洛伊德稱此時期兒童的心理現象為**閹割情結** (castration complex)。像此種既愛戀母親又畏懼父親的男童心理衝突，稍後將會自行化解，從原來的敵對轉而以父親為楷模，向他學習、看齊，這現象稱為**認同** (identification)。類似的心理歷程在女童身上也會發生；一俟女童稍長了解現實之後，她就會自行化解心理上的衝突，轉而以母親為楷模，向母親認同。

4. 潛伏期 潛伏期 (latency stage, 六歲至青春期)，是人格發展的第四個時期。此一時期的兒童開始接受學校教育，生活空間擴大，由自己的身體和對父母的感情，轉變到周遭的事物。故而從原始的慾力來看，呈現出潛伏狀態。此一時期的男女兒童情感較前疏遠，團體活動多呈男女分離趨勢。

5. 兩性期 兩性期 (或**生殖期**) (genital stage，青春期延長到成年)，是人格發展的第五個時期。到了兩性期，由於性器官的成熟，前一期潛伏著的性興趣重新活躍起來。惟此一時期的性需求滿足的對象由父母轉向同年齡層的異性，故而開始與異性交往，而有了婚姻家庭的意識。至此地步，人格的發展與性心理的發展逐漸臻於成熟。

按弗洛伊德的人格發展理論，個體自小長大所經過的五個時期是前後連續的；對個人的人格健康而言，每個時期的性心理發展都是極為重要的，前一時期發展順利與否，將影響後一時期的發展。如果在某一時期因不良環境因素影響，就很可能導致發展遲滯。以三至六歲的性器期為例，如此時期兒童的戀父或戀母情結，因父母角色扮演不當不能使他們轉化為向父母角色認同，就可能將戀父或戀母情結持續留存下來。像此種人格發展的遲滯現象，稱為**固著** (fixation)。前文所指的口唇性格與肛門性格等，在性質上都是因人格發展不順利而留存的固著現象。由於弗洛伊德的人格發展理論特別強調性心理的重要性，故而被稱為**泛性論** (pansexualism)。

註 11-2：兩詞均出自希臘神話。Oedipus 為希臘神話中埃迪帕斯王子，自幼與父母分離，在無意中殺死他父親而娶他母親為妻。Electra 為一個希臘神話女子的名字，因愛戀父親而將母親殺死。

(四) 自我防衛

在弗洛伊德的人格結構理論中，介於本我與超我中間的自我，在功能上兼具上承超我中帶來的社會規範限制，與下受本我中原始慾力衝動所生壓力的調協作用。惟在很多情形下，本我中慾力衝動的壓力太強，難免使自我因調和困難而感到焦慮不安。個體為了減緩心理上的焦慮，於是只好以**自我防衛** (ego defense) 的方式去適應環境，從而保持心理的平衡。為了達成自我防衛免於焦慮的目的，個人從生活經驗中學習到一些自我防衛的手段，稱為**防衛機制** (或**防禦機制**) (defense mechanism)。用做自我防衛的防衛機制，雖然由當事人的自我所使用，但在使用時卻是潛意識性的，個人並不自知，而且多半是偏離現實甚至是扭曲現實的。因此，即使防衛機制對減免焦慮痛苦可收一時之效，但如過分使用將難免導致心理異常。根據弗洛伊德觀察所見，以下所列是一般人常用的防衛機制 (Freud, 1946)：

1. 壓抑 壓抑 (repression) 是個人在心理上，對自己的一些起自本我而不為社會接納的慾望、意念、衝動、記憶等予以壓抑，使之留存在潛意識層面，不讓它浮現到意識境界，藉以免除因與超我衝突而產生焦慮不安的情緒壓力。在弗洛伊德的自我防衛理論中，壓抑是最基本的防衛機制；其他防衛機制都是在壓抑的基礎上衍化出來的。

2. 否認 否認 (denial) 是由壓抑衍生出來的一種防衛機制。採用否認方式做為自我防衛，主要是在心理上不承認已發生的事實。對現實困境予以否認，即可自認為其不存在，而不必面對生活中那些無法解決的困難，從而減緩心理上的壓力。

3. 投射 投射 (projection) 是指個人不自覺地把自己的過失或不為社會接納的慾念加之於他人，藉以減輕自身缺點所帶來的焦慮不安。

4. 合理化 合理化 (或**文飾作用**) (rationalization) 是指個人對自己不合理的作為或缺點，非但不予承認，反而加以扭曲，找出理由給予合理的解釋。因此合理化只是一種心理作用，只是拿一種"好理由"來代替"真理由"的自我防衛方式。所謂"酸葡萄心理"正是合理化心理作用的說明。

5. 轉移 轉移 (或**移置**) (displacement) 是指個人無法面對引起焦慮的對象而轉移目標，選擇較易處理的對象，從而消除焦慮獲得滿足的一種防衛機制。公司職員受上司責難不敢反抗，回家對妻子發脾氣的作為，就是如此。

6. 反向作用 反向作用 (reaction formation) 是指個人對自己不為社會接納的慾望、意念、衝動等，除了給予壓抑之外，在行為上反而表現出與所壓抑者相反的作為。有的人內心對人懷恨，但在表面上卻對人極其友善；所謂"偽君子"者，正是反向作用心理使然。在反向作用心理下所表現的反向行為，多半是誇張性的；有外遇的丈夫，在口頭上反而特別誇耀其妻子如何賢淑而非常愛她，就是如此。

7. 補償 補償 (compensation) 是個人自認本身某方面條件不足或有缺陷時，轉而力求發展其他方面的長處，從而達到維持自尊的目的。如盲者力求發揮聽力而成音樂專才，即屬補償成功的例子。在防衛機制中如補償適當，不失為健康心理。

8. 昇華 昇華 (sublimation) 是將起自本我但不為社會接納的慾望、意念與衝動等 (如不倫之戀)，轉化為社會能接納的行為方式表現出來 (如寫成小說)，不但可藉以避免因心理衝突所生焦慮的痛苦，更可進而獲致心理需求上的滿足。因此，昇華是所有防衛機制中最健康的一種自我防衛方式。

二、維也納學派解體後的精神分析

弗洛伊德的精神分析論發表之後，吸引了不少歐洲學者到維也納向他學習。他們自 1902 年起每週三集會，稱為**週三晚間學會** (Wednesday Evening Society)。在聚會者之中，除弗洛伊德本人之外，阿德勒與榮格兩人是最為重要的成員。週三晚間學會演變到後來，就成了心理學界所稱的**維也納學派** (Vienna school)。後因阿德勒與榮格兩人在思想上與弗洛伊德的理念不合，分別脫離弗洛伊德而自立門戶，各成一家之言，維也納學派最終走向解體。接下去即介紹維也納學派解體後阿德勒與榮格兩人各自建構的人格理論 (Schultz & Schultz, 2007)。

(一) 阿德勒的個體心理學

阿德勒 (圖 11-2) 係醫科出身，1895 年得維也納大學醫學博士後，成為眼科醫生。因仰慕弗洛伊德而於 1902 年加入精神分析學派的行列。惟後因與弗洛伊德意見不合，於 1911 年分裂，另立門戶獨創**個體心理學** (individual psychology)。

圖 11-2 阿德勒

(Alfred Adler, 1870～1937) 是 20 世紀奧地利精神病學家，是弗洛伊德最早的支持者和反對者，是個體心理學的創始人，也是當代輔導心理學的先驅。

阿德勒之不滿意於弗洛伊德對人性之解釋者，主要在於以下兩點：其一是反對以性衝動為主的**慾力**觀念。阿德勒認為**快樂原則**並非人類生存的基本目的，人類所追求者乃是力爭上游以超越自己。其二是反對潛意識主導一切行為的看法，他認為個人之外的社會環境才是影響人性的重要因素。阿德勒的人格理論，對以後美國心理學的發展影響甚大。除人格心理學之外，在以後的心理治療與心理輔導發展上，阿德勒都具有先驅者的貢獻。綜觀阿德勒在個體心理學上的主張，其中要義可歸納為以下四點 (Schultz & Schultz, 2007)：

1. 人性自主 阿德勒反對弗洛伊德精神分析論中潛意識支配人性的**精神決定論**觀點。他認為，人性不是盲目的，人的行為並非被動地受制於本我與潛意識內的**慾力**衝動。人性是具有相當自主傾向的；人是理性動物，人在自主意識支配之下，能決定自己的未來，創造自己的生活。人類生而帶來一些基本需求，此等需求所形成的內在力量，不是盲目的衝動力，而是有目標的導向力；人類會在行為上遵循目標行進，從而獲得需求的滿足。在這一點上，阿德勒的人格理論，遠較弗洛伊德為樂觀。弗洛伊德強調過去的童年經驗，強調個人行為的被動性；阿德勒重視未來的希望，強調個人行為能夠在目標之下自主表現。

2. 追求卓越 按阿德勒的看法，人在目標導向的生活活動中，有一種與生俱來的內在動力，他稱之為**追求卓越** (striving for superiority)。惟阿德勒所說的追求卓越，並非單指在社會情境中戰勝別人，而是指個人在生活目標之下求全求美的心態。拿現代心理學的觀點來說，追求卓越的概念與**成就動機**相似。由此可見，追求卓越可視為人類的基本需求之一。

3. 自卑情結 人類有追求卓越的基本需求，凡事希望能做到盡善盡美，在現實生活中自然難免遭遇困難。因此，阿德勒提出了另一個相對的概念，那就是**自卑感** (inferiority feeling)。自卑感是面對困難情境時，由無力感與無助感所交織成的一種無法達成目標時對自己的失望心態。形成自卑感的因素很多，童年經驗、身體缺陷、能力不足等，都可能導致個人產生自卑感。

自卑感產生後，自然會形成個人一種內在壓力，使人在心理上失衡與不安。失衡與不安的後果，就會促使個體為尋求平衡，奮力發揮自己的優點以彌補自己的缺點，以期克服自卑感的痛苦。阿德勒採用弗洛伊德**防衛機制**之一的**補償**來解釋個體的此種作為。因身體條件有缺陷而有自卑感者，可在心智活動上尋求補償；因缺乏社交能力而有自卑感者，可在體能活動上尋求補償。人生不可能十全十美，任何人都有短缺之處，偶爾感到自卑，是正常現象，因自卑感而適度補償予以克服，更合於心理健康。惟如補償不當，就難免形成

自卑情結 (inferiority complex)。按阿德勒的解釋，有自卑情結者，可能在行為上表現兩種傾向：一種是以補償方式奮發圖強，尋求另方面的滿足，藉以消除因原來缺點所造成的自卑感；阿德勒稱此種積極性心理傾向為**權力意志** (will to power)。第二種傾向是在自卑情結驅使下，以不擇手段的方式去達到消除自卑感的目的。阿德勒稱此種消極性的心理傾向為**過度補償** (overcompensation)。因身材過矮而自卑者一旦取得權位後變得格外盛氣凌人，就是過度補償的例子。過度補償是心理不健康的表現。

4. 生活格調 按阿德勒的個體心理學理論，追求卓越雖是人類與生俱來的共同人格特質，但在實際生活過程中，由於每個人使用的追求方式以及追求的後果不同，因而逐漸形成了每個人各具特色的**生活格調** (或**生活風格**) (style of life)。按阿德勒的說法，一般人生活格調的形成，大約在四至五歲之間。影響個人生活格調形成的因素，主要繫於個人追求卓越時如何處理自卑感 (指適度補償抑過度補償)。個人的生活格調一旦形成，就不易改變；對以後處理生活經驗，對未來世界事物的覺知、學習、認識，以及對設定目標與達成目標的行為方式，都離不開他生活格調的限制。例如，自幼嬌生慣養的孩子，在他的生活格調中，可能只知道飢則張口吃飯，寒則伸手穿衣；長大後，在他的生活活動中，他仍然期望別人像他的家人一樣，隨時伺候他穿衣吃飯。再如，自幼未得關愛，甚至遭受虐待長大的孩子，在他的生活格調中，可能充滿了對人仇視與社會敵對的態度與觀念。

(二) 榮格的分析心理學

榮格 (圖 11-3) 是由仰慕轉而反對弗洛伊德的第二位精神分析心理學家。榮格出身醫科，1900 年獲巴塞爾大學醫學博士學位後在瑞士行醫。因受弗洛伊德 1900 年出版的《夢的解析》一書之影響，於 1907 年加入維也納精神分析學派，並與弗洛伊德和阿德勒合作，成為當時該學派

圖 11-3 榮 格

(Carl Gustav Jung, 1875～1961) 是 20 世紀瑞士精神病學家，是弗洛伊德早期追隨者而後又成為反對者之一，是國際精神分析學會首屆主席，是蘇黎世學派的建立者，也是分析心理學的創始人。

的三大師。當時榮格的地位僅次於弗洛伊德，在弗洛伊德支持之下，於 1909 年當選為國際精神分析學會第一屆主席，成為公認的弗洛伊德的繼承人。惟好景不常，終因與弗洛伊德意見不合而於 1914 年分裂。分裂後，榮格在瑞士自立門戶，稱為**蘇黎世學派** (Zürich school)，並倡導異於弗洛伊德精神分析的**分析心理學** (analytical psychology)。

榮格的人格理論，最主要的是針對弗洛伊德理論中五種理念的批評與修正：(1) 過分強調人格結構中的**本我**、**超我**與**自我**間的衝突；(2) 過分強調人格動力中本能的消極性和破壞性；(3) 過分強調人格動力中以性為慾力的本源；(4) 過分強調潛意識對人格的支配性；(5) 過分重視個體童年生活及過去經驗對人格發展的決定作用。針對他對弗洛伊德所提出的五點批評，榮格在他的分析心理學中，提出了以下四大論點 (Schultz & Schultz, 2007)：

1. 自我的功能　榮格的人格理論中也講自我，惟他所說的自我指的是 Self，與弗洛伊德所說的 ego 不同。弗洛伊德所說的 ego 是人格結構的一面，是與 id 和 super ego 相對的，但其功能卻不一樣。榮格所說的 Self，不是從原始性本我分化出來的，也不是夾在本我與超我之間只發生中介作用的 (因此他特用大寫字母起頭)。他認為自我是人格發展成熟時個人人格的整體，自我有其獨立性、連續性與統合性；此三種特性，是個體自幼在生活經驗中逐漸發展而形成。自我之內雖然也有意識與潛意識之分，但兩者並不是衝突的，而是調和的。一個自我發展正常的人，也就是人格健康的人。

2. 兩種潛意識　個體的自我結構中包括兩種潛意識；即個人潛意識與集體潛意識 (Jung, 1936)。按榮格的說法，**個人潛意識** (personal unconscious) 與弗洛伊德理論中所指者相似；有的是從意識境界中壓抑下去而不復記憶者，有的是出自本我而強度不夠，不為個體所覺知者。無論屬於何種情形，潛意識中的不愉快經驗，積壓多了就會形成**情結** (complex)。至於**集體潛意識** (collective unconscious)，則不屬於個人所有，而是人類在演化中長期流傳下來的一種普遍存在的**原始意象** (primordial image)。榮格稱此等原始意象為**原型** (archetype)。原型代代相傳，成為人類累積的經驗，此類經驗留存在同族人甚至全人類的潛意識中，成為每一個體人格結構的基礎。每個種族集體潛意識中的原始意象，顯現在他們的象徵性標記中，而各個種族的象徵性標記，又往往存在著一些相似之點 (圖 11-4)。

3. 人格內動力　榮格將人格結構視為由很多兩極相對的內在動力所形成。諸如意識與潛意識相對，昇華與壓抑相對，理性與非理性相對，個性內向與個性外向相對。既有相對，自然就會產生緊張、不安與不平衡的情形。此即榮格人格結構的內在動力觀念。人格結構內相對力量係來自

(採自 劉勵中，1988)　　　　　　　　　　(採自台灣原住民雕刻展)

圖 11-4　不同種族集體潛意識雷同

左圖為西藏佛寺的法輪，右圖為台灣原住民排灣族的圖騰。兩地雖相隔數千里，社會文化傳統截然不同，但由藝術作品所表達的原始意象卻頗為相似，都是採用圓輪作為崇拜的象徵。根據榮格原型理論，這顯示不同種族的各自集體潛意識中，同樣都含有對整體與完美追求的意象。

慾力 (此慾力並非以性為本源)，慾力促動的結果，自然會使個體人格結構中有時失衡。因此，一般人在性格上總是或多或少有些偏向的。在兩極相對的許多人格傾向中，榮格特別重視內向與外向兩極相對的性格傾向。所謂**內向** (或**內傾**) (introversion)，是指個體的慾力所促動的生命力，使他在性格上表現沈靜、含蓄、內斂，較多關心自己的修持，較少注意外在的事物；不喜歡社交，對知識性思考性的工作較有興趣。所謂**外向** (或**外傾**) (extraversion)，是指個體的慾力所促動的生命力，使他在性格上表現出活潑、好動、好表現、善言辭，關心周圍的一切，喜歡參與社會活動等特點。

4. 人格的發展　榮格不採取弗洛伊德以性為本的人格發展觀念，既不採取分期的看法，也不採取幼年決定一生的觀點。榮格認為，人格發展是連續化、統合化、個別化的成長歷程。在成長發展歷程中，最重要的是將兩極相對的內在動力，逐漸調和而趨於成熟：潛意識的成分漸減，意識的成分漸增；壓抑的情形漸減，昇華的情形漸增；非理性的成分漸減，理性的成分漸增；外向的成分漸減，內向的成分漸增。個體發展由內在的兩極相對達到兩極融合的地步，即表示其人格發展已臻於成熟。榮格認為，人格發展臻於成熟的年齡，不在兒童期與青年期，而在三十歲以後的成年期。

三、新弗洛伊德主義

弗洛伊德的精神分析思想，不但 20 世紀之初在歐洲發生極大的影響，到 20 世紀 30 年代也影響到美國的心理學界。此後數十年間，弗洛伊德的思想在美國仍然廣為流傳，且已形成了所謂的**新弗洛伊德主義** (neo-Freudian)。在同屬新弗洛伊德主義的心理學家中，雖各家思想不盡相同，但基本上均皆繼承了弗洛伊德精神分析的基本理念。下面將介紹新弗洛伊德主義中具有代表性的兩個人的理論 (註 11-3)。

(一) 霍妮的基本焦慮論

與前文介紹過的阿德勒與榮格相比，霍妮 (圖 11-5) 的人格理論雖被列為新精神分析論，但在她的學術生涯中，並未直接參與過由弗洛伊德領導的精神分析學派。霍妮出生於德國漢堡，柏林大學醫科畢業後，入柏林精神分析研究所從事研究十三年之久。1934 年赴美國，參與紐約精神分析研究所工作，以迄 1952 年去世。在人格理論的基本理念上，霍妮不同於弗洛伊德者有以下三點：(1) 反對弗洛伊德**生之本能**與**死之本能**的人性論點；(2) 反對弗洛伊德**戀母情結**重男輕女的看法；(3) 反對弗洛伊德幼年生活經驗影響個體一生的看法，因而強調個體成長中社會因素的重要性。基於此義，接下去討論霍妮人格理論中的兩點重要概念。

霍妮的人格理論，主要載於她出版的兩本書；其一為《現代人的神經質性格》(Horney, 1937)，另一本為《人的內心衝突》(Horney,1945)。從兩本書的書名看，即可了解霍妮的理論偏重於對人格異常者

圖 11-5 霍 妮

(Karen Horney, 1885～1952) 是 20 世紀德國出生的美國心理學家，是新弗洛伊德主義代表之一，是基本焦慮論的創始人，是近代女性心理學家的先驅，也是男女性別心理研究的啟蒙者。

註 11-3：新弗洛伊德主義也稱**新精神分析** (neo-psychoanalysis) 學派，泛指雖承襲弗洛伊德精神分析的基本理念，而在對人性解釋及心理治療時，則擴及社會、文化及人際關係等層面的多位心理學家。除本章介紹的霍妮與沙利文及第八章介紹過的艾里克森三人外，弗羅姆 (Erich Fromm, 1900～1980) 與賴希 (Wilhem Reich, 1897～1957) 二人也被視為新弗洛伊德主義者。至於最早服膺弗洛伊德思想而稍後又自立門戶的阿德勒與榮格，則一向不被列為新弗洛伊德主義旗下的成員 (Colman, 2007；Reber & Reber, 2001)。

心理歷程的解釋。在霍妮的人格理論中，有以下三點重要概念。

1. 基本焦慮 基本焦慮是霍妮人格理論的中心觀念，故而稱她的理論為**基本焦慮論** (basic anxiety theory)。所謂**基本焦慮** (basic anxiety)，是指個體自出生後因缺乏安全和溫暖的環境之影響所形成的一種恐懼感。在幼兒脆弱的心靈中，一方面因生理上的需求而極需父母的撫育以利成長，另方面因心理上的需求而極需父母的關愛以獲得安全。惟從一般家庭的育兒方式看，絕大多數父母，無法針對幼兒的身心需求設置有利其成長的理想環境。甚至有很多父母，對幼兒的行為，不是過分苛求，就是過分溺愛，使幼兒無法在充滿愛意與安全的環境中成長。因此，個體自幼在生活經驗中所形成的基本焦慮，是多數人無從避免的普遍現象。由此可見，霍妮所指的基本焦慮雖始自個體幼年，但與弗洛伊德所強調之以慾力為基礎的本能性焦慮論點大不相同；霍妮所強調的基本焦慮，乃是起因於個體與他人間不融洽的社會關係。

2. 神經質需求 基本焦慮始自嬰兒期的親子關係。如基本焦慮得不到化解，等長大成人後因社會複雜而產生的不安全感與無助感，將使原來的基本焦慮繼續下去。最後個體為避免焦慮的痛苦，個人學習到一些固定式的反應。霍妮稱此等避免焦慮的固定反應為**神經質需求** (neurotic need)。她將發現的十種神經質需求，按其性質分為三類，每類代表一種性格：(1) **依從性格** (compliant character)，指個體缺乏獨立、強烈需求別人關愛且依賴別人情感支持的性格，在表面上是親近人，而在潛意識中卻是藉依從消除焦慮感。(2) **攻擊性格** (aggressive character)，指個體對人持敵對攻擊態度，藉以攻為守策略來取得別人的重視。(3) **離群性格** (detached character)，指個體不與人親近的性格；表面上是獨善其身，而潛意識中卻是對人際感情敏感懷疑，藉離群索居以保安全。

3. 理想化自我 對自我的解釋，霍妮不採用弗洛伊德本我、自我及超我三層次的人格結構觀，而是將自我視為個人在生活經驗中所形成的**自我意象** (self-image)。個人的自我意象代表他對自己的看法。她認為，由於個人生活經驗不同而有三種不同的自我意象：(1) **現實自我** (actual self)，指個人某時某地身心特徵的總和，代表個人的實際面貌。(2) **真實自我** (real self)，指個人可能成長發展達到的地步，代表個人人格發展的內在潛力。(3) **理想化自我** (idealized self)，指個人脫離現實而憑空虛構的自我意象，代表個人捨真實自我追求，企圖化解內心的衝突與焦慮的心理作用。理想化自我表現的方式是設想自己具備勝於他人的十全十美的條件。霍妮認為理想化自我是一種心理異常現象。對此種心理異常者治療時，最重要的是幫助他重新評估自己，認識自己，從而放棄理想化自我，而改從真實自我去發展自己。

(二) 沙利文的人際關係論

在新弗洛伊德主義中，沙利文 (圖 11-6) 是美國出生，接受美國教育而後成為 20 世紀 40 年代在美國推動精神分析運動的主要領導人。沙利文雖曾受過完整的正統精神分析訓練，但他的思想卻與弗洛伊德的思想大不相同。茲摘要說明其思想的四點要義如下。

圖 11-6　沙利文

(Harry Stack Sullivan, 1892～1949) 是 20 世紀美國精神病學家，是新弗洛伊德主義代表之一，也是人格心理理論中人際關係論的創始人。

1. 人性在社會情境中顯現　沙利文不像**正統精神分析**那樣從抽象的理念分析人性，而是主張在社會情境中人際關係的層面觀察人的行為，據以解釋其人性。他在 1953 年出版的《精神病學人際關係論》一書中，對人格一詞所下的定義是："一個人的人格就是他在社會情境中與人相處時經常表現的生活方式"(Sullivan, 1953)。惟其如此，沙利文的人格理論稱為**人際關係論 (或人際理論)** (interpersonal theory)。

2. 自我動力形成自我體系　在沙利文的人際關係論中，他用自我動力做為人格研究的基礎。所謂**自我動力 (或自我動能)** (self-dynamism)，是指個人在社會情境中影響自己與人互動行為的動機。在社會情境的人際關係中，有的是安全的，也有的是感到威脅的；在威脅性的人際關係下會使人感到焦慮。個體為了維護自我安全，避免焦慮，逐漸從與人交往中學到適應的心理機制，沙利文稱之為**自我體系 (或自我系統)** (self-system)。在性質上，自我體系與弗洛伊德的防衛機制類似；適度用之有效，過度使用有害。

3. 人格發展繫於認知經驗　沙利文將認知經驗視為人格發展重要因素，此點與弗洛伊德的**性心理期發展論**的觀點大不相同。沙利文將個體成長的認知經驗分為三類：(1) 原始經驗，指嬰兒僅憑感覺和知覺所覺知的簡單的人際關係，但不理解其中意義；(2) 零碎經驗，指兒童期所認知的人際關係，但尚不理解社會事件中的邏輯關係；(3) 社會經驗，指青年期以後對人際關係的意義有所理解，從而形成自己的態度和價值觀。

4. 參與觀察式的心理治療 沙利文一生從事精神病醫師專業，但他採用精神分析理念從事治療時，不採正統精神分析慣用的方法 (見十四章第一節)，而採用晤談的方式進行。讓患者參與一個小組討論，心理師亦以參與者身份參與。如此形成一種社會情境，讓患者在社會情境中自由與別人交談，根據患者在人際關係中顯現的人格特質，進而設法予以矯治 (Sullivan, 1940)。

第二節　特質取向的人格理論

　　前節所介紹的精神分析取向的各家人格理論，在對人格解釋的理念上雖有所差異，但其間有一相同之處，那就是各家都從行為背後的心理深處去分析探討人格的問題。本節所介紹特質取向的各家人格理論，則是以觀察可見的外顯行為特質為基礎所建構的人格理論。所謂**特質** (trait)，是一個人在行為上所經常表現的特徵；平常說某人直爽、某人慷慨、某人吝嗇、某人和氣等，其含義均指當事人在言語或行動上所表現的異於他人的特徵。因此，用特質一詞來描述人格時，其意涵與**人格特質** (personality trait) 相同。與人格特質一詞含義相似但不相同者是**人格類型** (personality type)。接下去分別介紹採人格特質與人格類型觀念建構的幾家人格理論。

一、奧爾伯特的特質論

　　特質論 (trait theory) 是**人格特質論** (personality-trait theory) 的簡稱。特質論的基本理念古已有之 (Phares, 1984)，在現代心理學上持人格特質理念建構系統人格理論者，首當推舉美國心理學家奧爾伯特 (圖 11-7)。在其所著《人格的心理學詮釋》一書中，奧爾伯特指出 (Allport, 1937)，人格是由多個彼此相關聯、能互動的特質所形成的整體。此一整體亦即平常所說的自我；而形成個人自我的各種特質，則是個人自幼在生活經驗中學習發展的結果。

　　按奧爾伯特的說法，世界上沒有兩個人的個性是完全一樣的。即使兩人面對同樣的刺激情境，每個人的反應也必然各不相同；其原因乃是由於每個人的人格特質有所差異所致。因此，他認為心理學家要想研究人格問題，必須先從構成人格整體的人格特質入手。而對人格特質的解釋，奧

圖 11-7 奧爾伯特

(Gordon Willard Allport, 1897～1967) 是 20 世紀美國心理學家，是人格特質論的建構者，也是最早以正常人為對象建構人格理論的心理學家。

爾伯特在其理論中提出以下兩點說明：

(一) 構成人格的兩類特質

人格整體係由多種人格特質所構成，而構成人格的不同特質，則可按團體與個人的區別分為以下兩類：

1. 共同特質 共同特質 (common trait) 是指屬於同一族群或同一行業的人在人格特質上所具有的相同之處。平常說男人個性較剛，女人個性較柔；商人愛金錢，政客尚權術；英國人保守，法國人浪漫等等，都是意指不同族群的人分別具有其共同的人格特質。

2. 個人特質 個人特質 (personal trait) 是指屬於個人獨有的人格特質。平常說某人坦率、某人誠實、某人吝嗇、某人慷慨等，都是指個人所具有異於別人的人格特質。個人特質是形成人格上個別差異的主要原因。

(二) 個人特質的三個層次

前述構成人格的兩類特質是按個人與團體的標準劃分的。如單從屬於個人的各種人格特質著眼，奧爾伯特又將個人特質分為三個層次：

1. 主要特質 主要特質 (或**基本特質**) (cardinal trait) 是影響個人一切行為的人格特質。具備某種主要特質的人，該項特質不但影響他的言行與思想，甚至主宰他的信仰與生命。凡是在歷史上留名的人物，無論是流芳千古或是遺臭萬年，無一不是各自具有特殊徵象的主要人格特質。羅貫中在章回小說《三國演義》中，對人物描寫生動，使人讀後對諸葛亮、關羽、趙雲、曹操四人會不約而同地認為，他們分別代表忠、義、勇、奸四種人格特質。主要特質並非眾人都具有，眾皆具有的是以下兩種特質。

2. 中心特質 中心特質 (或**核心特質**) (central trait) 是指代表個人性格的幾方面的特徵。中心特質是構成人格特質的核心部分，故名。按奧爾伯特的說法，每個人的中心特質，大約在五至七個之間。平常批評某人時常用的所謂誠實的、勤奮的、樂觀的、開明的、自私的、怯懦的等等形容詞，其所指者即其中心特質。

3. 次要特質 次要特質 (或二級特質) (secondary trait) 是指代表個人只有在某些情境下表現的性格特徵。有些人雖然喜歡在少數人面前高談闊論，但在大庭廣眾場所則沈默寡言。從後一情境看他的性格表現，就只能說沈默寡言是他的次要特質。因此，次要特質不足用以代表個人的整個人格。

按照奧爾伯特的解釋，上述三種人格特質中，最常被用來說明個體性格者是中心特質。

二、卡特爾的因素論

卡特爾 (圖 11-8) 的人格理論，雖在基本上也採特質取向，但因其所採用之方法與奧爾伯特不同，故而被稱為**人格因素論** (factorial theory of personality)。卡特爾的人格理論主要載於 1950 年出版之《人格的系統理論與因素研究》(Cattell, 1950)。在他的人格理論中，他是將智力也視為人格特質之一的，惟其理論重點乃是基於其所指稱的另外兩類人格特質。卡特爾採用客觀的測驗統計方法，經過兩種程序，從實際得到的資料中分析歸類，最後求得兩類特質：一類稱為**表面特質** (surface trait)，另一類稱為**根源特質** (source trait)。兩類特質在性質上有層次之分，前者是表面

圖 11-8 卡特爾

(Raymond Bernard Cattell, 1905～1998) 是 20 世紀美國心理學家，是人格因素論的創始者，是首先採用因素分析法研究人格特質的心理學家，也是十六種人格因素量表的編製人。

的，是根據表現於外的行為而認定的；後者是內蘊的，是根據表面特質推理設定的。按卡特爾的解釋，只有根源特質才是構成個體人格的基本特質。

卡特爾採用的兩種程序，其方法是，先用數以千計的描述一般人性格的形容詞，使之兩兩對立，其形式如：(1) 活潑的對安靜的；(2) 善言的對沈默的；(3) 急進的對溫和的。然後將其編製成包括很多題目的問卷，以此類編成的問卷，讓很多人分別用以評定他們熟悉的朋友。然後再以統計分析方法計算出各形容詞之間的**相關**，並採用**因素分析** (見註 10-1) 技術將多種相

關歸納化約抽離出少數幾個因素，用以代表根源特質。以上列相對形容詞為例，如統計分析結果發現，沈默的、溫和的、安靜的等表面特質之間存有高度相關，即可以**內向**一詞概括之，做為被評定者的根源特質。卡特爾編製的**十六種人格因素問卷** (Sixteen Personality Factor Questionnaire，簡稱 16PF) (用以測量 16 種根源特質)，即其採用因素分析法所編製的人格測量工具 (註 11-4)。

三、艾森克的人格類型論

採人格類型觀點建構人格理論者是英國心理學家艾森克 (圖 11-9)。艾森克的人格理論不稱特質論，而稱為**人格類型論** (personality-type theory)。原因是艾森克認為分散的人格特質不足以用來解釋一個人的性格，只有根據統計學上的因素分析法，找出由多個特質類聚而成的少數幾種人格類型，方可用以說明一個人在性格上異於他人之處。

艾森克 1916 年生於柏林，因逃避納粹統治移居英國，十八歲進倫敦大學研習心理學，1940 年獲博士學位後，自 1955 年起一直擔任倫敦大學精神病學研究所教授。在心理學領域內，艾森克的貢獻是多方面的；除了建構人格類型論並編製**艾森克人格量表** (Eysenck Personality Inventory)

圖 11-9　艾森克

(Hans Jurgen Eysenck, 1916～1997) 是 20 世紀英國心理學家，是人格類型論的創始人，是艾森克人格量表的編製者，也是在心理治療上行為治療法創始人之一。

之外，他曾採用**行為主義**的**條件作用**學習原理 (見第五章) 創用了**行為治療** (見第十四章第二節)。艾森克的人格理論主要載於其 1952 年出版的《人格的科學研究》(Eysenck, 1952)。

艾森克的人格類型論，是根據人格測驗的實際資料建構的。經由對大量人格測驗資料因素分析之後，艾森克將所有人格特質歸納為具有連續性的兩大維度。這兩大

註 11-4：十六種人格因素問卷所要測量的十六種人格根源特質是：開朗性、聰慧性、穩定性、支配性、興奮性、有恆性、勇敢性、敏感性、懷疑性、幻想性、靈敏性、憂慮性、試驗性、獨立性、自律性、緊張性。

第二節　特質取向的人格理論

圖 11-10　艾森克的兩維度人格類型論圖解
用不同顏色代表不同性格
(採自 Eysenck, 1970)

連續性的維度分別是情緒穩定性與內外向性。意思是說，一方面可從情緒穩定與否看出人的性格，另方面也可從個性的內向或外向看出人的性格。惟此二大類型並非各自獨立，而是交互相關構成兩個維度的平面 (圖 11-10)。

根據艾森克的解釋，一般人的性格均將包括在兩大維度形成平面的四個象限 (共三十二種特質) 之內。人與人之間性格上的差異，只是在四個象限中所居位置不同而已。由圖 11-10 所列可見，居於第一象限 (右上) 者，在性格上是屬於個性較外向而情緒較不穩定的急躁型人格；居於第二象限 (左上) 者，是屬於個性較內向而情緒較不穩定的憂鬱型人格；居於第三象限 (左下) 者，是屬於個性較內向而情緒較穩定的冷靜型人格；居於第四象限 (右下) 者，是屬於個性較外向而情緒較穩定的樂觀型人格。

圖 11-10 所表示的兩維度人格理論，是用來解釋一般心理正常人的人格理論。為了解釋心理異常者的人格，艾森克又在情緒穩定性與內外向性兩個維度之外，增加了第三個維度，用以代表第三種人格類型 (Eysenck, 1998)，可視為正常與精神病兩個傾向。惟第三個維度並非獨立於原來的

兩個維度之外，而是三者彼此關聯的。個性內向而又情緒不穩定的人 (第二象限)，其精神病傾向的可能性，就較諸其他象限的人為高。

四、五大人格特質論

五大人格特質論 (big five theory of personality)，也稱**人格五因素模型**(five-factor model，簡稱 FFM) 或簡稱**五大** (Big Five)，係指美國心理學家麥克雷 (R. R. McCrae) 與卡斯塔(P. T. Costa)，等人採用因素分析方法，從眾多人格特質中抽離出五種最重要的人格特質，用以評量一般人在人格特質上的個別差異 (McCrace & Costa, 1999)。五大人格特質代表形成人格結構的五個維度，在每個維度上均可再採用測量分數來表示其人格特質在程度上的差異。五大人格特質分別是：

1. 神經質　**神經質** (neuroticism) 代表人格特質方面情緒穩定性的程度。在此維度上得分高者有神經質傾向，心理上缺乏安全感、自我意識強、多愁善感、易焦慮憂鬱、行事較衝動、生活適應較困難。得分低者情緒較為穩定、性格沈穩，在心理衝突時能自我控制，處事待人能理性勝於感情，生活適應較好。

2. 外向性　**外向性** (extraversion) 代表個人在性格上外向的程度。在此維度上得分高者性格較外向、善言辭、好社交、樂觀進取、對新環境易於適應。得分低者的性格偏於保守，拙於言辭，不主動參與社會活動，對新環境不易適應。

3. 開放性　**開放性** (openness) 代表個人態度觀念開放的程度。在此維度上得分高者，態度觀念較為開放、興趣廣泛、富於理想，容易接受新潮事物或進步思想。得分低者性格拘謹，尚傳統、重現實，墨守成規、拙於改革與創新。

4. 親和力　**親和力** (agreeableness) 代表個人能與人和睦相處的程度。在此維度上得分高者，能從善如流、體諒別人、具群眾魅力，予人以信賴感。得分低者性格孤僻、易激怒、懷有猜忌心。

5. 審慎度　**審慎度** (conscientiousness) 代表個人行事的審慎程度。在此維度上得分高者處事周詳謹慎、認真負責、勤奮努力、精益求精。得分低者好逸惡勞、得過且過。

從現社會生活適應與心理健康觀點言，上述五大人格特質中，除神經質一項得分低被視為優良人格特質之外，其餘四項皆以得分高者為優良人格特質。如將代表五大人格特質英文名詞的第一字母重新排列，即可形成 OCEAN "海洋" 一詞。以海洋用來代表個人的人格整體，可表示其人應該是有容乃大，氣度恢宏。

第三節　人本主義取向的人格理論

　　本節所介紹的人本主義取向的人格理論，旨在簡要說明兩位人本心理學家所提倡的人格理論。在第一章第二節內曾提到人本心理學號稱第三勢力，所謂**第三勢力**者，主要是指在對人性解釋上不同於**行為主義**與**精神分析**兩大勢力的理念而言。行為主義與精神分析對人性的解釋，均採**決定論**的看法；所不同者只是前者屬**環境決定論**而後者屬**精神決定論**而已。除此之外，行為主義的理論是根據動物實驗所發現的法則而建構的，精神分析論理論的建構則是以精神病患者的心理現象為基礎。在人本心理學家看來，兩大勢力對人性解釋的理念，均有所偏執。因此，人本心理學家主張，心理學研究的對象是人性，是正常人的人性；並採取**存在主義** (註 11-5) 哲學的觀點，認為人的行為決定於他的**自由意志**。且主張心理學研究的目的，除了探討人性之外，應更進而促進人性的健康發展，從而獲得人生幸福。人本心理學興起於 20 世紀 60 年代，在人格理論上貢獻最大的是馬斯洛的自我實現論與羅杰斯的自我論。

一、馬斯洛的需求層次論

　　在第九章第三節討論動機理論時，曾簡單介紹過馬斯洛的**需求層次論**。從心理學理論的觀點言，馬斯洛的需求層次論除解釋動機之外，更適合於解釋人格成長 (他的重要著作，就是《動機與人格》)。因此，在人格心理學上，一向將馬斯洛的需求層次論視為重要人格理論之一。馬斯洛 (見圖 1-8) 是美籍猶太人，1908 年出生於紐約市一個俄國移民家庭，自幼遭受種族歧視，少年生活極不愉快。進威斯康辛大學後，1934 年獲心理學博士學位。在求學過程中，馬斯洛本來是行為主義的擁護者，後因感於第二次大戰期間德國納粹主義者的殘忍暴行，並鑒於行為主義對人性解釋的過分簡化與物化 (將人類視同動物)，而改變其學術取向，從事研究如何啟發人類善良本性的問題。對於行為主義將人類行為解釋得過於簡化的問題，馬斯洛在其所著《動機與人格》一書初版 (1954) 中曾這樣寫著：

註 11-5：**存在主義** (existentialism) 為當代哲學思想之一。存在主義思想諸家理論不一，其共同之處在於解釋人性時，咸認個人乃生於一個無目的無理性的宇宙之中，人的生存須靠個人的自由意志，始能掌握真正的自己；反對盲從和外力干預，惟主張個人必須對自由決定的後果負責。

我的第一個孩子出生後，觀察到初生嬰兒的複雜行為，使我大吃一驚。看到嬰兒的一些不學而能的奇妙表現，簡直令我這個專門研究心理學的人感到渺小而愚蠢。我敢說，任何人有過養育嬰兒的經驗之後，就不會再相信行為主義心理學。(Maslow, 1954)

(一) 自我實現是人格成長的基本動力

馬斯洛的需求層次論 (見圖 9-7)，表面上看是七個層次不同的需求，而實際上卻含有兩點更深的意義：

1. 人生而具有**趨**向健康成長從而發揮其潛力的內在動力。對每一個體而言，此一內在動力就是他的成長動機；也可視為他的成長意志。惟在個體成長過程中，他的成長動機是分為多個層次尋求滿足的。因此，圖 9-7 中所列的七個需求層次，不僅代表七種不同的需求或動機，而且代表在總的成長動機促動之下所呈現兩階段的連續關係：即個體的**基本需求**中的四種需求次第獲得滿足之後，才會依序出現高層**成長需求**中的三種需求。由此觀之，馬斯洛的需求層次論是藉由多種需求的層次關係，用以說明健康人格成長的過程。此一理念正如一棵植物的生長過程一樣，每棵大樹都是由一粒種子長成的，種子內蘊藏著將來長成一棵大樹的一切潛力。惟在從一粒種子長成一棵大樹的過程中，它必須先行獲得有利於生根、發芽、長枝葉等基本環境條件；如土壤、水分、肥料、陽光等，然後才能展現其為大樹。

2. 自我實現是成長的動力和目的。在馬斯洛的人格理論中，自我實現一詞是一個重要概念。所謂**自我實現** (self-actualization)，是指個體生而具有的內在潛力經由成長過程得以充分展現。基於此義可見，馬斯洛在需求層次論中將自我實現列為最高一層；看起來好像是視之為人格成長的最終目的。事實上，自我實現的本意，除了作為成長的目的之外，也是包括七層需求在內的整個成長過程的基本動力。前文第一點所說的人生而具有**趨**向健康成長從而發揮其潛力的內在動力，在含義上即指自我實現而言。換言之，自我實現就是個體人格成長的基本動力。再以前文所舉植物生長為例，打從一粒種子置於土壤內生長之初，它就開始在"自我實現"的內在潛力促動之下，向預期長成一棵大樹的目的去"實現自我"。至於說，何以社會現實中多數人不能自我實現？按馬斯洛理論的解釋，乃是由於做為自我實現需求前一階段的基本需求未能獲得滿足，而使高層的成長需求無從展現的緣故。

(二) 自我實現者的人格特質

基於前文討論，可知自我實現乃是人格成長的理想境界。自我實現是一個抽象的概念，從行為表現或人格特質言，怎樣才算是自我實現的人？馬斯洛曾就三十八位被公認為是自我實現者的代表人物為對象

二、羅杰斯的自我論

(包括富蘭克林、林肯、羅斯福、史懷哲、愛因斯坦等)，從他們的生活事蹟中分析歸納出十六點人格特質，視之為這些名人自我實現的條件 (Maslow, 1967)：

1. 了解並認識現實，對世事持有較為實際的人生觀。
2. 悅納自己，同時也欣賞別人以及周圍的世界。
3. 在情緒與思想表達上較為自然。
4. 有較為廣闊的視野，就事論事，較少考慮個人利害。
5. 能享受自己的私人生活。
6. 有獨立自主的性格。
7. 對平凡事物不覺厭煩，對日常生活永感新鮮。
8. 在生命中曾有過引起心靈震動的**高峰經驗** (註11-6)。
9. 關愛人類並認同自己為全人類成員之一。
10. 有至深的知交和親密的家人。
11. 具民主風範並有尊重別人的氣度。
12. 有倫理觀念，能區別手段與目的，絕不為達到目的而不擇手段。
13. 心胸廣闊，能容忍異己且有幽默感。
14. 有創見，不墨守成規。
15. 對世俗事物和而不同。
16. 能超脫意識框架，不以兩極性的二分法 (非此即彼) 處理爭議性的問題。

羅杰斯 (圖 11-11) 與馬斯洛同為人本心理學的創始人，同樣主張自我實現是人性的本質。惟在理論取向上，兩人有所不同；馬斯洛主要是解釋個體經由各種需求的獲取與滿足以達於自我實現境界的歷程，而羅杰斯主要是說明個體自我實現境界之不易達到的原因。羅杰斯除在人格理論上有創見之外，也是著名的心理治療學

圖 11-11 羅杰斯

(Carl Ransom Rogers, 1902~1987) 是 20 世紀美國心理學家，是人本主義心理學的創始人之一，是人本治療學派的宗師，是非指導性諮商理論與技術的倡導者，也是自弗洛伊德以後對心理治療理論取向影響最大的人。

註 11-6：所謂高峰經驗 (或高峰體驗) (peak experience)，是指在人生追求自我實現的歷程中，歷經基本需求 (見圖 9-4) 的追尋並獲致滿足之後，在自我實現需求層次中，臻於頂峰的一種超時空與超自我的心靈滿足感與完美感。此種心靈上的滿足與完美經驗，只有真正的自我實現者，才會體驗得到。

權威，所以他的看法較諸偏重理論的馬斯洛多了一個實踐層面。因為羅杰斯的人格理論是以個體的自我為中心理念的，故而一般稱之為**自我論** (self theory)。羅杰斯 1902 年出生於美國伊利諾州橡園鎮的一個富有的宗教家庭。1919 年初進威斯康辛大學時，先學農業，後來改修歷史。原因是三年級時參加在中國北京舉行的世界基督教青年聯合會，發現人類文化的多樣性，因而回國後改學歷史。後來到紐約進哥倫比亞大學研習臨床心理學，1931 年獲博士學位。此後，羅杰斯曾先後在芝加哥大學與威斯康辛大學任教，並從事心理治療工作。羅杰斯的貢獻，除在人格理論上提倡自我論成為一家之言外，由他創始的**非指導性諮商** (見第十四章第一節)，也使他成為人本治療學派的一代宗師。羅杰斯的著作偏重在心理治療方面，專門討論人格的著作主要是 1961 年出版的《論人格成長》一書。在人格理論上，除了基本理念與馬斯洛同樣認為自我實現是人格成長的基本動力之外，羅杰斯的自我論有以下兩個重點 (Rogers, 1961)：

(一) 自我是人格的核心

在羅杰斯的人格理論中，他採用了**完形心理學**所提出的現象場概念，用以解釋自我是人格的核心。所謂**現象場** (phenomenal field)，是指個人在意識中所經驗到的此時此地的環境。換言之，現象場是個人憑其主觀所知覺到的心理世界，而非客觀的物理世界；在某時某地的客觀物理世界雖然只有一個，但置身其中的不同個人則各自有其不同的主觀心理世界。惟個人的現象場並非一成不變，而是隨生活經驗逐漸改變與擴大；在改變與擴大的過程中即產生了個人的自我。羅杰斯所說的自我，乃是指個人對"我是誰？"問題的回答。個人的自我包括在他的現象場之內，表示個人對自己長相、能力、生活目標、人際關係、成敗經驗等各方面的看法與評價。因此，在羅杰斯的人格理論中，他採用**自我概念** (或**自我觀念**) (self-concept) 一詞來說明自我的含義。自我概念即包括在個人的現象場之內，可知自我概念所表現的個人對自己的看法，自然也是主觀的。某人所表現的言行舉止，在別人看來他是驕傲自大的，而在他本人心理感覺上也許是謙遜卑微的。羅杰斯認為，要想了解一個人的性格，唯一的途徑是了解當事人對他自己的看法，此即羅杰斯的人格理論之所以稱為自我論的原因。

根據羅杰斯的解釋，隨年齡的增長與生活經驗的加多，個人的自我概念也隨之改變與擴大，因而形成兩個自我；一個是真實自我，另一個是理想自我。所謂**真實自我** (real self)，是指個人在心理上對自己的主觀看法；亦即前文所述個人現象場內自我概念中的自我。故而羅杰斯所說的真實自我，也稱**現象自我** (phenomenal self)。所謂**理想自我** (ideal self)，是指個人在想像中希望做的另一個我；諸如希望將來做科學家、音樂家、文學家等等，均屬個人的理想自我。一般言之，個人的理想自我與其真實自我之間總會存有或多或少的距離。只有在理想自我接近而稍高於真實自我的情形下,個人的人格結構才會比較穩定;才不致因理想脫離真實而導致心理衝突。羅杰斯稱理想自我與真實自我之間的無衝突狀態為**和諧** (congruence);他認為人之所以心理異常,理想自我與真實自我之間缺乏和諧是主要原因。

(二) 自我實現有賴無條件積極關注

在基本理念上,羅杰斯的自我論與馬斯洛的理論相同,都是採人性本善的觀點,將自我實現視為人格發展的基本內在動力。惟與馬斯洛相較,羅杰斯的理論更進一步解釋有些人在人格發展上之所以不能臻於自我實現境界的原因。

對人性本善和自我實現的解釋,羅杰斯採取了與馬斯洛同樣的理念,認為世界上所有生物均各生而具有天賦的生長潛力。一棵大樹的種子,在尚未落入土壤之前,種子內即蘊藏了將來成為大樹的潛力。一旦種子落地後,只要土壤、水分、陽光等生存環境許可,就會自行生長,不需外力幫助就會將原來種子內的潛力展現出來,長成一棵大樹。人類也有生而具有的天賦潛在能力,只是人類出生後缺乏獨立生存的能力,他必須有賴父母或其他成年人的養育保護,才能生存成長。如此,人類幼稚期接受父母的撫養、關愛、接納、保護等,自然就形成了個體人格成長的基本需求。對此等基本需求,羅杰斯稱之為**積極關注需求** (need for positive regard);而積極關注需求的滿足與否,關係到個體自我的發展。就此點而言,羅杰斯的自我論與馬斯洛的需求層次論的基本理念是相似的。惟在解釋上,兩人的理論有所不同。馬斯洛認為,屬於較低層次的基本需求逐一滿足之後,居於最高層次的自我實現需求才會出現。而羅杰斯則認為,積極關注需求滿足之後,自我實現的需求才會產生。

顯然,個體積極關注需求的滿足,必須有賴於社會環境中別人的給予。此即人與其他生物成長歷程不同之處;其他生物的成長純然繫於自然環境的條件,而人類的成長則必須靠社會環境中別人的幫助。問題是成人們在給予嬰幼兒積極關注時,常是基於教育的觀點加以有條件的限制。例如,嬰兒飢餓時,父母未必隨時餵奶,理由是要養成嬰兒定時進食的習慣;稍長,父母對幼兒大小便的處所也加限制,理由是養成幼兒良好的衛生習慣。此外,父母在教養子女時,在飲食起居、日常生活、待人接物、讀書求學等各方面,無不對兒童的行為給予有條件的限制;符合父母所訂的條件,就會獲得父母的接納,從而獲得積極關注需求的滿足,否則就難免會遭到拒絕甚至受到處罰。這也就是所謂**社會化** (socialization)(意謂從一個自然人變為一個社會人)。經由社會化的歷程使缺乏社會規範觀念的兒童,變為循規蹈矩的社會成員,從教育的理念而言雖為一般所共識,但在羅杰斯看來,這種有條件的社會化,對成長中的兒童而言,缺乏真正積極關注的意義。羅杰斯稱之為**有條件積極**

關注 (conditional positive regard)。對人格發展臻於自我實現的理想境界而言，有條件的積極關注是發展的阻力，而不是發展的助力。以兒童入學後在校成績為例，如果孩子在主學科 (如數學語文等) 方面得甲等，而在副科方面 (如體育音樂等) 得乙等，父母會因而高興並給予讚賞。但如反過來孩子的副科表現優於主科，父母很可能在不滿意之餘限制孩子要他減少副科方面的活動。如果孩子的真正稟賦就在副科，而且他自己也從體育與音樂的學習中得到快樂，則為父母者這種有條件的積極關注，不但不會有助於孩子主科成績的提升，反倒阻礙了他天賦才能的發展。更重要的是，父母的有條件積極關注，不利於孩子自我概念的健康發展。原因是在此種情形下孩子如果為了迎合父母所設定的條件，放棄現實自我，去追求一個不符合自己條件的理想自我，就會因失去自我和諧而陷入痛苦。

基於上述理念，羅杰斯提出了**無條件積極關注** (unconditional positive regard) 的理念。意思是說，為父母者在教育子女時，配合孩子人格成長的需求所給予的積極關注時，應該是沒有任何條件的。無論孩子的表現是成功還是失敗，無論孩子的行為表現是否符合社會規範，父母對他們的關愛、接納、支持等，均不附帶任何條件，只有在這種無條件積極關注的社會氣氛下，孩子的人格才會得到健康發展，從而使他得以自我實現 (Gordon, 2000)。不過，對羅杰斯的無條件積極關注理論不能產生誤解，不能將之誤解為對孩子溺愛或放縱。羅杰斯所指"無條件"的真正意思是對孩子的人格而言。為父母者對孩子的錯誤行為當然應該糾正，只是在糾正孩子錯誤行為時也不要附帶任何條件。如此，在"對事不對人"的情形下管教子女，才不致因條件限制而傷害了孩子人格的發展。筆者在多年前對學校輔導工作所提出的"愛的教育"理念，正是採取了羅杰斯無條件積極關注的觀點 (張春興，1983)。在正常教育上，羅杰斯主張以此理念來輔導學生，在心理治療上，他也主張以此理念對病患進行諮商。關於後者，留待第十四章內再行討論。

第四節　認知-行為取向的人格理論

認知-行為取向的人格理論，是指部分**新行為主義**心理學家，在 20 世紀 70 年代兼採認知心理學所重視的個體行為決定於認知因素，與行為主義重視個體行為決定社會環境中的**後效強化**因素，從而建構的人格理論。由於行為因素含有社會意義，故而認知-行為取向的人格理論，也稱為認知-社會取向的人格理論。本節內所要介紹的兩種人格理論，就是新行為主義者採取認知-社會取向所建構的人格理論。

一、班杜拉的社會學習論

在第五章第四節內，我們曾經介紹新行為主義班杜拉 (圖 5-12) 的**觀察學習論**。在基本理念上，觀察學習論與現在要介紹的**社會學習論** (social learning theory) 大致相似，惟從人格理論的觀點言，兩者稍有不同。社會學習的含義較廣，而觀察學習可視為社會學習的歷程；亦即，個體人格之形成乃是在社會情境中經由對別人行為表現觀察而學得的。按班杜拉的人格社會學習論有以下三點要義：

(一) 交互決定論

所謂**交互決定論** (reciprocal determinism)，是指個人的性格表現在他的行為上 (包括一切思想與行動)，而個人的行為則是由個人與環境二者交感互動而產生的 (Bandure, 1986)。惟班杜拉在解釋行為、個人、環境三者之間的關係時，他不採用一般心理學家的看法。一般心理學家常把個人與環境二者視為**自變項**，而將個人所表現的行為視為**依變項**；亦即，將個人的性格和環境的特徵視為原因，而將個人在環境中的行為表現視為結果。以某人在酒吧與人打架行為為例，參與打架的人多半帶有攻擊性格，喜歡逞強鬥毆；而酒吧則是容易發生人際衝突的環境。班杜拉不採

取此種看法，他認為行為不是個人與環境二者互動的結果，而是行為、個人、環境三者之間彼此影響而呈交感互動的關係。換言之，行為不純是由個人或環境所決定的，而是由行為、個人、環境三者交互影響而決定的。按交互決定論的理念，酒吧打架事件即可解釋為：個人具有攻擊性格特徵；酒吧的環境提供了表現個人攻擊的機會；攻擊性行為表現後獲得滿足；因滿足而強化個人再去酒吧的傾向；在酒吧的環境中再度與人打架……如此交感互動，終而形成個人的獨特性格。班杜拉的交互決定論可用圖 11-12 表示之。

圖 11-12　班杜拉的交互決定論

(採自 Bandura, 1986)

(二) 行為自律

班杜拉的社會學習論雖然重視社會環境對人格形成的影響，但他反對激進行為主

義者斯金納之視行為完全決定於環境的論點。在第五章第三節內曾提到斯金納的**操作條件作用**學習原理。按此原理推論，所謂人格者，不過是在強化原則之下環境因素對個體**行為塑造**的結果；個體的行為完全決定於行為的後果是否得到強化而定；個人在環境中是被動的，個人的人格也是在獎勵與懲罰的條件下建立的。班杜拉的人格理論中雖然也採取強化的理念，但他反對斯金納所持個人完全被環境控制的說法。因此，在他的人格理論中提出了行為自律的觀點 (Bandura, 1988)。而此所謂**自律** (self-regulation)，是指個人的行為是自主的，何時何地該做何事係由個人自己決定，非為外在環境所控制，而個人自律行為之表現，則決定於個人的需求、意願以及對自己行為表現所期望達到的標準。行為表現後如自覺滿足其需求，符合其期望，該行為表現即獲得強化。顯然，此種強化並非來自環境中的外在原因，而是來自個人自認為其行為表現是否符合預期標準，班杜拉稱此種強化為**自我強化** (self-reinforcement)；而個人的行為自律，正是經由自我強化的歷程逐漸養成的。

(三) 自我效能

前述各種人格理論，在理念上雖各不相同，但無不將"自我"視為一個重要概念。班杜拉的社會學習論也不例外，惟班杜拉在他的人格理論中，特別採取認知心理學的觀點，提出了自我效能的概念 (Bandura, 1977b；1997)。所謂**自我效能** (self-efficacy)，是指個人對自己處事能力、工作表現、挫折容忍等人格特質的綜合評價；亦即個人自認在某些特定情境中能夠有效地表現出適當行為的一種信念。自我效能是個人對自己的看法，是個人對自己適應環境能力的評估。在參與社會性活動之前，只有根據自我效能的高低，而後才能做出如何行動以達目的之判斷。以參加一項競爭激烈的考試為例，自我效能高的人，他在考前即對自己考試成敗提出評估，根據評估而決定如何加強準備以達到目標。惟自我效能並不是普遍性的，而是特殊的；一個學生在某一學科 (如數學) 上具有高度自我效能者，在另一學科 (如體育) 上卻未必具有同樣高的自我效能。

班杜拉認為，個人的自我效能是在社會情境中從直接經驗與間接經驗學習來的。直接經驗是指個人在實際從事活動中學得的成敗經驗。在實際活動中如成功的經驗多於失敗的經驗，個人的行為即可獲得自我強化；而自我強化的後果，即可形成個人的自我效能。個人從間接經驗中學習自我效能時，主要是在社會情境中觀察別人的行為表現而產生的模仿學習。例如在小學的弟弟看到在中學的哥哥對自己學業充滿信心，而且屢屢成功，他就可能由此而間接學到對自己求學行為的自我效能。

二、羅特的制控信念理論

基於前文討論可知，班杜拉的社會學習論，雖然採取了極端行為主義者斯金納學習理論中強化原則的觀念，但他將強化的概念擴大，不將強化單純視為外在環境的控制因素，而加入個人認知因素，將之解釋為經由自我強化而形成自我效能。接下來介紹羅特 (圖 11-13) 以班杜拉的社會學習論 (見第五章第四節) 為基礎的制控信念理論。**制控信念** (或**制控點**) (locus of control)，在基本理論上與班杜拉的理論有相似之點；在解釋經由社會學習而形成個人性格時，同樣重視強化與認知兩種因素。羅特是 1916 年生於紐約市的一個奧地利猶太移民家庭。由於幼年飽受種族歧視的痛苦經驗，在少年時代即立志從事臨床心理研究，希望將來從事助人工作。1941 年獲印地安那大學臨床心理學博士學位後，曾先後在數所大學任教，自 1963 年出任康乃狄克大學教授以迄退休。羅特的人格社會學習論的主要理念，載於其 1954 年出版的《社會學習與社會心理學》一書。以下是他制控信念人格理論中兩點要義。

(一) 影響行為的兩大因素

羅特採社會學習的觀點建構其人格理論時，提出了一個異於其他人格理論的理念，他認為人格理論的價值，端在能預測人的行為。心理學家在建構人格理論時，不能單憑學理的觀點去解釋人格結構中包括那些因素，而應從在一般人的行為表現中，分析影響個人決定表現何種行為的心理因素。了解影響行為決定的心理因素之後，才能有效地預測人的行為。基於此一理念，羅特舉出某一大學畢業生選擇就業機會為例，用以說明影響個人抉擇行為的兩大心理因素 (Rotter, 1954；1990)。設有一大學畢業生同時申請符合自己專長的兩個工作機會，第一個機會的年薪是 15,000 美元，另一個機會是 29,000 美元。如從客觀立場預測，該生自應按工作報酬高低而申請第二個機會。但羅特認為行為預測沒有如此簡單。羅特指出，在此情境之下預測人的行為時，必須同時考慮兩種因素：(1) 報酬價值的高低：在報酬價值高低不同的情形下，個人自然傾向於選擇高報酬的機會。從學習心理學的觀念言，報酬也就是工作後的強化作用。因此，羅

圖 11-13 羅　特

(Julian Rotter, 1916～　) 是 20 世紀美國心理學家，是新行為主義代表之一，是心理治療學家，也是在人格理論上首倡制控信念理論的心理學家。

特稱工作後的報酬為**強化值** (reinforcement value，簡稱 RV)。根據此一因素預測，該生自應申請年薪高的就業機會。(2) 預期後果的機率：意指個人憑主觀判斷行為表現之後可能成功的機會。根據此一心理因素預測，該生如自認在眾多申請者中自己條件未必超越他人時，他可能決定放棄高薪改而申請報酬較低的機會。基於此義可知，羅特以社會學習原理解釋人格時，同時重視強化與認知兩個理念。

(二) 制控信念的個別差異

羅特以社會學習的觀點解釋人格問題，認為除了外來的強化作用 (報酬) 足以影響個人行為之外，個人對報酬之獲得與自己行為後果間之關係的看法，更是形成個人獨特性格的重要因素。以學生讀書應考後得到成績等級為例，考後成績等級與考前用功程度有何關係？學生們對此問題，看法未必一致。有的學生得到甲等成績後，自認是自己努力的結果。也有的學生對自己的甲等成績視為運氣。按羅特的解釋，這兩個學生之所以看法不同，是由於他們各自懷有不同的制控信念。制控信念，是指個人對形成自己行為後果責任歸屬的主觀看法。在某種情形下，個人的行為後果是一種事實 (如考試不及格)，但對形成此一事實的責任歸屬的解釋，當事者的看法卻未必一致。因此，羅特將制控信念視為評定個別差異的人格特徵。並將所有人區別為兩種類型 (Rotter, 1990)：一類稱為**內制控信念型** (internal locus of control)；屬於此類型的人，相信個人的行為後果的責任歸屬自己。準此推論，前例中第一類學生即屬內制控信念型。屬於內制控信念型的人，一般相信個人的命運掌控在自己手中。另一類是**外制控信念型** (external locus of control)；屬於此一類型的人，相信個人的行為後果的責任不歸屬自己，而是由於外在因素所控制。準此推論，前例中第二類學生即屬外制控信念型。屬於外制控信念型的人，一般相信，自己的命運操之於外在因素。至於外在因素為何，可能是別人，也可能是運氣等。

第五節　人格測驗

本章一至四節所討論者均屬人格理論。各家人格理論所探討的問題中，除對人格的形成、結構、發展等各方面持有不同論點之外，對人格的個別差異現象，都是公認的事實。心理學家們為了鑑別人格的個別差異，自然就發展出了一些測量人格的工具；此等測量人格差異的工具，就是**人格測驗** (personality test)。與第十章所討論過的智力測驗相對照，本章討論的測驗與之有相同之點，也有相異之處。兩類心理測驗的相同之點有三：(1) 兩類測驗同樣都必須具備心理測驗應有的**標準化**、**信度**、**效度**等條件 (詳見第十章第一節)；(2) 兩類測驗的編製，同樣都是根據心理學家的理論；(3) 各家人格理論均以受測者的"自我"為理論的中心，故而所有人格測驗也都是以了解當事人對自我的看法為測驗的目的。兩類心理測驗的主要相異之點是，雖人格測驗的目的也企圖採客觀量化(將測驗結果化為分數) 的方式，用以表示個別差異，但所表示者不像智力那樣在同一尺度之下比較高低 (如 IQ 120 者比 IQ 100 者高出 20 個分點)，而是就某些情境性問題做根據，觀察受試者的心理反應，從而比較其性格上的差異。換言之，智力測驗旨在於評定智力差異的高低，人格測驗只能鑑別性格差異的傾向。差異的傾向與高低不同，高低帶有優劣含義，傾向則無良窳之分；人的性格雖有內向外向之分，但絕不能斷言那種性格是人的缺點。惟其如此，人格測驗在應用上不在於了解一個人在能力上能否學什麼或能否做什麼，而是在於了解一個人在性格上適合學什麼適合做什麼。因此，人格測驗一般用來做為學業或職業輔導以及心理異常與否的診斷之用。

由於人格測驗的編製係以人格理論為根據，綜合前幾節所介紹的各家理論，人格測驗大致可劃分為自陳量表式與投射技術式兩大類型。

一、自陳量表式人格測驗

前文曾經指出，人格測驗的目的是藉由個體對其"自我"的看法，從而鑑別一般人在性格上的差異。自陳量表式的人格測驗，就是根據此一理念而設計的。所謂**自陳量表** (self-report inventory)，是指一種問卷式的人格測驗，量表中列有很多陳述性的題目，受試者可按題目中所述適合於自己情形者選答。自陳量表中的題目，其所陳述者均為假設性的行為或心理狀態，其陳述方式多採用第一人稱。填答時，多半採兩種方式：一種方式是逐題評定式，由受試者在每題之後所列的是 □、否 □ 與不一定 □ 三者之中，選擇適合於自己的陳述作答。以下就是此類題目及填答方式的例子。

我從來不做冒險的事。⋯⋯⋯⋯⋯⋯⋯⋯⋯⋯是 □　否 □　不一定 □
我對自己的工作常感力不從心。⋯⋯⋯⋯⋯⋯是 □　否 □　不一定 □
我怕從高處俯視。⋯⋯⋯⋯⋯⋯⋯⋯⋯⋯⋯⋯是 □　否 □　不一定 □
我常常覺得有人注視我的行動。⋯⋯⋯⋯⋯⋯是 □　否 □　不一定 □
我時常感到胃不舒服。⋯⋯⋯⋯⋯⋯⋯⋯⋯⋯是 □　否 □　不一定 □
我每天早晨總會有沈悶的感覺。⋯⋯⋯⋯⋯⋯是 □　否 □　不一定 □

自陳量表填答的另外一種方式，是讓受試者在兩種陳述中選取其一。以下就是此類題目及填答方式的例題：

　　A. 我喜歡公開批評那些有權勢有地位的人。……………………………□
　　B. 我在長輩或有權勢人物的面前會感到膽怯。…………………………□
　　　　　　＊　　＊　　＊　　＊
　　A. 我喜歡向別人訴說我自己打算做的事。………………………………□
　　B. 我喜歡不聲不響地向自定的目標去努力。……………………………□
　　　　　　＊　　＊　　＊　　＊
　　A. 我在人多熱鬧的場所會感到不自在。…………………………………□
　　B. 我喜歡參加有很多人在場的活動。……………………………………□

根據本章之初所述人格定義可知，人格是個體在生活適應時由其所表現的獨特反應而顯現。上述自陳量表式的人格測驗題目，目的是在列舉很多假設的生活情境與可能的適應方式，讓受試者選答。顯然，此等假設的生活情境，必須包括現實生活中的很多層面，而且也必須顧到受試者的生活背景。否則所得結果將無從推知受試者的人格特質。因此，一般人格測驗的編製，在選擇題目時，總會考慮到兩方面的生活情境：一方面是共同性的，諸如對自己的身體、對家人關係、對男女感情、對朋友交往、對金錢使用、對自我關懷、以及對社會秩序等均屬之。另一方面是特殊性的，諸如適於學生用者，就得包括有關學校生活情境；適於心理異常人用者，就得包括有關心理異常者的生活情境。甚至，可以想像的是，適合於男性的人格測驗，未必適合於女性；適合於成年人的人格測驗，未必適用於青年人。這一點也就是在第十章之初曾討論過的測驗標準化與效度問題。

前文曾經提出，人格測驗的形式與人格理論有關。從此一觀點上看，在本章介紹的四種人格理論中，行為主義取向的人格理論、人本主義取向的人格理論，以及認知-行為取向的人格理論，比較適合採用自陳量表做為測驗工具。

二、投射技術式人格測驗

前述自陳量表式的人格測驗，其最大的特點是有固定的題目，而且題意明確，受試者只須按題填答，自然可以得到結果。惟自陳量表之此項特點，是優點也是缺點，優點是易於使用，易於解釋；而缺失之處即是因受試者的反應受到題目的限制，所測到的反應，未必能真正代表受試者的心理特質。此處所介紹的投射技術式的人格測驗，就是為了補救此一缺失點而設計的。所謂**投射技術** (projective technique)，是指提供受試者一種曖昧的刺激情境，讓他在不受限制的情境下，自由反應，從而分析探究受試者隱而不顯的人格特質。心理學家對投射技術的功用持有一種假設，認為受試者面對曖昧刺激情境時，因為不受明確題意的限制，反而容易自由反應，在不知不覺中將內心隱藏的問題投射在反應之中。根據此種假設所編製的人格測驗，即稱為**投射測驗** (projective test)。最常用的投射測驗有以下兩種：

(一) 主題統覺測驗

主題統覺測驗 (Thematic Apperception Test，簡稱 TAT) 是由美國心理學家默瑞 (Henry Alexander Murray, 1893～1988) 於 1935 年所編製。全套測驗包括三十張圖片，按實施對象不同分為四組，每組有二十張圖片，其中十九張是題意曖昧的圖片，另有一張為空白圖片。採用此類圖片做為人格測驗，其方式與兒童看圖說故事的情形類似。實施時，對受試者反應的內容不加限制，但須符合以下四要點：(1) 圖片中所顯示者是何情境；(2) 圖片中情境的發生是何原因；(3) 將來演變下去可能有何結果；(4) 個人對此情境中的一切有何感想。圖 11-14 即主題統覺測驗中的一種情境。

主題統覺測驗的目的，是想藉由曖昧圖形的情境為主題，要求受試者針對圖形情境撰寫一個故事。旨在讓受試者不知不覺地藉著對故事情節的客觀描述 (他或她如何如何)，而投注其主觀的意識，從而流露出潛藏在內心深處不為人知的隱情 (Murray, 1943)。

圖 11-14　主題統覺測驗
(採自 Murray，1943)

(二) 羅夏墨漬測驗

羅夏墨漬測驗 (Rorschach Inkblot Test)，因係由瑞士精神病學家羅夏 (Hermann Rorschach, 1884～1922) 於 1921 年所設計編製，故名。該測驗包括十張內容不同的墨漬圖片，其中五張為黑色，兩張為黑紅二色，三張為彩色 (圖 11-15)，該測驗當初製作時，是將墨汁滴於紙片中央，然後將紙片對折猛壓，使墨汁四溢，形成不規則但對稱的各種圖形。羅夏曾以各種不同

圖 11-15　羅夏墨漬測驗
(此三張圖片係仿照 Rorschach，1921 原測驗圖片所繪製)

形狀的圖形，對各種不同受試者(包括正常人與精神病患)測試，最後選定具有代表性的十張，作為曖昧刺激情境的測驗題目之用。讀者可以想像，不同的受試者，面對圖 11-15 的墨漬圖形時，一定會表現出不同的反應。

羅夏墨漬測驗的十張圖片，編有一定的順序，使用時每次出示一張，同時向受試者發問："你看這張圖畫像什麼？"，或問："這張圖畫會使你想到什麼？"並允許受試者轉動圖片，從不同角度去觀看圖畫。測驗實施時，每次以一位受試者為對象，記分方法根據預訂標準以觀察受試者對各圖形的部位、形狀、顏色等各方面所表現的反應計分。

綜觀以上所介紹的兩種類型的人格測驗，無論是自陳量表式，或是投射技術式，在使用上與藉以作為工具真正了解受試者人格的目的，尚有一段距離。自陳量表的題意明確，便於使用，但因題目範圍有限，未必能根據有限的題目測試出受試者內心中的問題。又因題意明確，如遇題意涉及**社會願望** (social desirability) 者，受試者可能避而不答，或採取符合社會願望的方向作答，藉以掩飾自己內心真正的本意。因為，社會願望是代表社會上一般人的價值取向；假如用這樣一個題目"我不喜歡讀書"要十二歲的小學生選答，即使這題目正合他心意，他也可能因讀書才符合社會願望而選擇"否"的答案。

投射測驗有其優點，既可免除上述因社會願望而作假的情形，又可藉以測出受試者隱藏在內心深處潛意識裡面的問題。但投射測驗缺點仍多，以下四個缺點一直被認為很難克服的：(1) 評分缺乏客觀標準；(2) 測驗結果不易解釋；(3) 測驗的**效度**不易建立；(4) 測驗形式雖然簡單，但原理深奧，非經專門訓練，不易使用。

總之，無論是從理論觀點或實用觀點來探討，人格測驗的發展都是極為重要的，可是從人格測驗迄今未能避免的缺點來看，人格測驗的發展尚未達到理想的地步。

本章摘要

1. **人格**是指個體在生活歷程中對人、對事、對己以及對整個環境適應時所顯示的異於別人的獨特個性；而此一獨特個性，由表現於動機、興趣、能力、態度、自我觀念、生活習慣以及行動等身心多面的特質所組成；此由多種特質所形成的人格，在心理與行為表現上，具有相當的統整性與持久性。

2. 弗洛伊德的精神分析人格理論，有三個基本理念：(1) **精神決定論**；(2) **潛意識動機**；(3) **本能觀**。

3. 弗洛伊德人格理論包括人格發展與人格結構兩部分，前者分**口唇期**、**肛門期**、**性器期**、**潛伏期**、**兩性期**五個時期；後者分**本我**、**自我**、**超我**三個層次。

4. 弗洛伊德所說的**防衛機制**有很多種不同形式，其中主要者有**壓抑**、**否認**、**投射**、**合理化**、**轉移**、**反向作用**、**補償**、**昇華**等。

5. 阿德勒的**個體心理學**思想中，有四點重要理念：(1) 人性自主；(2) **追求卓越**；(3) **自卑情結**；(4) **生活格調**。

6. 榮格的**分析心理學**思想中，有四點要義：(1) 自我的功能；(2) 兩種潛意識；(3) 人格內動力；(4) 人格的發展。

7. 霍妮的人格理論有三點重要理念：(1) **基本焦慮**；(2) **神經質需求**；(3) **理想化自我**。

8. 沙利文的**人際關係論**中有四點要義：(1) 人性在社會情境中顯現；(2) 自我動力形成**自我體系**；(3) 人格發展繫於認知經驗；(4) 參與觀察式的心理治療。

9. 奧爾伯特的**人格特質論**，將人格特質分為兩類別及三層次；兩類別指**共同特質**及**個人特質**；三層次指**主要特質**、**中心特質**及**次要特質**。

10. 卡特爾的**人格因素論**將人格特質分為兩類：(1) **表面特質**；(2) **根源特質**。

11. 艾森克的**人格類型論**，將人格納入兩個連續性的維度來分析；一個維度是內向-外向性，另一個維度是穩定-不穩定性。這兩個維度構成的平面包括所有不同的人格類型。

12. 麥克雷與卡斯塔的**五大人格特質論**，包括：(1) **神經質**；(2) **向外性**；(3) **開放性**；(4) **親和力**；(5) **審慎度**。

13. 馬斯洛**需求層次論**的人格理論，將**自我現實**視為人格成長的基本動力。羅傑斯人格**自我論**有兩個重要理念：(1) 自我是人格的核心；(2) 自我實現有賴於**無條件積極關注**。

14. 認知-行為取向的人格理論，本書介紹班杜拉與羅特兩人的**社會學習論**；前者對人格解釋持**交互決定論**理念，後者則採**制控信念**的觀點。

15. 用於測量人格的人格測驗，主要分為**自陳量表**及**投射測驗**兩大類；後者包括**羅夏墨漬測驗**與**主題統覺測驗**。

建議參考資料

1. 車文博 (2001)：人本主義心理學。台北市：東華書局 (繁體字版)。杭州市：浙江教育出版社 (簡體字版)。

2. 沈德燦 (2003)：精神分析心理學。台北市：東華書局 (繁體字版)。杭州市：浙江教育出版社 (簡體字版)。好

3. 張春興 (2002a)：心理學思想的流變──心理學名人傳 (修訂版)。台北市：東華書局 (繁體字版)。上海市：上海世紀出版集團教育出版社 (簡體字版)。

4. 黃希庭 (1998)：人格心理學。台北市：東華書局 (繁體字版)。杭州市：浙江教育出版社 (簡體字版)。

5. Allen, B. P. (2005). *Personality theories: Development, growth, and diversity* (5th ed.). Boston: Allyn & Bacon.

6. Bandura, A. (1986). *Social foundations of thought and action: A social cognitive theory.* Englewood Cliffs, NJ: Prentice-Hall.

7. Dufrese, T. (2007). *Against Fread: Critics talk.* Standford, CA: Standford University Press.

8. Schultz, D. P., & Schultz, S. E. (2008). *Theories of personality* (9th ed.). Belmont, CA: Wadsworth.

9. Stevens, R. (1993). *Freud and psychoanalysis: An exposition and appraisal.* Milton Keynes, Philadelphia: Open University Press.

10. Wiggins, J. S. (Ed.). (1996). *The five-facter model of personality : Theoretical perspectives.* New York : Guilford Press.

第十二章

社會心理

本章內容細目

第一節　社會認知
一、社會認知的基本要義　419
　(一) 人知覺是社會認知的心理基礎
　(二) 社會事件是認知處理的訊息
二、印象的形成　421
　(一) 初始效應
　(二) 社會基模
三、對社會行為的歸因解釋　423
　(一) 海德的歸因論
　(二) 凱利的共變歸因論

第二節　態度的形成與改變
一、態度的定義及相關概念　426
　(一) 態度的定義與功能
　(二) 態度的相關概念
二、態度的形成　427
三、態度的改變　428
　(一) 溝通與說服
　(二) 態度的自我改變

第三節　社會互動
一、社會影響　432
　(一) 從　眾
　(二) 依　從

　(三) 服　從
　(四) 盲　從
二、助人行為　436
　(一) 旁觀者效應
　(二) 影響助人行為的心理因素
三、人際吸引與親密關係　438
　(一) 影響人際吸引的因素
　(二) 親密關係的形成
　(三) 愛情與婚姻

第四節　團體行為
一、團體對個體行為的影響　443
　(一) 社會助長與社會抑制
　(二) 腦力激盪與社會浪費
二、團體決策　445
　(一) 團體極化
　(二) 集體思維
三、領袖與領導　447
　(一) 領袖的功能與類別
　(二) 領袖的產生
　(三) 菲德勒的領導權變論

本章摘要
建議參考資料

在本章之前各章所討論的心理學主題，在性質上都是單純的針對個體的行為與心理歷程的探討；無論是心理的生物學基礎、感覺知覺與意識、學習記憶與思維、生命全程的身心發展、動機與情緒或智力與人格的個別差異等，其討論內容均未脫離個體的行為與心理歷程的範圍。本章之內容則是轉而從團體中的個人著眼，分析探討兩方面的行為與心理的問題：一方面將探討團體中個體間交互的影響；別人如何影響個人，個人如何影響別人。另方面將探討團體與個人間彼此的影響；團體如何影響個人，個人如何影響團體。在整個心理學領域中屬於此類問題研究者，就是社會心理學的研究範圍。

雖然古代哲學心理學家對個人與團體關係的問題頗多爭議，尤其其中持自由意志思想者極為反對以團體行動限制個人；但就人類現實生活的需求看，個人是無法離群索居的。個人既無法脫離團體而生存，因而個人與個人間以及個人與團體間，如何和諧相處而建立祥和社會，自然就成了社會心理學研究的一大主題。在整個心理學領域內，社會心理學的興起較諸其他學門為遲，其興起約在 20 世紀 30 年代以後。惟興起後發展極為迅速，而且研究層面甚廣，幾乎涉及人類所有行為與心理上所有的問題。本章因受限於篇幅，只擬就社會心理學中選取以下四個主題從事簡要討論：(1) 社會認知，探討個人如何認識別人以及如何經由認知歷程解釋自己與別人行為現象的問題；(2) 態度的形成與改變，探討個人態度形成的心理歷程與如何改變態度的問題；(3) 社會互動，探討社會情境中個體與個體間在行為與心理上如何交互影響的問題；(4) 團體行為，探討個人行為如何受團體影響以及個人行為如何影響團體行為的問題。經過本章討論之後，希望讀者能對社會心理學的基本觀念獲得以下的認識：

1. 社會認知的心理歷程。
2. 對社會行為的不同歸因解釋。
3. 態度形成的心理因素與態度改變的歷程。
4. 個人之間在團體中的社會互動。
5. 人際間親密關係形成的心理歷程。
6. 團體對個人行為的影響。
7. 個人對團體行為的影響。

第一節　社會認知

從一般公認的心理學是研究行為與心理歷程的科學的觀點言，本章所要討論的社會心理，其重點自然是在社會情境中人際互動時，個體與個體間或個體與團體間所表現的心理與行為。社會情境中的心理與行為包括很多方面，諸如認知、態度、情緒、動機等均屬之。本節內容即先從社會認知討論起。

一、社會認知的基本要義

社會認知是 20 世紀 70 年代認知心理學興起之後，社會心理學家才開始採取**訊息處理論**（見第六章第二節）的理念對人類社會行為進行研究的新主題。**社會認知** (social cognition) 是指個體在社會情境中，將他人所表現的社會行為或社會環境中所發生的社會事件視為一種訊息，而予以認識、記憶、思維、推理、判斷等方式予以處理的複雜心理歷程 (Kosslyn & Rosenberg, 2007)。此一概念中尚有兩點要義需略加解釋：

(一) 人知覺是社會認知的心理基礎

從訊息處理論的觀點看，社會認知是以人知覺為心理基礎的。人知覺與物知覺是相對的概念，**物知覺** (object perception) 是指個體對周圍物理環境中各種物體所得各種知覺。本書第三章內所討論的知覺，事實上也就是物知覺。物知覺包括對物體的形狀、大小、遠近、顏色等各種特徵所得的知覺。因此，從訊息處理論的觀點言，物知覺可視為個體以周圍物理環境中物體本身所具特徵為訊息而予以認識、記憶、思維、推理、判斷等處理的複雜心理歷程。在第三章內曾經提到，個體對周遭物體所得知覺，並非全然客觀地代表該物體特徵的真相，而是相當程度地將物體的特徵予以主觀的解釋。第三章中所討論的錯覺現象，正是物知覺失真的明顯事實。基於此義可知，與物知覺相對的**人知覺** (person perception)，乃是個體以社會情境中某人所表現的行為特徵做為訊息，予以認知處理的複雜心理歷程。人知覺包括對於人的性別、年齡、服飾、身份、體型、面貌以及言行舉止等各種特徵所得知覺。因為人知覺都是產生於人與人接觸的社會情境之中，故而人知覺也稱**社會知覺** (social perception)。人在物理環境中從某種物體所得物知覺，即使不能全然代表該物體特徵的真相，但對一般人而言，大致上仍然具有相當程度的共同性(如大家都會覺得藍天白雲比烏雲密布好看)。物知覺之所以具有共同性的原因,主要是作為物知覺對象的物體本身不具備獨特的個性。人知覺則沒有如此簡單;做為人知覺對象的他人,除了像物體那樣具有外觀的形貌之外,每個人都還具有他獨特的個性。職是之故,在社會情境中以他人為對象討論社會知覺時,不能像對物知覺那樣輕易遽下判斷。此即社會認知之所以成為社會心理學研究重要主題之一的原因。

(二) 社會事件是認知處理的訊息

在第三章討論感覺與知覺以及第六章討論訊息處理論如何解釋記憶歷程時,曾多次提到人類學習事物時從刺激到反應過程中所產生的變化。刺激是一個外在的物理事件,刺激本身不能直接引起反應,刺激必須先影響到感官產生感覺,此即由物理事件變為生理事件而後轉化為心理事件的前一段;經由腦神經中樞的運作,將感覺變成知覺,此即由生理事件變為心理事件的後一段。心理事件形成之後,再由腦的相關部位發號施令而表現出適當的反應(動作或語言),此即由心理事件變為行為事件的階段。由物理事件的刺激變為行為事件的反應,所經過的時間也許只有幾分之一秒,但此期間的變化則已然經過生理與心理兩階段歷程。認知心理學的訊息處理論所解釋的一切學習與思維,全都離不開此一理念。惟訊息處理論興起後初期所研究者,在研究個體如何獲得知識時,多限於以知識原形的物理事件(文字圖形等)為刺激,經由生理事件而轉化為感覺與知覺等心理事件之歷程的解釋(見圖 6-1)。訊息處理論用於研究人的社會認知時,則是在於以社會情境中他人行為(包括團體)所形成的社會事件為刺激對象,經由生理事件而轉化為感覺與知覺等心理事件之歷程的解釋。由他人行為所形成的社會事件,遠比由物體特徵所形成的物理事件為複雜,原因是除了他所表現的外顯行為特徵外,尚需考慮其外顯行為背後的心理歷程,否則將對此人此事無法認識或了解,更無法獲得社會認知。以教師要小學三年級學童回答"方形的四個角切去一個角,還剩三個角對不對?"問題為例,如果某兒童只是搖頭而不回答,教師將無從理解學童搖頭所代表的認知反應。學童可能因不了解教師的題意而搖頭,也可能知道答案不一定是三個角而搖頭(因切法不同而有三種不同答案)。如屬對簡單的問題題意都不能理解,教師可判定該學童智能甚低;如屬他不同意教師的提問方式,該學童就可能是智能優異。

基於以上討論,可知以社會事件為基礎的社會認知研究,將遠比以物理事件為基礎的認知研究為困難;而困難的原因主要繫於不能只看人的行為表面,而必須推理解釋行為背後的原因。基於此一理解,我們進一步討論有關社會認知的兩個基本問題:其一是對他人印象的形成;其二是對他人行為的歸因解釋。

二、印象的形成

基於前文討論，可知社會認知是在社會情境中，以對他人所得人知覺為基礎而做的認知處理。經由此番認知處理的歷程，個體自然就會對於所面對的人在心理上形成一個印象。像此種經由人知覺對他人認知處理從而獲致印象的心理歷程，即稱為**印象形成** (impression formation)。可以想見的是，對某人形成印象時，其初次見面時所得的人知覺，對整體印象的形成將發生重要的影響作用。因此，**第一印象** (first impression) 即成了社會認知研究中的一個重要主題。在日常生活中對人形成第一印象的機會很多：教師初次上課會給學生留下第一印象；演員初次登台會給觀眾留下第一印象；求職者應徵時與公司負責人面談，會給雙方留下第一印象；經別人介紹初次會見異性朋友，也會使彼此留下第一印象。正因為第一印象如此重要，所以有社會經驗的人都會建議當事人在與重要人物見面之前，應刻意準備一番 (如整肅儀容與預擬談話腹稿等)，以期使對方留下深刻而良好的第一印象。像此種常識性的看法，從多年來社會心理學家們研究的結果看，已經得到了驗證。社會心理學家們咸認，第一印象是對他人印象形成的重要關鍵。當第一印象形成之後即格外深刻，以後的印象也不易使之改變。第一印象既如此重要，接下去便以兩點說明影響第一印象的主要因素。

(一) 初始效應

在社會情境中與別人接觸時，對方在外型上或性格表現上最突出又最引人注意者，將會使你留下深刻的第一印象。在外型方面，體型、容貌、服飾等超常或出眾者，容易加深對方的第一印象。原因是屬於人的外型條件，在社會情境中即使未曾實際接觸，也會留下深刻印象。假如火車車廂內出現一個體重一百公斤以上的中學女生，全車廂的旅客毋庸介紹也都會對她留下深刻印象，而且久久不忘。像此種最先引起人知覺反應而影響印象形成的現象，稱為**初始效應**。在第六章第一節討論記憶測量時，曾經提到過初始效應的概念。惟當時所指者是語文學習後的記憶。初始效應用於解釋對人的第一印象時，除對方的外型是最重要因素之外，對方的行為舉止以及介紹者對其性格特徵的描述方式，也是影響因素之一。以教師根據學生成績表現而形成對學生的印象為例。假設同一班級中有王李兩生，一學期內各有三次考試成績，王生第一次成績全班第一，第二次名列第三，第三次名列第十；而李生三次考試成績則分別是第七、第八及第十。如果單從第三次考試成績看，王李二生成績相等，但如從教師對兩個學生的印象去設想，很可能對兩個學生的第三次成績表現，給予不同的解釋，教師可能認為王生的名次滑落是意外。果如是，王生第一次考試的突出表現，使教師對他的印象產生了初始效應。

在用文字或口語介紹人的性格時所採用的描述方式，也會對接受者的第一印象產生影響。曾有心理學家設計如下的實驗，用以驗證初始效應對第一印象的影響。該實驗將受試者分為兩組，分別看描述 A、B 二人性格特質的六個形容詞；兩組所看的六個形容詞完全相同，所不同者只是排列的順序而已。描述 A、B 兩人性格特質的六個形容詞各自排列的順序是 (Asch, 1946)：

　　A 的性格是：精明、勤勉、衝動、善辯、倔強、嫉妒。
　　B 的性格是：嫉妒、倔強、善辯、衝動、勤勉、精明。

經受試者評定後，研究者發現：儘管所列六種性格兩組完全相同，但因排列順序的差異，影響了受試者對該二人印象的評定。受試者多對 A 君給予正面的印象，以最前兩項性格特質做為判斷的主要根據。對 B 君則給予負面印象，同樣也是只重視了前兩項性格特質。研究者進一步要求受試者解釋評定的理由時發現，凡是對 A 君有正面印象的人，不但把前兩項性格視為形成印象的主要根據，而且把後面"善辯"的性格也做成正面的解釋，謂精明的人才會善辯。同理，凡是對 B 君有負面印象的人，不但把前兩項性格做為印象形成的主要根據，而且把後面"善辯"的性格也做成負面的解釋，謂性情倔強的人才會善辯。

(二) 社會基模

前文提到根據人知覺對某人形成社會認知時，在心理運作上不僅包括對人的外顯特徵，而且也包括對其行為及性格特徵的推理解釋。對別人行為推理解釋時，要靠個人經驗中已有的相關知識；而此等相關知識即個人自幼學習並儲存在長期記憶中的訊息。此等訊息是經過分類、整理、組織後儲存起來的。使用時可以經由**檢索**歷程一併提取出來與面對之人物刺激核對，如核對後有部分特徵與記憶中儲存的訊息符合，就將他歸類於何種人物。此一概念說明的是，人有對環境事物分類處理的一種**認知結構**，在第八章第一節介紹皮亞傑的認知發展理論時，提到皮亞傑稱此種認知結構為**基模**。惟皮亞傑在解釋兒童如何運用基模以認識周圍世界時，是指人知覺之外的一切物知覺。社會心理學家將皮亞傑所提出的基模理念用於解釋人知覺，故而稱為**社會基模** (social schema)。個體在社會認知歷程中運用基模對人的性格特徵做推理解釋時，多半是根據對人所得部分知覺，擴大推理他的其他性格，從而判斷他是一個什麼樣的人。假如看到一個服裝整齊的中年人面對一群青少年講話，你就會推理解釋該中年人可能是位中學教師。一想到中學教師，為人師表角色應有的性格，諸如言行較嚴謹、思想較傳統、知識有專長、生活較規律、服飾較保守等，就會從記憶中將與教師概念相關聯的一切訊息檢索出來，加在眼前所見的教師身上。

事實上，上述有關教師的多種性格，在當時多半是看不到的，是隱而不顯的；只因是自幼經學習經驗而形成的社會基模，在此時發揮了擴大認知作用。在日常生活中，靠社會基模獲得認知的事例很多，例如，看到手中抱幾本書本的青年人，就會擴大認知他可能是一個大學生；看到提個籃子出門的中年女性，就會擴大認知她可能是一位家庭主婦；看到坐在豪華汽車後座的中年男子，就會擴大認知他不是達官就是富賈。一旦認定所知覺的對象是學生、家庭主婦或達官富賈之後，對這幾類人的不同性格，就會分別從記憶中檢索出來加以核對。由此觀之，個體根據社會基模對人獲得社會認知的現象，事實上是一種根據對人所見部分特徵而引起對其他相關特徵的聯想。因此，有的心理學家將此種根據部分外顯性格特徵去推理解釋其他多種隱而不顯的性格特徵的說法，稱之為**隱聯性格論** (implicit personality theory) (Schneider, 1973)。

三、對社會行為的歸因解釋

本節前文所討論的對人印象的形成，只能算是社會認知歷程中的一種基本社會心理。可以想見的是，個體對他人的言行舉止形成某種印象之後，自將進一步為其言行舉止上的特徵設定原因，且在心理上給予自認是合理的解釋。在日常生活中對他人行為歸因解釋的心理現象時時存在；教師對學生逃學行為會歸因，法官在判決時對犯人的行為會歸因，政治評論家對張三當選李四落選的結果，也會歸因。

對一般人的歸因心理從事分析研究，從而建構系統理論的心理學家，多年來已發展出多種理論，其中以下列兩種理論最受到心理學界重視。

(一) 海德的歸因論

關於個體對他人行為或自己行為的歸因解釋，美國著名社會心理學家海德 (圖 12-1) 在 20 世紀 50 年代首先提出一種理論解釋，稱為**歸因論** (attribution theory) (Heider, 1944；1958)。根據海德歸因論的解釋，謂一個人在某種社會情境下之所以表現某種行為，歸根究柢不出內在與外在兩類原

圖 12-1　海　德
(Fritz Heider, 1896～1988) 是 20 世紀美國社會心理學家，是首先提出歸因論對社會行為給予系統解釋的心理學家。

因。內在原因所指者，是屬於當事人本身的因素；舉凡身心需求、動機、情緒、態度、習慣、價值觀等，均屬內在因素，而此等內在因素將影響甚至決定個人的行為。外在原因所指者是屬於個人本身以外的因素；舉凡社會規範、法律規定、職業特性、工作負擔、氣候變化等等，均屬個人本身之外的因素，而此等外在因素也足以影響甚至決定個人的行為。在個體對他人行為歸因解釋時，如果偏重在當事人的內在因素，那就是**內在歸因** (internal attribution)。反之，如果對他人行為歸因解釋偏重在外在因素，那就是**外在歸因** (external attribution)。又因內在歸因時所考慮者偏重於當事人的性格因素，故而又稱**性格歸因** (dispositional attribution)。同時外在歸因時所考慮者偏重於當事人的情境因素，故而又稱**情境歸因** (situational attribution)。從日常生活的經驗看，海德的歸因論是具有實踐價值的。以飛機發生重大空難事件為例，司法機關研判失事原因時，其偵察線索總是不出人為因素及機件因素兩個取向。如果偵察結果發現駕駛人員有酗酒習慣，內在歸因自然就成為研判的主要根據。反之，如發現飛機的機件臨時故障是肇事的原因，外在歸因自然就成為研判的主要根據。

海德的歸因論提出後，其他心理學家相繼研究，並做了補充。其中最重要的補充是基本歸因誤差的概念。所謂**基本歸因誤差** (fundamental attribution error)，是指某人表現某種社會行為時，別人對他行為原因所做解釋與當事人自己的解釋有所不同；別人解釋他的行為時，偏重採性格歸因，而當事人自我解釋時，則偏重情境歸因。像此種對別人行為解釋偏重性格歸因而忽略情境歸因的心理傾向，就是歸因誤差 (Rose, 1977)。在日常生活中，基本歸因誤差的情形很多。以學生打架打傷同學因而違犯校規行為為例，教師可能將喜歡打架學生的行為歸因於他性格頑劣，而學生本人則可能將打傷同學一事歸因於該同學侵犯他而做出不得已的防衛行為。

由基本歸因誤差的現象看，可以想見的是，一種行為發生後，不僅旁觀者與行為當事人對該行為發生原因的解釋不同，就是同屬觀察的數人，其歸因方式也未必完全一致。惟其如此，海德的歸因論之後乃衍生出其他不同的理論。

(二) 凱利的共變歸因論

對社會行為發生原因的解釋，自海德提出歸因論之後，在社會心理學理論建構上一度成為一個熱門主題。在眾多理論中以美國心理學家凱利 (Harold Harding Kelley, 1921～2003) 提出的共變歸因論最受重視。所謂**共變歸因論** (covariation theory of attribution)，是指吾人觀察別人在某種社會情境中所表現的某種行為時，不僅應考慮到影響其行為的外在因素或內在因素而給予情境歸因或性格歸因，同時也需要考慮到當事人的性格可能因情境不同而表現出不同行為的問題。換言之，解釋別人某種行為時，必須考慮到當事人的性格與情境二者的共變關係。凱利曾建議，要了解某人某種行為的真正原因，必須根據三種特徵為標準去多次觀察他的行為表現，然後才能確定如何給予歸因解釋。凱利建議的三種特徵是：(1) 共同性：他的行為是不是跟別人一樣；(2) 特殊性：他的行為是不是只在此一特殊情境下才會表現；(3) 一致性：他的行為是不是在同樣情境下會一再重復出現 (Kelley, 1973)。如觀察某人行為結果是，共同性低，特殊性低，一致性高，就可大致確定觀察所見者即代表他的行為。根據凱利的共變歸因論理念，試舉觀察某人搭公車插隊行為為例，用以說明共變論在實際生活中的應用 (見圖 12-2)。

從圖 12-2 的內容看，可知在觀察別人社會行為時，不能僅憑單一事例就肯定做成情境或性格歸因解釋。因此，從社會認知的觀點言，必須根據同樣情境和不同情境下多次觀察結果，始能真正了解對方的為人。

圖 12-2　凱利共變歸因論

(根據 Kelley, 1973 理論要義繪製)

第二節　態度的形成與改變

前節所討論的社會知覺、社會認知以及社會行為歸因等概念時，只提到個體在社會情境中對別人行為的覺察與認知，尚未進一步討論到認知之後，個體如何根據自己的認知與好惡做出行為反應的問題。關於此點，正是本節所要討論的態度問題。社會心理學家對態度的研究，主要是集中探討兩個主題：其一是探討態度形成的心理歷程，其二是探討態度形成之後如何改變的心理歷程。惟在進入討論這兩個主題之前，容先就態度一詞的定義及相關概念分別略作說明。

一、態度的定義及相關概念

社會心理學上對態度一詞的定義，多年來隨心理學流派興衰大勢的消長而有所演變。20 世紀 30 年代行為主義當道時，社會心理學家們偏於將態度視為個體受外在環境因素影響而學習到的固定反應傾向；到 50 年代以後認知心理學興起後，社會心理學家們又偏向將態度視為內在的且帶有情感成分的認知歷程。到 80 年代以後，社會心理學家給態度一詞所下的定義，則一般趨於各派理論融合取向。

(一) 態度的定義與功能

態度是社會心理學中的一個重要名詞。**態度** (attitude) 指個人自幼學得的一種對別人、對事物或對理念的帶有認知與情感成分的持久性與評價性的行為傾向 (Eagly & Chaiken, 1998)。態度的此一定義中含有四點要義：(1) 態度是學得的，不是天生的；(2) 態度帶有持久性，一旦形成之後，不易改變；(3) 態度具有認知、情感及行為三種成分，此三種成分如統合為一，個人的態度就會固定；(4) 對別人、對事物或對觀念的態度，可能是正面的 (如喜歡)，也可能是負面的 (如厭惡)。

在態度的功能方面，社會心理學家指出，對個人而言態度具有四種功能 (Katz, 1960)：(1) 態度能助人取得他希望的東西 (因喜歡而求取)；(2) 態度能助人躲開他不希望的東西 (因厭惡躲開)；(3) 態度能助人理解並統整複雜的訊息 (因認知而求知)；(4) 態度能助人反省自己對別人、對事物或對觀念所做的評價 (所表達的批評是否適當)。

(二) 態度的相關概念

根據前言所敘述可知，態度一詞是一個

頗為複雜的概念。態度的對象幾乎包括由對人、對事物構成的所有社會事件；諸如對金錢、對友誼、對婚姻、對愛情、對生死、對政治、對權位等等，可謂無所不包。在態度有關的無數概念中，有下列三個概念是社會心理學家特別關心和深入研究的。

1. 刻板印象 根據前文所提態度內包括認知、情感與行為三種成分的解釋，其中所說的認知，自然是指經由人知覺為基礎所形成的社會認知。面對社會情境時，因認知偏向與完整與否的不同，可能不同的人在態度表現上就會有很大的差異。像此種因個人認知偏向或認知不完整而影響態度的心理現象，稱為**刻板印象** (stereotype)。刻板印象形成後，將影響個體在同類社會情境中，以同樣的知覺解釋面對的其他人的行為或其他社會事件；凡是遇到同類型的人或事件時，他就不加詳察地予以同樣的解釋。像此種將他人特徵過分簡化又給與僵化分類的心理現象，在日常生活中屢見不鮮；俗語所說的"無官不貪"、"文人無行"、"少不更事"等觀念，都屬於刻板印象心理作用。從構成態度的三種成分看，刻板印象的形成，乃是由於對某人或某社會事件認知不足而影響到情感與行為所致。

2. 偏見 一般人在批評別人在社會情境中表現的某種態度時，通常都是以是否客觀做為批評的根據。所謂"客觀"，是指所做批評不按個人好惡而只對事實本身所做的不偏不倚的陳述。針對某人言行所作的批評，很難達到完全不偏不倚的程度；原因是對人的態度中總免不了帶有或多或少的偏好或偏惡的情感成分。如果對別人所持態度中偏好或偏惡的情感成分過多，完全忽略認知成分的理性作用時，此種態度傾向就稱為**偏見** (prejudice)。由此可見，由偏見的心理作用所支配的態度有正負兩種取向：表現於正面取向時，就會對人的行為過分坦護，表現於負面取向時，就會對人的行為過分苛責。不過，在日常生活中使用偏見一詞時，一般多採其負面意義；所謂種族偏見、性別偏見、宗教偏見、地域偏見等，所指者多屬負面意義。

3. 歧視 所謂**歧視** (discrimination)，是指個體在社會情境中，對某種或某些人表現不尊重甚至排斥或仇視的態度或行為。歧視態度多表現於團體心理；諸如種族歧視、性別歧視、宗教歧視、職業歧視等均屬之。以 20 世紀 60 年代以前美國的種族歧視為例，美國南方各州有的立法禁止黑人進入白人學校，並明文規定白人不准與黑人通婚。顯然，歧視是人際間的一種敵對行為；而此種敵對行為與前文討論的刻板印象與偏見二者之間有密切關係。

二、態度的形成

前文討論態度的性質時即曾指出，態度是學得的，不是天生的。只要提到學習，讀者應會聯想到第五章中介紹過**行為主義**的兩類學習原理：一類是**聯想學習**，聯想學習的基本理念是將學習視為刺激-反應關係的建立。解釋刺激-反應關係建立過程時，又有兩種理論：一種理論是**經典條件作用**，另一種理論是**操作條件作用**。前者解釋學習的產生乃由於刺激代替（**條件刺激**取代**無條件刺激**引起原先無條件刺激所引起的反應）。後者解釋學習的產生乃是決定於**後效強化**（反應後獲得動機滿足因而強化了該反應）。行為主義的另一類學習原理是**觀察學習**，指個體在某種情境下未必直接向刺激反應，只須在場觀察別人如何反應，即可同樣學到該種行為。從態度形成的學習因素看，個人的態度多半是經由操作條件作用與觀察學習兩種歷程學到的。茲舉例說明於後。

幼兒兩三歲與人接近交往時，在態度上是沒有偏愛或選擇的；只要誰人待他友善，他就喜歡與之交往。幼兒的此種行為傾向，通常稱為天真。設有鄰居數家，每家都有幼兒，而其中有兩家的成年人彼此極不和睦，在此種情形下，這兩家幼兒自動一起玩耍時，可能被他們的父母刻意的隔離；隔離後如幼兒們再自動相聚，可能會遭到他們父母懲罰。幾次之後，這兩家幼兒可能不知不覺之間學到一種不友善的態度，此後見面時不再彼此吸引。像此種個體自發性行為出現之後因不能獲得正強化而改變行為表現的歷程，正是操作條件作用的學習歷程。以下再舉一個經觀察學習學到態度的例子。

在日常生活中，有很多社會性活動是父母帶幼年子女一起參與的。在社會活動參與過程中，成年人的言行舉止都成了幼兒學習的楷模。以父母帶子女一起進教堂參與宗教活動為例，幼兒在教堂中觀察模仿別人的行為，久而久之他就會對該宗教形成一種正面的態度。

從態度中含有認知、情感、行為三種成分的觀點看，前述操作條件作用與觀察學習二者，主要是學習到態度中的情感與行為兩種成分。因此，前述兩例所解釋的態度學習因素，只能偏重於說明幼兒態度的形成。幼兒在學習社會行為之初，多半是行而不知的。等以後年齡漸大，知識增多，認知學習自然就會成為態度形成的另一因素。比如成年人的宗教態度，對教義的理解與認同自然是重要因素，這就屬於態度的認知成分了。

三、態度的改變

前文陳述態度定義時，曾提到人的態度帶有相當一致且持久的傾向。果真如此，態度能否改變自然就成了心理學家有興趣研究的問題。從日常生活的經驗言，態度只能說其一致性相當持久，但非絕對一生不變。惟其如此，社會上有些商業機構、政府機關、宗教團體甚至個人都無時無刻不在設計情境，企圖使人的態度有所改變。我們每天接觸到的報紙、電視、廣播等大眾媒體以及到處可見的廣告招貼，其設計之用意無不企圖改變人的態度。所不同者只是企圖其改變的項目不同而已 (或是想改變人的政治態度、或是想改變人的宗教態度、或是想改變人對金錢的態度等)。心理學家研究態度改變時有兩種取向：其一是對人提供訊息，企圖以外在說服的方式改變人的態度 (如廣告)；其二是設法使人內在心理上產生變化，從而自行改變其態度。接下去就從這兩個取向討論態度的改變。

(一) 溝通與說服

在眾多的社會事件中，要想經由外在影響力以改變社會大眾或個人對某些事件的態度時，溝通與說服是最常用的方法。所謂**溝通** (communication)，係指將某種訊息或意見假某種管道 (如語言、文字、圖形、符號等) 經某種媒體 (如廣播、電視、報章雜誌、招貼等)，傳遞給設定的對方 (訊息收受者) 的歷程。至於**說服** (persuasion)，則係指藉由溝通以期改變對方態度的歷程。基於此義，可知從態度改變的觀點言，單純的溝通只是提供或傳播訊息，是改變對方態度的手段，若溝通中帶有改變對方態度的目的時，此種溝通才具有說服的意義。因此，有的心理學家特別稱此種帶有企圖改變他人態度之目的的溝通為**說服性溝通** (persuasive communication)。換言之，說服亦即意圖改變對方態度的溝通。

從日常生活中所接觸到的大眾媒體看，其傳播的訊息中有極大的成分帶有說服性溝通的特徵；其中政治宣傳與商業廣告兩類訊息尤為顯著。多年來社會心理學家在研究溝通與說服問題時，其主要旨趣在探討"影響說服效果者有那些心理因素？"綜合各家研究發現，影響說服效果的因素有以下數類 (Baron & Byrne, 1994)：

1. 訊息來源　日常生活中所傳播的訊息，因來源的不同而有不同程度的說服力；原因是訊息來源代表著訊息的可信度，官方的正式公告要比報紙的報導可信度高，著名的大報消息要比不知名的小報報導者可信度高。假如因某種食物而使很多人患了疾病，著名醫師上電視向大眾說明病因及注意事項，其可信度要比新聞播報員所報導者為高。如果某人患高血壓而仍酗酒如故，家人勸說無效時，他所信任的醫師舉證向他說明酗酒對高血壓患者的嚴重性，就可能說服他決心戒酒。

2. 訊息傳播者個人的魅力　同樣一種訊息，經由具有不同公眾魅力的人物來傳播時，其說服效果必然不同；惟個人的魅力又因訊息性質與傳播方式的不同而有差異。此種現象在商業廣告上表現最為顯著。電視上洗髮精的廣告，必須由秀髮披肩的美女播出，如改由禿頂的老教授播出，即使他具有某方面高深學術素養，也不會使人把他與洗髮精的效果聯想在一起。由此可見，具有個人魅力的傳播者所傳播訊息之所以具有較高的說服力，原因是訊息收受者把個人魅力和訊息的可信度聯想在一起。

3. 訊息性質與說服方式 從訊息收受者的立場言，傳播的訊息有兩種性質：一種是收受者雖對訊息不甚了然，但基本態度上並不反對 (如向他推薦某種健康食品)；另一種是收受者本來對該訊息持反對態度 (如企圖勸說別人改變政治理念)。針對此一差異，企圖說服對方時就有**單面溝通** (onesided communication) 與**雙面溝通** (two-sided communication) 兩種不同方式。單面溝通只要說明支持自己立場的正面意見，雙面溝通則除說明自己的正面意見外，也必須解釋其何以不支持另一觀點的反面意見。關於訊息性質與說服方式問題，社會心理學家早就發現 (Hoveland & Janis, 1959)：(1) 如訊息收受者在基本態度上不持反對意見，採用單面溝通即可發生說服效果；(2) 如訊息收受者原本持反對態度，則改採雙面溝通的說服方式比較有效。

4. 訊息性質與收受者的心理特徵
意圖藉由溝通說服方式來改變別人的態度時，不同性質的訊息可能對不同的收受者產生不同的說服效果。根據社會心理學家研究發現：教育程度較高者比較容易接受理性的 (講道理的) 訊息；教育程度較低者比較容易接受感性的 (情緒性的) 訊息 (Eagly & Chaiken, 1984)。例如，選舉期間，精明的候選人在不同地區 (如鄉村和都市) 面對不同選民時，所發表政見重點不同，表達方式也不一樣，原因就是懂得如何充分利用群眾心理。

(二) 態度的自我改變

前文溝通與說服子題內所討論的是如何改變別人態度的問題，接下來要討論的是個人在接收到訊息後，如何在心理上使自己的態度產生改變。

在社會心理學研究上，解釋個人態度改變或不改變的理論，一般多採一致論的觀點來解釋。所謂**一致論** (consistency theory) 是指個人的態度與其行為兩者一致時，態度不會改變，兩者失去調和一致時，態度就可能會改變。例如，在會議桌上某人對某議題本來持反對意見 (態度)，可是在最後表決時卻舉手贊成 (行為)，態度與行為失去調和一致，即使他最後舉手是迫於多數壓力形勢的勉強作為，但如以後再對人解說時，他原本所秉持的反對態度就可能會改變。因為，如不改變原來所持的態度，他將對自己的舉手行為無法自圓其說，甚至自覺尷尬難堪。如此看來，態度可以影響行為，而行為也可以影響態度；前者是因為一致而維持既有態度，後者是因為失去一致而又恢復一致時卻改變了態度。

根據上述態度一致論的理念，美國社會心理學家費斯廷格 (圖 12-3) 提出了一項解釋態度改變的重要理論，稱為**認知失調論** (cognitive dissonance theory)。按認知失調論的解釋，任何時間只要個人發現有兩個認知彼此不能調和一致時，就會感覺到心理衝突，因衝突而引起的緊張不安，轉而形成一種內在的動機作用，促使個人放棄或改變認知之一，而遷就另一認知，藉以消除衝突，恢復調和一致的心態。費斯廷格所指的認知，並不只限於前文所指形成態度的認知成分，而是泛指所有包括著認知成分的一切思想、觀念、態度、行為等而言。

圖 12-3　費斯廷格

(Leon Festinger, 1919～1989) 是 20 世紀美國心理學家，是社會心理學家，也是解釋態度改變的認知失調論的建構者。

為驗證認知失調論確實能夠解釋一般人態度的改變，費斯廷格從事過一項實驗 (Festinger & Carlsmith, 1959)。該實驗以大學男生為受試者，每次一個人輪流進入實驗室，從事一種事前並不知情的單調乏味工作一小時 (如將盤中十二把湯匙一把一把地拿出，然後再一把一把地放回等)。工作結束後，研究者要求受試者出門時告訴在外等候者 (事實上是助理員)"工作非常有趣"，並按兩種標準付給受試者報酬；一半人付給美金一元，另一半人付給二十元 (當時是個大數目)，惟受試者之間彼此不知報酬有差異。到此為止，由實驗情境的設計，使受試者在心理上產生了兩種認知：其一是他知道工作是單調乏味的，這是他真實的認知。其二是他對別人說工作是有趣的，這是他接受了報酬不得不爾的說辭。此項實驗研究所要探討的問題是，由於報酬懸殊所形成的認知失調，是否真的能改變人的態度。接下去，另一實驗者私下詢問每一受試者，要他們坦白道出心中的實話，工作是否真正有趣。按常情推斷，接受了高額報酬的人應該說假話才是。惟事實不然，接受二十元報酬的受試者多數表示工作無趣，承認他告訴別人的話是假的；接受一元報酬的受試者，多數仍表示工作有趣，維持他們出門時所告訴別人的相同的說法。此一實驗結果不但使費斯廷格的理論獲得支持，而且獲得社會心理學家普遍重視。

上述實驗結果說明的是，要想以報酬為代價改變人的態度時，較少的代價反而可能收致較高的效果。此種心理現象，稱為**少能勝多效應** (less-leads-to-more effect)。

顯然，人在很多社會場合中，其態度改變與否與個人之維持顏面與自尊有關。而且，當個人態度改變或維持不變時，為了保持心理上認知一致，個人常對自己的作為提出辯解。設有甲乙兩議員候選人先後登門拉票，而你對他兩人的才能均無深刻認識，只因兩人均當面向你發表政見，你也曾當面承諾投票給予支持。如投票前甲候選人又向你施賄，最後你會將選票投給何人？如按認知失調論推論，你的選票將投給乙候選人。原因是，你曾當面承諾支持乙候選人，最後投他一票，這表示言行一致，不會使你在心理上留下認知失調的感覺。固然，你也曾當面承諾支持甲候選人 (認知之一)，可是你也知道如決定投甲候選人一票，那可能變成是因受賄而投 (認知之二)，投了甲的票反而會感到不安 (認知失調)。棄甲而投乙 (態度改變)，縱使你未實踐對甲的承諾，你也會因未出賣良心為自己辯解，而稍感心安。

第三節　社會互動

前兩節討論的社會認知與態度兩個主題，在性質上偏重於對個體行為在社會情境中如何改變的闡釋。接下來要討論的社會互動，則是進一步探討在社會情境中人際間如何互動的問題。**社會互動** (social interaction) 是指在兩人或兩人以上的社會情境中，雙方在行為或心理上彼此相互影響而改變的歷程。在社會互動歷程中，以甲乙二人對話為例，甲方的語言行為可視為引起乙方語言反應的刺激；而乙方的反應，又正可以視為再引起甲方語言反應的另一刺激。如此，在甲乙雙方行為均各兼有反應與刺激性質的社會互動歷程中，自然會構成很多複雜的社會行為。本節中所討論的三個子題，可視為代表三類不同性質與不同程度的社會互動。

一、社會影響

在討論社會互動之前先說明社會影響的意義。**社會影響** (social influence) 是指在社會情境中，個體 (或團體) 行為對他人 (或對團體) 的態度或行為產生影響而使之改變的歷程。準此而論，前節所討論的態度改變，也屬於社會影響的範圍。惟態度一詞所指者，是個體對社會事件 (或社會上的個人) 的態度，而社會影響一詞所指者，則只是人對人的影響。根據多年來社會心理學家研究發現，在社會互動的社會情境中，有以下四種不同方式的社會影響。

(一) 從　眾

從眾是一種社會影響的效應。**從眾** (conformity) 是指在社會情境中，因受他人意見與行動或團體規範與團體壓力的影響，而使個人在行為表現或思維方式上與他人或團體趨於一致的傾向。準此而論，從眾是因社會影響而產生，而從眾的程度則包括外在行動與內在思想兩種不同層次。在日常生活中有很多事例只是行動上的從眾。以十字路口紅綠燈為例，如果紅燈因故障出現超過預期時限過久，而見到多人不顧紅燈而穿過路口，你可能不自覺地跟隨著一起行動。像此種從眾性的行動，是因受別人行動的影響而行動的；其中認知成分較少。此外有很多事例，例如對宗教信仰或政治理念的從眾，則可能是因受教義或政治思想影響而認知後才從眾的。心理學家在實驗室內研究的從眾，多屬外顯行為的從眾。多年前美國社會心理學家阿希 (Soloman Asch, 1907～1996) 所做的從眾實驗研究，可用以說明個人在有團體壓力的社會情境下所表現的從眾行為 (Asch, 1951；1955)。以下是該實驗的設計與所得結果的說明。

如圖 12-4 所示，A 與 B 為兩張卡片，卡片 A 上畫有一條直線，卡片 B 上畫有三

圖 12-4　從眾心理實驗情境

(採自 Asch, 1951)

條直線，而其中只有中間一條與卡片 A 上的直線長度相等。參加實驗者七人均為大學生，其中只有一人 (坐者右起第二人) 為真正受試者；其餘六人全為事先安排好的同謀者；惟受試者卻全然不知。實驗進行時，由實驗者 (站立者) 出示 A 與 B 兩張卡片，然後由左端起，依次回答卡片 B 上哪條直線的長度與卡片 A 者相等。假如第一人故意選右邊的直線來回答，受試者在表情上會顯得驚奇；假如接下去數人均故意選右邊的直線回答，受試者的驚奇程度就隨之減低。等輪到受試者自己回答時，他遲疑一下，居然也跟著別人選擇不正確的答案 (不選中間的直線)。研究者採用不同組別，不同人數，重復多次實驗，結果發現 (Asch, 1955)：(1) 當受試者只有一人 (沒有同謀者) 時，都不會選擇錯誤答案 (都選中間一條)；(2) 在眾人都選擇錯誤答案的情況下，受試者之中平均有百分之七十六的人也會跟著做出錯誤的決定；(3) 事後受試者被詢以選錯誤答案的原因時，都答稱受團體壓力影響，不得不跟別人一致；(4) 如果要求受試者改用書寫方式回答時，有高達百分之九十八的人回答是中間直線。由此結果看，在團體壓力下的從眾現象多表現在公開的行為。中文成語"眾口鑠金"也正是從眾現象。

(二) 依　從

依從是社會影響方式之一。**依從** (compliance) 是指在社會情境中，因受他人要求、請託或建議，而接受對方意見以使對方獲得滿足的一種心理現象。在日常生活中，依從別人要求而改變自己原意的事例極多，諸如公司老闆依員工要求加發一個月年終獎金，學校依學生會建議期考前圖書館延長開放時間，商店老闆同意顧客要求將商品打八折出售，甚至像一位小姐答應她男友的求婚等等，在性質上均屬因社會影響而使人表現的依從行為。在社會互動中，依從未必是單方面的，在很多兩方各持己見的情境下，經溝通協商雙方各讓一步，最後的結果對兩方面而言，都是依從。

顯然，依從是在他人有所要求的情境下產生的。因此，如何向人要求才容易得到依從，自然就成了社會心理學家有興趣研究的問題。以下三種方法公認是一般人最常使用的：

1. 得寸進尺法　所謂**得寸進尺法** (foot-in-the-door technique)，是指向對方有所要求時，不妨先將目標放低，使對方不致感到為難而接受你的要求，然後再以同樣低姿態提出較多的要求。有人向朋友借錢會採用此種方法 (開口先說借三萬元，朋友答應之後，再要求增加五千元)。根據心理學家們研究發現，採用得寸進尺法時多半會得到對方的依從；而對方之所以依從的原因，主要是對方為了保持自己對別人態度前後一致，從而保持個人**自我意象** (self-image) 的一致性 (如自認是一個樂善好施的人) 的緣故 (Eisenberg et al., 1987)。

2. 以退為進法　所謂**以退為進法**

(door-in-the-face technique)，是指向對方有所要求時，嘗試先將姿態提高，如對方拒絕，則放低姿態做出較低的要求。在日常生活中採用此種方法向對方要求的事例很多，商場上討價還價的情形就是如此。顧客可先向店家提出六折的要求，如對方不肯，可改變為七或八折的要求；如此以退為進，直至對方覺得少賺一點總比不賺來得好時，他就可能依從顧客的要求，而使顧客達成減少付出的目的 (Pendleton & Batson, 1979)。

3. 投低球策略 投低球策略 (low-ball strategy) 是商業心理學上的術語，指在買賣雙方討價還價過程中，賣方先將姿勢降低向買方提出一個能使買方願意接受的價格，等買方感到滿意而決定購買時，賣方突然以某種藉口為由而提高價格。商人採用的此種作法等於採用棒球賽時故意投低球的策略，故名。以購買汽車為例，買賣雙方經過一陣討價還價之後，賣方表示願意以薄利多銷的原則，將車價原標的四十二萬降低為四十萬，並建議買方不妨到別家車行參考比較。如果此時買方對車子的條件和價格都感到滿意並表示決定購買時，店主回室內拿取單據以備收受買方訂金時，突然表示經理不同意他對買方所做的價格承諾，要求買方必須再加五千元才能成交。在此種情形之下，買方在心理上就會陷入**趨避衝突**的困境；放棄了心愛的車子不買感到可惜，接受賣方加價的要求，又不情願。在此情境下，如買方的經濟情況許可，多半會同意加價買下這部車子 (Reber & Reber, 2001)。

(三) 服　從

前述從眾與依從兩種社會影響，多半是在非強制的社會情境下產生的，服從的情形則不同。**服從** (obedience) 是指個體在社會規範限制下或別人命令下只得聽命行事的一種社會行為。行政系統中上層主管對屬下的指示、學校校規要學生遵守、交通警察對車輛行人的指揮、醫師對病人按時服藥的規定等等，都是由具有某種權威的一方向不具同樣權威的另一方所做的服從性要求。服從與依從不同，依從不帶強迫性，是當事人自願接受的一種社會影響。服從則帶有強迫性，是當事人不得不接受的一種社會影響。惟其如此，社會上有很多強迫服從事例 (如黑社會幫派份子必須服從幫規從事反社會活動)，對社會秩序產生破壞作用。

(四) 盲　從

盲從是社會影響方式之一。所謂**盲從** (contagion)，是指在社會失序或失控的情境下所產生的一種反常從眾現象。盲從與從眾有相似之處，都是在別人或團體行為影響下產生；而兩者不同之處則在於盲從者多受團體情緒煽動，其行為失去理性失去自我控制和自律能力，完全盲目跟隨團體行動。社會心理學家稱此種個體失去自主的心理現象為**去個人化** (deindividuation) (Diener, 1980)。盲從現象多半在社會動盪人心不安的情況下發生。在盲從現象發生時，打家劫舍、殺人放火的嚴重事故也可能伴隨產生。因此，盲從現象下的群眾，又往往成為**暴民** (mob)。

二、助人行為

助人行為 (helping behavior) 也稱**利他行為** (altruistic behavior)。助人行為一向視為道德行為，學校中五育之首的德育中，即包括培育學生的助人行為。惟在功利主義盛行的現實社會中，實不易見到不求回報而助人的行為。以下兩點是社會心理學家分析探討的有關助人行為問題。

(一) 旁觀者效應

在 1964 年 4 月 13 日，美國第一大城紐約的昆士區曾發生一件驚震美國全國的殺人案件。住在該區公寓的一位夜歸女子被尾隨的歹徒殺害，被殺當時被害人的驚叫聲及呼救聲，住在同一公寓的鄰居中至少有三十八人清楚聽到，但無一人趨前救助，且在事件發生後，只有一人打電話報警。此一事件之所以使人震驚，倒不在於人命關天，而是在於眾人皆知的情境下為何大家全都見死不救！

對上述眾多人見死不救的社會現象，社會心理學家們先後提出了不同的解釋。有的學者從社會變遷的觀念，將此現象歸因於都市人口密集但人際關係疏離的後果。有的學者提出一種假設：事件發生當時鄰人間知者太多，反而是形成無人救助的原因。基於此一假設，曾有心理學家以大學生為對象從事如下的實驗研究 (Darley & Latané, 1968)：(1) 使所有受試者分別進入只容一人的小房間中，但告知可利用對講機對外或與其他房間通話。房間數及人數，受試者全然不知。(2) 受試者進入小房間後分為兩組，一組由實驗者藉對講機告知，除他之外另一間房間內有人；另一組則告知受試者，除他之外另有六個房間內都有人。(3) 實驗開始時，由實驗者宣稱另一房間的受試者遭遇到了危險，急待救援。實驗結果發現：被告知另外只有一個房間有人的一組受試者之中，有百分之八十五的人表現通過對講機向外求救。被告知另外有六個房間內都有人的一組受試者之中，只有百分之三十一的人表現了救助行為。研究者對此種危機現場人數多反而不易見到助人行為的現象，稱為**旁觀者效應** (bystander effect)，也稱**旁觀者介入** (bystander intervention)。意指危機情況下只有一人在場時，在場者會感到責無旁貸，如有眾多人在場時，因受眾人的影響，助人的行為傾向反而降低。對此現象的一般解釋是由於眾人都感到救人責任不在自己，故而稱為**責任分散** (diffusion of responsibility)。

(二) 影響助人行為的心理因素

自從前述 1964 年紐約市女子被殺害時無人救助事件之後，在什麼情境下較易出現助人行為的問題，一時就成了社會心理學家研究的興趣之一。前文所指因責任分散而產生的旁觀者效應，雖可用來概括說明危急現場人數眾多時，反而較少出現助人行為的原因。事實上，危急現場人多未必是影響助人行為的惟一原因。惟其如此，社會心理學家提出了如圖 12-5 所示的助人行為多項因素心理分析 (Latané & Darley, 1970)。

按圖 12-5 所示，從危急事件的發生到個體在行為上決定救助或不救助之間，要經過含有四種不同心理因素的五個階段 (中間深紅色的方格)：(1) 有無發現需要救助事件的發生 (如兒童失足溺水)，是影響個體是否助人的第一階段。(2) 是否理解該意外事件情況危急，是影響個體是否助人的第二階段。(3) 發覺情況危急後，是否自覺有救助責任，是影響個體是否助人的第三個階段；前文所指的旁觀者效應，就可能在此階段發生。(4) 個體自覺有救

圖 12-5　救助行為的心理分析

1. 縱向箭頭相連的紅色方格，說明影響救助行為的各相關因素。
2. 橫向箭頭所示者，均為構成為救助 (左向) 或不救助 (右向) 行為的個別因素。

(根據 Latané & Darley, 1970 資料繪製)

助責任後，自認有無救助的能力 (如發現有人落水時自知會否游泳)，是影響個體是否助人的第四個階段。(5) 第五個階段是採取實際救助行動的最後階段；個體對自己救助行爲的決定，乃是基於前四階段的各個因素累積所產生的效應。

三、人際吸引與親密關係

在本節社會互動這個主題之下，已討論過社會影響與助人行爲兩個子題。這兩個子題所探討的問題，都偏於對個體在社會情境下如何受別人影響的解釋。接下來所要討論的第三個子題，則旨在探討個體與個體之間不同程度親密關係建立的心理歷程。人與人之間之所以能夠建立親密關係，主要是在人性本質上存有**社會需求** (social need) 的內動力，促使人在與人接近時獲得滿足。本書第九章第二節提到**親和動機**與第三節**需求層次論**中所提到的**隸屬與愛的需求**等概念，都說明了人類普遍存有社會需求。曾有心理學家以青少年與成年人爲對象，調查他們在日常生活中除睡眠、洗浴、如廁等純屬個人之行動以外，其他在求學、工作、吃飯、娛樂等活動中，每天花多少時間與別人共同相處。調查結果發現，如以跟別人相處時間所占總活動時間百分比來計算，青少年與成年人平均每天用在與別人相處的時間，分別是 74.1% 與 70.9% 之間 (Larson, et al., 1982)。由此可見，一般人在日常生活中有三分之二的時間用在與別人接觸的活動之中。在日常生活中人與人接觸活動的機會雖然很多，但人與人之間的關係卻未必相同；有的疏遠，有的親密；彼此親密者又有的建立友情，有的結爲連理。人際間親密關係之建立，不是單方面一廂情願，而是由於雙方面的彼此吸引使然。因此，社會心理學家在研究人際間親密關係時，人際吸引就成了探討的主題。所謂**人際吸引** (interpersonal attraction)，是指因人與人之間彼此注意、欣賞、傾慕等心理傾向，進而彼此接近、交往，從而建立感情關係的歷程。

(一) 影響人際吸引的因素

人際吸引既是從引人注意、欣賞、傾慕開始，然而影響人際吸引者究有那些因素，自然就成了心理學家有興趣研究的問題。綜合以往心理學家研究發現，在社會情境中影響人際間彼此吸引者，有以下四個互相關聯的 (不是單獨影響決定的) 因素 (Bersheid & Reis, 1997)。

1. 接近 接近 (proximity) 是指空間接近。由於人與人之間在活動空間內彼此較爲接近，因而有助於人際關係的建立，這是一種最自然的現象。鄰居、同學、同事、同車上下班等等，都是使人接近的機會；因接近機會多而相識，因相識而彼此吸引，終而建立友誼，甚至彼此相愛，也是屬尋常的事。所謂"近水樓臺先得月"的比喻，正說明接近是影響人際吸引的因素之一。

2. 相似 相似 (similarity) 是影響人際吸引的另一因素。人與人之間彼此的相似指很多方面，所謂"志同道合"是指理想相同者相互投合；所謂"同病相憐"是指病苦相似者彼此憐惜；相互投合與彼此憐惜都是有助於人際吸引的因素。此外，諸如年齡、學歷、興趣、嗜好、態度、宗教信仰、政治理念等等，都可能彼此相似。由於某些方面相似，而可能彼此投契，甚至可能情投意合，終而形成親密關係。從心理學的觀點看，相似有助於相交，其理由可做如下之解釋：(1) 具有相似興趣與態度者，多趨於參加同類的活動；除選讀類似的學科之外，也會參與類似的社會活動。參加類似活動既多，自將增加彼此認識溝通的機會，從相識而相知，進而建立更進一步的感情。(2) 凡年齡、學歷、興趣、信仰等各方面相似者相互交往時，彼此間的意見容易交流。在意見交流的過程中，由於個人的見解引起對方共鳴，因而在"知音難遇"而相遇的情境下，格外覺得珍貴。

3. 熟悉 熟悉 (familiarity) 是指人與人相處時間較久彼此留下深刻印象的程度，所謂"日久生情"正是因為長期相處而彼此吸引的說明。根據心理學家研究，一般人傾向於喜歡他熟悉的面孔。曾有心理學家以大學女生的照片為實驗，將照片以兩種方式處理，一種方式是印成照片，另一種方式是複製底片。然後將兩種資料，分給男學生們去看，要求他們按照喜歡的程度選取其一。結果發現，選取與照片本人面貌相同的正版者為百分之六十一，選取照片底片相似者有百分之三十九 (Mita et al.,1977)。男生們較多選取女朋友們正面照片的原因，是因為照片上的面貌是他們所熟悉的。當然，人際間彼此熟悉並不限於面貌，而彼此間對個性、能力、興趣的了解，自然也包括在熟悉因素之內。

4. 相貌 相貌 (physical attractiveness) 能吸引人注意，相貌會影響人際彼此的印象，這現象不但在成年人是如此，在兒童即已如此。相貌因素會影響人際吸引固然是事實，但就對人際間親密關係的建立來說，這只能算是表面因素，而非決定因素。美貌女子和英俊男士，在社交場合容易相互吸引，但相識後能否建立深厚友誼甚或愛情，卻是很大的未知數 (Feingold, 1992)。原因是人際間深厚感情關係的建立，除外在容貌條件之外，內在人格特質更為重要。此點留待愛情與婚姻子題之下再行討論。

(二) 親密關係的形成

人與人之間彼此相互吸引是形成親密關係的開始。從互不相識開始到親密關係的形成，曾有社會心理學家以圖示方式提出五階段歷程的解釋 (Levinger & Snoek, 1972) (見圖 12-6)：

第一階段 (A)：彼此陌生，互不相識，甚至彼此均未注意到對方的存在。

```
        A           B           C           D           E
     互不相識     開始注意    表面接觸    建立友誼    親密關係
```

圖 12-6 親密關係的形成

(採自 Levinger & Snoek, 1972)

第二階段 (B)：單方 (或雙方) 注意到對方的存在，單方 (或雙方) 也可能知道對方是甚麼人 (如同校同學)，但尚未開始接觸交談。

第三階段 (C)：單方 (或雙方) 受對方之吸引，相與接近，構成表面接觸。在表面接觸時，做為他們彼此之間的媒介物，可能是學校的課業，可能是商業上的交易，也可能是職務上的應對。總之，即使當時單方 (或雙方) 心存情意，但在此階段的接觸，也只是極為表面的人際關係。惟此一階段在人際關係的發展上甚為重要。因為，前文所說的**第一印象**，就是在此階段形成的。如單方 (或雙方) 從對方所得第一印象不佳，可能他們之間的人際關係，即到此停止。很多人同學同事多年，彼此之間交往泛泛，就是因為他們之間的關係只停留在第三階段的緣故。一個人的日常生活中，可能與很多人維持著此種關係。

第四階段 (D)：雙方交感互動，開始了友誼關係。在此階段，雙方在心理上有一個重要的改變，即是將對方視為知己，願意與對方分享訊息 (互通消息)，意見和感情 (同甘共苦)。像此種對人開放自我的心理歷程，稱為**自我表露** (self-disclosure)。人際關係發展到彼此都能自我表露的程度時，那就到了**友誼** (friendship) 的階段。個人在日常生活中，能使他自我表露的對象並不太多。因此，同學同事雖然很多，難得其中有幾個是知己的朋友，其原因即在於此。

第五階段 (E)：朋友之間的感情，也有程度深淺之分。就朋友間自我表露的程度而言，有的朋友間做到訊息與意見的交換，而在感情上則表露得較少。這是以事業或學問為基礎的友誼關係。也有的在訊息與意見之外，更重視感情的表露，使彼此之間在感情上達到相互依賴的地步。特別是在自己生活中遇到痛苦或快樂時，立即就會渴望他的朋友在他身邊。人際間的友誼發展至此，無異是達到了"你泥中有我，我泥中有你"的地步。人際關係發展到第五階段時，如雙方係屬相同性別，就成為莫逆之交；如雙方係屬異性，而且在親密感情之外帶有性動機時，那就成為**愛情** (love) 了。

顯然，在上述人際關係五階段中，第四階段友誼的建立是最重要階段。人際間友誼關係之所以不易形成，原因是一般人在心理上都難免對交友一事帶一些主觀條件。至於人際間友誼之建立與維持究竟要靠那些條件？解答此一問題，曾有心理學家以著名的大眾心理學雜誌《今天心理學》讀者四萬人為對象，調查他們對益友條件的意見。調查結果經分析發現，以下依序排列的十一項人格特質，是多數人公認選擇益友的重要條件 (Parlee, 1979)：

1. 值得信賴 (89%)
2. 待人忠厚 (88%)
3. 熱心且富感情 (82%)
4. 樂於助人 (76%)
5. 誠懇坦率 (75%)
6. 有幽默感 (72%)
7. 肯花時間相處 (62%)
8. 個性獨立 (61%)
9. 健談 (59%)
10. 有智慧 (58%)
11. 富有社會良心 (49%)

(括號內數字為填答者百分比)

(三) 愛情與婚姻

從圖 12-6 所示人際間親密關係形成的過程看，建立友誼之後的親密關係，如發生在男女兩性之間且彼此帶有性動機者，此時的兩性關係就可視之為**愛情**，彼此相愛的結果就可能會經嫁娶之禮而成**婚姻** (marrige)。然二者之間的關係並非必然；相愛者未必結婚，結婚者未必有愛情。惟從婚姻幸福的觀念看，幸福的婚姻應該是以愛情為基礎的。基於此義，接下去討論幾個與本子題有關的概念。

1. 愛情的分類觀 對人類的愛情，自古就有不同類別的說法，比如所謂**柏拉圖式的愛情** (Platonic love) (只求精神滿足的愛情)，就是類別觀念之一。現在心理學家對愛情分類一事有不同的看法。以下介紹的愛情六種形式的看法，只是不同分類之一 (Lee, 1977)：(1) **浪漫式愛情** (romantic love)：浪漫式愛情的特徵是，將愛情理想化，強調形體美，追求肉體與心靈融合為一的境界。(2) **遊戲式愛情** (game-playing love)：遊戲式愛情的特徵是，視戀愛如遊戲；只求個人需求之滿足，對其所愛者，不願負起道義責任；因而輕易更換戀愛對象，而不知珍惜。(3) **占有式愛情** (possessive love)：占有式愛情的特徵是，對所愛之對象，付予極強烈之感情，希望對方以同樣方式回應之；對其所愛者，具有極度占有慾，對方稍有怠忽，即心存猜疑妒忌。(4) **伴侶式愛情** (companionate love)：伴侶式愛情的特徵是，在緩慢中由友情逐漸演變成愛情，故而亦稱為**友誼式愛情** (friendship love)：在友誼式愛情關係中，溫存多於熱情，信任多於嫉妒，是一種平淡而深厚的愛情。(5) **奉獻式愛情** (altruistic love)：奉獻式愛情的特徵是，信奉愛情是付出不是收取的原則，甘願為其所愛犧牲一切，不求回報。(6) **現實式愛情** (pragmatic love)：現實式愛情的特徵是，將愛情視為生活上之必須，但求彼此現實需求的滿足，並無理想的追求。俚語說"男子娶妻，吃飯穿衣；女子嫁漢，穿衣吃飯"，正為此種愛情的寫照。

2. 愛情的理論分析 前述愛情分類觀，是將愛情分為不同的類型，不同的人採取不同形式的愛情。晚近的心理學家多採另一種看法；認為愛情不宜做類別的劃分，人際間的愛情關係之所以不同者，只是構成愛情的成分在比重上有所差異而已。這是一種愛情內涵分析的看法，提出此種看法的是美國耶魯大學教授斯騰伯格 (見圖 10-8)。他在 1986 年提出**愛情三因論** (triangular theory of love) (Sternberg, 1986b；1988)。此一愛情理論的要義是，將人類的愛情視為由三種成分組合而成的整體：(1) **親密成分** (intimacy component)，指兩性之間以情感為基礎的親密關係；(2) **熱情成分** (passion component)，指兩性之間以性感吸引對方所生性動機為基礎的熱情關係；(3) **承諾成分** (commitment component)，指兩性之間以認知與理性為

圖 12-7 斯騰伯格愛情三因論圖示

(採自 Sternberg, 1986b)

基礎所建立的彼此體諒與互負責任的愛情關係。在兩性間的愛情關係中，因愛情組合成分的差異，而有不同內涵的愛情；有的偏重親密成分，有的偏重熱情成分或承諾成分。如將三種不同愛情關係做為基礎去預測兩性間愛情維持時間的久暫，斯騰伯格提出如圖 12-7 的三條曲線作為說明。

由圖 12-7 內三條曲線的走勢看，可得到如下的啟示：要想使兩人之間的愛情持久不變，單憑兩人之間的熱情是不夠的；熱情之外，兩人間彼此契合與彼此承諾，才是長期相愛的保證。此點正符合印度詩人泰戈爾的名言：結婚是青年人戀愛的結束，但卻是一生幸福的開始。

第四節　團體行為

　　心理學上所指的**團體行為** (group behavior) 一詞，其含義有二：其一是指團體內個別成員在團體影響下所表現的行為；其二是指由眾人組成之團體所表現的集體式行為。以三十個學生組成的班級為例，班上每個學生的學習行為無時無刻不受班上其他同學的影響；此即團體行為的第一含義。如學校以班級為單位舉辦教室清潔比賽，全班學生均將在同一目標下表現出團體行為；此即團體行為的第二含義。人是社會動物，在日常生活中隨時隨地都會參與有形與無形的團體；諸如家庭、學校、教會、球隊、樂隊、工會、政黨等等都是團體。因此，社會心理學家無不將團體行為視為研究的重要主題之一。惟因篇幅所限，本節內容僅就團體行為中三個最重要的子題略作討論。

一、團體對個體行為的影響

　　根據前文對團體行為一詞的解釋，本子題"團體對個體行為的影響"所探討者應屬團體行為的第一含義。研究團體對個體行為的影響時，多年來社會心理學集中在探討以下兩方面的問題。

(一) 社會助長與社會抑制

　　社會助長 (social facilitation) 是指個體工作時因受他人在場的影響而表現出較佳成績的現象。社會助長現象多半在兩種情境下產生：其一是在參與比賽時，其成績受競爭對手的影響。諸如游泳、賽車、徑賽等體育競技性活動，往往是競爭愈激烈，成績愈進步。其二是個體從事非競爭性工作時,其成績受他人在場的影響。以大學生讀書為例,週末進圖書館讀書,其成效可能遠比一個人在家獨自讀書為佳;原因是受到了圖書館中其他人在場的影響。

顯然,社會助長現象所顯示者是個人工作成績因別人在場所產生的正面影響。但事實上並非全然如此;有很多事例說明,個人工作表現因有他人在場的關係而產生了負面影響。諸如考場失常與在眾人面前講話口吃等事例,都是如此。像此種個人工作表現受他人在場不良影響的現象,稱為**社會抑制** (social inhibition)。

由社會助長與社會抑制兩種現象看,自然會產生"同樣都是他人在場何以會產生兩種不同的影響?"的問題。曾有心理學家以**驅力**促動行為的觀點提出了理論性的解釋 (Zajonc, 1965;Guerin et al., 1993)。在工作情境中有他人在場時,會因他人的刺激引起當事人生理與心理上的興奮緊張而形成驅力。因驅力的促動使個體對工作表現特別注意。在緊張而又特別注意的心理因素之下,對工作成績的表現,將因個人工作技能的熟練程度不同,而產生不同的影響。假如所從事的工作技能是熟練的 (如運動老手),就會因他人在場而形成社會助長;如所從事的工作技能是生澀的 (如技工新手),就會因他人在場而形成社會抑制 (Seta & Seta, 1992)。此種理論解釋,與本書第九章第三節提到過的**耶基斯-杜德森法則**頗為一致。

(二) 腦力激盪與社會浪費

腦力激盪 (brainstorming) 是一種根據團體影響個體原則,所採用的一種團體成員合作思維解決問題的方法。此種方法最早由廣告心理學家所採用 (Osborn, 1963)。因為廣告的設計必須出奇制勝,故而在製做上必須力求創新,陳舊了便不能引人注意,抄襲的會惹人追究。此法使用時,特別重視"激盪"的心理作用。使用腦力激盪法解決問題時,一般應遵守四項原則:(1) 確定問題後,鼓勵團體中所有成員提出意見;(2) 對成員的意見,先作記錄,不予批評;(3) 意見愈多愈好,並力求向新奇方向嘗試;(4) 綜合所有意見,再經選擇、擴充、修改而後眾議公決,選定最佳意見。腦力激盪法在理論上具集思廣益優點,惟在實驗研究上並未獲得肯定證據 (Taylor, et al., 1958)。一般的解釋是,團體中腦力激盪的效果是否較諸個人單獨作業為優,那要看工作的性質與團體中成員間的關係。如工作較難非單獨一人所能勝任與成員間彼此熟悉且合作無間時,腦力激盪法就比較有效。

所謂**社會浪費** (或**社會惰化作用**) (social loafing),是指多人合作作業的效果反而不如個人分別作業效果為佳的現象。正如"三個和尚沒有水吃"的比喻,恰是如此。曾有心理學家以大學生盡力喊叫為作業,從而比較團體作業與個人單獨作業效果的差異。結果發現團體人數愈多,團體中個人所發出的音量反而愈低 (Latané, et al., 1979；Rynes et al., 2005)。對社會浪費現象的解釋，一般認為在團體作業時，團體中的個人可能受到**旁觀者效應** (見第三節) 的影響而降低了作業效率。

二、團體決策

團體決策 (group decision) 是指團體性的事務乃是經由團體中多數成員同意後所做成的決策。團體決策是**決策**的方式之一，在理論上講，團體決策的過程是在民主方式下，讓團體中每一成員都有表示意見的權利，最後的定案則由少數尊重多數的原則來取決。心理學家們研究團體決策時，最主要的目的是想探討以下兩個問題：其一，團體決策是在什麼樣的心理過程中達成的？其二，團體決策是否一定優於個人決策？接下去即據此二問題為基礎討論團體決策中的兩種現象。

(一) 團體極化

按一般常識的看法，認為在團體中商討一個條件曖昧的問題時，團體的決策，多半避免極端，而循中庸趨於妥協。換言之，如果拿團體中個人的態度與團體決策來比較，縱使團體成員中有些人態度較為極端，而經團體討論後所做成的團體決策，也比較折衷。此種常識性看法，在心理學的研究中不但未獲支持，反而得到相反的結果；亦即謂團體決策所表達的團體意見反而帶有極端化的傾向。

上述現象的發現，起於 20 世紀 70 年代美國麻州理工學院的一項研究 (Stoner, 1961)。該項研究分兩段進行：前段是以問卷方式，調查工業界從業人員對某些後果不甚確定的問題 (如帶有風險的轉業或投資等) 的態度。後段乃是邀請受調查者出席座談會 (受調查者事前並不知情)，要他們面對面討論調查問卷上的同樣問題，並做出結論。最後比較前段個人態度與團體決策時發現：團體決策遠較個人決策為極端；個人決策比較謹慎，團體決策比較冒險。後來另有心理學家研究發現，團體極化現象並非一定偏向冒險的一端；有時也會偏向保守的一端。綜合多項研究結果所得的結論是：團體中成員的態度較為保守時，團體決策的結果將更趨保守 (Myers & Lamm, 1976；Liu & Latane, 1998)。像此種團體決策趨於兩極化的現象，稱為**團體極化** (或**群體極化**) (group polarization)。

從心理學的觀點言，個人在團體討論時之所以支持趨向於極端的決策，顯然是受了團體氣氛的影響。因此，對個人置身團體時趨於支持極端化決策的心理傾向，就稱為**團體極化效應** (group polarization effect)。為什麼會產生團體極化效應？對此一問題，心理學家們提出兩種不同的解釋：其一是採**責任分散** (見第三節) 的概念來解釋；謂在個人抉擇時，結果必須自行負責，故較少走極端，而在團體決策時，結果的成敗非屬個人責任，故較易走極端。其二是採**說服理由假說** (persuasive argument hypothesis) 的概念來解釋；謂在團體討論時，因聽到別人所持的理由勝於自己的意見，因而加重了自己態度上原本偏於謹慎或偏於冒險的極端的程度 (Burnstein, 1983)。基於以上兩種解釋，似可使人對很多團體性冒險行動 (如幫派火拼) 的背後成因有所了解。

(二) 集體思維

以上所述團體決策過程中的極化現象，無論團體決策結果偏於那一個極端，都不能真正代表經由團體討論而獲得的集思廣益效果。由此可見，欲求結合眾人智慧而做出勝於個人決策的民主理想，但在事實上卻未必盡然。然而，團體極化只是團體決策的缺點之一，團體決策的另一現象是集體思維。所謂**集體思維** (或**小集團意識**) (groupthink)，是指某項團體決策是在全體成員毫無異議的情況下通過的。本來，人世間任何問題的取決，或多或少總會有爭議，原因是：就事而言，有利弊得失；就人而言，有見仁見智。因此，團體討論後的團體決策，雖然可以獲得多數甚至全體成員的支持，但總難期求在團體討論時全體成員毫無異議。而心理學家所指的集體思維現象，則確是如此；並列舉美國政府曾有多項政策，諸如羅斯福總統任內 1941 年因未強化國防而遭受日本的珍珠港突襲，甘迺迪總統任內 1961 年祕密訂定的突襲古巴豬玀灣方案，尼克森總統任內 1972 年的水門事件，其所以造成歷史上的錯誤，無一不是因其智囊團所做的團體決策不當所致 (Janis, 1982)。

屬於國家領袖智囊團的成員，按理說應該都是足智多謀的人物，何以會在重大決策時居然毫無異議而導致錯誤？按照心理學家的解釋，像總統智囊團之類的團體，其成員的組合都不是自然的，多半是因受當政者信任而聘請或指定的。因此，在性質上它是一個先有共識而後組合的團體。此類團體有三個共同的特徵：(1) 在性質上此類團體稱**內團體** (ingroup)，團體內的成員均有強烈的隸屬感，而且成員之間關係密切，具有很強的**團體凝聚力** (group cohesion)。屬於內團體的成員將不屬於他們團體的人，一律視為**外團體** (outgroup) (指團體以外的個人或團體)；外團體內只要有人對內團體的決策表示異議，就將被視做偏見。因此，此類內團體雖然有權力影響決策，但決策的形成過程，未必真正表現集思廣益的精神。又因其參與的決策多半屬於"黑箱作業"，故而在社會上相當孤立。(2) 此類團體的領袖，多半由當權者自行兼任，如此自然就形成團體成員中有主屬之分的不平等關係。在此等團體討論氣氛下，持異議者顯得對團體不夠尊重，阿諛奉承者則被視為忠誠。所謂假民主之名而行獨裁之實者正是如此。(3) 由於此類團體的成員，對團體決策的過程只對當政者負責，對社會大眾則不接受公眾輿論的批評，因此他們對問題思考時，但求應付上級的單向壓力，不考慮因減少社會壓力而尋求大眾支持的其他途徑 (Vaughn, 1996)。

其實，上述集體思維現象，不僅會發生在執政當局的決策過程之中，凡是具有權力的公私機構團體，此種假民主真獨裁的做法，都可能會發生。如何防止團體決策時集體思維的缺點，心理學家提出以下五點建議 (Janis, 1982)：

1. 身為團體領袖者，應鼓勵團體成員從不同觀點討論問題；即使所得結論不合己意，亦須懷有雅量並採納之。

2. 身為團體領袖者，自始即以公平態度引導成員自由表達意見；為領袖者個人的意見只能在全體成員充分表達意見之後，再予綜合說明。如此始可避免授意性的引導作用。

3. 團體討論宜分兩段進行；前段舉行分組討論，後段再舉行包括全體成員的綜合討論。如此可使成員有較多的發言機會，且分組討論後提出的意見，是共同意見，共同意見不帶個人色彩，可使發言者較少顧忌。

4. 除本團體成員外，不妨邀請團體外的專家學者參與討論，藉以聽取局外人的客觀批評與建議。

5. 每次團體討論時，可由成員們輪流擔任主席，或在事先推舉一人負責，對於已做成的團體決策，也容許成員再提出批評，做最後修正。

顯然，以上建議能否被接受，那要看團體中領袖人物是否具有足夠的民主素養而定。有關領袖與領導的問題，接下去將進一步討論。

三、領袖與領導

在同一團體中，成員們相互影響的程度不盡相等，有的只能影響其中的少數人，有的能影響其中多數人甚至全體。團體中能影響他人者，也都是在行動上能支配他人甚至控制他人的人。這種在團體中最能影響他人、支配他人以至控制他人的人，就被稱為**領袖** (leader)。因此，領袖必然出自團體，無團體即無領袖。團體中領袖對團體成員在行為上所產生的影響及支配控制過程，即稱為**領導** (leadership)。以下將從有關領袖一詞的相關概念，進而討論領袖人物的產生以及如何發揮領導效能等問題。

(一) 領袖的功能與類別

領袖所擔任的角色是領導別人，在他領導別人時表現的行為，稱為**領導行為** (leadership behavior)。一位領袖的領導行為，可能因團體性質與需要的不同而有差異；一個球隊的教練與一個大學的校長，其領導行為將各異其趣。因此，在評鑑一般領袖行為時，不能以某種團體的領袖行為做標準，只能以概括性領袖功能為原則。所謂**領袖功能** (function of leader)，是指身為領袖者，領導團體成員時在其角色上應該發揮的基本功能。根據心理學家研究發現，任何團體的領袖，在領導行為上總離不開以下兩類基本功能 (Cartwright

& Zander, 1968)：其一，領導成員達成團體目標；在這方面包括提出工作方案，分配成員任務，發佈行動號令，執行進度考核，研議改進事項，以及監督並避免不必要的行動等。其二，維繫團體中成員間的和諧關係；在這方面包括了解成員意願，滿足成員需求，鼓勵團體士氣，調解人際糾紛以及掌理獎懲事務等。顯然，由團體領袖應具備的兩項角色功能看，前者表現在做事，後者表現在御人。

按前文所述，團體中對成員們影響最大的人，就是該團體的領袖。這只是一種概括性的說法，至於領袖人物究竟如何"影響"其團體成員，並未加說明。領袖對其團體成員的影響，因領袖的類別不同而有異。一般言之，領袖之類別由以下標準來劃分 (Bales, 1970；Burke, 1971)：

1. 按領袖人物領導的取向分類，有**業務取向領袖** (task-oriented leader) 與**社會取向領袖** (social-oriented leader) 之分；前者是憑業務專長去領導團體與影響成員，後者則是憑良好的社會人際關係去領導並影響團體成員。

2. 按領袖人物對團體成員影響程度來劃分時，有**名義領袖** (nominal leader) 與**實際領袖** (actual leader) 之分；前者徒具名義，對團體成員並不發生影響力，後者不一定有名位及職分，但實際上卻對成員們深具影響力。

3. 按領袖人物對團體成員的領導方式分類，有**民主式領袖** (democratic leader)、**獨裁式領袖** (authoritarian leader) 與**官僚式領袖** (bureaucratic leader) 之分。民主式領袖以團體成員之一的身分領導大家執行團體的決策；獨裁式領袖對一切事務獨裁獨斷，而後強制團體成員執行；官僚式領袖只按其職權所在照章行事，不重視成員間的人際關係。

當然，以上三種分類，均係對領袖人物做成極端性的描述，未必符合社會生活中的事實。以第一種分類為例，一個醫院的院長固然是業務取向領袖，但在他扮演領袖角色時，從領導方式看，可能也是社會領袖和民主式領袖。

在心理學上所研究的領袖與領導問題，最主要的是以第一種分類下兩種領袖的行為為範圍。

(二) 領袖的產生

一個團體中的領袖是如何產生的？一個國家的領袖是如何產生的？回答此類問題之前，我們必須先把任命的領袖除外。心理學家研究領袖與領導問題時，目的在探討團體中影響最大而成為眾所擁戴的領袖人物，其所以產生究竟是什麼原因？

對上述問題，歷來解釋不同；惟大致不出三種理論。第一種理論叫做**偉人論** (great-man theory)；謂領袖人物是由其本身所具有的傑出條件所造成的。這是一種"英雄造時勢"的看法，認為有的人天生異稟，自幼即具有領導群倫的氣質，有了他的出現，就使局勢改觀；有了華盛頓，才會有美國的獨立；有了孫中山才會有中國的民主革命。此種天生聖哲的看法，到了"人人都能做皇帝"的民主時代，已失去了意義。第二種理論叫做**時代論** (times theory)；謂領袖人物乃是因時勢需要，應運而生的。這是一種"時勢造英雄"的看法，是謂一個團體的變動，或因內部的需要，或因外來的威脅，其變動達到某種程度時，自然就會有人出來領導大家應付變動。此種說法，相當重視領袖產生的社會情境，雖不再帶有偉人論的缺點，但也並不能指出在什麼情境下出現什麼樣的領袖。第三種理論叫做**交互作用論** (transactional theory)；謂領袖人物之產生，乃是由於個人條件與團體需要兩者相互配合的結果。此種說法雖兼顧領袖產生的客觀與主觀兩方面條件，但仍然不足據以說明領袖產生的心理歷程。因此，現代心理學家討論領袖與領導問題時，已不再刻意去建立統攝性的領袖產生理論，而改變取向去探討在何種情況下最容易發揮領導效能。接下去我們要介紹的領導權變論，就是在此種研究取向中發展出來的一種新理論。

(三) 菲德勒的領導權變論

晚近心理學家們對領袖與領導的研究，已不像從前那樣只就領袖人物本人的條件或兼顧團體需要去建立統攝性的理論，而是改變方向，就何種工作情境適合何種人領導的觀點，去探討領導績效的問題。

因此，在理論建構上不再是建立領袖的理論，而是建立領導績效的理論。本文所要介紹的，就是這方面最具代表性的美國社會心理學家菲德勒 (Fiedler, 1978；1981) 的**領導權變論** (contingency theory of leadership)，簡稱**權變論** (contingency theory)。

菲德勒的權變論乃是基於一種假設：一位團體領袖能否領導團體成員表現出績效，將決定於領袖本身特質與團體作業過程中領袖對情境掌控的程度兩個因素。在領袖本身特質方面，菲德勒認為領袖本人自認獲得團體成員支持度的高低是最重要的。為領袖者如認為自己獲得團體成員支持度較低，他就會偏於向業務績效方面去領導，成為業務取向的領袖。如果領袖本人自認獲得團體成員的支持度較高，他就會偏於向群體和諧方面去領導，成為社會取向的領袖。兩者相較，具有那種特質的領袖較能發揮領導績效？

根據菲德勒的理論，除領袖自認受團體成員支持度的高低影響其領導方式外，尚有三個因素對領導績效具有影響作用：(1) 領袖與成員間的人際關係 (疏遠或親近)；(2) 團體業務的結構性 (目標與角色分工的明確性)；(3) 領袖職權的大小 (支配團體成員的權力)。如將此三因素合併考慮，即可推知領袖對業務情境的掌控程度，可以由最低 (人際關係疏遠、業務缺乏結構性、領袖權力小) 一直延伸到最高 (人際關係良好、業務結構明確、領袖權力大)。圖 12-8 中的橫軸，即表示領袖掌

圖 12-8　菲德勒領導權變論
(採自 Fiedler, 1981)

控程度由低到高的連續向度。

基於以上分析，再回到原來的問題：業務取向領袖與社會取向領袖兩者相較，何者較能發揮領導績效？按圖 12-8 所示，黑紅兩條曲線分別代表在業務與社會兩種取向領袖領導下所產生的業務績效。黑線代表的意義是：為團體領導者如對業務情境全部掌控或不能掌控時，採業務取向的領導較能發揮業務績效。反之，紅線為團體領導者對業務情境只能做到中度掌控時，採社會取向的領導較能發揮業務績效。準此而論，社會取向領袖因與團體成員間建立了良好關係，在領導時只須適度掌控即可發揮業務績效的現象，是可以理解的。在低度掌控的業務情境下，業務取向領袖之所以會發揮較優的績效，理由是低度掌控情境下團體成員心理上缺乏工作導向，因業務取向領袖具有業務專長，可以輔導或協助團體成員解決工作上的問題，從而提高了每個成員的成績。

由於菲德勒的領導權變論兼顧領袖本身特質與情境因素，在理論上正符合前文所說的**交互作用論**的時代**趨勢**。因此，該項理論一直受到管理心理學界的重視。

本章摘要

1. **人知覺**是個體根據社會情境中其他人所具特徵為訊息，予以認識、記憶、分類、儲存、檢索、推理、判斷等處理的複雜心理歷程。
2. 影響**印象形成**的因素很多，其中最基本的是**初始效應**與**社會基模**。
3. 根據海德**歸因論**，個體對他人行為作解釋時，傾向於兩方面的歸因：一是**外在歸因**，一是**內在歸因**；前者又稱**情境歸因**，後者又稱**性格歸因**。
4. 對行為解釋時，如對他人行為解釋時偏重採性格歸因，而對自己行為解釋時，則偏重採情境歸因；兩者造成的誤差，稱為**基本歸因誤差**。
5. 凱利**共變歸因論**的要義是，在觀察他人在某種社會情境中的某種行為時，不僅考慮影響其行為的外在因素與內在因素，而且也需同時考慮其行為表現時的三種特徵：(1) 共同性；(2) 一致性；(3) 特殊性。
6. **態度**是個體在面對社會事件時，以其對該事件的認知與情感為心理基礎所表現的一種相當持久且一致的行為傾向。因此，個體的態度內，一般包括三種成分：(1) **認知成分**；(2) **情感成分**；(3) **行為成分**。
7. 個體對社會事件所表現的態度，如對該事件認知不足，而只憑其情感與行為成分支配時，就難免對事件形成**刻板印象**、**偏見**或**歧視**。
8. 在社會心理學上，解釋態度改變的諸多理論中，最重要的理論是美國心理學家費斯廷格的**認知失調論**。
9. **社會互動**是指在兩人 (或兩人以上) 的社會情境中，雙方在行為上或心理上彼此相互影響而改變的歷程。
10. **從眾**是指在社會情境中，因受他人意見、行動或團體規範、團體壓力的影響，而使個人在行為表現或思想方式上與別人或團體趨於一致的傾向。
11. **依從**是指在社會情境中，因受別人要求，請託或建議，而終於接受對方意見的一種心理現象。
12. 危急現場中，在場人數愈多時，見義勇為的**助人行為**出現的可能性反而愈少，此種現象稱為**旁觀者效應**。
13. 影響人際吸引的因素有四：(1) **接近**；(2) **相似**；(3) **熟悉**；(4) **相貌**。
14. 斯騰伯格的**愛情三因論**，將人際間的愛情視為**熱情成分**、**親密成分**、**承諾**

成分三者所組成。根據斯騰伯格愛情三因論的看法，兩性關係中只有熱情、親密與承諾三者兼具者，始能稱爲完美之愛。

15. 社會心理學家菲德勒氏倡議**領導權變論**，謂領袖的領導效果，並非單純決定於領袖個人的人格特質與領導方式；除領袖個人條件之外，領導之成敗將決定於人際關係、業務結構、在職權力等多種因素的組合關係。

建議參考資料

1. 時蓉華 (1996)：社會心理學。台北市：東華書局 (繁體字版)。杭州市：浙江教育出版社 (簡體字版)。
2. 詹益宏、鄭泰安 (1986)：性與婚姻生活。台北市：水牛出版社。
3. 路海東 (2002)：社會心理學。杭州市：浙江大學出版社。
4. 謝瀛華 (1987)：兩性新話題。台北市：儂儂出版社。
5. Baron, R. A., Byrne, D. R., & Branscombe, N. R. (2008). *Social psychology* (12th ed.). Boston: Allyn & Bacon.
6. Bohner, G., & Wänke, M. (2002). *Attitude and attitude change.* London : Psychology Press.
7. Firestone, R. W., & Firestone, L. A. (2008). *Sex and love intimate relationships.* Washington, D.C.: American Psychological Association.
8. Fossterling, F. (2001). *Attribution : Research and application.* London : Psychology Press.
9. Pogrebin, L. C. (1988). *Among friends: Who we like, why we like them, and what we do with them.* New York: McGraw-Hill.
10. Smith, P. B. (2006). *Understanding social psychology across culture.* CA: Sage publication.

第十三章

心理異常及其成因

本章內容細目

第一節　心理異常的意義與類別
一、心理異常與心理正常的分野　455
　(一) 心理異常者的特徵
　(二) 心理正常者的特徵
二、心理異常的類別　456

第二節　情緒異常
一、焦慮症　458
　(一) 泛焦慮症與恐慌症
　(二) 恐懼症
　(三) 強迫症
　(四) 焦慮症的心理成因
二、體表症　462
　(一) 體化症
　(二) 慮病症
　(三) 轉化症
　(四) 體表症的心理成因
三、解離症　464
　(一) 心因性失憶症與迷遊狀態
　(二) 多重人格
　(三) 解離症的心理成因
四、情感症　465
　(一) 憂鬱症

　(二) 自　殺
　(三) 兩極性異常
　(四) 情感症的心理成因

第三節　社會異常
一、性心理異常　471
　(一) 性別認同障礙與變性症
　(二) 性變態
　(三) 性心理異常的心理成因
二、人格異常　476
　(一) 反社會型人格異常
　(二) 反社會人格的心理成因

補充討論 13-1：人格異常有多種類型

第四節　精神異常
一、精神分裂症的一般症狀　480
二、精神分裂症的心理成因　482
　(一) 精神分裂症的遺傳因素
　(二) 精神分裂症的不同理論解釋

本章摘要
建議參考資料

本書第十章與第十一章所討論的是人類在智力與人格上的個別差異，此等個別差異是常態現象，智力差異表現在個人之間能力的高低，而人格差異則表現在個人之間個性的不同。本章與下一章所討論者將是個人在心理與行為適應上的差異；有人適應良好，生活快樂；有人適應困難，生活痛苦。因適應困難而生活痛苦者，即屬於心理異常問題。心理異常問題的研究分兩個層次：第一個層次的研究稱為精神病理學 (psychopathology)，即心理異常現象及其成因的研究；第二個層次的研究稱為心理治療 (psychotherapy)，即在免用藥物的原則下幫助患者解決心理上的問題。本章內容即精神病理學的簡要介紹，下一章再介紹心理治療。

與一般醫學上病理學研究生理異常的現象與成因相比，精神病理學研究心理異常的現象時有較多的困難。原因是心理病理學研究者很難根據心理異常表象直接判斷表象背後的真相。惟其如此，讀者將會發現，對每一心理異常現象都會有多種截然不同的理論解釋。這是心理學與一般醫學不同之處，也是心理學研究的困難之處。

現代精神病理學上按心理異常現象的分類，名目至為繁多。本書採簡要取向，將之分為情緒異常、社會異常、精神異常三大類。在三大類中再分為數小類；除分別說明各類心理異常現象之外，並分別從不同理論的觀點說明心理異常的成因。希望讀者在研讀本章之後能對以下概念有所認識：

1. 心理異常者的心理特徵。
2. 心理正常者的心理特徵。
3. 屬於情緒異常者的主要症狀與各種理論對其成因的不同解釋。
4. 屬於社會異常者的主要症狀與各種理論對其成因的不同解釋。
5. 屬於精神異常者的主要症狀與各種理論對其成因的不同解釋。
6. 從心理異常現象及其成因的分析，可以理解到心理異常的問題遠比生理異常者為複雜。
7. 從本章內容的探討希望讀者能領悟到如何調適日常生活，從而避免陷入心理異常以維護個人的心理健康。

第一節　心理異常的意義與類別

　　心理異常與心理正常二者是相對的概念，此相對概念與身體疾病與身體健康的相對概念類似。惟平常說身體疾病時，一般都以客觀的醫學檢驗為根據；但醫學檢驗的標準不能作為判斷心理是否異常之用。因此，在進行討論心理異常問題之前，容先說明在心理學上心理異常的意義。

一、心理異常與心理正常的分野

　　心理異常與心理正常是兩個相對的概念，但兩者間並無明確界限。心理異常與心理正常的分野，端在處於同一社會文化環境下，個體行為是否符合眾所期待的行為常規而定；大致符合行為常規者被視為心理正常，過分偏離行為常規者則被視為心理異常。參加親友喪禮者面帶戚容，被認為是正常行為，如此時有人喜形於色，就會被視為心理異常。基於此義，一般心理學家多採如下的標準，用以區別心理異常與心理正常。

(一) 心理異常者的特徵

　　心理異常一詞，在精神病學上有很複雜的解釋，對一般非專業人士來說，不容易了解。惟其如此，本書採取生活適應的觀點，對本詞做如下的解釋：**心理異常** (或**精神障礙**) (mental disorder) 是指個人因思想行為長期異於常人，致使其生活適應困難，並感到精神痛苦的複雜現象 (Kaplan & Stein, 1984; Worchel & Shebilske, 1995)。此一定義中含有三點概念尚須稍加說明：

　　1. 行為與思想異於常人　單憑行為或思想異於常人這一點，不能視為心理異常的唯一根據；因為天才與低能者的行為與思想一般都是異於常人的。惟從變態心理學的觀點言，凡是心理異常者，其行為與思想均與常人迥異。所謂**變態行為** (abnormal behavior)，所指的就是行為與思想均異於常人。心理異常者行為異於常人的主要特徵是行為表現怪異 (如語無倫次) 和情緒表現無常 (如喜怒哀樂表情與現實脫節)。心理異常者思想異於常人的主要特徵是思維不合邏輯 (如把別人善意視為敵意)。

　　2. 生活適應困難　生活適應困難主要顯現在人際關係與工作態度兩方面。在人際關係方面，心理異常者非但不喜歡別人，不相信別人，甚且也不喜歡自己；最後總是造成將自己陷入退縮、恐懼、羞愧的孤獨生活之中。在工作態度方面，心理異常者對工作無興趣，無法從工作活動中獲得樂趣和成就感，也不能從工作表現中展現自己的人生價值。

3. 精神感到痛苦 精神痛苦是心理異常者的共同特徵，惟當事人所感覺到的痛苦，純粹是主觀的；從客觀立場看，他未必有痛苦的必要。換言之，他們是自尋苦惱。心理異常者的精神痛苦多表現在兩方面：其一是無病呻吟式痛苦，無病自認有病，最後可能假病成真。其二是不滿現狀的痛苦，不滿意自己職業，不滿意自己家庭，不滿意自己容貌等。不滿現狀又不努力改變現狀，結果是惡性循環，因痛苦而帶來更多痛苦。

(二) 心理正常者的特徵

所謂**正常** (normality)，是指未呈現心理異常現象而心理健康的人。心理健康的人在心理上具有以下六點特徵 (Atkinson, et al., 2002)：

1. 了解自己並肯定自己 了解自己不易，肯定自己更難；然善於生活適應者，必須二者兼備。二者兼備者才不致因低估自己而喪失機會，也不致因高估自己而陷於困境。

2. 掌握自己思想與行為 個人的思想言行不為感情衝動所支配；凡事在自主意識下少做幻想，不做妄想，以合理的思維方式引導自己的行動。

3. 自我價值感與自尊心 對事盡力，對人盡心，在不矯揉造作的自然表現中，體會自我價值感。不過分掩飾自己，不刻意取悅別人，以無愧坦蕩之心保持適度的自尊。

4. 能與人建立親密關係 在親屬友朋的關係中，至少有幾個感情十分親密的人。與感情親密者相處時，既能敞開心懷接納別人的感情，也能無條件地付出自己的感情。

5. 獨立謀生意願與能力 成年人須樂於工作以維持家計，未成年人須有獨立謀生心願，並肯為實現心願而努力。有獨立生活能力者，才能安排生活，也才能享受生活與創造生活。

6. 理想追求不脫離現實 以現實自我的條件為基礎去追求理想。理想的路上遭遇現實的障礙時，能面對現實，不曲解現實，不逃避現實；排除現實的障礙，理想才會實現。

二、心理異常的類別

心理異常一詞只是一個籠統的概念，此一概念所涵蓋者，事實上是數以百計的各種心理異常現象。為求心理醫師在診斷上便於共識起見，**美國精神病學會** (American Psychiatric Association，簡稱 APA)，在1952年出版的《**心理異常診斷統計手冊**》

(Diagnostic and Statistical Manual of Mental Disorders，簡稱 DSM)，是為最早也最有系統的心理異常分類專書。在 1952 年初版手冊中，將心理異常分為 108 種，此後在 1968，1987、1994、2000 年分別做了數次修訂。現行的手冊即 2000 年的第四版 (簡稱 DSM-IV-TR)，其中將心理異常分為 17 類 200 餘種；主要提供精神病科專業人員之用。因該手冊將心理異常分類太細，專用名詞太多，對一般讀者而言不易理解。在有限篇幅之內為使讀者對心理異常現象獲得清楚概念起見，本章採取美國心理學家布岑等人在其所著《變態心理學新論》一書中，建議將診斷統計手冊中所列之心理異常現象歸納為三大類七小類的看法，接下來將分別在第二、三、四各節中簡明扼要地討論心理異常的現象及其形成的原因 (Bootzin, et al., 1996)。

布岑等人對心理異常所做的簡化分類是，將心理異常診斷統計手冊中所列的數百種心理異常，按其性質分為三大類；每一大類中再分為三至四小類不等：第一大類稱為情緒異常，此一大類內包括的四小類分別是：(1) 焦慮症，(2) 體表症，(3) 解離症，(4) 情感症。第二大類稱為社會異常，此一大類內包括的三小類分別是：(1) 性心理異常；(2) 人格異常；(3) 精神藥物濫用。第三大類稱為精神異常，此一大類也就是所謂的精神分裂症。接下去即先從第一大類起，分別討論各小類心理異常的主要症狀及其成因。

第二節　情緒異常

任何人在日常生活中都會體驗到，隨時隨地因面臨不同事件的順心與否而有喜怒哀樂等不同情緒。惟此種因生活中暫時性事件變化而引起的情緒起伏情形，並不視為情緒異常，而視為正常現象。本節所要討論的各類情緒異常，雖然在當事人而言確實有情緒反應，但引起情緒反應的原因卻未必有具體事件。以恐懼情緒為例，在火災地震時表現恐懼情緒反應是正常現象，但如對某種無害食物或某種平常顏色表現恐懼情緒時，那就是**情緒異常** (emotional disorder)。在情緒異常這一大類之下，主要包括以下四小類情緒異常現象。

一、焦慮症

焦慮症 (anxiety disorder) 是因過分焦慮而引起的一類情緒異常現象。所謂**焦慮** (anxiety)，是指由緊張、不安、憂慮、恐懼等感受交織而成的複雜情緒狀態。在日常生活中，任何人都曾體驗過此種情緒狀態；有人在考試前夜不成眠，有人為債務纏身食不下嚥，其所以然者，焦慮是主要原因。日常生活中暫時性的焦慮並非心理異常。焦慮之成病態，主要是因該焦慮並非由具體情境引發，而只是心理作用使然。屬於焦慮症一類的情緒異常又可分為以下三種：

(一) 泛焦慮症與恐慌症

所謂**泛焦慮症** (generalized anxiety disorder)，是指任何時間、任何事情都會引起個人焦慮反應。泛焦慮症患者，對生活中細微末節的小事特別敏感，總覺得不幸的事故隨時都會發生。對過去的舊事，翻來覆去地回憶，但回憶中只注意自己失敗的經驗；因此愈回憶就愈發痛苦。對未來的事，一直擔心，猶豫不決，一旦作了決定，焦慮的心理將更形加重；因為決定了就得負責執行，執行的後果無法保證。因為泛焦慮症患者所焦慮的事物並不固定，故而泛焦慮症也稱為**游離性焦慮** (free-floating anxiety)。

泛焦慮症患者的一般症狀是，情緒緊張、心情紊亂、注意力不能集中、身心疲倦、頭昏目眩、心悸、失眠等等。泛焦慮症患者過的是一種無事不憂與無時不愁的生活。有時患者會突然無緣無故地大為驚慌，好像覺得大禍即將臨頭，他的焦慮狀態也將突然加重；恐懼不安之外，伴以心跳加速、呼吸迫促、四肢顫抖、頭暈、噁心、盜汗等症狀。泛焦慮症中出現了此種突發現象，即稱為**恐慌症** (panic disorder) (Pruzinsky & Borkovec, 1991)。

(二) 恐懼症

所謂**恐懼症** (或**恐怖症**) (phobia)，是指對某種不具任何傷害性事物的不合理的恐懼反應。即使當事人明知不會受到傷害，但仍然無法控制自己的恐懼情緒。恐懼症之所以被視為焦慮症之一，原因是當事人每次遇到引起 (不合理的) 恐懼情境時，就會產生焦慮反應。因此，恐懼症患者所表現的焦慮，乃是由特定的對象 (或情境) 所引起 (註 13-1)。當事人對不該恐懼的事物產生恐懼反應，自然就難免在日常生活上形成困擾。對不該恐懼之事物過分恐懼者，才被視為心理異常。例

註 13-1：phobia 與 fear 不同，後者表現對可怕事物的恐懼 (如怕蛇)，不是病態反應；前者表示對不該怕的事物恐懼 (如怕水)，是病態反應。phobia 為希臘文，原為希臘神話中職司恐懼之神 Phobos 之名。在精神醫學上，屬於恐懼症者，均附以 phobia 字樣。除本文指出的數種恐懼症外，諸如**懼高症** (acrophobia)、**懼血症** (hematophobia)、**懼學校症** (或**學校恐怖症**) (school phobia)、**懼書症** (bibliophobia) 等均屬之。

如，居住在大都市的人，乘電梯上高樓一事，已成為大眾生活中的平常活動，但如患**懼幽閉症** (claustrophobia) 與患**懼擁擠症** (demophobia) 的人，就不敢搭乘電梯。如果勉強他們搭乘電梯，他們就會有心跳、氣促、頭暈等極不舒服。試想，如果此種人每天必須在第三十層樓層上班，捨電梯而不得不爬樓梯上樓的情形，其生活之困擾可想而知。

恐懼症有數十種之多，懼山、懼水、懼風、懼火、懼食物、懼醫生、懼市場、懼動物等等，無奇不有。一般言之，恐懼症較多表現在三方面：(1) **單一型恐懼症** (或**單純恐怖症**) (simple phobia)，只對某特殊事物或情境產生不合理的恐懼反應，除此之外，一切正常；(2) **社交恐懼症** (social phobia)，不敢當眾人面前講話，不敢與人接近，因而逃避參與社交活動；(3) **懼空曠症** (agoraphobia)，對空曠的地方 (如郊外) 與人少的地方 (如曠野) 產生不合理的恐懼感，因而盡量逃避，更不敢參與旅遊之類的活動 (Boyd et al., 1990)。

(三) 強迫症

所謂**強迫症** (obsessive-compulsive disorder)，是指患者的行為不受自由意志所支配的異常現象。即使其行為違反自己的意志，但仍然一再重復出現該種行為。按 obsessive-compulsive disorder 一詞，實際上含有兩種意義：前一字的含義是**強迫思想** (obsessive thought) 或**強迫觀念** (obsessive idea)；後一字的含義是**強迫行為** (compulsive behavior)。強迫思想與強迫行為二者，有時會單獨出現，只有強迫思想，或只有強迫行為；有時會兩者同時間產生，既有強迫思想，又有強迫行為。強迫症所指者，包括上述兩種情形。

在日常生活中，誰都免不了會有強迫思想的傾向。如職業婦女到了辦公室之後，忽然想到離家時可能忘了鎖門；此念頭一起，就一直揮之不去，最後可能只得回家檢查才會放心。這就是由強迫思想演變成強迫行為。如此種情形屢屢發生，即可能演變成強迫症。有的人習慣上過分注意清潔，洗手的動作表現太過頻繁；無緣無故就去洗一次手，如強行忍耐，心理上就會侷促不安。像此種情形，就是強迫行為。強迫思想或強迫行為嚴重到對自己生活產生困擾的地步，才被視為**強迫症** (George, et al., 1993)。

最嚴重的強迫症是為縱火狂，**縱火狂** (pyromania) 是指個體在心理上有一種不能自我克制的縱火欲望。惟變態心理學所指的縱火狂，有兩個心理特徵：(1) 縱火純屬強迫性的潛意識衝動，不含有預謀或明確動機；(2) 縱火狂之所以縱火，並非為有目的之攻擊或破壞，而純粹是對燃燒時的熊熊烈火感到興奮與滿足。

強迫症之所以被列為**焦慮症**之一，原因是患者對自己不能控制的思想或行為感到恐懼，因此而產生了類似焦慮症的身心反應。強迫症與焦慮症二者的差別，只是引起焦慮的原因不同；焦慮症多係由外在原因引起，而引起強迫症的原因，則是當事人自己的思想或行為。當事人之所以對自己思想或行為產生恐懼感，原因是強迫思想有時是極為可怕的。在一般強迫思想中，攻擊性(殺人或自殺)或性侵犯(強暴婦女)的思想占大多數。此類強迫思想一旦表現於行動，勢必造成嚴重的後果。此症患者初為人母時，有可能在思想上出現一種殺死她親生嬰兒的無知衝動。固然，像此種強迫思想變為行為的可能性不大，但只要此種思想持續存在，就會使當事人因恐懼自己的思想而心生焦慮。

(四) 焦慮症的心理成因

屬於焦慮症一類的情緒異常雖包括多種不同類型的心理異常現象，但有一共同之點是，各種情緒異常均非由生活環境中具體事件引起的情緒反應；而只是當事人知覺上的一種扭曲性反應。焦慮症是怎樣形成的？各派心理學理論有不同的解釋。

1. 精神分析的解釋 按弗洛伊德的精神分析理論，焦慮症中的恐懼症與恐慌症的成因，可能與個體人格結構中**本我、自我、超我**三者間的衝突未能化解有關。如在某種情境下本我的原始性衝動的需求浮出意識層面尋求滿足時(如遇有性或攻擊的對象)，受到意識中超我的拒絕，可能不自覺地就會產生焦慮。不過，精神分析論者不把引起當事人焦慮的現實情境視為真正的原因，而是將之視為代替性的一種象徵作用。例如，有一男性大學生對男生廁所與浴室產生不合理的恐懼；在宿舍裡不敢進男生廁所，不敢用男生浴室；因女生的衛生設備又不准男生使用，所以就產生了嚴重的焦慮症。按弗洛伊德的解釋，該男生所恐懼者，並非男生廁所或浴室，廁所或浴室都是代替性的情境；該生真正恐懼的，可能是他隱藏在潛意識中的同性戀衝動。因為男生廁所或浴室都是與男性相關連的情境。不過，像該男生所患的焦慮症，他本人未必了解恐懼男生廁所或浴室的真正原因。

對強迫症的解釋，精神分析論者認為那是一種**防衛機制**；藉由一種象徵性的重復思想，或藉一種象徵性的重復行為，從而避免潛意識內衝動浮出時遭到超我壓抑所產生的痛苦。準此推論，年輕母親在一夜之間可能起床十次八次去看視她的嬰兒(強迫行為)，原因是藉由此重復性活動，以防衛她潛意識中想殺死嬰兒(強迫思想)衝動的發生。

2. 行為主義的解釋 根據行為主義心理學家們的解釋，焦慮症乃是經由學習歷程所形成的不適當的習慣反應。按行為主義對學習原理的解釋，認為個體的任何習慣，無論是好是壞，其學得過程不出三種方式：(1) **經典條件作用**；(2) **操作條件作用**；(3) **觀察學習** (見第五章)。行為主義的心理學家，即以此三種學習方式來解釋焦慮症的形成。先就恐懼症來看，行為主義的心理學家認為，恐懼症是經由經典條件作用學習歷程形成的。例如，一個五歲兒童對紅色的花表現恐懼反應，紅色的花原非具有傷害性的刺激，紅色花之所以引起該兒童恐懼的原因，可能是紅色花曾與另外一個具有傷害性刺激同時出現，使得兒童受到傷害，結果使紅色花產生了條件作用。按經典條件作用原理，該兒童對紅色花恐懼反應的學習過程可能是：(1) 紅色花出現，兒童趨近，並無恐懼反應；在性質上，紅色花是**條件刺激**；(2) 當兒童伸手觸摸紅色花時，突然被花上的蜜蜂螫刺，兒童受到驚恐；在性質上，蜜蜂的螫刺是**無條件刺激**；(3) 條件刺激與無條件刺激同時出現，因而形成了**條件反應**；(4) 以後紅色花單獨出現時，由於刺激替代作用，就會引起兒童的恐懼反應。準此推論，凡是對不具傷害性刺激表現不合理的恐懼反應者，諸如對某特定食物恐懼、對黑暗恐懼、對學校恐懼等，都是經由經典條件作用的歷程學得的。

再就強迫症來看，行為主義心理學家們認為，強迫行為乃是經由操作條件作用學習歷程養成的不良習慣。操作條件作用原理中有三個要項：(1) 個體在某情境中先出現一個自發性活動；(2) 此一自發性活動中帶來的後果，能使個體獲得需求上的滿足，滿足之後，會對個體的該一自發性活動產生**後效強化作用**；(3) 以後遇有類似情境時，個體將傾向於重複出現該一活動。準此推論，如強迫行為中的強迫洗手動作，即可採用操作條件作用來解釋。在開始之初，個體可能先在情緒上已產生焦慮，焦慮形成一種驅力，促使個體有所活動，藉以減低焦慮的痛苦。洗手的動作可能是個體嘗試減低焦慮的活動之一。惟洗手時流水給予當事人的感覺，可能產生了減低焦慮的後效強化作用，因而養成了以後每覺焦慮即洗手的習慣。

此外，按觀察學習原理，兒童看到成人對某些情境恐懼時，即使有的是不合情理的，但他也會學習到對該情境表現出恐懼反應。

3. 認知心理學的解釋 按認知心理學家們的解釋，個體之所以對某事過份焦慮，乃是由於他對某事的認知與判斷不適當所致；即使大家認為沒有危險不必憂慮的事，他也認為將來可能會發生危險。泛焦慮症患者認為，無時無地都有發生災禍的可能；出門怕車禍，在家怕盜賊，孩子上學怕被綁架，氣候變化怕生病，因而天天提心吊膽，隨時隨地處於警戒狀態中。

從認知心理學中**訊息處理論**的觀點看，在日常生活中，有很多使人憂慮甚至使人恐懼的訊息，隨時隨地接觸到人們的感官 (如大眾媒體報導的殺人放火等社會新聞)。對多數正常人來說，此類訊息只做短暫處理，看過或聽過之後，不再放在心上去繼續思考。因為，如對此類問題愈進一步思考，就會愈發使人憂慮。強迫思想的患者，就往往把不必由自己負責的問題，當做自己心理上的負擔。結果是愈想愈恐懼，恐懼之後又擺脫不掉重復思想的習慣，繼而又因強迫思想習慣的存在感到焦慮，最後採取某種行為活動 (如飲酒)，藉以減低焦慮的痛苦，於是就可能形成強迫行為。

4. 人本心理學的解釋 根據人本心理學家們的解釋，焦慮症主要是因為個人的自我概念之間產生了落差。如果一個人的**真實自我**和**理想自我**之間有段很大的距離，他在情緒上就會焦慮不安 (詳見第十一章第三節)。

5. 心理生物學的解釋 採取心理生物學取向的心理學家，乃是企圖從心身關係的觀點，採兩種取向探討焦慮症的症狀與患者生理特徵的關係。第一種取向是從遺傳因素去研究，企圖探討患者遠近血緣關係間是否與焦慮症有關。在第十章內討論孿生子之間智力相關研究時，曾經提到遺傳因素相同的同卵孿生子之間的智力相關最高 (見表 10-1)。心理學家曾以同樣的方法比較研究焦慮症患者與其同卵或異卵孿生兄弟姊妹的關係。結果發現，同卵孿生子之一患焦慮症另一人也罹患的人數高出異卵孿生子同樣情形者的三倍 (Torgersen, 1986)。此一結果足可說明焦慮症與遺傳確有相當關係。第二種取向是從身體生理適應情形去研究，企圖探討焦慮症患者在對某些化學物質之反應上與正常人有何不同。心理學家研究發現，有些化學物質如咖啡因、乳酸鹽及二氧化碳等，對焦慮症患者與一般常人會產生不同效應；此等化學物質將引起患者焦慮症發作，但對一般人則否 (McNally, 1990)。此一現象所顯示的意義是，焦慮症患者的體質與一般常人有所不同。

二、體表症

體表症是屬於第二類情緒異常。**體表症** (somatoform disorder) 是指患者自覺甚至醫師診斷認為身體外表有某種異常症狀，但事實上在身體器官機能方面並找不到任何病因的心理異常的現象。因此，此類心理異常一向被稱為**心因性異常** (或**心因性障礙**) (psychogenic disorder)。此一大類下主要包括以下三類心理疾病 (Colman, 2007)：

(一) 體化症

體化症 (somatization disorder) 是一類多方面復發性的體表症，體化症多出現在三十歲以上的壯年人，病情可能延續數年之久，嚴重時可能影響患者的日常生活和職業活動。患者雖自覺身體某些器官功能失常而感到痛苦，但在醫學檢查上找不出病因。患者自陳的症狀包括多方面，例如四肢無力、視覺模糊、幻覺、記憶力減退、消化不良、嘔吐、腹瀉、經期流血過多而疼痛、性慾不振、背痛、胸口痛，甚至感到性器官疼痛。體化症是體表症中罕見的心理異常，患病率不及千分之一。

(二) 慮病症

慮病症 (或**疑病症**) (hypochondriasis) 是指患者或因過分關心自己身體，或因過分恐懼患病致死的心理作用所導致的一種假性身體病痛。罹患慮病症的人，在性格上極度敏感，只要發現身體上稍有不適，諸如頭痛、咳嗽、腰酸或背痛等，就自認大病即將來臨。縱使醫師確認他的身體一切正常，他也仍然深信不疑自己患了重病。像此種病例，病人本身並非故意偽裝或撒謊，在他自己的主觀認識上，確確實實地感覺到身體的病痛。因此，患慮病症的人在情緒上一般多同時出現前文所指焦慮症的各種反應。

(三) 轉化症

與慮病症類似但性質不同的另一種體表症是轉化症。所謂**轉化症** (conversion disorder)，是指由心理上的問題轉化為身體疾病的異常現象。與慮病症相比，慮病症是患者因過分恐懼患病或死亡而導致的心理疾病，而轉化症則是身體上確實有症狀，但又缺乏身體病因的心理疾病。換言之，前者只是懼怕生病的心理疾病，而後者則是因心理問題而導致了身體疾病。轉化症的主要症狀是身體上部分功能喪失；包括一隻手癱瘓、半身不遂、雙眼失明、兩耳失聰等。轉化症的舊名稱為**歇斯底里** (或**癔症**) (hysteria)，在精神醫學未發達以前，認為是女性獨有的疾病。根據現代精神醫學的研究 (Worchel, et al., 1995)，轉化症有以下五個特點：(1) 患者身體上局部功能喪失 (如左手不能移動)，但並無任何生理上的病因；(2) 轉化症的發生，常起於生活上遭受重大情緒壓力事件之後，而且病情可能發生於突然之間；(3) 轉化症的症狀無法從生理學的知識獲得答案，如手指麻痺的患者，其手臂的感覺可能仍然正常；(4)轉化症的患者雖然身體上有明顯症狀，但在催眠或在自然睡眠的情況之下，症狀就會消失；(5) 一般轉化症患者，對其自身的症狀似乎並不太在意，在情緒上似乎亦不因身體局部功能突然喪失而感到痛苦。因此，轉化症患者常令人感覺到他是在裝病；但事實上他並非假裝，如果以針刺其麻痺部位，確實不表現痛覺反應。

(四) 體表症的心理成因

1. 精神分析的解釋　體表症中的轉化症，是弗洛伊德早年最先研究的心理異常現象之一。因為轉化症的主要症狀是身體功能失常，弗洛伊德發現經由**催眠**後，可使患者的身體活動恢復正常，所以他肯定相信，轉化症沒有生理原因，純粹是心理因素形成的。弗洛伊德採取他一貫的主張，認為轉化症是由於**潛意識**衝突不能化解而轉化的結果。個體內心深處壓抑著的一些本能性的衝動，時時有浮出意識層面表現於反社會行為的可能。此時的**自我層**面如不能予以有效控制，就可能形成對個體心理上的威脅而感到焦慮。個體為免於焦慮的痛苦，於是將痛苦轉化在肢體上做象徵性的表現，終而形成轉化症。戰場上的士兵，因時常有戰死的潛意識浮現，就可能在自我意識不能有效控制的心理狀態下，轉化為手指麻痺或視覺失明，藉以解除戰鬥任務的心理壓力。

2. 行為主義的解釋　行為主義的心理學家，採**操作條件作用**學習原理解釋體表症的成因。根據行為論的說法，體表症的身體異常症狀，不是生理器官使然，而是個體在日常生活經驗中學習來的。個體所表現的肢體失靈，也是一種行為表現；此種異常行為表現，乃是經由**後效強化**歷程學到的。以學生害怕上學為例，如某次因肚子痛免於上學且得到家人關切照顧，很可能因此強化了他以後再度表現肚痛而逃避上學的可能。

3. 認知心理學的解釋 認知心理學採**認知策略**的觀點解釋體表症的成因。根據認知心理學的解釋，患者之所以訴說自己身體上的病痛，乃是由於他知道在某些情境下，如自己因病而未將工作做好或未盡到責任時，可以免於受到懲罰。如此以身體症狀為由，無形中便成為他生活適應的一種策略；若以後重複使用，便可能形成體表症。

三、解離症

解離症 (dissociative disorder) 是指當事人以**解離** (或**分離**) (dissociation) 的心理作用，將存在於個人記憶中的痛苦，或將可能出現在意識中的欲念與不為社會所認可的衝動，從意識中解離出去，藉以保衛自己，但卻因解離而喪失了**自我統合**作用，終而形成心理異常的現象。解離症是一類心理疾病的總名稱，其中最主要者有心因性失憶症與多重人格兩種 (Kihlstrom & Tartargn, 1993)。

(一) 心因性失憶症與迷遊狀態

所謂**心因性失憶症** (或**心因性遺忘**) (psychogenic amnesia)，是一種選擇性的反常遺忘現象，簡稱**失憶症** (amnesia)。失憶症的症狀是：(1)患者雖喪失對過去經驗的記憶，但並無生理上的症狀，此失憶現象純係由心理原因所形成。(2) 患者所喪失的記憶，有時只限於對某段時間的事情不能記憶；有的只能記得舊事而忘了近事，此種情形稱為**近事失憶症** (或**順行性遺忘**) (anterograde amnesia)；有的只記得近事而忘了舊事，此種情形稱為**舊事失憶症** (或**逆行性遺忘**) (retrograde amnesia)。(3) 患者所喪失的記憶，有的只限於對重要的事情不復記憶，此種情形稱為**情節性失憶症** (episodic amnesia)；有的患者可能忘記了自己的姓名和住址，但卻仍然記得如何開車等活動。(4) 患者所喪失的記憶，在性質上多涉及與其自我統合的事項 (如姓名職業等)；凡是不涉及自我統合的事項 (如開車)，則不易忘記。(5) 心因性失憶症多在遭受痛苦打擊之後突然發生，過一段時間之後，也可能突然又恢復記憶。

與心因性失憶症相關的是迷遊狀態。**迷遊狀態** (或**神遊狀態**) (fugue state) 或簡稱**迷遊症** (fugue)，是指患者在喪失記憶後又兼帶出現不自覺的離家出走的一種心理異常現象。迷遊症患者離家出走之後，喪失對過去的一切記憶；對自己的姓名、住址、職業等一概忘記。患者迷遊至一新的地方，可能從頭學習適應，重新建立一種與過去的本人全然不同的人格。迷遊症的發生,總是在遭遇痛苦的打擊之後。迷遊一段時間之後,多數都會突然醒悟,恢復記憶。惟在結束迷遊之後,對迷遊時的一切經驗,則又不復記憶。

(二) 多重人格

在解離症中最奇特的一種症狀是多重人格。所謂**多重人格** (multiple personality),亦稱**統合性離解障礙** (dissociative identity disorder) 是指一個人兼具兩種或多種不同性格的心理異常現象。罹患多重人格的人,他的每個人格各自獨立,各有其不同的記憶、態度與行為。甚至,各個人格的特徵,可能截然不同;其中一個人格可能是內向的、拘謹的、保守的,而另一個人格則可能是外向的、開放的、激進的。當事人對自己的多重人格,有時可以自知,但無法自我控制,在不同的時間與不同的場合,各個人格交替出現,只能任其支配當事人當時的行為。

在各種心理異常中,多重人格是一種奇特而且神祕的異常現象。多重人格的患者多為女性,根據研究發現一位女性具有多重人格者,在不同之人格交替出現時,患者的生理狀況也隨之改變;不同人格各有其心跳速率、血壓變化、健康狀況乃至月經之週期等也隨之改變 (Jens & Evans, 1983)。

(三) 解離症的心理成因

在變態心理學上,解離症雖早已被認是一種人格喪失統合性的病象,但因缺乏充分的研究證據,故而對其形成原因迄今未明確了解。按**精神分析**的解釋,解離症種因於童年,童年遭遇痛苦經驗,被壓抑在**潛意識**中,長大後再遇到類似的生活困境時,即以改頭換面的象徵性方式,以解離症的各種症狀表現之。按行為主義心理學家們的解釋,解離症的各種心理異常,都是患者自幼在生活中遭遇困難時,為避免困難事件所導致心理壓力的痛苦,學習到一種以偽裝來應付現實困境的不當方式,久之,形成習慣,最後演變成了病症。在現代精神病學上,對解離症的病因有很多爭議;甚至有些心理學家認為此病並不存在,故而不重視病因的解釋 (Miller & Triggiano, 1992)。

四、情感症

前述三類情緒異常,基本上都是由於生活經驗中累積的恐懼或焦慮所形成的心理異常現象。接下來要討論的第四類情緒異常,則是屬於情緒表達不當所顯示的心理異常現象。喜怒哀懼等心理狀態稱之為**情緒**,而喜怒哀懼等情緒表達於外時,則稱為**情感** (affect)。人在日常生活中隨時對人對事都有情感變化,惟變化總在一個限度之內;因痛苦經驗而悲傷者,過一段時間就會自動消失。如果悲傷情緒久久不能消失以致影響其生活功能時,就被視為**情感症** (affective disorder)。患情感症者在心情上都是痛苦的,故而也稱**心情異常** (mood disorder)。在情感症一類中，主要包括憂鬱症，自殺及兩極症三種心理異常。

(一) 憂鬱症

在情感症心理異常者之中，最主要的是憂鬱症。**憂鬱症 (或抑鬱症) (depression)** 是包括憂愁、沮喪、消沈等多種不愉快情緒綜合而成的心理狀態。憂鬱症患者女性多於男性；根據美國醫學統計，在一般人口中，男性患者，約為百分之十，女性患者約為百分之二十 (Klerman & Weissman, 1989)。憂鬱症的主要症狀是長期抑鬱寡歡，情緒沮喪。因為日常生活中不可能事事順心，諸如考試失敗、身體違和、人事摩擦、財物損失等，誰也無法避免，是故像抑鬱寡歡的情緒低落現象，在一般人中都有可能會發生，惟此種現象不能視為憂鬱症。根據美國心理異常診斷統計手冊，對憂鬱症的診斷通常是根據一個基本原則和五種症狀 (APA, 1994)：一個基本原則是，在缺乏具體生活事故的情況下，患者的情緒低潮連續維持半個月以上者，就可視為憂鬱症。憂鬱症的五種症狀是：(1) 喪失生活情趣，對飲食、工作、社交、性生活以及娛樂活動等，都失去了往日的興趣；(2) 自我價值感喪失，自怨自艾，表示強烈的罪疚感；(3) 情緒激動不安，睡眠失常，不能安心工作，無法集中思考問題；(4) 常感身心疲憊，動作有氣無力，喪失往常的生命力；(5) 時常想到死亡並懷有自殺的念頭。

憂鬱症患者中女性為男性之兩倍的現象，按心理學家的解釋 (Nolen-Hoeksema, 1990)，可能與患者遭遇生活困境時所採取的適應策略有關。男性一般生活活動的層面較廣，生活中遭遇困境時，可能將思考方向轉移，藉由其他活動 (如運動、吸煙、飲酒等)，使痛苦情緒淡化。女性生活層面較窄，生活中遭遇困境時，往往鑽牛角尖，反覆思考生活中不愉快的經驗，結果使其情緒不得自行抒解，而日久形成適應上的困難。

(二) 自　殺

自殺 (suicide) 是指個人有目的的結束自己生命的行為。自殺行為本身並非一種疾病，自殺都是當事人長期情感失常形成的結果。自殺與憂鬱症有密切關係。根據美國心理學家調查研究 (Murphy, 1983)，在憂鬱症的患者之中，有八成的人有自殺傾向，而其中有 1.5% 的人自殺成功。職是之故，在臨床心理學上才會將自殺視為一種情感症。除情感症之外，其他如事業、學業失敗、身體疾病，以及犯法畏罪等因素也可能構成自殺。

自殺是世界性問題，根據聯合國世界衛生組織對一百三十多個會員國的調查 (李鳴等，2003)，所有國家每年都會有很多人自殺，所不同者，只是自殺率(每十萬人口計) 高低差別而已。根據世界衛生組織的統計資料，自殺自 1950 年開始統計，到 1995 年的四十五年間，男性的自殺率增長了百分之四十九，女性的自殺率增長了百分之三十三，兩性的比例是男：女＝

3.6：1.0。世界衛生組織調查發現，自殺率的高低與不同地區的社會文化宗教信仰有關，但與經濟發展和貧富差異則沒有密切關係。世界上自殺率最高的地區是東歐，如拉脫維亞男女兩性的自殺率，分別是 56.6 和 11.9；立陶宛男女兩性的自殺率則分別是 75.6 和 16.1。世界上自殺率最低的地區是中東，如以色列男女兩性的自殺率，分別是 8.1 和 2.6；伊朗男女兩性的自殺率則分別是 0.3 和 0.1。

中國大陸自殺問題有其獨特性。根據大陸衛生部的統計，自殺是中國第五大死亡原因；1995 年以來，大陸每年死於自殺的人數平均為二十八萬七千人，另約兩百萬人自殺未遂。中國人自殺的特點是，農村的自殺率是城市的三倍，女性自殺率比男性高百分之二十五，此點與世界各國男性多於女性的現象大不相同 (李鳴，2003)。

單以美國而言，在 1940 年代的死亡原因排行榜上，自殺被列為前二十種死亡原因之末，到 1980 年代開始，自殺則躍升前十大死亡原因之一。根據最近美國官方公布的資料 (Arlas et al., 2003)，美國患憂鬱症者中自殺者多達三萬一仟人，高居全國死亡率的第八位。如單以大學生死亡原因統計，自殺則高居第二位 (Levy & Moskowitze, 1982)。臺灣地區自 1998 年迄今，自殺一直列十大死亡原因的第九位。

近年來關心自殺問題者發現一種可憂現象，即自殺者年齡大幅下降。五年前台灣大學衛生政策與管理研究所，曾舉辦一項小學學童自殺意願調查，調查對象為新竹縣十八所國民小學四年級學童。結果發現，有百分之二十的學童曾因感到憂鬱痛苦而有過自殺念頭 (見 2004 年 6 月 14 日中國時報)。又最近報載香港的初中學生中在秋季開學的兩天之內，有四名學生跳樓自殺 (結果一死三重傷) (見 2008 年 9 月 4 日聯合報)。未滿十五歲學童自殺的心理因素，與成年人不同，他們尚不能理解生命的意義與價值，他的自殺行為多因成年人的不良示範所致。

(三) 兩極性異常

前述憂鬱症是指憂鬱悲傷情感長期持續的異常現象。從情緒起伏變化的狀態言，憂鬱症是情緒陷入低潮達於谷底的極度消沈狀態。臨床心理學上也發現與憂鬱症不同的另一種情感症，此類情感症患者在情緒表達上恰與憂鬱症相反；病發時精力充沛，言行狂妄，在精神病學上稱為**躁狂症** (mania)。屬於躁狂症的患者極少，多數情感症患者兼具憂鬱與躁狂兩種狀態；即時而陷入情感低潮，時而轉向情緒高峰。此種現象稱為**兩極性異常** (bipolar disorder)。由於兩極性異常兼具憂鬱與躁狂兩種症狀，故而又稱**躁鬱性精神病** (manic-depressive psychosis)，也稱**躁鬱症** (manic-depressive illness)。

躁鬱症是兩極性的情感症，在症狀上兼具憂鬱症與躁狂症兩者的特徵。憂鬱症的特徵已在前文所提五種症狀中有所說明，現在只補充說明患躁鬱症者的行為特徵。躁鬱症患者的情緒轉向狂躁之極端時，除情緒極為興奮外，在行為上表現精力充沛，睡眠減少，整日忙碌不停；好說話且言詞誇大；愛管閒事，除干涉別人與支配別人之外，兼有攻擊傾向；吸煙飲酒者，其煙量與酒量倍增；口出狂言，不負責任，可能輕言承諾訂購價值千萬的高價位房屋，繼而因無力付款而構成違約行為。躁鬱症患者的興奮情緒狀態，只能維持一段時間，可能在突然間即行轉入另一極端，再度陷入極度憂鬱狀態 (Davison et al., 2006)。

(四) 情感症的心理成因

雖然情感症包括三種心理異常，但在臨床心理學的病因解釋上，各學派的理論則主要在於對憂鬱症的心理成因提出說明。

1. 精神分析論的解釋 按精神分析論的解釋，憂鬱症是一種**失落反應** (reaction to loss)；是當事人目前生活中的失落經驗，引發了隱藏在潛意識中童年生活失落經驗的痛苦；兩者交互作用，致使當事人在情緒上陷入了痛苦絕望的困境。準此推論，憂鬱症患者的童年生活中，必定有較多的失落痛苦經驗；諸如自幼喪失父母、得不到父母關愛、在家庭無地位、在同儕玩伴中受到欺凌等，都會形成童年失落的痛苦經驗。根據心理學家新近的驗證研究發現，自幼父母雙亡者，成年後憂鬱症的罹患率確比一般人為高 (Barnes & Prosen, 1985)。此一研究發現，使一向視童年痛苦經驗是形成以後心理問題原因的精神分析論，獲得相當程度的支持。

個人童年生活中感到失落的痛苦經驗，何以在成年後才發作而成為憂鬱症？按精神分析論對此一問題的解釋，謂童年生活中失落的痛苦經驗，對個體來說，始終不曾遺忘，只是由於每次回憶即帶來痛苦，故而被**壓抑**在潛意識中，暫時不做顯現而已。事實上，個體自幼在某方面的失落 (如喪失父母的愛)，始終在潛意識中存在著一種"彌補"的需求。例如，自幼喪失母愛的人，成年後在心理上比一般人更渴求別人的愛；自幼未被同伴接納的人，成年後在心理上更需要別人的支持；自幼未被肯定社會地位的人，成年後在心理上更重視社會地位的得失。正因為這種人在心理上過分渴求"得"而避免"失"，所以在其生活追求中遭遇挫折而失敗時，其失落感就特別嚴重。按精神分析論的解釋，憂鬱症患者在現實情境中感到失落，事實上，使他遭遇挫折的現實情境，並非真正原因；現實情境只不過發生了代替性的象徵作用而已。引起當事人痛苦的真正原因，仍然是童年生活中失落感帶來的痛苦。因此，精神分析論者將憂鬱症患者在現實中的失落，稱為**象徵性失落** (symbolic loss)。現實中的失落，引起了潛意識中隱藏已久的童年失落的痛苦，新苦舊痛交互作用的結果，使當事人陷入情緒的低谷。當事人為了減輕因現實情境中挫折所引起的痛苦，於是在心理上又產生了一種**防衛機制**；將現實中使其失落的外在原因，轉而在心理上產生了內化作用。**內化作用**

(internalization) 是指把造成他失落的外在原因歸咎於自己。被公司解雇的職員，失業後可能先是對老闆憤恨，後以無法報復反而將情緒轉向自己；恨自己缺乏人緣，恨自己能力不夠；結果使心理愈複雜，病情愈嚴重。

2. 行為主義的解釋　**行為主義**的心理學家們，一向是以學習心理的觀點解釋人的一切行為上的問題。在行為主義心理學家所揭櫫的**操作條件作用**學習理論中，謂個體學習任何行為習慣時，由**強化物**所引發的**後效強化作用**，是習慣形成與否的重要關鍵 (見第五章第三節)。行為主義心理學家，也採用此種觀念來解釋憂鬱症的心理成因。他們認為，個體的憂鬱情緒是在生活中學習到的一種消極性的退縮反應，而此種消極性反應，乃是長期缺乏**正強化作用**所致 (Lewinsohn, et al., 1980)。所謂正強化作用，是指個體在生活活動中，只要表現出適當的行為，就會受到獎勵。如果在生活經驗中經常是受到獎勵的機會極少，而受到懲罰的機會又太多，就會在個體以後的生活適應上產生兩種不利的影響：其一，因失敗的經驗太多，成功的經驗太少，個體既不能由生活經驗中獲得快樂，更無從由之建立自信心與自尊心。其二，因為生活經驗中得不到獎勵與讚賞，致使個體在行為上，無從經由正強化作用學習到應付困境的能力；此種現象尤以兒童在生活經驗中未能養成社會應對能力時為然。由以上兩者來看，正可用以解釋憂鬱症的心理成因。因為，自信心與自尊心的喪失，不僅是憂鬱症患者的主要特徵，而且，患憂鬱症的人，一般既缺乏應事接物及解決生活困境的能力，也短少待人處事的社交技巧。

在第五章第四節內，我們曾討論過學得無助感的概念。**學得無助感**是一種對人己與對世事的消極絕望心態；此種心態也正是憂鬱症患者的心理特徵之一。因此，學得無助感的概念，也被變態心理學家們用來解釋憂鬱症的成因。惟學得無助感的學習過程，除操作條件作用學習的外在因素之外，也含有認知學習的成分。接下去即討論認知論者對憂鬱症的心理成因是如何解釋的。

3. 認知心理學的解釋　前文提到，學得無助感是憂鬱症患者的心理特徵之一。惟對於學得無助感的學習歷程，及其在憂鬱症患者心理上所發生的作用，持認知論觀點的心理學家，提出有異於行為主義者所做的解釋。行為主義者將學得無助感，視為個體無法逃避外因打擊時，所學到的一種**條件反應**。此種條件反應一旦形成，以後類似情境出現時，即使外在打擊他的刺激不再出現，個體學到的條件反應也仍繼續出現。

認知心理學家對學得無助感在憂鬱症的心理作用上，提出兩種異於行為主義者的解釋。第一種解釋是，將學得無助感視為憂鬱症患者的一種適應生活的**態度** (態度中含有認知成分)。惟以學得無助感為基礎的生活態度，多半只表現在生活中負面的經驗，因此特別誇大失敗後的痛苦，對生活中成功的經驗則予以忽視。例如，某大學男生在校學科成績優異，只因缺少社交經驗而遭女友排斥，在失戀痛苦之餘，該生深感人生乏味，終而**鬱鬱寡歡**，自暴自棄。如從心理異常的觀點言，該生的情況若繼續演變下去，就可能呈現憂鬱症的傾向。有不少青年男女因失戀而自殺者，其主要原因就是在認知上過分誇大了失敗經驗，因而自責自卑，自覺一無是處；完全忽略了個人在其他方面的優點與生存的價值 (Beck, 1978)。

4. 人本心理學的解釋 採人本主義取向的心理學家，企圖從患者的人生態度與人生方向來解釋憂鬱症或自殺的原因。人本心理學家弗蘭克 (見圖 14-3) 根據第二次世界大戰期間在納粹死亡集中營親身觀察發現，凡是在死亡邊緣而不極度憂鬱企圖自殺的人，都具有樂觀且有人生方向的人格特質 (Frankl, 1959)。因此他建議，只有協助患者建立人生信念，領悟人生的價值與意義，才會發揮心理治療效果。基於此義，弗蘭克提倡**意義治療法** (見第十四章第一節)。

5. 心理生物學的解釋 採**心理生物學取向**解釋憂鬱症的心理學家，企圖從遺傳與腦神經生物化學兩方面探討抑鬱症的病因。從事憂鬱症遺傳研究的心理學家早已發現，憂鬱症與家族遺傳有密切關係。一項題爲〈情感症的孿生子研究〉研究結果顯示 (Allen, 1976)：同卵孿生子中有一人罹患憂鬱症者，另一人罹患同一疾病的機率爲百分之四十，而異卵孿生子中有一人罹患憂鬱症者，另一人患病的機率只有百分之十一。如單以患兩極症的孿生子爲對象分析，同卵孿生子中有一人罹患兩極症者，另一人患病的機率爲百分之七十二，而異卵孿生子中有一人罹患兩極症者，另一人患病的機率只有百分之十四。固然，孿生子的生長環境相同也可能是因素之一，不過從同卵 (遺傳全同) 與異卵 (遺傳不全同) 孿生子兩者的差異看，憂鬱症確與遺傳因素有相當關係。

第三節　社會異常

在第二節內我們討論過了情緒異常中的四類心理異常。接下來將討論**社會異常** (social disorder) 中的性心理異常與人格異常 (屬於社會異常的另一類精神藥物濫用已在第四章第四節內討論過，此處省略)。性心理異常與人格異常二者之所以稱為社會異常，是因為這兩種心理異常患者的身心表現除使其本人感到困擾影響其正常生活功能之外，更重要的是患者無法與別人建立良好的社會關係。

一、性心理異常

性心理異常 (psychosexual disorder) 是指個體之性行為表現明顯異於常人的病態現象。惟性心理異常與否的標準不易確定，除時代不同而有所改變外，世俗禁忌與社會道德觀念，也會發生很大影響。因此，近年來在精神病學界，企圖擺脫社會道德觀念，重新以客觀的態度來鑑別人類的性行為中，究竟何者屬於病態，然後確定其是否屬於心理異常。由於精神病學界評鑑性心理異常標準的改變，於是早期被視為性心理變態者，現在已不再被列為性心理異常。其中最明確的例子，就是以同性別為性愛追求對象的**同性戀**(見第九章第二節)。在20世紀80年代以前，同性戀者一向被視為性變態，80年代以後，則只對同性戀者自感痛苦或因其行為而加諸別人痛苦者，才視為性心理異常。根據此一標準看，同性戀者經過多年對傳統社會挑戰，努力爭取性愛對象自由選擇，之後得到的後果，並不快樂。2007年12月30日，台北市女性權益促進會，公布了一項名為《女同志健康行為調查報告》，報告內容指出，女同性戀同居者之中，高達66.5%感到他們的生活並不快樂。原因是他們得不到像一般為人父母者生育子女過程中的幸福感(見2007年12月31日中國時報)。

由此可見性心理的健康與滿足，不純粹是兩個人的事，應與婚姻家庭的人際關係連在一起。在現在精神病中所列的性心理異常，是指一類有關性行為變態的疾病，本文以下所要介紹者只限於兩方面的性心理異常，其一為性別認同障礙，其二為性變態。

(一) 性別認同障礙與變性症

所謂**性別認同障礙** (gender identity disorder)，是指由於個人不認同自己生理上的性別，因而形成心理上嚴重困擾的異常現象。從發展心理學的觀點看，一個人的性別發展包括兩個層面：其一是生理層面，個體自出生時即決定了他生理上的非男即女的性別。以後逐漸生長發展，到**青春期**開始以後，相繼出現**主性徵**與**次性徵** (見第八章第四節)，而後即為成熟的男性與女性。其二是心理層面，個體兩歲以後在性心理發展上即表現出**性別認同**的能力；此時兒童不但了解到自己生理上的性別，而且在心理上也接納自己的性別；願意做一個男性或女性。像此種情形，即可視為性別認同正常。性別認同障礙者的情形則反是，即使他生理上性別的主性徵與次性徵均明顯肯定，但在心理上卻一直不願接納現實，總希望將自己變換成相對的另一種的性別。因為此種心理不但無法令人如願，而且一向被視為不合於世俗道德，故而以往有此心理傾向者，除因身心衝突徒增困擾外，問題則一直無法解決。根據心理學家估計，在兩性之中，男性中有此心理傾向者，遠較女性為多 (Berk, 2002)。

性別認同障礙者，如因不接納自己生理性別所引起的心理困擾，演變惡化到不能忍受，而不得不求助醫師改變其生理性別的地步時，就成了**變性症** (或**易性癖**) (transsexualism)。變性症患者的一般症狀是，在性別角色上有嚴重的心理衝突，不甘願扮演其生理性別所屬的角色，不願意穿著適於其性別的服裝。在兩性吸引方面，變性症患者會希望與其同生理性別者接近，而有逃避與異性交往的傾向 (Landen, et al., 1998；Bower, 2001)。因此，變性症患者有時會被人誤認是同性戀者。因為變性症患者的問題是自幼年開始而到成年才發作的，經過長期的心理不安與焦慮，達到非求助醫師施以變性手術不可地步時，已是相當嚴重；醫學界因適應此等病患的需要而有了變性手術。

在醫學上，最早的**變性手術** (sex-change surgery) 始於 20 世紀 50 年代的歐洲。在 1952 年，丹麥首都哥本哈根的一家醫院，將一名青年男子，以外科手術的方式，切除男性生殖器官，改裝人工女性生殖器官，並施以性腺激素治療，徹底變成一名女性，成為變性手術史上最成功的例子。此後變性手術即迅速傳遍全世界。變性症患者以男性居多。自 20 世紀 60 年代以後，男性經變性手術變為女性者，在國內已時有所聞 (圖 13-1)。惟變性手術主要在外形上改造性器官，甚至也可經由性激素的注射使次性徵顯現 (男變女後皮膚身形也隨之改變，女變男後也長出鬍鬚)，但主性徵的功能則永遠不能發揮；男變女後不可能有月經，更不可能懷孕生育；女變男後也不可能有射精的行為。因此，變性症患者經變性手術後，其心理上的障礙可能因生理性別的改變而消除一部分，但如進一步追求婚姻，期冀分享兩性結合的幸福生活，則無法如願以償 (Abramowitz, 1986)。此外，像這些"錯置靈魂"的人，在男女有別的傳統社會裡難免遭人"另眼看待"，以致謀生困難。最近台北市有某徐姓變性女子因婚姻職業兩空在街頭搶劫而踏入法網的事件，就是一個最明顯的例子 (見 2001 年 6 月 12 日中國時報)。

(二) 性變態

所謂**性變態** (paraphilia)，是指個體不經由正常的性行為方式去尋求性滿足的心理異常現象。按一般常人的性行為方式，在尋求性的滿足時，大都符合三個條件：(1) 以成熟的異性為對象；(2) 經由以生理為基礎的性動機的滿足，達到心理上的滿足；(3) 性行為的活動中帶有人際關係；男女間的性行為應帶給雙方快樂與滿足，即使不能達到此一地步，總不能因尋求性滿足之一方使對方受到痛苦。根據以上三個條件為標準，人類的性行為被列為變態者不下十數種。本文以下只簡述其中五種：

第三節 社會異常 473

圖 13-1 因性別認同障礙而變性的實例之一
本圖由香港友人杜山川醫師提供，是 20 世紀 60 年代華人社會最早經變性手術後由男性變女性的實例之一。

1. 戀物症 所謂戀物症（或戀物癖）(fetishism)，是指不以異性個體為性行為的對象，而只尋求與異性有關之物品，從而獲得性滿足的心理異常現象。戀物症患者多為男性，其所戀之物主要為女性之衣物；如鞋子、絲襪、服飾等，其中尤以女性之內衣與胸罩為最具吸引力。此外，異性身體的一部分，如手、腳、頭髮等，也是患者迷戀的對象。戀物症者之所以單憑異性之物品即可獲得性滿足的原因，是因為患者多將持有之物品象徵化，在想像中進行手淫。換言之，手淫者藉由帶有異性色彩的物品，以增強其性的興奮與滿足 (Adams & McAnulty, 1993)。

最近台北某大學有位三十三歲的邱姓助理教授，因連續表現怪異的戀物症行為，造成了一件轟動大學校園的新聞。邱姓助理教授連續偷竊大學女生用過的內衣褲，經發現後報警處理，警方在邱的住處起出多達 328 件各式各樣的女用內衣褲與胸罩等，擺滿了警局內三十二張辦公桌(圖13-2)。令人費解的是，邱姓助理教授是一位優秀的高級知識份子，出身台灣著名大學土木工程學系，獲得博士學位後，得到教育部公費資助赴美國斯坦福大學從事博士後研究，並曾榮獲澳洲學術機構頒發傑出論文獎。2007年返國應聘某大學助理教授，未料不到一年即發生了如此大的醜聞。案發後不但校方為維護校譽考慮解聘他的教職，本擬寒假準備與他結婚的女友，也宣布與他斷絕關係；使他的大好前程毀於自己之手，更使認識他的教師、學

圖 13-2　戀物症的國內實例
戀物症者偷來的三百多件女性內衣褲擺滿了警察局的 32 張桌子
(採自 2007 年 12 月 22 日聯合報)

生甚至親友，都感到不可思議。由此案例看，像戀物症的怪異行為，純係性心理異常所致，與個人的能力身份都沒有必然的關係。

2. 扮異性症 **扮異性症**（或**異性裝扮癖**）(transvestism)，是指藉由穿著異性的服裝，從而獲得性的興奮與滿足的心理異常現象。扮異性症與前文所述的變性症不同。變性症患者的困擾是，不接受自己生理上的性別，而扮異性症患者則是企圖藉著穿上異性的服裝，從而在想像中得到與異性之間發生性關係的滿足。扮異性症者多為男性，患者在改著異性服裝之同時，多數伴隨著手淫的動作 (Miracle, et al., 2006)。

3. 暴露症 **暴露症**（或**露陰癖**）(exhibitionism)，俗稱暴露狂，是指在異性面前藉由暴露自己的性器官，從而獲得性滿足的心理異常現象。暴露症患者多為成年男性，其暴露下體之目的不在誘惑對方，而在展示自己，從對方驚恐反應中獲得興奮與滿足 (Goldenson, 1984)。

4. 性虐待狂 **性虐待狂** (sadomasochism) 是指性行為時不以正當的心理對待對方。性虐待狂分為兩種：一為**施虐狂** (sadism)，指在性交時對異性施以虐待；如以針刺、手擰、口咬等方式加諸對方，從對方的痛苦表現中，使自己獲得性的興奮與滿足。另一為**受虐狂** (masochism)，指性交時甘願接受對方虐待，從而獲得性興奮與滿足的反常心理 (Goldenson, 1984)。

5. 戀童症 **戀童症**（或**戀童癖**）(pedophilia)，是指成年男性專以誘姦或強暴女童，從而獲得性興奮與滿足的心理異常現象。戀童症患者所誘姦或強暴的女童，多為其生活環境中所熟悉者。因此，患者惟恐事後被受害者家庭告發，故而常有女童被強暴後遭到殺害的犯罪案件發生 (Goldenson, 1984)。

(三) 性心理異常的心理成因

從外顯行為看，性行為異常雖然相當明顯，但如進一步分析性心理異常的形成原因時，卻相當困難。原因是性心理異常的心理成因複雜，除了生理因素外，不同的心理學理論，各有不同的解釋。

1. 精神分析論的解釋 心理學家採用精神分析論的觀點解釋性心理異常時，主要是以弗洛伊德的**性心理期發展論**作為立論的根據。根據弗洛伊德的解釋，在人格發展的**性器期**（三至六歲）階段，男性兒童在心理上會出現**戀母情結**，女性兒童則會出現**戀父情結**心理現象。如此一時期男女兒童不能經由**認同歷程**將情結化解，幼年的情結就會壓抑在潛意識中，成年後與異性交往時，就可能扮演不適合於自己的性別角色。

2. 行為主義的解釋 根據**行為主義**心理學家的說法，一切性行為異常都是學習來的，而學習的經過，有的是經由**經典條**

件作用，有的是經由**操作條件作用**，也有的是經由**觀察學習**。無論是那一種學習方式，行為主義心理學家總是將性心理異常的成因歸之為環境的影響。個體幼年時如遭受過性的虐待，成年後面對兩性情境時，難免會有恐懼反應；幼年時如父母情感關係惡劣，甚至暴力相向，兒童就難免經觀察學習，成年後模倣父母與異性相處的不友善方式；兒童時期看多了電視上男女情殺的暴力鏡頭，也可能對男女兩性關係產生恐懼。

3. 認知心理學的解釋 認知心理學家對性心理異常現象的解釋，傾向於將性行為異常視為個人認知錯誤或不適當的態度所致 (態度中有認知成分)。有的人或因某種宗教信仰，或因某種習俗的傳統，或受某種學說的影響，使他對男女兩性關係，形成一種異於常人的觀念。有的人可能認為性是骯髒的低級行為；有的人或因不願生育子女而有意地逃避兩性關係；也有的人或因自己的身世或遭遇，而形成一種觀念，不願與異性交往，以避免使自己再度陷入痛苦。

4. 心理生物論的解釋 採心理生物論觀點的心理學家，主要是試圖從三方面解釋性行為異常現象：(1) **性腺**分泌失常，如個體青春期後男性睪丸不能適度分泌**雄性激素**或者女性卵巢不能適度分泌**動情激素**，個體即缺乏應有的性行為能力；(2) 藥物效應，如個體過度服用**精神藥物**，就難免性行為表現異常；(3) 過度疲勞或疾病的影響，如男女之一方因工作過度疲勞或因體弱多病，就難免喪失性的興趣，甚至對性生活感到厭煩與嫌惡，因而形成性心理異常。

二、人格異常

人格異常 (或**性格異常**) (personality disorder) 是指個體自幼在生活上養成的待人處事時的作風與格調異於常人的現象。人格異常與前文所討論的**焦慮症**與**情感症**等心理異常有所不同。焦慮症與情感症患者的共同特徵是，個體對自己的行為感到愧疚，而且有冀求改變自己的意向。人格異常者雖在客觀上顯示其生活適應困難，但在當事人的主觀上，並不因自己行為偏差感到焦慮不安。此外，人格異常也與下文討論的精神分裂症不同；精神分裂症患者與現實脫節，而人格異常者不但未脫離現實，反倒是善於利用現實以達其損人利己的目的。

人格異常是一類心理異常的總名稱，在此一類別中，有十數種不同情況 (見補充討論 13-1)。此處所要討論者，只是其中之一的反社會型人格異常。

(一) 反社會型人格異常

反社會型人格異常 (antisocial personality disorder) 是指個體在社會行為上，具有違反社會道德規範的傾向，且有為利己目的而傷害別人時，絲毫不感愧疚的異常性格。反社會人格與反社會行為不同，**反社會行**

為 (antisocial behavior) 泛指違反社會傳統規範、倫理道德以及法律規定的一切行為，例如，社會黑道份子的違法行為，或現實社會中的失落者，在缺乏生存出路時因衝動而表現的犯罪行為。惟反社會行為者未必不重視人際間的感情；所謂"盜亦有道"，黑道份子可能為同道安全而犧牲自己。反社會人格者則不然，除關心自己外，從不考慮別人。曾有精神病學家 (Cleckley, 1976)，根據臨床診斷，將反社會人格者的行為特徵，歸納為以下十六點：(1) 相貌與智力均在中人以上，予人之**第一印象**常使人產生好感；(2) 不帶有精神分裂症的症狀，思想並不紊亂，也沒有**幻覺**與**妄想**現象；(3) 不帶有焦慮症與情感症的症狀，情緒上既少焦慮，也少激動；(4) 對人對事，無分輕重緩急，既無責任心，亦無義務感，故而在言行上無法取信於人；(5) 缺乏坦誠的氣質，予人以虛偽的印象；(6) 知過而不悔改，且無羞恥之心；(7) 所表現之侵犯別人的行為，事先並無明確動機或計畫，多係起於隱藏的衝動；(8) 缺乏是非善惡的判斷能力，不能從失敗經驗中獲取教訓；(9) 極端**自我中心**，不惜剝奪別人權利以滿足私欲，不顧及別人的感受，更不考慮對人回報；(10) 情緒冷漠而少變化，不似常人般受外因感動而有喜怒哀樂的表情；(11) 缺乏領悟能力，不能見賢思齊，不能從別人的楷模行為中學習到改變自己；(12) 雖不關心別人，但卻強烈需求別人的關注與支持；(13) 常在幻想狀態下對人表現惡作劇行為；(14) 反社會人格者不顯示自殺傾向；(15) 在兩性關係上，純以自我滿足為出發點，與異性交往從不認真，從不付出真心與愛意；(16) 生活無目標，無計畫，也無方向，在生活中一切活動，所表現者都是一些**自毀性行為** (self-defeating behavior) (有害於自己心理健康的行為) (Morey, 1993)。

(二) 反社會人格的心理成因

反社會人格的形成，與其他心理異常者不同。反社會人格並非由於生活壓力過大，或遭遇嚴重情緒打擊後所形成的心理疾病，而是自幼在人格發展過程中，因長期適應不良而形成的一種反常性格。

1. 精神分析論的解釋 精神分析論者對反社會人格成因的解釋，仍持其一切心理異常種因於童年生活經驗的主張，認為反社會人格者之所以在行為上損人利己，缺道德感，無羞愧心，乃是由於幼年時期的人格結構上，未能發展到**超我**層面使然。超我是人格結構中遵循**完美原則**對**本我**與**自我**的監督與管理者，是在向父母認同的過程中，以父母行為當楷模，間接學得的道德規範與社會良心。惟兒童之所以向父母認同，主要是因為兒童需求父母的關愛，能在向父母行為認同後獲得需求的滿足。假若親子之間的感情自始就不正常，兒童得不到父母的關愛，甚至遭到遺棄或虐待，兒童人格中的超我層面就無從形成。準此推論，個體幼年生活不能在親情愛意中獲得人格的健全發展，是形成以

補充討論 13-1
人格異常有多種類型

　　根據美國精神醫學會 2000 年版《心理異常診斷統計手冊第四版》，在人格異常一類之內，按症狀的不同又分為以下十種不同類型 (Sternberg, 2001)：

　　1. 妄想型人格異常 (或**偏執型人格障礙**) (paranoid personality disorder)：患者對所有人均持懷疑態度，總以為別人對他不公平；自私自利，對人不信任，極端重視自己身份地位，如有過失則歸咎於別人，無法與人相處，生活適應困難。

　　2. 分離型人格異常 (schizoid personality disorder)：患者性格孤獨，感情冷淡，既不關心別人，也不希望別人關心自己，缺少與人相處的興趣與能力，因而無法與人建立親密關係，社會適應困難。

　　3. 分裂型人格異常 (schizotypal personality disorder)：患者的症狀較前述分離型嚴重，除缺乏與人建立友誼關係的能力之外，兼有精神分裂症患者之知覺扭曲與思想紊亂等特徵。

　　4. 反社會型人格異常 (antisocial personality disorder)：患者表面看似正常，甚至在初識者面前能給人頗為正面的印象，然一旦與人接觸，則一切言行純以自我為中心，不遵守社會規範，不重視別人權利，是一種損人利己的異常性格。對此類異常者，本文內有較詳細討論。

　　5. 邊緣型人格異常 (borderline personality disorder)：患者情緒困擾的程度較其他人格異常類型要嚴重，其症狀也較複雜，是介於神經症與精神病之間的一種心理異常，故以"邊緣"名之。

　　6. 劇化型人格異常 (histrionic personality disorder)：患者人格表現幼稚，情緒極不穩定，常為芝麻小事過分計較，表現出喜怒無常像是在舞台上表演一般。

　　7. 自是型人格異常 (或**自我陶醉型人格障礙**) (narcissistic personality disorder)：患者人格表現幼稚，有強烈自我中心傾向，經常以誇耀自己的方式引人注意。自是型的人對人缺乏同情心，與人相處時總企圖利用別人達到自己的目的。因此，無法與人建立良好社會關係。

　　8. 迴避型人格異常 (或**逃避型人格障礙**) (avoidant personality disorder)：患者對人際關係過度敏感，雖在內心上冀求別人接納，但生怕遭人拒絕傷及自尊，因而在矛盾的心情下迴避參與本想參與的社會活動。

　　9. 依賴型人格異常 (dependent personality disorder)：患者性格幼稚，凡事依賴別人的幫助與支持；如不得已單獨行事時，就會感到極大的恐懼。

　　10. 強迫型人格異常 (obsessive-compulsive personality disorder)：患者性格固執，言行僵化，處事墨守成規，不知通權達變，對變動之生活情境及複雜的人際關係，均不能有效適應。

後反社會人格的主要原因。

2. 行為主義的解釋 行為主義的心理學家們，以**條件作用**學習理論中的**強化**原理來解釋反社會人格的形成。反社會人格者不能從生活經驗中獲取教訓，這只是指其不能在錯誤經驗中學到改過遷善，不能以符合社會規範的適當行為，代替錯誤的不當行為。事實上，反社會人格者從錯誤經驗中仍然學到教訓，只是他所學到的教訓與一般所指者不同而已。在一般家庭中，兒童的錯誤行為會受到父母懲罰，其良好行為會受到獎勵，此種家庭教育方式，就學習原理而言，自然對兒童行為的塑造，產生**正強化**與**負強化**的雙重作用，使兒童的錯誤行為逐漸消弱，良好行為因強化而養成。如果家庭教育方式不符合上述學習原理，或因父母過分苛刻，兒童所感受到的只有懲罰，沒有獎勵，最後兒童所學到者，只是如何逃避懲罰的方法。此即操作條件作用學習中的**迴避學習** (見第五章第三節)。個體從懲罰的情境中學習到如何避免懲罰，逃避行為自然也因之而受到強化；這可能正是反社會人格不能在錯誤經驗後改過遷善的原因。

3. 認知心理學的解釋 認知心理學家採社會認知的觀點，將反社會人格的成因，解釋為當事人之所以極度自我中心，乃是由於缺少**社會認知** (見第十二章第一節) 使然。一般人在根據其**社會知覺**，從事人與我之間取捨判斷時，總會從利害得失多方面著眼，考慮到自己之外，也考慮到別人。這是一種學得的社會認知能力，也是學得的一種社會態度；此等能力與態度，都是自幼在家庭環境中養成的。如父母對子女的管教方式過分放縱，對子女的行為不教以是非善惡的標準，且對子女的不合理要求，都是無條件地予以滿足。如此教養的結果，導致子女認知能力窄化，養成**自我中心**態度。在遭遇困境時，缺乏**挫折容忍力** (frustration tolerance)，不能以耐心與毅力去克服挫折情境。在遇到須先付出而後獲得報酬的生活情境中，無從學到**延後享樂** (delay of gratification) 的態度；只知道每有所需求就要立即滿足。這些都是具有反社會人格者的典型性格。因此，認知心理學家認為，反社會人格乃是不當家庭教育之結果。

4. 心理生物論的解釋 持心理生物論觀點的心理學家，企圖從遺傳與生理特徵去探討反社會人格的成因。根據新近的研究發現，有兩方面的事實說明先天遺傳與反社會人格有關。一方面事實是根據孿生子的相關研究。研究者發現，同卵孿生子在反社會人格表現上的相關程度，要比異卵孿生子之間的相關程度高出兩倍 (Rutter et al., 1990)。另一方面事實是，根據養子女反社會人格的相關研究。此類研究發現，自出生起即被收養的嬰兒，長大後在反社會人格表現上，其與生父母人格特質的相關程度，遠比與其養父母人格特質的相關程度要高。此一現象也顯示，遺傳因素也是形成反社會人格的成因之一。

第四節　精神異常

在所有心理異常疾病中，精神異常是屬於最嚴重的心理疾病。**精神異常** (psychotic disorder) 俗稱精神病，**精神病** (psychosis) 是指患者的精神狀態極端異於常人，不但在知覺思維上脫離現實，而且患者經常憑其幻覺製造出他自己的虛幻世界。精神病代表一類心理異常，本節僅介紹其中最具代表性的精神分裂症。

一、精神分裂症的一般症狀

精神分裂症 (schizophrenia) 是包括多種症狀的精神疾病，其共同特徵是精神分裂。精神分裂是最嚴重的心理異常，根據美國精神病學會出版的《心理異常診斷統計手冊》2000 年第四版 (DSM-IV-TR) 的統計，在全世界人口中約有 0.5% 到 1.5% 的人患有精神分裂症。因為精神分裂症有多種不同類型，不同類型的患者，其症狀自然也各不相同。不同類型的精神分裂症多半具有以下六點心理特徵，其差別只是表現程度的多少而已。在精神病學上，主要是將患者此等心理特徵視為症狀，做為診斷與治療的根據 (Bellak, 1994；Heinricks, 1993)。

1. 思想紊亂　精神分裂症患者的思想紊亂，無論是經由口語或文字與人溝通時，均不能有系統有組織地表達其所要表達的意義。如給予患者某些單字，讓他做單字聯想，他所聯想者多與常人迥異。與人談話時，不是語無倫次，就是不知所云。在語文式智力測驗上，精神分裂症患者的分數有顯著偏低趨勢。

2. 知覺扭曲　精神分裂症患者，對知覺經驗的陳述，有明確扭曲事實的現象。對現實中微弱的聲音，可能在患者聽來震耳欲聾；極平淡的顏色，可能在患者看來鮮明耀眼。對自己身體，患者在知覺上扭曲得更為嚴重；他會覺得手變短了，腿變長了，臉型變大或變小了。精神分裂症嚴重者，在面對鏡子時不能辨識鏡中人是別人還是自己。

3. 幻覺與妄想　精神分裂症患者對知覺經驗做扭曲之解釋，曲解知覺的主要原因是幻覺。**幻覺** (hallucination) 是無中生有的知覺經驗；患者可能在毫無事實根據的情況下陳述他聽到什麼聲音，或看到什麼景象。前者對一般精神分裂症患者言，相當普遍，稱為**聽幻覺** (或**幻聽**)

(auditory hallucination)，聽幻覺是精神科醫師據以診斷病患是否屬於精神分裂症的主要線索；後者稱為**視幻覺** (或**幻視**) (visual hallucination)。其他方面也有幻覺，有的覺得食物中有奇怪的味道，有的覺得身體某部分有針刺的疼痛。

精神分裂症患者，除了幻覺之外，妄想也為其主要症狀之一。**妄想** (delusion) 是指既無事實根據又不合乎邏輯的思想或觀念。按精神病學上的分類，妄想均可分為以下六種：(1) **迫害妄想** (delusion of persecution)，患者相信別人在有計畫地對他加以傷害，因而整日提心吊膽，吃飯怕人下毒，走路怕遭黑槍，惴惴然不可終日；(2) **誇大妄想** (delusion of grandeur)，患者過分誇大自己的身份和地位以炫耀自己，引人重視；(3) **否定妄想** (delusion of negation)，患者對某些具體事實堅持不承認其存在，明明剛吃過飯，他卻堅持未曾進食；(4) **支配妄想** (或**影響妄想**) (delusion of influence)，患者相信一個人的思想可以像電塔放電一樣，不須經由任何語言文字為工具，即可輸入別人的心中，從而支配其行為活動；(5) **嫉妒妄想** (delusion of jealousy)，患者懷有強烈嫉妒心，經常想入非非，或是懷疑愛人移情，或是疑心妻子不貞；(6) **關聯妄想** (或**關係妄想**) (delusion of reference)，患者把一些不相干的事情聯想在一起，並且相信一切都對自己不利，報上的新聞評論，小說電影中的諷刺故事，他會覺得都是影射自己。

顯然，精神分裂症患者的幻覺與妄想，二者之間是關係密切的；可能是因妄想而後有幻覺，也可能是因幻覺而後有妄想。

4. 情緒錯亂 精神分裂症患者的明顯症狀之一是情緒錯亂；患者以異於常人的方式表達其喜怒哀樂的各種情緒。平常人的情緒表達雖未必相同，但在基本上，見喜事則喜，見憂事則憂，大致上是相似的。精神分裂症患者則不然，他們的情緒表達，喜怒無常，令人悲傷的情境，他可能發笑，惹人發笑的場合，他可能悲傷。患者的外在環境與其內心世界已失卻統合功能，此即患此症者之所以被稱為"精神分裂"的原因。患者經常呆坐良久，表情木然，即使告知親人患了絕症，他也無動於衷。也許在另一時間，無緣無故就會情緒激動地狂喜或痛哭。

5. 脫離現實 精神分裂症患者，在日常生活上極端退縮，非但不肯與周圍環境中的人交往，而且也不願與周圍世界中的事物接觸。患者經常離群索居，孤獨自處，不知世事之變化，不知時間之流失；枯坐終日，不知當時是何年何月何日。精神分裂症患者與現實世界脫節，以**自我專注** (self-absorption) 方式，退縮到屬於他自己的內在世界之內，從事**幻想**。此即前項所指患者在情緒上令外人看來喜怒無常的原因。

6. 動作怪異 精神分裂症患者除上述各種心理異常症狀之外，在身體動作上也有些異於常人的症狀。患者動作表現，有時極為怪異；時而無故傻笑，時而咬牙切齒，時而愁眉苦臉，時而比手畫腳，此等動作似在表達某種意義，但與外在環境並無直接關係。屬於**僵直型精神分裂症**(或**緊張型精神分裂症**)(catatonic schizophrenia)的患者，肢體動作尤為怪異，可能一手舉起一手扶牆，一直不動，像蠟人一樣，維持幾個小時。

二、精神分裂症的心理成因

精神分裂症是所有各種心理異常之中最嚴重的一種心理疾病，也是變態心理學與精神病理學上研究最多的一種心理疾病。

綜合多年來精神病學家對精神分裂症研究發現，簡略歸納為兩方面的因素，摘要說明於下：

(一) 精神分裂症的遺傳因素

根據多年來精神病學家的研究，有愈來愈多的證據，顯示精神分裂症與遺傳有關。表 13-1 內所列的資料，是根據精神分裂症患者的病例，依照統計學原理所推估出來的患病機率 (在一生中可能罹患精神分裂症的機率) (Gottesman & Shields, 1972; 1982)。其他後續研究所得結果也大致相似 (Gottesman, 1995; Kendler & Dichel, 1993)。

表 13-1 精神分裂症與遺傳的關係

血緣關係	遺傳相關程度	相關人之患病機率	
同卵孿生子中有一人患精神分裂症者	1.00	其中另一人患病機率	0.46
父母兩人均患精神分裂症者	—	其獨生子女患病機率	0.46
異卵孿生子中有一人患精神分裂症者	0.50	其中另一人患病機率	0.14
父母中有一人患精神分裂症者	0.50	其子女患病機率	0.13
兄弟姊妹間有人患精神分裂症者	0.50	其他人患病機率	0.10
堂(表)兄弟姊妹間有人患精神分裂症者	0.25	其他人患病機率	0.03
夫妻兩人中有一人患精神分裂症者	0.00	另一人患病機率	0.02
在一般人口中患精神分裂症者	0.00	任何人患病機率	0.01

(採自 Gottesman & Shields, 1982)

觀察分析表 13-1 之內容，當可對精神分裂症與遺傳的關係，獲得以下三點認識：

第一，**同卵孿生子**之間的**遺傳相關** (見補充討論 10-1)，高於其他任何兩人之間的相關關係。同卵孿生子中有一人患病者，其中另一人之患病機率 (0.46) 高於其他任何血緣關係的患病機率。這顯示遺傳與精神分裂症兩者之間，確實存在著密切關係。

第二，從遺傳與精神分裂症關係的另一角度看，即使同卵孿生子間的遺傳完全相同，但根據其中之一患病者去推測另一人時，其機率仍低於百分之五十的現象可知，遺傳因素之外環境因素也產生很大的影響。

第三，同卵孿生子中之一人或父母兩人均患精神分裂症者，孿生子之另一人或父母的獨生子 (女) 的患病機率相等 (均為 0.46)。此等事實的背後，可能存在著兩種原因；除遺傳因素外，其中含有相當成分的環境因素。可以想見的是，在父母均為病患的家庭中，其子女的生長環境是不會正常的。

對精神分裂症與遺傳關係的研究，除上述著名研究外，另有心理學家從養父母與養子女的關係上去作分析。有學者研究發現，母親為精神分裂症患者，其子女自幼即被正常家庭收養，而待其成年後罹患精神分裂症的機率，遠較一般人為高 (Kety, 1988)。另有學者研究發現，父母正常的兒童自幼即被人收養，後來養父母之一人罹患精神分裂症者，養子女成年後的患病機率，並不比一般人口中的機率為高 (Kety, et al., 1978)。根據以上兩方面研究發現，均支持遺傳與精神分裂症具有密切關係的看法。在遺傳過程中，究竟精神分裂症的傳遞是經過怎樣的生理作用？對此一問題的研究，迄未獲致肯定答案。惟一般認為可能與大腦功能或血液中某種化學物質有關。

(二) 精神分裂症的不同理論解釋

1. 精神分析的解釋　精神分析論者對精神分裂症心理成因的解釋，仍以其一貫主張，認為乃是由於幼年性心理發展障礙所致。精神分析論所指性心理發展五個階段 (口唇期、肛門期、性器期、潛伏期、兩性期)，與人格結構 (本我、自我、超我) 的發展是彼此配合的 (見第十一章第一節)；認為精神分裂症的病因，可能種因在**本我**與**自我**之間，本我的原始性衝動，不能在現實的自我中找到出路並獲得滿足，兩者衝突的結果，使個體在心理上產生**倒退** (regression) 傾向，由自我中退縮，退回到以前更幼稚的本我階段。精神分裂症患者，不能明確區分現實與幻覺，不能清楚辨別自己與周圍的世界，而從自我退化到本我的傾向，是其主要原因。

2. 行為主義的解釋　行為主義的心理學家們，對精神分裂症心理成因的解釋，仍採其一貫的主張，認為此種異常行為乃是個體在生活適應中學習的結果。個體在生活現實中遇到壓力時，壓力使他**焦慮**，因焦慮而感到痛苦。如在壓力下以病態的方式退縮逃避，逃避之後既可免於現實中焦慮的痛苦，甚至還可能因逃避而受到別人的關注 (如因逃避考試壓力而裝病就可能備受家人關注)。如此就很可能使其逃避的行為獲得**強化**而導致不良適應。

此外，新行為主義心理學家，採用**社會學習論**的觀點來解釋，認為在兒童期如父母管教態度不一致，兒童不能從父母兩人的言行中學習到是非對錯的行為標準；或者因父母不和而常遷怒到孩子身上，使孩子無辜受害，而孩子並不了解受懲罰的原因。像此種使兒童在行為標準上無所適從的家庭管教方式，不但導致兒童在行為上退縮逃避，而且在心理上也可能形成雙挫衝突。**雙挫衝突** (double-bind conflict) 是指個體表現某種行為之後，從父親與母親 (或老師與家長) 兩方面所得到的批評都是壞的，甚至孩子的行為動輒得咎。在此種情境下，兒童將會在現實中迷失，只能退縮到幻想的世界中去滿足自己 (Shapiro, 1981)。

3. 認知心理學的解釋 認知心理學家們，從知覺與思維的觀點來解釋精神分裂症的病因，認為一個人的思維多係由知覺引起，先看到或聽到什麼，而後才會想到什麼。精神分裂症的主要症狀中，知覺扭曲、幻覺以及妄想三者是最明顯的。按認知心理學家的解釋，精神分裂症患者從周圍世界中獲取知覺時，可能由於對知覺刺激選擇與組織的不同 (見第三章第四節)，只覺知刺激情境之片段，忽略其重點與整體，因而形成不完整的概念與不合理的思想。如果以認知心理學中**訊息處理論**的觀點來解釋，精神分裂症患者在其生活適應中，不按一般常人的心理歷程去處理他所遇到的訊息，該注意的訊息他忽略，不該注意的訊息他反而特別注意，訊息處理混亂才是他被視為心理異常的原因 (Braff & Geyer, 1990)。

4. 人本心理學的解釋 在 20 世紀 60 年代**人本心理學**思想興起之初，人本心理學家曾以完全異於其他心理學家的觀點，對精神分裂症的成因提出社會環境理論的解釋。他們不認為精神分裂症是一種疾病，而將之解釋為乃是由於個人生活陷入絕境使然。當個人竭盡所能謀求生活改善，而到頭來仍然無助無望時，他只能放棄一切，於是在心理與行為上表現出精神分裂症的病象。因此，人本心理學家認為，精神分裂症的病因不在患者本人，而在其生存的社會環境。此一理論雖曾一度得到人道主義者的支持，但由於患者生活受到妥善照顧後而異常症狀不見改善的事實，人本論的看法就不再受到重視。

本章摘要

1. **心理異常**是指個體因思想行為長期異於常人，致使其生活適應困難，並感到精神痛苦的複雜心理現象。
2. 心理正常者的心理與行為特徵是：(1) 了解自己並肯定自己；(2) 掌握自己的思想與行為；(3) 有自我價值感與自尊心；(4) 能與人建立親密關係；(5) 有獨立謀生意願與能力；(6) 對理想的追求不脫離現實。
3. 在精神病學上，通常將心理異常按症狀分為很多類別，本書為便於讀者對此問題獲得明確概念，將心理異常分三大類來簡要說明：(1) **情緒異常**；(2) **社會異常**；(3) **精神異常**。每一大類之下分別介紹幾個小類。
4. 情緒異常指個體的喜怒哀懼情緒變化異於常人；對不值得憂慮的事過分憂慮，對沒有危險的事過分恐懼。在情緒異常類別中，本書介紹四類心理異常：(1) **焦慮症**；(2) **體表症**；(3) **解離症**；(4) **情感症**。
5. 焦慮症是因過分焦慮導致的情緒異常。焦慮症有多種類型，主要有：(1) **泛焦慮症**；(2) **恐慌症**；(3) **恐懼症**；(4) **強迫症**。
6. **體表症**指患者雖有身體症狀但無生理器官病因的異常現象。體表症有多種類型，主要有：(1) **體化症**；(2) **慮病症**；(3) **轉化症**。
7. **解離症**指個體意識解離而使其人格失卻統合作用的情緒異常。解離症有多種類型，主要有：(1) **心因性失憶症**；(2) **迷遊狀態**；(3) **多重人格**。
8. **情感症**指個體情緒表達與現實情境脫離關係的心理異常現象。情感症有多種類型，主要有：(1) **憂鬱症**；(2) **自殺**；(3) **兩極性異常**。
9. 對各類情緒異常成因的解釋，有很多不同理論。在眾多理論中，最主要的有：(1) 精神分析論的解釋；(2) 行為主義的解釋；(3) 認知心理學的解釋；(4) 人本主義的解釋；(5) 心理生物論的解釋。
10. 社會異常指個體在生活中無法與人建立良好的社會關係或親密關係的現象。在社會異常類別中，本書介紹兩類心理異常：(1) **性心理異常**；(2) **人格異常**。
11. 性心理異常指個體在性行為上表現異於常人的現象。性心理異常有多種類型，主要有：(1) **性別認同障礙**；(2) **變性症**；(3) **性變態**。

12. 對性心理異常成因的解釋，有很多不同理論，在眾多理論中，主要有：(1) 精神分析的解釋；(2) 行為主義論的解釋；(3) 認知心理學論的解釋；(4) 心理生物論的解釋。
13. 人格異常指個體在日常生活待人處事時的作風與格調異於常人的現象。人格異常者的特徵，主要是在**反社會人格**的表現。
14. 對反社會人格成因的解釋，有很多不同理論，在眾多理論中，主要有：(1) 精神分析的解釋；(2) 行為主義的解釋；(3) 認知心理學的解釋；(4) 心理生物論的解釋。
15. **精神異常**俗稱**精神病**，是心理異常者嚴重到精神狀態脫離現實而喪失生活功能的程度。
16. 精神異常中最嚴重的是**精神分裂症**。精神分裂症的一般症狀是：(1) 思想紊亂；(2) 知覺扭曲；(3) **幻覺**與**妄想**；(4) 情緒錯亂；(5) 脫離現實；(6) 動作怪異。對精神分裂症成因的解釋，除在理論上有精神分析論、行為論、認知論及人本論之外，遺傳因素也是成因之一。

建議參考資料

1. 李明濱 (1989)：精神官能症之行為治療。台北市：健康雜誌出版社。
2. 林宗義 (1990)：精神醫學之路。台北市：稻香出版社。
3. 林 憲 (1990)：心路與心病。台北市：健康世界雜誌社。
4. 曾文星、徐 靜 (1999)：現代精神醫學。台北市：水牛出版社。
5. Castillo, R. (1997). *Culture and mental illness: A client-centered approach*. Pacific Grove, CA: Brooks/Cole.
6. Corey, G. (2008). *Theory and practice of counseling and psychotherapy* (8th ed.). Pacific Grove, CA: Brooks/Cole.
7. Jeffrey, S. N., Spencer, A. R., & Beverly, G. (2007). *Abnormal psychology in a changing world* (7th ed.). Englewood Cliffs, NJ: Prentice-Hall.
8. Ogden, J. (2007). *Health psychology* (4th ed.). Buckingham : Open University Press.
9. Rickel, A. U., & Allen, L. (1987). *Preventing maladjustment from infant through adolescence*. New York: Sage.
10. Sue, D. (2008). *Understanding abnormal behavior* (8th ed.). Boston, MA: Houghton Mifflin.

第十四章

心 理 治 療

本章內容細目

第一節　領悟治療
一、精神分析取向的心理治療　489
　(一) 弗洛伊德的精神分析治療

補充討論 14-1：自由聯想有無療效

　(二) 弗洛伊德後繼者心理治療取向
二、人本主義取向的心理治療　494
　(一) 羅杰斯的當事人中心治療法
　(二) 皮爾斯的完形治療法
　(三) 弗蘭克的意義治療法

第二節　行動治療
一、行為主義取向的心理治療　500
　(一) 基於經典條件作用原理的治療法
　(二) 基於操作條件作用原理的治療法
二、認知心理取向的心理治療　503
　(一) 艾利斯的理性情緒治療法
　(二) 貝克的認知治療法

第三節　團體治療
一、團體治療的特徵　508
二、團體治療的主要方法　510
　(一) 心理劇
　(二) 會心團體
　(三) 家庭治療

第四節　生理醫藥治療
一、生理藥物治療　513
二、電痙攣治療　514
三、精神外科治療　514

第五節　心理治療的評價
一、對心理治療效果的早期研究　515
二、對心理治療效果的晚近研究　516
三、有效心理治療的共同要件　517

本章摘要
建議參考資料

前章討論過心理異常的現象及其成因之後，本章將要針對心理異常的現象與成因，進一步討論心理治療 (註 14-1) 的問題。由於心理異常者一般不存有生理上的病因，所以很難採用傳統醫學上"對症下藥"的觀點進行治療。惟其如此，心理治療的理論與方法名目繁多；為了讓讀者對現代心理治療專業有個清楚完整的概念，本章從心理治療的性質與目的著眼，將繁多的心理治療方法區分為兩大類 (Londen, 1964)；一大類為領悟治療，指藉由心理治療的過程使患者對自己的問題有所領悟，從而達到改變其不當思想與行為的目的。本章第一節將分別介紹領悟治療原則下的精神分析與人本主義兩種取向的心理治療。另一大類為行動治療，指藉由心理治療過程幫助患者改變自己的錯誤思想與行為，從而達到以良好習慣取代不良習慣的目的。本章第二節將介紹行為主義和認知心理學兩種理論取向的心理治療。在同一大類之下所屬各種方法，雖在理論取向和實施技術上各不相同，但治療目的大致是相似的。以上兩大類心理治療，傳統上都是以個人為對象施行之。晚近的心理治療，有時採用團體的方式進行，因此本章第三節將在團體治療主題之下介紹會心團體、心理劇和家庭治療。

心理異常一向被視為"心病"。"心病須靠心藥醫"，"心藥"不能做到"藥到病除"，只能做到"人助自助"，使患者藉別人的助力而"自力更生"，從而達到恢復健康生活的目的。不過有時為了特殊需要，在應急的情形下，心理師也會有限度的使用藥物解除患者的痛苦。因此在第四節內附帶介紹幾種生理藥物治療。從行之多年的心理治療成效看，距理想目標仍遠；本章第五節將討論此一問題，並提出改進建議。希望讀者在研讀本章之後，除了對重要心理治療的知識有所認識之外，並能進一步獲得如何維護個人心理健康的人生啟示。

1. 對名目繁多理論紛歧的心理治療獲得清楚的概念。
2. 精神分析取向心理治療的目的與方法要義。
3. 人本主義取向心理治療的目的與方法要義。
4. 行為主義取向心理治療的目的與方法要義。
5. 認知心理學取向心理治療的目的與方法要義。
6. 團體治療的目的與方法要義。
7. 從心理治療評價研究領悟到心理治療的知識對個人生活適應的意義。

第一節　領悟治療

領悟治療一詞所指者並非單獨一種心理治療方法，而是指包括多種心理治療方法的一大類別。**領悟治療** (insight therapy) 是指對心理治療一事持有類似信念，希望藉由治療過程，讓患者領悟到自己心理異常的原因，從而自行改變其思想與行為，藉以達到不藥而癒的目的。換言之，領悟治療不針對患者在思想或行為上所表現的症狀去加以糾正，而是以患者異常思想或行為形成的內在原因為對象，企圖經過治療過程，使患者對自己的異常思想行為背後的動機有所領悟；領悟後自行改正。因此，屬於領悟治療一類中的各種方法，在進行治療時均不刻意糾正其不當思想或行為；只是設計某種情境，使其在自我反省中對自己的作為有所領悟，而後繼續自我成長，趨向健康之路。在領悟治療這一大類之下，本節將對精神分析與人本主義兩大理論取向所發展出來的幾種心理治療方法，分別簡要介紹。

一、精神分析取向的心理治療

精神分析是奧地利精神病學創始人弗洛伊德 (圖 1-7) 所建構的人格理論和心理治療方法。在第十一章內已介紹過弗洛伊德的人格理論，在此再介紹他本人及其後繼者所採用的心理治療方法。

(一) 弗洛伊德的精神分析治療

弗洛伊德**精神分析**治療的基本理念是，認為一切心理疾病都是個人人格結構中的**本我、自我、超我**三者間的衝突不得紓解而壓抑在**潛意識**中形成的結果。弗洛伊德的精神分析治療，主要採用四種方法分析患者的心理狀態，藉以揭露其隱藏在潛意識深處的問題，從而達到患者從自我領悟中而自行改變其思想與行為的目的。

1. 自由聯想　自由聯想是精神分析的主要方法。經由自由聯想，心理師才能了

註 14-1：心理治療 (psychotherapy) 是指受過訓練的專業人員，運用心理學上人性可以改變的原理，針對不同程度心理適應困難或不同程度心理異常者施予協助，使其因協助而能自行改變與自我成長，從而恢復健康生活的歷程。與心理治療一詞相近但意涵有區別的另有兩個名詞，一為**輔導** (guidance)，一為**諮商** (或**諮詢**) (counseling)。輔導的對象多數是一般人，少數是有輕微心理困擾的人；其功能是教育性的，其目的在助人成長，輔其自主，導其自立。諮商介於輔導與心理治療之間；接近輔導時，其對象除一般人之外，也包括心理適應困難的人；接近心理治療時，其對象就是心理異常的人。因此，諮商有時被視為與心理治療同義。

解患者內心深處隱藏的問題。**自由聯想** (free association) 是指讓患者在毫無拘束的情境下，盡情道出心中所想到的一切；無論是痛苦的或是快樂的經驗，或是存在內心中荒誕不經的觀念或思想，只要是想到的，就毫不顧忌地吐露出來。典型的自由聯想情境是，讓患者舒適地躺在躺椅上，分析師坐在躺椅之後，邊聽邊做筆記；對患者所說一切，都表示誠心接納，無論所言如何荒誕或如何不合情理，均暫時不予置評，以免聯想中斷。如患者表現聯想困難，則鼓勵他繼續聯想下去 (見圖 14-1)。

圖 14-1 自由聯想的情境

就精神分析的目的而言，自由聯想是開啟患者潛意識之門的鑰匙；在毫無拘束的心態下，患者的思想較少受到自我意識的影響，使原本被壓抑在潛意識中的衝動、欲望、幻想、衝突，以及各種不為社會認可且未曾獲致滿足的動機或欲念，得以釋放出來。潛意識中積存的痛苦得到釋放後，自將減輕患者內心深處的緊張和壓力。因此，自由聯想過程的本身，即具有心理治療的效用。自由聯想是精神分析的第一步，根據自由聯想所得的資料，再做進一步分析，從而協助患者解決內心中的真正問題。至於單是自由聯想是否具有療效，此一問題請參閱補充討論 14-1。

2. 夢的解析 夢的解析 (dream analysis，或 interpretation of dream) 一詞，出自弗洛伊德 1900 年出版的名著《夢的解析》(或《釋夢》) (Freud, 1900)。在自由聯想時，患者可能提到做夢的經驗。對精神分析方法而言，患者所陳述的夢，是一項重要的精神分析資料。惟患者所陳述的夢，只是他在意識狀態下所做的回憶；他真正做的夢，卻是在潛意識的狀態下進行的。夢的解析就是根據患者在意識狀態下所"說的夢"去解析他在潛意識狀態下所"做的夢"。換言之，分析師根據患者所陳述的夢中景況，去解析夢的真正含義，即為夢的解析。

在第四章第二節討論夢的心理學研究時，曾經提到過弗洛伊德對夢的理論解釋。根據他的說法，夢境分為兩個層面：

一為**顯性夢境**，是當事人醒後意識中所記憶的夢境；另一為**潛性夢境**，是夢之含義不為當事人所了解的夢境。當事人所能記憶的顯性夢境，是由潛性夢境改頭換面後以不同的象徵偽裝出現的，當事人並不了解夢中象徵物的意義，也不代表當事人本來的夢。由潛性夢境轉化為顯性夢境的過程，稱為**夢程**。夢的解析目的，就是幫助患者使他了解他夢中所見一切象徵性事物所代表的內在意義。換言之，根據患者所述顯性夢境進行分析，藉以揭開他潛性夢境之謎。

3. 移情分析　移情分析 (analysis of transference) 是指心理師對患者將對某人感情關係轉移呈現之現象的分析。**移情** (transference) 是指分析治療過程中，患者將其以往對別人 (父母或情人) 的感情關係，以扭曲現實的方式，轉移到心理師身上，使本來單純的醫師與患者關係，轉變為親子間或情人間的感情關係。移情是一種潛意識的表達，雖然在表面上患者以心理師為情感對象，但事實上不是真實的，只是以心理師為代替者而已。移情有兩種情形：一種情形是患者將他隱藏在內心中對別人的親情或愛意，轉移到心理師身上，稱為**正移情** (positive transference)；另一種情形是患者將他隱藏在內心中的不滿或恨意，轉移到心理師身上，稱為**負移情** (negative transference)。

就精神分析治療的目的而言，移情分析是一種方法。經由對患者在移情時的行為表現，可以了解他以往人際關係及感情生活經驗。患者在移情時的表現，可供心理醫師做為分析的根據；經分析之後可幫助患者從不真實的感情世界中解脫出來。

4. 抗拒分析　在精神分析過程中，患者可能對其痛苦經驗或隱藏在內心中的感情欲望等，不肯聽從分析師的指示全部陳述出來，致使分析治療無法順利進行。此種患者不合作的態度，稱為**抗拒** (resistance)。根據弗洛伊德的解釋，抗拒是一種**防衛機制**，防衛潛意識中的不合理欲念浮現到意識層面時會感到羞愧而焦慮。由此可知，在自由聯想過程中，凡是患者對其生活經驗的陳述表示抗拒者，其中必有原因；而其中原因極可能就是他心理病因之所在。因此，患者在談話中的抗拒表現，即成為分析師特別注意的焦點。化解患者的抗拒，讓他把心中任何隱密都說出來的方法，稱為**抗拒分析** (analysis of resistance)。分析之後，可使患者內心中壓抑的矛盾與衝突得以盡情傾訴，從而紓解其緊張的情緒。

5. 闡釋　在精神分析治療過程中，闡釋是最重要的一個步驟。**闡釋** (或**釋義**) (interpretation) 是指心理師根據患者在自由聯想、對夢的陳述、移情分析等過程所得一切資料，耐心與誠意地向患者解析；讓患者了解他所表現的一切有那些深一層的意義，從而讓他領悟到心理師所闡釋者，就是他心理困擾的原因。就精神分析的目的而言，闡釋的過程就是治療；只要心理

補充討論 14-1

自由聯想有無療效

在弗洛伊德的精神分析治療過程中，自由聯想被視為是一種治療方法。單是自由聯想是否具有療效？這問題不能根據生理醫學檢驗的客觀標準來判斷，只能根據當事人主觀感覺做為判斷的標準；如當事人覺得治療後生活適應改善，精神痛苦減低，即可視為治療有效。基於此一觀點，以下說明的是二十年前我在教學時遇到的一項頗為離奇的經驗，供做讀者參考。

有位台灣師範大學物理系二年級的王姓學生，選修我講授的普通心理學。他對弗洛伊德的精神分析治療中的自由聯想，極感興趣；除上課時多次發問外，課後並請我介紹參考書。事後他才告訴我他嘗試採用自由聯想幫助他的孫姓同學解決心理問題。孫生來自台南市一個富裕的家庭，他是父母的獨生子，自幼父母對他管教嚴格，雖然在學業上表現良好，但父母仍不滿意。他父母認為中小學成績如考不到前三名，將來就很難保證考上第一流國立大學。孫生考取師大後，父母限制他交異性朋友，並希望他畢業後出國留學。當他看到其他同學獨立自由的大學生活時，心中一直悶悶不樂。父母曾帶他去看醫生，醫生說他罹患了**憂鬱症**。

王姓學生眼見孫生日益消沈，就想採用自由聯想為他治療。他商請他們的導師黃教授出借客廳供他們使用。黃教授的客廳與餐廳相連，中間有布簾相隔，進行時王生讓孫生斜躺在沙發上自由聯想，要他將自小長大生活中的一切經驗，包括快樂的、痛苦的、希望的、失望的、羨慕的、嫉妒的等等，凡是想到的一切，不需加以組織，統統都說出來。王生自己則坐在布簾背後的餐桌上做他的物理習題，對孫生的訴說不加批評，只有在孫生聯想中斷時加一句"你說得很好，請繼續說下去！"如此進行，每週兩次，每次三十分鐘，兩個月後居然大有進步；孫生自覺心中的痛苦大為減輕。至此地步，王生與孫生之間因無話不談，而成了知心朋友。此時王生建議停止，孫生不肯，要求繼續進行。無如暑假將屆，黃教授決定客廳不再出借，在此情形下，孫生的父母居然出面在台北市租了一間公寓，供他們使用，繼續進行自由聯想，直到兩個月後秋季開學，孫生居然生活大致恢復了正常。

這件事表面看似離奇的故事，實則深具心理學涵義。從孫生的心理發展歷程看，他在父母表面呵護實則苛求的環境下長大，一直未能建立起他自己的獨立人格。到青年期進入了大學，正是青年人自我追尋與自我定向的時期。在此時期孫生仍未脫離父母掌控，使孫生在心理上陷入了**趨避衝突**的困境；一方面在父母的壓力下不得不聽從，另方面孫生自己對個人的前途又懷有憧憬，希望在自我追尋中能夠獨立自主，找到自己希望成功的道路。此種苦悶心情一直壓抑在心底，既不能對父母表明，又無知己好友可以傾訴；其情境正如弗洛伊德所說的壓抑在**潛意識**中的心理衝突。一旦在摯友前無拘無束地經過自由聯想釋放出來，自然就會覺得心理舒暢，病情也就隨之減輕了。

師的闡釋獲得患者信服，僅憑闡釋不需藥物，即能解除患者心理上的痛苦。

(二) 弗洛伊德後繼者心理治療取向

二十世紀初弗洛伊德創始了精神分析治療的理論與方法。其後他的繼承者，將他原來的精神分析治療方法有所修正並予以推廣。惟在基本理念上仍然服膺弗洛伊德的思想，原則上接受心理疾病肇因於動機情緒不得紓解的觀點，認為精神分析是治療心理異常的適當方法。只是在實際治療時，不再完全墨守早年弗洛伊德所持的理念和程序。綜合弗洛伊德後繼者心理治療取向，大致具有以下四點相似特徵 (Strupp, 1989)：

1. 對人格結構的新看法 弗洛伊德後繼者的心理治療取向，雖然原則上仍然採取早期弗洛伊德人格結構中**本我、自我、超我**的理念 (見圖 11-1)，但卻不再像弗洛伊德那樣，將本我中的潛意識衝動視為主要行為內在動力的看法。他們認為，介於本我和超我之間的自我，才是控制與支配個體行為的內在動力。本我是以**快樂原則**為基礎的，自我是以**現實原則**為基礎的。因此，在心理治療時必須考慮到從患者現實生活中去幫助他。

2. 不再囿於精神決定論理念 弗洛伊德的精神分析，在基本理念上持**精神決定論**的看法 (見第十一章第一節)，認為個體的行為一方面決定於幼年經驗，另方面決定於他原始性本我潛意識的衝動。晚近後繼者的心理治療的取向，則不再墨守弗洛伊德的傳統，他們認為幼年經驗和潛意識衝動，不能視為決定個體行為的主要原因，個體現實生活經驗和此時此地影響個體的環境，也是構成患者之所以心理異常的原因。

3. 重視社會文化因素 弗洛伊德的精神分析，實施時焦點集中在個人，而多半以個體的性衝動和潛意識壓抑作主要考慮。晚近後繼者的心理治療者的取向，則將探討的範圍擴大，在治療時一方面分析了解患者社會環境和人際關係，藉以發現形成心理異常的社會因素；另方面協助患者改善人際關係，增進社會適應能力，從而達到治療的目的。

4. 治療目的在強化自我功能 在弗洛伊德的精神分析人格理論中，**自我功能** (ego function) 指介於本我與超我之間自我所發揮的調和功能。亦即在本我的潛意識衝動不為超我所接受而發生心理衝突時，自我才發揮調和功能。晚近後繼者的心理治療取向，則強調"自我才是支配行為的內在動力"，認為個體之所以心理異常，主要是由於自我功能過分軟弱所致。因此在心理治療時，分析了解患者的生活經驗，從而發現患者在思想與行為上 (包括滿足生理需求和心理需求的一切活動以及社會道德和價值觀)，所表現的自我優點和缺點，然後協助他如何去強化優點，減少缺點，從而達到良好適應的目的。此種心理治療過程，稱為**自我分析** (ego analysis)。

二、人本主義取向的心理治療

採人本主義取向的心理治療稱為**人本治療** (humanistic therapy)；人本治療是以人本主義心理學的人格理論為基礎的。第十一章介紹過兩位人本主義心理學家的人格理論：一是馬斯洛 (圖 1-8) 的**需求層次論**，另一是羅杰斯 (圖 11-11) 的**自我論**。雖兩人的人格理論都主張人性本善與天賦**自我實現**的潛力，但馬斯洛的理念偏重於正常人的人格發展，而羅杰斯的理念則重在解釋環境不良因素阻礙個人自我實現進而導致心理異常的原因。因此，兩人相比，羅杰斯在心理治療上有更大的貢獻。在人性解釋上，人本主義的論點雖與精神分析論不同，但在心理治療的基本理念上，卻同樣將領悟視為治療的主要目的。在人本主義取向的心理治療這個主題之下，我們附帶介紹皮爾斯的完形治療法與弗蘭克的意義治療法。原因是這兩種治療法也採用了以領悟作為治療目的的理念。

(一) 羅杰斯的當事人中心治療法

羅杰斯在他的人格理論中，提出兩點重要理念；其一是自我為人格的核心；其二是自我實現有賴**無條件積極關注** (見第十一章第三節)。這兩點理念同時說明了影響個人心理正常與否的主觀意識與客觀環境兩大因素。按羅杰斯的說法，**自我概念**中**真實自我**與**理想自我**二者落差過大所導致的心理衝突，是形成心理異常的主觀因素。他同時也指出，個體在人格成長中固然需要別人的積極關注，但別人所施予的有條件積極關注，卻反而形成個體自我實現的客觀障礙。以下的討論乃以此兩點為基礎，簡要介紹羅杰斯的當事人中心治療法。

1. 當事人中心治療法的基本理念

羅杰斯以人本主義為理論基礎的心理治療方法，創始於 20 世紀 40 年代。此後三十多年間，他所使用的治療法名稱曾數度改變。最初，在 1942 年他採用的名稱叫**非指導性諮商** (nondirective counseling)，意在改進精神分析治療傳統所使用的指導治療觀念。到 1951 年改稱**案主中心療法** (client-centered therapy)，到 1977 年又改稱**當事人中心治療法** (person-centered therapy)。名稱雖然數度更改，而其基本理念與治療實施的程序大致相同；其基本要義一直是秉持人本主義的觀點，以接受治療者當事人為中心，重視他的人格尊嚴，將心理治療的過程，視為心理師為當事人設置的一種自我成長的教育機會。心理師並非主導者，也不把當事人當做病人看待 (故而不用"患者"而以"案主"或"當事人"稱之)，而且以同等地位對待當事人，確認當事人具有自我領悟和自我成長的能力；只要提供他自然的、和諧的、自由的良好環境氣氛，當事人自然就會擺脫自我概念中不真實的外衣，顯露其人格的真實面，終而能夠自我振作，循自主導向之路重建自我概念，以臻於**自我實現**的理想人生佳境。

2. 當事人中心治療法的必要條件

羅杰斯的當事人中心治療法，在實施時為期符合"以當事人為中心"的原則，特別重視兩個必要條件：第一個條件是營造良好的氣氛，使當事人感覺到溫馨、自由、沒有壓迫感，因而可以毫無顧忌地陳述自己內心中隱藏的痛苦及所困擾的問題。因為當事人中心治療不採用詰問的對話方式，也不強調對當事人的偏差思想或行為加以糾正或指導，只希望當事人在被接納的氣氛下自我表達其問題時得到領悟。第二個條件是心理師本人在專業上必須具備三種素養 (Rogers, 1957)：(1) **真摯** (congruence)：指心理師必須以誠懇的態度對待當事人，使當事人感到他言談真摯，表情自然。(2) **同理心** (或**感情移入**) (empathy)：指心理師在聆聽當事人陳述後，在言行上所表現的既同情又理解的一種親善態度。羅杰斯治療中所指的同理心與弗洛伊德精神分析治療中所指的**移情**不同。移情是指患者將隱藏在內心的感情不自知地轉移到心理師身上；羅杰斯所指的同理心，則是指心理師對待當事人的態度。此一態度中既有感情，又有理性；既是"感人之所感"(感情)，又是"知人之所感"(理性)。(3) **無條件積極關注** (見第十一章第三節)：羅杰斯在其**自我論**中曾指出，個體成長時固然需要成人的積極關注，但對個體健康人格成長而言，成人所給予的多半是**有條件積極關注**，這對個體自我實現而言，不是成長助力，反而是成長阻力。因此，在當事人中心治療過程中，羅杰斯特別強調必須以無條件積極關注的態度對待當事人。使當事人感受到他在心理師面前不但受到積極關注，而且是無條件積極關注。在此種完全被接納與完全被尊重的情境之下，當事人自然會毫無保留地傾訴他內心的衷情。

3. 當事人中心治療法的必要步驟

就羅杰斯的自我論看他的當事人中心治療法，治療的極終目的端在幫助當事人經由對自身困擾的領悟，達到自我實現的理想人生境界。惟在達到自我實現之前，必先在心理師設置的和諧氣氛下，完成以下四個步驟 (Rogers, 1961)：

(1) **掌握真實的經驗**：聆聽過當事人自我陳述之後，心理師就可以鼓勵當事人，在他的現實自我的基礎上，以開放的和不受別人影響的獨立態度，去重新體認以前的經驗。此外，對不確定或不甚了然的曖昧問題情境，也鼓勵當事人在不依賴別人的情形下，嘗試獨自去耐心地尋求答案。如此這般地重溫舊經驗與吸收新經驗，當事人才會學習到如何掌握真實的經驗。

(2) **找回失去的信心**：凡是失去真實自我的人，為了取悅別人獲得別人的讚許，常會失去對事自主導向的信心。因此，在心理治療之初，當事人在陳述過自己的問題之後，總希望心理師直接告訴他問題的答案，或直接幫助他解決困難。羅杰斯的當事人中心治療的特點是，心理師此時必須遵守"非指導"的原則，只鼓勵當事人自己去思考嘗試解決問題的方向和辦法，絕不可越俎代庖。因為，只有當事人經自行嘗試獲得成功經驗後，才會找回他失去的信心。

(3) **走出自己的天地**：找回失去的信心之後，心理師應更進一步鼓勵當事人，由企求取悅於人轉而內省自行檢討。對事理的是非善惡判斷，不再一味仰人鼻息，聽憑別人裁決，而是從親身體驗中學到價值感(自己覺得是好的或是對的)，藉由親身體驗形成自己的價值觀(自己認為怎樣做才是好的或是對的)，最後根據價值觀建立自己的價值標準做價值判斷。能對事理做獨立價值判斷者，就是人格獨立的具體表現。惟有人格獨立的人，才會有他自己的生活天地。

(4) **培養成長的能力**：在以當事人為中心的心理治療過程中，心理師除鼓勵當事人掌握真實經驗與學習獨立判斷之外，更應讓他知道，在適應環境隨時可遭遇困難的人生旅途上，絕無萬靈丹藥或錦囊妙計可用。善於適應生活困境的人，除事先能未雨綢繆與遇事能隨機應變之外，實無其他更好策略可用。因此，成功的當事人中心治療法，並非由心理師單方面負責"處方"以"治療"患者的"心病"，而是藉心理治療的過程，協助當事人澄清自己的觀念，修正前進方向，重訂生活目標，在繼續不斷的人生旅途上，從生活實踐中培養自我成長的能力。須知只有繼續不斷地自我成長的人，才有臻於自我實現人生境界的可能。

(二) 皮爾斯的完形治療法

採人本主義取向的心理治療，除前述羅杰斯的當事人中心治療法之外，另有皮爾斯在20世紀40年代創始的完形治療法。皮爾斯(圖14-2)的思想原本屬於精神分析，他在德國接受過完整的精神分析訓練，1921年獲醫學博士後，即從事精神分析治療工作。惟以在基本理念上因不同意弗洛伊德在性本能、潛意識以及幼年經

圖14-2　皮爾斯

(Frederick S. Perls (Frity), 1893～1970)，是20世紀德國出生的美國心理學家，是完形治療法的創始人，也是心理治療中由一個極端(精神分析)轉向另一極端(人本主義)的少有特例。

驗決定作用的看法，不見容於歐洲精神分析學界。復以 1933 年爲逃避德國納粹主義者的迫害，而移居荷蘭，繼之 1934 年移居南非，最後 1946 年移民美國，從此放棄精神分析治療的傳統，改採人本取向創立了自成一家的完形治療法。皮爾斯完形治療法的基本理念，載於其 1973 年出版的《完形取向治療的見證人》一書 (Perls, 1973)。

顧名思義，以人本治療爲取向的**完形療法** (Gestalt therapy)，在性質上兼具人本主義與完形心理學兩方面的特徵。根據皮爾斯重要著作歸納所得以下四點要義，大致可以看出完形治療法的基本理論 (Perls, 1969; 1973)。

1. 人性本善且具自我成長潛力 皮爾斯採用人本主義心理學家所持人性本善且具自我成長潛力的理念，認爲人性本來是完善的，如出生後的環境一切美好，人的身心得以自然發展，就不會發生什麼心理異常的問題。人之所以心理異常，主要是由於人性發展受到阻礙所致。因此，心理治療的基本原則，首先是協助當事人排除影響個體人格成長的阻力。

2. 心理異常源於內心矛盾衝突 根據完形心理學的理念，人所知覺到的世界，並非是一個客觀存在的物理世界，而是一個主觀感受到的心理世界。第三章中討論知覺歷程時，曾經提到知覺具有相對性、完整性等各種特徵。此種知覺特徵，可用於解釋對物體的知覺，也可用於解釋對心理事件的知覺。以知覺相對性中**形象與背景**一圖 (見圖 3-20) 爲例，形象之所以存在，乃是由於背景的相對作用。同理，一種心理事件的形成也是如此。以參加一項重要考試爲例，如參加者一百個考生中只錄取十人，考到第十二名落第者如單從考取的重要性著想，自然覺得落第是失敗的，不幸的。但如從參與考試者整體一百人去著想，就可以相對地顯出沒有考取的人占絕大多數；未考取才是"正常"，考取才是"例外"。如此想法，心理上的痛苦就會減低。按完形治療法的說法，在這個考試失敗的例子中，個人之所以痛苦，乃是由於當事人心理上矛盾衝突；一方面認定該項考試的重要性，在考試前抱著志在必得的心願；另方面又抱怨自己考前準備未能竭盡全力而導致失敗。只要此種矛盾衝突存在，他的痛苦就不會消失。如果考完後客觀地反省檢討事件的正反兩面，他可能對自己的失敗就會感到較爲心安。

3. 治療方法重在解決當前問題 完形治療法雖然也將心理衝突視爲心理異常的原因，但並不像精神分析治療那樣追究衝突的潛意識根源。完形治療法重視當事人當前的問題；即使問題發生在過去，治療時也要求當事人將問題拉到此時此地來討論。解決當事人當前心理矛盾與衝突，是完形治療法的重點。在實施時有多種技術，其中最具代表性的是空椅技術。所謂

图 14-3　空椅技術的情境

空椅技術 (empty chair technique)，是使當事人面對一把空座椅講話，從而發抒其內心的鬱悶與感情。空椅技術是一種假想情境，實施時可採兩種方式進行：一種是設想椅上坐著對話的某人；此某人所指者可能是他的父母，也可能是他的配偶，端視當事人內心中存在的問題而定。另一種方式是設想椅上坐著的是當事人自我的一部分；該部分所指者可能是自己的理想，也可能是自己的憂慮。無論採用何種方式，目的同樣是藉空椅技術讓當事人將內心的矛盾衝突盡情發洩出來。空椅技術也可採用交換座位的方法，讓當事人坐在空椅上充當原來當事人談話的對象，從而設身處地回答當事人所提到的問題。

4. 治療目的在求發展完整自我　顯然，完形治療法的實施有消極與積極兩層目的。在消極目的方面，完形治療旨在幫助當事人擴大知覺，從各方面去自我反省，發現並消除自我中存在的矛盾，從而找回分離的自我。在積極方面，完形治療旨在設置良好的環境，使個體人格的善良本質，得有機會多方面均衡發展，從而達到自我實現的理想境界。

(三) 弗蘭克的意義治療法

奧地利出生的美籍精神病學家弗蘭克 (圖 14-4)，在第二次世界大戰期間 (1939～1945) 被德國納粹關在死亡集中營內受

圖 14-4　弗蘭克

(Victor Frankl, 1905～1997) 是 20 世紀在德國出生的美國心理學家，是意義治療法的創始人，是親身經歷納粹死亡集中營苦難，而劫後餘生的著名精神病學家。在心理治療上他所強調的認識生活目的與生命意義的看法，對迷失的世道人心深具啟發作用。

了三年苦刑。在此期間，弗蘭克親眼目睹自己的父母、兄弟、妻子因不堪集中營內的酷刑虐待而死亡，他自己則靠堅強的意志與**存在主義** (註 11-4) 的人生觀，戰勝了死亡。大戰結束出獄後，根據他在集中營內的痛苦經驗及面對死亡心理掙扎的經驗，在 1959 年出版《從死亡集中營到存在主義》一書 (Frankl, 1959)，三年後修訂改以《人生意義的追求：意義治療法芻議》為書名出版 (Frankl, 1962)，成為當時的最暢銷書之一。意義治療法的主要思想即載於此書之中。

意義治療法 (或言語療法) (logotherapy) 是藉由協助當事人從領悟生活目的與生命意義，到改變其人生觀，從而自行健康成長的一種心理治療法。由此定義看，可知意義治療法乃是以人本主義為取向的領悟治療。接下去簡單說明弗蘭克意義治療法的兩點要義：

1. 生活目的在求精神需求之滿足

弗蘭克在 1955 年出版的《醫師與靈魂》一書中，指出人類之異於禽獸者在於其生活目的除現實目的之外，還有超現實的生活目的 (Frankl, 1955)。按弗蘭克的說法，人類的生活目的表現在三個需求層次的滿足：(1) 生理需求，諸如飢思食、渴思飲與為延續生命而求偶等均屬之；生理需求的滿足將使人類獲得生存。(2) 心理需求，諸如求安全、求保障、求別人關懷、求團體接納等均屬之；心理需求的滿足能使人感到快樂。(3) 精神需求，諸如精神寄託、宗教信仰以及人生理想的追求等均屬之；精神需求的滿足能使人感到幸福，從而體驗到人生的價值和意義。顯然，弗蘭克的思想與人本主義宗師馬斯洛 (見圖 1-8) 解釋人格的**需求層次論**頗為相似，而與弗洛伊德的精神決定論則大不相同。此即一般將其所倡意義治療法歸屬人本主義取向的原因。

2. 心理治療旨在助人領悟生命意義

弗蘭克思想中所指的人類生活的三層目的，生理需求與心理需求二者均屬現實性的生活目的，而居於第三層的精神需求，則屬於超現實的生活目的。生活中現實目的的滿足，多半受環境限制，無法完全自我操控。只有超現實的精神需求，才能擺脫環境的限制，做到完全操之在己；也只有在精神需求的追尋上，才能做到人本主義所強調的意志自由。根據弗蘭克的說法，心理異常者所感受到的痛苦，完全是精神性的 (因身體疾病所導致的痛苦不在心理異常之列)，而精神痛苦的主要原因，則是由於在生活目的上，不能擺脫現實需求難以滿足的壓力有以致之。自古以來求名、求利、求長生不老者比比皆是，但到頭來達到目的者能有幾人！因此，弗蘭克將協助心理異常患者認識超現實生活目的的重要性，以及領悟人生的價值與意義，視為治療的目的。精神需求的滿足使人有價值感，有價值感才能體驗到生命的意義。在精神需求層次下，人可以在生活中尋求到三種價值：(1) 創造性價值，此種價值感可由求新求變精益求精的日常工作中體驗得到；(2) 經驗性價值，此種價值感可由日常生活中對美好事物的欣賞與人際關係中愛的授受中體驗得到；(3) 態度性價值，此種價值感可由對人世間悲歡離合一切無常變化所形成的人生態度(即人生觀)中體驗得到。意義治療法的目的，就是要協助當事人從調整自己生活中獲得以上三種價值感。只要當事人覺得自己的生活有價值，他就會領悟到人生的意義。職是之故，意義治療法的實施，特別強調兩點；其一是自由，讓當事人領悟人生意義後自行選擇自己理想的生活方式。其二是責任，讓當事人了解到對自己的選擇應負實踐的責任。能做到這兩點的人，就是健康快樂的人 (Frankl, 1966)。

第二節　行動治療

　　前節所討論的領悟治療，在理論與方法上均著重在讓當事人領悟其心理異常的原因後，自行改變其異於常人的思想與行為。由此可見，領悟治療所採的治療取向著重於內在的調理與疏通，不強調對患者的問題去"治病"。本節將要討論的**行動治療** (action therapy)，則是企圖針對外顯症狀，直接對患者的偏差行為或錯誤思想予以治療的另一種取向。代表行動治療者主要是行為治療與認知治療兩類方法；前者旨在直接矯正患者的偏差行為，後者旨在改變患者的不當思想，從而達到消除症狀恢復心理健康的目的。

一、行為主義取向的心理治療

　　採行為主義取向的心理治療，稱為**行為治療** (behavior therapy)。行為治療包括多種方法，其共同理念是，認為所謂心理異常，事實上就是**行為異常** (behavior disorder)；而行為之所以異常，並非緣由內在的複雜原因，只不過是個體在日常生活中學到的一些不良習慣而已。革除不良習慣，使患者在同一刺激情境下不再出現不良反應，就是行為治療的目的。行為治療的基本看法是，任何習慣均係經由刺激-反應聯結學習歷程而獲得，而刺激-反應聯結歷程的建立，又分為**經典條件作用**與**操作條件作用**兩種方式。以下簡要介紹由此二種條件作用為基礎發展而成的各種心理治療方法。

(一) 基於經典條件作用原理的治療法

　　按巴甫洛夫經典條件作用學習原理，學

習的產生 (此處指不良習慣的養成)，乃是原本不能引起固定反應的**條件刺激**，經由與本已引起固定反應的**無條件刺激**相伴出現數次後，前者即逐漸取代後者的作用，引起後者原本引起的反應。此一取代性的反應，稱為**條件反應** (見第五章第二節)。基於此義，所謂行為異常，事實上也就是個體在某種情境下學習到一種不當的條件反應。關於此點，在第十三章討論各種心理異常形成原因時，已在多處提到行為主義的解釋，根據經典條件作用原理發展而成的心理治療方法有多種，以下兩種是其中最常用的：

1. 系統脫敏法 系統脫敏法 (systematic desensitization) 是指經由系統的安排引起不當敏感反應的情境，使患者不再對某種刺激表現敏感反應的一種治療方法。系統脫敏法多用於治療**恐懼症**。在實施時，系統脫敏法主要包括兩個要點 (Wolpe, 1968)：(1) 確定焦慮產生情境：在開始治療之前先確定患者在什麼情境下對何種刺激產生反常的恐懼，然後將刺激情境由輕而重安排成層級，先由最輕微的刺激情境開始，等習慣之後再逐步加重刺激情境；直至患者習慣不再表現敏感反應為止。以患者不敢獨自一人搭乘電梯的**懼幽閉症**為例，可先由一人陪伴搭電梯開始，習慣後再讓他獨自搭乘至二樓或三樓，然後再逐漸提升到四、五、六樓。如此逐漸對本不可怕的情境習慣之後，早期學到的不當敏感反應，自然就會在不知覺中消除。(2) 學習肌肉放鬆訓練：確定焦慮產生之情境後，由心理師指導患者練習注意力集中於身體肌肉活動並保持心情平息與安定的**放鬆訓練** (relaxation training)。放鬆訓練的目的是讓患者學習到在引起焦慮的情境中隨時拿來應用；將注意力集中於身心放鬆，以轉移對情境的注意力，從而避免焦慮反應的產生。

2. 厭惡治療法 厭惡治療法 (aversion therapy) 是指採用經典條件作用原理，在引起不良習慣反應的刺激出現之同時，對患者施以引起他痛苦反應的刺激，使後一刺激的厭惡感取代前一刺激的吸引力，從而達到消除不良習慣的目的的一種治療方法。厭惡治療法的基本理念是，認為一般不良習慣的養成，乃是當事人把本來不具吸引力的刺激，卻表現出特別愛好的反應。最常見的酗酒現象就是如此。在酗酒習慣養成之前，酒原本是一種中性而不具吸引力的**條件刺激**，等酗酒習慣養成之後，酒就變得具有強烈的吸引力，成為引起嗜酒者的**條件反應**。厭惡治療法的構想是，不良習慣既可經由經典條件作用學習歷程而養成，也可經由同樣歷程使之消失。基於此種構想，即可按照以下程序對酗酒不良習慣進行矯正：(1) 在酗酒者飲酒之前先服用能使酒後嘔吐的藥物 (藥物本身不致引起嘔吐，服藥後飲酒才會嘔吐)。此一設計是在條件刺激 (酒) 之後伴隨出現另一無條件刺激 (嘔吐劑)。(2) 幾次練習之後，本來具有條件刺激性質的酒味，對酗酒者就會變得由愛好而厭惡，甚至聞到酒味就會噁心嘔吐。到此地步，酗酒的不良習慣就可能革除。不過，採用厭惡治療法時必得符合一個先決條件，即此法之採用必須徵得當事人同意。

(二) 基於操作條件作用原理的治療法

第五章第三節曾詳細討論過，美國心理學家斯金納 (見圖 5-5) 根據動物實驗所建構的**操作條件作用**學習理論。操作條件作用學習理論有兩點基本要義；其一，學習是刺激-反應聯結的歷程，而某一特定反應之所以與某一刺激情境發生聯結，乃是決定於該反應之後所生的**後效強化**作用。其二，在較為複雜的情境中從事學習時，可運用**漸進條件作用**的方法，使個體學到一種新的行為，從而達到**行為塑造**的目的。根據操作條件作用原理發展出來的心理治療方法，在基本構想上就是將心理治療視為重新學習；讓患者在設計的刺激情境下學到良好習慣，用以取代原來在同樣情境下表現的不良舊習慣。因此，以操作條件作用原理為基礎的行為治療方法，一般稱為**行為矯正** (behavior modification)。行為矯正的方法不只一種，本文以篇幅所限，僅以使用較多的代幣法做為代表性的說明。

代幣法 (或**標記獎勵法**) (token economy) 係以具有交換價值的象徵物，代替金錢的獎勵作用，做為患者適當行為出現後的**強化物**，藉由操作條件作用中後效強化原理，達到養成良好習慣的治療目的。因為此一治療方法係以象徵物代替金錢的獎勵作用，故而稱為"代幣法"；"代幣"為象徵物，其所以能夠發生**強化**作用者，也是經由學習歷程。因此，代幣法所運用的操作制約學習的強化原則，不是**原級強化**作用，而是**次級強化作用**。此即有些學者將代幣法譯為"標記獎勵法"的原因 (Sarafino, 2000)。

根據操作條件作用原理發展出來的代幣法，一般用於精神病院中長期住院的患者。在精神病院中，經常會遇見一些情緒冷漠的病人，此等病人有的對任何事物都不感興趣，有的對自己生活習慣毫不在意，有的對周圍的人毫不尊重，有的對任何勸告都聽不進去。以此等病人為心理治療的對象時，要想採用本書第一節所介紹的領悟治療方法，很難達到目的。然而，此等患者仍然有生理上和心理上的需求：需求較多的自由 (如戶外活動)，需求較好的食物，需求較多的娛樂 (如看電視)，需求某方面的滿足 (如吸煙)。治療人員即可針對患者的需求，使他們學到從積蓄象徵性代幣獲取滿足需求的手段，從而提升其生活情趣，藉以達到心理治療的目的。試以只對電視有興趣而生活髒亂的個案為例，說明代幣法的使用步驟：

1. 認定行為治療的目標 由治療人員與患者共同認定患者的行為問題，並明確訂定如何改變生活習慣，以達到消除行為問題的目的。例如，以下事項即可列為改變生活髒亂習慣的治療目標：(1) 按時作息；(2) 每早洗臉刷牙；(3) 飯前便後洗手；(4) 整理床舖；(5) 清洗衣物；(6) 打掃環境；(7) 穿著整齊等。認定治療目標後，循序漸進，逐步實施改進。

2. 約定代幣使用的方式 認定治療目標之後，由治療人員與患者以契約方式約定：(1) 採用的象徵性代幣 (如印有星號的卡片)；(2) 代幣的給予標準 (如做到一項者可得一個代幣，連續做到三項者，可得五個代幣，已做到而又退步者扣發代幣)；(3) 代幣交換辦法 (如累積五個代幣者可看一小時電視)。

3. 由誘因變為自我控制 像代幣法採用外在**誘因** (見第九章第一節) 控制個體行為的辦法，其效果可能是暫時的；外在誘因 (代幣) 一旦停止，學得良好習慣也可能會隨之消失。但如從另一觀點看，習慣成為自然之後，也可能會繼續保持。尤其是良好習慣建立之後，除代幣的直接獎勵之外，其他社會性的精神鼓勵 (別人的讚許) 以及自尊心的提升，均可能由外誘作用轉變為當事人的自我控制，從此不再重犯以前的錯誤。因此，當代幣法治療行之有效以後，心理師宜繼續讚許並鼓勵患者保持良好習慣，使他在社會支持的情況下革除不良習慣。

二、認知心理取向的心理治療

前文介紹的行為主義取向的兩種心理治療方法，其特點是針對患者在某些情境下所表現的不當行為反應，經由條件作用的學習歷程，施予再學習性質的行為矯正。接下來要介紹的是認知心理取向的心理治療方法。認知治療的特點是，針對患者對某些生活事件的錯誤思想，經由認知或**訊息處理**的歷程，協助患者面對導致其心理困擾的問題，放棄原來主觀的情緒的思維方式，改採新的客觀理性的思維方式，去重新面對問題，從而達到心理治療的目的。採認知心理取向的心理治療方法，稱為**認知治療法** (cognitive therapy)。在實際使用時雖有多種不同的方法，但其間有兩點共同之處：其一，心理異常的主要症狀是情緒痛苦，而其痛苦情緒源於其思想觀念錯誤。因此協助患者改變其既有的思維方式，乃是心理治療的適當途徑。其二，認知治療重視患者此時此刻的心理問題，不探究其以往生活經驗及長期病因。在諸多認知心理治療方法中，以下兩種方法是最為主要的。

(一) 艾利斯的理性情緒治療法

美國心理學家艾利斯 (圖 14-5) 在 20 世紀 60 年代創始了一種認知治療法，稱為**理性情緒治療法** (簡稱**理情治療法**) (rational-emotive therapy，簡稱 RET)。顧名思義，理性情緒治療法是靠著幫助患者將原來的情緒困擾理性化，從而達到治療目的的一種心理治療方法。在 1958 年艾利斯首次宣佈他的治療方法時，原本稱為**理性心理治療法** (rational psychotherapy)，後來他發現心理異常者多表現出情緒上

圖14-5　艾利斯
(Albert Ellis, 1913～2007) 是 20 世紀美國心理學家，是心理治療專業中影響力最大的心理學家之一；他所創始的理性情緒治療法，其影響力被評為僅次於羅杰斯的當事人中心治療法。

的痛苦，故而在 1962 年所出版的代表他心理治療思想的《理性與情緒的心理治療》一書中，改而使用後來的名稱 (Ellis, 1962)。到 1993 年起又改稱**理性情緒行為治療法** (rational emotive behavior therapy；簡稱 REBT) (Ellis, 1994)，但內容無大改變。理性情緒治療法，被評為僅次於羅杰斯的**當事人中心治療法**的一種方法 (Smith, 1982)。以下四點可說明艾利斯理性情緒治療法的要義。

1. 非理性思維是人性的弱點
艾利斯的理性情緒治療法，在理論上乃是基於他對人性的看法。雖然人類經常自誇"人類是理性動物"，但在艾利斯看來，人性的弱點就是在於處理自身問題時缺少理性。他指出以下四點足以表示人的思維缺少理性 (Ellis, 1962)：(1) 人具有庸人自擾的本性，又常為自己的情緒所困擾，而情緒困擾的原因，多半是自取的，很少是外因造成的，故人非理性動物。(2) 人有思維能力，但思維用於自身問題時，則多表現出損己害己的傾向；對攸關自身之事有過多無謂的思考，是困擾自己的主要原因。(3) 不需有事實根據，單憑想像即可形成信念，這是人異於禽獸的獨有特徵。惟以過多的無中生有的想像力，常將個人自己帶入愈想愈苦惱的困境。(4) 人有自毀傾向，卻也有自救能力；如何協助患者化前者為後者，正是理性情緒治療法的目的。

2. 痛苦情緒源於非理性信念
基於以上對人性的看法，艾利斯採用圖 14-6 圖解中 A-B-C 三者間的關係，做為心理異常者一切痛苦情緒均係源於非理性信念的理論架構 (Ellis, 1979; 2003)。

按圖 14-6 所示，A 代表發生的失意或痛苦事件。此一事件可能是既成的客觀事實 (如經商失敗)，可能是起於跟別人衝突 (如與同事吵架)，可能是起於家庭事故 (如夫妻離婚)，也可能是自己行為的後果 (如考試失敗)；無論所指者為何，總歸是發生了一件與己有關而且失意的事件。C 代表個人對事件的情緒反應後果；個人

```
┌─────────────────┐     ┌─────────────────┐     ┌──────────────────────┐
│ A：發生了失意事件 │ ──▶ │ B：非理性信念    │ ──▶ │ C：情緒的後果          │
│ (activating event)│     │ (irrational belief)│     │ (emotional consequence)│
└─────────────────┘     └─────────────────┘     └──────────────────────┘
                              ▲                           │
                              │  因痛苦情緒而加強非理性信念  │
                              └───────────────────────────┘
```

圖 14-6　艾利斯理情治療法的 A-B-C
(採自 Ellis, 1979)

對事件的情緒反應，少數人可能是理性的(如面對現實虛心檢討)，多數人是非理性的 (如怨天尤人或灰心喪志)。按圖中箭頭方向所指，無論個人情緒反應後果為何，均非直接由事件本身所引起，而是間接由個人對該事件所產生的信念 B 所導致。以考試失敗為例，如果對事件的信念是理性的，情緒的後果就未必一定是痛苦的；如果對事件的信念是非理性的，情緒的後果就一定是痛苦的。換言之，事件本身所形成的刺激情境，並非直接引起情緒反應的原因；個人對刺激情境的認知解釋，才是導致情緒反應的原因。準此而論，心理異常者的痛苦情緒，主要是對事件所持非理性信念所導致。圖下方的迴鈎表示情緒的後果將加強非理性信念；痛苦的情緒後果，將使個人覺得他的想法是對的。常有人說"越想越難過，越難過就越想！"正是此種情形。

設有一離婚婦人罹患了**憂鬱症** (見第十三章第二節)，離婚自然是一椿痛苦事件，但憂鬱症則可能是當事人情緒反應的後果。根據艾利斯的解釋，離婚一事與憂鬱症之間，並不能直接構成因果關係；當事人對離婚一事所懷有的信念，或當事人對自己婚姻破裂一事的認知解釋，才是使她情緒憂鬱而導致心理異常的真正原因。當事人在離婚後，可能將婚姻的破裂歸咎於自己的錯誤，把離婚視為自己追求幸福的重大失敗，把因離婚而失去丈夫的愛，視為自己有缺點才遭對方遺棄。果如是，她可能就會陷入自怨自艾的痛苦情緒。如果當事人對離婚一事持另一種信念；將婚姻失敗解釋為遇人不淑，把造成婚姻破裂的責任完全歸咎於對方。果如是，當事人可能會覺得，離婚是一種解脫，就不再為離婚而痛苦。因此，艾利斯認為一個人之所以因情緒困擾而導致心理異常者，主要原因不在於外在世界，而在於他自己面對外在客觀世界時所持的非理性思維所引起不當情緒所致。

3. 非理性信念的成因及形式　非理性信念是如何形成的？人在一般生活中經常懷有那些非理性信念？按艾利斯的說法，人自幼生長在傳統文化社會裡，在其所受的家庭與學校教育中，無時無刻不在接受"做好人，做好事"教條的影響。長期教條化影響的結果，個人在從事任何活動時，就不自覺地形成了一些對自己過分要求的觀念。即使此等觀念可能是不實際的、非理性的，甚至是錯誤的，但是它卻一直支配著人不得不如是思想，終致形成了一些錯誤信念；結果是個人被自己的非理性信念所擊敗，而做了他自己錯誤信念的犧牲者。按艾利斯的解釋，人的非理性信念主要表現於以下十一種形式 (Ellis, 1967)：(1) 與人交往必須獲得對方的愛戴和支持；(2) 個人的自我價值唯有建立在能力超群和事業成功的基礎上；(3) 做壞事的人必須受到嚴厲懲罰；(4) 個人所企盼的事不能如願以償時即感絕望；(5) 個人遭遇不幸時總是怨天尤人；(6) 責任能免則免總比勇於負責合算；(7) 對潛在而未必發生的危險總是杞人憂天；(8) 個人的成功必須依賴有力人士提拔；(9) 一切決定於過去，故而成敗無法操之在己；(10) 個人應為那些處境困難的人而煩憂；(11) 凡事皆需有正確答案，遇到無肯定答案時即無法容忍。艾利斯認為，在日常生活中每個人或多或少都會有些如上列非理性弱點，如弱點累積過多，就會產生情緒困擾終而形成心理異常。

4. 治療目的在重建理性信念 基於以上討論，可知理性情緒治療法的實施，主要是經由對患者教導的方式，協助他跳出"當局者迷"的困境。在對患者給予教育性指導過後，即可按以下的治療程序進行 (Ellis, 1979)：(1) 讓患者自行反省檢討，目前生活中有那些非理性的信念，時時縈繞於心，揮之不去，造成他情緒上的痛苦；(2) 鼓勵患者自行分析驗證，此等信念是否合情合理；(3) 根據患者所陳述事實經過原委，明確指出其不合理之處，並說明此等不合理的信念，正是造成他情緒困擾的原因；(4) 建議患者，嘗試以合理的思考去取代原來由非理性思考所形成的錯誤信念；(5) 讓患者學習以後遇有類似經驗時，如何改採合於科學的思考方法去處理問題，以免重陷非理性信念而導致情緒困擾的覆轍。

(二) 貝克的認知治療法

與前述艾利斯理性情緒治療法理念相近但方法不同的另外一種心理治療法，是美國精神病學家貝克 (圖 14-7) 在 20 世紀 80 年代所創立的**認知治療法** (cognitive therapy) (Beck, 1976, 2000)。在基本理念上，認知治療法採取與艾利斯同樣的觀點，認為患者之所以情緒異常，乃是個人對自己、對世事以及對未來認知或思想錯誤的結果。貝克認為，情緒異常者對自己、對世事或對未來的很多想法，多半是一些沒有事實根據的錯誤假設。根據貝克觀察發現，凡是因情緒異常而導致**憂鬱症**的患者，在心理上一般懷有以下失敗主義傾向 (Beck, 1976)：(1) 稍不如意即全盤否定自己；(2) 將成功的經驗歸因為意外，將失敗經驗歸因於自己；(3) 選擇性認知，只看到世界黑暗面，忽略世界光明面；(4) 對不確定的情況過分悲觀；

圖 14-7　貝　克

(Aaron Temkin Beck, 1921～)是20世紀美國心理學家，是認知-行為治療法的創始人，是美國著名精神病學家，也是對憂鬱症的病理研究最有貢獻的人。

(5)對事理判斷時持兩極化態度 (非全對即全錯)。此等心理傾向，本屬假設性質，但如個人對自己的錯誤假設深信不疑，久而久之他就會把假設當成肯定的結論。一旦如此，他的錯誤假設就會支配他的行為；在對自己對世事或對未來的一切活動上，表現出不合理的異常反應，甚至感到人生缺乏意義而企圖自殺 (Beck, 1978)。

在治療方法方面，貝克不像艾利斯那樣強調糾正患者的錯誤思想，而是將心理師與患者之間視為協同解決問題的合作者，共同面對患者因錯誤思想所導致心理困擾的原因，並進一步共同研擬解決問題的可行方法。

在實際進行治療時，認知治療法採以下三階段進行：

1. 確定造成患者精神痛苦的原因
心理師採面對面談話的方式與患者討論如下的問題：在生活中究竟是什麼事件造成患者痛苦？患者本人對該事件之所以造成他痛苦的原因如何解釋？除了患者所持理由之外，能否從另一個角度看同一問題？經過此一對話階段後，希望患者以認知代替情緒去重新面對生活事件。

2. 鼓勵患者重新面對現實去體驗生活
鼓勵患者改變過去退縮逃避的做法，積極參與社會活動；鼓勵他打起精神努力工作，希望藉由實際生活體驗，讓患者有機會發現自己生活的意義和價值。

3. 定期完成家庭作業　提供患者心理健康方面的書籍，並要求他每天寫日記，記下閱讀心得及對生活事件的看法和想法。如此設計的目的是讓患者離開心理師後，可藉閱讀與寫日記的過程以加強他對自己生活事件的認知。

經過以上三階段之後，心理醫師再與患者面對面討論進步的情形，從而確定進一步治療。由於貝克的認知治療法在實施時強調"知而後行"，讓患者在生活實踐中改變自己，故而此法也稱**認知-行為治療法** (cognitive-behavior therapy)。

第三節　團體治療

前兩節介紹的各種心理治療方法，都是由一位心理師面對單一患者進行的治療方式。像此種一對一的治療方式，稱為**個別治療** (individual therapy)。個別治療的優點是，心理師對患者病因與病情的變化了解得較為深入，而且患者對其個人事關隱私的問題也較少顧忌。但缺點是一方面心理師經常太忙，無法深入研究個別病情，另方面是心理疾病需長期治療，醫療費用負擔太重。惟其如此，以數人合成的小團體治療方法即應運而生。接下去即簡要說明團體治療的特徵及主要類型。

一、團體治療的特徵

團體治療 (group therapy) 亦稱**團體心理治療** (group psychotherapy)，是指以兩個以上 (通常是四至八人每週進行兩次) 心理異常者為治療對象的心理治療方法。團體治療只是一個籠統的名稱，在實施時不僅包括多種類型，而且各種類型的團體治療，在理論與方法上也不像以前各節所述個人治療那樣有所區分；精神分析治療、人本治療、行為治療、認知治療等方法，均可分別運用在團體治療之中。然團體治療有其限制是只能適用於病情較輕的情緒異常或社會異常的患者，不適合用於精神異常之類的嚴重心理疾病。此外，對性格過分膽怯與內向的患者，在團體中可能感到情緒壓力，不敢或不願表露自己內心的痛苦也屬不宜。因此，團體治療不宜採強迫方式，只能在自願參與的原則下進行。綜合各家意見，團體治療具有以下幾項優點或特徵 (Yalom, 1985；Alonso & Swiller, 1993；Davison, & Neale, 2006)：

1. 團體治療方式合於經濟效益　一般心理異常或心理疾病都是由於長時間的生活適應不良累積的結果，因此在經由再教育或再學習的原則下接受心理治療時，不容易收到立竿見影的時效。對心理異常患者的診斷，缺乏像生理疾病診斷那樣精密儀器，只能靠深入晤談的方式來了解患者的病因與病情。在此種情形下，心理治療時所花費的時間與費用，必定是一個很大的問題。如將病情相近的患者聚集在一起，以團體討論的方式進行，當然可以節省時間金錢而合於經濟效益。

2. 在社會互動中增加自我認識　各

類心理異常者在心理上有一共同特徵，那就是自我迷失；自我迷失使他心理失常，持續迷失使他病情加重。凡自我迷失者，非但對社會的人情世事不能觀察分析，而且傾向將自己封閉在孤獨的世界裡，對自己的一切喪失了自覺反省的能力。因此，凡心理異常者，在人際關係上不是過分狂妄，就是過分自卑；在日常生活上缺乏自我方向，對自己所作所為無從感受自我價值。團體治療的特徵之一是社會互動，在心理師引導之下，讓團體中每個成員坦誠地表露自己隱藏在內心中的痛苦感受，而且鼓勵大家分析討論並容忍彼此間善意的批評。像這樣刻意設計的社會互動情境，對一般心理異常者而言是不容易遇到的。心理異常者在社會甚至在家庭中所表現的奇特思想或怪異行為，通常被人以異樣眼光看待；此種缺乏善意的氣氛可能使他們的病情加重。在接納、寬容、鼓勵的團體治療情境中，心理異常者得有機會與別人溝通討論並聆聽心理師的解析，每個人對自己心理困擾，不但多一層了解，而且更重要的是可由之發現，世界上陷入悲苦人生者，並非只有他一人；有些人的遭遇較之自己的情形更為痛苦。在此種情形下，心理異常者不僅可藉由社會互動而增加自我認識，而且也可能產生像古人所說的"同病相憐，同憂相救"的效果。

3. 社會支持下可自由發抒情緒 一般心理異常多因長期情緒適應不良所導致。第十三章第二節中曾經提到，情緒異常到較嚴重地步就會形成**情感症**。由於情感症患者的思想與行為異於常人，所以在一般社會情境中與人接觸時，難免遭人白眼，得不到別人的同情與支持。個人情緒得不到發抒機會，長期憂鬱的結果，就可能走向**自殺**之途。不愉快的情緒積壓在心中是一種痛苦，心中有苦而無處傾訴時，原來的痛苦將更形加劇。團體治療的基本構想之一，就是在和諧的團體氣氛之下，鼓勵患者無拘無束地發抒自己平日被壓抑的情緒。痛苦的情緒一旦傾訴出來，心理上的壓力自然就會減輕。情緒發抒之後再加上別人的安撫和心理師的解析指點，團體治療的效果自然就會產生。

4. 一人進步可激發其他人希望 心理異常者通常都無法與別人維持和樂的社會關係；長期與人疏離的結果，自然使自己的生活陷入孤獨、寂寞和失望的困境。即使有心改善向心理師求助，也很難在短期內幫助他解除心理上的痛苦。在團體治療時，因團體成員間有病情輕重之分，病情輕微者經治療後所表現進步的喜悅，將激揚起其他人的希望。心理師也可藉治療後進步者做為示範，如此可增進其他人對心理治療的信心。

5. 在觀察中學到因應困境能力 團體治療最特殊之處是在社會互動中彼此觀察學習。根據第五章介紹過的班杜拉**觀察學習**原理，在社會情境中單憑觀察別人的行為表現，即可產生新的學習。在基本構想上，心理治療是一種再學習的歷程。所謂"再學習"乃是指學習到新的適切行為以取代不適切的舊行為。因為團體治療是在心理師引導下採社會互動方式進行，在社會互動過程中，團體成員在自由表達其生活經驗時，除了陳述個人失敗經驗之外，也可能說明自己也曾經有過成功的經驗。在一般人的生活中，有很多境遇是類似的。單憑觀察別人應付類似事件的成敗經驗，即可學到自己當如何應付困境的新經驗。此即班杜拉觀察學習理論中所指的**替代學習**（見第五章第四節）。

二、團體治療的主要方法

團體治療只是一個籠統的概念，在實際治療進行時尚有多種不同的方法。接下去我們要介紹的心理劇、會心團體和家庭治療，都是在採用團體治療時最常用的方法(Colman, 2007)。

(一) 心理劇

心理劇 (psychodrama) 也稱**戲劇治療法** (drama therapy)，是運用在舞台上戲劇表演的方式，讓心理異常者在扮演某種角色時的言行活動中，發抒其積壓的情緒，宣洩其內心深處隱藏的問題，從而減緩其痛苦，並使心理師由此獲悉進一步應如何治療的一種方法。基於此義，可知心理劇的構想，在理論上顯然是源於弗洛伊德精神分析治療中的**自由聯想**。心理劇雖名為戲劇表演，但在表演時並無劇本，而由表演者自由發揮，他想說什麼，就說什麼。惟從當事者內心問題表達的作用看，心理劇較諸自由聯想更為有效。因為心理劇一方面比自由聯想多了一層劇情設計，另方面心理劇不像自由聯想只是個人獨白，而是角色與角色間彼此對話。因此，在任憑心理異常者在心理劇中自由發揮時，其在言行上表露出來的內心問題，自然會比自由聯想更多。

心理劇係由奧地利出生美籍心理學家莫瑞諾（圖 14-8）在 20 世紀 20 年代創始於維也納，30 年代移民美國後，即在美國推行。在實際進行時，心理師擔任導演任務，由心理異常者擔任主角，另外由受過訓練的助理人員擔任配角。心理劇的劇情

圖 14-8　莫瑞諾
(Jacob Levy. Moreno, 1889～1974) 是 20 世紀奧地利出生美籍精神病學家，是心理劇治療的創始人，是會心團體的實際推行者，也是打破弗洛伊德個人治療的傳統改採團體心理治療的先驅。

可按心理異常者問題的性質而定；劇情概況可能是夫妻間的感情問題，也可能是親子間的衝突；原則上都是代表社會情境中人際間不和諧的問題 (人際問題是形成心理異常的主因) (Moreno, 1944; 1959)。以夫妻間感情問題而導致妻子心理異常為例，妻子即可扮演劇中女主角，另一助理人員可扮演她的丈夫，心理師即可讓妻子從四個方面去扮演她的角色：(1) 描述夫妻相處時妻子的感受、想法與做法；(2) 描述夫妻相處時丈夫在感情與言行上如何對待妻子；(3) 希望丈夫如何改變以符合妻子的期望；(4) 希望妻子如何改變以扮演一個理想的妻子角色。由於心理劇沒有劇本限制，擔任劇中女主角的心理異常者，在按以上四方面自由發揮時，自然會不自覺地將個人的問題投入劇情之中。果如是，當事人即可因角色扮演而對自己的問題做了深入的分析，其結果即可達到前文所指**領悟治療**的目的 (Moreno, 1944)。

(二) 會心團體

會心團體治療的構想，最早始自德國出生美籍社會心理學家勒溫 (Kurt Lewin, 1890～1947)，後來經莫瑞諾推廣，成為 20 世紀 70 年代流行的心理治療方法之一。在團體治療時，會心團體是特別針對輕微情緒異常者所設計的一種團體治療法。**會心團體** (encounter group) 是指在心理師引導之下，經由團體成員面對面誠摯會談的過程，使參與者的痛苦情緒得以自由發抒，並坦然接受別人的批評與建議，從而達到自我覺察與個人成長目的的一種心理治療方法。**自我覺察** (或**自覺**) (self-awareness) 是指個人對自己思想行為上優點或缺點的檢討。個人如能經由自我覺察而修正自己的思想與行為，即使不經別人教導，在人格上也會朝向健康的方向成長。因此，會心團體有時也被稱為**個人成長團體** (personal-growth group)。由此可知，在基本理念上會心團體是採取了人本主義所強調之**自我實現**的精義。在實施時，會心團體按以下三個階段進行 (Moreno, 1957)：

1. 彼此信任階段 會心團體開始之初，先在心理醫師指導下讓團體成員彼此信任。無論團體成員間彼此熟悉或素不相識，在面對面交談時總是人與人之間存在一些自我防衛性的距離。會心團體的基本原則就是以"摘掉每個人的面具"方式，徹底消除人際間的藩籬，使會心團體形成一個無恐懼、無疑慮、無顧忌且無話不談的社會情境。只有在此種坦誠相見的氣氛之下，參與者才會道出內心深處隱藏的情緒與動機。

2. 相互批評階段 彼此信任的團體氣氛形成後，團體成員們即可針對每個人所表達的一切提出批評。因為除了心理師之外參加的成員都是心理異常的人，所以在任憑自己表達其個人問題時，其言語與表情自然與正常人有所不同；哭、笑、怒、罵的各種表情，都可能會出現。此種情況出現時，心理師必須善於處理，務求大家彼此容忍，以接納的態度，讓情緒激動的成員坦述其私人問題。惟其如此，所以會心團體不適於患嚴重心理異常（如**精神分裂症**）者參加。在相互批評階段，團體成員間針對每個人表述的問題，提出質疑，並要求對方面對大家加以說明，然後各人提出建議。此種過程稱為**面質** (confrontation)。團體成員間彼此面質時，難免發生爭執。心理師必須善於控制，以免因面質而發生負面效應。

3. 團體支持階段 經過相互批評與面質之後，對已表達過心理困擾者，除善意接納之外，對他經過自我覺察之後自行提出如何改善自己生活的建議，團體成員應給予衷心的支持。當事人經過情緒發抒之後，自己的想法如能獲得其他人的接納與支持，個人的自尊與自信就會因而提升；自尊自信提升之後，自然有助於他以後的人格成長。

(三) 家庭治療

在前章討論心理異常形成的原因時，曾多次提到家庭中的人際關係是主要原因之一。因家庭人際關係不良而導致心理異常者，自然不限夫妻關係，親子關係不良更是形成心理異常的重要原因。家庭是一個永久性的團體，家庭成員間的和睦相處，遠較其他社會團體更為重要。親子關係將維持數十年之久，夫妻間關係亦應彼此相依直到終老；如果家庭人際間經常衝突，對家人的影響是可以想見的。近年來心理異常之所以日益增多，社會急遽變遷，傳統家庭功能式微是重要原因，此種改變對兒童與青少年的成長、對成年人夫妻的親密關係、對老年人晚年生活的照顧等，在在產生不良影響。惟其如此，家庭治療在心理治療上變得特別重要。

家庭治療始自俄國出生美籍精神分析心理學家艾克曼 (Natham, W. Ackerman, 1908〜1971)。所謂**家庭治療** (family therapy)，是指以家庭整體做為治療對象的一種心理治療方法。前述兩種團體治療的共同特徵是，藉團體活動的方式治療團體成員中個人的心理異常問題；而家庭治療則是名副其實地治療家庭這個團體。即使家庭成員中罹患心理異常者只有一人，心理醫師在實施家庭治療時仍然以全家人作為治療對象 (Kaslow, 1991)。理由是，心理異常的形成，家庭環境是主要原因之一。個人的心理異常可視為代罪羔羊，家庭中人際環境異常才是個人心理異常真正的病因。基於此義，多年來流行的各種家庭治療，在實施程序上雖不相同，而原則上都是以企圖改變家庭中人際關係為主要目的。其中最廣為採用者是以下兩種家庭治療方法：

1. 結構家庭治療法 結構家庭治療法 (structure family therapy) 是從改變心理異常者家庭人際關係的不良結構著手，進而達到治療目的的一種方法 (Minuchin, 1974)。家庭結構所指的是家庭成員間相對的角色關係及感情關係。如果家庭中父母感情不和，而且母親角色過分強悍，父親角色過分懦弱，在此種家庭環境下成長的子女，在性格上就難免會形成**性別認同障礙**（見第十三章第三節）。在此種情形下，改變其家庭結構，協助父母調整各自的角色，反而比治療顯現心理異常跡象的子女更爲有效。

2. 聯合家庭治療法 聯合家庭治療法 (conjoint family therapy) 是指將家庭成員間衝突對立的不和諧氣氛，經由心理師參與家人團體討論和彼此溝通後，使家庭中人際關係在態度上趨於聯合一致，從而達到治療目的的一種方法 (Satir, 1976)。家庭成員間衝突對立，對家庭中任何人都會構成傷害；父母對子女管教態度不一致，對子女人格成長尤有不良影響。家庭人際關係不和，成員間缺乏溝通是主要原因。心理師以專家的身份，將全家人聯合在一起，家庭成員間彼此溝通的管道，可能就由此打通。

第四節　生理醫藥治療

　　心理異常原則上不被視爲生理性的疾病，故而在治療上一般不採用生理性疾病的醫療方法。惟因心理治療通常需要較長時間，且效果不易顯現，故而臨床心理醫師爲求短時間內減緩患者精神痛苦起見，有時也採用以下幾種類似生理疾病的醫療方法。

一、生理藥物治療

　　生理藥物治療 (biomedical therapy) 是指藉助影響精神狀態之藥物以減緩患者精神痛苦，從而達到治療效果的一類方法。目前在這方面使用最多的藥物計有三大類：

　　1. 抗焦慮劑　抗焦慮劑 (antianxiety drug) 是多種藥物的總名稱。此類藥物的主要效果是服用後幫助患者減低緊張、不安、恐懼等不當情緒。惟抗焦慮劑的缺點是容易造成**藥物成癮**（見第四章第四節）。

　　2. 抗憂鬱劑　抗憂鬱劑 (antidepressant drug) 亦是多種藥物的總名稱。此類藥物的主要效果是能使**憂鬱症**患者服用後刺激大腦的**神經傳導素** (neurotransmitter)，改變患者的低落情緒狀態，對生活感到鼓舞與樂趣。惟抗憂鬱劑的效果只是短暫的，其長期效果仍需靠心理治療。

3. 抗精神病劑 抗精神病劑 (antipsychotic drug) 是多種藥物的總名稱。抗精神病劑這一類藥物的主要效果是服用後減緩**精神分裂症**的重要症狀。在心理治療中，抗精神藥物治療只是暫時緩和患者精神痛苦之用，不能視為主要的治療方法。因為精神藥物長期服用之後，難免產生後遺症 (如口乾、顫抖等) 並造成**藥物依賴** (見第四章第四節) 的不良後果。

二、電痙攣治療

電痙攣治療 (或**電抽搐治療**) (electroconvulsive therapy，簡稱 ECT) 是利用電流打擊使患者暫時陷入休克狀態，藉以緩和病情的一種物理治療方法。因此，電痙攣治療也稱**休克治療** (shock therapy)。電痙攣治療主要用於嚴重憂鬱症，實施時將電極置於患者頭部一側，電流強度在 70～150 伏特之間，每次通電時間不超過兩秒鐘，每週治療三次，連續實施二至三週。根據精神病學的研究報告，電痙攣治療法確實對嚴重憂鬱症患者具有療效，特別是對隨時有自殺可能的憂鬱症病人而言，此種方法更具有立即效果 (Martin et al., 1985)。電痙攣治療法雖證明有效，但由於無法免除兩種缺點，故而在精神病院較少應用；第一種缺點是腦部遭受電擊後難免會有影響記憶的後遺症，第二種缺點是，即使在麻醉狀態下實施，也仍然難免使病人因驚恐而形成其他心理上不良影響。

三、精神外科治療

所謂**精神外科治療** (psychosurgery therapy)，簡稱**精神外科** (psychosurgery)，是採用外科手術的方式，將腦部的神經組織切除一部分，從而達到治療心理疾病的目的。精神外科係由葡萄牙里斯本大學神經病學家蒙尼茲 (Egas Moniz, 1874～1955) 在 1935 年所首創。當時蒙尼茲採用的方法稱為**額葉切除術** (frontal lobotomy)，將大腦**額葉** (見圖 2-9) 與其他部位相連接的神經切斷，從而減低精神分裂症與憂鬱症的病情。因此種手術為醫學界空前創舉，而使蒙尼茲獲得 1949 年諾貝爾醫學獎的榮譽。額葉切除術的理論根據是，額葉的主要功能是增強其他神經中樞輸入訊息後的情緒反應，切斷中間連接後，就可以緩和患者的情緒痛苦 (Freeman, 1959)。

第五節　心理治療的評價

基於前幾節各種心理治療方法的探討，可知心理治療的基本構想，乃是改變醫學上靠藥物治療的傳統，企圖改採"幫助病人自行改變"的取向，從而達到不藥而癒的目的。針對此一構想，讀者自然會產生如下的問題：單憑人的幫助(即不用藥物)是否真的能夠治療心理疾病？換言之，心理治療究竟有多大的效果？此一問題看似簡單，事實上卻很難回答。傳統上一般人對良醫治病的正面評價是"對症下藥"與"藥到病除"。心理師對心理異常患者治療時，既不使用藥物，自然也就談不到"藥到病除"。治療時不使用藥物，治療之後又如何判定治療的成效？對此一問題，一般是根據心理師的病例記錄與病人憑感覺所作的回答來評估。在理論上講，這兩種資料都不夠科學，原因是這兩種資料均非根據客觀測量工具得到的結果。以下的討論，係從早期與晚近不同的研究，簡要說明對此類問題的看法。

一、對心理治療效果的早期研究

多年來，臨床心理學家曾對心理治療的效果從事過多項研究，其間最著名但也引起爭議最多的是英國心理學家艾森克(見圖 11-9)的研究。在 20 世紀 60 年代，艾森克曾經對二十四項心理治療專案研究報告從事分析研究 (Eysenck, 1952)，結果發現，有三分之二的患者病情有顯著改善。這顯示心理治療確實有效。然而，艾森克就登記求診而尚未接受心理治療的七十二人的情形加以分析，結果發現，在同一時段內幾乎同樣有三分之二的人自覺病情有了改善。此一現象無異說明了接受與未接受治療兩組人的病情改變並沒有顯著差異。換言之，心理治療的效果是值得懷疑的。

艾森克的研究報告發表後，引起了臨床心理學界極大的爭議。有人批評他的分析方法不夠客觀，有人採用自然復元的概念來解釋。所謂**自然復元** (spontaneous remission)，是指身體功能具有自然克制疾病的能力；平常所謂"傷風服藥七天會痊癒，不服藥一週也會過去"的說法，即屬此意。甚至也有人認為登記而未接受治療者，可能在未正式接受心理治療之前他們在生活中所遭遇到的困難已經解決。生活上的問題得到解決，心理上的問題自然會隨之消失。

二、對心理治療效果的晚近研究

繼艾森克的研究之後，另有很多研究企圖以較客觀的方法評鑑心理治療的效果。茲舉史密斯等人 1980 年根據 25,000 名患者的資料，選出兩組，每組 475 人，一組接受治療，另組未接受治療。一年後提出分析比較結果 (Smith, et al., 1980)。根據該項研究報告顯示，就接受心理治療與未接受心理治療兩組比較分析，即可得到兩組病情變化的情形。如圖 14-9 所示，經過治療的心理異常患者，比較未經治療的患者有顯著進步。再就接受治療組的平均人數 (M_2) 看，在同一標準上相當於未治療組總人數的百分之八十的位置。這現象表明了接受治療與否，在病情好轉的同一標準上，兩組之間平均人數有百分之三十的差異。換言之，就整體而言心理治療是有相當正面效果的。惟進一步分析時即可發現，在同一評鑑標準之下，未經治療的病人中達到治療組平均人數 (M_2) 以上者，也有百分之二十。這現象亦顯示，的確有些心理異常者雖不經治療但也會有自然復元的可能。

圖 14-9　接受與未接受心理治療兩組病情比較

咖啡色曲線代表未接受治療組，黑色曲線代表接受治療組。M_1 與 M_2 代表兩組平均人數。

(採自 Smith et al., 1980)

三、有效心理治療的共同要件

在前述史密斯等人的研究中,除了研究結果發現心理治療具有相當效果之外,他們也對各種治療方法進行分析比較,企圖了解那種心理治療方法最具成效。結果發現,在最常採用的精神分析治療、人本治療、行為治療及認知治療四大類治療的效果上,並無顯著差異。而且每種治療方法實施後,在效果上都會兼有理想與不理想的現象 (Smith, et al., 1980)。對此結果的解釋,一般認為,心理治療的效果,並非單純決定於治療方法的本身,而是決定於心理師的素養與患者的條件。如心理師素養良好,且能針對患者病象、病情、病因及需要等條件進行治療,任何治療方法都可能會有效果。反之,如心理師素養不足,在未能配合患者條件的情況下逕行採用自以為是的心理治療方法,任何方法也難以奏效。惟其如此,曾有心理學家對心理治療後著有成效的案例進行分析研究,結果發現,無分心理治療類別,凡是治療後效果良好者,該心理師的素養中均各具備以下四項要件 (Frank, 1982):

1. 鼓舞患者恢復生活信心 心理異常者的共同心態是對自己的生活消極悲觀,而消極悲觀的原因是由於自己對環境適應失敗,對自己的生活喪失了信心。因此,心理師宜在與患者第一次見面時,就將鼓舞患者恢復生活信心列為首要目標。達到此一目標應有的做法是:(1) 以和藹包容的態度聆聽患者陳述自己的痛苦及困難問題;(2) 聆聽後對患者的陳述表示接納,但不予以批評,藉以穩定患者的情緒;(3) 建議患者換一個角度看待自己的問題,並環視周圍有多少比他的困難更多的人,仍然在努力不懈追求生命的意義,藉以鼓勵他建立信心,使其相信自己有克服困難的能力。

2. 協助患者重新認識自己 心理異常主要起於情緒困擾。情緒陷入困擾之後,個人就難免失去自我反省的能力,對不如意的事,不是自怨自艾,就是怨天尤人。心理師如能針對此點,讓患者坐下來心平氣和地從他的家庭生活、工作環境以及人際關係等各方面從事自我分析,然後鼓勵他坦白道出內心中自己的理想和他追求的人生方向。如此做法,旨在讓患者從自我反省中重新認識自己;認識自己的優點和缺點之後,鼓勵他在現實生活中重新出發去追求自己的理想。

3. 使患者感到關懷與支持 心理異常者的心境都是孤獨寂寞的;而孤獨寂寞心境的形成主要是他對自己沒有信心,對別人心存疑慮,因而在社會關係上退縮逃避所致。心理師宜針對此點,從治療開始即以誠摯關懷的態度接納患者,使他感到心理師是了解他的,是支持他的。只有在此種情境之下,心理師才會與患者之間建立良好的合作關係。兩者間合作關係建立之後,患者才會遵照心理師的建議去自我改變。

4. 展現可信賴的專業形象 擔任心理師者在基本上都受過專業訓練，且獲有心理師執照。惟這些只能算是構成優良心理師的必備條件，而不能視為充分條件。真正具有優良素養的心理師，除了這些必要條件之外，最重要的是能在患者心目中建立起可信賴的專業形象。心理師足以讓患者信賴的專業形象，是在治療過程中由心理師的態度及言談舉止等多方面綜合展現的。患者對心理醫師建立起可信賴的專業形象之後，他就會相信心理師有足夠的條件幫助他解決問題，而且也會遵照心理師的建議去改變自己。在一般內科疾病治療上早已證明，只要病人信賴醫師，即使醫師開給他的是不具療效的藥物，也會發生治療效果。像此種假的藥物 (如維他命片) 而能產生治療效果的現象，稱為**安慰劑效應** (placebo effect)。安慰劑效應既然能在具有生理症狀 (如頭痛失眠等) 情形之下產生療效，對本無生理症狀的心理異常現象而言，自然更會產生治療作用。

本章以上各節所討論者，只限於純心理治療的各種取向與方法。實際上在對心理異常者進行治療時，除採用純心理治療之外，有時配合患者病情也可採用生理藥物治療，此點已在本章第四節內有所說明。

本章摘要

1. **心理治療**是根據心理學對人性可變的原理，在不使用藥物的原則之下，對心理異常者施予治療，以助其恢復正常的歷程。
2. 心理治療的方法眾多，理論紛歧，本書將心理治療概略分為三大類來介紹：(1) **領悟治療**；(2) **行動治療**；(3) **團體治療**。
3. 領悟治療旨在經由治療過程，讓患者領悟到自己心理異常的原因，從而改變其不當的思想觀念與行為。
4. 屬於領悟治療取向之下，可分為精神分析取向的心理治療與人本主義取向的心理治療兩大類。
5. 弗洛伊德的精神分析治療採用的方法主要有：(1) **自由聯想**；(2) **夢的解析**；(3) **移情分析**；(4) **抗拒分析**；(5) **闡釋**。
6. 繼承弗洛伊德思想的心理學家，在治療方法上有部分改變了原來弗洛伊德的治療取向。
7. 採**人本主義治療**取向者有：(1) 羅杰斯的**當事人中心治療法**；(2) 皮爾斯的**完**

形治療法；(3) 弗蘭克的**意義治療法**。
8. **行動治療**是企圖針對當事人的症狀，直接對其思想行為的偏差，提出糾正或改進建議的方法。行動治療的基本理念是，如果協助當事人了解自己錯誤，而且能自行改正，他的心理問題就自然會解決。
9. 行動治療所依據的理論是行與知，故在方法上也分兩類：(1) 以**條件作用**為理論基礎的行動治療；(2) 以**認知心理學**為理論基礎的行動治療。
10. 以條件作用為理論基礎的行動治療分為兩種；一種將**經典條件作用**原理用於治療；另一種將**操作條件作用**原理用於治療。前者有**系統脫敏法**及**厭惡治療法**；後者可以**代幣法**為代表。
11. 以認知心理學為理論基礎的行動治療，主要有兩種，一為艾利斯的**理性情緒治療法**，另一為貝克的**認知治療法**。
12. **團體治療**是多種心理治療方法的一種共同取向，而非單指某一種方法；團體治療的目的是，藉由當事人參與有計畫的團體活動，讓他有機會了解自己，認識別人，從而學習到如何改變自己。
13. 團體治療的主要類型有：(1) **會心團體**；(2) **心理劇**；(3) **家庭治療**。
14. 從現代人心理問題日益增多的現象看，心理治療是極為需要的。但如從心理治療行之多年的實效看，其成效遠遜於傳統醫學採用藥物或手術對生理疾病的治療。這現象並不代表心理治療失敗，而是說明人性過於複雜，不易採簡單方法來處理。
15. 心理治療成效高低的關鍵，不完全繫於採用的治療方法，而主要在於心理師所具備的素養與患者條件之能否配合。一般咸認有效的心理治療，端賴心理師的素養中所應具備的四項重要條件：(1) 鼓舞患者恢復生活信心；(2) 協助患者重新認識自己；(3) 讓患者感受到關懷與支持；(4) 展現可信賴的專業形象。

建議參考資料

1. 朱侃如 (譯，2008)：人為什麼要自殺。台北市：立緒出版社。
2. 張華葆 (2003)：精神疾病與心理治療。台北市：三民書局。

3. 陳志根 (2008)：中西會診憂鬱症 (第二版)。台北市：書泉出版社。

4. 游恆山 (譯，2008)：健康心理學。台北市：五南出版社。

5. Bennett, P. (2000). *An introduction to clinical psychology.* Buckingham：Open University Press.

6. Butcher, J. N., Mineka, S., & Honley, J. M. (2007). *Abnormal psychology and modern life* (12th ed.). New York：Allyn and Bacon.

7. Edberg, M. (2007). *Essentials of health behavior: Social and behavorial theory in public health.* Sudbury, MA: Jones and Bartlett.

8. Holmes, J. (1989). *The value of psychotheray.* New York：Oxford University Press.

9. Kazdin, A. E. (2001). *Behavior modification in applied settings.* Pacific Grove, CA: Brooks/Coll.

10. Mitchell, S. A., & Black, M. J. (1995). *Freud and beyond: A history of modern psychoanalytic thought.* New York: Basic Books.

11. Swartz, K. L., & Margolis, S. (2004). *Depression and anxiety.* Baltimore, MD: John Hopkin Medical Institutions.

參考文獻

王煥琛、柯華葳 (2003)：青少年心理學。台北市：心理出版社。

白學軍 (2004)：智力發展心理學。南京市：江蘇教育出版社。

危正芬 (譯，1999)：心理測驗。台北市：雙葉書廊。

朱侃如 (譯，2008)：人為什麼要自殺。台北市：立緒出版社。

朱智賢、林崇德 (1986)：思維發展心理學。北京市：北京師範大學出版社。

江千代、徐素珍、藍玲 (1988)：台北市初中女生經期衛生教育調查研究。台北市：家庭計畫推廣中心。

江光榮 (2000)：人性的迷失與復歸—羅杰斯的人本心理學。武漢市：湖北教育出版社。

江漢聲 (1985)：性與你。台北市：健康世界雜誌社。

江漢聲、晏涵文 (主編) (2000)：性教育。台北市：杏林文化。

何長珠 (譯，1988)：你不快樂：合理情緒治療法。台北市，大洋出版社。

余德慧 (1978)：焦慮與自我控制。台北市，大洋出版社。

吳裕益 (1997)：心理與教育統計學。台北市：雙葉書廊。

李　維 (2001)：學習心理學。成都市：四川人民出版社。

李中鐘 (譯，1988)：錯覺心理學。台北市：大將書局。

李宇宙 (2007)：好眠自助寶典。台北市：天下雜誌社。

李明濱 (1989)：精神官能症之行為治療。台北市：健康雜誌出版社。

李明濱 (譯，1976)：催眠研究。台北市：杏文出版社。

李信謙等 (2007)：失眠。台北市：晨星出版社。

李淑珺 (譯，2008)：不可思議的直覺力：超感知覺檔案。台北市：心靈工坊。

李鳴等 (譯，2003)：自殺：一種不必要的死亡。北京市：中國輕工業出版社。

沈嘉琪 (譯，2001)：青少年身體全書。台北市：性林文化。

沈德燦 (2003)：精神分析心理學。台北市：東華書局 (繁體字版)。杭州市：浙江教育出版社 (簡體字版)。

車文博 (1996)：西方心理學史。台北市：東華書局 (繁體字版)。杭州市：浙江教育出版社 (簡體字版)。

車文博 (2001)：人本主義心理學。台北市：東華書局 (繁體字版)。杭州市：浙江教育出版社 (簡體字版)。

周先樂 (2000)：人體生理學 (上下冊)。台北市：藝軒圖書出版社。

周　穎 (2007)：心理實驗室：走進實驗心理

學。北京市:北京大學出版社。

孟昭蘭 (2005):情緒心理學。上海市:上海教育出版社。

林 憲 (1988):現代人與心病。台北市:健康世界雜誌社。

林 憲 (1990):心路與心病。台北市:健康世界雜誌社。

林劭貞 (譯,2008):如何做出選擇:大腦的選擇機制。台北市:台灣商務印書舘。

林奇榮 (譯,1990):從吃改變人生。台北市,健康世界雜誌社。

林宗義 (1990):精神醫學之路。台北市:稻香出版社。

林崇德 (2000):發展心理學。台北市:東華書局 (繁體字版)。杭州市:浙江教育出版社 (簡體字版)。

林清山 (1992):心理與教育統計學。台北市:東華書局。

邱忠正、賴國安 (譯,1986):內分泌學。台北市,杏文出版社。

金 瑜 (2005):心理測量。上海市:華東師範大學出版社。

俞筱鈞 (1982):人類智慧探索者——皮亞杰。台北市:允晨文化事業有限公司。

柯永河 (1982):人性好園丁——羅杰斯。台北市:允晨文化事業有限公司。

柯永河 (1993):心理治療與衛生——我在晤談椅上四十年 (上下冊)。台北市:張老師出版社。

洪祖培、林克明 (1979):睡眠及其障礙:水牛醫學叢書 (30)。台北市,水牛出版社。

洪敏元等 (2005):當代生理學 (第四版)。台北市:華杏出版股份有限公司。

奚明遠 (譯,1982):第六感。台北市,黎明文化事業公司。

時蓉華 (1996):社會心理學。台北市:東華書局 (繁體字版)。杭州市:浙江教育出版社 (簡體字版)。

張 浩 (2000):右腦潛能開發術。成都市:四川人民出版社。

張日升 (1993):青年心理學。北京市:北京師範大學出版社。

張必隱 (2009):學習心理學。台北市:東華書局 (繁體字版)。杭州市:浙江教育出版社 (簡體字版)。

張厚粲 (1997):行為主義心理學。台北市:東華書局 (繁體字版)。杭州市:浙江教育出版社 (簡體字版)。

張厚粲、龔耀先 (2009):心理測量學。台北市:東華書局 (繁體字版)。杭州市:浙江教育出版社 (簡體字版)。

張春興 (1982):怎樣突破讀書的困境。台北市:東華書局 (繁體字版)。北京市:世界圖書公司 (簡體字版)。

張春興 (1983):成長中自我的探索。台北市:東華書局 (繁體字版)。北京市:世界圖書公司 (簡體字版)。

張春興 (1987):青年的認同與迷失。台北市,東華書局 (繁體字版)。北京市:世界圖書公司 (簡體字版)。

張春興 (2002a):心理學思想的流變——心理學名人傳 (修訂版)。台北市:東華書局 (繁體字版)。上海市:上海世紀出版集團教育出版社 (簡體字版)。

張春興 (2002b):論心理學發展的困境與出路。心理科學。25卷,5期,591~596。

張春興 (2007):張氏心理學辭典。台北市:東華書局 (繁體字版)。杭州市:浙江教育出版社 (簡體字版)。

張華葆 (2003)：精神疾病與心理治療。台北市：三民書局。

梁寧建 (2004)：當代認知心理學。北京市：科學教育出版社。

莊耀嘉 (1982)：人本心理學之父馬斯洛。台北市，允晨文化事業有限公司。

許淑蓮等 (1987)：老年心理學。北京市：科學出版社。

郭生玉 (1985)：心理與教育測驗。台北市：精華書局。

郭享傑 (2000)：童年發展心理學。杭州市：浙江教育出版社。

陳志根 (2008)：中西會診憂鬱症 (第二版)。台北市：書泉出版社。

陸祖昆 (1988)：創造心理學。台北市，五洲出版社。

麥麗敏 (2000)：新編生理學 (修訂版)。台北市：永大書局。

彭聃齡、張必隱 (2000)：認知心理學。台北市：東華書局 (繁體字版)。杭州市：浙江教育出版社 (簡體字版)。

曾文星、徐靜 (1999)：現代精神醫學。台北市：水牛出版社。

游恆山 (譯，2008)：健康心理學。台北市：五南出版社。

湯宜朗、郭松 (2002)：人類的枷鎖：成癮行為。北京市：人民教育出版社。

程群 (譯，1975)：超覺冥思：消除壓力，發揮潛能。台北市：芊芊出版社。

黃正仁 (1988)：甜蜜的睡眠：失眠自療法。台北市：大洋出版社。

黃希庭 (1998)：人格心理學。台北市：東華書局 (繁體字版)。杭州市：浙江教育出版社 (簡體字版)。

楊治良 (1997)：實驗心理學。台北市：東華書局 (繁體字版)。杭州市：浙江教育出版社 (簡體字版)。

楊庸一 (1982)：心理分析之父——弗洛伊德。台北市：允晨文化事業有限公司。

葉奕乾、孔克勒 (1993)：個性心理學 (修訂版)。上海市：華東師範大學出版社。

葉英堃、文榮光、胡海國 (1985)：臨床心身醫學。台北市：大林出版社。

葉浩生 (2004)：西方心理學的理論與學派。北京市：北京出版社。

董奇、申繼亮 (2003)：心理與教育研究法。台北市：東華書局 (繁體字版)。杭州市：浙江教育出版社 (簡體字版)。

詹益宏 (1985)：性醫學：正確的性知識。台北市：牛頓出版社。

詹益宏、鄭泰安 (1986)：性與婚姻生活。台北市：水牛出版社。

路海東 (2002)：社會心理學。杭州市：浙江大學出版社。

廖元輝 (譯，1988)：思維心理學。台北市：五洲出版社。

廖克玲 (1982)：社會學習論巨匠——班度拉。台北市，允晨文化事業有限公司。

漆書青、戴海崎、丁樹良 (1998)：現代教育心理測量學原理。南昌市：江西教育出版社。

蒙培元 (1990)：中國心性論。台北市：台灣學生書局。

趙鄉敏 (2002)：創造能力的形成與培養。北京市：人民出版社。

劉達臨 (主編，2000)：20 世紀中國性文化。上海市：三聯書店。

鄭日昌 (2003)：心理測量學。北京市：人民教育出版社。

鄭昭明 (2006)：認知心理學——理論與實踐 (修訂版)。台北市：桂冠圖書出版公司。

賴亮全、林則彬、林富美 (譯，2004)：蓋統生理學：生理及疾病機轉 (第二版)。台北市：華杏出版股份有限公司。

應平書 (1987)：現身說法減肥成功。台北市：文經出版社。

謝瀛華 (1987)：兩性新話題。台北市：儂儂出版社。

瞿錦春、張芬芬 (譯，2006)：視覺心理學。台北市：五南出版社。

Abramowitz, S. I. (1986). Psychological outcomes of sexual reassignment surgery. *Journal of Counseling and Clinical Psychology,* 54, 183~189.

Adams, H. E., & McAnulty, R. D. (1993). Sexual disorder: The paraphilias. In P. B. Sutker & H. E. Adams (Eds.), *Comprehensive handbook of psychopathology* (2nd ed.). New York: Plenum.

Aiken, L. R., & Groth-Marnat, G. (2005). *Psychological testing and assessment* (12th ed.). Boston : Allyn and Bacon.

Allen, B. P. (2005). *Personality theories: Development, growth, and diversity* (5th ed.). Boston: Allyn & Bacon.

Allen, M. G. (1976). Twin studies of affective illness. *Archives of General Psychiatry,* 35, 1476~1478.

Allport, F. H., & Allport, G. W. (1921). Personality traits: Their classification and measurement. *Journal of Abnormal and Social Psychology.* 16, 6~40.

Allport, G. W. (1935). Attitude. In C. M. Murchison (Ed.). *Handbook of Social Psychology.* Worcest, MA: Clark University Press.

Allport, G. W. (1937). *Personality: A psychological interpretation.* New York: Holt.

Alonso, A., & Swiller, H. I. (1993). *Group therapy in clinical practice.* Washington, DC : American Psychiatric Association.

American Psychiatric Association (APA, 1994). *Diagnostic and statistical manual of mental disorders* (4th ed.). Washington, DC: American Psychiatric Association.

American Psychiatric Association. (2005). *Graduate study in Psychology.* Washington, DC: American Psychological Association

Anastasi, A. (1958). Heredity, environment, and the question "how"? *Psychological Review,* 65, 197~208.

Anastasi, A. (1967). Psychology, psychologists, and psychological testing. *American Psychologist,* 22, 297~307.

Anastasi, A. (1981). Sex differences: Historical perspectives and methodological implications. *Developmental Review,* 1, 187~206.

Argas, S. (1985). *Facing fears, phobias, and anxiety.* New York: Freeman.

Arlas, E., Anderson, R. S., Kung, H. C., Murphy, S. L., & Kochanek, K. D. (2003). Deaths: Final data. *National Center for Health Statistics.* US Dept of Health and Human Services.

Aronson, E., Wilson, T. D. & Akerl, R. D. (2006).. *Social Psychology,* (6th ed.). Englewood Cliffs, NJ: Prentice-Hall.

Asch, S. E. (1946). Forming impressions of personality. *Journal of Abnormal and Social Psychology,* 41, 258~290.

Asch, S. E. (1951). Effects of group pressure upon the modification and distortion of judgment. In H. Guetzkow (Ed.), *Group, leadership, and men*. Pittsburgh, PA: Carnegie.

Asch, S. E. (1952). *Social psychology*. New York: Prentice-Hall.

Asch, S.E. (1955). Opinions and social pressure. *Scientific American*, **193**, 31~35.

Atkinson, J. W. (1964). *An introduction to motivation*. New York: Van Nostrand.

Atkinson, R. C., & Shiffrin, R. M. (1968). Human memory: A proposed system and its control processes. In K. W. Spence, & J. T. Spence (Eds.), *The psychology of learning and motivation*, Vol. 1, pp.89~195. New York: Academic Press.

Atkinson, R. L., Atkinson, R. C., Smith, E. E., & Bem, D. J. (1996). *Introduction to psychology* (12th ed.). New York: Harcourt Brace.

Atkinson, R. L., Atkinson, R. C., Smith, E. E., & Bem, D. J. (2002). *Introduction to psychology* (14th ed.). New York: Harcourt Brace.

Ayers, H. (2006). *An A to Z practical guide to learning difficulties*. Pacific Grove, CA: Brooks / Cole.

Baddeley, A. D. (1994). The magical number 7: Still magic after all these years? *Psychological Review*, 101, 353~356.

Baddeley, A. D. (1999). *Essentials of human memory*. Hove : Psychology Press.

Baker, R. A. (1990). *They call it hypnosis*. Buffalo, NY : Prometheus Books.

Bales, R. F. (1970). *Personality and interpersonal behavior*. New York: Holt, Rinehart & Winston.

Bandura, A. (1965). Vicarious processes: A case of no-trial learning. In L. Berkowitz (Ed.), *Handbook of socialization theory and research*. Chicago: Rand-McNally.

Bandura, A. (1969). *Principles of behavior modification*. New York: Holt, Rinehart & Winston.

Bandura, A. (1977a). *Social learning theory*. Englewood Cliffs, NJ: Prentice-Hall.

Bandura, A. (1977b). Self-efficacy: Toward a unifying theory of behavioral change. *Psychological Review*, **84**, 191~215.

Bandura, A. (1978). The self-system in reciprocal determinism. *American Psychologist*, **33**, 344~358.

Bandura, A. (1982). Self-efficacy mechanism in human agency. *American Psychologist*, **37**, 122~147.

Bandura, A. (1986). *Social foundations of thought and action: A social cognitive theory*. Englewood Cliffs, NJ: Prentice-Hall.

Bandura, A. (1988). Self-efficacy conception of anxiety. *Anxiety Research*, **1**(2), 77~98.

Bandura, A. (1997). *Self-efficacy: The exercise of control*. New York: Freeman.

Bandura, A. (2003). On the psychological impact of spiritual modeling. *International Journal for the Psychology of Beligion*, **13**(3). 167~173.

Banks, M. (1983). Infant visual perception. In P. Mussen (Ed.), *Handbook of child psychology*, Vol. 2. New York: Wiley.

Barkow, J, H., Cosmides, L., & Tooby, J. (Eds.). (1995). *The adapted mind: Evolutionary psychology and the generation of culture*.

New York: Oxford University Press.

Barnes, G. E., & Prosen, J. D. (1985). Parental death and depression. *Journal of Abnormal Psychology*, 94, 64~69.

Baron, R. A., & Byrne, D. (1994). *Social psychology: Understanding human interaction* (7th ed.). Boston: Allyn and Bacon.

Baron, R. A., Byrne, D. R., & Branscombe, N. R. (2008). *Social psychology* (12th ed.). Boston: Allyn & Bacon.

Baumeister, R. F. (1986). *Identity: Cultural change and the struggle for self*. New York: Oxford University Press.

Bayley, N. (1999). *Bayley scales of infant development* (PPK ed.). New York: Psychological Corp.

Beach, L. R. (2005). *The psychology of decision making* (2nd ed.). London: SAGE Publications.

Beck, A. T. (1976). *Cognitive therapy and the emotional disorders*. New York: Plume.

Beck, A. T. (1978). Cognitive therapy of depression and suicide. *American Journal of Psychotherapy*, 32, 252~269.

Beck, A. T. (2000). *Prisoners of hate*. New York: Harperpaperbacks.

Beck, A. T. (2005). *Anxiety disorders and phobias: A cognitive perspectives* (15th ed.). New York: Basic Books.

Becvar, D. S., & Becvar, R. J. (2008). *Family therapy: A systemetic integration* (7th ed.). Boston: Allyn & Bacon.

Beeker, H. J. (2000). Who's wired and Who's not: Children's access to use of computer technology. *Children and Computer Technology*, 10(2), 44~75.

Bellak, L. (1994). The schizophrenic syndrome and attention deficit disorder. *American Psychologist*, 49, 25~29.

Belloc, N. B., & Breslow, L. (1972). Relationship of physical health status and family practice. *Preventive Medicine*, 1, 409~421.

Bem, D., & Honorton, C. (1994). Does psi exist? Replicable evidence for an anomalous process of information transfer. *Psychological Bulletin*, 115, 4~18.

Benedict, R. (1946). *Patterns of culture*. New York: Macmillan.

Bennett, P. (2000). *An introduction to clinical psychology*. Buckingham : Open University Press.

Ben-Shakhar, G., & Furedy, J. J. (1990). *Theoris and applications in the detection of deception: A psychophysiolgical and international perspective*. New York: Springer-Verlag.

Benson, H. (1975). *The relation response*. New York: Morrow.

Bergin, A. E., & Lambert, M. J. (1978). The evaluation of therapeutic outcomes. In Garfield, S. L., & Bergin, A. E. (Eds.), *Handbook of psychotherapy and behavior change* (2nd ed.). New York: Wiley.

Berk, L. E. (2002). *Infants, children, and adolescents* (4th ed.). Boston: Allyn and Bacon.

Berk, L. E. (2005). *Infant, childern, and adolescents* (5th ed.). Boston : Allyn and Bacon.

Bersheid, E., & Reis, H. T. (1997). Attraction and close relationships. In D. T. Gilbert, S. T. Fiske, & G. Lindzey (Eds.). *Handbook of social psychology* (4th ed.). New York:

McGraw-Hill.

Best, C. T., & Queen, H. F. (1989). Baby, it's in your smile: Right hemiface bias in infant emotional expressions. *Developmental Psychology, 25,* 264~276.

Best, F. B. (1999). *Cognitive psychology* (5th ed.). Belmont, CA: Wadsworth.

Binet, A., & Simon, T. (1915). *A method of measuring the development of intelligence of young children.* Chicago: Medical Books.

Blau, Z. S. (1981). *Black children / white children: Competence, socialization and social structure.* New York: Free Press.

Blaxton, T. A. (1989). Investigation dissociations for memory measures. *Journal of Experimental Psychology: Learning, Memory, and Cognition, 15,* 657~668.

Bodon, M. A. (2000). State of art: Computer modele of creativity. *Psychologist,* 13(2), 72~76.

Bohner, G., & Wänke, M. (2002). *Attitude and attitude change.* London : Psychology Press.

Bootzin, R. R., Acocella, J. R., & Alloy, L. B. (1996). *Abnormal psychology: Current perspectives* (7th ed.). New York: McGraw-Hill.

Borbely, A. (1986). *Secrets of sleep.* New York: Basic Books.

Bouchard, T. J. (1996). Behavior genetic studies of intelligence, yesterday and today. *Journal of Biosocial Science, 28,* 527~555.

Bourne, L. E. Jr. (1970). Knowing and using concepts. *Psychological Review,* 77, 546~556.

Bower, G. H. (1970). Organizational factors in memory. *Cognitive Psychology,* 1, 18~46.

Bower, G. H. (1981). Mood and memory. *American Psychologist, 36,* 129~148.

Bower, H. (2001). The gender identity disorder in DSM-IV. Classification: A critical evaluation. *Australian & New Zealand Journal of Psychiatry, 35*(1), 1~8.

Bower, T. G. R. (1972). *Perception in infancy* (2nd ed.). San Francisco: W. H. Freeman.

Boyd, J. H., Rae, D. S., Thompson, J. W., Burns, B. J., Bourdon, K., Locke., B. Z., & Begier, D. A. (1990). Phobia: Prevalence and risk factors. *Social Psychiatry and Psychiatric Epidemiology, 25,* 32~663.

Braff, D. L., & Geyer, M. A. (1990). Sensory gating and schizophrenia: Human and animal model studies. *Archives of General Psychiatry, 47,* 181~188.

Bransford, J. D., & Stein, B. S. (1984). *The ideal problem solver: A guide for improving thinking, learning and creativity.* New York: Freeman.

Brehm, S. S., & Brehm, J. W. (1981). *Psychological reactance: A theory of freedom and control.* New York: Academic Press.

Brody, N. (2000). History of theories and measurement of intelligence. In R. J. Sternberg (Ed.). *Handbook of intelligence.* New York: Cambridge University Press.

Brown, R., & Mcneill, D. (1966). The "tip of the tongue" phenomenon. *Journal of Verbal Learning and Verbal Behavior, 5,* 325~337.

Bruce, V., Green, P. R., & Georgeson, M. A. (2003). *Visual perception: Physiology, psychology and ecology* (4th ed.). Hove: Psychology Press.

Bruning, R. H, Schray, G. J, Norby, M. M., & Ronning, R. R. (2003). *Cognitive psychology and instruction*. (4th ed.). Englewood Cliffs, NJ: Prentice-Hall.

Bundy, R. S. (1980). Discrimination of sound localization cause in young infant. *Child Development*, 51, 292~294.

Burke, P. J. (1971). Task and social-emotional leadership role performance. *Sociometry*, 34, 22~40.

Burnstein, E. (1983). Persuation as argument processing. In M. Brandstatter, & J. H. Davis (Eds), *Group decision process*. London: Academic Press.

Buss, D. M. (2007). *Evolutionary psychology: The new science of the mind* (3rd ed.). Boston: Allyn and Bacon.

Butcher, J. N., Mineka, S., & Honley, J. M. (2007). *Abnormal psychology and modern life* (12th ed.). New York : Allyn and Bacon.

Cain, W. S. (1973). Spatial discrimination of cutaneous warmth. *American Journal of Psychology*, 86, 169~181.

Campbell, S. S., & Tobler, I. (1984). Animal sleep: A review of sleep duration across phylogeny. *Neuroscience and Biobehavioral Review*, 8, 268~300.

Cannon, W. B. (1927). The Jame-Lange theory of emotion: Critical examination and an alternative theory. *American Journal of Psychology*, 39, 106~124.

Capaldi, E. D. (Ed.) (1996). *Why we eat and what we eat?* Washington, DC: American Psychological Association.

Carlson, N. R., & Buskist, W. (2006). *Psychology* (6th ed.). Boston: Allyn & Bacon.

Carlson, N. R. (2007). *Foundation of Physiological Psychology* (7th ed.). Boston: Allyn & Bacon.

Cartwright, D., & Zander, A. (Ed.)(1968). *Group dynamics: Research and theory* (3rd ed.). New York: Harper & Row.

Case, R. (1985). *Intellectual development: A systematic reinterpretation*. New York: Academic Press.

Case, R. (1992). Neo-Piagetian theories of Child development. In R. J. Sternberg & C. A. Berg (Eds.). *Intellectul development* (pp. 161~196). New York: Cambridge University Press.

Castillo, R. (1997). *Culture and mental illness: A client-centered approach*. Pacific Grove, CA: Brooks/Cole.

Cattell, R. B. (1950). *Personality: A systematic theoretical and factual study*. New York: McGraw-Hill.

Cattell, R. B. (1963). Theory of fluid and crystallized intelligence: A critical experiment. *Journal of Educational Psychology*, 54, 1~22.

Cattell, R. B. (1965). *The scientific analysis of personality*. Baltimore, Md: Penguin.

Centers for Disease Control and Prevention. (2004). *Health, United States, 2004*. Washington, DC: Department of Health and Human Service.

Cheng, P. W., & Holyoak, K. J. (1985). Pragmatic reasoning schemas. *Cognitive Psychology*, 17, 391~416.

Chomsky, A. N. (1968). *Language and mind*. New York: Harcourt Brace Jovanoich.

Chomsky, A. N. (1957). *Syntactic structure*. The Hague: Mounton.

Chomsky, A. N. (1964). *Current issues in

linguistic theory. The Hague: Mounton.

Chomsky, A. N. (2002). *Syntactic structure* (2nd ed.). The Hague: Mounton.

Clark, R. M. (2006). *Intelligence : A target-centric approach*. Washington, DC: CQ Press.

Clarke-Stewart, A., & Friedman, S. (1987). *Child development*. New York: John-Wiley & Sons.

Cleckley, H. (1976). *The mask of sanity* (5th ed.). St Louis, MO: Mosby.

Collins, A. M., & Loftus, E. F. (1975). A spreading activation of theory of semantic processing. *Psychological Review*, 82, 240~248.

Colman, A. M. (2007). *A dictionary of psychology* (2nd ed.). New York: Oxford University Press.

Colombo, J., & Richman, W. A. (2002). Infant timekeeping: Attention and temporal estimating in 4-month-olds. *Psychological Science*, 13, 475~479.

Conrad, R. (1964). Associative confusions in immediate memory. *British Journal of Psychology*, 55, 75~84.

Coombs, R. H. (2004). *Handbook of additive disorders*. Hoboken, NY: Wiley.

Coren, S., Porace, C., & Ward, C. M. (1984). *Sensation and perception*. Orlando, Fl.: Academic Press.

Coren, S., Ward, L. M. (2007). *Sensation and perception* (7th ed.). Baltimore: John Hopkins University.

Corey, G. (2008). *Theory and practice of counseling and psychotherapy* (8th ed.). Pacific Grove, CA: Brooks/Cole.

Corini, R. J. (1984). *Current psychotherapy* (3rd ed.). Itusca, F. E. Peacock.

Craik, F. I. M., & Lockhart, R. S. (1972). Levels of processing: A framework for memory search. *Journal of Verbal Learning and Verbal Behavior*, 11, 671~684.

Crook, C. (1978). Taste perception in the new born infant. *Infant Behavior and Development*, 1, 52~69.

Czeisler, C. A., Moore-Ede, M. C., & Coleman, R. M. (1982). Rotating shift work schedules that disrupt sleep are improved by applying circadian principles. *Science*, 217, 284~290.

Dallenbach, R. M. (1951). A puzzle picture with a new principle of concealment. *American Journal of Psychology*, 64, 431~433.

Darley, C. F., Tinklenberg, J. R., Roth. W. T., Hollister, L. E., & Atkinson, R. C. (1973). Influence of marijuana on storage and retrieval processes in memory. *Memory and Cognition*, 1, 196~200.

Darley, J. M., & Latané B. (1968). Bystander intervention in emergencies: Diffusion of responsibility. *Journal of Personality and Social Psychology*, 8, 377~383.

Darley, J. M., Glucksberg, S., & Kinchla, R. A. (1991). *Psychology* (5th ed.). Englewood Cliffs, NJ: Prentice-Hall.

Davidson, J. E., & Sternberg. R. J. (2003). *The psychology of problem solving*. New York : Cambridge University Press.

Davis, S., Thomas, R. L., & Weaver, M. S. (1982). Psychology's contemporary and all-time notables: Students, faculty and chairperson viewpoint. *Bulletin of the Psychonomic Society*, 20, 3~6.

Davison, G. C., Neale, J. M., & Johnson, S. L. (2006). *Abnormal psychology* (10th ed.).

New York: Wiley.

Decasper, A. J., & Fifer, W. D. (1980). Of human bonding: Newborns prefer their mother's voices. *Science*, 208, 1174~1178.

Delmonte, M. M. (1985). Biochemical indices associated with meditation practice: A literature review. *Neuroscience and Biobehavioral Reviews*, 9, 557~562.

Dement, W. C. (1974). *Some must watch while some must sleep*. San Francisco: Freeman.

Diener, E. (1980). Deindividuation: The absence of self-awareness and self-regulation in group members. In P. B. Paulus (Ed.), *Psychology of group influence*. Hillside, NJ: Erlbaum.

Dobbin, A., Faulkner, S., Hearey, D., Salvaraj S., & Gruzelier J. (2004). Impact on health status of a hypnosis clinic in general practice. *Contemparary Hypnosis*, 21(4), 153~160.

Domhoff, G. W. (1996). *Finding meaning in dreams*. New York: Plenum.

Domhoff, G. W. (2001). A new neurocognitive theory of dreams. *Dreaming*, 11(1), 13~33.

Domhoff, G. W. (2003). *The scientific study of dream*. Washington, DC: American Psychological Association.

Domjan, M. (2003). *Principles of learning and behavior*. Belmont, CA: Thomson/Wadsworth.

Donahoe, J. W., & Palmer, D.C. (2005). *Learning and complex behavior*. Richmond, MA: Ledgetop publishing.

Dufrese, T. (2007). *Against Fread: Critics talk*. Standford, CA: Standford University Press.

Duggan, J. P., & Booth, D. A. (1986). Obesity, Overeating, and rapid gastric emptying in rats with ventromedial hypothalamic lesions. *Science*, 231, 609~611.

Duncker, K. (1945). On problem solving. *Psychological Monographs*, 58 (Whole No. 270).

Dunn, P. K., & Ondercin, P. (1981). Personality variables related to compulsive eating in college women. *Journal of Counselling and Clinical Psychology*, 37, 43~49.

Eagly, A. H., & Chaiken, S. (1984). Cognitive theory of persuasion. In L. Berkowitz (Ed.), *Advances in experimental social psychology*, Vol. 17, pp. 268~359. New York: Academic Press.

Eagly, A. H., & Chaiken. S. (1998). Attitude structure and function. In D. T. Gilbert, S. T. Fiske & G. Lindzey (Eds.). *The handbook of social psychology* (4th ed.). New York: McGraw-Hill.

Ebbinghaus, H. (1908). *A summary of psychology*. Leipzig: Viet.

Edberg, M. (2007). *Essentials of health behavior: Social and behavorial theory in public health*. Sudbury, MA: Jones and Bartlett.

Eisenberg, N., Cialdini, R. B., McCreath, H., & Shell, R. (1987). Consistency-based compliance. *Journal of Personality and Social Psychology*, 52, 1174~1181.

Ekman, P. (2007). *Emotions revealed: Recognizing faces and feeling to improve communication emotional life* (2nd ed.). New York: Henry Holt.

Ekman, P., & Friesen, W. V. (1971). Constants across cultures in the face and emotion. *Journal of Personality and Social Psychology*, 17, 124~129.

Ellis, A. (1958). Rational psychotherapy. *Journal of Social Psychology, 59*, 35~49.

Ellis, A. (1962). *Reason and emotion in psychotherapy*. New York: Lyle Stuart.

Ellis, A. (1967). Rational-emotive therapy. In D. Arbuckle (Ed.), *Counseling and psychotherapy*. New York: McGraw-Hill.

Ellis, A. (1979). *The intelligent woman's guide to dating and mating*. Secaucus, NJ: Stuart.

Ellis, A. (1983). *Rational-emotive therapy and cognitive behavior therapy*. New York: Springer.

Ellis, A. (1993). Changing rational-emotive therapy (RET) to rational-emotive-behavior therapy (REBT). *The Behavior Therapist, 16*, 257~258.

Ellis, A. (1994). The treatment of borderline personality with rational emotive behavior therapy. *Journal of Rational emotive & Cognitive Behavior Therap, 12*, 101~119.

Ellis, A. (2003). Early theories and practice in rational emotive behavior therapy and how they have been augmented and revised during the last three decades. *Journal of Rational-Emotive & Cognitive Behaviorn Therapy, 21* (3~4), 219~243.

Erikson, E. H. (1950). *Childhood and society*. New York: Norton.

Erikson, E. H. (1963). *Children and society* (2nd. ed.). New York: Norton.

Erikson, E. H. (1968). *Identity: Youth and crisis*. New York: Norton.

Erikson, E. H. (1975). *Life history and the historical moment*. New York: Norton.

Erikson, E. H. (1980). *Identity and the life cycle*. New York: International University Press.

Eysenck, H. J. (1947). Types of personality. *Journal of Mental Sciences, 90*, 851~861.

Eysenck, H. J. (1952). The effects of psychotherapy: An evaluation. *Journal of Counselling Psychology, 16*, 319~324.

Eysenck, H. J. (1952). *The scientific study of personality*. London: Routledge & Kegan Paul.

Eysenck, H. J. (1970). *The structure of human personality*. London: Methuen.

Eysenck, H. J. (1998). *Dimensions of personality*. Brunswick, NJ: Transaction Publishers.

Feingold, A. (1992). Good-looking people are not what we think. *Psychological Bulletin, 111*(2), 304~341.

Festinger L. A. (1957). *A theory of cognitive dissonance*. New York: Row, Peterson.

Festinger, L. A., & Carlsmith, J. M. (1959). Cognitive conseqences of forced compliance. *Journal of Abnormal and Social Psychology, 58*, 203~210.

Fiedler, F. E. (1978). Recent development in research on the contingency model. In L. Berkowitz (Ed.), *Group process*, pp. 209~225. New York: Academic Press.

Fiedler, F. E. (1981). Leadership effectiveness. *American Behavioral Scientist, 24*(5), 619~632.

Firestone, R. W., & Firestone, L. A. (2008). *Sex and love intimate relation-ships*. Washington, D.C.: American Psychological Association.

Fossterling, F. (2001). *Attribution : Research and application*. London : Psychology Press.

Foster, R. G. (1993). Photoreceptors and circadian systems. *Current Direction in Psychological*

Science, 2, 34~39.

Frank, J. D. (1982). Therapeutic components shared by all psychotherapies. In J. H. Harvey, & M. M. Parks (Eds.), *The Master Lecture Series: Psychological research and behavior change*, Vol. 1. Washington, DC: American Psychological Association.

Franken, R. E. (2006). *Human motivation* (6th ed.). Belmont, CA : Wadsworth.

Frankenberg, W. K., & Dobbs, J. B. (1967). The Denver Developmental screeing Tests. *Journal of Pediatrics*, 71, 191~192.

Frankl, V. E. (1955). *The doctor and the soul: From Psychotherapy to logotherapy*. New York: Knopf.

Frankl, V. E. (1959). *From death camp to existentialism*. Boston: Beacon Press.

Frankl, V. E. (1962). *Man's search for meaning: An introduction to logotherapy*. New York: Simon & Schuster.

Frankl, V. E. (1966). Self-transcendence as human phenomenon. *Journal of Humanistic Psychology*, Fall, 97~106.

Freeman, W. (1959). Psychosurgery. In S. Arieti (Ed.). *American handbook of Psychiatry*. New York: Basic Books.

Freud, S. (1908). Creative writers and daydreams. In J. Stratchey (Ed. and Trans.), *The standard edition of the complete psychological works of Sigmund Freud*, Vol. 9. London: Hogarth Press.

Freud, S. (1923). *The ego and the id*. New York: Norton.

Freud, S. (1935). *General introduction to psychoanalysis*. New York: Washington Square Press.

Freud, S. (1946). *The ego and mechanism of defense*. New York: International University Press.

Freud, S. (1948). *Three contributions to theory of sex* (4th ed.). New York: Nervous and Mental Disease Monograph.

Freud, S. (1955). *The interpretation of dreams*. New York: Basic Books.

Freud, S. (1968/1900). The interpretation of dreams. *In the complete psychological works of Sigmund Freud*. Vol. 45. London Hogarth press.

Frick, W. B. (2000). *Remembering Maslow: Reflection on a 1968 interview* (3rd ed.). MA: Allyn and Bacon.

Friedman, M., & Rosenman, R. H. (1974). *Type A behavior and your heart*. New York: Knopf.

Frisby, J. P. (1980). *Seeing: Illusion, brain, and mind*. Oxford: Oxford University Press.

Frith, C. (2007). *Making up the mind: How the brain creates our mental world*. Malden, MA: Wiley-Blackwell.

Fuller, J. L., & Thompson, W. R. (1978). *Foundation of behavior genetics*. St. Louis, MO: Mosby.

Galanter, E. (1962). Contemporary psychophysics. In R. Brown, E. Galanter, E. G. Hess, & G. Mandler (Eds.). *New directions in psychology*. New York: Holt, Rinehart & Winston.

Galeman, D. (1995). *Emotional intelligence*. New York: Bantam Books.

Galton, F. (1869). *Hereditary genius: An inquiry into its laws and consequences*. Cleveland, OH: World Publishing.

Gardner, H. (1983). *Frames of mind: The theory

of multiple intelligence. New York: Basic Books.

Gardner, H. (1993). *Multiple intelligence: The theory in practice*. New York: Basic Books.

Gardner, H. (1999). Are there additional intelligences: The case for naturalist spiritual, and existential intelligence. In J. Kane (Ed.). *Education, information, and transformation* (pp. 111~131). Upper Saddle River, NJ: Prentice-Hall.

Gardner, H. (2000). *Intelligence reframed: Multiple intelligence for the 21st century*. New York: Basic Books.

Garnham, A., & Oskhill, J. (1994). *Thinking and reasoning*. Oxford: Blackwell.

George, M. S., Trimble, M. R., Ring, H. A., Sallee, F. R., & Robertson M. M. (1993). Obsession in obsessive-compulsive disorder with and without Gille de la Tourette's syndrome. *American Journal of Psychiatry*, 150, 93~97.

Gibson, J. J. (1979). *The ecological approach to visual perception*. Boston: Houghton Mifflin.

Gibson, J. T., & Walk, R. D. (1960). The "visual cliff". *Scientific American*, 202, 64~71.

Gick, M. L., & Holyoak, K. (1980). Analogical problem solving. *Cognitive Psychology*, 15, 1~38.

Gilbert, E., & Deblassie, R. (1984). Anorexia nervosa: Adolescent starvation by choice. *Adolescence*, 19, 840~846.

Gilligan, C. (1982). *In a different voice*. Cambridge, MA: Harvard University.

Glassman, W. E. (2000). *Approaches to psychology* (3rd ed.). Buckingham, UK: Open University Press.

Goddard, H. H. (1917). Mental tests and immigrants. *Journal of Delinquency*, 2, 243~277.

Goldenson, B. M. (Ed.) (1984). *Longman dictionary of psychology and psychiatry*. New York: Longman.

Goleman, D. (1995). *Emotional intelligence: Why it can matter more than IQ?* New York: Bantam.

Golob, E. F., & Starr, A. (2004). Serial position effects in auditory event-related potentials during working memory retrieval. *Journal of Cognitive Neuroscience*. 16, 40~52.

Gomez, L. (2005). *The Freud wars: An introduction to the philosophy of psychoanalysis*. New York: Routledge.

Goodwin, C. J. (2008). *A history of modern psychology* (3rd ed.). New York: Wiley.

Gordon, R. A. (2000). *Eating disorders: Anatomy of a social epidemic* (2nd ed.). Malden, MA: Blackwell Publishers.

Gordon, T. (2000). *Parent effectiveness training*. New York: Three Rivers.

Gottesman, I. I. (1995). *Schizophrenia genesis: The origins of madness*. New York: Freeman.

Gottesman, I. I., & Shields, J. (1972). *Schizophrenia and genetics: A twin study vantage point*. New York: Academic Press.

Gottesman, I. I., & Shields, J. (1982). *Schizophrenia: The epigenetic puzzle*. Cambridge. England: Cambridge University Press.

Green, D. M., & Swets, J. A. (1974). *Signal detection theory and psychophysics*. Los Altos, CA: Peninsula.

Greene, J. (1987). *Memory, thinking, and language: Topics in cognitive psychology.* London: Methuen.

Guerin, B., & Innes, J. (1993). *Social facilitation.* Paris: Cambridge University Press.

Guilford J. P. (1956). The structure of intelligence. *Psychological Bulletin,* 53, 267~293.

Guilford, J. P. (1967). *The nature of human intelligence.* New York: McGraw-Hill.

Guilford, J. P. (1977). Development of intelligence: A multivariate view. In J. C. Uzgiris, & F. Weitzmann (Eds.). *The structuring of experience.* New York: Pelnum.

Guilford, J. P. (1977). *Way beyoun the IQ.* Buffalo, NY: Creative Education and Bearly Limited.

Guilford, J. P. (1982). Cognitive psychology's ambiguities: Some suggested remedies. *Psychological Review,* 89(1). 48~59.

Guilford, J. P. (1988). Some changes in the structure-of-intellect model. *Educational and Psychological Measurment,* 48, 1~4.

Gulevich, G. et al. (1966). Psychiatric and EEG observations on a case of prolonged wakefulness. *Archives of General Psychiatry.* 15, 29~35.

Hansel, C. E. M. (1980). *Science and parapsychology: A critical revaluation.* Buffalo, NY: Prometheus Books.

Harold, H. Bloomfield, Cain, M. (1975). *The discovering inner energy and overcoming stress.* New York: Harpercollins.

Harold, H. Bloomfield, et al. (1975). *TM discovering inner energy and overcoming stress.* New York: Dell.

Hartman, E. (1981). The strangest sleep disorder. *Psychology Today,* 15, 14~18.

Haslman, S.A., & McGarty, C. (2003). *Research methods and statistics psychology.* London: Stage.

Hatfied, E., & Walster, G. W. (1985). *A new look at love.* Lanham, MD: University Press of America.

Havighurst, R. J. (1972). *Developmental tasks and education* (2nd ed.). New York: McKay.

Haygood, R. C., & Bourne, L. E. JR. (1965). Attribute and rule learning aspects of conceptual behavior. *Psychological Review,* 72, 175~195.

Hedges, D., & Burchfield, C. (2006). *Mind, brain, and drug: An introduction to psychopharmacology.* Boston: Allyn and Bacon.

Heider, F. (1944). Social perception in phenomenal causality. *Psychological Review,* 51, 358~374.

Heider, F. (1958). *The psychology of interpersonal relations.* New York: Wiley.

Heinricks, R. W. (1993). Schizophrenia and the brain: Conditions for neuropsychology of madness. *American Psychologist,* 48, 221~233.

Hellige, J. B. (1990). Hemispheric asymmetry. *Annual Review of Psychology,* 41, 55~80.

Henry, J. (2004). *Parapsychology: Research on erceptional experiences.* London: Athlone.

Hergenhahn, B. R. (1986). *An introduction to the history of psychology.* Belmont, CA: Wadsworth.

Hershenson, M. (1999). *Visual space perception: A primer.* Boston: MIT Press.

Hetherington, A. W., & Ranson, S. W. (1940). Hypothalamic lesions and adiposity in rat. *Anatomical Record*, 75, 149~172.

Hetherington, A. W., & Ranson, S. W. (1940). The spontaneous activity and food intake of rats with hypothalamic lesions. *American Journal of Physiology*, 136, 609~617.

Hetherington, A. W., & Ranson, S. W. (1942). The relation of various hypothalamic lesions to adiposity in the rat. *Journal of comparative Neurology*, 76, 475~499.

Hewstone, M., Fincham, F. D., & Foster, J. (2005). *Psychology*. Boston, MA: Blackwell Publishing.

Higbee, K. L. (2001). *Your memory: How it works and how to improve it?* New York: Harlowe.

Hilgard, E. R. (1965). *Hypnotic susceptibility*. New York: Harcourt, Brace & Wored.

Hilgard, E. R. (1977). *Divided consciousness: Multiple controls in human thought and action*. New York: Wiley.

Hilgard, E. R. (1979). Divided consciousness in hypnosis: Implications of the hidden observer. In E. Fromm, & R. E. Shor (Eds.), *Hypnosis: Development in research and new perspectives* (2nd ed.). Chicago: Aldine.

Hobson, J. A. (1994). *The chemistry of conspicuous starter*. New York: Little Brown.

Hobson, J. A. (1995). *Sleep*. New York: Scientific American Library.

Hobson, J. A. (2002). *Dreaming: An introduction to science of sleep*. New York: Oxford University Press.

Hobson, J. A., & McCarley, R. W. (1977). The brain as a dream state generator: An activation-synthesis hypothesis of the dream process. *American Journal of Psychiatry*, 134, 1335~1348.

Hobson, J. A., & Pace-Schott, E. (2002). The Cognitive neuroscience of sleep: Neceronal systems. consciousness and learning. *Nature Review Neuroscience*, 3, 679~693.

Holmes, D. S. (1984). Meditation and some somatic arousal reduction: A review of experimental evidence. *American Psychologist*, 39, 1~12.

Holmes, J. (1989). *The value of psychotheray*. New York : Oxford University Press.

Holyoak, K. J. (1990). Problem solving. In D. N. Osberson, & E. E. Smith (Eds.). *An invitation in cognitive science*, Vol.3 Thinking. Cambridge, MA: MIT Press.

Holyoak, K. J. (1984). Analgical thinking and human intelligence. In R. J. Sternberg (Ed.). *Advance in the psychology of human intelligence*. Vol.2, pp199~230. Hillsdale, NJ: Erlbaum.

Hood, B., & Wilats, P. (1986). Reaching in the dark to an object's remembered position: Evidence for object permanence in 5-month-old infant. *British Journal of Developmental Psychiatry*, 4, 57~65.

Horney, K. (1937). *The neurotic personality of our time*. New York: Norton.

Horney, K. (1945). *Our inner conflicts: A constructive theory of neurosis*. New York: Norton.

Horney, K. (1950). *Neurosis and human growth: The struggle toward self-realization*. New York: Norton.

Hoveland. C. I., & Janis, I. (1959). *Personality and persuasibility*. New Haven, Conn: Yale University Press.

Hoyne, H., Boniface, J., & Barr, R. (2000). The development of declarative memory in human infants: Age-related changes of deferred imitation. *Behavioral Neuroscience*, 114(1), 77~83.

Huffman, K. (2005). *Psychology in action* (8th ed.). New York: John Wiley & Sons.

Huffman, K. (2008). *Psychology in action* (9th ed.). New York: John Wiley & Sons.

Hull, C. L. (1943). *Principles of behavior: An introduction to behavior theory*. New York: Appleton-Century-Crofts.

Hull, C. L. (1952). *A behavior system*. New Haven, CT: Yale University Press.

Inhelder, B., & Piaget, J. (1958). *The growth of logical thinking from childhood to adolescence*. New York: Basic Books.

Intons-Peterson, M. J., & Roskos-Ewoldsen, B. B. (1989). Sensory-perception qualities of images. *Journal of Experimental psychology: Learning, Memory, & Cognition*, 15(2), 188~199.

Izard, C. E. (1977). *Human emotion*. New York: Plenum Press.

Izard, C. E. (1994). Innate and universal facial expressions: Evidence developmental and cross-cultural research. *Psychological Bulletin*, 115, 288~299.

Jackson, C. M. (1928). Some aspects of form and growth. In Robbins, W. J., *Growth*. New Haven, Conn: Yale University Press.

James, W. (1884). What is emotion? *Mind*, 9, 188~205.

Janis, I. L. (1982). *Groupthink: Psychological studies of policy decisions and fiascoes* (2nd ed.). Boston: Houghton Mifflin.

Jeffrey, S. N., Spencer, A. R., & Beverly, G. (2007). *Abnormal psychology in a changing world* (7th ed.). Englewood Cliffs, NJ: Prentice-Hall.

Jens, K., & Evans, H. (1983). *The diagnosis and treatment of multiple personality clients*. Smowbird, UT: Rocky Mountain Psychological Association.

Jenson, A. R. (1969). How much can we boost IQ and scholastic achievement? *Havard Educational Review*, 39, 1~123.

Johnson-Laird, P. N., & Wason, P. C. (1977). A theoretical analysis of insight in a reasoning task. In P. N. Johnson-Laird, & P. C. Wason (Eds.), *Thinking: Readings in cognitive science*. Cambridge: Cambridge University Press.

Jonathan, E. (Ed) (2008). *Studies of human inference and its foundations*. England: Cambridge University Press.

Jordan, J. S., & McBride, D. M. (2007). *The concepts of consciousness: Integrating an emerging science*. Boston : Houghton Miffin.

Judd, C. H. (2007). *Psychology: General introduction* (2nd ed.). Boston: Girrn.

Julien, R. M. (2001). *A primer of drug action: A concise, nontechnical guide to the actions, uses, and side effects of psychoactive drugs* (6th ed.). New York: Freeman.

Jung, C. G. (1936). The concept of collective unconscious. *Collected works* (Vol. 9, Part 1). Princeton, NJ: Princeton University Press.

Kahneman, D., & Tversky, A. (1972). Subjective probability: A judgment of representativeness. *Cognitive Psychology*, 3,

430~454.

Kahneman, D., & Tversky, A. (1973). On the psychology of prediction. *Psychological Review*, 80, 237~251.

Kahneman, D., & Tversky, A. (1982). The simulation heuristics. In D. Kahneman, P. Slovic, & A. Tversky (Eds.), *Judgment under uncertainty: Heuristics and biases*. Cambridge: Cambridge University Press.

Kalat, J. W. (1996). *Biological Psychology* (5th ed.). Belmont, CA: Wadsworth.

Kalat, J. W. (1999). *Introduction to psychology* (5th ed.). New York: Brooks/Cole.

Kalat, J. W. (2006). *Biological psychology* (9th ed.). Belmont, CA: Wadsworth.

Kandel, E. R. (2006). *In search of memory: The emergence of a new science of mind*. New York: Norton.

Kandel, E. R., Schwartz, J. H., & Jessell, T. M. (2000). *Essentials of neural science and behavior* (4th ed.). Hemel Hempstead: Prentice-Hall.

Kaplan, P., & Stein, J. (1984). *Psychology of adjustment*. Belmont, CA: Wadsworth.

Kaplan, R. M., & Sacczluzed, D. P. (2008). *Psychological testing : Principles, application, and issues* (7th ed.). Pacific Grove, CA: Brook / Cole.

Kaslow, F. W. (1991). The art and science of family psychology: Retrospective and perspective. *American Psychologist*, 46, 621~626.

Katz, D. (1960). The functional approach to the study of attitude. *Public Opinion Quarterly*, 24, 163~204.

Kaufman, L. (1974). *Sight and mind: An introduction to visual perception*. New York: Oxford University Press.

Kaufman, L., & Rock, I. (1962). The moon illusion. *Scientific American*, 207, 120~132.

Kazdin, A. E. (2001). *Behavior modification in applied settings*. Pacific Grove, CA: Brooks / Coll.

Keesey, R. E. (1980). A set point analysis of the regulation of body weight. In A. J. Stunkard (Ed.), *Obesity*. Philadelphia: W. B. Sannder.

Kelley, H. H. (1973). The process of causal attribution. *American Psychogist*, 28, 107~128.

Kendler, K. S., & Dichel, S. R. (1993). The genetics of schizophrenia. *Schizophrenia Bulletin*, 19, 87~112.

Kety, S. S. (1988). Schizophrenic illness in the families of schizophrenic adoptees: Findings from the Danish national sample. *Schizophrenia Bulletin*, 14, 217~222.

Kety, S. S., Rosenthal, D., Wender, P. H, Schulsinger F., & Jacobson, B. (1978). The biological and adoptive families of adopted individuals who became schizophrenic. In L. C. Wynne, R. L. Cromwell, & S. Matthysse (Eds.), *The nature of schizophrenia*. New York: Wiley.

Khler, W. (1925). *The mentality of apes*. New York: Harcourt Brace.

Kihlstrom, J. F. (1984). Conscious, subconscious, unconscious: A cognitive review. In K. S. Bowers, & Deichenbaum (Eds.), *The unconscious: Reconsidered*. New York: Wiley.

Kihlstrom, J. F., Tartaryn, D. J., & Hoyt, I, P. (1993). Dissociative disorders. In P. B. Sutker & H. E. Adams (Eds.). *Comprehensive* handbook of psychopathology (2nd ed.). New York: Plenum.

King, D. B., Vingey, W., & Woody, W. D. (2008). A history of psychology: Ideas and context (4th ed.). Needham Height, MA: Alyn and Bacon.

Kinnuen, T., Zamansky, T., & Block, M. (1994). Is the hypnotized subject lying? Journal of Abnormal Psychology, 103, 184~191.

Kleinke, C. I. (1986). Gaze and eye contact: A research review. Psychological Bulletin, 100, 78~100.

Klerman, G. L., & Weissman, M. M. (1986). The interpersonal approach to understanding depression. In T. Millon, & G. L. Klerman (Eds.), Contemporary directions in psychotherapy: Toward the DSM-IV. New York: Guilford Press.

Klerman, G. L., & Weissman, M. M. (1989). Increasing rates of depressions. Journal of the American Medical Association, 261, 2229~2235.

Koch, S. (1985). The nature and limits of psychological knowledge: Lessons of century qua "science". In S. Koch & D. E. Leary (Eds.). A century of psychology as science. New York: McGraw-Hill

Kohlberg, L. (1963). The development of children's orientation toward moral order: Sequence in the development of moral thought. Vita Humane, 6, 11~13.

Kohlberg, L. (1966). A cognitive development analysis of children's sex-role concepts and attitudes. In E. E. Maccoby (Ed.), The development of sex differences. Stanford, CA: Stanford University Press.

Kohlberg, L. (1969). Stages in development of moral thought and action. New York: Holt, Rinehart & Winston.

Kohlberg, L. (1978). Revision in the theory and practice of moral development. New Directions for Child Development, 2, 83~88.

Kohlberg, L. (1981). The philosophy of moral development. San Francisco: Harper & Row.

Kohlberg, L. (1984). Psychology of moral development: The nature and validity of moral stages. New York: Harper & Row.

Köhler, W. (1925). The mentality of apes. New York: Harcourt Brace.

Kong, D. B., Viney, W., & Woody, W. D. (2008). A history of psychology: Ideas and context (4th ed.). Needham Height, MA: Allyn and Bacon.

Kosslyn, S. M., & Rosenberg, R. S. (2007). Fundamentals of psychology in context (3rd ed.). Boston: Allyn and Bacon.

Kuhn, T. S. (1962). The structure of scientific revolution. Chicago: University of Chicago Press.

La Pointe, F. H. (1970). Origin and evolution of the term "psychology". American Psychologist, 25, 640~646.

L'Abat, L. (Ed.)(1998). Family psychopathology: The related roots of dysfunctional behavior. New York: The Guilford Press.

Lachman, M. E. (2004). Development in midlife. Annual Review Psychology, 55, 305~331.

Landen, M., Walinder, F., & Lundstrom, B. (1998). Clinical characteristics of a total cohort of female and male applicants for sex resignment: A descriptive study. Acta Psychiatric Scandinavia, 97, 189~194.

Larson, R., Csikszentmihalyi, M., & Graff, R.

(1982). Time alone in daily experice. In L. A. Peplan, & D. Perlman (Eds.), *Loneliness*, pp. 40~53. New York: Wiley-Interscience

Latané, B., & Darley, J. M. (1970). *The unresponsive bystander: Why doesn't be help?* Englewood Cliffs, NJ: Prentice-Hall.

Latané, B., William, K., & Harkins, S. (1979). Many hands make light the work: The cause and consequence of social loafing. *Journal of Personality and Social Psychology*, 37, 822~832.

Lavie, P. (1996). *The enchanted world of sleep.* New Haven, CT: Yale University Press.

Lazarus, R. S. (1991). *Emotion and adaptation.* New York: Oxford University Press.

Lazarus, R. S., & Folkman, S. (1984). *Stress, appraisal, and coping.* New York: Springer.

Leahey, T. H. (2003). *A history of psychology: Main currents in psychological thought* (6th ed.). Englewood Cliffs, NJ: Prentice Hall.

Lee, J. A. (1977). A typology of styles of loving. *Personality and Social Psychology Bulletin*, 3, 173~182.

Lee, K. T., Mattson, S. N., & Riley, E. P. (2004). Classifying children with heavy prenatal alcohol exposure using meaures of attention. *Journal of International Neuropsychological Society,* 10(2), 271~277.

Lemme, B. H. (2005). *Development in adulthood* (4th ed.). Boston : Allyn and Bacon.

Lepper, M. R., Greene, D., & Nisbett. R. E. (1973). Undermining children's intrinsic interest with extrinsic reward: A test of overjustification hypothesis. *Journal of Personality and Social Psychology.* 28, 129~137.

Levinger, G., & Snoek, J. G. (1972). *Attraction in relationship: A new look at interpersonal attraction.* Morristown, NJ: General Learning Press.

Levy, R. I., & Moskowitz, J. (1982). Cardiovascular research: Decades of progress, a decade of promise. *Science*, 217, 121~128.

Lewinsohn, P. M., Mischel, W., Chaplin, W., & Barton, R. (1980). Social competence and depression: The role illusory self-perceptions. *Journal of Abnormal Psychology*, 89, 203~212.

Lewontin, R. C. (1976). Race and intellingence. In N. J. Block & G. Dworkin (Eds.). *The IQ controversy* (pp.107~112). New York: Pantheon Books.

Lichtenberg, J., Bornstein, M., & Silver, D. (Eds.) (1984). *Empathy* (2 Vols.). Hillsdale, NJ: Lawrence Erilbaum Associates.

Liebert, R. M., Poulos, R. W., & Strauss, G. D. (1974). *Developmental Psychology.* Englewood Cliffs, NJ: Prentice-Hall.

Lindzey, G., Thompson, R. F., & Spring, B. (1988). *Psychology* (3rd ed.). New York: Worth Publishers.

Liu, J. H., & Latane, B. (1998). Extreminization of attitude. *Basic and Applied Social Psychology*, 20, 103~110.

Lochlin, J. C., Lindzey, G., & Spuhler, J. N. (1975). *Race difference in intelligence.* San Francisco: Freeman.

Lochlin, J. C. & Nichols, R. C. (1976). Heredity, environment factors. *Journal of Review in Personality*, 32, 431~453.

Logue, A. W. (2005). *The psychology of eating and drinking* (3rd ed.). New York: Freeman.

Londen, P. (1964). *The models and marks of Psychotherapy*. New York: Holt, Rinehart & Winston.

Luchins, A. S. (1942). Mechanization in problem solving. *Psychological Monographs*, 54 (Whol No, 248.).

Lynn, M., & Oldenquist, A. (1986). Egoistic and nonegoistic motives in social dilemmas. *American Psychologist*, 41, 529~534.

Lynn, R. (1982). IQ in Japan and the United States shows a growing disparity. *Nature*, 297, 222~223.

Lynn, S. J., & Rhue, J. W. (1986). The fantasy-prone person: Hypnosis, imagination, and creativity. *Journal of Personality and Social Psychology*, 51, 404~408.

Lynn, S. J., & Rhue, J. W. (1988). Fantasy proneness: Hypnosis, developmental antecedent, and psychopathology. *American Psychologist*, 43, 35~44.

Maas, J. B. (1999). *Power sleep*. New York: Harper-Perennial.

Maier, N. R. F. (1931). Reasoning in humans. *Journal of Comparative Psychology*, 12, 181~194.

Mandler, G. (1984). *Mind and body: Psychology of emotion and stress*. New York: Norton.

Marcia, F. E. (2002). Identity and psychological development in adulthood. *Indentity*, 2(1), 7~28.

Marcia, J. E. (1967). Ego identity status: Relationship to change in self-esteem, general maladjustment, and authoritarianism. *Journal of Personality*, 1, 118~134.

Marcia, J. E. (1980). Indentity in adolescence. In J. Adelson (Ed.), *Handbook of adolescent psychology*. New York: John Wiley & Sons.

Martin, R. L., Cloninger, R., Guze, S. B., & Clayton, P. J. (1985). Mortality in a follow-up of 500 psychiatric outpatients: Total Mortality. *Archives of General Psychiatry*, 42, 47~54.

Maslow, A. H. (1954). *Motivation and personality*. New York: Harper & Row.

Maslow, A. H. (1966). *The psychology of science: A reconnaissance*. New York: Harper & Row.

Maslow, A. H. (1967). A theory of metamotivation: The biological rooting of the value-life. *Journal of Humanistic Psychology*, Fall, 93~127.

Maslow, A. H. (1968). *Toward a psychology of being* (2nd ed.). New York: Van Nostrand Reinhold.

Maslow, A. H. (1970). *Motivation and personality* (2nd ed.). New York: Harper & Row.

Maslow, A. H. (1973). Self-actualizing people. In R. L. Lowry (Ed.), *Dominance self-esteem, self-actualization*. CA: Brooks/Cole.

Maslow, A. H. (1976). *Religious, values, and peak experiences*. New York: Penguin Books.

Maslow, A. H. (1999). *Toward a psychology of being* (3rd ed.). New York: Wiley.

Matsumoto, D. (2000). *Culture and psychology: People around the world*. Belmont, CA: Wadsworth.

Mayer, J. (1955). Regulation of energy intake and the body weight: The glucostatic theory and the lipostatic hypothesis. *Annual New York Academy of Science*, 63, 15~43.

McCarley, R. W., & Hobson, J. A. (1981). Sleep dreams and the activation-synthesis hypothesis. *American Journal of Psychiatry*, 18(2). 165~192.

McClelland, D. C. (1960). *The achieving society*. Princeton, NJ: Van Nostrand.

McClelland, D. C., & Franz, C. F. (1992). Motivation and other sources of work acesomplishment in middle life: A longituedinal study. *Journal of Personality*, 60, 679~707.

McCrace, R. R., & Costa, P. T. Jr. (1999). A five-factor theory of personality. In I. A. Pervin and O. P. John (Eds.). *Handbook of personality: Theory and research* (2nd ed.). New York: Guilford.

McCrae, R. R., & Costa, P. T. Jr. (1987). Validation of the five-factor model of personality across instruments and abservers. *Journal of personality and social Psychology*, 52, 81~90.

McCrae, R. R., & Costa, P. T. Jr. (1997). Personality trait structure as a human universal. *American Psychologist*, 52, 509~516.

McGraw, K. O. (1987). *Developmental psychology*. New York: Harcourt Brace.

Mcliroy, D. (2003). *Studying at University: How to be a successful student*. Hove: UK Psychological Press.

McNally, R. J. (1990). Psychological approaches to panic disorder: A review. *Psychological Bulletin*, 108, 413~419.

Medin, D. L., Ross, B. H., & Markman, A. B. (2004). *Cognitive psychology*. (4th ed.). New York: Harcourt Brace.

Mednick, S. A. (1962). The associate basis of creativity. *Psychological Review*, 69, 220~232.

Melzack, R. (1973). *The puzzle pain*. New York: Basic Books.

Mercer, J. R. (1984).What is racially and culturally nondiscriminatory test? In C. R. Reynolds & R.T. Brown (Eds.), *Perspectives on bias in mental testing*. New York: Plenum.

Mikulincer, M. (1994). *Human learned helplessness: A coping perspective*. New York: Plenum.

Miller, G. A. (1956). The magical number seven, plus or minus two: Some limits on our capacity for processing information. *Psychological Review*, 63, 81~97.

Miller, S. D, & Triggiano, P. J. (1992). The psychopathology investigation of multiple personality disorder: Review and update. American *Journal of Clinical Hypnosis*, 35, 47~61.

Milton, F., & Wiseman, R. (2001). Does Psi exist? *Psychological Bulletin*, 127(3), 434~438.

Minuchin, S. (1974). *Family and family therapy*. Cambridge, Mass: Havard University Press.

Miracle, T. S., Miracle, A. W., & Baumeister, R. E. (2006). *Human sexuality: Meeting your basic needs* (2nd ed.). Upper Saddle River, NJ: Pearson Education.

Mita, T. H., Dermer, M., & Knight, J. (1977). Reversed facial images and the mere-exposure hypothesis. *Journal of Personality and Social Psychology*, 35, 579~601.

Mitchell, S. A., & Black, M. J. (1995). *Freud and beyond: A history of modern psychoanalytic thought*. New York: Basic Books.

Moorcraft, W. (1993). *Sleep, dreaming, and sleep disorders: An introduction* (2nd ed.). Landon, MD: University Press of America.

Moore, B. C. J. (2003). *An introduction to the psychology of hearing* (5th ed.). San Diago: Academic Press.

Moreno, J. L. (1944). *Psychodramatic treatment of performance neurosis.* New York: Beacon House.

Moreno, J. L. (1957). *The first book on psychotherapy.* New York: Viking.

Moreno, J. L. (1959). *Psychodrama* (2 Vols.). NY: Beacon House.

Morey, L. C. (1993). Psychological correlates of personality disorder. *Journal of Personality Disorder* (Suppl), 149~166.

Morgan, C. D., & Murray, H. A. (1935). A method for investigation fantasies: The Thematic Apperception Test. *Archives of Neurology and Psychiatry*, 34, 289~306.

Muller, U., & Carpendale, J. I. M. (2000). The role of social interaction in Piaget's theory: Language for cooperation and social cooperation for language. *New Idias in Psychology*, 18, 139~156.

Murphy, G. E. (1983). The problem in studying suicide. *Psychiatric Development*, 4, 339~350.

Murray, H. A. (1943). *Thematic Apperception Test.* Cambridge, Mss: Havard University Press.

Myers, D. G. (2009). *Psychology* (9th ed.). New York: Worth Publishers.

Myers, D. G. (2007). *Exploring psychology* (7th ed.). New York: Worth Publishers.

Myers, D. G., & Lamm, H. (1976). The group polarization phenomenon. *Psychological Bulletin*, 83, 602~627.

Neisser, U. (1967). *Cognitive psychology.* New York: Appleton-Century-Crofts.

Neugarten, B. (1976). Adaptation and life cycle. *The Counseling Psychologist*, 6, 16~20.

Newell, A., & Simon, H. A. (1972). *Human problem solving.* Englewood Cliffs, NJ: Prentice-Hall.

Nickerson, R. S., & Adams, M. J. (1979). Long-term memory for a common object. *Cognitive Psychology*, 11, 287~307.

Nolen-Hoeksema, S. (1990). *Sex differences in depression.* Stanford, CA: Stanford University Press.

Ogden, J. (2007). *Health psychology* (4th ed.). Buckinghem : Open University Press.

O'leary, K., & Wilson, G. T. (1987). *Behavior therapy: Application and outcome* (2nd ed.). Englewood Cliffs, NJ: Prentice-Hall.

Orne, M. T. (1962). On Social psychology of experiment: With particular reference to demand characteristics and their impications. *American Psychologist*, 17, 776~783.

Osborn, A. F. (1963). *Applied imagination* (3rd ed.). New York: Scribners.

Palya, G. (2004). *How to solve it : A new aspect of mathematical method.* Princeton: NJ: Princeton University Press.

Parlee, M. B. (1979). The friendship bond. *Psychology Today*, October, 43~54.

Pendleton, M. G., & Batson, C. D. (1979). Self-presentation and the door-in-the-face technique for inducing compliance. *Personality and Social Psychology Bulletin*, 5, 77~81.

Perls, F. S. (1969). *Gestalt therapy verbatim.* Lafayette, CA: Real People Press.

Perls, F. S. (1973). *The Gestalt approach*. Palo Alto: Science and Behavior.

Pettijohn, T. F. (Ed.) (1991). *Encyclopedic dictionary of psychology* (4th ed.). New York: McGraw-Hill.

Phares, E. J. (1984). *Introduction to personality*. Columbus, Ohio: Charles E. Publishing.

Phillips, J. L. JR. (1981). *Piaget s theory: A primer*. San Francisco: Freeman.

Piaget, J. (1923). *The language and thought*. New York: Harcourt, Brace & World.

Piaget. J. (1929). *The child's conception of the world*. New York: Littlefield, Adamis.

Piaget, J. (1932). *The moral judgment of the child*. New York: Harcourt, Brace.

Piaget, J. (1937). *The child's conception of physical causality*. New York: Harcourt, Brace & World.

Piaget, J. (1950). *The psychology of intelligence*. Paterson, NJ: Littlefield, Adoms.

Piaget, J. (1952). *The origins of intelligence in children*. New York: International University Press.

Piaget, J. (1962). *Play, dreams, and imitation in childhood*. New York: Norton.

Piaget, J. (1970). *Genetic epistemology*. New York: Columbia University Press.

Piaget, J., & Inhelder, B. (1948). *The child's conception of space*. New York: Norton.

Piaget, J., & Inhelder, B. (1967). *The child's conception of space* (2nd. ed.). New York: Norton.

Piaget, J., & Inhelder, B. (1968). *The psychology of the child*. New York: Basic Books.

Pickering, S. J., & Phye, G. D. (2006). *Working memory and education*. Hove, UK: Psychology.

Plomin, R. (2004). *Nature and nurture: An introduction to human behavioral genetics*. Pacific Grove, CA: Brooks/Cole.

Pogrebin, L. C. (1988). *Among friends: Who we like, why we like them, and what we do with them*. New York: McGraw-Hill.

Pomeranz, B. (1982). Acupuncture and the endorphins. *Ethos*, **10**, 385~393.

Pruzinsky, T., & Borkovec, T. D. (1991). Cognitive and personality characteristic of worriers. *Behavior Research and Therapy*, **28**, 507~512.

Ramachandran, V. S., Sacks, O., & Blakeslee, S. (1999). *Phantoms in the brain*. London: Fourth Estate.

Raskin, D. C. (1982). Physiological responses to lie detector test. *Science*, June, 24~27.

Rathus, S. A., & Nevid, J. S. (1989). *Psychology and the challenges of life*. New York: Holt, Rinechart and Winston.

Reber, A. S., & Reber, E. (2001). *The penguin dictionary of psychology* (3rd ed.). London: Penguin Books.

Reed, S, K. (1996). Cognition: *Theory and practice* (4th ed.). New York: Brook / Cole publishing.

Reed, S. K. (2006). *Cognition: Theory and application* (7th ed.). Boston: Brooks / Cole.

Reed, T. J., & Jensen, A. R. (1992). Conduction velocity in brain nerve pathway of normal adults corrlates with intelligence level. *Intelligence*, **16**, 259~272.

Reeve, J. (2008). *Understanding motivation and emotion* (5th ed.). New York: Wiley.

Rhine, J. B. (1934). *Extrasensory perception* (rev. ed.). Boston: Humphries.

Rhine, J. B. (1953). *New World of the mind.* New York: Morrow.

Rice, F. P. (2001). *Human development: A life-span approach* (2nd ed.). Englewood Cliffs, NJ: Prentice Hall.

Rickel, A. U., & Allen, L. (1987). *Preventing maladjustment from infant through adolescence.* New York: Sage.

Robins, R. W., Gosling, S. D., & Craik, K. H. (1998). Psychological science at the crossroads. *American Scientist,* 86, 310~313.

Roffwarg, H. P. (1966). Ontogenetic development of the human sleep-dream cycle. *Science,* 152, 601~619.

Rogers, C. R. (1957). Necessary and sufficient conditions for therapeutic personality change. *Journal of Counseling Psychology,* 21, 95~103.

Rogers, C. R. (1961). *On becoming a person.* Boston: Houghton Mifflin.

Rogers, C. R. (1970). *Client-centered therapy* (2nd ed.). Boston: Houghton Mifflin.

Rogers, C. R. (1980). *A way of being.* Boston: Houghton Mifflin.

Rorschach, H. (1921). *Psychodiagnostics.* New York: Grune & Stratton.

Rosch, E. (1975). Cognitive representations of semantic categories. *Journal of Experimental Psychology: General,* 3, 192~233.

Rosch, E., & Mervis, C. B. (1975). Family resemblances: Studies in the internal structure of categories. *Cognitive Psychology,* 7, 573~605.

Rose, L. (1977). The intuitive psychologist and its shortcomings: Distortions in the attribution process. *Advance in Experiment Social Psychology,* 10, 173~220.

Ross, R. (1975). Salience of reward and intrinsic motivation. *Journal of Personality and Social Psychology,* 32, 234~245.

Rostle, F. (1970). Moon illusion explained on the basis of relative size. *Science,* 167, 1092~1096.

Rotter, J. B. (1954). *Social learning and social psychology.* New York: Johnson Reprint.

Rotter, J. B. (1966). Generalized expectance for internal versus external control of reinforcement. *Psychological Monographs,* 80, 1~28.

Rotter, J. B. (1990). Internal versus external control of reinforcement: A case history of a variable. *American Psychologist,* 45, 489~493.

Rutter, M., Macdonal., Le Courteur, A., Harrington R., Bolton, P., & Bailey, A. (1990). Genetic factors-II: Empirical findings. *Journal of Child Psychology and Psychiatry,* 31, 39~83.

Rynes, S. L., Gerhart, B., & Parks, L. (2005). Personnel psychology: Performance evaluation and pay-for performance. *Annual Review of Psyhology,* 56, 561~600.

Saghir, M. I., & Robins, E. (1973). *Male and female homosexuality: A comprehensive investigation.* Boltimore: Williams and Wilkins.

Sahler, O. J, & McAnamey, E. R. (1981). *The child between 3~18.* St. Louis: Mosby.

Santrock, J. (2008). *Life-span development* (12th ed.). Boston: McGraw-Hill.

Sarafino, E. P. (2000). *Behavior modification: Understanding principles of behavior change*. Springfield, MA: Mayfield.

Satir, V. (1976). *Conjoin family therapy*. Palo Alto, CA: Science and Behavior Books.

Scarr, S., & Weinberg, R. A. (1976). IQ test performance of black children adopted by white families. *American Psychologist*, 31, 726~739.

Schachter, S. (1959). *The psychology of affiliation*. Stanford, CA: Stanford University Press.

Schachter, S., & Singer, J. E. (1962). Cognitive, social, and physiological determinants of emotional state. *Psychological Review*, 69, 379~399.

Schaie, K. W. (1996). *Intellectual development in adulthood: The seattle longitudinal study*. Cambridge, MA: Cambridge University Press.

Schaie, K. W. (2000). The impact of longitudinal studies on understanding development from young adulthood to old age. *International Journal of Behavioral Development*, 24, 257~266.

Schaie, K. W., & Strother, C. R. (1968). A Cross-sequential study of age change in cognitive behavior. *Psychological Bulletin*, 70, 671~680.

Schmitt, D. P. (2002). How shall I compare thee ? Evolutionary psychology viewed as a psychological science. *Psychology, Evolution & Gender*, 4, 219~230.

Schneider, D. J. (1973). Implicit personality theory. *Psychological Bulletin*, 79, 294~309.

Schultz, D. P. & Schultz, S. E. (2007). *A history of modern psychology* (9th ed.). Belmont, CA: Wadsworth.

Schultz, D. P., & Schultz, S. E. (2008). *Theories of personality* (9th ed.). Belmont, CA: Wadsworth.

Schwartz, G. E., Weinberger, D. A. (1980). Pattern of emotional responses of affective situations: Relation among happiness, sadness, anger, fear, depression and anxiety. *Motivation and Emotion*, 4, 175~191.

Seifert, C. M., Robertson, S. P., & Black, J. B. (1986). The role of thematic knowledge structures in reminding. In J. A. Galambos, R. P. Abelson, & J. B. Black (Eds.), *Knowledge structure*, pp. 185~210. Hillside, NJ: Eribaum.

Seligman, M. E. P. (1975). *Helplessness: On depression, development, and death*. San Francisco: Freeman.

Selye, H. (1976). *The stress of life* (Rev. ed.). New York: McGraw-Hill.

Seta, J. J., & Seta, C. E. (1992). Increments and decrements in mean arterial pressure as a function of audience composition. *Personality and Social Psychology Bulletin*, 18, 173~181.

Seymour, R. B., & Smith, D.E. (1987). *The physician's guide to psychoactive drugs*. New York: Harrington Park Press.

Shapiro, S. E. (1981). *Contemporary theories of schizophrenia*. New York: McGraw-Hill.

Sharf, R. S. (2000). *Theories of psychotherapy & counseling: Concepts and cases* (2nd ed.). Pacific Grove, CA: Brooks/Cole.

Shaver, K. G. & Trapy, R. M. (1993). *Psychology*. New York: Macmillan.

Sheingold, K., & Tenney, Y. J. (1982). Memory for salient childhood events. In U. Neisser (Ed.), *Memory observed: Remembering in natural context*. San Francisco: Freeman.

Shepard, R. N., & Metzler, J. (1971). Mental rotation of three-dimensional objects. *Science*, 171, 701~703.

Siegler, R.S. (1998). *Children's thinking* (3rd ed.). Englewood Cliffs, NJ: Prentice-Hall.

Simonton, D. (1994). *Creativeness: Who makes history and why*. New York: Guilford.

Simth, M. L., Glass, G. V., & Miller, T. I. (1980). *The benefits of psychotherapy*. Baltimore, Md: John Hopkins University Press.

Singer, J. L. (1978). Experimental studies of dreaming and the stream of thought. In K. S. Pope, & J. L. Singer (Eds.), *The stream of consciousness*, pp. 187~223. New York: Plenum.

Skinner, B. F. (1937). Two types of conditioned reflex. *Journal of General Psychology*, 16, 272~279.

Skinner, B. F. (1948). "Superstition" in the pigeon. *Journal of Experimental Psychology*, 38, 168~172.

Skinner, B. F. (1974). *About behaviorism*. New York: Knopf.

Skinner, B. F. (1990). Can psychology be a science of mind? *American Psychologist*, 45, 1206~1210.

Smilansky, B. (1974). *Paper presented at the meeting of the American Educational Research Association*. Chicago.

Smith, D. (1982). Trends in counseling and psychotherapy. *American Psychologist*. 37, 802~809.

Smith, E. E. (1995). Concepts and Categorization. In E. E. Smith, D. N. Osberson, et al. (Eds.). *Thinking: An invitation to Cognitive Science*. Vol. 3. (2nd ed.). PP. 3~33. Cambridge, MA: MIT Press.

Smith, M. C. (1983). Hypnotic memory enhancement of witnesses: Does it work? *Psychological Bulletin*, 97, 387~407.

Smith, M., Glass, G., & Miller, T. (1980). *The beniefits of psychotherapy*. Baltimore, MD: Johns Hopkins University Press.

Smith, P. B. (2006). *Understanding social psychology across culture*. CA: Sage publication.

Smith, T. W., & Ruiz, J. M. (2002). Psychosocial influences on the development and course of coronary heart disease. *Journal of Consulting & Clinical Psychology*, 70, 548~568.

Snarey, J. R. (1985). Cross-culture universality of social-moral development: A critical review of Kohlbergian research. *Psychological Bulletin*, 97, 202~203.

Solso, R. L. (2001). *Cognitive psychology* (6th ed.). Boston: Allyn & Bacon.

Spanos, N. P. (1991). A sociocognitive approach to hypnosis. In S. J. Lynn, & J. R. Rhue (Eds.), *Hypnosis theories: Current models and perspectives*, pp. 324~361. New York: Guilford Press.

Spearman, C. (1927). *The abilities of man*. New York: Macmillan.

Spence, J. T. (1983). *Achievement and achievement motivatives*. New York: Freeman.

Sperling, G. (1960). The information available in brief visual presentations. *Psychological Monographs*, 74 (Whole No: 498).

Springer, S. P., & Deutsch, C. (1985). *Left brain, right brain* (rev. ed.). New York: Freeman.

Stam, H. J. (Ed.) (1998). *The body and*

psychology. London: SAGE Publications.

Steiner, J. E. (1979). Human facial expressions in response to taste and smell stimulation. In H. W. Reese, & Lipsitt (Eds.), *Advance in child development and behavior*, Vol. 13. Orlando, PL: Academic Press.

Sternberg, R. J. (1985). *Beyond IQ: A triarchic theory of human intelligence*. New York: Cambridge University Press.

Sternberg, R. J. (1986a). *Intelligence applied: Understanding and increasing your intellectual skills*. San Diego, CA: Harcourt Brace.

Sternberg, R. J. (1986 b). A triangular theory of love. *Psychological Review*, 93, 119~135.

Sternberg, R. J. (1988). *The triarchic mind*. New York: Viking.

Sternberg, R. J. (1988). Triangulating love. In R. J. Sternberg, & M. L. Barnes (Eds), *The psychology of love*, pp. 119~133. New Haven, CT: Yale University Press.

Sternberg, R. J. (2001). *In search of the human mind* (3rd ed.). New York: Harcourt Brace.

Sternberg, R. J. (2007). *Wisdom, intelligence, and creativity synthesized*. New York : Cambridge University Press.

Sternberg, R. J. (2008). *Cognitive psychology* (5th ed.). Belmont, CA: Wadsworth.

Sternberg, R. J., & Ben-Zeev, T. (2001). *Complex cognition: The psychology of human thought*. New York: Oxford University Press.

Sternberg, R. J., Lubart, T. I. (1996). Investing in creativity. *American Psychologist*, 51(7), 677~688.

Stevens, R. (1993). *Freud and psychoanalysis: An exposition and appraisal*. Milton Keynes, Philadelphia: Open University Press.

Stoner, J. A. (1961). *A comparison of individual and group decisions involving risk*. Unpublished masters thesis, School of Industrial Management, MIT, Cambridge, MA.

Stroop, J. R. (1935). Studies of interference in serial verbal reactions. *Journal of Experimental Psychology*, 18, 643~662.

Strupp. H. H. (1989). Psychotherapy. *American Psychologist*, 44, 417~424.

Styles, E. (2005). *Attention, perception and memory: An integrated introduction*. Oxford: Oxford University Press.

Sue, D. (2008). *Understanding abnormal behavior* (8th ed.). Boston, MA: Houghton Mifflin.

Sullivan, H. S. (1940). *Conceptions of modern psychiatry*. New York: Norton.

Sullivan, H. S. (1953). *The interpersonal theory of psychiatry*. New York: Norton.

Swartz, K. L., & Margolis, S. (2004). *Depression and anxiety*. Baltimore, MD: John Hopkin Medical Institutions.

Szmukler, G. I., & Russell, G. F. M. (1986). Outcome and prognosis of anorexia nervous. In K. D. Brownell & J. P. Poreyt (Eds.). *Handbook of Eating Disorders*. New York: Basic Books.

Tanner, J. M. (1973). Trends toward earlier menarche in London, Oslo, Copenhagen, the Netherlands, and Hungary. *Nature*, 243, 95~96.

Tanner, J. M., Whitehous, R. H., & Takaishi, M. (1966). Standards from birth to maturity for height, weight, height-velocity, and weight velocity; British children 1965. *Archives of Diseases in Childhood*, 41, 454~471.

Taylor, D. W., Berry, P. C., & Block, C. H. (1958). Does group participation when using brainstorming facilitate or inhibit creative thinking? *Administrative Science Quarterly*, 2, 23~47.

Taylor, J. A., & Sanderson, M. (1995). A reexamination of risk factor for sudden infant death syndrome. *Journal of Pediatrics*, 126(6), 887~891.

Terman, L. M. (1916). *The measurement of intelligence*. Boston: Houghton Mifflin.

Thorndike, E. L. (1898). Animal intelligence: An experimental study of the associative processes in animals. *Psychological Review*, 5, 68~72.

Thorndike, E. L. (1911). *Animal intelligence*. New York: Macmillan.

Thorndike, E. L. (1921). Measurement in education. *Teachers College Record*, 22, 371~379.

Thurstone, L. L. (1938). Primary mental abilities. *Psychometric Monographs*, No. 1. Chicago: University of Chicago Press.

Togersen, S. (1983). Genetic factors in anxiety disorders. *Archives of General Psychiatry*, 40, 1085~1089.

Tolman, E. C. (1948). Cognitive maps in rats and maze. *Psychological Review*, 55, 189~208.

Tolman, E. C., & Honzik, C. H. (1930). "Insight" in rats. *University of California Publication in Psychology*, 4, 215~232.

Tolman, E. C., & Honzik, C. H. (1930). Introduction and removal of reward, and maze performance in rats. *University of California Publications in Psychology*, 4, 257~275.

Torgerson, S. (1986). Genetic factor in moderately severe and mild affective disorders. *Archives of General Psychiatry*, 43, 222~226.

Torrance, E. P. (1974). *The Torrance tests of creative thinking: Technical-norms manual*. Bensenville, IL: Scholastic Testing Services.

Torrance, E. P. (1984). *Torrance tests of creative thinking: Streamlined manual* (revised). Bensenville, IL: Scholastic Testing Services.

Tulving, E. (1986). What kind of a hypothesis in the distinction between episodic and semantic memory? *Journal of Experimental Psychology*, 12, 307~311.

Tulving, E., & Pearlstone, Z. (1966). Availability versus accessibility of information for words. *Journal of Verbal Learning and Verbal Behavior*, 5, 381~391.

Tulving, E., & Thomson, D. M. (1973). Encoding specificity and retrieval processes in episodic memory. *Psychological Review*, 80, 352~373.

Turner, J. S., & Helms, D. B. (1991). *Life-span development* (3rd ed.). New York: Holt Rinehart & Winston.

Tversky, A., & Kahneman, D. (1973). Availability: A heuristic for judging frequency and probability. *Cognitive Psychology*, 5, 207~232.

Tversky, A., & Kahneman, D. (1974). Judgment under uncertainty: Heuristic and biases. *Science*, 185, 1124~1131.

Uebara, I. (2002). Difference in episodic memory between four and five year olds: False information versus real experiences. *Psychological Reports*, 86, 745~755.

Vaughn, D. (1996). *The challenger launch decision: Risky technology, culture, and deviance at NASA*. Chicage: University of Chicago Press.

Vygotsky, L. S. (1962). *Thought and language*. Cambridge, MA: MIT Press.

Vygotsky, L. S. (1978). *Mind in society: The development of higher psychological processes*. Cambridge, MA: Harvard University Press.

Walk, R. D., Homan, C. P. (1984). Emotion and dance in dynamic light display. *Bulletin of the Psychonomic Society*, 22, 437~440.

Wallace, R. K., & Benson, H. (1972). The physiology of meditation. *Scientific American*, February, 81~90.

Wallace, R. K., & Fisher, L. E. (1987). *Consciousness and behavior* (2nd ed.). Boston: Allyn & Bacon.

Wallas, G. (1926). *The art of thought*. New York: Harcourt Brace.

Watson, J. B. (1913). Psychology as the behaviorist view it. *Psychological Review*, 20, 158~171.

Watson, J. B., & Rayner, R. (1920). Conditioned emotional reactions. *Journal of Experimental Psychology*, 3, 1~14.

Webb, W. B. (1975). *Sleep the gentle tyrant*. Englewood Cliffs, NJ: Prentice-Hall.

Wechsler, D. (1958). *The measurement and appraisal of adult intelligence*. Baltimore: Williams.

Wertheimer, M. (1945). *Productive thinking*. Chicago: University of Chicago Press.

Wertheimer, M. (1958). Principles of perceptual organization. In D. C. Beardslee, & M. Wertheimer (Eds.), *Readings in perception*. Princeton, NJ: Van Nostrand Reinhold.

Westen, P. (2002). *Psychology: Brain, behavior & culture* (3rd ed.). New York: John Wiley & Sons.

Whitbourne, S. K. (2004). *Adult development and aging: Biopsychological perspectives* (2nd ed.). New York: John Wiley & Sons.

Whyte, M. K. (1992). March-April. Choosing mates–the American way. *Society*, pp. 71~77.

Wiggins, J. S. (Ed.). (1996). *The five-facter model of personality : Theoretical perspectives*. New York : Guilford Press.

Wilson, W. R. (1979). Feeling more than we can know: Exposure effects without learning. *Journal of Personality and Social Psychology*, 37, 811~821.

Winick, M. (Ed.)(1976). *Malnutrition and brain development*. New York: Oxford University Press.

Witkin, H. A., Moore, C. A., Goodenogh, D. R., & Cox, P. W. (1977). Field-dependent and field-indenpendent cognitive styles and their educational implications. *Review of Educational Research*, 47, 1~64.

Wixted, F. T. (2005). A theory about why we forget what we once knew. *Current Direction of Psychological Science*, 14, 6~9.

Wollheim, R. (1971). *Sigmund Freud*. New York: Viking.

Wolpe, J. (1968). *Psychotherapy by reciprocal inhibition*. Stanford, CA: Stanford University Press.

Worchel, S. (1995). Cooperation and the reduction of intergroup conflict: Some determining factors. In S. Worchel, & W. Austin (Eds.), *Psychology of intergroup relation*. Chicago: Nelson-Hall.

Worchel, S., & Shebilske, W. (1995). *Psychology: Principles and application* (3rd ed.). Englewood, Cliffs, NJ: Prentice-Hall.

Yalom, I. D. (1985). *The theory and practice of group psychotherapy* (3rd ed.). New York: Basic Books.

Yerkes, R. M. (Ed.)(1921). Psychological examining in the United States Army. *Memoirs of the National Academy of Science*. Vol. 15.

Yerkes, R. M., & Dodson, J. B. (1908). The relation of stremgth of stinulus to rapidity of habit formation. *Journal of Comparative Neurology and Psychology*, **168**, 308~313.

Zajonc, R. B. (1965). Social facilitation. *Science*, **149**, 268~274.

Zangwill, O. L. (1987). Experimental hypnosis. In R. L. Fregory (Ed.), *The Oxford companion to the Mind*, pp. 328~333. Oxford: Oxford University Press.

Zepelin, H., & Rechtschaffen, P. (1974). Mammalian sleep, longevity, and energy metabolism. *Brain, Behavior and Evolution*, **10**, 425~470.

索　引

說明：1. 名詞後之數字為該名詞在本書內出現並附解釋處之頁碼。
2. 同一英文名詞而海峽兩岸譯文不同者，除在正文內附加括號予以註明外，索引中均予同時編列。
3. 以數字起頭及非英文名詞一律排在漢英對照之最後。

一、漢英對照

一　劃

一致論　consistency theory　430
一般因素　general factor　360
一般能力　general ability　346
一般適應症候群　general adaptation syndrome　336
一般適應綜合症　general adaptation syndrome　336

二　劃

九連環　nine-connected circles　236
九點連線問題　nine-dot problem　234
二因論　two-factor theory　360
二級特質　secondary trait　397
二階段色覺論　two-stage color theory　86
人工智能　artificial intelligence　192
人工概念　artificial concept　225
人本心理學　humanistic psychology　17
人本主義觀點　humanistic perspective　17
人本治療　humanistic therapy　494
人知覺　person perception　419
人格　personality　380
人格五因素模型　five-factor model　400
人格心理學　psychology of personality　23
人格因素論　factorial theory of personality　397
人格特質　personality trait　395
人格特質論　personality-trait theory　395
人格異常　personality disorder　476
人格測驗　personality test　411
人格類型　personality type　395
人格類型論　personality-type theory　398
人際吸引　interpersonal attraction　438
人際理論　interpersonal theory　394
人際關係論　interpersonal theory　394
力比多　libido　382
十六種人格因素問卷　Sixteen Personality Factor Questionnaire　398

三　劃

三山實驗　three-mountain experiment　267
三段論法　syllogism　228
三段論法演繹推理　syllogistic-deductive reasoning　228
下丘腦　hypothalamus　47
下視丘　hypothalamus　47
下意識　subconscious　116
口唇性格　oral character　384
口唇期　oral stage　384
口慾期　oral stage　384
大小常性　size constancy　100
大前提　major premise　229

大麻　marijuana　145
大腦　cerebrum　53
大腦半球　cerebral hemisphere　53
大腦皮質　cerebral cortex　46
子宮　uterus　282
小前提　minor premise　229
小集團意識　groupthink　446
小腦　cerebellum　46
工作分析　job analysis　349
工作記憶　working memory　199
工作動機　work motivation　327
工程心理學　engineering psychology　25
工業心理學　industrial psychology　25
干擾論　interference theory　212

四　劃

不可逆性　irreversibility　267
中介作用　mediation　176
中介變項　intervening variable　28
中心特質　central trait　396
中央凹　fovea　75
中央裂　central fissure　53
中年危機　midlife crisis　302
中年期　middle adulthood　297
中耳　middle ear　87
中間神經元　interneuron　51
中腦　midbrain　46
中樞神經系統　central nervous system　46
五大　Big Five　400
五大人格特質論　big five theory of personality　400
元素論　elementarism　10
內分泌系統　endocrine system　58
內分泌腺　endocrine gland　58
內化作用　internalization　468
內向　introversion　391
內在動機　intrinsic motivation　322
內在歸因　internal attribution　424
內耳　inner ear　88
內制控信念型　internal locus of control　410

內省　introspection　10
內容效度　content validity　349
內傾　introversion　391
內團體　ingroup　446
內驅力　drive　310
內驅力降低說　drive-reduction theory　324
分貝　decibel　89
分析心理學　analytical psychology　390
分析智力　analytical intelligence　364
分科成就測驗　specific achievement test　347
分組　classification　268
分散練習　distributed practice　187
分裂型人格異常　schizotypal personality disorder　478
分離　dissociation　464
分離型人格異常　schizoid personality disorder　478
分類　classification　268
升胰島素　glucagon　60
友誼　friendship　440
友誼式愛情　friendship love　442
反向作用　reaction formation　386
反社會行為　antisocial behavior　477
反社會型人格異常　antisocial personality disorder　476, 478
反射　reflex　48
反應　response　13
反應性條件作用　respondent conditioning　162
反應時　reaction time　189
反應時　response time　189
反應時間　reaction time　189
反應時間　response time　189
反應時間法　reaction-time method　189
反饋　feedback　166
天性-教養爭議　nature-nurture controversy　6
天賦理性主義　nativistic rationalism　192
天賦觀念　innate idea　7
少能勝多效應　less-leads-to-more effect　431
幻視　visual hallucination　481
幻覺　hallucination　134, 480

幻聽　auditory hallucination　480
心向　mental set　239
心因性失憶症　psychogenic amnesia　464
心因性異常　psychogenic disorder　462
心因性障礙　psychogenic disorder　462
心因性遺忘　psychogenic amnesia　464
心身關係問題　mind-body problem　5
心情異常　mood disorder　465
心理玄學　parapsychology　108
心理生物學觀點　psychobiological perspective　18
心理年齡　mental age　354
心理依賴　psychological dependence　142
心理性動機　psychological motives　312
心理治療　psychotherapy　454,489
心理物理學　psychophysics　8
心理社會期發展論　psychosocial stage theory of development　273
心理表象　mental representation　195
心理計量取向　psychometric approach　353
心理能力　mental ability　346
心理旋轉　mental rotation　227
心理異常　mental disorder　455
心理測驗　psychological test　346
心理測驗　mental test　346
心理劇　psychodrama　510
心理衝突　mental conflict　338
心理學　psychology　3
心理學派　schools of psychology　9
心智不足　mental retardation　370
心象　mental image　226
心電感應　telepathy　109
心靈致動　psychokinesis　109
心靈現象　psi phenomena　108
心靈學　parapsychology　108
手段-目的分析　means-end analysis　237
支配妄想　delusion of influence　481
文化公平測驗　culture-fair test　375
文字智力測驗　verbal intelligence test　357
文飾作用　rationalization　386

方位學習　place learning　173
月亮錯覺　moon illusion　107
比西量表　Binet-Simon Scale　353
比奈-西蒙智力量表　Binet-Simon Intelligence Scale　353
比率智商　ratio IQ　355
比較心理學　comparative psychology　24
比較刺激　comparison stimulus　71
毛狀細胞　hair cell　88
水狀液　aqueous humor　75
水晶體　lens　74

五　劃

丘腦　thalamus　47
主性徵　primary sex characteristics　293
主要特質　cardinal trait　396
主動對愧疚　initiative versus guilt　276
主視覺區　primary visual area　55
主腺　master gland　59
主運動區　primary motor area　54
主題統覺測驗　Thematic Apperception Test　413
主聽覺區　primary auditory area　57
主體覺區　primary somatosensory area　55
主觀預期價值　subjective expected value　247
以退為進法　door-in-the-face technique　434
他律道德期　heteronomous morality stage　278
代表性推斷　representativeness heuristic　245
代幣法　token economy　502
代碼　code　195
加工水平說　levels of processing theory　205
加色混合　additive color mixture　82
功能主義　functionalism　11
功能刺激　functional stimulus　177
功能固著　functional fixedness　240
半規管　semicircular canal　88
半意識　subconscious　116
占有式愛情　possessive love　441
去個人化　deindividuation　435
可卡因　cocaine　144

可見光譜　visible spectrum　79
可待因　codeine　143
可逆性　reversibility　267
古典行為主義　classical behaviorism　161
古典制約作用　classical conditioning　153
古柯鹼　cocaine　144
司法心理學　forensic psychology　25, 330
四色論　tetrachromatic theory　86
外向　extroversion　391
外向性　extraversion　400
外在動機　extrinsic motivation　322
外在歸因　external attribution　424
外耳　outer ear　87
外制控信念型　external locus of control　410
外周神經系統　peripheral nervous system　48
外傾　extroversion　391
外團體　outgroup　446
外擾變項　extraneous variable　34
失律性失眠　arrhythmic insomnia　125
失眠　insomnia　124
失落反應　reaction to loss　468
失憶症　amnesia　464
孕育期　incubation　251
巨人症　gigantism　59
布羅卡區　Broca's area　57
平均數　mean　350
平衡狀態　homeostasis　309
平衡感　sense of equilibrium　88
平衡覺　equilibratory sense　95
幼年經驗失憶症　infantile amnesia　208
本我　id　382
本能　instinct　310
未定型統合　identity moratorium　296
正幻覺　positive hallucination　134
正後象　positive afterimage　83
正相關　positive correlation　31, 350
正常　normality　456
正強化　positive reinforcement　164
正強化物　positive reinforcer　164
正移情　positive transference　491

正統精神分析　orthodox psychoanalysis　381
正態分布　normal distribution　355
正誘因　positive incentive　311
母體　population　32, 348
民主式領袖　democratic leader　448
永久記憶　permanent memory　202
生之本能　life instinct　382
生命全程發展　life-span development　261
生物性動機　biological motives　312
生物時鐘　biological clock　118
生物藥物治療　biomedical therapy　513
生長激素　growth hormone　59
生活風格　style of life　389
生活格調　style of life　389
生理心理學　physiological psychology　23
生理依賴　physical dependence　142
生理性動機　physiological motives　312
生理統計取向　biometric approach　353
生理需求　physiological need　327
生殖期　genital stage　385
甲狀腺　thyroid gland　59
甲狀腺激素　thyroid hormone　60
目的狀態　goal state　235
立即強化　immediate reinforcement　164

六　劃

交互作用論　transactional theory　449
交互決定論　reciprocal determinism　407
交感神經系統　sympathetic nervous system　50
休克治療　shock therapy　514
全有全無律　all-or-none law　52
全色盲　achromatism　84
全相關　perfect correlation　350
全部報告法　whole-report method　198
共同特質　common trait　396
共鳴論　resonance theory　90
共變歸因論　covariation theory of attribution　424
再測法　test-retest method　348
再測信度　test-retest reliability　349

索　引

再認法　recognition method　187
再學習法　relearning method　188
印象形成　impression formation　421
吉納卡　Zener cards　109
吉爾福德立方體　Guilford's cube　361
同化　assimilation　263
同卵孿生子　identical twins　44, 367
同性戀　homosexuality　320
同時效度　concurrent validity　351
同理心　empathy　495
同儕-連續研究　cohort-sequential study　262
同題異述　problem isomorph　235
名義刺激　nominal stimulus　177
名義領袖　nominal leader　448
合取概念　conjunctive concept　223
合理化　rationalization　386
因果法則　law of causality　27
因素分析　factor analysis　360
因變量　dependent variable　28
回憶法　recall method　186
回饋　feedback　166
地點說　place theory　90
多重人格　multiple personality　465
多重歷程處理　multiprocess processing　193
多項記錄器　polygraph　330
妄想　delusion　481
妄想型人格異常　paranoid personality disorder　478
存在主義　existentialism　401
存在智力　existential intelligence　366
守恆　conservation　267
安全需求　safety need　327
安非他命　amphetamine　143
安慰劑效應　placebo effect　518
成年期　adulthood　297
成長需求　growth needs　327
成就　achievement　346
成就動機　achievement motive　321
成就測驗　achievement test　347
成就需求　need for achievement　321

托蘭斯創造思維測驗　Torrance Test of Creative Thinking　252
早閉型統合　identity foreclosure　296
有效論證　valid argument　229
有條件積極關注　conditional positive regard　405
次目標分析　subgoal analysis　237
次性徵　secondary sex characteristics　293
次要特質　secondary trait　397
次級制約作用　second-order conditioning　157
次級強化　secondary reinforcement　157
次級強化物　secondary reinforcer　157
次級條件作用　second-order conditioning　157
死之本能　death instinct　382
老化　aging　297
老年期　later adulthood　297
耳　ear　87
耳石　otolith　95
耳咽管　Eustachian tube　88
耳鼓膜　eardrum membrane　88
耳蝸　cochlea　88
自主神經系統　autonomic nervous system　48
自主道德階段　autonomous morality stage　278
自主獨立對羞怯懷疑　autonomy versus shame and doubt　275
自由意志　free will　7, 311
自由意志對決定論　free will versus determinism　6
自由聯想　free association　490
自我　ego　382
自我中心　egocentrism　266
自我中心言語　egocentric speech　271
自我分析　ego analysis　494
自我功能　ego function　493
自我系統　self-system　394
自我防衛　ego defense　386
自我表露　self-disclosure　440
自我效能　self-efficacy　408
自我動力　self-dynamism　394
自我動能　self-dynamism　394

自我專注　self-absorption　481
自我強化　self-reinforcement　408
自我理想　ego-ideal　383
自我統合　self identity　276
自我陶醉型人格障礙　narcissistic personality disorder　478
自我意象　self-image　393, 434
自我概念　self-concept　404
自我實現　self-actualization　402
自我實現需求　self-actualization need　327
自我論　self theory　404
自我覺察　self-awareness　511
自我體系　self-system　394
自我觀念　self-concept　404
自卑情結　inferiority complex　389
自卑感　inferiority feeling　388
自知智力　intrapersonal intelligence　366
自律　self-regulation　408
自律道德期　autonomous morality stage　278
自是型人格異常　narcissistic personality disorder　478
自動化加工　automatic processing　206
自動處理　automatic processing　206
自殺　suicide　466
自陳法　self-report method　331
自陳量表　self-report inventory　411
自尊需求　self-esteem need　327
自然恢復　spontaneous recovery　157
自然復元　spontaneous remission　515
自然智力　naturalist intelligence　366
自然概念　natural concept　225
自然觀察法　naturalistic-observation method　30
自傳式記憶　autobiographical memory　206
自毀性行為　self-defeating behavior　477
自覺　self-awareness　511
自變項　independent variable　28
至善原則　perfection principle　383
舌尖現象　tip-of-the-tongue phenomenon　187
色盲　color blindness　84
色調　hue　80

色調適應　chromatic adaptation　81
色環　color circle　81
色覺相對歷程論　opponent-process theory of color vision　86
色覺缺陷　color deficiency　84
色覺理論　theory of color vision　85
艾森克人格量表　Eysenck Personality Inventory　398
血酒濃度　blood alcohol concentration　143
行為　behavior　13
行為主義　behaviorism　12
行為主義觀點　behavioral perspective　16
行為治療　behavior therapy　500
行為革命　behavioral revolution　13
行為異常　behavior disorder　500
行為連鎖　behavioral chaining　165
行為塑造　shaping of behavior　164
行為遺傳學　behavioral genetics　41
行為矯正　behavior modification　502
行動治療　action therapy　500
行銷心理學　sales psychology　25

七　劃

位置學習　place learning　173
伴侶式愛情　companionate love　441
似動　apparent motion　105
似動知覺　apparent motion perception　105
作業法　performance method　354
作夢　dreaming　128
低能　feeble-mindedness　370
免文化影響測驗　culture-free test　374
冷覺　sense of cold　94
判斷　judgement　244
利他行為　altruistic behavior　436
助人行為　helping behavior　436
卵子　ovum　42
卵巢　ovary　61
卵圓窗　oval window　88
否定妄想　delusion of negation　481
否定法則　negative rule　222

否認　denial　386
坎巴二氏情緒說　Cannon-Bard theory of emotion　339
坎農-巴德情緒論　Cannon-Bard theory of emotion　339
壯年期　young adulthood　297
完形心理學　Gestalt psychology　13
完形主義　Gestaltism　14
完形治療法　Gestalt therapy　497
完美原則　perfection principle　383
完美無瑕對悲觀沮喪　integrity versus despair　277
局部色盲　parachromatopsia　84
序列化　seriation　268
序位效應　serial position effect　187
形式運思期　formal operational stage　268
形式運算階段　formal operational stage　268
形成組塊　chunking　200
形狀常性　shape constancy　100
形象記憶　iconic memory　196
形象與背景　figure and ground　96
形碼　iconic code　197
快速眼動睡眠　rapid eye movement sleep　124
快樂原則　pleasure principle　382
戒斷症候群　withdrawal syndrome　142
戒斷綜合症　withdrawal syndrome　142
抗拒　resistance　491
抗拒分析　analysis of resistance　491
抗拒階段　resistance stage　337
抗焦慮劑　antianxiety drug　513
抗精神病劑　antipsychotic drug　514
抗憂鬱劑　antidepressant drug　513
抗藥性　drug tolerance　141
折半法　split-half method　349
折半信度　split-half reliability　349
扮異性症　transvestism　475
投低球策略　low-ball strategy　435
投射　projection　386
投射技術　projective technique　412
投射測驗　projective test　413

抑制劑　depressant　142
抑鬱症　depression　466
攻擊性格　aggressive character　393
更年期　climacteric　302
杏仁體　amygdala　47
沙克特-辛格情緒論　Schachter-Singer theory of emotion　340
決定論　determinism　6
決策　decision making　244
系列位置效應　serial position effect　187
系統性　systematization　29
系統脫敏法　systematic desensitization　501
肛門性格　anal character　384
良心　conscience　383
良性失眠　benign insomnia　125
角回　angular gyrus　58
角色混亂　role confusion　277
角膜　cornea　74
言語療法　logotherapy　499
身體意象　body image　316
身體質量指數　body mass index　314
防衛機制　defense mechanism　386
防禦機制　defense mechanism　386

八　劃

乖孩子取向　good boy/nice girl orientation　280
依附　attachment　290
依從　compliance　434
依從性格　compliant character　393
依賴型人格異常　dependent personality disorder　478
依戀　attachment　290
依變項　dependent variable　28
侏儒症　dwarfism　59
兒童期　childhood　290
兩性期　genital stage　385
兩極性異常　bipolar disorder　467
兩點閾限測量器　two-point threshold aesthesiometer　93
具體運思期　concrete operational stage　267

具體運算階段　concrete operational stage　267
刻板印象　stereotype　427
刺激　stimulus　13
刺激-反應心理學　stimulus-response psychology　13
刺激泛化　stimulus generalization　156
刺激辨別　stimulus discrimination　156
刺激類化　stimulus generalization　156
制約反應　conditioned response　155
制約刺激　conditioned stimulus　155
制控信念　locus of control　409
制控點　locus of control　409
取代論　displacement theory　202
受孕　fertilization　42
受虐狂　masochism　475
受精　fertilization　42
受精卵　zygote　42
味蕾　taste bud　91
味覺　taste　91
咒語　mantra　138
和尚登山問題　monk-on-the-mountain problem　235
和諧　congruence　405
周圍神經系統　peripheral nervous system　48
命題　proposition　229
固定智力　crystallized intelligence　300
固著　fixation　385
夜視覺　scotopic vision　76
夜驚　night terror　127
奉獻式愛情　altruistic love　442
定向型統合　identity achievement　296
定程法　algorithm　236
定點論　set-point theory　315
官僚式領袖　bureaucratic leader　448
延宕強化　delayed reinforcement　164
延後享樂　delay of gratification　479
延腦　medulla　46
延遲強化　delayed reinforcement　164
性心理異常　psychosexual disorder　471
性心理期發展論　psychosexual stage theory of development　384
性向　aptitude　346
性向測驗　aptitude test　347
性行為　sexual behavior　317
性別認同障礙　gender identity disorder　471
性染色體　sex chromosome　41
性虐待狂　sadomasochism　475
性格異常　personality disorder　476
性格歸因　dispositional attribution　424
性動機　sexual motive　317
性感區　erogenous zone　384
性腺　gonad　61
性腺激素　sex gland stimulating hormone　59
性器期　phallic stage　384
性驅力　sexual drive　317
性變態　paraphilia　472
承諾成分　commitment component　442
抽象模仿　abstract modeling　177
抽樣　sampling　32
抽樣偏向　sampling bias　32
抽樣偏差　sampling bias　32
抽樣調查　sampling survey　32
放鬆訓練　relaxation training　501
易性癖　transsexualism　472
明度　brightness　80
明度常性　brightness constancy　101
明朗期　illumination　251
明視距離　visual distance　286
明視覺　photopic vision　76
昇華　sublimation　387
服從　obedience　435
枕葉　occipital lobe　53
析取概念　disjunctive concept　223
歧視　discrimination　427
注意　attention　197, 272
泌乳激素　lactogenic hormone　59
河內塔問題　Tower of Hanoi problem　237
泛化　generalization　156
泛性論　pansexualism　385
泛焦慮症　generalized anxiety disorder　458

物知覺　object perception　419
物質決定論　physical determinism　7
物體永存　object permanence　265
狀態依賴記憶　state-dependent memory　211
盲從　contagion　435
盲點　blind spot　76
直接模仿　direct modeling　177
直線透視　linear perspective　101
直觀推斷法　heuristic　237
知的需求　need to know　327
知識來源　origins of knowledge　7
知覺　perception　67
知覺恆常性　perceptual constancy　100
知覺常性　perceptual constancy　100
知覺組織　perceptual organization　98
知覺對比　perceptual contrast　97
社交恐懼症　social phobia　459
社交智力　interpersonal intelligence　366
社會互動　social interaction　432
社會化　socialization　405
社會化權力動機　socialized power motive　323
社會心理學　social psychology　24
社會助長　social facilitation　443
社會抑制　social inhibition　444
社會角色論　social role theory　136
社會取向領袖　social-oriented leader　448
社會性動機　social motives　312
社會法制取向　social contract legalistic orientation　281
社會知覺　social perception　419
社會浪費　social loafing　444
社會基模　social schema　422
社會從眾　social conformity　280
社會情境　social situation　178
社會異常　social disorder　470
社會惰化作用　social loafing　444
社會認知　social cognition　419
社會認知論　social cognitive theory　175
社會需求　social need　438

社會影響　social influence　432
社會學習論　social learning theory　176, 407
社會願望　social desirability　414
空巢症候群　empty nest syndrome　303
空巢綜合症　empty nest syndrome　303
空椅技術　empty chair technique　498
空間智力　spatial intelligence　366
肥胖症　obesity　314
肢體語言　body language　335
肯定法則　affirmative rule　222
初始效應　primary effect　187
表述問題　representation of problem　235
表面差距假說　apparent distance hypothesis　107
表面特質　surface trait　397
近因效應　recency effect　187
近事失憶症　anterograde amnesia　464
近視　nearsightedness　77
長期記憶　long-term memory　202
長期儲存　long-term store　202
青年期　adolescence　293
青春期　puberty　293
青春期生長陡增　puberty growth spurt　293
青春期的快速生長　puberty growth spurt　293
非文字智力測驗　nonverbal intelligence test　357
非快速眼動睡眠　nonrapid eye movement sleep　124
非決定論　indeterminism　7
非制約反應　unconditioned response　155
非制約刺激　unconditioned stimulus　154
非指導性諮商　nondirective counseling　494
非參與觀察　non-participant observation　30
非意識　nonconscious　117
非語言行為　nonverbal behavior　332

九　劃

亮適應　light adaptation　81
信任對不信任　trust versus mistrust　275
信度　reliability　348
信度係數　reliability coefficient　349

信號檢測論　signal detection theory　73
保持　retention　185
保持復習　maintenance rehearsal　203
保養論　conservation theory　122
促甲狀腺激素　thyroid-stimulating hormone　59
促腎上腺激素　adrenocorticotropic hormone　59
前庭器官　vestibular apparatus　88
前庭覺　vestibular sense　95
前庭囊　vestibular sac　88
前習俗道德水平　preconventional level of morality　280
前習俗道德期　preconventional level of morality　280
前項　antecedent　229
前意識　preconscious　117
前意識記憶　preconscious memory　118
前腦　forebrain　46
前運思期　preoperational stage　266
前運算階段　preoperational stage　266
前聯合區　frontal association area　57
前攝抑制　proactive inhibition　212
垂體腺　pituitary gland　59
客觀性　objectivity　29
客觀預期價值　objective expected value　246
後天免疫缺乏症候群　acquired immune deficiency syndrome　320
後形式思維　postformal thinking　270
後效強化　contingent reinforcement　163
後習俗道德水平　postconventional level of morality　281
後習俗道德期　postconventional level of morality　281
後象　afterimage　83
後項　consequent　229
後腦　hindbrain　46
後聯合區　posterior association area　57
思維　thinking　221
恢復論　restoration theory　121
施虐狂　sadism　475
染色體　chromosome　41

柯蒂氏器　organ of Corti　88
柏拉圖式的愛情　Platonic love　441
流動智力　fluid intelligence　300
流暢性　fluency　252
流體智力　fluid intelligence　300
玻璃狀液　vitreous humor　75
相似　similarity　439
相似法則　law of similarity　99
相倚強化　contingent reinforcement　163
相對功利取向　instrumental-relative orientation　280
相對運動知覺　relative motion perception　105
相對體積假說　relative size hypothesis　108
相貌　physical appearance　439
相關　correlation　350
相關係數　correlation coefficient　31, 350
相關研究　correlational research　31
研究生入學測驗　Graduate Record Examination　359
科學　science　26
突發性睡眠症　narcolepsy　126
突觸　synapse　51
美的需求　aesthetic need　327
美國大學入學測驗　American College Test　359
美國精神病學會　American Psychiatric Association　456
耐藥力　drug tolerance　141
耶基斯-杜德森法則　Yerkes-Dodson law　325
胚胎　embryo　282
胚胎期　embryonic period　282
胎兒　fetus　282
胎兒酒精症候群　fetal alcohol syndrome　284
胎兒酒精綜合症　fetal alcohol syndrome　284
胎兒期　fetal period　282
胎盤　placenta　283
致幻劑　hallucinogen　144
苯丙胺　amphetamine　143
虹膜　iris　74
衍生性動機　secondary motives　312
計算機輔助教學　computer-assisted instruction

166
負幻覺　negative hallucination　134
負後象　negative afterimage　84
負相關　negative correlation　31, 350
負強化　negative reinforcement　164
負強化物　negative reinforcer　164
負移情　negative transference　491
負誘因　negative incentive　311
迫害妄想　delusion of persecution　481
重測法　test-retest method　348
重測信度　test-retest reliability　349
重疊　superposition　102
面部表情　facial expression　332
面質　confrontation　512
韋氏成人智力量表　Wechsler Adult Intelli-gence Scale　357
韋氏兒童智力量表　Wechsler Intelligence Scale for Children　357
韋氏學前智力量表　Wechsler Preschool and Primary Scale of Intelligence　357
韋尼克區　Wernicke's area　57
韋伯定律　Weber's law　72
韋伯常數　Weber's constant　72
音色　timbre　89
音高　pitch　88
音強　loudness　89
音樂智力　musical intelligence　366
音調　pitch　88
音質　timbre　89
飛行時差　jet lag　118
首因效應　primary effect　187

十　劃

倒退　regression　483
倒攝抑制　retroactive inhibition　212
個人化權力動機　personalized power motive　323
個人成長團體　personal-growth group　511
個人特質　personal trait　396
個人潛意識　personal unconscious　390

個別化教學　individualized instruction　166
個別治療　individual therapy　508
個別差異　individual difference　344
個別智力測驗　individual intelligence test　357
個性　personality　380
個案史法　case history method　30
個案研究　case study　30
個體心理學　individual psychology　387
原始分數　raw score　350
原始性動機　primary motives　312
原始意象　primordial image　390
原始驅力　primary drive　311
原型　archetype　390
原型　prototype　225
原級強化　primary reinforcement　157
家庭治療　family therapy　512
差別閾限　difference threshold　71
差異心理學　differential psychology　24
恐怖症　phobia　458
恐慌症　panic disorder　458
恐懼失敗　fear of failure　321
恐懼症　phobia　458
振幅　amplitude　88
挫折　frustration　337
挫折容忍力　frustration tolerance　479
效果律　law of effect　161
效度　validity　349
效度係數　validity coefficient　351
效度標準　validity criterion　351
效標關聯效度　criterion-related validity　351
效應器　effector　51
旁觀者介入　bystander intervention　436
旁觀者效應　bystander effect　436
時代精神　Zeitgeist　167
時代論　times theory　449
時辰節律　circadian rhythm　118
時近效應　recency effect　187
時間抽樣　time sampling　30
核心特質　central trait　396
案主中心治療法　client-centered therapy　494

根源特質　source trait　397
格式塔心理學　Gestalt psychology　13
浪漫式愛情　romantic love　441
消弱　extinction　156
消退　extinction　156
消退說　decay theory　202
消費者心理學　consumer psychology　25
海洛英　heroin　143
海馬　hippocampus　47
特殊因素　specific factor　360
特殊性向　specific aptitude　346
特殊性向測驗　special aptitude test　347
特質　trait　395
特質論　trait theory　395
眞動知覺　real motion perception　104
眞實自我　real self　393, 404
眞摯　congruence　495
砧骨　incus　88
神經元　neuron　50
神經系統　nervous system　45
神經性貪食症　bulimia nervosa　316
神經性厭食症　anorexia nervosa　315
神經通路　neural pathway　56
神經傳導素　neurotransmitter　513
神經節細胞　ganglion cell　76
神經衝動　nerve impulse　50
神經質　neuroticism　400
神經質需求　neurotic need　393
神經纖維　nerve fiber　50
神遊狀態　fugue state　464
紋路梯度　texture gradient　102
缺失性需要　deficiency needs　328
胰島素　insulin　60
胰腺　pancreas　60
能力　ability　346
能力測驗　ability test　347
脊髓　spinal cord　48
胼胝體　corpus callosum　48
衰退論　decay theory　202
衰竭階段　exhaustion stage　337

記憶　memory　185, 363
記憶痕跡　memory trace　202
記憶增強　hypermnesia　134
記憶廣度　memory span　200
訊息處理模型　information processing model　193
訊息處理論　information processing theory　193
起始狀態　initial state　235
逆行性遺忘　retrograde amnesia　464
迷幻藥　lysergic acid diethylamide　144
迷失型統合　identity diffusion　296
迷遊狀態　fugue state　464
迷遊症　fugue　464
迷箱　puzzle box　160
迴避型人格異常　avoidant personality disorder　478
迴避學習　avoidance learning　165
逃避型人格障礙　avoidant personality disorder　478
逃避學習　escape learning　165
追求卓越　striving for superiority　388
酒精　alcohol　142
酒精中毒症　alcoholism　142
配對組設計　matched-group design　34
飢餓動機　hunger motive　312
飢餓驅力　hunger drive　312
高峰經驗　peak experience　403
高峰體驗　peak experience　403
高級心理功能　higher mental function　270

十一　劃

停經期　menopause　298
假性失眠　benign insomnia　125
假設　hypothesis　27
假設演繹推理　hypothetico-deductive reason-ing　229, 268
偉人論　great-man theory　448
側裂　lateral fissure　53
偏見　prejudice　427

偏執型人格障礙　paranoid personality disorder　478
副甲狀腺　parathyroid gland　60
副甲狀腺素　parathyroid hormone　60
副交感神經系統　parasympathetic nervous system　50
動作發展　motor development　286
動情激素　estrogen　61
動景效果　stroboscopic effect　105
動景器　stroboscope　14
動機　motivation　309
動機性行為　motivated behavior　330
動機性遺忘　motivated forgetting　212
動機理論　theory of motivation　324
動覺　kinesthetic sense　94
參與觀察　participant observation　30
問卷法　questionnaire method　31
問卷調查　questionnaire survey　31
問題空間　problem space　235
問題索解　problem solving　233
問題解決　problem solving　233
唯心論　idealism　6
唯物論　materialism　6
基本心能測驗　Primary Mental Abilities Test　361
基本心理功能　elementary mental function　270
基本心理能力　primary mental ability　361
基本特質　cardinal trait　396
基本焦慮　basic anxiety　393
基本焦慮論　basic anxiety theory　392
基本需求　basic needs　327
基本歸因誤差　fundamental attribution error　424
基本驅力　primary drive　311
基因　gene　41
基底膜　basilar membrane　88
基模　schema　263
婚姻　marrige　441
專注式靜坐　concentrative meditation　137
常例直觀推斷法　representativeness heuristic　245
常性危機　normative crisis　273
常染色體　autosome　41
常態分布　normal distribution　355
常模　norm　348
強化　reinforcement　156
強化刺激　reinforcing stimulus　156
強化物　reinforcer　156
強化值　reinforcement value　410
強化程式　schedule of reinforcement　164
強化程序　schedule of reinforcement　164
強迫行為　compulsive behavior　459
強迫型人格異常　obsessive-compulsive personality disorder　478
強迫思想　obsessive thought　459
強迫症　obsessive-compulsive disorder　459
強迫觀念　obsessive idea　459
得寸進尺法　foot-in-the-door technique　434
從眾　conformity　432
情結　complex　390
情感　affect　465
情感症　affective disorder　465
情節性失憶症　episodic amnesia　464
情節記憶　episodic memory　206
情境依賴記憶　context-dependent memory　211
情境性失眠　situational insomnia　124
情境歸因　situational attribution　424
情緒　emotion　329
情緒二因論　two-factor theory of emotion　341
情緒生理論　physiological theory of emotion　341
情緒性行為　emotional behavior　330
情緒表現　emotional expression　330, 332
情緒表達　emotional expression　330
情緒商數　emotional quotient　336
情緒理論　theory of emotion　338
情緒異常　emotional disorder　457
情緒智力　emotional intelligence　335
情緒經驗　emotional experience　331
情緒認知論　cognitive theory of emotion　341

564　索　引

情緒體驗　emotional experience　331
控制　control　27
控制組　control group　34
探索法　heuristic　237
接近　proximity　438
接近法則　law of proximity　99
推理　reasoning　228
排發論　volley theory　91
教育心理學　educational psychology　24
教學機　teaching machine　166
啟智計畫　Head Start Project　370
敏感性　sensitivity　69
族群相似性　family resemblance　226
晝夜節律　circadian rhythm　118
桿細胞　rod cell　75
條件反射　conditioned reflex　155
條件反應　conditioned response　155
條件作用　conditioning　153
條件刺激　conditioned stimulus　155
條件法則　conditional rule　223
條件情緒反應　conditioned emotional response　159
條件推理　conditional reasoning　229
深度知覺　depth perception　101
理性心理治療法　rational psychotherapy　503
理性主義　rationalism　7
理性情緒行為治療法　rational emotive behavior therapy　504
理性情緒治療法　rational-emotive therapy　503
理情治療法　rational-emotive therapy　503
理想化自我　idealized self　393
理想自我　ideal self　404
理想身材　ideal body shape　318
理想體型　ideal body shape　318
現象自我　phenomenal self　404
現象場　phenomenal field　404
現實式愛情　pragmatic love　442
現實自我　actual self　393
現實原則　reality principle　382
異卵孿生子　fraternal twins　44, 367

異性裝扮癖　transvestism　475
眾言可證性　intersubjective testability　128
眼　eye　74
移情　transference　491
移情分析　analysis of transference　491
移置　displacement　386
窒息性失眠　sleep apnea　126
第一印象　first impression　421
第一性徵　primary sex characteristics　293
第二性徵　secondary sex characteristics　293
第三勢力　third force　17
統合危機　identity crisis　277
統合形成　identity formation　277
統合性離解障礙　dissociative identity disorder　465
統合狀態　identity statuses　296
統合對角色混亂　identity versus role confusion　276
細胞體　cell body　50
組塊　chunk　200
組織　organization　18, 263
組織完形法則　Gestalt laws of organization　99
終紐　terminal button　50
習俗　convention　280
習俗　conventionality　278
習俗道德水平　conventional level of morality　280
習俗道德期　conventional level of morality　280
習得　acquisition　156
習得性自棄　learned helplessness　170
習得驅力　acquired drive　311
脫氧核糖核酸　deoxyribonucleic acid　41
莫洛反射　Moro reflex　288
荷爾蒙　hormone　58
處理層次論　levels of processing theory　205
規範科學　normal science　21
訪問法　interview method　31
訪問調查　interview survey　31
責任分散　diffusion of responsibility　436

通訊理論	communication theory	191
連言法則	conjunctive rule	222
連言概念	conjunctive concept	223
連鎖反應	chained responses	165
連鎖作用	chaining	165
連續法則	law of continuity	99
連續強化	continuous reinforcement	164
速示器	tachistoscope	197
部分強化	partial reinforcement	164
部分報告法	partial-report method	198
部位論	place theory	90
閉合法則	law of closure	100
陳述性知識	declarative knowledge	206
陳述性記憶	declarative memory	206
頂葉	parietal lobe	53
麥角酸二乙醯胺	lysergic acid diethylamide	144
麻醉劑	narcotic	143

十二劃

中文	英文	頁碼
最小可覺差	just noticeable difference	71
最近發展區	zone of proximal development	271
創造	creativity	249
創造投資論	investment theory of creativity	253
創造思維	creative thinking	249
創造智力	creative intelligence	364
單一型恐懼症	simple phobia	459
單耳線索	monoaural cue	89
單面溝通	onesided communication	430
單純恐怖症	simple phobia	459
單眼線索	monocular cue	101
單組設計	single group design	33
場合依賴記憶	context-dependent memory	211
尋求認可取向	good boy/nice girl orientation	280
復述	rehearsal	203
復習	rehearsal	203
描述	description	27
描述研究	descriptive research	29
揚-赫爾姆霍茨三色論	Young-Helmholtz trichromatic theory	86
斯比量表	Stanford-Binet Scale	354
斯坦福-比奈智力量表	Stanford-Binet Intelligence Scale	354
斯坦福催眠感受性量表	Stanford Hypnotic Susceptibility Scale	133
斯金納箱	Skinner box	163
斯特魯普效應	Stroop effect	189
普通成就測驗	general achievement test	347
普通性向	general aptitude	346
普通性向測驗	general aptitude test	347
普通能力	general ability	346
普遍倫理取向	universal-ethical-principle orientation	281
晶體智力	crystallized intelligence	300
智力	intelligence	345
智力二因論	two-factor theory of intelligence	360
智力三元論	triarchic theory of intelligence	364
智力多元論	theory of multiple intelligences	365
智力年齡	mental age	354
智力商數	intelligence quotient	354
智力理論	theory of intelligence	359
智力測驗	intelligence test	348
智力結構論	structure-of-intellect theory	361
智商	intelligence quotient	354
替代性嘗試錯誤	vicarious trial-and-error	174
替代學習	vicarious learning	176
期望論	expectancy theory	326
游離性焦慮	free-floating anxiety	458
減色混合	subtractive color mixture	83
測謊器	lie detector	330
測驗法	test method	32
焦慮	anxiety	458
焦慮症	anxiety disorder	458
無條件反射	unconditioned reflex	155
無條件反應	unconditioned response	155

無條件刺激　unconditioned stimulus　154
無條件積極關注　unconditional positive regard　406
無意識　nonconscious　117
無意識　unconscious　117
無管腺　ductless gland　58
無關變項　extraneous variable　34
痛覺　pain　93
痛覺閘門控制論　gate control theory of pain　93
發生認識論　genetic epistemology　263
發展心理學　developmental psychology　23
發展危機　developmental crisis　273
發散思維　divergent thinking　363
短時記憶　short-term memory　199
短期記憶　short-term memory　199
短期儲存　short-term store　199
程序性知識　procedural knowledge　206
程序性記憶　procedural memory　206
程序教學　programmed instruction　166
童年經驗失憶症　childhood amnesia　208
結構不良問題　ill-structured problem　234
結構主義　structuralism　10
結構良好問題　well-structured problem　234
結構家庭治療法　structure family therapy　512
結論　conclusion　229
絕經期　menopause　298
絕對閾限　absolute threshold　70
腎上腺　adrenal gland　60
腎上腺皮質　adrenal cortex　60
腎上腺素　adrenalin　60
腎上腺髓質　adrenal medulla　60
虛無假設　null hypothesis　28
視幻覺　visual hallucination　481
視丘　thalamus　47
視交叉　optic chiasma　56
視知覺　visual perception　74
視神經　visual nervous　77
視崖　visual cliff　289
視敏度　visual acuity　288
視野　visual field　56

視紫質　rhodopsin　81
視感覺　visual sensation　74
視網膜　retina　75
視盤　optic disk　75
視覺　vision　74
視覺系統　visual system　55
視覺區　visual area　55
視覺適應　visual adaptation　81
評價　evaluation　363
象徵化　symbolization　130
象徵性失落　symbolic loss　468
象徵模仿　symbolic modeling　177
費氏定律　Fechner's law　72
費希納定律　Fechner's law　72
超文化測驗　culture-free test　374
超我　superego　383
超常記憶　hypermnesia　134
超感知覺　extrasensory perception　108
超感視覺　clairvoyance　109
超覺靜坐　transcendental meditation　137
軸突　axon　50
週三晚間學會　Wednesday Evening Society　387
進化心理學　evolutionary psychology　19
進化論　evolutionism　19
進化論觀點　evolutionary perspective　19
進食中樞　feeding center　313
進食異常　eating disorder　315
開放式靜坐　open-up meditation　137
開放性　openness　400
階層組織論　hierarchical organization theory　207
雄性激素　androgen　61
集中練習　massed practice　187
集體思維　groupthink　446
集體潛意識　collective unconscious　390
順行性遺忘　anterograde amnesia　464
順延輪班制　latershift of work　119
順應　accommodation　263
順攝抑制　proactive inhibition　212

十三　劃

傳心術　telepathy　109
催眠　hypnosis　131
催眠後暗示　posthypnotic suggestion　135
催眠後遺忘　posthypnotic amnesia　135
催眠術　hypnotism　131
催眠感受性　hypnotic susceptibility　133
催眠誘導　hypnotic induction　132
勤奮對自卑　industry versus inferiority　276
嗎啡　morphine　143
嗅球　olfactory bulb　92
嗅覺　smell　92
嗅覺皮膜　olfactory epithelium　92
嗅覺鎖鑰論　lock and key theory of smell　92
塑造　shaping　164
嫉妒妄想　delusion of jealousy　481
意元　chunk　200
意元集組　chunking　200
意志　will　311
意象　image　10, 226
意義治療法　logotherapy　499
意識　consciousness　9, 115
意識流　stream of consciousness　11
感光色素　photopigment　76
感光細胞　photoreceptor cell　75
感受器　receptor　50
感知運動階段　sensorimotor stage　264
感情　feeling　10
感情移入　empathy　495
感覺　sensation　10, 67
感覺收錄　sensory register　196
感覺神經元　sensory neuron　50
感覺記憶　sensory memory　196
感覺運動期　sensorimotor stage　264
感覺適應　sensory adaptation　70
感覺閾限　sensory threshold　70
感覺儲存　sensory storage　196
愛心關懷對頹廢遲滯　generativity versus stagnation　277
愛情　love　441
愛情三因論　triangular theory of love　442
愛滋症　acquired immune deficiency syndrome　320
新弗洛伊德主義　neo-Freudian　392
新生兒　neonate　282, 285
新皮亞杰主義　Neo-Piagetian　269
新行為主義　neo-behaviorism　161
新精神分析　neo-psychoanalysis　392
新離解論　neodissociation theory　135
暗示　suggestion　132
暗適應　dark adaptation　81
會心團體　encounter group　511
業務取向領袖　task-oriented leader　448
楷模　model　176
概念　concept　221
概念形成　concept formation　224
概念識別　concept identification　222
歇斯底里　hysteria　15, 463
溝通　communication　429
溝通理論　communication theory　191
溫度覺　temperature sense　94
準備律　law of readiness　161
準備期　preparation　251
當事人中心治療法　person-centered therapy　494
睫狀肌　ciliary muscle　75
睪丸　testis　61
節省法　saving method　188
經典條件作用　classical conditioning　153
經驗　experience　151
經驗主義　empiricism　7
經驗直觀推斷法　availability heuristic　245
義碼　semantic code　203
群因論　group-factor theory　361
群體因素論　group-factor theory　361
群體極化　group polarization　445
腦　brain　46
腦力激盪　brainstorming　444
腦下腺　pituitary gland　59

腦波　brain wave　123
腦波圖　electroencephalogram　123
腦波儀　electroencephalograph　123
腦幹　brain stem　46
腦橋　pons　46
補色　complementary color　82
補償　compensation　387
解碼　decoding　195
解離　dissociation　464
解離症　dissociative disorder　464
解釋　explanation　27
誇大妄想　delusion of grandeur　481
詭熱覺　paradoxical heat　94
詹姆斯-郎格情緒論　James-Lange theory of emotion　339
詹郎二氏情緒說　James-Lange theory of emotion　339
資優兒童　gifted child　373
運作記憶　working memory　199
運動心理學　sports psychology　26
運動知覺　motion perception　104
運動後效　movement aftereffect　105
運動神經元　motor neuron　51
運動區　motor area　54
遊戲年齡　play age　276
遊戲式愛情　game-playing love　441
道德　morality　277
道德兩難　moral dilemma　278
道德相對主義　moral relativism　278
道德現實主義　moral realism　278
道德發展階段論　stage theory of moral development　278
道德實在論　moral realism　278
過度補償　overcompensation　389
電抽搐治療　electroconvulsive therapy　514
電痙攣治療　electroconvulsive therapy　514
電腦科學　computer science　192
電腦輔助教學　computer-assisted instruction　166
電話論　telephone theory　91

零相關　zero correlation　350
預知　precognition　109
預期價值　expected value　246
預測　prediction　27
預測效度　predictive validity　351
頓悟　insight　171
頓悟學習　insight learning　171
飽中樞　satiety center　313
飽和度　saturation　80
飽食中樞　satiety center　313

十四劃

匱乏性需求　deficiency needs　328
厭惡治療法　aversion therapy　501
嘗試錯誤學習　trial-and-error learning　161
團體內差異　within-group difference　371
團體心理治療　group psychotherapy　508
團體行為　group behavior　443
團體決策　group decision　445
團體治療　group therapy　508
團體差異　group difference　371
團體智力測驗　group intelligence test　357
團體間差異　between-group difference　371
團體極化　group polarization　445
團體極化效應　group polarization effect　445
團體凝聚力　group cohesion　446
圖式　schema　263
夢　dream　128
夢的解析　dream analysis　490
夢的解析　interpretation of dream　490
夢程　dream work　129
夢話　sleeptalking　127
夢遊　sleepwalking　126
夢境　dream content　129
夢囈　sleeptalking　127
夢魘　nightmare　127
實足年齡　chronological age　354
實際領袖　actual leader　448
實踐智力　practical intelligence　364
實驗心理學　experimental psychology　24

索　引

實驗法　experimental method　33
實驗研究　experimental research　33
實驗控制　experimental control　34
實驗組　experimental group　34
實驗設計　experimental design　33
實體鏡　stereoscope　104
態度　attitude　426
榜樣　model　176
構念效度　construct validity　351
構造主義　structuralism　10
演化論　evolutionism　19
演繹　deduction　228
演繹推理　deductive reasoning　228
漸進條件作用　approximation conditioning　165
疑病症　hypochondriasis　462
睡眠　sleep　119
睡眠障礙　sleep disorder　124
管理心理學　managerial psychology　25
算則法　algorithm　236
算術平均數　arithmetic mean　350
精子　sperm　42
精心復習　elaborative rehearsal　203
精神分析　psychoanalysis　14
精神分析觀點　psychoanalytic perspective　16
精神分裂症　schizophrenia　480
精神外科　psychosurgery　514
精神外科治療　psychosurgery therapy　514
精神決定論　psychical determinism　7
精神病　psychosis　480
精神病理學　psychopathology　454
精神能量　psychic energy　382
精神異常　psychotic disorder　480
精神障礙　mental disorder　455
精神藥物　psychoactive drug　141
精密性　elaboration　252
綜合模仿　synthesized modeling　177
緊張型精神分裂症　catatonic schizophrenia　482
網狀結構　reticular formation　46

網膜象差　retinal disparity　103
維也納學派　Vienna school　387
維持性復誦　maintenance rehearsal　203
語文智力　linguistic intelligence　366
語言區　speech area　57
語言獲得裝置　language-acquisition device　192
語義記憶　semantic memory　206
語義網絡　semantic network　209
語義碼　semantic code　203
認同　identification　385
認知　cognition　18,363
認知心理學　cognitive psychology　24
認知主義　cognitivism　18
認知主義觀點　cognitive perspective　18
認知失調論　cognitive dissonance theory　430
認知-行為治療法　cognitive-behavior therapy　507
認知治療法　cognitive therapy　503,506
認知發展　cognitive development　262
認知發展社會文化論　sociocultural theory of cognitive development　270
認知發展處理論　infor- mation-processing theory of cognitive development　272
認知發展階段論　stage theory of cognitive development　263
認知結構　cognitive structure　263
認知圖　cognitive map　174
認知學習　cognitive learning　152
認識論　epistemology　7
說服　persuasion　429
說服性溝通　persuasive communication　429
說服理由假說　persuasive argument hypothesis　445
誘因　incentive　311
誘動知覺　induced motion perception　105
輔導　guidance　489
遠視　farsightedness　77
遠距聯想測驗　Remote Associate Test　252
雌性激素　estrogen　51

需求　need　310
需求層次論　need hierarchy theory　327
需要　need　310
需要特徵　demand characteristics　35
領悟治療　insight therapy　489
領袖　leader　447
領袖功能　function of leader　447
領導　leadership　447
領導行為　leadership behavior　447
領導權變論　contingency theory of leadership　449

十五　劃

僵直型精神分裂症　catatonic schizophrenia　482
劇化型人格異常　histrionic personality disorder　478
審慎度　conscientiousness　400
影響妄想　delusion of influence　481
慮病症　hypochondriasis　462
憂鬱症　depression　466
慾力　libido　382
數理智力　logical-mathematical intelligence　366
暴民　mob　436
暴露症　exhibitionism　475
樣本　sample　32, 348
標記獎勵法　token economy　502
標準分數　standard score　350
標準化　standardization　348
標準化樣本　standardization sample　348
標準年齡分數　standard age score　357
標準刺激　standard stimulus　71
標準差　standard deviation　350
模仿　modeling　176
歐氏管　Eustachian tube　88
潛伏期　latency stage　385
潛在學習　latent learning　173
潛性夢境　latent content　129
潛能　potentiality　346

潛意識　unconscious　117
潛意識動機　unconscious motivation　382
熟悉　familiarity　439
熱情成分　passion component　442
熱覺　sense of heat　94
確認偏見　confirmation bias　232
範式　paradigm　21
練習律　law of exercise　161
編序　programing　166
編序教學　programmed instruction　166
編碼　encoding　195
編碼特定原則　encoding specificity principle　211
線索依賴論　cue-dependence theory　212
膝反射　knee-jerk reflex　48
膚覺　skin sense　92
衝突　conflict　338
複雜度　complexity　88
調查法　survey method　31
調適　accommodation　263
調適作用　accommodation　102
論證　argument　229
豎琴論　harp theory　90
賭徒謬誤　gambler's fallacy　246
適應　adaptation　263
震撼期　shock phase　336
震顫譫妄　delirium tremens　143
鴉片制劑　opiate　143
鴉片劑　opiate　143

十六　劃

學校恐怖症　school phobia　458
學得無助感　learned helplessness　170
學得驅力　acquired drive　311
學習　learning　151
學習三元論　triadic theory of learning　176
學習心理學　psychology of learning　23
學術性向測驗　scholastic aptitude test　347
學術性向測驗　Scholastic Aptitude Test　359
學業成就測驗　academic achievement test　347

學業能力傾向測驗　Scholastic Aptitude Test　359
操作制約作用　operant conditioning　162
操作條件作用　operant conditioning　162
整體論　holism　14
橫向研究　cross-sectional study　261
橫豎錯覺　horizontal-vertical illusion　106
橫斷研究　cross-sectional study　261
橫斷-縱貫法　cross-sectional longitudinal method　262
樹狀突　dendrite　50
機能主義　functionalism　11
激活-綜合假說　activation-synthesis hypothesis　130
激活擴散論　spreading activation theory　209
激素　hormone　58
激發狀態　arousal state　325
激發論　arousal theory　325
獨創性　originality　252
獨裁式領袖　authoritarian leader　448
積極關注需求　need for positive regard　405
興奮劑　stimulant　143
親和力　agreeableness　400
親和動機　affiliative motive　321
親密成分　intimacy component　442
親密對孤獨　intimacy versus isolation　277
諮商　counseling　489
諮商心理學　counseling psychology　25
諮詢　counseling　489
輻合思維　convergent thinking　363
輻輳作用　convergence　103
輸入　input　194
輸出　output　194
辨別　discrimination　156
辨認法　recognition method　187
遵守法規取向　law and order orientation　280
選言法則　disjunctive rule　223
選言概念　disjunctive concept　223
遺忘　forgetting　186
遺傳　heredity　41
遺傳學　genetics　41
遺傳-環境爭議　heredity-environment controversy　6
錯覺　illusion　106
鋼琴論　piano theory　90
錐細胞　cone cell　75
隨機分派　random assignment　34
隨機抽樣　random sampling　32
頻率　frequency　88
頻率論　frequency theory　90
閾限　threshold　70
閹割情結　castration complex　385

十七　劃

儲存　storage　195
壓抑　repression　386
壓覺　sense of pressure　92
嬰兒期　infancy　282
嬰兒期遺忘　infantile amnesia　208
應用　application　27
戲劇治療法　drama therapy　510
檢索　retrieval　195
檢索線索　retrieval cue　211
獲得　acquisition　156
環境決定論　environmental determinism　7
瞳孔　pupil　74
繆勒-萊爾錯覺　Müller-Lyer illusion　106
總體　population　32, 348
縱火狂　pyromania　459
縱向研究　longitudinal study　261
縱貫研究　longitudinal study　261
縱裂　longitudinal fissure　53
聲象記憶　echoic memory　196
聲源定向　sound localization　89
聲碼　echoic code　197
聯合家庭治療法　conjoint family therapy　513
聯合區　association area　57
聯結主義　connectionism　161
聯結神經元　connect neuron　51
聯結學習　associative learning　152

聯想學習　associative learning　152
臨床心理學　clinical psychology　26
豁朗期　illumination　251
趨避衝突　approach-avoidance conflict　338
避罰服從取向　punishment-obedience orientation　280
醞釀期　incubation　251
隱性記憶　implicit memory　205
隱密觀察者　hidden observer　135
隱聯性格論　implicit personality theory　423
隸屬與愛的需求　belongingness and love need　327

十八劃

歸因論　attribution theory　423
歸納　induction　232
歸納推理　inductive reasoning　232
癔症　hysteria　15, 463
簡縮　condensation　129
職業成就測驗　vocational achievement test　347
職業性向測驗　vocational aptitude test　347
臍帶　umbilical cord　283
舊事失憶症　retrograde amnesia　464
謬誤　fallacy　230
軀體神經系統　somatic nervous system　48
轉化症　conversion disorder　463
轉移　displacement　129, 386
轉換推理　transductive reasoning　268
鎮靜劑　depressant　142
鎚骨　malleus　88
離差智商　deviation IQ　355
離群性格　detached character　393
雙耳線索　binaural cue　90
雙面溝通　two-sided communication　430
雙挫衝突　double-bind conflict　484
雙條件法則　biconditional rule　223
雙眼視差　binocular disparity　103
雙眼視象融合　binocular fusion　104
雙眼線索　binocular cue　103

雙極細胞　bipolar cell　76
雙趨衝突　approach-approach conflict　338
雙避衝突　avoidance-avoidance conflict　338
額葉　frontal lobe　53
額葉切除術　frontal lobotomy　514
顏色常性　color constancy　101
顏色混合　color mixture　81
顏色錐體　color solid　80
顏色屬性　color attribute　80
題型效應　framing effect　247

十九劃

穩態　homeostasis　309
羅夏墨漬測驗　Rorschach Inkblot Test　413
藥物成癮　drug addiction　141
藥物依賴　drug dependence　142
藥物依賴性失眠　drug-dependent insomnia　125
邊緣系統　limbic system　46
邊緣型人格異常　borderline personality disorder　478
關係妄想　delusion of reference　481
關聯妄想　delusion of reference　481
類化　generalization　156
類比法　analogy　238
類包含　class inclusion　268
類推法　analogy　238
類推論證　argument by analogy　233
願望滿足　wish fulfillment　130

二十劃

蘇黎世學派　Zürich school　390
觸覺　sense of touch　92
觸覺點　touch spot　93
警覺階段　alarm stage　336
譯碼　coding　195
躁狂症　mania　467
躁鬱性精神病　manic-depressive psychosis　467
躁鬱症　manicdepressive illness　467

釋義　interpretation　491
闡釋　interpretation　491
鐙骨　stapes　88

二十一 劃

屬性　attribute　221
懼血症　hematophobia　458
懼空曠症　agoraphobia　459
懼幽閉症　claustrophobia　459
懼書症　bibliophobia　458
懼高症　acrophobia　458
懼學校症　school phobia　458
懼擁擠症　demophobia　459
攝食中樞　feeding center　313
辯證思維　dialectical thinking　270
露陰癖　exhibitionism　475
響度　loudness　89
驅力　drive　310
驅力減降論　drive-reduction theory　324

二十二 劃

孿生子　twins　44
孿生子研究　twin study　367
權力動機　power motive　323
權力意志　will to power　389
權變論　contingency theory　449
聽幻覺　auditory hallucination　480
聽神經　auditory nerve　88
聽敏度　auditory acuity　288
聽道　auditory canal　88
聽覺　audition　87
聽覺系統　auditory system　88
聽覺定向　auditory localization　89
聽覺區　auditory area　57
聽覺閾限　auditory threshold　91

二十三 劃

戀父情結　Electra complex　385
戀母情結　Oedipus complex　385
戀物症　fetishism　473

戀物癖　fetishism　473
戀童症　pedophilia　475
戀童癖　pedophilia　475
變性手術　sex-change surgery　472
變性症　transsexualism　472
變通性　flexibility　252
變量　variable　28
變項　variable　28
變態心理學　abnormal psychology　24
變態行爲　abnormal behavior　455
邏輯推理　logical reasoning　228
邏輯概念　logical concept　224
顯性記憶　explicit memory　206
顯性夢境　manifest content　129
驗證性　verification　29
驗證期　verification　251
髓鞘　myelin sheath　50
體化症　somatization disorder　462
體表症　somatoform disorder　462
體能智力　bodily-kinesthetic intelligence　366
體態語言　body language　335
體覺　body sense　94
體覺區　body-sense area　55

二十四～二十七 劃

靈覺　clairvoyance　109
鷹架　scaffolding　272
觀察法　observational method　30
觀察學習　observational learning　175
觀察學習論　observational learning theory　175
觀點　perspective　13
顳葉　temporal lobe　53

字母起頭名詞

A 型性格　Type A personality　338
G 因素　G-factor　360
S 因素　S-factor　360
S-R 心理學　S-R psychology　13
φ 現象　phi phenomenon　105

二、漢英對照

A

ability　能力　346
ability test　能力測驗　347
abnormal behavior　變態行為　455
abnormal psychology　變態心理學　24
absolute threshold　絕對閾限　70
abstract modeling　抽象模仿　177
academic achievement test　學業成就測驗　347
accommodation　調適, 順應, 調適作用　102, 263
achievement　成就　346
achievement motive　成就動機　321
achievement test　成就測驗　347
achromatism　全色盲　84
acquired drive　學得驅力, 習得驅力　311
acquired immune deficiency syndrome　後天免疫缺乏症候群, 愛滋症　320
acquisition　習得, 獲得　156
acrophobia　懼高症　458
ACT＝American College Test　359
action therapy　行動治療　500
activation-synthesis hypothesis　激活-綜合假說　130
actual leader　實際領袖　448
actual self　現實自我　393
adaptation　適應　263
additive color mixture　加色混合　82
adolescence　青年期　293
adrenal cortex　腎上腺皮質　60
adrenal gland　腎上腺　60
adrenal medulla　腎上腺髓質　60
adrenalin　腎上腺素　60
adrenocorticotropic hormone　促甲狀腺激素　59
adulthood　成年期　297
aesthetic need　美的需求　327
affect　情感　465

affective disorder　情感症　465
affiliative motive　親和動機　321
affirmative rule　肯定法則　222
afterimage　後象　83
aggressive character　攻擊性格　393
aging　老化　297
agoraphobia　懼空曠症　459
agreeableness　親和力　400
AI＝artificial intelligence　192
AIDS＝acquired immune deficincy syndrome　320
alarm stage　警覺階段　336
alcohol　酒精　142
alcoholism　酒精中毒症　142
algorithm　定程法, 算則法　236
all-or-none law　全有全無律　52
altruistic behavior　利他行為　436
altruistic love　奉獻式愛情　442
AM＝arithmetic mean　350
American College Test　美國大學入學測驗　359
American Psychiatric Association　美國精神病學會　456
ames-Lange theory of emotion　詹郎二氏情緒說　J339
amnesia　失憶症　464
amphetamine　安非他命, 苯丙胺　143
amplitude　振幅　88
amygdala　杏仁體　47
anal character　肛門性格　384
analogy　類比法, 類推法　238
analysis of resistance　抗拒分析　491
analysis of transference　移情分析　491
analytical intelligence　分析智力　364
analytical psychology　分析心理學　390
androgen　雄性激素　61
angular gyrus　角回　58
anorexia nervosa　神經性厭食症　315

antecedent　前項　229
anterograde amnesia　近事失憶症, 順行性遺忘　464
antianxiety drug　抗焦慮劑　513
antidepressant drug　抗憂鬱劑　513
antipsychotic drug　抗精神病劑　514
antisocial behavior　反社會型人格異常　477
antisocial personality disorder　反社會行為　476, 478
anxiety　焦慮　458
anxiety disorder　焦慮症　458
APA＝American Psychiatric Association　456
apparent distance hypothesis　表面差距假說　107
apparent motion　似動　105
apparent motion perception　似動知覺　105
application　應用　27
approach-approach conflict　雙趨衝突　338
approach-avoidance conflict　趨避衝突　338
approximation conditioning　漸進條件作用　165
aptitude　性向　346
aptitude test　性向測驗　347
aqueous humor　水狀液　75
archetype　原型　390
argument　論證　229
argument by analogy　類推論證　233
arithmetic mean　算術平均數　350
arousal state　激發狀態　325
arousal theory　激發論　325
arrhythmic insomnia　失律性失眠　125
artificial concept　人工概念　225
artificial intelligence　人工智能　192
assimilation　同化　263
association area　聯合區　57
associative learning　聯想學習, 聯結學習　152
attachment　依附, 依戀　290
attention　注意　197, 272
attitude　態度　426
attribute　屬性　221

attribution theory　歸因論　423
audition　聽覺　87
auditory acuity　聽敏度　288
auditory area　聽覺區　57
auditory canal　聽道　88
auditory hallucination　聽幻覺, 幻聽　480
auditory localization　聽覺定向　89
auditory nerve　聽神經　88
auditory system　聽覺系統　88
auditory threshold　聽覺閾限　91
authoritarian leader　獨裁式領袖　448
autobiographical memory　自傳式記憶　206
automatic processing　自動處理, 自動化加工　206
autonomic nervous system　自主神經系統　48
autonomous morality stage　自律道德期, 自主道德階段　278
autonomy versus shame and doubt　自主獨立對羞怯懷疑　275
autosome　常染色體　41
availability heuristic　經驗直觀推斷法　245
aversion therapy　厭惡治療法　501
avoidance learning　迴避學習　165
avoidance-avoidance conflict　雙避衝突　338
avoidant personality disorder　迴避型人格異常, 逃避型人格障礙　478
axon　軸突　50

B

BAC＝blood alcohol concentration　143
basic anxiety　基本焦慮　393
basic anxiety theory　基本焦慮論　392
basic needs　基本需求　327
basilar membrane　基底膜　88
behavior　行為　13
behavior disorder　行為異常　500
behavior modification　行為矯正　502
behavior therapy　行為治療　500
behavioral chaining　行為連鎖　165
behavioral genetics　行為遺傳學　41

behavioral perspective　行為主義觀點　16
behavioral revolution　行為革命　13
behaviorism　行為主義　12
belongingness and love need　隸屬與愛的需求　327
benign insomnia　假性失眠, 良性失眠　125
between-group difference　團體間差異　371
bibliophobia　懼書症　458
biconditional rule　雙條件法則　223
Big Five　五大　400
big five theory of personality　五大人格特質論　400
binaural cue　雙耳線索　90
Binet-Simon Intelligence Scale　比奈-西蒙智力量表　353
Binet-Simon Scale　比西量表　353
binocular cue　雙眼線索　103
binocular disparity　雙眼視差　103
binocular fusion　雙眼視象融合　104
biological clock　生物時鐘　118
biological motives　生物性動機　312
biomedical therapy　生物藥物治療　513
biometric approach　生理統計取向　353
bipolar cell　雙極細胞　76
bipolar disorder　兩極性異常　467
blind spot　盲點　76
blood alcohol concentration　血酒濃度　143
bodily-kinesthetic intelligence　體能智力　366
body image　身體意象　316
body language　肢體語言, 體態語言　335
body mass index　身體質量指數　314
body sense　體覺　94
body-sense area　體覺區　55
borderline personality disorder　邊緣型人格異常　478
brain　腦　46
brain stem　腦幹　46
brain wave　腦波　123
brainstorming　腦力激盪　444
brightness　明度　80

brightness constancy　明度常性　101
Broca's area　布羅卡區　57
bulimia nervosa　神經性貪食症　316
bureaucratic leader　官僚式領袖　448
bystander effect　旁觀者效應　436
bystander intervention　旁觀者介入　436

C

CA＝chronological age
CAI＝computer-assisted instruction　166
Cannon-Bard theory of emotion　坎農-巴德情緒論, 坎巴二氏情緒說　339
cardinal trait　主要特質, 基本特質　396
case history method　個案史法　30
case study　個案研究　30
castration complex　閹割情結　385
catatonic schizophrenia　僵直型精神分裂症, 緊張型精神分裂症　482
cell body　細胞體　50
central fissure　中央裂　53
central nervous system　中樞神經系統　46
central trait　中心特質, 核心特質　396
CER＝conditioned emotional response　159
cerebellum　小腦　46
cerebral cortex　大腦皮質　46
cerebral hemisphere　大腦半球　53
cerebrum　大腦　53
chained responses　連鎖反應　165
chaining　連鎖作用　165
childhood　兒童期　290
childhood amnesia　童年經驗失憶症　208
chromatic adaptation　色調適應　81
chromosome　染色體　41
chronological age　實足年齡　354
chunk　意元, 組塊　200
chunking　意元集組, 形成組塊　200
ciliary muscle　睫狀肌　75
circadian rhythm　時辰節律, 晝夜節律　118
clairvoyance　超感視覺, 靈覺　109
class inclusion　類包含　268

索　引　577

classical behaviorism　古典行為主義　161
classical conditioning　經典條件作用, 古典制約作用　153
classification　分類, 分組　268
claustrophobia　懼幽閉症　459
client-centered therapy　案主中心治療法　494
climacteric　更年期　302
clinical psychology　臨床心理學　26
CNS＝central nervous system　46
cocaine　可卡因, 古柯鹼　144
cochlea　耳蝸　88
code　代碼　195
codeine　可待因　143
coding　譯碼　195
cognition　認知　18, 363
cognitive development　認知發展　262
cognitive dissonance theory　認知失調論　430
cognitive learning　認知學習　152
cognitive map　認知圖　174
cognitive perspective　認知主義觀點　18
cognitive psychology　認知心理學　24
cognitive structure　認知結構　263
cognitive theory of emotion　情緒認知論　341
cognitive therapy　認知治療法　503, 506
cognitive-behavior therapy　認知-行為治療法　507
cognitivism　認知主義　18
cohort-sequential study　同儕-連續研究　262
collective unconscious　集體潛意識　390
color attribute　顏色屬性　80
color blindness　色盲　84
color circle　色環　81
color constancy　顏色常性　101
color deficiency　色覺缺陷　84
color mixture　顏色混合　81
color solid　顏色錐體　80
commitment component　承諾成分　442
common trait　共同特質　396
communication　溝通　429
communication theory　通訊理論, 溝通理論　191
companionate love　伴侶式愛情　441
comparative psychology　比較心理學　24
comparison stimulus　比較刺激　71
compensation　補償　387
complementary color　補色　82
complex　情結　390
complexity　複雜度　88
compliance　依從　434
compliant character　依從性格　393
compulsive behavior　強迫行為　459
computer science　電腦科學　192
computer-assisted instruction　電腦輔助教學, 計算機輔助教學　166
concentrative meditation　專注式靜坐　137
concept　概念　221
concept formation　概念形成　224
concept identification　概念識別　222
conclusion　結論　229
concrete operational stage　具體運思期, 具體運算階段　267
concurrent validity　同時效度　351
condensation　簡縮　129
conditional positive regard　有條件積極關注　405
conditional reasoning　條件推理　229
conditional rule　條件法則　223
conditioned emotional response　條件情緒反應　159
conditioned reflex　條件反射　155
conditioned response　條件反應, 制約反應　155
conditioned stimulus　條件刺激, 制約刺激　155
conditioning　條件作用　153
cone cell　錐細胞　75
confirmation bias　確認偏見　232
conflict　衝突　338
conformity　從眾　432
confrontation　面質　512
congruence　和諧, 真摯　405, 495
conjoint family therapy　聯合家庭治療法　513

conjunctive concept　連言概念, 合取概念　223
conjunctive rule　連言法則　222
connect neuron　聯結神經元　51
connectionism　聯結主義　161
conscience　良心　383
conscientiousness　審慎度　400
consciousness　意識　9, 115
consequent　後項　229
conservation　守恆　267
conservation theory　保養論　122
consistency theory　一致論　430
construct validity　構念效度　351
consumer psychology　消費者心理學　25
contagion　盲從　435
content validity　內容效度　349
context-dependent memory　情境依賴記憶, 場合依賴記憶　211
contingency theory　權變論　449
contingency theory of leadership　領導權變論　449
contingent reinforcement　後效強化, 相倚強化　163
continuous reinforcement　連續強化　164
control　控制　27
control group　控制組　34
convention　習俗　280
conventional level of morality　習俗道德期, 習俗道德水平　280
conventionality　習俗　278
convergence　輻輳作用　103
convergent thinking　輻合思維　363
conversion disorder　轉化症　463
cornea　角膜　74
corpus callosum　胼胝體　48
correlation　相關　350
correlation coefficient　相關係數　31, 350
correlational research　相關研究　31
counseling　諮商, 諮詢　489
counseling psychology　諮商心理學　25
covariation theory of attribution　共變歸因論　424
CR＝conditioned response　155
creative intelligence　創造智力　364
creative thinking　創造思維　249
creativity　創造　249
criterion-related validity　效標關聯效度　351
cross-sectional longitudinal method　橫斷-縱貫法　262
cross-sectional study　橫斷研究, 橫向研究　261
crystallized intelligence　固定智力, 晶體智力　300
CS＝conditioned stimulus　155
cue-dependence theory　線索依賴論　212
culture-fair test　文化公平測驗　375
culture-free test　免文化影響測驗, 超文化測驗　374

D

dark adaptation　暗適應　81
dB＝decibel　89
death instinct　死之本能　382
decay theory　衰退論, 消退說　202
decibel　分貝　89
decision making　決策　244
declarative knowledge　陳述性知識　206
declarative memory　陳述性記憶　206
decoding　解碼　195
deduction　演繹　228
deductive reasoning　演繹推理　228
defense mechanism　防衛機制, 防禦機制　386
deficiency needs　匱乏性需求, 缺失性需要　328
deindividuation　去個人化　435
delay of gratification　延後享樂　479
delayed reinforcement　延宕強化, 延遲強化　164
delirium tremens　震顫譫妄　143
delusion　妄想　481
delusion of grandeur　誇大妄想　481
delusion of influence　支配妄想, 影響妄想　481
delusion of jealousy　嫉妒妄想　481

delusion of negation 否定妄想 481
delusion of persecution 迫害妄想 481
delusion of reference 關聯妄想,關係妄想 481
demand characteristics 需要特徵 35
democratic leader 民主式領袖 448
demophobia 懼擁擠症 459
dendrite 樹狀突 50
denial 否認 386
deoxyribonucleic acid 脫氧核糖核酸 41
dependent personality disorder 依賴型人格異常 478
dependent variable 依變項,因變量 28
depressant 鎮靜劑,抑制劑 142
depression 憂鬱症,抑鬱症 466
depth perception 深度知覺 101
description 描述 27
descriptive research 描述研究 29
detached character 離群性格 393
determinism 決定論 6
developmental crisis 發展危機 273
developmental psychology 發展心理學 23
deviation IQ 離差智商 355
dialectical thinking 辯證思維 270
difference threshold 差別閾限 71
differential psychology 差異心理學 24
diffusion of responsibility 責任分散 436
direct modeling 直接模仿 177
discrimination 辨別,歧視 156, 427
disjunctive concept 選言概念,析取概念 223
disjunctive rule 選言法則 223
displacement 轉移,移置 129, 386
displacement theory 取代論 202
dispositional attribution 性格歸因 424
dissociation 解離,分離 464
dissociative disorder 解離症 464
dissociative identity disorder 統合性離解障礙 465
distributed practice 分散練習 187
divergent thinking 發散思維 363
DNA＝deoxyribonucleic acid

door-in-the-face technique 以退為進法 434
double-bind conflict 雙挫衝突 484
drama therapy 戲劇治療法 510
dream 夢 128
dream analysis 夢的解析 490
dream content 夢境 129
dream work 夢程 129
dreaming 作夢 128
drive 驅力,內驅力 310
drive-reduction theory 驅力減降論,內驅力降低說 324
drug addiction 藥物成癮 141
drug dependence 藥物依賴 142
drug tolerance 耐藥力,抗藥性 141
drug-dependent insomnia 藥物依賴性失眠 125
ductless gland 無管腺 58
dwarfism 侏儒症 59

E

ear 耳 87
eardrum membrane 耳鼓膜 88
eating disorder 進食異常 315
echoic code 聲碼 197
echoic memory 聲象記憶 196
educational psychology 教育心理學 24
EEG＝electroencephalogram 123
effector 效應器 51
ego 自我 382
ego analysis 自我分析 494
ego defense 自我防衛 386
ego function 自我功能 493
egocentric speech 自我中心言語 271
egocentrism 自我中心 266
ego-ideal 自我理想 383
EI＝emotional intelligence
elaboration 精密性 252
elaborative rehearsal 精心復習 203
Electra complex 戀父情結 385
electroconvulsive therapy 電痙攣治療,電抽搐

治療　514
electroencephalogram　腦波圖　123
electroencephalograph　腦波儀　123
elementarism　元素論　10
elementary mental function　基本心理功能　270
embryo　胚胎　282
embryonic period　胚胎期　282
emotion　情緒　329
emotional intelligence　情緒智力　335
emotional behavior　情緒性行為　330
emotional disorder　情緒異常　457
emotional experience　情緒經驗, 情緒體驗　331
emotional expression　情緒表現, 情緒表達　330, 332
emotional quotient　情緒商數　336
empathy　同理心, 感情移入　495
empiricism　經驗主義　7
empty chair technique　空椅技術　498
empty nest syndrome　空巢症候群, 空巢綜合症　303
encoding　編碼　195
encoding specificity principle　編碼特定原則　211
encounter group　會心團體　511
endocrine gland　內分泌腺　58
endocrine system　內分泌系統　58
engineering psychology　工程心理學　25
environmental determinism　環境決定論　7
episodic amnesia　情節性失憶症　464
episodic memory　情節記憶　206
epistemology　知識論, 認識論　7
EQ＝emotional quotient　336
equilibratory sense　平衡覺　95
erogenous zone　性感區　384
escape learning　逃避學習　165
ESP＝extrasensory perception　108
estrogen　雌性激素, 動情激素　51
Eustachian tube　歐氏管, 耳咽管　88
evaluation　評價　363
evolutionary perspective　進化論觀點　19

evolutionary psychology　進化心理學　19
evolutionism　進化論, 演化論　19
exhaustion stage　衰竭階段　337
exhibitionism　暴露症, 露陰癖　475
existential intelligence　存在智力　366
existentialism　存在主義　401
expectancy theory　期望論　326
expected value　預期價值　246
experience　經驗　151
experimental control　實驗控制　34
experimental design　實驗設計　33
experimental group　實驗組　34
experimental method　實驗法　33
experimental psychology　實驗心理學　24
experimental research　實驗研究　33
explanation　解釋　27
explicit memory　顯性記憶　206
external attribution　外在歸因　424
external locus of control　外制控信念型　410
extinction　消弱, 消退　156
extraneous variable　外擾變項, 無關變項　34
extrasensory perception　超感知覺　108
extraversion　外向性　400
extrinsic motivation　外在動機　322
extroversion　外向, 外傾　391
eye　眼　74
Eysenck Personality Inventory　艾森克人格量表　398

F

facial expression　面部表情　332
factor analysis　因素分析　360
factorial theory of personality　人格因素論　397
fallacy　謬誤　230
familiarity　熟悉　439
family resemblance　族群相似性　226
family therapy　家庭治療　512
farsightedness　遠視　77
fear of failure　恐懼失敗　321
Fechner's law　費希納定律, 費氏定律　72

feeble-mindedness　低能　370
feedback　回饋, 反饋　166
feeding center　進食中樞, 攝食中樞　313
feeling　感情　10
fertilization　受孕, 受精　42
fetal alcohol syndrome　胎兒酒精症候群, 胎兒酒精綜合症　284
fetal period　胎兒期　282
fetus　胎兒　282
fetishism　戀物症, 戀物癖　473
FFM＝five factor model　400
figure and ground　形象與背景　96
first impression　第一印象　421
five-factor model　人格五因素模型　400
fixation　固著　385
flexibility　變通性　252
fluency　流暢性　252
fluid intelligence　流動智力, 流體智力　300
foot-in-the-door technique　得寸進尺法　434
forebrain　前腦　46
forensic psychology　司法心理學　25, 330
forgetting　遺忘　186
formal operational stage　形式運思期, 形式運算階段　268
fovea　中央凹　75
framing effect　題型效應　247
fraternal twins　異卵孿生子　44, 367
free association　自由聯想　490
free will　自由意志　7, 311
free will versus determinism　自由意志對決定論　6
free-floating anxiety　游離性焦慮　458
frequency　頻率　88
frequency theory　頻率論　90
friendship　友誼　440
friendship love　友誼式愛情　442
frontal association area　前聯合區　57
frontal lobe　額葉　53
frontal lobotomy　額葉切除術　514
frustration　挫折　337

frustration tolerance　挫折容忍力　479
fugue　迷遊症　464
fugue state　迷遊狀態, 神遊狀態　464
function of leader　領袖功能　447
functional fixedness　功能固著　240
functional stimulus　功能刺激　177
functionalism　功能主義, 機能主義　11
fundamental attribution error　基本歸因誤差　424

G

G-factor　G因素　360
gambler's fallacy　賭徒謬誤　246
game-playing love　遊戲式愛情　441
ganglion cell　神經節細胞　76
GAS＝general adaptation syndrome　336
gate control theory of pain　痛覺閘門控制論　93
gender identity disorder　性別認同障礙　471
gene　基因　41
general ability　一般能力, 普通能力　346
general achievement test　普通成就測驗　347
general adaptation syndrome　一般適應症候群, 一般適應綜合症　336
general aptitude　普通性向　346
general aptitude test　普通性向測驗　347
general factor　一般因素　360
generalization　類化, 泛化　156
generalized anxiety disorder　泛焦慮症　458
generativity versus stagnation　愛心關懷對頹廢遲滯　277
genetics　遺傳學　41
genetic epistemology　發生認識論　263
genital stage　兩性期, 生殖期　385
Gestalt laws of organization　組織完形法則　99
Gestalt psychology　完形心理學, 格式塔心理學　13
Gestalt therapy　完形治療法　497
Gestaltism　完形主義　14
gifted child　資優兒童　373
gigantism　巨人症　59

glucagon　升胰島素　60
goal state　目的狀態　235
gonad　性腺　61
good boy/nice girl orientation　乖孩子取向, 尋求認可取向　280
Graduate Record Examination　研究生入學測驗　359
GRE＝Graduate Record Examination　359
great-man theory　偉人論　448
group behavior　團體行為　443
group cohesion　團體凝聚力　446
group decision　團體決策　445
group difference　團體差異　371
group intelligence test　團體智力測驗　357
group polarization effect　團體極化效應　445
group polarization　團體極化, 群體極化　445
group psychotherapy　團體心理治療　508
group therapy　團體治療　508
group-factor theory　群因論, 群體因素論　361
groupthink　集體思維, 小集團意識　446
growth hormone　生長激素　59
growth needs　成長需求　327
guidance　輔導　489
Guilford's cube　吉爾福德立方體　361

H

hair cell　毛狀細胞　88
hallucination　幻覺　134, 480
hallucinogen　致幻劑　144
harp theory　豎琴論　90
Head Start Project　啟智計畫　370
helping behavior　助人行為　436
hematophobia　懼血症　458
heredity　遺傳　41
heredity-environment controversy　遺傳-環境爭議　6
heroin　海洛英　143
heteronomous morality stage　他律道德期　278
heuristic　直觀推斷法, 探索法　237
hidden observer　隱密觀察者　135

hierarchical organization theory　階層組織論　207
higher mental function　高級心理功能　270
hindbrain　後腦　46
hippocampus　海馬　47
histrionic personality disorder　劇化型人格異常　478
holism　整體論　14
homeostasis　平衡狀態, 穩態　309
homosexuality　同性戀　320
horizontal-vertical illusion　橫豎錯覺　106
hormone　激素, 荷爾蒙　58
hue　色調　80
humanistic perspective　人本主義觀點, 人本心理學　17
humanistic therapy　人本治療　494
hunger drive　飢餓驅力　312
hunger motive　飢餓動機　312
hypermnesia　記憶增強, 超常記憶　134
hypnosis　催眠　131
hypnotic induction　催眠誘導　132
hypnotic susceptibility　催眠感受性　133
hypnotism　催眠術　131
hypochondriasis　疑病症, 慮病症　462
hypothalamus　下丘腦, 下視丘　47
hypothesis　假設　27
hypothetico-deductive reason-ing　假設演繹推理　229, 268
hysteria　癔症, 歇斯底里　15, 463

I

iconic code　形碼　197
iconic memory　形象記憶　196
id　本我　382
ideal body shape　理想體型, 理想身材　318
ideal self　理想自我　404
idealism　唯心論　6
idealized self　理想化自我　393
identical twins　同卵孿生子　44, 367
identification　認同　385

identity achievement　定向型統合　296
identity crisis　統合危機　277
identity diffusion　迷失型統合　296
identity foreclosure　早閉型統合　296
identity formation　統合形成　277
identity moratorium　未定型統合　296
identity statuses　統合狀態　296
identity versus role confusion　統合對角色混亂　276
ill-structured problem　結構不良問題　234
illumination　豁朗期, 明朗期　251
illusion　錯覺　106
image　意象　10, 226
immediate reinforcement　立即強化　164
implicit memory　隱性記憶　205
implicit personality theory　隱聯性格論　423
impression formation　印象形成　421
incentive　誘因　311
incubation　醞釀期, 孕育期　251
incus　砧骨　88
independent variable　自變項　28
indeterminism　非決定論　7
individual difference　個別差異　344
individual intelligence test　個別智力測驗　357
individual psychology　個體心理學　387
individual therapy　個別治療　508
individualized instruction　個別化教學　166
induced motion perception　誘動知覺　105
induction　歸納　232
inductive reasoning　歸納推理　232
industrial psychology　工業心理學　25
industry versus inferiority　勤奮對自卑　276
infancy　嬰兒期　282
infantile amnesia　幼年經驗失憶症, 嬰兒期遺忘　208
inferiority complex　自卑情結　389
inferiority feeling　自卑感　388
information processing theory of cognitive development　認知發展處理論　272
information processing model　訊息處理模型　193
information processing theory　訊息處理論　193
ingroup　內團體　446
initial state　起始狀態　235
initiative versus guilt　主動對愧疚　276
innate idea　天賦觀念　7
inner ear　內耳　88
input　輸入　194
insight learning　頓悟學習　171
insight therapy　領悟治療　489
insight　頓悟　171
insomnia　失眠　124
instinct　本能　310
instrumental-relative orientation　相對功利取向　280
insulin　胰島素　60
integrity versus despair　完美無瑕對悲觀沮喪　277
intelligence　智力　345
intelligence quotient　智力商數, 智商　354
intelligence test　智力測驗　348
interference theory　干擾論　212
internal attribution　內在歸因　424
internal locus of control　內制控信念型　410
internalization　內化作用　468
interneuron　中間神經元　51
interpersonal attraction　人際吸引　438
interpersonal intelligence　社交智力　366
interpersonal theory　人際關係論, 人際理論　394
interpretation of dream　夢的解析　490
interpretation　闡釋, 釋義　491
intersubjective testability　眾言可證性　128
intervening variable　中介變項　28
interview method　訪問法　31
interview survey　訪問調查　31
intimacy component　親密成分　442
intimacy versus isolation　親密對孤獨　277
intrapersonal intelligence　自知智力　366
intrinsic motivation　內在動機　322

introspection 內省 10
introversion 內向, 內傾 391
investment theory of creativity 創造投資論 253
IQ＝intelligence quotient 354
iris 虹膜 74
irreversibility 不可逆性 267

J

James-Lange theory of emotion 詹姆斯-郎格情緒論 339
jet lag 飛行時差 118
job analysis 工作分析 349
judgement 判斷 244
just noticeable difference 最小可覺差 71

K

kinesthetic sense 動覺 94
knee-jerk reflex 膝反射 48

L

lactogenic hormone 泌乳激素 59
LAD＝language-acquisition device 192
language-acquisition device 語言獲得裝置 192
latency stage 潛伏期 385
latent content 潛性夢境 129
latent learning 潛在學習 173
later adulthood 老年期 297
lateral fissure 側裂 53
latershift of work 順延輪班制 119
law and order orientation 遵守法規取向 280
law of causality 因果法則 27
law of closure 閉合法則 100
law of continuity 連續法則 99
law of effect 效果律 161
law of exercise 練習律 161
law of proximity 接近法則 99
law of readiness 準備律 161
law of similarity 相似法則 99
leader 領袖 447

leadership 領導 447
leadership behavior 領導行為 447
learned helplessness 學得無助感, 習得性自棄 170
learning 學習 151
lens 水晶體 74
less-leads-to-more effect 少能勝多效應 431
levels of processing theory 處理層次論, 加工水平說 205
libido 慾力, 力比多 382
lie detector 測謊器 330
life instinct 生之本能 382
life-span development 生命全程發展 261
light adaptation 亮適應 81
limbic system 邊緣系統 46
linear perspective 直線透視 101
linguistic intelligence 語文智力 366
lock and key theory of smell 嗅覺鎖鑰論 92
locus of control 制控信念, 制控點 409
logical concept 邏輯概念 224
logical reasoning 邏輯推理 228
logical-mathematical intelligence 數理智力 366
logotherapy 意義治療法, 言語療法 499
longitudinal fissure 縱裂 53
longitudinal study 縱貫研究, 縱向研究 261
long-term memory 長期記憶 202
long-term store 長期儲存 202
loudness 音強, 響度 89
love 愛情 441
low-ball strategy 投低球策略 435
LSD＝lyergrc acid diethylamide 144
LTS＝long-term store 202
lysergic acid diethylamide 迷幻樂, 麥角酸二乙胺酰 144

M

M＝mean
MA＝mental age
maintenance rehearsal 保持復習, 維持性復誦

203
major premise　大前提　229
malleus　鎚骨　88
managerial psychology　管理心理學　25
mania　躁狂症　467
manicdepressive illness　躁鬱症　467
manicdepressive psychosis　躁鬱性精神病　467
manifest content　顯性夢境　129
mantra　咒語　138
marijuana　大麻　145
marrige　婚姻　441
masochism　受虐狂　475
massed practice　集中練習　187
master gland　主腺　59
matched-group design　配對組設計　34
materialism　唯物論　6
mean　平均數　350
means-end analysis　手段-目的分析　237
mediation　中介作用　176
medulla　延腦　46
memory　記憶　185, 363
memory span　記憶廣度　200
memory trace　記憶痕跡　202
menopause　停經期, 絕經期　298
mental ability　心理能力　346
mental age　心理年齡, 智力年齡　354
mental conflict　心理衝突　338
mental disorder　心理異常, 精神障礙　455
mental image　心象　226
mental representation　心理表象　195
mental retardation　心智不足　370
mental rotation　心理旋轉　227
mental set　心向　239
mental test　心理測驗　346
midbrain　中腦　46
middle adulthood　中年期　297
middle ear　中耳　87
midlife crisis　中年危機　302
mind-body problem　心身關係問題　5
minor premise　小前提　229

mob　暴民　436
model　楷模, 榜樣　176
modeling　模仿　176
monk-on-the-mountain problem　和尚登山問題　235
monoaural cue　單耳線索　89
monocular cue　單眼線索　101
mood disorder　心情異常　465
moon illusion　月亮錯覺　107
moral dilemma　道德兩難　278
moral realism　道德現實主義, 道德實在論　278
moral relativism　道德相對主義　278
morality　道德　277
Moro reflex　莫洛反射　288
morphine　嗎啡　143
motion perception　運動知覺　104
motivated behavior　動機性行為　330
motivated forgetting　動機性遺忘　212
motivation　動機　309
motor area　運動區　54
motor development　動作發展　286
motor neuron　運動神經元　51
movement aftereffect　運動後效　105
Müller-Lyer illusion　繆勒-萊爾錯覺　106
multiple personality　多重人格　465
multiprocess processing　多重歷程處理　193
musical intelligence　音樂智力　366
myelin sheath　髓鞘　50

N

narcissistic personality disorder　自是型人格異常, 自我陶醉型人格障礙　478
narcolepsy　突發性睡眠症　126
narcotic　麻醉劑　143
nativistic rationalism　天賦理性主義　192
natural concept　自然概念　225
naturalist intelligence　自然智力　366
naturalistic-observation method　自然觀察法　30
nature-nurture controversy　天性-教養爭議　6

nearsightedness 近視 77
need for achievement 成就需求 321
need for positive regard 積極關注需求 405
need hierarchy theory 需求層次論 327
need 需求, 需要 310
need to know 知的需求 327
negative afterimage 負後象 84
negative correlation 負相關 31, 350
negative hallucination 負幻覺 134
negative incentive 負誘因 311
negative reinforcement 負強化 164
negative reinforcer 負強化物 164
negative rule 否定法則 222
negative transference 負移情 491
neo-behaviorism 新行為主義 161
neodissociation theory 新離解論 135
neo-Freudian 新弗洛伊德主義 392
neonate 新生兒 282, 285
Neo-Piagetian 新皮亞杰主義 269
neo-psychoanalysis 新精神分析 392
nerve fiber 神經纖維 50
nerve impulse 神經衝動 50
nervous system 神經系統 45
neural pathway 神經通路 56
neuron 神經元 50
neurotic need 神經質需求 393
neuroticism 神經質 400
neurotransmitter 神經傳導素 513
night terror 夜驚 127
nightmare 夢魘 127
nine-connected circles 九連環 236
nine-dot problem 九點連線問題 234
nominal leader 名義領袖 448
nominal stimulus 名義刺激 177
nonconscious 非意識, 無意識 117
nondirective counseling 非指導性諮商 494
non-participant observation 非參與觀察 30
nonrapid eye movement sleep 非快速眼動睡眠 124
non-REM sleep＝nonrapid eye movement sleep 124
nonverbal behavior 非語言行為 332
nonverbal intelligence test 非文字智力測驗 357
norm 常模 348
normal distribution 常態分布, 正態分布 355
normal science 規範科學 21
normality 正常 456
normative crisis 常性危機 273
null hypothesis 虛無假設 28

O

obedience 服從 435
obesity 肥胖症 314
object perception 物知覺 419
object permanence 物體永存 265
objective expected value 客觀預期價值 246
objectivity 客觀性 29
observational learning 觀察學習 175
observational learning theory 觀察學習論 175
observational method 觀察法 30
obsessive idea 強迫觀念 459
obsessive thought 強迫思想 459
obsessive-compulsive disorder 強迫症 459
obsessive-compulsive personality disorder 強迫型人格異常 478
occipital lobe 枕葉 53
Oedipus complex 戀母情結 385
olfactory bulb 嗅球 92
olfactory epithelium 嗅覺皮膜 92
onesided communication 單面溝通 430
openness 開放性 400
open-up meditation 開放式靜坐 137
operant conditioning 操作條件作用, 操作制約作用 162
opiate 鴉片劑, 鴉片制劑 143
opponent-process theory of color vision 色覺相對歷程論 86
optic chiasma 視交叉 56
optic disk 視盤 75

oral character 口唇性格 384
oral stage 口唇期, 口慾期 384
organ of Corti 柯蒂氏器 88
organization 組織 18, 263
originality 獨創性 252
origins of knowledge 知識來源 7
orthodox psychoanalysis 正統精神分析 381
otolith 耳石 95
outer ear 外耳 87
outgroup 外團體 446
output 輸出 194
oval window 卵圓窗 88
ovary 卵巢 61
overcompensation 過度補償 389
ovum 卵子 42

P

pain 痛覺 93
pancreas 胰腺 60
panic disorder 恐慌症 458
pansexualism 泛性論 385
parachromatopsia 局部色盲 84
paradigm 範式 21
paradoxical heat 詭熱覺 94
paranoid personality disorder 妄想型人格異常, 偏執型人格障礙 478
paraphilia 性變態 472
parapsychology 心靈學, 心理玄學 108
parasympathetic nervous system 副交感神經系統 50
parathyroid gland 副甲狀腺 60
parathyroid hormone 副甲狀腺素 60
parietal lobe 頂葉 53
partial reinforcement 部分強化 164
partial-report method 部分報告法 198
participant observation 參與觀察 30
passion component 熱情成分 442
peak experience 高峰經驗, 高峰體驗 403
pedophilia 戀童症, 戀童癖 475
perception 知覺 67

perceptual constancy 知覺恆常性, 知覺常性 100
perceptual contrast 知覺對比 97
perceptual organization 知覺組織 98
perfect correlation 全相關 350
perfection principle 完美原則, 至善原則 383
performance method 作業法 354
peripheral nervous system 周圍神經系統, 外周神經系統 48
permanent memory 永久記憶 202
person perception 人知覺 419
personal trait 個人特質 396
personal unconscious 個人潛意識 390
personal-growth group 個人成長團體 511
personality 人格, 個性 380
personality disorder 人格異常, 性格異常 476
personality test 人格測驗 411
personality trait 人格特質 395
personality type 人格類型 395
personality-trait theory 人格特質論, 人格類型論 395, 398
personalized power motive 個人化權力動機 323
person-centered therapy 當事人中心治療法 494
perspective 觀點 13
persuasion 說服 429
persuasive argument hypothesis 說服理由假說 445
persuasive communication 說服性溝通 429
phallic stage 性器期 384
phenomenal field 現象場 404
phenomenal self 現象自我 404
phobia 恐怖症, 恐懼症 458
photopic vision 明視覺 76
photopigment 感光色素 76
photoreceptor cell 感光細胞 75
physical attractiveness 相貌 439
physical determinism 物質決定論 7
physiological dependence 生理依賴 142

physiological motives　生理性動機　312
physiological need　生理需求　327
physiological psychology　生理心理學　23
physiological theory of emotion　情緒生理論　341
piano theory　鋼琴論　90
pitch　音高, 音調　88
pituitary gland　垂體腺, 腦下腺　59
PK＝psychokinesis　109
place learning　方位學習, 位置學習　173
place theory　部位論, 地點說　90
placebo effect　安慰劑效應　518
placenta　胎盤　283
Platonic love　柏拉圖式的愛情　441
play age　遊戲年齡　276
pleasure principle　快樂原則　382
PMAT＝Primary Mental Abilities Test　361
polygraph　多項記錄器　330
pons　腦橋　46
population　母體, 總體　32, 348
positive afterimage　正後象　83
positive correlation　正相關　31, 350
positive hallucination　正幻覺　134
positive incentive　正誘因　311
positive reinforcement　正強化　164
positive reinforcer　正強化物　164
positive transference　正移情　491
possessive love　占有式愛情　441
postconventional level of morality　後習俗道德期, 後習俗道德水平　281
posterior association area　後聯合區　57
postformal thinking　後形式思維　270
posthypnotic amnesia　催眠後遺忘　135
posthypnotic suggestion　催眠後暗示　135
potentiality　潛能　346
power motive　權力動機　323
practical intelligence　實踐智力　364
pragmatic love　現實式愛情　442
precognition　預知　109
preconscious　前意識　117

preconscious memory　前意識記憶　118
preconventional level of morality　前習俗道德期, 前習俗道德水平　280
prediction　預測　27
predictive validity　預測效度　351
prejudice　偏見　427
preoperational stage　前運思期, 前運算階段　266
preparation　準備期　251
primary auditory area　主聽覺區　57
primary drive　原始驅力, 基本驅力　311
primary effect　初始效應, 首因效應　187
Primary Mental Abilities Test　基本心能測驗　361
primary mental ability　基本心理能力　361
primary motives　原始性動機　312
primary motor area　主運動區　54
primary reinforcement　原級強化　157
primary sex characteristics　主性徵, 第一性徵　293
primary somatosensory area　主體覺區　55
primary visual area　主視覺區　55
primordial image　原始意象　390
proactive inhibition　順攝抑制, 前攝抑制　212
problem isomorph　同題異述　235
problem solving　問題索解, 問題解決　233
problem space　問題空間　235
procedural knowledge　程序性知識　206
procedural memory　程序性記憶　206
programing　編序　166
programmed instruction　編序教學, 程序教學　166
projection　投射　386
projective technique　投射技術　412
projective test　投射測驗　413
proposition　命題　229
prototype　原型　225
proximity　接近　438
psi phenomena　心靈現象　108
psychic energy　精神能量　382

psychical determinism　精神決定論　7
psychoactive drug　精神藥物　141
psychoanalysis　精神分析　14
psychoanalytic perspective　精神分析觀點　16
psychobiological perspective　心理生物學觀點　18
psychodrama　心理劇　510
psychogenic amnesia　心因性失憶症,心因性遺忘　464
psychogenic disorder　心因性異常,心因性障礙　462
psychokinesis　心靈致動　109
psychological approach　心理計量取向　353
psychological dependence　心理依賴　142
psychological motives　心理性動機　312
psychological test　心理測驗　346
psychology of learning　學習心理學　23
psychology of personality　人格心理學　23
psychology　心理學　3
psychopathology　精神病理學　454
psychophysics　心理物理學　8
psychosexual disorder　性心理異常　471
psychosexual stage theory of development　性心理期發展論　384
psychosis　精神病　480
psychosocial stage theory of development　心理社會期發展論　273
psychosurgery　精神外科　514
psychosurgery therapy　精神外科治療　514
psychotherapy　心理治療　454, 489
psychotic disorder　精神異常　480
puberty　青春期　293
puberty growth spurt　青春期生長陡增,青春期的快速生長　293
punishment-obedience orientation　避罰服從取向　280
pupil　瞳孔　74
puzzle box　迷箱　160
pyromania　縱火狂　459

Q
questionnaire method　問卷法　31
questionnaire survey　問卷調查　31

R
random assignment　隨機分派　34
random sampling　隨機抽樣　32
rapid eye movement sleep　快速眼動睡眠　124
RAT＝Remote Associates Test　252
ratio IQ　比率智商　355
rational emotive behavior therapy　理性情緒行為治療法　504
rational psychotherapy　理性心理治療法　503
rational-emotive therapy　理性情緒治療法,理情治療法　503
rationalism　理性主義　7
rationalization　文飾作用,合理化　386
raw score　原始分數　350
reaction formation　反向作用　386
reaction time　反應時間,反應時　189
reaction to loss　失落反應　468
reaction-time method　反應時間法　189
real motion perception　眞動知覺　104
real self　眞實自我　393, 404
reality principle　現實原則　382
reasoning　推理　228
recall method　回憶法　186
recency effect　時近效應,近因效應　187
receptor　感受器　50
reciprocal determinism　交互決定論　407
recognition method　再認法,辨認法　187
reflex　反射　48
regression　倒退　483
rehearsal　復習,復述　203
reinforcement value　強化值　410
reinforcement　強化　156
reinforcer　強化物　156
reinforcing stimulus　強化刺激　156
relative motion perception　相對運動知覺　105

relative size hypothesis　相對體積假說　108
relaxation training　放鬆訓練　501
relearning method　再學習法　188
reliability　信度　348
reliability coefficient　信度係數　349
REM sleep＝rapid eye movement sleep　124
Remote Associates Test　遠距聯想測驗　252
REMs＝rapid eye movement sleep　124
representation of problem　表述問題　235
representativeness heuristic　常例直觀推斷法, 代表性推斷　245
repression　壓抑　386
resistance　抗拒　491
resistance stage　抗拒階段　337
resonance theory　共鳴論　90
respondent conditioning　反應性條件作用　162
response time　反應時間, 反應時　189
response　反應　13
restoration theory　恢復論　121
RET＝rational-emotive therapy　503
retention　保持　185
reticular formation　網狀結構　46
retina　視網膜　75
retinal disparity　網膜象差　103
retrieval cue　檢索線索　211
retrieval　檢索　195
retroactive inhibition　倒攝抑制　212
retrograde amnesia　舊事失憶症, 逆行性遺忘　464
reversibility　可逆性　267
rhodopsin　視紫質　81
rod cell　桿細胞　75
role confusion　角色混亂　277
romantic love　浪漫式愛情　441
Rorschach Inkblot Test　羅夏墨漬測驗　413
RV＝reinforcement value　410

S

S-factor　S因素　360
sadism　施虐狂　475
sadomasochism　性虐待狂　475
safety need　安全需求　327
sales psychology　行銷心理學　25
sample　樣本　32, 348
sampling　抽樣　32
sampling bias　抽樣偏差, 抽樣偏向　32
sampling survey　抽樣調查　32
SAS＝standard age score　357
SAT＝Scholastic Aptitude Test　359
satiety center　飽食中樞, 飽中樞　313
saturation　飽和度　80
saving method　節省法　188
scaffolding　鷹架　272
Schachter-Singer theory of emotion　沙克特-辛格情緒論　340
schedule of reinforcement　強化程式, 強化程序　164
schema　基模, 圖式　263
schizoid personality disorder　分離型人格異常　478
schizophrenia　精神分裂症　480
schizotypal personality disorder　分裂型人格異常　478
scholastic aptitude test　學術性向測驗　347
Scholastic Aptitude Test　學術性向測驗, 學業能力傾向測驗　359
school phobia　懼學校症, 學校恐怖症　458
schools of psychology　心理學派　9
science　科學　26
scotopic vision　夜視覺　76
SD＝standard deviation　350
secondary motives　衍生性動機　312
secondary reinforcement　次級強化　157
secondary reinforcer　次級強化物　157
secondary sex characteristics　次性徵, 第二性徵　293
secondary trait　次要特質, 二級特質　397
second-order conditioning　次級條件作用, 次級制約作用　157
self identity　自我統合　276

self theory 自我論 404	sex chromosome 性染色體 41
self-absorption 自我專注 481	sex gland stimulating hormone 性腺激素 59
self-actualization 自我實現 402	sex-change surgery 變性手術 472
self-actualization need 自我實現需求 327	sexual behavior 性行為 317
self-awareness 自我覺察, 自覺 511	sexual drive 性驅力 317
self-concept 自我概念, 自我觀念 404	sexual motive 性動機 317
self-defeating behavior 自毀性行為 477	shape constancy 形狀常性 100
self-disclosure 自我表露 440	shaping 塑造 164
self-dynamism 自我動力, 自我動能 394	shaping of behavior 行為塑造 164
self-efficacy 自我效能 408	shock phase 震撼期 336
self-esteem need 自尊需求 327	shock therapy 休克治療 514
self-image 自我意象 393, 434	short-term memory 短期記憶, 短時記憶 199
self-regulation 自律 408	short-term store 短期儲存 199
self-reinforcement 自我強化 408	signal detection theory 信號檢測論 73
self-report inventory 自陳量表 411	similarity 相似 439
self-report method 自陳法 331	simple phobia 單一型恐懼症, 單純恐怖症 459
self-system 自我體系, 自我系統 394	single group design 單組設計 33
semantic code 義碼, 語義碼 203	situational attribution 情境歸因 424
semantic memory 語義記憶 206	situational insomnia 情境性失眠 124
semantic network 語義網絡 209	Sixteen Personality Factor Questionnaire 十六種人格因素問卷 398
semicircular canal 半規管 88	size constancy 大小常性 100
sensation 感覺 10, 67	skin sense 膚覺 92
sense of cold 冷覺 94	Skinner box 斯金納箱 163
sense of equilibrium 平衡感 88	sleep 睡眠 119
sense of heat 熱覺 94	sleep apnea 窒息性失眠 126
sense of pressure 壓覺 92	sleep disorder 睡眠障礙 124
sense of touch 觸覺 92	sleeptalking 夢話, 夢囈 127
sensitivity 敏感性 69	sleepwalking 夢遊 126
sensorimotor stage 感覺運動期, 感知運動階段 264	SM＝sensory memory 196
sensory adaptation 感覺適應 70	smell 嗅覺 92
sensory memory 感覺記憶 196	social cognition 社會認知 419
sensory neuron 感覺神經元 50	social cognitive theory 社會認知論 175
sensory register 感覺收錄 196	social conformity 社會從眾 280
sensory storage 感覺儲存 196	social contract legalistic orientation 社會法制取向 281
sensory threshold 感覺閾限 70	social desirability 社會願望 414
serial position effect 序位效應, 系列位置效應 187	social disorder 社會異常 470
seriation 序列化 268	social facilitation 社會助長 443
set-point theory 定點論 315	social influence 社會影響 432

social inhibition 社會抑制 444
social interaction 社會互動 432
social learning theory 社會學習論 176, 407
social loafing 社會浪費, 社會惰化作用 444
social motives 社會性動機 312
social need 社會需求 438
social perception 社會知覺 419
social phobia 社交恐懼症 459
social psychology 社會心理學 24
social role theory 社會角色論 136
social schema 社會基模 422
social situation 社會情境 178
socialization 社會化 405
socialized power motive 社會化權力動機 323
social-oriented leader 社會取向領袖 448
sociocultural theory of cognitive development 認知發展社會文化論 270
SOI＝structure-of-intellect theory 361
somatic nervous system 軀體神經系統 48
somatization disorder 體化症 462
somatoform disorder 體表症 462
sound localization 聲源定向 89
source trait 根源特質 397
spatial intelligence 空間智力 366
special aptitude test 特殊性向測驗 347
specific achievement test 分科成就測驗 347
specific aptitude 特殊性向 346
specific factor 特殊因素 360
speech area 語言區 57
sperm 精子 42
spinal cord 脊髓 48
split-half method 折半法 349
split-half reliability 折半信度 349
spontaneous recovery 自然恢復 157
spontaneous remission 自然復元 515
sports psychology 運動心理學 26
spreading activation theory 激活擴散論 209
S-R psychology S-R 心理學 13
stage theory of cognitive development 認知發展階段論 263

stage theory of moral development 道德發展階段論 278
standard age score 標準年齡分數 357
standard deviation 標準差 350
standard score 標準分數 350
standard stimulus 標準刺激 71
standardization sample 標準化樣本 348
standardization 標準化 348
Stanford Hypnotic Susceptibility Scale 斯坦福催眠感受性量表 133
Stanford-Binet Intelligence Scale 斯坦福-比奈智力量表 354
Stanford-Binet Scale 斯比量表 354
stapes 鐙骨 88
state-dependent memory 狀態依賴記憶 211
stereotype 刻板印象 427
steroscope 實體鏡 104
stimulant 興奮劑 143
stimulus 刺激 13
stimulus discrimination 刺激辨別 156
stimulus generalization 刺激類化, 刺激泛化 156
stimulus-response psychology 刺激-反應心理學 13
STM＝short-term memory 199
storage 儲存 195
stream of consciousness 意識流 11
striving for superiority 追求卓越 388
stroboscope 動景器 14
stroboscopic effect 動景效果 105
Stroop effect 斯特魯普效應 189
structuralism 結構主義, 構造主義 10
structure family therapy 結構家庭治療法 512
structure-of-intellect theory 智力結構論 361
STS＝short-term store 199
style of life 生活格調, 生活風格 389
subconscious 下意識, 半意識 116
subgoal analysis 次目標分析 237
subjective expected value 主觀預期價值 247
sublimation 昇華 387

subtractive color mixture　減色混合　83
suggestion　暗示　132
suicide　自殺　466
superego　超我　383
superposition　重疊　102
surface trait　表面特質　397
survey method　調查法　31
syllogism　三段論法　228
syllogistic-deductive reasoning　三段論法演繹推理　228
symbolic loss　象徵性失落　468
symbolic modeling　象徵模仿　177
symbolization　象徵化　130
sympathetic nervous system　交感神經系統　50
synapse　突觸　51
synthesized modeling　綜合模仿　177
systematic desensitization　系統脫敏法　501
systematization　系統性　29

T

tachistoscope　速示器　197
task-oriented leader　業務取向領袖　448
taste　味覺　91
taste bud　味蕾　91
TAT＝Thematic Apperception Test　413
teaching machine　教學機　166
telepathy　心電感應, 傳心術　109
telephone theory　電話論　91
temperature sense　溫度覺　94
temporal lobe　顳葉　53
terminal button　終紐　50
test method　測驗法　32
testis　睪丸　61
test-retest method　重測法, 再測法　348
test-retest reliability　重測信度, 再測信度　349
tetrachromatic theory　四色論　86
texture gradient　紋路梯度　102
thalamus　丘腦, 視丘　47
Thematic Apperception Test　主題統覺測驗　413

theory of color vision　色覺理論　85
theory of emotion　情緒理論　338
theory of intelligence　智力理論　359
theory of motivation　動機理論　324
theory of multiple intelligences　智力多元論　365
thinking　思維　221
third force　第三勢力　17
three-mountain experiment　三山實驗　267
threshold　閾限　70
thyroid gland　甲狀腺　59
thyroid hormone　甲狀腺激素　60
thyroid-stimulating hormone　促甲狀腺激素　59
timbre　音色, 音質　89
time sampling　時間抽樣　30
times theory　時代論　449
tip-of-the-tongue phenomenon　舌尖現象　187
TM＝transcendental meditation　137
token economy　代幣法, 標記獎勵法　502
Torrance Test of Creative Thinking　托蘭斯創造思維測驗　252
touch spot　觸覺點　93
Tower of Hanoi problem　河內塔問題　237
trait　特質　395
trait theory　特質論　395
transactional theory　交互作用論　449
transcendental meditation　超覺靜坐　137
transductive reasoning　轉換推理　268
transference　移情　491
transsexualism　變性症, 易性癖　472
transvestism　扮異性症, 異性裝扮癖　475
triadic theory of learning　學習三元論　176
trial-and-error learning　嘗試錯誤學習　161
triangular theory of love　愛情三因論　442
triarchic theory of intelligence　智力三元論　364
trust versus mistrust　信任對不信任　275
twin study　孿生子研究　367
twins　孿生子　44
two-factor theory of emotion　情緒二因論　341
two-factor theory of intelligence　智力二因論

360
two-factor theory　二因論　360
two-point threshold aesthesiometer　兩點閾限測量器　93
two-sided communication　雙面溝通　430
two-stage color theory　二階段色覺論　86
Type A personality　A型性格　338

U

UCR＝unconditioned response　155
UCS＝unconditioned stimulus　154
umbilical cord　臍帶　283
unconditional positive regard　無條件積極關注　406
unconditioned reflex　無條件反射　155
unconditioned response　無條件反應, 非制約反應　155
unconditioned stimulus　無條件刺激, 非制約刺激　154
unconscious　潛意識, 無意識　117
unconscious motivation　潛意識動機　382
universal-ethical-principle orientation　普遍倫理取向　281
uterus　子宮　282

V

valid argument　有效論證　229
validity　效度　349
validity coefficient　效度係數　351
validity criterion　效度標準　351
variable　變項, 變量　28
verbal intelligence test　文字智力測驗　357
verification　驗證性, 驗證期　29, 251
vestibular apparatus　前庭器官　88
vestibular sac　前庭囊　88
vestibular sense　前庭覺　95
vicarious learning　替代學習　176
vicarious trial-and-error　替代性嘗試錯誤　174
Vienna school　維也納學派　387
visible spectrum　可見光譜　79
vision　視覺　74
visual acuity　視敏度　288
visual adaptation　視覺適應　81
visual area　視覺區　55
visual cliff　視崖　289
visual distance　明視距離　286
visual field　視野　56
visual hallucination　視幻覺, 幻視　481
visual nervous　視神經　77
visual perception　視知覺　74
visual sensation　視感覺　74
visual system　視覺系統　55
vitreous humor　玻璃狀液　75
vocational achievement test　職業成就測驗　347
vocational aptitude test　職業性向測驗　347
volley theory　排發論　91
VTE＝vicarious trial-and-error　174

W

WAIS＝Wechsler Adult Intelligence Scale
Weber's constant　韋伯常數　72
Weber's law　韋伯定律　72
Wechsler Adult Intelligence Scale　韋氏成人智力量表　357
Wechsler Intelligence Scale for Children　韋氏兒童智力量表　357
Wechsler Preschool and Primary Scale of Intelligence　韋氏學前智力量表　357
Wednesday Evening Society　週三晚間學會　387
well-structured problem　結構良好問題　234
Wernicke's area　韋尼克區　57
whole-report method　全部報告法　198
will　意志　311
will to power　權力意志　389
WISC＝Wechsler Intelligence Scale for Children
wish fulfillment　願望滿足　130
withdrawal syndrome　戒斷症候群, 戒斷綜合症　142
within-group difference　團體內差異　371

WM＝working memory　199
work motivation　工作動機　327
working memory　運作記憶, 工作記憶　199
WPPSI＝Wechsler Preschool and Primary Scale of Intelligence　357

X Y Z

Yerkes-Dodson law　耶基斯-杜德森法則　325
young adulthood　壯年期　297
Young-Helmholtz trichromatic theory　揚-赫爾姆霍茨三色論　86
Zeitgeist　時代精神　167
Zener cards　吉納卡　109
zero correlation　零相關　350
zone of proximal development　最近發展區　271
Zürich school　蘇黎世學派　390
zygote　受精卵　42

數字符號起頭名詞

16PF＝Sixteen Personality Factor Questionnaire　398
φ現象　phi phenomenon　105